Psychiatrie, Psychosomatik Psychotherapie

Herausgegeben von
K. P. Kisker, H. Freyberger, H. K. Rose, E. Wulff

Mit Beiträgen von

M. Bauer	H. Krüger	C. Rohde-Dachser
H. Freyberger	D. Langer	H. K. Rose
H. Haselbeck	W. Machleidt	R. Schmidt
G. Hofer	H. Otte	M. Wernado
K. P. Kisker	M. Richartz	E. Wulff

5., überarbeitete Auflage
11 Abbildungen, 10 Tabellen

1991
Georg Thieme Verlag Stuttgart · New York

CIP-Titelaufnahme
der Deutschen Bibliothek

Psychiatrie, Psychosomatik,
Psychotherapie / hrsg. v. K. P.
Kisker . . . Mit Beitr. von M. Bauer
. . . – 5., überarb. Aufl. – Stuttgart ;
New York : Thieme, 1991
NE: Kisker, Karl Peter [Hrsg.];
Bauer, Manfred

Wichtiger Hinweis: Wie jede Wissenschaft ist die Medizin ständigen Entwicklungen unterworfen. Forschung und klinische Erfahrung erweitern unsere Erkenntnisse, insbesondere was Behandlung und medikamentöse Therapie anbelangt. Soweit in diesem Werk eine Dosierung oder eine Applikation erwähnt wird, darf der Leser zwar darauf vertrauen, daß Autoren, Herausgeber und Verlag große Sorgfalt darauf verwandt haben, daß diese Angabe genau dem Wissensstand bei Fertigstellung des Werkes entspricht.

Für Angaben über Dosierungsanweisungen und Applikationsformen kann vom Verlag jedoch keine Gewähr übernommen werden. Jeder Benutzer ist angehalten, durch sorgfältige Prüfung der Beipackzettel der verwendeten Präparate und gegebenenfalls nach Konsultation eines Spezialisten, festzustellen, ob die dort gegebene Empfehlung für Dosierungen oder die Beachtung von Kontraindikationen gegenüber der Angabe in diesem Buch abweicht. Eine solche Prüfung ist besonders wichtig bei selten verwendeten Präparaten oder solchen, die neu auf den Markt gebracht worden sind. Jede Dosierung oder Applikation erfolgt auf eigene Gefahr des Benutzers. Autoren und Verlag appellieren an jeden Benutzer, ihm etwa auffallende Ungenauigkeiten dem Verlag mitzuteilen.

1. Auflage 1973   1. Nachdruck 1985
2. Auflage 1976   2. Nachdruck 1986
3. Auflage 1980   4. Auflage 1987

© 1973, 1991
Georg Thieme Verlag
Rüdigerstraße 14
D-7000 Stuttgart 30
Printed in Germany

Satz: Gulde-Druck,
D-7400 Tübingen,
gesetzt auf Linotype
System 4 (300 LTC)

Druck: Appl, D-8853 Wemding
ISBN 3-13-495605-5

Vorwort zur 5. Auflage

Dies Buch ist eine *Einführung in die Psychiatrie, Psychosomatik und Psychotherapie*.

In ihrer didaktischen und sachlichen Ordnung zielen seine Texte auf umrissene Erfahrungskreise dieser drei eng zusammengehörenden Gebiete der „Psychologischen Medizin". Im Mittelpunkt steht die *Praxis*, also die Behandlung psychisch und psychosomatisch Kranker. Wir wollen mit diesem Buch in erster Linie den klinischen Studenten als künftigen allgemeinmedizinisch tätigen Arzt erreichen und ihm Hilfen zur Vorbereitung und Aufarbeitung der Praktika für Psychiatrie und Psychosomatik/Psychotherapie nach der ärztlichen Approbationsordnung unter Berücksichtigung des Gegenstandskataloges geben.

Dem in der Praxis oder der Klinik tätigen Arzt möchten wir einen *Einstieg in die aktuelle Psychiatrie und Psychosomatik* unter Betonung ihrer gesellschaftlich-kulturalen und ihrer psycho- und soziotherapeutischen Möglichkeiten geben. Dem in die Psychiatrie eintretenden ärztlichen und klinisch-psychologischen Assistenten soll hier eine *Basisinformation* vermittelt werden, die ihn mit der Diagnostik und therapeutischen Praxis der psychiatrisch-psychosomatischen Fächer vertraut macht.

Wir denken auch, daß diese Texte Psychologiestudenten, welche sich „klinisch" orientieren wollen, und Angehörigen anderer Berufsgruppen (Sozialwissenschaftler, Sozialarbeiter, Pädagogen, Beschäftigungstherapeuten, Krankenpflegepersonal) dienlich werden, wenn diese eine *Orientierungshilfe in praktischer Psychiatrie/Psychosomatik* suchen.

Die Autoren dieses Buches verbindet oder verband langjährige didaktische und therapeutisch-praktische Zusammenarbeit. Dies kommt der Vielfalt der Fakten, Themen und Perspektiven zugute, die in den vorliegenden Texten ausgebreitet werden.

Daß dies 1973 erstmals erschienene Werk nun in 5. Auflage vorgelegt wird, zeigt das Interesse an diesem Typ eines von *vielen* Autoren getragenen, zugleich Psychiatrie, Psychosomatik und Psychotherapie zusammenbindenden Didaktikums. In dieser Auflage wurden einige Kapitel in den Abschnitten Psychosomatik und Sexualität neu bearbeitet.

Knappe Lernzieldefinitionen, Literatur- und Klassifikationshinweise, letztere nach der 9. Fassung der ICD und DSM III, sowie ein Anhang mit Fragen und Antworten zur Lernkontrolle geben Hilfen für die systematische Durchdringung des komplexen psychologisch-medizinischen Stoffgebietes.

Wir danken dem Georg Thieme Verlag für die fortwährende Unterstützung einer didaktischen Unternehmung, welche in einem Bereich jenseits des klassischen Lehrbuch-Typs und diesseits des Kompendiums angesiedelt ist.

Frau H. SCHWAMBERGER hat diese Auflage zur Druckreife gefördert.

Hannover, im Frühjahr 1991

K. P. KISKER   H. FREYBERGER   H. K. ROSE   E. WULFF

Anschriften

Bauer, Prof. Dr. med. Manfred
Chefarzt der Psychiatrischen Klinik, Städtische Kliniken, Starkenburgring 66, 6050 Offenbach am Main

Freyberger, Prof. Dr. med. Hellmuth
Vorsteher der Abteilung Psychosomatik der Medizinschen Hochschule Hannover, Konstanty-Gutschow-Str. 8, 3000 Hannover 61

Haselbeck, Priv.-Doz. Dr. med. Helmut
Leitender Arzt Psychiatrie II, Zentralkrankenhaus Bremen-Ost, Züricher Str. 40, 2800 Bremen 44

Hofer, Prof. Dr. med. Gunter †

Kisker, Prof. Dr. med. Dr. phil. Karl Peter
Vorsteher der Abteilung Klinische Psychiatrie der Medizinischen Hochschule Hannover, Konstanty-Gutschow-Str. 8, 3000 Hannover 61

Krüger, Prof. Dr. med. Helmut
Leitender Arzt der Psychiatrischen Abteilung Städtisches Krankenhaus, Bolardusstr. 20, 2970 Emden

Langer, Prof. Dr. med. Dipl.-Psych. Dieter
Leiter des Arbeitsbereiches Klinische Psychologie der Medizinischen Hochschule Hannover, Konstanty-Gutschow-Str. 8, 3000 Hannover 61

Machleidt, Prof. Dr. med. Wielant
Klinik und Poliklinik für Neurologie und Psychiatrie der Universität zu Köln – Psychiatrie –, Joseph-Stelzmann-Str. 9, 5000 Köln 41 (Lindenthal)

Otte, Dr. phil. Dipl.-Psych. Hilka
Röttgenweg 4, 3012 Langenhagen

Richartz, Prof. Dr. med. Mark
Ordinarius für Klinische Psychiatrie der Rijksuniversiteit Limburg, Blekerij 56, NL – Maastrich

Rohde-Dachser, Prof. Dr. rer. biol. hum. habil. Christa
Institut für Psychoanalyse der Universität Frankfurt, Senckenberganlage 15, 6000 Frankfurt/Main 11

Rose, Prof. Dr. med. Hans K.
Ärztlicher Direktor Stiftung Tannenhof, Evangelische Nervenklinik Remscheid, Remscheider Str. 76, 5630 Remscheid 11

Schmidt, Dr. rer. biol. hum. Dipl.-Psych. Rolf
Arbeitsbereich für Klinische Psychologie der Medizinischen Hochschule Hannover, Konstanty-Gutschow-Str. 8, 3000 Hannover 61

Wernado, Dr. med. Mario
Leitender Arzt der Fachklinik Fredeburg, Zu den drei Buchen 1, 5948 Schmallenberg 2

Wulff, Prof. Dr. med. Erich
Vorsteher der Abteilung Sozialpsychiatrie der Medizinischen Hochschule Hannover, Konstanty-Gutschow-Str. 8, 3000 Hannover 61

Inhaltsverzeichnis

II. Entwicklungspsychiatrie

VIII. Abhängigkeit

IX. Krisen und Interventionen

X. Hirnabhängige psychische Störungen

XI. Alterspsychiatrie

XII. Affektive Syndrome

XIII. Schizophrenien

XIV. Versorgung und Behandlung von psychisch Kranken

XV. Psychiatrie und Recht

I. Geschichte und gesellschaftliche Bezüge, Epidemiologie und Diagnostik

1 Sozialgeschichte der Psychiatrie

Lernziele
Verständnis und Einordnung der heutigen Strukturen der psychiatrischen Versorgung und der heutigen Strömungen in der psychiatrischen Forschung vor dem Hintergrund der geschichtlichen Entwicklung der Psychiatrie als Institut *und* Wissenschaft. Allgemeine Orientierung über die epochal-gesellschaftlichen Bedingungen des Verständnisses der psychisch Kranken und des Umgangs mit ihnen in Altertum, Mittelalter und Neuzeit.

Allgemeines

Was in einer Kultur als „Unvernunft", „Abwegigkeit" oder „Irrsinn" oft mit den Merkmalen des Bedrohlichen und Unberechenbaren identifiziert und „behandelt" wird, bestimmt sich aus dem, was als „Vernunft" gesellschaftlich *und* ökonomisch verbindlich, ja zwingend geworden ist. Wenn man sagen kann, daß die Geschichte der Vernunft immer auch die Geschichte ihres Gegensatzes enthält, so läßt sich dieser Satz mit Fug und Recht umkehren. Diese Dialektik der Vernunft ist um 1800 durch den der französischen Revolution und der Aufklärung verbundenen spanischen Maler GOYA in seiner Radierung „Der Traum der Vernunft gebiert Ungeheuer" eindringlich dargestellt worden. Den Vertretern moderner Zweckrationalität waren die menschlichen Subjekte, die seit der Barockzeit in wachsender Zahl in den urbanisierten und alsbald industrialisierten öffentlichen Räumen als die landflüchtigen „Anderen" in Erscheinung traten, zunächst bloßes Material zur Erreichung fremdbestimmter Ziele, wie z. B. die Steigerung der Arbeitsproduktivität in den aufkommenden Manufakturen oder der Kampfkraft der neuen, disziplinierten Massenheere. Subjektivität erschien der historischen Vernunft der Herrschenden einerseits unergründlich, weil irrational, grob und unzivilisiert, weil unaufgeklärt und dysfunktional, während andererseits unternehmerischer Geist, Individualismus und Selbstverfügung als die bürgerlichen Tugenden der Tüchtigen gerühmt und als ethischer Wert kämpferisch gegen feudale Abhängigkeit und Verschwendungssucht ins Feld geführt wurden. Die objektiven Verhältnisse bedurften im Gleich- und Einklang mit den neuen Erfahrungswissenschaften an der Naturbeobachtung, am Experiment überprüfbarer, in sich widerspruchsfreier Konstruktionen der Wirklichkeit, nämlich der Einlösung der durch GALILEO GALILEI formulierten Forderung, „das Meßbare zu messen und das Unmeßbare meßbar zu machen". Unaufgelöste Widersprüchlichkeit, d. h. Unvernunft, wurde nun zur

Domäne vor allem des Gefühlslebens, der menschlichen Leidenschaften mit ihrer Willkürlichkeit, ihren Gefahren für die Kalkulierbarkeit menschlichen Handelns, während die emotionalen Seiten des Lebens aus den öffentlichen Angelegenheiten in die Sphäre des Privaten abgedrängt wurden: in die Innenwelt des Subjektes (später in die „black box" der Behavioristen), in die dunkle Archaik und Abgründigkeit des Unbewußten (mit seinen Primärprozessen), in die „Natur des Weibes", die sich seither in der Hausfrau, einer Sachwalterin einer privaten Gefühlskultur, verkörpert; in das Kinderzimmer als Reservat der soeben entdeckten Kindheit; in die Einsamkeit der Schlafstädte und – sofern in der Privatheit unzureichend neutralisierbar – in die „geschlossene" Irrenanstalt. „So gängeln wir den Kranken, von der untersten Stufe der Sinnlosigkeit, durch eine Kette von Seelenreizen, aufwärts zum vollen Vernunftgebrauch" und „Müßiggang und Faulheit stört alle Ordnung. Arbeit macht gesund..." (Joh. Chr. Reil, Rhapsodien auf die Anwendung der psychischen Curmethode auf Geisteszerrüttungen, Halle 1803).

Aus der Spaltung zwischen Sensus communis und Sensus privatis (J. Kant) oder zwischen den *öffentlichen*, objektivierbaren Daten und den *privaten*, allein durch Introspektion zugänglichen *Daten* (B. Russell) ergab sich die Doppelgesichtigkeit der Psychiatrie als Institut und Wissenschaft. Einerseits war sie im achtzehnten Jahrhundert angetreten mit dem gesellschaftlichen Auftrag, die Unberechenbaren („Unmeßbaren") – so nötig mit gesetzlich kanalisiertem Zwang – zu kontrollieren, für die Öffentlichkeit unsichtbar und schließlich berechenbar („meßbar") zu machen. Andererseits hatten Psychiater es sich von Anfang an auch zur Aufgabe gemacht, das menschliche Subjekt in all seinen Verirrungen besser zu verstehen, gegen die Übermacht gesellschaftlicher Zwänge zu verteidigen und die Kehrseite fremdbestimmter Vernunft aufzuzeigen. Dieser Doppelgesichtigkeit entspricht wissenschaftlich der (noch) unaufgelösten Spannung zwischen „verstehenden" und „erklärenden" Zugangswegen (W. Dilthey, 1833–1911) zum psychisch Leidenden, zwischen *hermeneutisch-ideographischer* (deutend-geisteswissenschaftlicher) Erschließung der Geschichte des Subjektes und der *nomothetischen* (erfahrungswissenschaftlichen) Objektivierung der biologischen oder verhaltenswissenschaftlichen Tatbestände. Erst, wenn die Psychiatrie sich von den idealistischen Resten im Ideographischen befreit hat und *zugleich* die „klassischen" Voraussetzungen des „idealen", nämlich störungsfreien Experimentes und damit den Zwang zur widerspruchsfreien, reproduzierbaren Wirklichkeitskonstruktion methodologisch und wissenschaftstheoretisch überwunden haben wird, wird sie als spezielle ärztliche Humanwissenschaft eigentlich erst zu existieren beginnen (Prigogine und Stengers, Dialog mit der Natur, 1980). Die Kluft zwischen Psychiatrie als Natur- oder empirischer Verhaltenswissenschaft und Psychiatrie als Geisteswissenschaft mag dann obsolet geworden sein. Entlang der hier umrissenen Dialektik der Vernunft wollen wir, gleichsam im Zeitraffer, betrachten, wie sich das Verständnis der psychisch Kranken im Laufe der Geschichte gewandelt hat und wie schließlich die Entwicklung der Psychiatrie sich mit den historischen Vorgängen gesellschaftlicher, ökonomischer und kultureller Wandlungen verknüpft hat.

Archaische Zeit und Antike

Zunächst existierte ein *mythisch-dämonologisches Verständnis* dessen, was wir heute psychische Krankheiten heißen: Regenmacher, Priester, Schamanen und Medizinmänner behandelten „abwegiges" Verhalten (wie noch heute in nativen Kulturen) mit moralisch-religiösen Praktiken (Exorzismus, Tempelschlaf, Aussetzung sowie Angst- und Schreckpraktiken). In der *personalistischen Medizin der assyrisch-semitischen Tradition*, die sich über Pythagoräer und Gnosis in das frühe Christentum fortsetzte und später eine Art Renaissance in der romantischen Medizin hatte, wurden psychische Krankheiten vorwiegend *psychologisch* gedeutet und behandelt. Die *hippokratisch-galenische Physiopathologie* dagegen klassifizierte und therapierte bereits vorwiegend somatisch-„naturwissenschaftlich" (Beschreibung der Epilepsie, die nach HIPPOKRATES um nichts heiliger ist als andere Krankheiten, der Wochenbettpsychose, der Fieberdelire, der Manie, der Melancholie usw.). Man erkannte psychische Krankheiten in dieser Zeit sehr wohl bereits als *Krankheiten*, verstand ihre Genese aber nicht (vorwiegend humorale Theorien eines „Säftegleichgewichtes" und einer noch aus dem Magischen kommenden Organsymbolik) und konnte sie insofern schwerlich gegen andersartiges, abweichendes Verhalten abheben, eine Schwierigkeit, die auch die moderne Psychiatrie praktisch und theoretisch noch nicht befriedigend lösen konnte (z. B. hinsichtlich religiöser Ekstasen, sozial und politisch unerwünschten Verhaltens). In der spätrömischen und hellenistischen Epoche wurde bereits eine Systematik der psychischen Krankheiten entwickelt, die an die moderne *Nosologie* (Krankheitslehre) erinnert:

ASKLEPIADES (80 v. Chr.) unterschied zwischen akuten psychischen Erkrankungen mit Fieber und chronischen Störungen ohne Fieber. ARETHEUS (80 n. Chr.) wies darauf hin, daß sich Zustände von Melancholie und Manie abwechseln können. Hinsichtlich des Umgangs mit akut psychisch Kranken bemerkte COELIUS AURELIANUS (5. Jh. n. Chr.): „Die Ärzte scheinen selber im Wahn, wenn sie die Kranken mit wilden Bestien vergleichen, die man bändigt, indem man ihnen die Nahrung entzieht und dem Durst aussetzt. Verführt durch denselben Irrtum wollen sie, daß die Kranken in Ketten gelegt werden. Sie gehen schließlich so weit, daß sie körperliche Züchtigung sogar mit der Peitsche empfehlen, auf daß die Wiedergewinnung der Vernunft durch solche Provokationen gefördert werde; eine abscheuliche Behandlung, die ihren Zustand nur verschlimmert." Als Zwangsmittel dürften allenfalls weiche Verbandstoffe gebraucht werden, denn Zwangsmittel „... vermehren die Wut und Unruhe oder lassen diese überhaupt erst entstehen, statt sie zu vermindern".

Es war dieser Coelius Aurelianus, der das Werk des griechischen Methodi-
sten Soranus von Ephesus (ca. 100 n.Chr.) über *akute* und *chronische*
Krankheiten übersetzte. Dieser beschrieb ausführlich die Symptomatik und
den Verlauf dreier Krankheitsbilder: *Phrenitis* (Fieberdelir), *Melancholie*
und *Manie*. Sein Werk ist als Quelle für die Auffassung über und Erfahrungen mit psychiatrischen Zustandsbildern während des Altertums übrigens
viel ergiebiger als die Schriften von Hippokrates (460–377 v.Chr.) und
Galen (130 bis 201 n.Chr.) und dokumentiert, in welchem Maße die Griechen und Römer bereits nach „natürlichen" Ursachen suchten.

Mittelalter

Das hippokratisch-galenische Wissen, von arabischen Philosophen und Ärzten bewahrt, wurde in Jahrhunderten im christlichen Europa kaum weiterge-
bildet. Der Koran gibt den „Abwegigen" einen positiven sozialen Ort. In den
mohammedanischen Zentren Arabiens, Nordafrikas und Spaniens entwik-
kelten sich die ersten psychiatrischen Spitäler mit Beschäftigungstherapie
und ausgedehnter Nachsorge. Im 12. Jahrhundert entwickelte der jüdische
Arzt, Philosoph und Rabbiner Maimonides (1135–1204) eine auf der jüdi-
schen Tradition gegründete, streng rational angelegte Lehre vom richtigen
Leben mit präventiver Zielsetzung. – Er verfaßte u.a. ein Buch unter dem
Titel „Führer der Verirrten" (More nebuchim): „Eine freudige Erregung der
Seele ist für die Gesundheit besser als die Bewegung des Körpers."

Im christlichen Bereich wurden an der Schwelle zur Neuzeit die ersten
Exempel terroristischer Diskriminierung statuiert: Eine große Zahl psychisch Kranker wurde in die Hexenverfolgung der Inquisition gerissen.
Gründungen von Irrenkolonien bei Klöstern und in Wallfahrtsorten (z.B.
Geel, Flandern) blieben Ausnahmen. Gleichwohl konnte die ständisch-
religiöse Gesellschaft des hohen Mittelalters die Irren in ihrem noch weiten
Verständnis von Vernunft unterbringen, und ihre Pflege, die städtischer und
geistlicher Verantwortung oblag, soll in den Spitälern dieser Epoche besser
gewesen sein als während des siebzehnten und achtzehnten Jahrhunderts.
Die mittelalterlichen Spitäler waren als Gasthäuser, wie erhaltene Beispiele
z.B. in Brugge und Beaune heute noch deutlich zeigen, frei zugänglich und
architektonisch mit dem Leben der Stadt direkt verbunden: Durch das
Hauptportal betrat man sogleich den Krankensaal, die Kranken (und Toten)
waren noch nicht hinter endlosen Fluren und Funktionsräumen verborgen.
(In der Renaissance wurden auf den Giebelsteinen noch die Krankenzimmer
abgebildet, die inzwischen schon weiter in die rückwärtigen Teile des Gebäu-
des verlagert worden sind.)

Als im ausgehenden Mittelalter eine Entwicklung begann, die einerseits eine
Darstellung der Irren in Literatur und bildender Kunst gleichzeitig mit dem
individuierenden Portrait des Bürgers und der objektivierenden medizinischen Illustration (Anatomie des A. Vesalius, 1514–1564) ermöglichte, und
andererseits die kasernierte Ausgrenzung der Irren vorbereitete, als zugleich

immer mehr Menschen, vor allem Frauen, den mörderischen Praktiken der Inquisition anheim fielen und auch ein finsteres Machwerk wie der Hexenhammer ab 1485 dank der jungen Buchdruckkunst eine weite Verbreitung fand, verfaßte die theologische Fakultät zu Paris ein Zirkularschreiben, in dem es zur Verteidigung der im Mittelalter weit verbreiteten „Narrenfeste" hieß: „Wir feiern sie, damit auch die Narrheit, die ja doch unsere zweite Natur ist und uns angeboren zu sein scheint, zu ihrem Recht komme."

Neuzeit

Mit dem Zusammenbruch des mittelalterlichen gesellschaftlichen Gefüges änderte sich das Allgemeinverständnis. Der absolutistischen Administration, dem *Utilitarismus* und dem bürgerlichen Frühkapitalismus wurden die Irren und die gesellschaftlichen Randgruppen zur Störquelle und zum Objekt polizeilicher Verwahrung. Das hält sich in Ordnungs- und Unterbringungsgesetzen bis zur Gegenwart durch. Zusammen mit Delinquenten, Aufrührern, Außenseitern der Gesellschaft wurden die psychisch Kranken im Laufe des 17. Jahrhunderts in Zucht-, Armen-, Arbeits- und Tollhäusern unter unwürdigen Bedingungen kaserniert.

Fast alle Formen der „Unvernunft" wurden von der neuen, zunehmend urbanisierten, bürgerlichen Verkehrs-, Sitten- und Arbeitswelt nicht mehr toleriert und mußten gleichsam unsichtbar gemacht werden.

Dennoch wandten sich bereits im 16. Jahrhundert einige streitbare und aufgeklärte Ärzte gegen den neubelebten theologischen Aberglauben über die Besessenheit der Irren und/oder der Hexen, u. a. der Niederländer JOHANNES WEYER (1515–1588) und der Süddeutsche PARACELSUS (Philippus Aureolus Theophrastus Bombastus von Hohenheim, 1491–1541). Letzterer veröffentlichte 1520 ein Büchlein unter dem Titel „Von den Krankheiten, die der Vernunft berauben", in dem er sich gegen die Geistlichkeit wandte mit der Auffassung, daß „Geisteskrankheiten" nicht durch Geister verursacht werden, sondern natürliche Ursachen haben.

Verrücktheit galt den meisten Gebildeten noch im 17. Jahrhundert als (verwerfliche) gewollte Unvernunft, als (beschämende) Animalität, als (auszusetzendes) ansteckendes Übel. Auch die Ärzte hielten sich noch weitgehend fern von den Irren und ersannen über sie lebensfremde Krankheitssysteme nach Art des botanischen Systems von Linné. Andererseits gab es einige zutreffende Beschreibungen der Funktionsweisen des zentralen Nervensystems. Die Begriffe „Neurologie" und „Reflex" stammten von TH. WILLIS (1622 bis 1675), und es war dieser Arzt, der erstmals erkannte, daß es sich bei der Hysterie um eine „nervöse" Erkrankung handelt, die nicht von der Gebärmutter herrührt (ein Vorurteil, das sich bis tief in das 19. Jahrhundert halten konnte).

Mit der bürgerlichen und industriellen Revolution des 18. und frühen 19. Jahrhunderts wurden die psychisch Kranken als Objekte sozialer und medizinischer Verantwortung erkennbar. Seelische Not konnte zunehmend in Zusammenhang mit der sozialen Frage wahrgenommen werden; aus dieser Zeit stammt der Begriff des „armen Irren". Ketten, Dollkisten, Drehmaschinen und andere therapeutisch maskierte Zwänge entfielen allmählich und machten, zuerst in England, später in Frankreich und zuletzt in Deutschland teilweise subtileren Formen des psychischen und moralischen Zwanges Platz. Im *Moral management* des FR. WILLIS (1717–1807) und des Quäkers W. TUKE (1732–1822), der in York mit dem *Retreat* die erste praktisch offene Irrenanstalt gründete, wurde eine Behandlungsform entwickelt, die eine Heilung zu „Selbstzucht und Selbstachtung" mit Hilfe eines ausgeklügelten Systems von Sanktionen und Gratifikationen anstrebte, das die Verhaltenstherapie und Soziotherapie unserer Tage vorwegnahm. Hier wurde erstmals Arbeit als verbindliches therapeutisches Prinzip eingeführt, das von H. SIMON (1867–1947) am Anfang unseres Jahrhunderts wiederentdeckt und weiterentwickelt werden sollte. Auf diese Entwicklung hatte bereits der englische Psychiater M. BATTIE (1704–1776) starken Einfluß, als er 1751 ärztlicher Direktor des St. Luke's Hospital in London wurde, einer für seine Zeit fortschrittlichen Klinik.

Die moralisierende Betrachtung psychischer Erkrankungen wurde vom Reformpsychiater der Revolution PH. PINEL (1745–1826), dem die historische Befreiung der Irren von den Ketten (in einer historisch übrigens nicht stimmigen Verklärung) zugeschrieben wird, aus einer naturwissenschaftlichen Auffassung heraus kritisiert. Das nun entstehende naturwissenschaftliche psychiatrische Krankheitsmodell wurde von seinem Schüler E.-D. ESQUIROL (1722–1840) während der Restauration weiter ausgebaut. Kurze Zeit zuvor hatte F.J. GALL (1758–1828) sein Konzept einer hirnlokalisatorischen Zuordnung bestimmter Verhaltensweisen und -störungen entwickelt, ein Konzept, das über die morphologische und neuroanatomische Forschung von u. a. W. GRIESINGER (1827–1868), K. WESTPHAL (1833–1890), MEYNERT (1833–1893), C. WERNICKE (1848–1905) und K. KLEIST (1879–1960) bis zur heutigen Neuropsychologie und Neurochemie weiterwirkt. Diese streng somatische Richtung, die wichtige Erkenntnisse über systemdegenerative und traumatische Veränderungen am zentralen Nervensystem gebracht hatte, hatte für das Verständnis der funktionellen Verhaltensstörungen weniger spektakuläre, selbst abträgliche Wirkungen (weil sie – wie Griesinger schon 1844 kritisierte – „... in einseitiger Fortbildung generalisierend... über die Ergebnisse der Beobachtung hinausging", und die Lokalisationslehre sich bis heute immer wieder zur „Hirnmythologie" verhärtete).

Die psychiatrische Entwicklung in Deutschland wurde im 18. und am Anfang des 19. Jahrhunderts geprägt durch philosophische, romantisierende und ethisch-religiöse Auffassungen, und die Integration der Psychiatrie in die medizinische Wissenschaft war gegenüber anderen Ländern verzögert. Während das *Moral management* bereits so psychologisierend war, wie es sich in Deutschland zunächst nur bei JOH. CHR. REIL (1759–1813) darstellte, führten die sogenannten Psychiker mit ihrem prominentesten Vertreter J. HEINROTH

(1733–1843) psychische Krankheit auf „Sünde" und auf einen von Gott verhängten Freiheitsverlust zurück. Gegen diese Vorstellung eines selbstverschuldeten Leids wandten sich in der ersten Hälfte des 19. Jahrhunderts somatisch und naturwissenschaftlich orientierte Psychiater und Anstaltsgründer wie F. Nasse (1778–1851), M. Jacobi (1775–1858) und W. Griesinger (1817–1868). Bei diesen somatisch-naturwissenschaftlich orientierten Psychiatern wirkte ein vom Liberalismus und den Ideen der französischen Revolution geprägtes sozialpolitisches Engagement, das in den ersten Anstalts- sowie Klinikgründungen und in den medizinalreformerischen Aktivitäten vor 1848 wirksam wurde.

Dennoch lebte in den Motiven für die Anstaltsgründungen außerhalb der städtischen Bevölkerungszentren viel vom romantischen Vorurteil der Psychiater über zivilisatorische Ursachen und die moralisch heilsame Wirkung ländlicher Abgeschiedenheit auf „Geisteszerrüttungen" fort, ein Vorurteil, das sich mit einem auf Verwahrung und Sicherheit bedachten Interesse der Gesellschaft und ihrer Administratoren verband. (1871 lebte ein Drittel der Bevölkerung in Städten, 1914 waren es bereits zwei Drittel, und ein Viertel lebte in Großstädten.)

Obwohl Griesinger bereits um 1860 mit seinen Stadtasylen ein Konzept gemeindenaher Behandlung mit kurzen stationären Aufenthalten, Hausbesuchen und ambulanter Nachsorge entwickelte, konzipierte man in Deutschland psychiatrische Krankenhäuser noch bis in die sechziger Jahre unseres Jahrhunderts häufig auf abgelegenen billigen Staatsdomänen. Erst in den siebziger Jahren (vor und nach dem Erscheinen des Berichtes der parlamentarischen Enquete-Kommission im Jahre 1975) kam es in einem größeren Umfang zur Gründung von psychiatrischen Abteilung an Allgemeinkrankenhäusern. Neben den 23 Universitätskliniken gab es 1984 in der BRD 68 solcher Abteilungen, wovon einige zu Kristallisationskernen einer gemeindepsychiatrischen Versorgung geworden sind.

In den USA und den Niederlanden wurde bereits am Anfang des 20. Jahrhunderts und in England und Skandinavien nach dem zweiten Weltkrieg die kommunale Verantwortung für die Versorgung psychisch Leidender wiederentdeckt. In diesen Ländern entwickelte sich die gemeindenahe Versorgung auch entsprechend früher als in der BRD, obzwar Struktur und Qualität in Abhängigkeit von den jeweiligen sozial- und gesundheitspolitischen Voraussetzungen verschieden zu bewerten sind. In den USA kam es während der letzten beiden Jahrzehnte zu einem massiven Auszug von chronisch Kranken aus den, teils verkleinerten, teils aufgelösten Anstalten und zu einer brutalen Verelendung vieler dieser „deinstitutionalisierten" Patienten. Letztere konnten nach ihrer Entlassung nicht mehr oder nur unzureichend betreut werden, z. B. durch die Mitarbeiter der seit der gemeindepsychiatrischen Bewegung von 1963 in großer Zahl gegründeten Community Mental Health Centers (CMHC).

In England vollzog sich dagegen die Rückverlagerung der psychiatrischen Versorgung in die Gemeinde behutsamer und planmäßiger, so daß ihre Vorteile auch den chronisch Kranken zugute kamen. In den Niederlanden wurden mit einem umfassenden System der regionalen ambulanten psychosozialen Versorgung und einem vorwiegend psychotherapeutischen Ansatz zunächst ganz neue Klientenkategorien erschlossen, während der Hospitalisierungsgrad chronischer Patienten, allerdings unter vergleichsweise günstigen klinischen Voraussetzungen, recht hoch blieb und sich die Versorgung geistig Behinderter und psychogeriatrischer Patienten fast völlig von der Psychiatrie losgelöst hatte. Für die soeben genannten Entwicklungen ist auch die von ehemaligen Patienten (CL. W. BEERS, 1876–1943, „A Mind that found Itself", 1908) und Laien begründete psychohygienische Bewegung von Bedeutung gewesen, eine Bewegung, die sich in den letzten Jahren in der modernen Selbsthilfe neu belebt hat. Am Anfang der neueren psycho- und soziotherapeutischen Konzepte stand neben S. FREUD (1856–1939), dem Begründer der Psychoanalyse, u. a. A. MEYER (1866–1950) mit seiner pragmatischen Sozialpsychiatrie und Psychobiologie, dessen soziodynamisches Konzept in den USA vor allem durch seine Schüler (z. B. H. ST. SULLIVAN 1892–1949) weitergewirkt hat. Von dem durch KOLB 1908 begründeten Erlanger Modell der „Offenen Irrenfürsorge" und dem Gelsenkirchener Modell der psychohygienischen Dienste beim Gesundheitsamt gingen Impulse aus für die Gründung der ersten gemeindepsychiatrischen Dienste, u. a. in den Niederlanden. Auch die moderne psychosomatische Medizin wurde in der ersten Hälfte des 20. Jahrhunderts durch einige Psychoanalytiker (u. a. S. FERENCZI, 1873 bis 1933; F. ALEXANDER, 1891–1964, A. MITSCHERLICH, 1908–1983), einige internistische und neurologische Kliniker (u. a. L. KREHL, V. VON WEIZSÄCKER, G. VON BERGMANN) und Physiologen (u. a. J. P. PAWLOW, H. SELEYE) begründet und/oder auf Spezialgebieten fortentwickelt. Durch sie wurde ein ganzheitliches Konzept als Gegengewicht gegen die noch immer von dem iatromechanischen Geist der Barockzeit und dem cartesianischen (R. DESCARTES, 1596–1650) Dualismus geprägte klinische Technologie in Umrissen erkennbar.

Die **wissenschaftliche Psychiatrie** der vergangenen hundert Jahre beschrieb zunächst systematisch psychopathologische Syndrome und Verläufe (E. KRAEPELIN, 1856–1926; E. BLEULER, 1857–1939, u. a.), dann klassifizierte sie Krankheitseinheiten und gelangte mit dem Fortschreiten der genauen vergleichenden Deskription zu einer diagnostischen Standardnomenklatur, die heute als internationale Klassifikation der WHO (ICD) weithin einheitlich gebraucht wird und zur Zeit sogar weltweit eine gewisse Renaissance erlebt (z. B. in der multiaxialen syndromatischen Klassifikation der American Psychiatric Association von 1980, der DSM III).

Hirnpathologie, Genetik, Neurochemie, Neurophysiologie und Verhaltensbiologie trugen zusammen mit der klinischen Forschung zur pathogenetischen Aufklärung zahlreicher Krankheitsbilder nach dem Modell etwa der progressiven Paralyse bei. Andererseits begünstigte ein nach der politischen

Verdünnung des Liberalismus (nach 1848, vor allem nach 1871) zunehmend unkritisch gehandhabtes, dogmatisiertes naturwissenschaftlich-medizinisches Krankheitsmodell das Wirksamwerden von vulgärbiologischen Ideologien in der Psychiatrie.

Das geschah z. B. mit den Degenerationstheorien (MOREL, 1809–1873, LOMBROSO, 1836–1909, V. MAGNAN 1835–1916 und J. MOREAU DE TOURS, 1804–1884) und der Deszendenzlehre, dem Darwinismus. Sie dienten im 20. Jahrhundert, besonders in der Form des Sozial-Darwinismus und der Lehre von der genetischen sowie rassischen Entartung, zur pseudowissenschaftlichen Rechtfertigung von nationalistischen und blind herrschaftskonformen Tendenzen, bis hin zu einer physischen Vernichtung von psychisch Leidenden und politisch-sozial unerwünschten Individuen während des Nationalsozialismus. Rund 100000 Menschen wurden 1939–41 im Zuge der sogenannten Euthanasie ermordet, mehrere Hunderttausend erlitten anschließend durch eine sogenannte „wilde Euthanasie" noch den Tod durch Hunger oder Krankheit und mindestens 300000 Personen wurden zwischen 1934 und 1945 auf Grund des „Gesetzes zur Verhütung erbkranken Nachwuchses" zwangssterilisiert. Erst heute versucht eine jüngere Generation von psychiatrisch Tätigen die Psychiatrie im Nationalsozialismus und ihre Folgen aufzuarbeiten. Obwohl wichtige Dokumentationen schon seit den Nachkriegsjahren zugänglich sind, sind die Opfer dieser Ausrottungs- und Verstümmelungspsychiatrie und ihre Angehörigen im Bundesentschädigungsgesetz und seinen Durchführungsverordnungen bis heute „vergessen" worden.

Diese Entwicklung hat besonders in Deutschland dazu beigetragen, daß die psychosoziale Forschung, die durch die Psychoanalyse FREUDS und durch die systematische Psychopathologie von K. JASPERS (1883–1969) in aller Welt angestoßen wurde, bis heute für die Versorgung der Bevölkerung ungenügende institutionelle Konsequenzen hatte. Die moderne Psychiatrie hat sich inzwischen wissenschaftlich und institutionell zu einer interdisziplinären Aufgabe entwickelt, die angewiesen ist auf eine lebendige Wechselbeziehung zwischen den biologischen Grundlagenforschungen, den klinischen Fächern einerseits, und den verhaltenswissenschaftlichen Nachbarwissenschaften (Psychologie, Soziologie, Pädagogik, Ethnologie) andererseits. Aus einem rollen- sowie kommunikationstheoretischen Ansatz entwickelt sich in den letzten Jahren eine verhaltenswissenschaftlich orientierte Devianzlehre, die vor allem das konflikthafte Zusammenspiel zwischen Individuum und Milieu (Familie, Schule, Arbeitsplatz, psychiatrische Institution) zum Gegenstand hat. Damit wird es möglich, psychische Krankheit auch als ein überindividuelles soziales Phänomen und als institutionell mitbedingte „Karriere" zu begreifen. Gleichzeitig entstanden therapeutische Verfahren, die auf die Veränderung des zwischenmenschlichen Verhaltens abzielen und zunehmend an Bedeutung gewinnen (Gruppen-, Partner-, Familientherapie). Mit Hilfe der aus der theoretischen Biologie (L. V. BERTALANFFY, 1950), der mathematischen Logik (WHITEHEAD und RUSSELL) und der Kybernetik

(WIENER) hervorgegangenen *Systemtheorie* versucht man heute, menschliches Verhalten und Erleben auf verschiedenen biologischen, seelischen und sozialen Organisations- und Gefügeniveaus zu ordnen, zu beschreiben und für die Analyse komplexer zirkulärer Kausalbedingungen zu erschließen. In einer gewissen Weise erfährt damit die innere Logik, die den Theorien des Neurologen J. H. JACKSON (1834–1911) zugrunde liegt („evolution and dissolution of the nervous system"), eine mächtige Neubelebung, Transformation und Erweiterung jenseits des biologischen Substrates und wirft im nachhinein ein Licht auf die systemische Struktur der psychoanalytischen Theorie (die über S. FREUD durch JACKSON beeinflußt wurde).

Lerntheoretische Verhaltensanalysen ermöglichen eine operationale Definition von Verhaltensstörungen und *verhaltenstherapeutische* Beeinflussung. Die klassischen Techniken wie operantes Konditionieren und systematische Desensibilisierung sind heute ergänzt und teilweise ersetzt worden durch ein reiches Arsenal von ebenfalls empirisch überprüfbaren Interventionsmöglichkeiten, die der *kognitiven* und *sozialen* Lerntheorie entstammen. Die *behavioristischen* Ursprünge (J. B. WATSON, 1878–1950) der Verhaltenstherapie zeigten enge Beziehungen zu den psychophysiologischen und reflexologischen Experimenten und Theorien von PAWLOW (1857–1927), dessen Einfluß u. a. weiterwirkt in der modernen Neuropsychologie und Psychophysiologie. Die 1929 durch H. BERGER (1873–1941) entdeckte Methode der Elektroenzephalographie kommt heute für die Untersuchung menschlichen Verhaltens endlich zu Ehren, während ihre diagnostische Bedeutung für die Neurologie abnimmt.

Weitere therapeutische Neuerungen seit 1900: 1917 Malariatherapie der progressiven Paralyse (J. WAGNER RITTER v. JAUREGG, 1857–1940; 1927 Nobelpreis); 1932 Insulinkomatherapie (SAKEL), 1934 Kardiozolkrampftherapie (v. MEDUNA) und 1938 Elektrokonvulsionsbehandlung (BINI und CERLETTI) der großen Psychosen; 1952 Beginn der modernen Psychopharmakologie mit der Einführung des Chlorpromazins (DELAY, DENIKER, HUGUENARD, LABORIT).

Literatur

Ackerknecht, E.: Kurze Geschichte der Psychiatrie, 3. Aufl. Enke, Stuttgart 1985

Alexander, F. G., S. T. Selesnick: Geschichte der Psychiatrie. Diana, Konstanz 1969

Dörner, K.: Bürger und Irre. Suhrkamp, Frankfurt 1969

Dörner, K. u. a.: Der Krieg gegen die psychisch Kranken. Psychiatrie-Verlag, Rehburg-Loccum 1980

Foucault, M.: Psychologie und Geisteskrankheit. Suhrkamp, Frankfurt 1968

Foucault, M.: Wahnsinn und Gesellschaft. Eine Geschichte des Wahns im Zeitalter der Vernunft. Suhrkamp, Frankfurt 1969

Güse, H.-G., N. Schmacke: Psychiatrie zwischen bürgerlicher Revolution und Faschismus, 2 Bde. Athenäum, Königstein 1976

Kisker, K. P.: Psychiatrie in dieser Zeit. In: Degkwitz, R.: Hundert Jahre Nervenheilkunde. Hippokrates, Stuttgart 1985

Klee, E.: „Euthanasie" im NS-Staat. Die Vernichtung „lebensunwerten Lebens". Fischer, Frankfurt 1983

Kraepelin, E.: Hundert Jahre Psychiatrie. Z. Ges. Neurol. Psychiat. 38 (1918)

Mora, G.: Historische und theoretische Richtungen in der Psychiatrie. In Freedman,

A. M., H. I. Kaplan, B. J. Sadock, U. H. Pe-
ters: Psychiatrie in Praxis und Klinik, Bd. 7.
Thieme, Stuttgart 1989
Müller-Hill, B.: Tödliche Wissenschaft. Die
Aussonderung von Juden, Zigeunern und
Geisteskranken 1933–1945. Rowohlt, Ham-
burg 1984

Schmacke, N., H.-G. Güse: Zwangssterilisiert,
verleugnet, vergessen. Brockkamp, Bremen
1984
Schrenk, M.: Über den Umgang mit Geisteskranken. Springer, Berlin 1973
Sulloway, F. J.: Freud, Biologe der Seele. Edi-
tion Maschke, Köln-Lövenich 1982

2 Epidemiologie psychischer Störungen

Lernziele:
Wissen um den Zweck der Anwendung epidemiologischer Grundbegriffe
und Methoden in der Psychiatrie. Kenntnis der durch die Erhebung von
Daten über die Häufigkeit psychischer Krankheiten gestellten und/oder
beantworteten Fragen und der besonderen Schwierigkeiten und Grenzen
epidemiologischer Methoden in der Psychiatrie.

Definition: Epidemiologie ist die Wissenschaft, welche sich mit der Häufigkeit, der Verteilung und den statistischen Beziehungen von Krankheiten,
ihren möglichen Einflußfaktoren und Folgezuständen befaßt.

Vorgehensweise

Bevölkerungsuntersuchungen

– Über Identifikation von Krankheitsfällen durch Informanten (Hausmei-
ster, Nachbarn, Polizeibeamte, praktische Ärzte, Sozialarbeiter) – wenig
zuverlässig.
– Durch Untersuchung von Probanden einer repräsentativen Bevölkerungsstichprobe auf das Vorkommen von psychischen Störungen überhaupt
oder von bestimmten psychischen Krankheiten.

Untersuchung von Behandlungshäufigkeiten

Hier werden alle Krankheitsfälle, die in psychiatrischen oder psychosozialen
Einrichtungen auftauchen und dort als psychisch krank definiert worden
sind, gezählt.

Untersuchungsobjekte

Das Untersuchungsobjekt kann die Krankheitshäufigkeit in der Gesamtbevölkerung oder aber auch in bestimmten, trennscharf abgegrenzten Bevölkerungsgruppen sein (Männer – Frauen, Kinder – Jugendliche – Erwachsene –
Alte, Deutsche – Türken – Griechen – Italiener, Angehörige der Unter-

schicht – Mittelschicht – Oberschicht, aber auch Leptosome – Athletiker – Pykniker, usw.).

Außer zur Bestimmung der Häufigkeit von Krankheiten lassen sich epidemiologische Methoden auch zur Bestimmung der Häufigkeit des Auftretens psychopathologischer Syndrome oder Einzelmerkmale anwenden (in inhaltlicher Hinsicht zur Häufigkeit des Auftretens von Verfolgungsideen, in formaler Hinsicht bezüglich des Auftretens von Halluzinationen, Wahnwahrnehmungen, Zwangsgedanken usw.).

Grundbegriffe

Man bezeichnet als Inzidenz (Neuerkrankungsziffer) nur die Zahl der innerhalb einer definierten Bevölkerung tatsächlich neu aufgetretenen Krankheiten in einer Zeiteinheit. Prävalenz (Häufigkeit) ist die Zahl der Kranken zu einem bestimmten Zeitpunkt, bezogen auf die Bevölkerung oder eine Stichprobe.

Nicht nur die Inzidenz, sondern noch weit mehr die Dauer der Krankheit bestimmt, wie groß die Häufigkeit (Prävalenz) einer Krankheit zu einem gegebenen Zeitpunkt ist. Wenn die Zahl der Neuerkrankungen an Angina und an Neurosen gleich wäre, würde der Arzt doch ungleich mehr Neurosen zu behandeln haben, weil sie wesentlich länger andauern als eine Angina.

Je nachdem, ob der Anspruch erhoben wird, lediglich die Krankheitshäufigkeit in Behandlungseinrichtungen oder aber der Gesamtbevölkerung zu bestimmen, spricht man von Behandlungs- bzw. wahrer Prävalenz bzw. Inzidenz.

Der Eisberg in der psychologischen Medizin

Die weitaus meisten Untersuchungen beziehen sich auf Behandlungsinzidenz bzw. Prävalenz. Die Bestimmung der wahren Prävalenz bzw. Inzidenz bringt große methodische, aber auch praktische Schwierigkeiten mit sich und ist zudem sehr kostenaufwendig.

So bilden psychisch Kranke, die in psychiatrischen Fachinstitutionen auftauchen, die Spitze eines Eisberges (s. Abb. 1). Am Wasserspiegel finden sich die vielen psychisch Kranken, die sich in allgemeinärztlicher Behandlung befinden, von denen aber nur ein Teil als psychisch krank erkannt worden ist. Noch tiefer darunter befinden sich die psychisch und sozial Auffälligen oder Leidenden, denen gar keine Behandlung zuteil wird. In diesem „unteren" Bereich wird die Grenze zwischen Krankheit einerseits und nichtkrankhaften Auffälligkeiten bzw. Leiden andererseits immer unschärfer.

Wie groß die einzelnen Anteile des Eisberges sind, hängt ab von
– den gesellschaftlichen Vorstellungen und Definitionen von psychischer Krankheit,

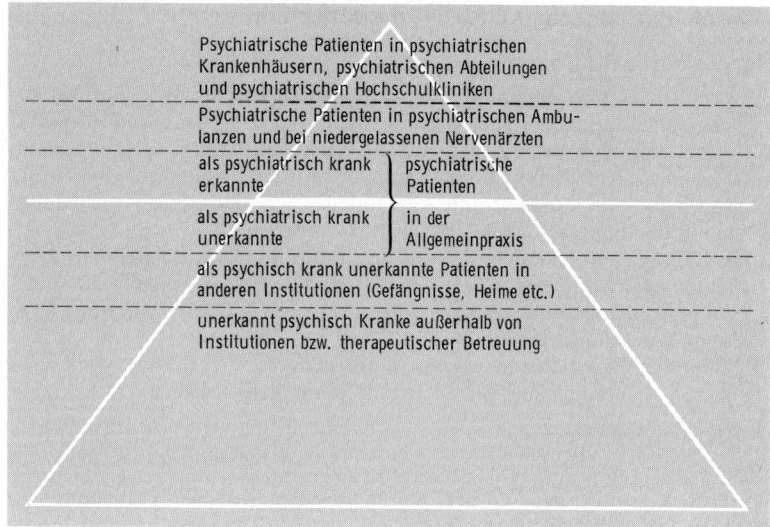

Abb. 1 Der „Eisberg" erkannter und unerkannter seelischer Leiden

– dem System der Gesundheitsversorgung im psychosomatischen, psychiatrischen und allgemeinmedizinischen Sektor, insbesondere dem Maß seiner ökonomischen und geographischen Zugänglichkeit für Patienten,

– den diagnostischen Fähigkeiten der Ärzte und der Sensibilität der Kranken und ihrer Umgebung gegenüber psychischem Leiden und den Symptomen,

– der Bereitschaft der Bevölkerung oder von bestimmten Bevölkerungsgruppen, sich in psychiatrische oder überhaupt in ärztliche Behandlung zu begeben, und, damit zusammenhängend,

– der Diskriminierung bzw. Akzeptanz psychischer Krankheiten in einer Kultur- oder einer Bevölkerungsgruppe,

– der Toleranz der Bevölkerung bzw. der für Sicherheit und Ordnung Verantwortlichen gegenüber sozialen Auswirkungen psychischer Krankheit und gegenüber Normabweichungen.

Für den Arzt stellt sich daher nicht nur die Frage „Was fehlt diesem Kranken?", sondern auch die Frage „Was führt – oder wer bringt – diesen Kranken zu mir?".

Zweck epidemiologischer Untersuchungen

Epidemiologische Untersuchungen können vielfachen Zwecken dienen:

1. Ermittlung von Daten für eine bedarfsgerechte Planung von Versorgungseinrichtungen (Versorgungsepidemiologie). Der aktuelle Bedarf ergibt sich aber nicht schon aus der Krankheitshäufigkeit (der wahren Inzidenz und Prävalenz), sondern auch aus der Zugänglichkeit von Behandlungseinrichtungen und -methoden sowie der subjektiven Bereitschaft und Fähigkeit, diese in Anspruch zu nehmen.
2. Erteilung von Handlungsanweisungen für den untersuchenden Arzt: Häufige Krankheiten in der Gesamtbevölkerung bzw. einer Bevölkerungsgruppe sind eben im diagnostischen Prozeß öfter in Erwägung zu ziehen als seltene Krankheiten.
3. Über eine Feststellung von Häufigkeitsunterschieden Bildung von Hypothesen über mögliche ursächliche Faktoren von Krankheiten.

Festgestellte Häufigkeitsunterschiede von Krankheiten in verschiedenen Kulturen, verschiedenen Sozialschichten, bei verschiedenen Berufen oder verschiedenen Rassen sind noch kein Beweis für die Ursächlichkeit an der Krankheitsentstehung. Beispiel: Tritt eine Krankheit bei bestimmten Rassen häufiger auf, können nicht nur biologische, sondern auch kulturelle oder soziale Faktoren dafür verantwortlich sein, tritt sie umgekehrt bei bestimmten Kulturen häufiger auf, gilt das gleiche für biologische Faktoren. Oder: Werden bei Unterschichtsangehörigen und bei Slumbewohnern mehr Schizophrene oder Alkoholiker gezählt, so bleibt zunächst offen, ob die sozialen und ökologischen Lebensbedingungen krankheitsverursachend waren oder aber die Krankheit und ihre sozialen Folgen zu einem sozialen Abstieg und damit zu einer Abwanderung in Slumgebiete geführt haben bzw. zu der Unfähigkeit, sozial aufzusteigen und in bessere Wohngegenden umzuziehen (Stress- vs. Drift- und Non-starter-Hypothese).

Epidemiologische Eigenschaften psychischer Krankheiten

Psychische Krankheiten haben Eigenarten, die sich auf ihre epidemiologische Erfaßbarkeit auswirken:

1. Sie werden von Betroffenen und ihren Angehörigen oft verschwiegen. Das Ausmaß an Diskriminierung und Tabuisierung psychiatrischer Morbidität kann in verschiedenen Bevölkerungsgruppen sehr unterschiedlich sein. Unterschiedlich diskriminierend bzw. tabuisiert können auch verschiedene psychische Krankheiten sein (Alkoholismus, Drogenabhängigkeit, Schizophrenie, Depression, Manie, psychische Altersveränderungen usw.). Die „verschwiegenen" Fälle verzerren epidemiologische Ergebnisse.
2. Die Abgrenzung gegenüber nichtkrankhaften Leidenszuständen und Normabweichungen ist fließend und wird von Kultur zu Kultur, von Sozialschicht zu Sozialschicht unterschiedlich vorgenommen. Das gleiche gilt bezüglich der Abgrenzung von „körperlichen" und „seelischen" Leiden.

3. Die Trennschärfe der Krankheitsmerkmale (Symptome) bezüglich der Diagnose ist in weiten Bereichen der Psychiatrie (eine Ausnahme machen körperlich begründbare psychische Störungen mit klaren somatischen Außenkriterien) weitaus geringer als in der Körpermedizin. Einmal besteht zwischen den Untersuchern keine Einigkeit, wie eine Krankheit (beispielsweise Schizophrenie von Depression oder Borderline-Fällen) von einer anderen abzugrenzen sei. Für einzelne psychische Krankheiten, wie der Schizophrenie, hat die Weltgesundheitsorganisation Vorschläge für eine Konvention gemacht, welche Symptomkonstellation die entsprechende Diagnose rechtfertigt. Einen ähnlichen Versuch stellt das DSM III und das DSM III-R (Diagnostic and Statistical Manual) der American Psychiatric Association dar. Dies ist ein erster Schritt zur begrifflichen Vereinheitlichung der Diagnostik.

4. Aber auch in der diagnostischen Praxis kommt wegen des häufigen Zustandswechsels bei psychischen Krankheiten, aber auch der unterschiedlichen Sicht- und Wahrnehmungsweise der Untersucher oft keine Einigkeit darüber zustande, ob die definierten Merkmale bei einer Person vorhanden sind oder nicht. Rating scales, nach denen verschiedene Untersucher den gleichen Patienten beurteilen, sind ein weiterer Schritt zu größerer Übereinstimmung in der Diagnostik.

5. Der Beginn psychischer Krankheiten ist oft schwer festzustellen. Eher ist das Auftreten auffälliger Symptome zeitlich festlegbar.

6. Psychische Krankheiten dauern oft sehr lange.

7. Ihre Symptome verschwinden oft mit und ohne Behandlung.

8. Rezidive der Symptomatik sind häufig.

Erhebungstechniken

Psychiatrische Epidemiologie beginnt mit der Frage „Was ist ein Fall?". Für den praktizierenden Arzt ist jeder Patient, den er zum ersten Mal sieht, ein „neuer Fall". Der Epidemiologe, der sich mit psychischen Krankheiten befaßt, muß sich aber auch fragen,

– ob eine psychische Störung der Hauptanlaß für einen Arztbesuch war,
– ob psychische Störungen wesentlich zum Beratungsgrund beigetragen haben und
– ob etwa eine psychische Störung als Nebenbefund, ohne Zusammenhang mit dem aktuellen Anlaß für den Arztbesuch, festgestellt wurde.

Diese Fragen hat sich auch jeder Arzt zu stellen, der einen Diagnose- und Therapieplan aufstellt. Darüber hinaus muß der Epidemiologe weiter fragen, ob die Krankheit oder deren Symptome neu aufgetreten sind, ob sie – unbehandelt – vorher bestanden haben oder ob deswegen schon eine Behandlung vorgenommen wurde.

Am häufigsten werden in der Epidemiologie Behandlungsfälle gezählt: Der „Fall" ist in Wirklichkeit ein Behandlungsfall. Oder anders ausgedrückt: Gezählt wird, was beim Eisberg oberhalb der Wasserlinie liegt.

Wird jedes Individuum in einer bestimmten Bevölkerungsgruppe oder -stichprobe untersucht, ist es notwendig, hierbei die gleichen Methoden zu verwenden und mit demselben Maßstab zu messen. Unstrukturierte klinische Untersuchungen führen nicht zu reproduzierbaren Ergebnissen. Daher bietet sich die Fragebogentechnik an: Alle Personen erhalten dieselben Fragen vorgelegt und müssen auf diese mit Antworten reagieren. Fragebögen „produzieren" Symptome, d. h., sie rufen häufig positive Antworten auf Fragen nach Symptomen hervor, die spontan nicht angegeben würden. Das Verständnis und damit die richtige Beantwortung hat erst ein „kulturelles Filter" zu durchlaufen (Bekanntheit der verwendeten Ausdrücke, Tolerierung von Symptomen durch die Kultur). Die Häufigkeit von Antworten wird u. a. auch durch den Wortlaut der Fragen mitgeprägt.

Beispiel: „Leiden Sie regelmäßig unter...?"
        „Haben Sie gelegentlich...?"
        „Hatten Sie schon einmal in Ihrem Leben...?"

Die erste Formulierung erbringt die wenigsten, die letzte die meisten positiven Antworten.

Freie Anamnese und standardisierte Befragung (vom Arzt erfragt oder selbstausgefüllte, evtl. vom Computer ausgewertete Fragebogen) unterscheiden sich also nicht nur rein technisch voneinander, sondern es handelt sich hier um zwei qualitativ verschiedene Instrumente zur Messung des gleichen Sachverhaltes.

Ergebnisse psychiatrischer Epidemiologie

Wie Untersuchungen in verschiedenen Ländern zeigen, leiden 14 bis 17% der Bevölkerung an Störungen, die in die grobe Kategorie „psychische Störungen" einzugliedern sind. Den Hauptanteil davon machen neurotische Entwicklungen, Persönlichkeitsstörungen und psychosomatische Störungen aus. Die Häufigkeit ist größer bei Frauen als bei Männern. Der Häufigkeitsgipfel liegt etwa bei 50 Jahren, danach werden psychische Störungen – mit Ausnahme von typischen Altersveränderungen – seltener diagnostiziert.

Etwa ein Drittel aller Patienten, die in der BRD innerhalb von 14 Tagen einen Allgemeinpraktiker aufsuchen, leidet an einer behandlungsbedürftigen psychischen Störung.

In der Praxis des Internisten leiden 40 bis 50% der Patienten mittleren Alters an Krankheiten, bei denen eine psychosomatische Komponente mitspielt.

Angesichts der großen Häufigkeit psychischer Störungen muß allerdings erwartet werden, daß auch unter den organisch Kranken ein erheblicher Prozentsatz psychische Störungen aufweist, die mit der organischen Krankheit in keinen unmittelbaren Zusammenhang zu bringen sind.

Es muß hier aber nochmals darauf hingewiesen werden, daß die Häufigkeit des Auftretens psychischer Störungen in ärztlichen Behandlungseinrichtungen, aber auch in der Gesamtbevölkerung, entscheidend abhängt von gesellschaftlichen Definitionen, die kultur- und zeitgeprägt sind, von dem Ausmaß gesellschaftlicher Tabuisierung und Diskriminierung, wie von dem Gewicht, das ihnen von Ärzten und Nichtärzten zugemessen wird, aber auch von der allgemeinen Bereitschaft, sich – etwa angesichts der Angst um den eigenen Arbeitsplatz – als psychisch krank zu deklarieren.

Epidemiologie der einzelnen psychischen Krankheiten

Endogene Psychosen

Der Epidemiologe steht wie jeder Arzt vor dem Problem, eine endogene Psychose von zwar auffälligem, aber nicht krankhaftem Verhalten, aber auch von anderen nichtpsychotischen psychischen Störungen zu unterscheiden. Besonders wenn epidemiologische Untersuchungen von bereits von anderen Untersuchern gestellten Diagnosen (Krankengeschichten) ausgehen, ergeben sich wegen unterschiedlicher diagnostischer Kriterien der Erstuntersuchung Verzerrungen, die Häufigkeitsvergleiche praktisch unmöglich machen. In England und im deutschen Sprachraum wird häufiger die Diagnose „Depression" gestellt als in den USA, bei der Schizophrenie ist dies eher umgekehrt. Vorschläge zur Vereinheitlichung der diagnostischen Schlußfolgerungen aus festgestellten Symptomen, wie in der WHO-Pilotstudie „Schizophrenie" und im DSM III und DSM III-R, haben sich in der Forschung bewährt, in der psychiatrischen Alltagspraxis jedoch nicht durchgesetzt.

1. Schizophrenie. Unter den Aufnahmezahlen in psychiatrischen Krankenhäusern steht die Schizophrenie mit etwa 25% der Erstaufnahmen immer noch an zweiter Stelle. Schizophrene bilden auch immer noch mehr als die Hälfte der chronisch Hospitalisierten, da sie durchschnittlich länger im psychiatrischen Krankenhaus verbleiben als Kranke mit anderen psychiatrischen Diagnosen. In den letzten Jahren ist durch die Verlegung zahlreicher chronisch schizophrener Patienten in Wohnheime hier aber ein gewisser Wandel eingetreten: Die Zahl der chronisch schizophrenen Patienten in psychiatrischen Krankenhäusern hat kontinuierlich abgenommen.

Zuverlässige Zahlen über ambulant behandelte schizophrene Patienten stehen nicht zur Verfügung.

Schätzungen ergeben, daß unter Erwachsenen etwa 0,25% der Bevölkerung pro Jahr erstmalig einen schizophrenen Schub durchmacht. Etwa 1% der Bevölkerung muß in seinem Leben eine schizophrene Erkrankung befürchten.

Im transkulturellen Vergleich ergeben sich erhebliche Häufigkeitsunterschiede. Bei repräsentativen Bevölkerungsstichproben war die (demographisch) korrigierte Inzidenz von Schizophrenie mit 10 pro 1000 an der norwegischen Westküste fast doppelt so hoch wie in Japan (5 bzw. 4,9 pro 1000). In Thüringen wurde eine Inzidenz von lediglich 3,8 pro 1000 festgestellt.

2. Manisch-depressive Erkrankungen. Während manische Zustände sich durch ihre Auffälligkeiten leicht identifizieren lassen, sind die depressiven Phasen im Rahmen einer manisch-depressiven Erkrankung von neuroti-

schen, involutiven aber auch chronisch-reaktiven depressiven Zuständen schwer zu unterscheiden. Die Ergebnisse von epidemiologischen Untersuchungen sind hier deshalb noch unsicherer als bei Schizophrenen. Manisch-depressive Patienten machen nur einen kleinen Teil der psychiatrischen Krankenhauspopulation aus. Häufiger als Schizophrene finden endogen Depressive sich in psychosomatischen Abteilungen und in Allgemeinkrankenhäusern. Ein großer Teil endogen-depressiver Patienten wird jedoch ambulant, vor allem in Nervenarztpraxen, behandelt.

Die Erstaufnahmerate von depressiven Kranken beträgt im Bundesdurchschnitt ca. 8 bis 10 auf 100000 Einwohner. Die korrigierte Inzidenz ergab bei Bevölkerungsstichproben in verschiedenen Ländern Werte von 1,1 bis 8,7 pro 1000, was sicher nicht nur Häufigkeitsunterschiede, sondern auch die genannten Verzerrungen bei ihrer Erhebung widerspiegelt. Etwa 0,5% der Menschen müssen die Erwartung haben, im Laufe ihres Lebens manisch-depressiv zu erkranken.

Psychische Störungen im höheren Lebensalter

Psychische Störungen im höheren Lebensalter, darunter besonders Demenz und Verwirrtheitszustände, stehen an erster Stelle psychiatrischer Krankenhausaufnahmen in der Bundesrepublik: sie machen 25 bis 30% aus. Bei Bevölkerungsstichproben ergab die korrigierte Inzidenz Werte von 2,2 bis 25,2 pro 1000. Die großen Unterschiede dürften damit zusammenhängen, daß die Abgrenzung von krankhaften psychischen Altersstörungen von normalen Alterungsvorgängen unterschiedlich erfolgt ist.

Alkohol- und Suchtkrankheiten

Der prozentuale Anteil von Alkohol- und anderen Suchtkranken unter den Aufnahmen in psychiatrischen Krankenhäusern hat im letzten Jahrzehnt ständig zugenommen. Alkohol- und Tablettenabhängige machen etwa 30% der Aufnahmen der psychiatrischen Abteilungen der Medizinischen Hochschule Hannover aus. Dabei handelt es sich allerdings überwiegend um Wiederaufnahmen, nur zu einem kleineren Teil um Erstaufnahmen.

In der Bevölkerung der BRD muß man mit 2–3% Alkohol- und Tablettenabhängigen rechnen. Demgegenüber tritt die Zahl von Rausch- und Betäubungsmittelabhängigen stark zurück.

Neurosen und Persönlichkeitsstörungen

Die Häufigkeit von Neurosen und Persönlichkeitsstörungen ist besonders schwer zu bestimmen. Manche der an ihnen Leidenden bleiben unbehandelt, viele andere werden, unidentifiziert, wegen körperlicher Beschwerden therapiert. Von den identifizierten Fällen taucht der größte Teil in psychotherapeutischen Behandlungseinrichtungen auf. In stationärer Behandlung befindet sich nur ein verschwindend kleiner Anteil der an Neurosen oder Persönlichkeitsstörungen leidenden Patienten.

Schätzungen des prozentualen Anteiles von neurotisch Kranken und persönlichkeitsgestörten Menschen an der Gesamtbevölkerung schwanken von 5 bis 20%. Die festgestellten Häufigkeiten sind hier am stärksten abhängig von gesellschaftlichen oder kulturell geprägten Krankheitsdefinitionen, die sich von der Beeinträchtigung des körperlichen, seelischen oder sozialen Wohlbefindens (WHO-Definition) bis zur Beeinträchtigung der Arbeitsfähigkeit bzw. zur psychosozialen Auffälligkeit erstrecken können. Es gibt Häufigkeitsunterschiede bei der Neurose und bei psychosomatischen Störungen zwischen verschiedenen Orten sowie am gleichen Ort zwischen verschiedenen Bevölkerungsgruppen (zwischen Verheirateten, Ledigen und Geschiedenen, zwischen Sozialschichten usw.). Solche Unterschiede finden sich, weniger ausgeprägt, auch bei anderen psychischen Krankheitszuständen. Generelle Aussagen über schichtspezifische Häufigkeiten lassen sich jedoch noch nicht machen. Nachgewiesen ist jedoch, daß die Symptome durch die jeweilige Kultur mitgeprägt werden.

Eine Häufigkeitszunahme dieser Störungen im Laufe der letzten Jahrzehnte ist ebensowenig nachzuweisen wie eine besondere Häufung in Großstädten oder unter bestimmten Gesellschaftssystemen.

Schlußfolgerungen

Die Epidemiologie zeigt, daß psychische Störungen infolge ihrer langen Dauer und ihres häufigen Auftretens so verbreitet sind, daß jeder praktizierende Arzt an jedem Tag mehrere solcher Patienten sieht. Der Arzt wird den psychischen Störungen nur gerecht, wenn er sie ebenso ernst nimmt wie die organischen Krankheiten. Der Satz „Lieber zehnmal zuviel, als einmal zuwenig eine organische Krankheit diagnostizieren" verharmlost die Bedeutung psychiatrischer Störungen in der Allgemeinpraxis. Umgekehrt muß sich der Arzt auch davor hüten, von einer psychischen Störung überall dort zu sprechen, wo ihm keine ausreichenden Informationen zur Verfügung stehen. Die diagnostische Etikettierung ist ihrerseits ein sozialer Faktor, der psychisches Verhalten beeinflussen kann.

Literatur

Cooper, B., H. G. Morgan: Epidemiologische Psychiatrie. Urban & Schwarzenberg, 1977

Cranach, M. v., A. Finzen: Sozialpsychiatrische Texte. Springer, Berlin 1972

Degkwitz, R., P. W. Schulte: Einige Zahlen zur Versorgung psychisch Kranker in der BRD. Nervenarzt 42 (1971) 169

Diagnostic and Statistical Manual of Mental Disorders, 3rd ed. American Psychiatric Association, Washington 1980

Diagnostic and Statistical Manual of Mental Disorders, 3rd ed. – Revised. American Psychiatric Association, Washington 1987

Häfner, H.: Modellvorschläge in der Sozialpsychiatrie, dargestellt am Beispiel einiger psychiatrisch-epidemiologischer Forschungsergebnisse. Z. Psychother. med. Psychol. 19 (1969) 85

Pflanz, M.: Allgemeine Epidemiologie. Thieme, Stuttgart 1973

Reid, D.D.: Epidemiologische Methoden in der psychiatrischen Forschung. Thieme, Stuttgart 1966

Wulff, E.: Ethnopsychiatrie. Akademische Verlagsgesellschaft, Wiesbaden 1978

3 Soziale und kulturelle Zusammenhänge

Lernziele:
Einschätzung der allgemeinen Bedeutung sozialer Bedingungen (Kultur, Gesellschaftsordnung, Nachbarschaft, soziale Schicht, soziale Institutionen, Beruf, Familie) für Entstehung, Auslösung, Symptomgestaltung und Verlauf psychiatrischer und psychosomatischer Störungen.

Worauf wirken soziale Faktoren ein?

Soziale Faktoren können

- die Entstehung (daß jemand überhaupt erkrankt),
- die Auslösung bei vorhandener Disposition (daß jemand zu einem bestimmten Zeitpunkt erkrankt),
- die Symptomwahl (z.B. daß jemand einen Verfolgungswahn und nicht einen Berufungswahn oder einen Schuldwahn ausbildet) sowie
- den Verlauf psychischer Erkrankungen beeinflussen.

Ursprungs- bzw. Austragungsfelder seelischer Störungen

Zu unterscheiden sind dabei Ursprungs- und Austragungsfeld seelischer Störungen.

Beispiel: Durch pathologische Familiendynamik entstandene psychische Störungen können vorwiegend im Betrieb ausgetragen werden bzw. umgekehrt. Ursprungs- bzw. Austragungsfelder können sein

1. Die Familie als kleinste soziale Einheit. Familiäre Konflikte sind in der Praxis sehr wichtige Krankheitsfaktoren (s. S. 83);
2. Betrieb und Beruf, wobei Betriebsklima und -organisation, drohender oder tatsächlicher Verlust des Arbeitsplatzes eine größere Bedeutung haben als der Beruf als solcher.
3. Wohnung, Wohnort, Gemeinde, Nachbarschaft. Besonders ältere Menschen dekompensieren oft nach einem Umzug in eine neue Wohnung oder in ein Heim. Psychosoziale Risikofaktoren stellen auch Schlafstädte dar, denen Kommunikationszentren (Läden, Gaststätten, Spielplätze usw.) fehlen. Das gleiche gilt für Slums in Großstädten usw.
4. Sozialschicht und Subkultur. Minoritätengruppen, aber auch verschiedene soziale Schichten bilden eigene Normen und eigene Umgangsweisen

der Menschen untereinander aus, können zu Privilegierungen bzw. Benachteiligungen im Hinblick auf die Realisierbarkeit von Lebenszielen führen. In verschiedenen sozialen Schichten findet man auch einen unterschiedlichen Umgang mit Schmerz, aber auch mit seelischem Leiden.
5. Kultur und Gesamtgesellschaft. Sie verfügen über Normen, die sie von anderen Kulturen und Gesellschaften unterscheiden, stellen aber auch unterschiedliche Lebensbedingungen für die Menschen bereit.

Kulturelle Einbettung seelischer Störungen

Seelische Störungen und Behinderungen sind, ebenso wie die unbehinderte Entwicklung seelischer Fähigkeiten und Eigenschaften eines Menschen, in kulturelle und gesellschaftliche Zusammenhänge eingebettet. Dies gilt auch für wissenschaftliche Beschäftigung mit ihnen (Begriffssystem) sowie für Therapie und Behandlungsformen (Institutionen).

Eine solche Einbettung läßt sich auf den Ebenen der Symptomformulierung, der Verursachung und des Verlaufs verfolgen.

Symptomformulierung

In Kulturen oder sozialen Schichten, wo seelische Leiden (oder bestimmte Formen seelischer Leiden) keine gesellschaftliche Anerkennung finden, werden sie zumeist (durch Somatisierung) körperlich artikuliert. Somatisierungen psychischer Probleme sind bei Unterschichten besonders häufig. Sie treten auch dort auf, wo eine Verständigung über die kulturellen Lebensgrundlagen zwischen Arzt und Patient unmöglich ist (NATHAN 1986).

Seelisches Leiden – aber auch seelische Störungen – greifen kulturell und gesellschaftlich vorgeprägte Bilder bzw. Annahmen über Ursache-Wirkungs-Verhältnisse auf, in denen sich die veränderte innere Verfassung am besten ausdrücken läßt: z. B. Versündigungswahn bei Depressiven in christlichen Kulturen, Wahnsysteme dort, wo Systematisierung von Denkgegenständen zu den gesellschaftlichen Konventionen gehört usw. – in entwickelten Industriegesellschaften oder bei gebildeten Oberschichten in der 3. Welt.

Störungen können nur an denjenigen Strukturen geistig-seelischer Fähigkeiten ansetzen,

– die in einer Kultur bzw. Gesellschaft auch schon entwickelt und ausdifferenziert worden sind, und dies auch nur
– dann, wenn diese kulturell vorgegebenen Fähigkeiten von den betroffenen Menschen auch individuell ausgebildet worden sind.

In Stammeskulturen, wo in weiten Lebensbereichen magisches (und noch nicht logisch-diskursives) Denken vorherrscht und wo Wahrnehmungen und Vorstellung noch nicht streng geschieden sind, haben Sinnestäuschungen und formale Denkstörungen noch nicht notwendigerweise Symptomcharakter. In Industrienationen, wo eine strenge Trennung von Wahrnehmung und

Vorstellung dem erwachsenen Wachbewußtsein ebenso abverlangt wird wie die Unterwerfung des Denkens unter logisch-diskursive Kategorien, sind Sinnestäuschungen und formale Denkstörungen hingegen zumeist Krankheitssymptome.

Bei manchen psychischen Leiden, insbesondere bei schizophrenen Psychosen, gehen gerade die kulturellen und gesellschaftlichen Bedeutungen von Gegenständen, ihren Beziehungen zueinander und ihre Zusammenhänge, des „Wirklichkeitscharakters" für den Kranken verlustig, verlieren sie ihre subjektive Bedeutsamkeit für ihn (Devereux 1974).

Merke: Symptomformulierung ist ein Interaktionsprozeß, der 1. zwischen dem psychisch leidenden und/oder gestörten Menschen und seiner Gesellschaft stattfindet, 2. in einem kulturellen Zusammenhang eingebettet ist, 3. von dem Grad der in einer Kultur und beim einzelnen entfalteten geistigen und psychischen Fähigkeiten abhängt und 4. durch die Arzt-Patient-Beziehung und 5. durch die Lebensgeschichte und die aktuelle Situation beeinflußt wird.

Verursachung

Unspezifische Belastungen. Verursachungsbeziehungen von Krankheiten können spezifisch oder unspezifisch sein. Unspezifische Belastungen werden auch als sozialer Streß bezeichnet. Streß bedeutet immer das Zusammenspiel zwischen der Belastung und der Reaktion darauf. Belastung an sich macht – außer in Extremsituationen (s. S. 25) – noch nicht krank, entscheidend ist vielmehr, welche Bedeutung die Belastung für das Individuum hat. Erst nach Überschreiten einer bestimmten, individuell unterschiedlichen Schwelle kann eine gegebene soziale Belastung jeden Menschen krank machen. Manche Menschen werden auch krank beim Fortfall einer starken Belastung (Entlastungsneurose, Entlastungsdepression).

Krankheit bedeutet oft auch ein Scheitern des Versuchs eines adäquaten Umgangs mit Belastungen.

Spezifische Belastungen. Sozialepidemiologische Untersuchungen können statistische Korrelationen zwischen operationalisierbaren kulturellen und/oder sozialen Faktoren und seelischen Krankheiten aufweisen (Beispiel: zwischen Schizophrenie und Sozialschicht, zwischen Arbeitslosigkeit und Alkoholismus usw.). Ob eine solche Korrelation einer ursächlichen Beziehung entspricht, kann nur durch komplexe statistische Forschungsstrategien abgeklärt werden. Solche Fragestellungen nach einer primären Verursachung seelischer Krankheit durch soziale Umstände (primäre Soziogenese) sind heute oft überhaupt nicht zu beantworten.

Kulturelle und soziale Bedingungen können sich (durch Erziehungspraktiken, allgemeines Lebensmilieu) auch *persönlichkeitsprägend* auswirken (sekundäre Soziogenese). Im Wechselspiel mit konstitutionellen Faktoren können sie also nicht nur zu Krankheits*symptomen*, sondern auch zu unterschiedlichen *Dispositionen* gegenüber verschiedenen Belastungssituationen führen (wunde Punkte oder umgekehrt besondere Widerstandsfähigkeit). Kulturell und gesellschaftlich bedingt sind auch viele psychische Abwehrformen gegenüber gesellschaftlich verbotenen Wünschen etc., manchmal aber auch ihr Fehlen (ANNA FREUD, DEVEREUX 1974 u. a.).

Rascher kultureller Wandel und gesellschaftliche Veränderungen (z. B. Massenarbeitslosigkeit) können bei vorhandenen „wunden Punkten" bzw. „Schwachstellen" zu Dekompensationen – d. h. zum *Manifest*werden – vorher nur *latenter* psychischer Krankheitsbereitschaften führen. Der einzelne gerät in Situationen, denen gegenüber ihm angemessene Verarbeitungsmuster fehlen. Das gleiche kann in Entwurzelungssituationen (Massenemigrationen, Gastarbeiterproblematik usw.) geschehen.

3. Verlauf (tertiäre Soziogenese)

Soziale Bedingungen können sich auch auf den Verlauf psychischer Krankheiten auswirken. Fehlen von Behandlungseinrichtungen, aber auch ein allzu engmaschiges Netz von psychosozialen Diensten, denen keine Auffälligkeit entgeht, können zu unterschiedlichen Krankenkarrieren führen. Reizarme Verwahrungsanstalten bewirken zusätzlich zu den primären Krankheitszeichen eine „zweite Krankheit" (WING u. BROWN 1970), das Hospitalismussyndrom. Umgekehrt können bei manchen, insbesondere bei chronisch schizophrenen Kranken, sie überfordernde Rehabilitationsversuche zu akut-psychotischen Rückfällen und/oder tiefen Depressionen bis zum Suizid führen.

Schlußfolgerungen

Merke: Die Kenntnis sozialer Krankheitsfaktoren darf den Arzt nicht daran hindern, Individual- und Sozialanamnese primär auf den individuellen Patienten zu beziehen. Viele Facetten der Krankheit des Patienten werden aber erst verständlich, wenn man ihn auch als Glied verschiedener Gruppen sieht. Man darf sich nicht damit begnügen, sozial belastende Faktoren zu eruieren und diese als letzte und ausschließliche Ursachen zu betrachten. Körpergeschehen, individuelle Psychodynamik und Soziodynamik sind im Krankheitsgeschehen miteinander verflochten.

Literatur

Devereux, G.: Normal und Anormal. Suhrkamp, Frankfurt 1974

Faris, R. E. L., H. W. Dunham: Mental Disorders in Urban Areas. University of Chicago Press, Chicago 1939

Freud, A.: Das Ich und die Abwehrmechanismen. Kindler, München 1975

Hollingshad, A. P., F. C. Redlich: Social Class and Mental Illness. Wiley, New York 1958

Katschnig, H.: Sozialer Streß und psychische Erkrankung. Urban & Schwarzenberg, München 1980

Kleiber, D., D. Henkel: Arbeitslosigkeit und Alkoholismus. In: Jahrbuch für Psychopathologie und Psychotherapie IV/1983. Studien zur kritischen Psychologie. Pahl-Rugenstein, Köln 1983 (S. 18–42)

Nathan, T.: La folie des autres. Traité d'ethnopsychiatrie clinique. Dunod, Paris 1986

Wing, J.K., G.W. Brown: Institutionalism and Schizophrenia. University Press, Cambridge 1970

Wulff, E.: Ethnopsychiatrie. Akademische Verlagsgesellschaft, Wiesbaden 1978

Wulff, E.: Psychisches Leiden und Politik. Campus, Frankfurt 1981

4 Verarbeitung und Folgen von Extrembelastungen (Soziale Isolierung, Haft, Terror, Psychoindoktrination)

Lernziel:
Kenntnis der psycho(patho)logischen Begleiterscheinungen und Folgen extremer Belastungen durch Isolationshaft unter Angstdruck, Haft unter Terrorbedingungen und destruktiver Psychoindoktrinierung.

Klassifikation:
ICD: 308 psychogene Reaktion (akute Belastungsreaktion), 309.1 längerdauernde depressive Reaktion, 312 Störungen des Sozialverhaltens, 298 reaktive und psychogene Psychosen, DSM III: 308.30, 309.81 akute und chronische posttraumatische Belastungsreaktion, 298.80 kurze reaktive Psychose.

Die seelische Gesundheit jedes Menschen hängt u.a. von hinlänglich absichernden, relativ gefahrlose und angstfreie zwischenmenschliche Kontaktnahmen garantierenden Minimalbedingungen seiner mitmenschlichen Situation ab. Überschreiten mitmenschliche Isolierung, Angstdruck, Infragestellung des bisherigen Lebensentwurfs und der Zukunftsperspektive nach Intensität und Dauer kritische Grenzen, so erfolgt „Anpassung" auf dem Notfallniveau psycho*patho*logischer Verarbeitung. Es kommt, in Abhängigkeit von der psychosozialen Widerstandsfähigkeit des Betroffenen (Ich-Stärke, Identifikation mit situationsübergreifenden Idealen usw.), zu kurzfristigen oder überdauernden psychoreaktiven, psychosomatischen oder psychotischen Störungen. Deren Art (akuter Erregungs-, Erstarrungs- oder Dämmerzustand, chronifizierende reaktive Depression, vegetativ-asthenische Schwächungen gedehnter Art, akute und chronische psychosomatische Reaktionen usw.) wird einerseits durch die vorgeformte Bedürfnisdynamik der Persönlichkeit, andererseits durch das Brutalitätsprofil des situativen „Stressors" bestimmt.

Es gilt: Der Mensch ist im Extrembereich nicht grenzenlos belastbar. Er übersteht solche Lagen, wenn er sie überlebt, unter mehr oder minder dauernder Preisgabe seines leibseelischen Wohlbefindens, insbesondere seiner mitmenschlichen Vertrauensfähigkeit, Selbstsicherheit und Stimmungsstabilität.

Verarbeitung akuter Erfahrungen von Schreck, Angst, Gewalt

Psychiatrische Störungen bei Opfern bedrohlicher Raubüberfälle und Sexualdelikte, bei Beteiligten und Zeugen von Verkehrskatastrophen mit der Tötung Nahestehender, bei Überlebenden nach Geiselnahme und Mordanschlägen, bei Menschen nach Ermordung naher Angehöriger, bei Überlebenden nach technischen und Naturkatastrophen (Verschüttungen, Explosionen, Erdbeben) beschäftigen den Arzt zunehmend mehr. Im akuten Stadium der Verarbeitung schwerer Ängstigungen und Verluste stehen oft Erstarrung oder erregte Bewegungsstürme mit psychogener Bewußtseinseinengung im Vordergrund. Später kann es zu hartnäckigen Verfestigungen von Angst oder Trauer im Verhalten dieser Menschen kommen. Wird die Bedrohungserfahrung aus dem Bewußtseinsfeld verdrängt oder abgespalten, stellen sich psychosomatische (s. S. 119 ff) oder konversionsneurotische (s. S. 94) Erscheinungen ein.

Klinisch-psychiatrische Therapie ist hier selten erforderlich, allenfalls bei Suizidalität. In den Initialstadien können angstdämpfende Psychopharmaka eingesetzt werden. Unterstützend-psychotherapeutische Begleitung im alsbald wiederherzustellenden gewohnten Lebensumkreis der Betroffenen ist wichtig. Steht die Verdrängung des Erlebnistraumas im Vordergrund, kann gezielte psychotherapeutische Aufarbeitung („Katharsis") nützlich sein. – Der Allgemeinarzt wird hier früh den Arzt für Psychiatrie einschalten, um den einzuschlagenden psychotherapeutischen Weg festzulegen und Art und Ausmaß psychischer Schäden zu präzisieren (letzteres im Hinblick auf haftungs- und entschädigungsrechtliche Regelungen für Unfall- und Gewalttatenopfer).

Isolation unter Extrembedingungen

Die experimentelle Erforschung des Erlebens und Verhaltens unter *sensorisch-sozialer Deprivation*, etwa mittels einer *Camera silens* (schwingungsfreie Aufhängung eines „Raumes im Raum" bei abstufbarer akustischer und mitmenschlicher Isolierung), zeigt bei gesunden Versuchspersonen alsbald Anhebung der Angst, verstärkten Projektionsdruck bis hin zu Sinnestäuschungen und wahnhaften Umgebungsumdeutungen bzw. Absinken in regressiv-kindliches Abhängigkeitsverhalten. Solche Experimentalsituationen simulieren notvolle reale Grenzlagen des Menschen im Dunkelarrest, in der Intensivpflege, nach beidseitigen Augenoperationen, in der Dunkelhaft, bei Verschüttungen.

Einzel- und Dunkelhaft können bei Menschen ohne vorbereitete Einübung in psychologischem Widerstand zu schweren psychischen Krisen bis hin zu psychosenahen Zuständen führen. (Der alte psychiatrische Begriff des „Haftkollers" verharmlost solche Zustände eher.) Aggressive Bewegungsstürme, wahnhafte Umgebungsumdeutungen, suizidale Durchbrüche treten auf. Gedehnte depressive Rückzüge und phobisches Vermeidungsverhalten gegenüber Signalen, welche eine mögliche Wiederholung der ängstigenden

Szene symbolisieren, können beharren. Für die Chronifizierung solcher Beeinträchtigungen spielen zermürbende Zusatzbedingungen (Aushungerung, Exponierung gegenüber monotonen Angstreizen, Schlafentzug, Dauerbeleuchtung, belastende Verhörspraktiken) eine begünstigende Rolle. Letzter Selbstschutz bei Geständniserpressungen: Unterwerfung unter den oder gar Identifizierung mit dem Aggressor. – Einzelhaft im rechtsstaatlich fundierten Justizvollzug führt im Regelfall nicht zu psychiatrisch bedeutsamen Krisen. Verbindet sich Einzelhaft mit Kontaktbeschränkung und entrückter Freiheitsperspektive („Lebenslängliche"), so können bei disponierten Persönlichkeiten Verhaltensabwandlungen im Sinne chronischer Neurosen oder Persönlichkeitsstörungen (s. S. 105 ff) auftreten. In der Bundesrepublik regelt ein Gesetz zur Entschädigung für Opfer widerrechtlicher Haft deren Entschädigung; hier kann der Arzt als Gutachter gefordert werden.

Psychische Schäden bei länger währenden Extrembelastungen (Verfolgungsterror)

Die Erforschung psychischer Dauerschäden bei den aus „rassischen", politischen und religiösen Gründen verfolgten Opfern des Naziregimes hat den Blick dafür eröffnet bzw. geschärft, daß Leben unter terrorgeprägten Extrembedingungen (Ghettoisierung, Leben in Illegalität und Versteck, Zwangsarbeits- und Konzentrationslagern) bei allen Überlebenden zu überdauernden Beeinträchtigungen der seelischen Gesundheit führt. Da und solange rassistischer, politischer und wie immer „weltanschaulich" entfachter Terror diese Welt überzieht, sind solche Erfahrungen gerade dem Gewissen deutscher Ärzte zur Bewahrung und zu präventivem Appell überantwortet.

Die „Verfolgten-Psychiatrie" zeigt bei vielen Überlebenden des systematischen Vernichtungsterrors ausgeprägte asthenische, reaktiv-depressive, angstneurotische oder auch dissoziale Lebensabweichungen. Erzwungene Emigration, Ächtungen, Entwurzelungen und systematische Diffamierungen können ähnlich wirken. Diese Persönlichkeitsschäden sind um so häufiger und ausgeprägter, je langfristiger und brutaler die Terrorisierung währte, je geringer die Chancen zur Wahrung oder Herausbildung stabilisierender Solidarität unter den Verfolgten waren.

Die *Konfrontation mit dem akuten Terror* führt häufig zu initialer Panik (Suizid im elektrischen Draht), zu akuter Gefühlslähmung („affektive Anästhesie" mit traumhaft-derealisierender Ausklammerung der bedrohlichen Aktualität), Reduzierung des Verhaltens auf quasianimalische Überlebenstechniken (Überanpassung an die Leistungsforderungen des Zwangsarbeitslagers bis hin zur Identifizierung mit der Peinigerideologie), progressive Apathie bis zum passiven Suizid bei länger dauernder Angst- und Hungerbelastung (Muselmann-Stadium).

Nach der Befreiung: oft mehrjähriges symptomarmes Intervall mit blanden vegetativ-asthenischen Erscheinungen; überschießender Aktivismus und

Überangepaßtheit zur Lebensabsicherung. Im Verlauf erneuter Akkulturation: depressiv-entmutigte Zusammenbrüche und dauerhafte Dekompensationen, suizidale Entwicklungen, reaktiv-aggressive Angespanntheit chronischen Gepräges, sensitiv-mißtrauische Rückzüge, fixierte Wahnbildungen, gedehnte psychosomatische (zumal gastrointestinale und kardiovaskuläre) Beschwerdebilder. Alternde Überlebende geraten häufig in depressive Syndrome, welche sekundär vital-endomorphe Züge annehmen (sog. Spätschäden).

Jeder so Verfolgte bleibt in eine lebenslange Auseinandersetzung mit den erlebnistraumatischen Terrorerfahrungen gebannt. Jeder muß im Wiederholungszwang die entsetzlichen Szenerien der indessen oft Jahrzehnte zurückliegenden brutalen Vergangenheit in quälenden Tagesphantasien, nächtlichen Pavorzuständen und eingeprägten Schreckreaktionen repetieren; jeder von ihnen, der Angehörige verlor, verharrt im pathologischen Zirkel der Überlebensschuld. Haßerfüllte Dauereinstellungen werden häufig auf aktuelle Lebensbezüge umgelenkt und erschweren ausgeglichenes Verhalten im familiären und beruflichen Bereich. Die selbst nicht mehr verfolgten Kinder dieser Terrorüberlebenden tragen durch diese Unausgeglichenheiten im Elternverhalten oft selbst Persönlichkeitsstörungen davon ("Verfolgte der zweiten Generation").

Terrorbelastungen können bei disponierten Persönlichkeiten schizophrene und affektive Psychosen in ihrem Ingangkommen und ihrem Gesamtverlauf wesentlich mitverursachen.

Die Einschätzung der Kausalität und des Krankheitswertes *erlebnisbedingter Persönlichkeitswandlungen Verfolgter* gehört zu den verantwortungsvollsten Aufgaben psychiatrischer Begutachtung nach dem Bundesentschädigungsgesetz (s. S. 460).

Destruktive Psychoindoktrinierung

Die Gesetze weitgehender Konditionierbarkeit und Plastizität des Denkens, Fühlens und Verhaltens des Menschen durch Verstärkung erwünschter und Auslöschung unerwünschter Verhaltensweisen bestimmen in ähnlicher Weise die verhaltenstherapeutische Wiederherstellung wie die indoktrinierende Zerstörung der Person. Das pädagogisch-ethische Urprinzip angstmindernder Verhaltenssteuerung durch Lohn und Strafe ist in den Inquisitionsprozessen zur höheren Ehre Gottes, in den Vorbereitungsstadien politischer Schauprozesse ebenso wirksam wie in den Indoktrinationsritualen religiöser Sekten und in den Traditionseinhämmerungen militärischer oder militanter Organisationen und Gruppierungen.

Quasireligiöse Bekehrungsriten und politische Umerziehungstechniken ("Gehirnwäsche") zeigen bemerkenswerte Ähnlichkeiten. In einer ersten Phase der Indoktrination erfolgt die radikale Abschneidung vom Kontakt mit bisherigen Bezugsgruppen ("tail cutting"). Sofort setzt eine reale oder imagitative Konfrontation mit Angststimuli ein: Höllenpredigt, Berühren von Giftschlangen, Vorführung öffentlicher Exekutionen usw. In diesem durch ängstliche oder ekstatische Bewußtseinseinengung gekennzeichneten Zustand, dessen Intensität durch monotone, rhythmisierte Bewegungen gesteigert wird, erfolgt dann die Implantierung neuer Verhaltensstereotype im emotionellen Schaukelbad von Verängstigungen und Verheißungen (Bedrohung der Angehörigen, Informationssperre über deportierte Widerspenstige, Belohnung erwünschter Deklamationen durch Angstentlastung, Förderung der Denunziation, Schlafentzug, Verpönung von Humor, Auslieferung der privaten Biographie an einen für Identifikation stets zur Verfügung stehenden, potentiell sympathischen Supervisor). Die Konsolidierung des neuen Verhaltens und die „Prophylaxe" von Rückfällen geschieht durch strikte Zellenbildung, Kollektivbeichte, Verlängerung biosozialer Mangelbedingungen, „Mutproben", Sanktionierung jeglicher Abtrünnigkeit.

Die größte ärztlich-praktische Bedeutung destruktiver Psycho-Indoktrinierung liegt heute im Bereich der *kriminellen Jugendsekten*. Die Einschwörung auf ein abwegiges Gruppen-„Ideal" bedient sich im Prinzip der oben umrissenen Techniken mit forcierter sozialer Isolierung durch erzwungene Prostitution, Kriminalität o. ä. Elemente solcher Praktiken finden sich in den Solidarisierungsvollzügen radikaler terroristischer Vereinigungen und in den auf ganze Populationen und Kollektive gerichteten Propaganda- und Umerziehungsstrategien politischer Diktatoren.

Destruktive Indoktrinierung ist um so wirksamer, je unausgeprägter die vorbestehende religiöse, politische usw. Einstellung und Urteilsfähigkeit ist. So Indoktrinierte halten an den Attitüden, die ihnen unter gruppengebundenem Angstdruck und Solidarisierungszwang aufgeprägt wurden, erstaunlich lange fest.

Prävention und Therapie

Terrorismus, Extremismus und Doktrinarismus lassen sich natürlich „primärpräventiv" nur aus dem politisch-rechtlichen Raum bekämpfen. In einer Welt, die mit ihren technischen Perfektionen zugleich und zunehmend politisch-religiöse Atavismen gebiert, kann der Arzt allenfalls den Opfern beistehen und deren psychologisch-medizinische Schäden begrenzen.

Schutz gegen aktuelle Terrorisierung bzw. Indoktrinierung: Aufrechterhaltung einer guten körperlichen Verfassung, Schlafausnutzung, Denk- und Vorstellungstraining in Richtung der Abspaltung der aktuellen Belastung und Einstellung auf neutrale Bewußtseinsthemen, Strategie der Scheinkonformität.

Bei rückgekehrten Indoktrinierten wurden Narkoanalyse und gruppentherapeutische Reedukationsverfahren empfohlen. Die psychologische Hilfe für Opfer von Geiselnahmen sollte sofort nach deren Befreiung einsetzen und stärker allgemeinmedizinisch-human als psychiatrisch orientiert sein. Gemeinsame, interaktiv orientierte Beratung von Kindern und Jugendlichen, welche aus kriminellen Jugendsekten befreit wurden, mit ihren Eltern und sonstigen Bezugspersonen ist angezeigt.

Literatur

v. Baeyer, W., H. Häfner, K. P. Kisker: Psychiatrie der Verfolgten. Springer, Berlin 1964

Lempp, R.: Extrembelastung im Kindes- und Jugendalter. Huber, Bern 1979

Matussek, P.: Die Konzentrationslagerhaft und ihre Folgen. Springer, Berlin 1971

Stoffels, H.: Schicksale der Verfolgten. Springer, Berlin 1990

5 Psychiatrische Untersuchung, Diagnostik, Klassifikation

Lernziele:
Durchführung einer psychiatrischen Untersuchung. Diagnostische Einordnung der erhobenen Befunde. Unterscheidung der Hauptgruppen psychiatrischer Krankheiten.

Die psychiatrische Untersuchung

Die wichtigste psychiatrische Untersuchungsmethode ist das *Gespräch mit dem Patienten.* Es hat eine doppelte Funktion:

– dem Kranken gibt es die Möglichkeit, seine Beschwerden, Sorgen und Nöte dem Arzt mitzuteilen,
– für den Arzt ist die genaue Kenntnis der Persönlichkeit des Kranken, seiner Lebensumstände und seiner Lebensgeschichte notwendige Voraussetzung für seine Diagnose, die ganz entscheidend den weiteren Gang der Behandlung bestimmt.

Das psychiatrische Untersuchungsgespräch kann einen eher offenen, unstrukturierten Charakter besitzen, wobei der Untersucher sich bei der Themenwahl von den spontanen Einfällen der Patienten leiten läßt, oder aber der Untersucher gibt dem Gespräch durch gezielte Fragen eine bestimmte Richtung, er strukturiert es mehr oder weniger stark. Im ersten Fall spricht man von einem psychiatrischen *Interview*, im zweiten von einer *Exploration* (Untersuchung durch gezielte Befragung nach Symptomen).

Das Schwergewicht auf die Interviewtechnik zu legen ist immer dann angebracht, wenn es darum geht, die Indikation zu einer *psychotherapeutischen Behandlung* zu stellen, während die Exploration eher auf die Gewinnung eines *psychopathologischen Befundes* abhebt. Immer spielt bei der psychiatrischen Untersuchung die *Anamnese* des Patienten eine zentrale Rolle. Aus ihr allein kann der Erfahrene oft schon zu einer vorläufigen diagnostischen Einschätzung kommen.

Bei jeder psychiatrischen Untersuchung sollte im Auge behalten werden, daß dies gleichzeitig die Aufnahme einer therapeutischen Beziehung und damit auch der *Beginn der Behandlung* selbst ist. Nicht selten entscheidet bereits das erste Gespräch mit dem Arzt darüber, ob der Patient sich mit seinen Nöten und Problemen ernst- und angenommen fühlt, ob er Vertrauen faßt und den therapeutischen Empfehlungen folgt oder seinerseits die Behandlung über kurz oder lang wieder abbricht.

Gelegentlich ergibt sich die Situation, daß Angehörige Rat und Hilfe wegen eines Familienmitglieds suchen, das der Arzt noch gar nicht kennt. Hier empfiehlt es sich dann, keine voreiligen Ratschläge zu geben, sondern nach Möglichkeit den Betreffenden selbst kennenzulernen. Lehnt dieser einen Sprechstundenbesuch ab oder ist er dazu nicht in der Lage, sollte man immer dann einen Hausbesuch machen, wenn nach den Schilderungen der Angehörigen eine schwerwiegende psychische Störung vermutet werden kann.

Das äußere Arrangement

Mit ambulant zu untersuchenden Patienten sollte für ein erstes Gespräch, wenn irgend möglich, eine Terminvereinbarung getroffen werden. Das Gespräch selbst sollte ohne sonstigen Wartezimmerdruck in einer ruhigen Atmosphäre durchgeführt werden. Telefonate sind ebenso zu unterlassen wie die Beanspruchung durch Drittpersonen. Findet die Erstuntersuchung im Krankenzimmer statt, sollten die Mitpatienten für diese Zeit den Raum verlassen. Es hat sich bewährt, keine Schreibtischschranke zwischen Arzt und Patient zu errichten, sondern der Patient setzt sich entweder neben den Schreibtisch oder, besser noch, ein besonderer Tisch mit einigen (gleich hohen) Stühlen hat im Zimmer Platz.

In der Regel wird der Arzt selbst den Patienten in sein Untersuchungszimmer hereinbitten und sich dabei dem Kranken, sofern er ihn noch nicht kennt, vorstellen.

Wird der Patient von Angehörigen, Freunden oder Bekannten begleitet, so erfolgt das erste Gespräch *stets* mit dem Patienten. Bei depressiv oder stark hilflos wirkenden, zumal älteren Patienten kann es hilfreich sein, das Gespräch mit dem Begleiter gemeinsam zu führen. Dabei bleibt der Patient nach Möglichkeit bevorzugter Gesprächspartner.

Meist erweist es sich als günstig, dem Patienten zu sagen, wieviel Zeit für das Gespräch zur Verfügung steht (in der Regel nicht weniger als 20, nicht mehr als 60 Minuten). Auch trägt es zur Beruhigung der Kranken bei, wenn man schon eingangs sagt, daß man sich strikt an die Einhaltung der Schweigepflicht gebunden fühlt und daß der Arzt ohne ausdrückliche Einwilligung niemandem, auch den Angehörigen nicht, irgendwelche Auskünfte erteilt.

Die Eröffnung des Gesprächs

Im allgemeinen ist es richtig mit einer offenen Frage das Gespräch einzuleiten, z. B. „Was kann ich für Sie tun?" oder „Was führt Sie zu mir?". Sofern man Vorinformationen über den Patienten hat, sollte man ihm dies schon anfangs mitteilen. Gleichwohl ist es wichtig, nicht schematisch vorzugehen. Leitlinie kann dabei sein, alles zu tun, was dem Kranken die Gesprächssituation erleichtert, und alles zu unterlassen, was diese erschwert. Hierzu gehört, daß man mit Takt und Verständnis dem Kranken gegenübertritt und unter allen Umständen die Atmosphäre eines Verhörs vermeidet. Stets hat man sich zu vergegenwärtigen, daß ein psychisch Kranker ein Mensch ist, der bei der Lösung seiner Lebensprobleme Schiffbruch erlitten hat und ohne fremde Hilfe nicht mehr weiterfindet. Hierauf hat der Therapeut durch die Art seines Fragens und Zuhörens sich einzustellen.

Ist der Arzt hinlänglich erfahren, kann er das Gespräch mit seiner „persönlichen Note" beleben, sofern er deren psychologische Wirkung kritisch reflektiert. Mitschreiben während des Gesprächs sollte vermieden werden, allenfalls knappe Notizen zu biographischen Angaben.

Freundlich bestätigende, konzentrierte, dabei „teilnehmende Beobachtung" auf das Problem des Patienten und „freischwebende Aufmerksamkeit", vor allem gegenüber Ausdrucksnuancen und diskreten Nebentönen des Gesprächs sind angebracht. Da es in der *Eröffnungsphase* des Gesprächs vor allem darauf ankommt, daß der Kranke die Möglichkeit hat, seine Beschwerden, Ängste und Befürchtungen, aber auch seine Erwartungen an den Arzt frei zu äußern, beschränken sich dessen Interventionen darauf,
– den Gesprächsfluß in Gang zu halten,
– den Patienten dazu zu bringen, Aussagen zu verdeutlichen und durch Beispiele anschaulich zu machen,
– seinen Gefühlen Ausdruck zu verleihen.

Dies kann z. B. dadurch erreicht werden, daß der Untersucher einige lokkernde „offene" Fragen stellt oder die letzten Aussagen des Patienten abgewandelt und mit betontem Verständnis wiederholt. Tiefenpsychologische Deutungen oder auch Wertungen sind in jedem Fall unangebracht.

Der Arzt tut gut daran, die Gefühle, mit welchen der Patient sich auf ihn einstellt, wahrzunehmen, denn es handelt sich dabei häufig um konflikthafte Einstellungen, welche anderen bedeutsamen sozialen Bezugspersonen des Patienten gelten und in der Untersuchung auf ihn übertragen werden. Nicht minder wichtig ist es, sich schon während des ersten Gesprächs die eigenen Gefühle gegenüber dem Patienten einsichtig zu machen *(Gegenübertragung)*. Unerkannt gehen sie als störende Momente in das Gespräch mit ein.

Psychiatrische Patienten, Schizophrene zumal, sind äußerst feinfühlig für hintergründige Regungen ihres Gegenübers. Man vermeide Fremdworte, insbesondere medizinische, vor allem aber psychologische und psychiatrische Begriffe. Weder im Dialekt noch im sozialen Jargon ähnele man sich dem Patienten an, sehe aber in der eigenen Einfühlung in Patienten unterschiedlicher Schichtzugehörigkeit einen Test auf die Spannweite der eigenen Sozialwahrnehmung. Wenn sich der Untersucher am Ende des Gesprächs ein anschauliches Bild von dem Patienten machen kann, wie er „leibt und lebt", ist ein wesentliches Ziel der Untersuchung erreicht.

Die *Dauer der Eröffnungsphase* ist abhängig von der Ergiebigkeit der Mitteilungen des Patienten. Sie sollte allerdings nicht länger als maximal die Hälfte der zur Verfügung stehenden Gesprächszeit einnehmen. Das in dieser Zeit erhaltene anamnestisch-biographische und psychopathologische Material entscheidet dann über das weitere Vorgehen.

Der mittlere Teil des Untersuchungsgesprächs

Sofern Hinweise auf schwerwiegende psychopathologische Symptome wie Wahn, Sinnestäuschungen, Zwänge, Denk- und Affektstörungen, mnestische Funktionsstörungen und anderes erkennbar geworden sind, empfiehlt es sich jetzt, durch gezielte Fragen den jeweils vermuteten Sachverhalt abzuklären. Von Vorteil ist dabei, sich zunächst dem augenblicklichen Zustand des Patienten zuzuwenden und erst allmählich die einzelnen biographischen Etappen, die Lebens- und Krankheitsgeschichte nachzuvollziehen. Allerdings sollte man diese nur dann chronologisch kennenlernen, wenn der Patient dies anbietet. Sinnvoller ist es, auch in dieser zweiten Gesprächsphase den anamnestischen Schwerpunkten zu folgen, wie der Patient sie setzt. Ist erst einmal eine stabile Gesprächsbeziehung gewonnen, fällt es leicht, hierzu ergänzend nach familiären und sozialen Daten, nach der Krankheitsgeschichte usw. zu fragen.

Haben sich in der Eröffnungsphase des Gesprächs keine besonders ins Auge springenden psychopathologischen Symptome gezeigt, gibt es jedoch Hinweise auf *intrapsychische Konflikte* oder schwerwiegende äußere Belastungssituationen, die möglicherweise mit den geklagten Beschwerden im Zusammenhang stehen, wird sich die weitere Untersuchung der Klärung dieser Gegebenheiten zuwenden. Wichtig sind dabei Fragen danach, in welcher Lebenssituation die Symptome und Beschwerden erstmals aufgetreten sind, unter welchen Umständen sie sich verstärken oder auch abschwächen, welche Folgen sich für den Kranken daraus ergeben. Von besonderer Bedeutung ist schließlich, welche eigenen Vorstellungen sich der Patient bezüglich der Genese seiner Beschwerden bereits gemacht hat und wie ihm nach seiner Überzeugung am besten geholfen werden könnte.

Bevor das Gespräch durch eine aktive Leistung des Untersuchers in die *Abschlußphase* gelangt, sollte er sich über folgende Zusammenhänge Klarheit verschafft haben:

1. Was führte den Patienten zum Arzt? Kommt er aus eigenem Antrieb oder wer hat ihn geschickt? Besteht „Leidensdruck"?
2. Warum kommt er gerade jetzt?

3. Welche psychischen und sozialen Probleme liegen bei ihm vor und inwieweit werden andere Personen davon tangiert?
4. Seit wann bestehen diese Probleme?
5. Ist er früher schon einmal wegen desselben oder eines anderen psychischen Leidens behandelt worden? Stationär? Ambulant? Von wem? Wie lange? Womit?
6. Liegen die Schwierigkeiten mehr auf seiten des Patienten oder liegen sie mehr bei seiner Umgebung?
7. Liegt bei dem Patienten eine organische Erkrankung vor?
8. Sind weitere diagnostische Maßnahmen zur Abklärung notwendig?
9. Welche Vorstellungen hat sich der Patient selbst über seine Probleme gebildet? Ist er „krankheitseinsichtig"?
10. Kann der Patient aus eigener Kraft die gegenwärtigen Schwierigkeiten überwinden?
11. Ist er zu weiterer Behandlung motiviert?
12. Wie sonst kann der Therapeut ihm helfen?

Das baldige Ende des Gesprächs sollte dem Patienten rechtzeitig angekündigt werden, so daß er sich innerlich darauf einstellt und gegebenenfalls seinerseits letzte Fragen stellen kann.

Die Abschlußphase

Vor allem beim ersten Untersuchungsgespräch hat sie eine besondere Bedeutung. Hier hat der Arzt eine einfühlende Zusammenfassung des Besprochenen zu geben, wobei *Diagnose und Prognose* dem Patienten, soweit es für ihn förderlich ist, in möglichst einfachen Worten mitgeteilt werden sollten. Schließlich ist darauf einzugehen, was nun weiter geschehen soll: Ist es zur genauen Abklärung notwendig

- weitere Gespräche zu führen,
- körperliche Untersuchungen vorzunehmen,
- Testuntersuchungen durchzuführen,
- eine medikamentöse und/oder psychotherapeutische Behandlung einzuleiten,
- eine Überweisung zu einem anderen Arzt zu veranlassen,
- eine stationäre bzw. teilstationäre Behandlung zu beginnen.

Die vorgeschlagenen Maßnahmen sollten ausreichend begründet und die dabei leitend gewordenen Vorstellungen des Arztes dem Patienten mitgeteilt werden.

In jedem Fall sind eventuell verordnete Medikamente mit ihren Wirkungen und Nebenwirkungen zu erläutern und darauf hinzuweisen, was im Falle einer Unverträglichkeit zu tun ist.

Der psychische Befund

Ziel der psychiatrischen Untersuchung ist nicht nur, die Erlebnisinhalte des Kranken, seine Beschwerden und Verhaltensmotive unter einem verstehenden, psychodynamischen Aspekt zu erhellen, sondern gleichzeitig Kenntnisse zu erlangen über den aktuellen Zustand der verschiedenen seelischen Funktionen, insbesondere über eventuell vorhandene Störungen einzelner Teilbereiche. Daß dabei ständig die Frage nach der „Normalität" einzelner Funktionen mitschwingt, ist selbstverständlich. Während es unter dem erstgenannten Aspekt darauf ankommt, sich *verstehend* in die Problematik des Patienten einzufühlen, geht es bei der zweiten Betrachtungsweise darum, den Kranken in seinen Auffälligkeiten möglichst genau zu *beschreiben* und einen entsprechenden psychopathologischen Befund zu formulieren. Beides schließt sich gegenseitig nicht aus, sondern erst ein solches Vorgehen bietet Gewähr dafür, daß die Persönlichkeit des Kranken als Ganzes ins Blickfeld gerät. Ja, man könnte sagen, die Kunst der psychiatrischen Untersuchung besteht gerade darin, die jeweilige Bezugsebene je nach Notwendigkeit der Situation und dem Zweck der Untersuchung zu wechseln. Dies gelingt aber nur dann, wenn der Untersucher selbst in beiden Bezugssystemen, dem tiefenpsychologisch-psychodynamischen *und* dem deskriptiv-psychopathologischen zu Hause ist und sie gleichrangig zu handhaben weiß.

Die Psychopathologie einzelner psychiatrischer Syndrome ist in den entsprechenden Kapiteln selbst dargestellt. Deshalb genügen an dieser Stelle einige knappe Hinweise, worauf bei der Erstuntersuchung eines Patienten besonders zu achten ist.

In aller Regel liefert das psychiatrische Gespräch selbst und die Beobachtung des Patienten ausreichendes Material, um sich über folgende Funktionen Klarheit zu verschaffen:

1. Bewußtsein
2. Orientierung
3. Wahrnehmung
4. Auffassung
5. Denken, Gedankengang, Gedankeninhalte, Urteilskraft
6. Grundstimmung und affektive Ansprechbarkeit
7. mnestische Funktionen
8. Intelligenz
9. psychomotorische Äußerungen

Die genaue Definition der einzelnen Begriffe findet sich zum Teil bei der Darstellung der einzelnen Krankheitsbilder, zusammengefaßt im Manual zur Dokumentation psychiatrischer Befunde, im sog. AMP-System, und muß dort nachgelesen werden.

Testpsychologische Befunde

In manchen Fällen kann zur Präzisierung des psychischen Befundes, vor allem aber zur genaueren Bestimmung hirnorganischer und konfliktbedingter neurotischer Störungen eine testpsychologische Untersuchung angebracht sein. Dies ist im allgemeinen Aufgabe des klinisch tätigen Psychologen, der auch darüber bestimmen sollte, welche Tests zum Einsatz kommen. Als Arzt sollte man sich heutzutage darauf beschränken, im gemeinsamen Gespräch mit einem Psychologen die Fragestellung zu formulieren, damit dieser die entsprechenden Tests richtig auswählen kann. In der klinischen Praxis handelt es sich dabei überwiegend um Leistungs- (z. B. Hawie; Benton; d 2) und Persönlichkeitsverfahren (z. B. Rohrschach, TAT, FPI).

Körperliche Untersuchungen

Eine genaue körperliche, insbesondere neurologische Untersuchung ist *unerläßlicher Bestandteil* jeder psychiatrischen Beurteilung, weil

– gleichzeitig, aber unabhängig von der psychischen Störung auch eine körperliche Krankheit bestehen kann,
– eine körperliche Verursachung oder Mitverursachung einer psychischen Störung möglich ist und nicht übersehen werden darf,
– viele Patienten mit Recht vom Arzt auch eine körperliche Untersuchung erwarten und sich verunsichert fühlen, wenn diese unterbleibt.

Ob und wenn ja, welche Labor- und Spezialuntersuchungen im gegebenen Fall durchzuführen sind, ergibt sich aus den jeweiligen Befunden.

Die psychiatrische Diagnose

Neben dem immer vorhandenen therapeutischen Aspekt ist wichtigstes Ziel der psychiatrischen Untersuchung die diagnostische Einordnung des Leidens in den Rahmen eines nosologischen Systems. Dies hat unter Berücksichtigung und kritischer Abwägung aller vorhandenen Befunde zu geschehen. Die hierfür maßgeblichen Ordnungsgesichtspunkte werden bei der Besprechung der einzelnen Krankheitsbilder dargestellt. Allgemein läßt sich sagen, daß

– eine psychiatrische Diagnose nie aufgrund eines einzelnen Symptoms gestellt werden darf, sondern immer das psychopathologische Gesamtbild entscheidet, da psychopathologische Einzelsymptome mehrdeutig und diagnostisch keineswegs spezifisch sind,
– eine endgültige Diagnose ohne genaue körperliche, insbesondere neurologische und interne Untersuchung nicht gestellt werden darf.

Insofern unterscheidet sich der diagnostische Weg in der Psychiatrie nicht prinzipiell von dem in der gesamten Medizin üblichen. Er beginnt mit dem Sammeln von Informationen, ihrem Sichten und Gewichten und endet beim

Vergleich der beim Kranken wahrgenommenen Symptome mit den bekannten Krankheitsbildern in der Psychiatrie.

Ein auf diese Weise zustande gekommener klinisch-psychiatrischer Befund umfaßt folgende Einzelelemente, die systematisch wie folgt niedergelegt werden können:

1. persönliche, familiäre und soziale Grunddaten
2. persönliche Lebensgeschichte (insbesondere frühe Kindheit, Sexualität, zwischenmenschliche Beziehungen und Konflikte)
3. Familiengeschichte
4. soziale Anamnese
5. Krankheitsvorgeschichte
6. gegenwärtige Beschwerden
7. körperlicher, insbesondere neurologischer Befund
8. klinisch-psychologische, testdiagnostische Erhebungen
9. Daten über somatische Spezialuntersuchungen
10. *psychopathologischer Befund* (ggf. psychodynamische Überlegungen),
11. knappe Zusammenfassung aller bisherigen Daten
12. vorläufige Diagnose
13. prognostische Hypothese
14. Therapieplan
15. kontinuierliche, standardisierte oder freie Eintragung zum therapeutischen Verlauf
16. endgültige Diagnose
17. epikritische Zusammenfassung

Klassifikation

Während in der Medizin meist eine Klassifikation der Krankheiten nach *Ursachen* erfolgt, ist dies in der Psychiatrie nicht möglich, da die Ursachen der meisten psychischen Erkrankungen unbekannt sind. Man behilft sich deshalb mit anderen Kriterien, wie z. B. Symptom- und Verhaltensähnlichkeiten oder auch Ähnlichkeiten im Krankheitsverlauf. Eine solche Gruppierung von Erkrankungen mit bestimmten Gemeinsamkeiten nennt man Klassifikation.

Jede Klassifikation bedeutet eine ebenso notwendige wie verarmende Reduktion der klinischen Realität. Je komplexer die Verursachung und der Verlauf einer Erkrankung, um so zahlreicher und verwirrender die Klassifikationssysteme. In hunderten von psychiatrischen Systemen seit HIPPOKRATES spiegelt sich zumeist mehr die pathogenetische Ideologie der Autoren als die Wirklichkeit der Kranken.

Klassifikationssysteme dienen einer vergleichbaren Diagnostik und Prognostik, der internationalen Verständigung über die Nomenklatur, einer konsistenten klinischen Ausbildung. Seit dem 2. Weltkrieg ist durch die Bemühungen der WHO (Weltgesundheitsorganisation) versucht worden, eine weltweit einheitliche psychiatrische Klassifikation zu erzwingen, um der „Babylonischen Sprachenverwirrung" Herr zu werden. Es zeigt sich jetzt, daß dies nur sehr partiell gelungen ist, vor allem manche romanischen Länder und die UdSSR benutzen nach wie vor eigene Systeme.

Auch in den angelsächsischen Ländern konkurrieren mittlerweile zwei Klassifikationssysteme miteinander, die 9. Revision des psychiatrischen Teils der ICD (International Classification of Diseases) und das DSM III (Diagnostisches und statistisches Manual psychischer Störungen). Beide Systeme sind Kompromißklassifikationssysteme, da aus allgemein- und psychiatriepolitischen Gründen kontroverse Standpunkte unter Preisgabe von Klarheit und Logik in ein und dasselbe Diagnosesystem aufgenommen werden mußten. Da inzwischen neben der ICD-9 auch das DSM III in deutscher Übersetzung vorliegt, mag man es getrost der weiteren Entwicklung überlassen, ob in der nächsten Auflage dieses Lehrbuchs das DSM-III- das ICD-9-System (bzw. das bis dahin eingeführte ICD-10) verdrängt haben wird oder nicht. Vorläufig werden in den einzelnen Kapiteln beide nebeneinander verwandt, wobei aus didaktischen Gründen im vorliegenden Zusammenhang der ICD-9 der Vorzug gegeben wird.

Beide Systeme sind bei all ihrer Unterschiedlichkeit im Grunde der Kraepelinschen Psychiatrie verpflichtet, die eine Dreiteilung psychiatrischer Zustände annimmt (Triadisches System):
1. Psychosen (ICD-9: 290–299)
2. Neurosen, Persönlichkeitsstörungen (Psychopathien) und andere nicht psychotische psychische Störungen (ICD-9: 300–316)
3. Oligophrenie (ICD-9: 317–319)

An dieser Stelle sei darauf hingewiesen, daß in Anlehnung an Kurt Schneider psychische Störungen auch unterteilt werden können in:
1. körperlich begründbare Psychosen (z. B. Demenzen u. a.),
2. körperlich nicht begründbare Psychosen (sog. endogene Psychosen),
3. Variationen seelischen Wesens (Neurosen, Psychopathien).

Den konkreten Patienten einlinig zu klassifizieren, bleibt jedoch immer unbefriedigend, weil seine Krankheitssituation sehr vielfältig, d. h. in jeweils unterschiedlicher Mischung durch zentralnervale, psychologische und soziale Faktoren bestimmt wird. Zudem wird man kaum je einen Patienten nur *einer* klassifikatorischen Kennzahl zuordnen können.

Ein Mensch mit einer neurotischen Konfliktstruktur verfällt dem Alkohol und entwickelt eine dadurch bedingte Demenz; ein hirnarteriosklerotisch Abgebauter gerät in zunehmende soziale Isolierung und in ihrer Konsequenz in einen altersneurotischen Zusammenbruch; ein infantil-abhängig strukturierter Jugendlicher verfällt unter dem Eindruck eines sexuellen Reifungskonfliktes einer hebephrenen Psychose usw. Eine angemessene Zuordnung des individuellen Krankheitsbildes gelingt daher oft nur unter Berücksichtigung mehrerer Kriterien. Die DSM III als sog. multiaxiales Klassifikationssystem, das keine psychischen „Krankheiten" mehr, sondern statt dessen „Psychische Störungen" unterschiedlicher Art und Schwere kennt, mag unter diesen Gesichtspunkten der Realität tatsächlich ein Stück näher kommen. Eine „Revolution" psychiatrischen Denkens wird, wie manche meinen, dieses Klassifikationssystem aber wohl ebensowenig bewirken wie alle seine Vorläufer.

Literatur

Kind, H.: Psychiatrische Untersuchung, 2. Aufl. Springer, Berlin 1979

Das AMP-System. Manual zur Dokumentation psychiatrischer Befunde. Springer, Berlin 1972

DSM III – Diagnostisches und statistisches Manual psychischer Störungen. Beltz, Weinheim 1984

ICD-9: Diagnoseschlüssel und Glossar psychiatrischer Krankheiten. Springer, Berlin 1980

II. Entwicklungspsychiatrie

Lernziele:
Entwicklungspsychiatrische Aspekte, die von Bedeutung sind für ein besseres Verständnis psychopathologischer Phänomene des Erwachsenenalters (während für eine mehr umfassende und vertiefte Kenntnis der Kinder- und Jugendpsychiatrie als eigenes Fachgebiet auf die einschlägigen Lehr- und Handbücher verwiesen wird).

6 Entwicklungsphasen und Reifungskrisen

Lernziele:
Ausgehend von einem Modell der Epigenese Einblick gewinnen in den Zusammenhang zwischen sensomotorischer und emotioneller Frühentwicklung einerseits und gegebenen oder fehlenden Liebeszuwendungen der Umgebung andererseits im Hinblick auf eine vorbeugende psychohygienische Beratung der Eltern.
Erkennen typischer Reifungskrisen bei Kindern und Jugendlichen; allgemeinärztliche Beratung und Führung solcher Patienten in der Zusammenarbeit mit kinder- und jugendpsychiatrischen Diensten.

Einführung

Im Gegensatz zur Präformationslehre früherer Jahrhunderte, als man, ausgehend von einem einmaligen Schöpfungsakt, Entwicklung und Wachstum noch fast ausschließlich unter dem Gesichtspunkt der Ausfaltung oder der bloßen Vergrößerung von primär angelegten, bereits vorbestehenden (präformierten) Strukturen, Funktionen und Eigenschaften betrachtete, gehen Biologie (Embryologie) und psychodynamische Entwicklungspsychologie heute von einem philosophisch übrigens schon bei ARISTOTELES angelegten Entwicklungsmodell der *Epigenese* aus. Danach verläuft die Entwicklung als irreversibler Prozeß von einem undifferenzierten Anfang mit einer *maximalen prospektiven Potenz* und einer *minimalen prospektiven Bedeutung*, d. h. Differenzierung in *Zyklen oder Phasen* mit *kritischen* Übergängen zur Endgestalt (mit großer prospektiver Bedeutung und schwindender prospektiver Potenz zum Tod hin). Entwicklung im epigenetischen Sinn verläuft von ihrem Beginn an in einem nährenden, stimulierenden und (inter-)aktiven Austausch des heranwachsenden Organismus mit seiner Umgebung, wobei der Differenzierungsprozeß auf den verschiedenen Organisationsstufen des Lebendigen von inneren, aber auch äußeren „Organisatoren" (voraneilenden Strukturen, Eigenschaften und Funktionen) gesteuert wird. Der biologisch angelegte Saug- und Suchreflex des Säuglings z. B. bildet – auf der entwicklungspsychologischen Ebene betrachtet – das organisierende Funktionsprinzip der *oralen Phase* oder das ebenfalls angeborene „soziale Lächeln" (responsing smile) des Säuglings kann aufgefaßt werden als ein organisierender Schlüsselreiz, der von großer Bedeutung ist für die weitere Ausfaltung des Funktionskreises innerhalb der Mutter-Kind-Dyade. Innerhalb dieses Funktionskreises können erst die emotionalen Grunderfahrungen erwachsen, die es dem Säugling im Zuge der extrauterinen Ausreifung seiner sensomotorischen Funktionen und seines Nervensystems (Myelinisierung der Pyramidenbahn) ermöglichen, die äußere Welt von der inneren zu unterscheiden. Zugleich mit der intentionalen Aneignung der Welt der äußeren Objekte (der Bildung der ersten, noch unvollständigen „Objektrepräsentanzen") bildet sich aus verschiedenen, zunächst ebenfalls noch unvollständigen – theoretisch angenommenen – Selbstkernen schließlich ein kohärentes Selbst als Vorstufe einer jeden späteren Ich-Identität. Die psychobiologische Epigenese verläuft dabei nicht in einer linearen und stets harmonisch fließenden Kontinuität. Gerade in Zeiten, in denen neue Fähigkeiten heranreifen, zeigen sich in besonderer Intensität widersprüchliche Kräfte und widerstrebende Tendenzen, die als kritische Turbulenzen oder „Störungen" den qualitativen Entwicklungs*schüben* vorausgehen und diese – zum Teil – erst ermöglichen. Solche Übergangskrisen sind allen, zumal höher entwickelten Lebewesen eigen (sie wurden nicht allein beim Menschen, sondern z. B. auch bei in ihrem natürlichen Lebensraum lebenden Schimpansen beobachtet). Vor dem Hintergrund der Epigenese wird auch die Gesetzmäßigkeit einsichtig, die umschrieben wurde als **Gesetz der Potenzierung:** Fällt eine Funktion aus oder bleibt ihre Entwicklung zurück, so wird der Ausfall oder die Reifungsverzögerung (Retardierung) eine hemmende Wirkung auch auf die Entwicklung anderer Funktionen haben (negative Potenzierung).

Eilt eine Funktion in der Entwicklung voraus, ergibt sich eine fördernde Rückwirkung auf andere Funktionen im Sinne einer positiven Potenzierung (z. B. schnelle Sprachentwicklung fördert die Differenzierung der Wahrnehmung). Aus dem *Tempo der Entwicklung* kann jedoch nicht auf das erreichbare Endniveau geschlossen werden.

Für den spezifisch menschlichen Entwicklungsgang und seine Störungen ist also von ganz entschiedener Bedeutung,

daß der menschliche Säugling mit „stumpf witternden Sinnen" (J. E. HERDER), d. h. *instinktunsicher* zur Welt kommt, daß er infolge seiner physiologisch unreifen Verfassung bei seiner Geburt mehr als ein Jahr besonders abhängig und hegebedürftig bleibt („sekundärer Nesthokker"), daß das Längenwachstum und die Geschlechtsreifung beim Menschen, etwa in Vergleich mit Primaten, deutlich verlängert ist und daß überhaupt gewisse „jugendliche" Merkmale ein Leben lang fortbestehen (Neotenie der vergleichenden Zoologen, Anatomen und Ethologen).

Diese entwicklungsbiologischen Eigentümlichkeiten stehen in engem Zusammenhang mit der Fähigkeit des Menschen, seine werkzeuglichen und kritischen Fähigkeiten in einem kulturell – und nur zum Teil genetisch – vermittelten sozioemotionalen Austausch mit seiner mitmenschlichen Umwelt zu *erlernen*. Dabei erwirbt er zugleich Sprache, antizipatorische Phantasie, reflexiven Welt- und Selbstbezug, d. h. mit der Identität ein (Ge-)Wissen um Tod, Scheitern und sittliche Verantwortung. In diesem Sinne können nicht alleine Kindheit und Jugend entwicklungspsychologisch erschlossen werden, sondern wird es möglich, den ganzen menschlichen Lebensprozeß, ja sogar die Entwicklung primärer Gruppen (Familie) im Sinne des Lebenszyklus zu begreifen.

1. Lebensjahr

Emotionalität: In den ersten Lebensmonaten ist das Kind wegen seiner Hilflosigkeit (der Unreife der Motorik und der Funktion der Sinnesorgane) ganz auf die Pflege (Bedürfnisbefriedigung) und die emotionale Zuwendung durch die versorgende Beziehungsperson (Mutter) angewiesen. Wegen der extrauterinen „embryonalen" Unreife braucht der Mensch als „sekundärer Nesthocker" im ersten Lebensjahr die Reifungsbedingungen im *„sozialen Uterus"* der Mutter-Kind-Symbiose, die schrittweise entsprechend der zunehmenden Verselbständigung des Kindes im Zuge der Reifung seiner sensomotorischen Funktionen (im Zusammenhang mit der Reifung der Pyramidenbahn) aufgegeben wird.

Mangelhafte oder inkonsequente Erfüllung der emotionalen Bedürfnisse des Säuglings (die besonders verknüpft sind mit der Nahrungsaufnahme und mit lustvollen Erfahrungen der Mundzone; daher *orale Phase*) können Beeinträchtigungen in der Entwicklung der kognitiven und emotionalen Bereiche sowie des Identitäts- und Selbstwertgefühles zur Folge haben (s. S. 47 ff), wobei das anlagebedingte *Temperament* bestimmend dafür ist, wie sich das Kind mit seiner Umwelt auseinandersetzt und welche mögliche *Vulnerabilität* es dabei entwickelt.

Die in der Mutter-Kind-Dyade durch das Verhalten der Mutter vermittelten Grunderfahrungen von Wohlbehagen, Sicherheit und Geborgenheit ermöglichen die Entstehung eines naiven „Urvertrauens", das für die Entwicklung des Selbstgefühles entscheidend ist.

Motorik und Wahrnehmung: Monat 0–2: Koppelung verschiedener, teils schon recht früh intrauterin zur Ausbildung gelangender fetaler Entwicklungsmuster (z. B. rhythmisches Drehen des Kopfes zum Brustsuchen, Saugen, Lächeln), an auslösende Umweltreize bei verhältnismäßig hoher Schwelle gegenüber Reizen der Außenwelt, unspezifische, diffuse Wahrnehmungsvorgänge; Monat 2–3: Fixierung eines Gegenstandes mit den Augen; Monat 3–4: Augen folgen einem bewegten Gegenstand; Monat 4–5: Greifen von Gegenständen, Tastfunktionen differenzieren sich; Monat 6–7: verdeckter, vorher gesehener Gegenstand wird gesucht; Monat 7–10: stellt sich mit Halt, sitzt frei. Monat 10–12: läuft mit Halt; Monat 12–15: läuft frei.

Sozialverhalten: Monat 0–1: „autistische" oder „objektlose" Stufe, worin im Zusammenhang mit dem physiologischen homöostatischen Gleichgewicht des Organismus mutmaßlich die proprio-enterozeptischen Wahrnehmungen (aus dem Körperinnern) überwiegen; Monat 3: „soziales Lächeln", durch frontale Zuwendung eines Gesichtes ausgelöst. Monat 2–6: „symbiotische" Stufe in der Mutter-Kind-Dyade, in der sich die Funktion der sensorisch-perzeptiven Sinne zu differenzieren beginnt, zugleich Entwicklung des Körperschemas, der Partialobjekte und der partiellen Selbstkerne. Monat 8: „8-Monats-Angst", Kind weint und wird ängstlich, wenn sich ihm ein fremdes Gesicht nähert und die Mutter abwesend ist: Ausdruck der Krise der ersten Subphase der Loslösungs-Individuations-Phase (ab 6.–7. Monat), die etwa bis 10. Monat dauert (Gewahrwerden der getrennten Existenz, Unterscheidung von fremd und vertraut). Monat 10–12: Beginn der zweiten Subphase der Individuation und Gewinnung der Autonomie, auch „Übungsphase": Kind entfernt sich kriechend von der Mutter im „narzißtischen Überschwang".

Sprache: 1–5 Wörter am Ende des 1. Lebensjahres; *Einwortsätze* mit etwa 13 Monaten; ca. 30 Wörter mit 18 Monaten, Übergang auf *Zweiwortsätze* und ca. 50 Wörter am Ende des 2. Lebensjahres.

Psychosomatische und Verhaltensstörungen im ersten Lebensjahr: Nahrungsverweigerung, Erbrechen (Pylorusstenose), Dreimonatskolik, Säuglingsekzem (ab 4. Monat), erste heftige Schaukelbewegungen des Kopfes *(Jactatio capitis)* oder auf Knien und Ellenbogen (Ende 1. Lebensjahr) können pathogenetisch wesentlich mitverursacht werden durch Störungen in der Mutter-Kind-Beziehung (in Verbindung mit konstitutionellen Faktoren).

2. bis 4. Lebensjahr

Emotionalität: Das Kind lernt, sich weiter von der Mutter zu entfernen und abzugrenzen; dabei gibt es Siege und Niederlagen sowie eine Fülle von ängstigenden Erfahrungen („2. Subphase der Separation-Individuation", „Übungsphase").

Das Kind entwickelt eine Entdeckerleidenschaft, alles Schädliche muß außer Reichweite gestellt werden, das Fallenlassen und Wegwerfen von Gegenständen wird geübt, die Hergabe von etwas kann jetzt verweigert werden und das Kind kann „nein" sagen (das Nein tritt sprachlich vor dem Ja auf). In diese Zeit fällt die Reinlichkeitsgewöhnung (die frühestens in der zweiten Hälfte des 2. Lebensjahres begonnen werden sollte), eine der ersten sozialen Leistungen. Das Kind kann sich gegen die Forderungen wehren und sich weigern, z.B. den Stuhlgang in der geforderten Weise abzugeben, dabei verschiebt sich das Zentrum lustvoller und versagender Erfahrungen auf die Analzone (anale Phase) und ihre Ausscheidungen. Der Beginn dieser Periode fällt zusammen mit der dritten Subphase der Individuation, einer „Wiederannäherungskrise" (ab 15. Monat): Das Kleinkind klammert sich einerseits wieder bei der Mutter an, während es andererseits zugleich von ihr wegstrebt (Ambivalenzkonflikt).

Eine zu frühe und forcierte Reinlichkeitsdressur kann die notwendige Abgrenzung und Behauptung der kindlichen Identität tiefgreifend stören. Wird der sich nun entwickelnde kindliche Trotz **(„Trotzphase")** mit Gewalt gebrochen, so kann das dazu beitragen, daß ein übergefügiges, passives, *initiativloses Verhalten* entsteht. Kommen andere Beeinträchtigungen in der darauf folgenden *ödipalen Phase* hinzu, so können ernste *Lern- und Bewältigungsstörungen* und zwanghafte Charakterzüge entstehen *(Zwangscharakter)*. Das Kind lebt in einer „magischen" Welt: Es kann noch nicht scharf zwischen Wünschen, Gedanken und Taten – zwischen Phantasie und Wirklichkeit – unterscheiden. In der Wahrnehmung der Umwelt treten die Raum- und Materialqualitäten noch hinter den Ausdrucksqualitäten (sogenannte „physiognomisierte" Umwelt) zurück.

Neben der Mutter spielt der Vater – und überhaupt dritte Bezugspersonen – eine zunehmend bedeutsame Rolle (die Triangulierung als Vorstufe zur ödipalen Phase).

Motorik und Sprache: 1½–2 Jahre: Das Kind kann die Treppe hinauflaufen, einen Bleistift festhalten, mit einem Ball spielen, hat ein Vokabular von ca. 200 Wörtern (abhängig von der sozialen Schicht). 2–3 Jahre: Es kann die Treppe alleine hinauf- und heruntergehen, kann schnell und rückwärts laufen, kann einen Kreis zeichnen, sagt „ich", macht Sätze mit 5–7 Wörtern und verfügt mit 3 Jahren über ca. 1000 Wörter.

Intelligenz: Das Kind „denkt", „erklärt" Handlungen, ordnet Vorgänge der Realität und sucht nach Zusammenhängen zwischen Ereignissen, jedoch noch nicht in einer Weise, die man im Sinne des Erwachsenen konkret und logisch nennen kann.

Verhaltensstörungen: Nachtangst, phobische Verhaltensweisen, Stottern, Einnässen und Einkoten (s. S. 50).

5. bis 6. Lebensjahr

Das Erleben fängt an, sich um die eigene *Geschlechtsrolle* zu kristallisieren. Diese wird *in der Dreierbeziehung Vater – Mutter – Kind* (ödipale Konstellation) erfahren und *konflikthaft angeeignet*. Der Junge rivalisiert mit dem Vater um die Liebe der Mutter und entwickelt, da er den Vater zugleich liebt, diesem gegenüber Schuldgefühle in einem jeweils wechselnden Ausprägungsgrad. Das Mädchen verschiebt allmählich den Akzent seiner Zuneigung von der Mutter auf den Vater und gerät auf diese Weise in ein konkurrierendes Verhältnis zur Mutter, das neben der positiven Bindung zugleich auch eine feindselige Tönung gewinnt. Eine Lösung der Zwiespältigkeit der Gefühlsbeziehung zum eigengeschlechtlichen Elternteil, eine Überwindung der Ohnmachtserfahrung und die Erreichung einer gewissen Selbständigkeit wird schließlich angestrebt durch eine (überwiegende) *Identifikation mit dem gleichgeschlechtlichen Elternteil* und durch eine Verinnerlichung der durch die Eltern vermittelten Forderungen (zur Theorie der Libidoentwicklung s. S. 86 ff).

Im Zuge dieser psychosexuellen Reifungsvorgänge (**"phallische" und "ödipale" Phase**) wird das Kind allmählich fähig zur eigenen Geschlechtsrolle, und es gewinnt die Voraussetzung, um Beziehungen auch als gesellschaftliche Bezüge und Rollen generalisieren zu können. Von der Art, wie der ödipale Konflikt bewältigt wird, hängt entscheidend ab, ob die weitere Entwicklung, besonders von der Pubertät an, einigermaßen ungestört verlaufen oder ob es zur *Bildung von neurotischen Verhaltensstörungen* und Charakterstrukturen kommen wird.

Fast alle psychoneurotischen Störungen haben zumindest eine ihrer Wurzeln in der ödipalen Phase. Hysterische Einstellungen und einige psychosomatische Störungen lassen sich in Zusammenhang mit dem sog. "Ödipuskomplex" bringen. Erfahrungen von Angst, Bedrohung und Unmöglichkeit, den ödipalen Konflikt zu durchstehen, können später – in entsprechenden *"Versuchungs- und Versagungssituationen"* – wesentlich dazu beitragen, daß durch *Regression*, durch einen Rückzug auf frühere Phasen der Entwicklung, eine Fixierung, z. B. auf der analen Stufe, entsteht, was bedeutsam ist für die Eigenart der neurotischen Symptomatik (etwa bei der Zwangsneurose). Nägelkauen, intensives Daumenlutschen, Ausreißen der eigenen Haare, verstärkte masturbatorische Aktivitäten u. a. können in diesem Alter emotionale Probleme signalisieren.

7.–12. Lebensjahr

In dieser Zeit des **"ersten Gestaltwandels"** (körperliche Streckung mit Verlust der Kleinkindmerkmale) treten die infantil-sexuellen Strebungen in den Hintergrund (daher *Latenzphase*). Das Schulkind kann sich nun in einer emotional versachlichten Weise der Realität widmen, und es lernt die Außenwelt unter quantitativen und stofflichen Gesichtspunkten wahrzunehmen (Materialqualitäten werden erfaßt, ebenso Ausdehnung, Volumen, Maß usw.). Dabei ist es noch sehr abhängig von der unmittelbaren Anschauung, kann aber Kausalzusammenhänge erkennen. Im Vordergrund stehen jetzt Probleme in Zusammenhang mit der Schule und ihren Leistungsanforderungen: Die vom emotionalen und/oder intellektuellen Versagen ausgehenden Kränkungen können massive Ängste und Selbstwertprobleme mobilisieren (*Schulphobie*, Schulangst, Schulschwänzen). Ein aversives Verhalten gegen die Schule kann durch bestimmte Teilleistungsschwächen (s. S. 68) – zumal wenn diese in ihrer Eigenart unerkannt bleiben – noch gefördert werden, z. B. durch eine *Legasthenie* (s. S. 69).

Schulische Leistungsprobleme können zu ernsten *depressiven Verstimmungen* führen. Ein langanhaltendes intellektuelles Leistungsdefizit bei normaler Begabung spricht für eine Pseudodebilität, die durch körperliche Erkrankungen (Anämie, chronische Angina, allgemeine Asthenie), durch emotionale Störungen, die im Milieu des Kindes begründet sind, und durch eine mangelnde Förderung, besonders bei Kindern aus unterprivilegierten Schichten, verursacht oder begünstigt sein kann. Auffallend ist z. B., daß eine erhebliche Zahl der Kinder aus Obdachlosenlagern verspätet die Schulreife erlangt und die Mehrzahl Sonderschulen besuchen muß. (Angeborene und durch frühkindliche Hirnschäden erworbene Minderbegabung, s. S. 256 ff)

12.–18. Lebensjahr

Die **Pubertät** – das Stadium des „zweiten Gestaltwandels" – und ihre Verlängerung, die Adoleszenz, stellt eine *krisenanfällige Zeit* der Entwicklung dar, da die Intensivierung und der Abschluß biologischer Reifungsprozesse (Erreichung der Geschlechtsreife) nicht zusammenfällt mit dem Abschluß der psychosozialen Entwicklung. Letztere geht in unserer Kultur noch geraume Zeit bis zur Erreichung der notwendigen psychischen und ökonomischen Selbständigkeit weiter.

Historisch findet man in biographischen Quellen erst nach 1750 Hinweise auf Reifungskrisen der Pubertät. 1808 wird das Wort „Flegeljahre" erstmals in ein deutsches Wörterbuch aufgenommen; die ersten Monographien über Pubertätsprobleme erscheinen am Ende des 19. Jahrhunderts. Das Problem der *Akzeleration* (Beschleunigung und Vorverlagerung der biologischen Reifung) ist teilweise durch eine echte Beschleunigung biologischer Wachstumsprozesse bedingt (wie Ernährung, genetische Faktoren wie ausgeprägtere Heterozygotie bei geographisch erweiterten Möglichkeiten zur Partnerwahl usw.). Das Phänomen tritt infolge einer erheblichen *Verlängerung der Sozialisation* während der letzten 100 Jahre in Erscheinung. Spezifische Probleme ergeben sich während der Pubertät in den Bereichen Sexualität, Loslösung vom Elternhaus, Beziehung zu Altersgenossen und Gewinnung von Wertnormen. Die Kultur der Gleichaltrigen gewinnt an Bedeutung und ist in bestimmter Hinsicht eine distinkte Subkultur. Erscheinungen wie Jugendkriminalität, Drogenkonsum, Hinwendung zu Jugendsekten und die starke Zunahme gelungener Suizide bei Jugendlichen, und vor allem Kindern (unter 12 Jahren) sind von zahlreichen, im einzelnen noch ungeklärten soziokulturellen Bedingungen abhängig. Einflüsse durch die Jugendarbeitslosigkeit, den zugenommenen Leistungs- und Selektionsdruck in Schule und Universität bei gleichzeitig sinkenden Zukunftschancen sind im letzten Jahrzehnt unverkennbar. Sie dürften nicht nur für die Zunahme der Jugend- und Kindersuizide, sondern auch für die Zunahme von Gewaltexzessen jugendlicher Gangs und Fußballfans eine wichtige Rolle spielen.

Die sich herausdifferenzierende Geschlechtsrolle (auf der Stufe der *genitalen Sexualität*) ist schon in den früheren Phasen der Entwicklung angelegt und durch kulturelle Traditionen wesentlich mitdeterminiert.

Mit der Ablösungsproblematik und den sexuellen Wünschen kann eine vorübergehende Verunsicherung verbunden sein. Ein jäher Wechsel zwischen Rückzug, Verschlossenheit einerseits und intensiver, zuweilen exaltierter Gruppenaktivität andererseits kann in diesem Alter häufig beobachtet werden. Die Verunsicherung im Erleben der eigenen Identität führt nicht selten zu *Entfremdungserlebnissen*. Obwohl solche Erscheinungen an sich nicht krankhaft und meist nur von kurzer Dauer sind, können sie auch die Vorboten einer beginnenden schizophrenen Erkrankung sein.

In der Frühpubertät wird der Jugendliche in seinem Denken immer unabhängiger von der unmittelbaren sinnlichen Anschauung. Abstrakte Kategorien können abgeleitet und spekulative Denkprozesse in Gang gesetzt werden. Auch hier sind schichtspezifische Unterschiede und andere gesellschaftliche Einflüsse zu berücksichtigen.

Die phasenspezifische Störbarkeit des Gefühlslebens ergibt in den Jahren der Pubertät ein erhöhtes Morbiditätsrisiko hinsichtlich neurotischer, psychotischer, depressiver und dissozialer Verhaltensstörungen.

Neben den psychischen Erkrankungen, die ein gleichartiges Erscheinungsbild aufweisen wie bei Erwachsenen, sind besonders die *krankheitswertigen* Eßstörungen *(psychogene Fettsucht, Magersucht, Bulimie)*, die *verschärften Autoritätskonflikte* und die *Depersonalisations- und Entfremdungserlebnisse* in ihrer Psychodynamik und Ausgestaltung von den psychosexuellen und psychosozialen Reifungsproblemen dieses Alters geprägt.

Es muß aber zugleich festgestellt werden, daß typische Neurosen sowie psychische Störungen und Erkrankungen anderer Genese in der Reifezeit der Pubertät *seltener diagnostiziert* werden als in der früheren Kindheit (vor 12 Jahren) oder im Erwachsenenalter. Diese Feststellung sagt nichts über die wirkliche Inzidenz, zumal die Erfahrung zeigt, daß viele seelische Krisen und Erkrankungen gerade in der Pubertät und Adoleszenz durch zeittypische kulturelle und subkulturelle Überformungen teils maskiert, teils kompensiert werden können. In unserer Kultur stehen indessen die *Pubertäts-* und *Adoleszentenkrisen* im Vordergrund der seelischen Problematik der Reifezeit (s. Abschnitt 10).

Literatur

Ariès, Ph.: Geschichte der Kindheit. München 1975

Bowlby, J.: Mütterliche Zuwendung und geistige Gesundheit. München 1974

Erikson, E. H.: Identität und Lebenszyklus. Suhrkamp, Frankfurt/Main 1966

Erikson, E. H.: Jugend und Krise, Psychodynamik im sozialen Wandel, Stuttgart 1974

Fürth, H. G.: Intelligenz und Erkennen. Die Grundlagen der genetischen Erkenntnis-Theorie Piagets. Frankfurt 1976

Lidz, Th.: Das menschliche Leben. Suhrkamp, Frankfurt/Main 1970

Mahler, M. S., F. Pine, A. Bergman: The Psychological Birth of the Human Infant. London 1975

Nissen, G.: Die normale psychische Entwicklung und ihre Varianten. In Eggers, C., R. Lempp, G. Nissen, P. Strunk: Kinder- und Jugendpsychiatrie, 5. Aufl. Springer, Berlin 1989

Remschmidt, H.: Kinder- und Jugendpsychia-

trie. Eine praktische Einführung. 2. Aufl.
Thieme, Stuttgart 1987
Remschmidt, H., M. H. Schmidt: Kinder- und
Jugendpsychiatrie in Klinik und Praxis,
Bd. I–III. Thieme, Stuttgart 1985 u. 1988
Rutter, M.: Scientific Foundations of Develop-
mental Psychiatry. Heinemann, London
1980
Spitz, R. A.: Vom Säugling zum Kleinkind.
Klett, Stuttgart 1967
Stone, L. J., J. Church: Kindheit und Jugend.

Einführung in die Entwicklungspsychologie,
Bd. I u. II. Thieme, Stuttgart 1978 u. 1980
Stork, J.: Die seelische Entwicklung des Klein-
kindes aus psychoanalytischer Sicht. In:
D. Eicke: Tiefenpsychologie, Bd. 2, Kind-
lers „Psychologie des 20. Jahrhunderts".
Beltz, Weinheim 1982
Winnicott, D. W.: Kind, Familie und Umwelt.
München 1969

7 Deprivationssyndrome und Psychopathologie der Versagung in früher Kindheit

Lernziele:
Erfassung und Abwendung der anaklitischen Depression, des Hospitalis-
mussyndroms und anderer separationsbedingter Störungen in der frühen
Kindheit. Kenntnis der Symptomatik neurotischer Störungen bei Kindern
und Jugendlichen sowie Begriff für die psychodynamischen Einflüsse früher
Versagungen auf die seelische Entwicklung.

Versagungen im ersten Lebensjahr

Sie können mitbeteiligt sein bei der Entstehung bestimmter Charakter- und
Identitätsstörungen des späteren Lebens: Mangelhafte Abgrenzung des Ichs
von der Außenwelt, gestörtes „Urvertrauen", mißtrauische Grundhaltung
bei schizoiden, paranoiden und sensitiven Entwicklungen weisen psychodynamisch auf Störungen der „Primärbeziehung" zwischen Mutter und Kind
während des ersten Lebensjahres (Definition und Beschreibung s. S. 86ff).
Auch psychosomatische Störungen im Zusammenhang mit der Nahrungsaufnahme können eine psychodynamische Wurzel in Erfahrungen der Säuglingszeit haben, wobei im späteren Leben nicht eingestandene (orale) Abhängigkeitswünsche eine besondere psychogenetische Bedeutung gewinnen,
z. B. bei *psychogener Fettsucht, Magersucht, Magenulzera, Sucht* (s. S. 194).

Bereits während des ersten Lebenshalbjahres kann durch eine gestörte Mutter-Kind-Beziehung (bei offener Vernachlässigung von emotionalen Primär-
bedürfnissen, bei ängstlicher Überfürsorglichkeit und unbewußter Ablehnung des Kindes durch die Mutter) auf dem Boden einer Bereitschaft oder im
Zusammenhang mit Infektionen die Entstehung bestimmter Erkrankungen
mitbeeinflußt werden: z. B. Pylorusstenose, Darmkoliken, Ernährungsstörungen mit Durchfall oder Erbrechen, Ekzem, Schlafstörungen.

Affen, seit der Geburt *isoliert* aufgezogen, zeigen schon im kindlichen Alter eine Reihe von Verhaltensstörungen (Störungen im Sozialverhalten, Antriebsstörungen, Störungen des Körperschemas und der Schmerzwahrnehmung), die im Erwachsenenalter schließlich zu tiefgreifenden psychobiologischen Beeinträchtigungen führen können: *Störungen der Sexualität und der Mütterlichkeit.* Kinder, die in den ersten Lebensmonaten von ihren Müttern getrennt werden und in personell unterbesetzten Kinderheimen oder Krankenhäusern aufwachsen, durchlaufen zunächst die Stadien der *anaklitischen Depression,* die – wenn das Kind nicht zu einem bestimmten Zeitpunkt in die Obhut einer emotional tragenden Pflegeperson gelangt – in das irreversible *Syndrom des Hospitalismus* übergehen kann.

Anaklitische Depression

(Anaclisis = gegen etwas anlehnen)

Das Syndrom entsteht im zweiten Lebenshalbjahr bei Heimkindern oder bei Kindern, die in dieser Zeit (z. B. wegen einer Krankenhauseinweisung) von ihren Müttern getrennt werden (JCD-9 und DSM III-R: 313.89).

Im *1. Monat* nach der Trennung von ihren Müttern bzw. von ihren festen Pflegepersonen werden die Kinder weinerlich, anspruchsvoll, klammern sich häufig an alle Personen an, die mit den Kindern Kontakt suchen. Im *2. Monat* geht das Weinen oft in ein Schreien über, die Kinder nehmen an Gewicht ab, und der Entwicklungsquotient steigt nicht mehr weiter an. Im *3. Monat* verweigern die Kinder jeglichen Kontakt. Meistens liegen sie, wenn die Trennung erst im zweiten Lebenshalbjahr erfolgte, in typischer Weise auf dem Bauch reglos im Bettchen. Es kommt zu Schlafstörungen und zu weiteren Gewichtsverlusten. Die Kinder werden sehr anfällig für banale Infekte, die sich zu schweren, ja tödlichen Krankheiten entwickeln können. Der Gesichtsausdruck wird nun starr und maskenhaft. Im *4. Monat* verfestigt sich der starre Gesichtsausdruck weiter. Das Weinen geht in ein leises Wimmern über, die motorische Verlangsamung prägt sich weiter aus, um schließlich in eine völlige Lethargie zu münden. Von nun an fällt der Entwicklungsquotient. Bekommt ein solches Kind während der ersten drei Monate wieder eine feste Pflegeperson, d. h., ergibt sich wieder eine ausreichende emotionale Zuwendung, so können die erwähnten Erscheinungen wieder völlig verschwinden. Nach dem *5. Monat* ist der Zustand mit Sicherheit irreversibel, und in diesem prognostisch ungünstigen Stadium ist das Zustandsbild bereits übergegangen in das

Syndrom des psychischen Hospitalismus. Weitere Verlangsamung der Motorik, Passivität, reglose Rückenlage (bei Kindern, die seit der Geburt im Heim waren) im Bettchen, leerer, schwachsinniger Gesichtsausdruck, Nachlassen der Augenkoordination, zuweilen Auftreten von athetoiden Fingerbewegungen, fortschreitendes Absinken des Entwicklungsquotienten (Ende des 2. Lebensjahres EQ 45% = Stufe der Idiotie). Schließlich entwickelt sich ein

Marasmus, und es kommt, etwa infolge von banalen Infekten, zu einer erschreckend hohen Mortalität bei diesen emotional „verhungerten" Kindern. Die Überlebenden bleiben defektuös und machen in ihrer Lethargie und in ihrem Entwicklungsrückstand den *Eindruck* von hirnorganisch schwer gestörten Kindern. Die in bestimmten Findelheimen nachbeobachteten Kinder konnten mit vier Jahren mit wenigen Ausnahmen weder sitzen, stehen, laufen noch sprechen. Solch extreme Formen des frühkindlichen Hospitalismus entstehen freilich nur bei *totalem Entzug* der affektiven Zufuhr. Bei einer minimalen affektiven Zuwendung, wie sie in vielen Heimsituationen noch gegeben ist, entstehen *chronische Frustrationssyndrome*, die später in vielfältige neurotische, soziopathische und dissoziale Verhaltensstörungen übergehen können (der Anteil von Heimkindern unter später Straffälligen ist überzufällig groß: s. S. 77f).

Stadien der anaklitischen Depression. Weinerlichkeit, Zuwendung heischende Haltung, Appetitverlust, Gewichtsverlust, Stockung und allmählicher Rückschritt des Entwicklungsquotienten (noch reversibel). Auf vielen Kinderabteilungen wird ein regelmäßiger Kontakt mit den Eltern immer noch unterbunden, weil das „Stillwerden" der Kinder, d. h. das Hineingleiten in die anaklitische Depression, als „Bravheit" mißverstanden wird. Nach spätestens 5 Monaten: *Syndrom des Hospitalismus:* Fehlen autoerotischer Betätigung, Kontaktverweigerung, Schlaflosigkeit, weitere Abnahme der Motilität, Infektionsanfälligkeit, Starre des Gesichtsausdrucks, atypische Bewegungen der Finger, Marasmus, hohe Sterblichkeit (Zustand irreversibel). Die Verbesserung der Verhältnisse in den Institutionen der öffentlichen Erziehung stellt eine dringende sozial- und gesundheitspolitische Aufgabe der *primären Prävention* dar; solch extreme Deprivationssyndrome wie der kindliche Hospitalismus sind heute sehr selten geworden.

Autoerotische Betätigungen

Schaukeln, Kotspiele und *Genitalspiele* können, wenn sie intensiv und mit Ausschließlichkeitscharakter auftreten, eine emotionale Störung anzeigen. Das rhythmische Schaukeln tritt im allgemeinen nach dem 6. Lebensmonat auf und wird meistens in Bauchlage auf „allen vieren" ausgeführt. Die *Schaukelbewegungen (Jaktationen)*, die später auch im Stehen durch Hin- und Herbewegen des Rumpfes oder des gesamten Körpers ausgeführt werden, treten z. B. unter den Bedingungen eines sehr abrupten Wechsels der emotionalen Zuwendung durch die Mutter (schneller Wechsel von Härte und Verwöhnung) auf und prägen sich insbesondere bei Heimkindern und hirngeschädigten Kindern häufig zu Dauererscheinungen aus. Eine Verstärkung autoerotischer Betätigung kann in der Anfangsphase der anaklitischen Depression und anderer separationsbedingter Verstimmungen beobachtet werden.

Unter *autoerotischen Betätigungen* versteht man lustvolle Manipulationen an eigenen Körperteilen oder bestimmte rhythmisierte Körperbewegungen oder das Spiel mit Ausscheidungen des eigenen Körpers. Bestimmte *autoerotische Betätigungen* (Daumenlutschen, Genitalspiele, Kotspiele) *sind in bestimmten Entwicklungsphasen*, wenn sie nicht verhaltensbeherrschend sind, *durchaus normal*.

Enuresis und Enkopresis

Enuresis (Einnässen, ICD-9: 307.6, DSM III-R: 307.60), *Enkopresis* (Einkoten, ICD-9: 307.7, DSM III-R: 307.70) sind entsprechend dem Abschluß der Reinlichkeitserziehung mit durchschnittlich 3 Jahren erst vom 4. Lebensjahr an als Symptom zu werten. Wird die Sphinkterkontrolle nicht erlernt, spricht man von einer *primären* Enuresis bzw. Enkopresis, tritt die entsprechende Störung erst nach dem Erreichen der Reinlichkeit auf, wird sie als *sekundär* bezeichnet. Es handelt sich jedoch *nicht* um *Symptome einer einheitlichen Störung*. Die meisten Fälle von Enuresis und Enkopresis haben eine psychische Ursache, sind also *funktionell*: erneutes nächtliches Einnässen eines 4jährigen nach der Geburt eines Geschwisters oder nach plötzlicher Trennung von der Mutter; Einkoten als teils lustvoll, teils aggressiv-aufsässig erlebte Reaktion auf eine forcierte Reinlichkeitsdressur. Mangelhafte Beherrschung der Blasen- und/oder Mastdarmsphinkteren kann auch bedingt sein durch *organische Faktoren* (Mißbildungen im Urogenitaltrakt, hirnorganische und neurologische Störungen). Wegen der sozialen Konsequenzen und der Rückwirkung auf die Eltern-Kind-Interaktion ist auch bei organisch bedingten Störungen der Ausscheidungsfunktionen mit emotionalen Reaktionen beim Kind zu rechnen. Bei den reaktiv und psychogen bedingten Fällen von Enuresis und Enkopresis sind stets die besonderen psycho- und familiendynamischen Konstellationen zu klären.

Vorkommen: Bei 85% der Fälle handelt es sich um *primäre* Formen der Enuresis bei Kindern jünger als 4 Jahre; der Prozentsatz fällt relativ stark mit zunehmendem Alter. Im Alter von 3 Jahren beherrschen 40% der Kinder die Blasenfunktion am Tag und/oder in der Nacht noch nicht vollständig. Mit dem Erreichen des 5. Lebensjahrs fällt dieser Prozentsatz auf 15%, mit 8 Jahren auf 7%, mit 15 auf 2% und mit 18 schließlich auf etwa 1%. Das Verhältnis von Jungen und Mädchen ist etwa 3/2. Bei der Hälfte der Fälle mit einer Enuresis diurna kommt es auch zu nächtlichem Bettnässen, während nur 8% der nächtlichen Bettnässer auch am Tag einnässen. Einzelkinder und Erstgeborene sind seltener betroffen, Kinder aus der Unterschicht und Kinder aus kinderreichen Familien, zumeist infolge von Lerndefiziten, signifikant häufiger. Auch gibt es Hinweise für eine genetische Disposition.

Bei älteren Kindern findet man mit der Enuresis häufig auch Schlafstörungen und allgemeine nervöse Beschwerden.

Diagnose: Neben einer neurosenpsychologischen Diagnostik ist eine *behutsame* körperliche Untersuchung immer angezeigt. Beachte: Zysto- und Rektoskopien im Kindesalter können sehr traumatisch erlebt werden.

Therapie: Im Falle tiefgreifender psychoneurotischer Störungen: Kinderpsychotherapie. Bei einer nur milden neurotischen Problematik und einer relativen Isoliertheit des Symptoms können verhaltenstherapeutische Maßnahmen (Klingelton, wenn das Bett naß wird) und/oder niedrig dosierte Gaben von Imipramin (Tofranil) wirksam sein.

Chronische Obstipationen im Kindesalter

Sie können sich auf dem Boden konstitutioneller Dispositionen in Abhängigkeit von bestimmten Erwartungen, emotionalen Einstellungen und Befürchtungen der Mütter früh entwickeln. Nicht selten verschwindet die Verstopfung, wenn es der Mutter gelingt, ihr Verhalten zu ändern, z. B. sich weniger kontrollierend und/oder fordernd zu verhalten. Vorübergehende Obstipationen entstehen nicht selten während der Reinlichkeitsgewöhnung, wobei der Kampf um die Sphinkterkontrolle einer analen Modalität der Autonomie im Zuge der Separations-/Individuationskrisen entspricht. Bei fast allen Kindern mit Enkopresis findet man auch intermittierende oder chronische Obstipationen.

Bestimmte auffällige Verhaltensweisen und Gewohnheiten können, wenn das Kind emotionell sonst ungestört ist und die Verhaltensweise/Gewohnheit harmlos oder nur lästig ist, als „Unarten" gesehen werden, sie können aber auch als *kinderneurotische Zeichen* emotionelle Störungen anzeigen und/oder durch ihre Art, Stärke und Dauer selber ein krankheitswertiges Gepräge annehmen: z. B. *Nägelkauen, verlängertes Daumen- oder Fingerlutschen, zwanghaftes Haarausreißen (Trichotillomanie), Gesichtsticks oder sonstige tickartige Bewegungen, Stottern, rhythmische Schaukelbewegungen (Jactatio corporis et capitis), zwanghafte Selbstbeschädigungen (Automutilationen), atypische (nicht epileptische) Anfälle wie etwa respiratorische Affektkrämpfe (Temper tantrums), usw.*

Störungen der gesprochenen Sprache

Sie spielen im Kindesalter eine bedeutende Rolle, vor allem weil sie als Störungen des am meisten differenzierten Kommunikationsmittels häufig sekundäre Beeinträchtigungen des Gefühlslebens und/oder des Lernens nach sich ziehen. *Hörstummheit (Audimutitas)* infolge von Taubheit und Schwerhörigkeit zieht – ohne kompensatorische Maßnahmen – schwere Kontakt- und Lernstörungen nach sich. Deswegen ist eine *möglichst frühe Diagnostik* (im 1. Lebensjahr) von möglichen Gehörschäden von größter Bedeutung. Im ersten Lebensjahr lallt auch das gehörgeschädigte Kind, verliert diese Eigenschaft aber wieder, wenn es otologisch und logopädisch unbetreut bleibt. Von *mutistischem* Verhalten spricht man, wenn ein Kind allmählich oder plötzlich anhaltend aufhört, sich sprachlich zu äußern; *elektiv* mutistisch ist ein Kind, das mit bestimmten Personen (meistens Angehörigen) wohl, mit anderen (meistens Fremden) nicht spricht. Mutistisches Verhalten, zumal wenn es allmählich entsteht, geht vielfach einher mit Antriebsarmut, Scheu, Zurückgezogenheit, Ängstlichkeit und starker Gehemmtheit. Auch andere Verhaltensauffälligkeiten können vorkommen oder im Zentrum stehen. Mutistische Verhaltensweisen und elektiver Mutismus (ICD-9 DSM III-R: 313.23) stehen, wenn sie plötzlich in Erscheinung treten, häufig im Zusammenhang mit ernsten und dramatischen Konfliktsituationen. *Mangelhafte Sprachentwicklungen*, die weniger die Aussprache, sondern vor allem den *Wortschatz* betreffen, sind meistens auf eine Umgebung zurückzuführen, in der quantitativ und qualitativ unzureichend gesprochen wird. *Störungen der Intonation*, sofern nicht – wie häufig – organisch bedingt, können auch emotionelle Ursachen in Ängsten haben. Sie treten daher oft *selektiv*, z. B. in Form einer *gepreßten Intonation* im Gespräch mit bestimmten gefürchteten Personen auf (z. B. dem Vater, Lehrer). Ähnlich verhält es sich mit dem elektiven Mutismus (ICD-9 und DSM III-R: 313.23) *Stottern* (ICD-9: 307.1, DSM III-R: 307.00) tritt auf als *klonisches* (rhythmisches Wiederholen von Lauten beim Sprachbeginn) oder als *tonisches* (der Laut kann erst nach einer apnoischen Pause herausgebracht werden) *Stottern*, wobei vor allem die Blockierung beim Sprechablauf in Erscheinung tritt. Beim Entstehen und der Ausgestaltung des Stotterns spielen konstitutionsbiologische *und* psychogene Komponenten sowie lernpsychologische Habituierungen und Erwartungsängste eine Rolle. Ängstliche und drepressive Reaktionen können die Folge sein.

Vorkommen: Eine britische longitudinale Untersuchung zeigt, daß etwa 3% der Kinder aus einer Bevölkerungsstichprobe während einer Periode von mindestens sechs Monaten *einmal gestottert haben* (mit einem Gipfel im 5. Lebensjahr), daß etwa *1% chronisch stottert*, und daß *nach dem 11. Lebensjahr* praktisch *keine neuen Fälle mehr auftreten*.

Therapeutisch können logopädische Spezialbehandlungen, zuweilen mit psychotherapeutischer und/oder psychopharmakologischer Unterstützung erfolgreich sein.

Ticksyndrome

Sie treten im Kindesalter vorübergehend (ICD-10 und DSM III-R: 307.21) oder chronisch (ICD-10 und DSM III-R: 307.22) und *meistens monosymptomatisch* auf oder in seltenen Fällen als *chronisches multiples Syndrom (Syndrom von Gilles de la Tourette,* ICD-10 und DSM III-R: 307.23). Die meisten Ticks zeigen sich im Bereich von Kopf und Hals vor allem an der mimischen Muskulatur, und nehmen an Häufigkeit von kranial nach kaudal ab. Am häufigsten sind der Blinzeltick (82%), die übrigen anderen mimischen Ticks, tickartige Kopf- und Halsbewegungen, Bewegungen des Rumpfes oder der Extremitäten und schließlich die tickartigen Geräusche: Schniefen, Hüsteln, Bellen, Grunzen etc. *In seltenen Fällen* kommt es zu monosymptomatischen Ticks infolge pallidostriärer Läsionen (z. B. nach Enzephalitis), die *meisten* Ticks haben jedoch – bei entsprechenden familiären Dispositionen – *psychogene Ursachen*. Die Konfliktdynamik ist häufig geprägt von einer Hemmung aggressiver Impulse und/oder motorischer Entäußerungsmöglichkeiten bei lebhaften Kindern. Gebahnt werden Ticks nicht selten reflektorisch, daher die häufigen Blinzel- und Hüstelticks.

Bei dem *Syndrom von Gilles de la Tourette* (ICD-9 und DSM III-R) handelt es sich um ein *seltenes, chronisches Krankheitsbild*, das in mehr als 90% der Fälle vor dem elften Lebensjahr, meistens zunächst mit einem monosymptomatischen Tick, beginnt. Im weiteren Verlauf gesellen sich alsbald noch andere muskuläre Ticks hinzu, und es kommt in einem steten Symptomwandel zu Erscheinungen wie *Koprolalie* (zwanghaftes Aussprechen von Fäkalwörtern), *Echolalie* (zwanghaftes Nachsprechen) und *Echopraxie* (zwanghaftes Nachahmen von Bewegungen).

Organische Ursachen in den pallidostriären Strukturen des Zwischenhirns (Störung des dopamin-cholinergen Gleichgewichtes) werden diskutiert, während mögliche psychogene Faktoren bis heute umstritten sind. *Therapie:* Sehr gute symptomatische Besserungen wurden unter der Behandlung mit bestimmten Neuroleptika (Haloperidol) beschrieben, eine supportiv psychotherapeutische Betreuung erscheint wegen der sekundären Verarbeitungsprobleme geboten.

Schlafstörungen

Sie kommen im Kindesalter ebenfalls infolge emotionaler Probleme vor, z. B. Einschlafstörungen bei Straf-, Schul- und Versagensängsten. Bei Kindern im Kindergarten- und jüngeren Schulalter zeigen sich manchmal flüchtige oder anhaltende *Parasomnien* (disorders of arousal), wozu *Nachtängste (Pavor nocturnus), Sprechen im Schlaf (Somniloquia)* und *Schlafwandeln (Somnambulismus)* gerechnet werden (letztere sind schlafphysiologisch bestimmten Phasen des Tiefschlafes – NREM 3–4 – zuzuordnen).

Durchschlafstörungen und frühes Erwachen können auch im Kindesalter im Rahmen eines vitaldepressiven Syndroms auftreten (s. S. 349 ff).

Zwangsneurosen und Hysterien

Zwangsneurosen (s. S. 101) mit voll entwickelten Ritualen (Zähl-, Wasch- und Grübelzwang), *Hysterien* (s. S. 94) mit Konversionssymptomatik (z. B. psychogene Lähmungen, Schluck- und Sprechstörungen; ICD-9 und DSM III-R: 300.11) können bei älteren Kindern nach Abschluß der frühen Persönlichkeitsentwicklung (der ödipalen Phase) vorkommen. Hysterische Reaktionen imponieren im Kindesalter häufig durch ihre Dramatik sowie ihren demonstrativen, situationsabhängigen Charakter.

Zuweilen dominieren dissoziative Züge, d. h. psychogene Dämmerzustände, kurzfristige Anfälle bis hin zu psychoseartigen Zuständen, Seh-, Hör-, Sprechstörungen sowie Empfindungslosigkeit einzelner Hautpartien, Bewegungs- und Gehstörungen können auftreten, ferner Motilitätsstörungen im Bereich des Magen-Darm-Traktes (Erbrechen, Magenkrämpfe). Der *hysterische Charakter* (ICD-9 und DSM III-R: 301.50) zeigt sich schon im Kindesalter durch unecht theatralische, übertriebene sowie affektierte, egozentrische Verhaltensweisen.

Prognose und Therapie: Die mit dem Beginn der Pubertät häufig auftretenden Zwangssymptome klingen oft spontan ab oder lassen sich, wie auch die hysterischen Reaktionen, durch kurzfristige therapeutische Intervention zurückdrängen. Dagegen erweisen sich die hysterischen und zwanghaften *Charakterstrukturen* meistens als therapieresistent. Prognostisch ausgesprochen ungünstig ist die *maligne Zwangskrankheit*: mit dem Beginn der Pubertät auftretende, nicht unterbrechbare, den Tag ausfüllende, zuweilen ausgesprochen selbstquälerische Zwangsrituale mit tiefgreifender Schuldskrupulanz und Zwangsgedanken.

Die *psychogenen Eßstörungen (Fettsucht, Pubertätsmagersucht, Bulimie)* werden zusammen mit den jugendpsychiatrischen Gesichtspunkten und den kulturpsychologischen Hintergründen auf S. 122ff besprochen.

Literatur

MacKeith, R.C., M. Rutter: A note on the prevalence of language disorders in young children. In Rutter, M., J.A.M. Martin: The Child with Delayed Speech. London 1972

Noshpitz, J.D.: Basic Handbook of Child Psychiatry, 2nd ed. New York 1979

Remschmidt, H.: Kinder- und Jugendpsychiatrie. Eine praktische Einführung. Thieme, Stuttgart 1987

Richter, H.E.: Eltern, Kind und Neurose, Hamburg 1969

Robertson, I.: Kinder im Krankenhaus. München 1970

Rutter, M.: Scientific Foundations of Developmental Psychiatry. Heinemann, London 1980

Shapiro, A.K., E.S. Shapiro et al., GTS: Summary of clinical experience with 250 patients and suggested nomenclature for tic syndromes. Advanc. Neurol. 14 (1976) 277–283

Spitz, R.: Vom Säugling zum Kleinkind. Stuttgart 1967

8 Autistische, schizophrene und depressive Syndrome im Kindes- und Jugendalter

Lernziele:
Kenntnis über Psychopathologie, Prognose und Verlauf von autistischen, schizophrenen und depressiven Syndromen im Kindesalter. Einsicht in die Alterstypik in der Symptomgestaltung solcher Syndrome. Fähigkeit zur Kooperation mit Einrichtungen der Kinder- und Jugendpsychiatrie zur Gestaltung optimaler Bedingungen für Diagnostik, Behandlung und Elternberatung

Einführung

In der multitaxialen syndromalen Klassifikation der American Psychiatric Association (DSM III-R) werden die autistischen Syndrome als „pervasive Entwicklungsstörungen" von den Psychosen des Kindes- und Jugendalters abgetrennt. Für die letzteren gelten die gleichen Klassifikationskriterien wie für die entsprechenden Zustandsbilder Erwachsener. Damit hat sich auch in den Vereinigten Staaten, wie schon früher im deutschen Sprachraum, eingebürgert, rein deskriptiv von „autistischen Störungen" bzw. „Syndromen" zu sprechen und diese nicht mehr in einen nosologischen Zusammenhang zu bringen mit den funktionellen Psychosen des Kindesalters. In der DSM-III-R-Klassifikation wird die Diagnose auf der 2. Achse eingetragen (Persönlichkeitsstörungen). Die z.Zt. gültige WHO-Klassifikation (ICD-9) faßt dagegen unter der gleichen Codenummer (299.0) noch die „Psychosen" zusammen, „die in der Kindheit ihren Ursprung haben". Des weiteren werden hier die nichtpsychotischen depressiven Verstimmungszustände zusammen mit den psychotischen unter dem Titel „depressive Syndrome im Kindes- und Jugendalter" besprochen.

Gerade die kinderpsychiatrische Erfahrung auf dem Gebiet der autistischen Syndrome und der Psychosen des Kindesalters zeigt uns, wie fragwürdig das Denken und Ordnen in nosologischen Entitäten ist und wie unangemessen eine einspurige ätiologische Betrachtungsweise der Art symptomatisch *oder* funktionell, somatogen *oder* psychogen usw. Autistische Syndrome gehen in einem hohen Prozentsatz einher mit zerebralen Funktionsstörungen, während der Verlauf, insbesondere die Intelligenzentwicklung, stark von Umwelteinflüssen bestimmt wird. *Folgerungen für die Praxis: Syndrombeschreibungen* und *Verlaufsbeobachtungen* sollten jeweils auf alle Informationen bezogen werden, die von *ätiologischer/pathogenetischer Bedeutung* sein können, *somatisch, psychisch* und *situativ.* Entwicklungspsychiatrisch sind für die Gestaltung der psychopathologischen Phänomene phasenspezifische Bereitschaften und Übergangskrisen in der kindlichen Entwicklung von großer Bedeutung (s. S. 72ff).

Autistische Syndrome im Kindesalter
(ICD-9: 299.0, DSM III-R: 299.0, 299.8, 299.9)

Diese Verhaltensstörungen sind durch das *zentrale Symptom des Autismus* oder vielmehr durch einen vollständigen oder weitgehenden Verlust der emotionalen und sozialen *Kontaktfähigkeit* gekennzeichnet. Beim *frühinfantilen Autismus* (KANNER 1943) werden die ersten Anzeichen der Kontaktstörungen bereits während des ersten Lebenshalbjahres erkennbar: Ausbleiben des „sozialen Lächelns" (des „responsing smile" bei Auftauchen eines Gesichtes), des Blickkontaktes und der anderen, als Antwort auf Zuwendung normalerweise auftretenden Ausdrucksbewegungen. Im Verlaufe der weiteren Entwicklung kommt es bei diesen Kindern nicht zur Herausbildung der Vorstufen eines altersentsprechenden *„Ich-Bewußtseins"*, oder es ist gegenüber gleichaltrigen gesunden Kindern tiefgreifend abgewandelt und erheblich im Rückstand. Interessen, wenn überhaupt vorhanden, sind eingeengt auf bestimmte, nicht belebte Gegenstände oder auf Teile von Gegenständen, unabhängig von ihren üblichen Funktionen, wobei der Umgang mit ihnen einen eigentümlichen mechanischen Wiederholungscharakter hat. Autistische Kinder können z. B. „wie besessen" mit dem An- und Abschalten von Lichtschaltern oder mit dem An- bzw. Abdrehen eines Wasserhahnes beschäftigt sein. Spielzeug wird häufig zweckentfremdet gebraucht, z. B. nur die drehenden Elemente zum Rotieren gebracht. Sie zeigen eine ausgeprägte Tendenz, *an einer bekannten Situation festzuhalten („Veränderungsangst")*. Schon kleine Veränderungen der gewohnten Umgebung (neues Tischtuch, Entfernen eines Teppichs) versetzen das Kind in eine panische Angst mit stärkster psychomotorischer Unruhe. *Sprachliches Vermögen* wird entweder *nicht entwickelt* (wenn der Autismus bereits während der Säuglingszeit beginnt) oder kann wieder verloren gehen (wenn der Autismus sich erst im Kleinkindalter zu manifestieren beginnt), oder es wird qualitativ abgewandelt, wobei das erreichte Niveau der Sprachbeherrschung allgemein nachläßt (Wiederholung gesprochener Worte, Wortneubildungen, bizarre sprachliche Wendungen). *Bizarre Formen der Bewegung* mit Wiederholungscharakter (Stereotypien) treten regelmäßig auf. Die *Wahrnehmungsleistungen*, namentlich die Leistungen der Fernsinne wie Hören und Sehen, entfalten sich unzureichend. Ergebnis: erheblicher *intellektueller Rückstand*. Dabei können bestimmte und ausgefallene intellektuelle Fähigkeiten zuweilen geradezu hypertrophieren: Autistische Kinder, die z. B. Stammbäume mit Hunderten von Namen hersagen können oder seltene lexikalische Spezialitäten beherrschen, wurden beschrieben. Nur ein 3% der Kinder zeigen eine annähernd altersentsprechende Intelligenzentwicklung, annähernd zwei Drittel sind geistig behindert und bei nahezu einem Fünftel liegt die Intelligenz im Grenzbereich. Typisch für die Störung der Ich-Entwicklung ist, daß viele dieser Kinder das Phänomen der „pronominalen Umkehr" zeigen, d. h., sie bezeichnen in einer Vertauschung der Fürwörter sich selber als „Du" und den anderen als „Ich".

Die *Wahrnehmung* zeigt in der Funktion der peripheren *Sinne* charakteristische Veränderungen: Objekte, zumal menschliche, werden in ihrer Gestalt und personalen Qualität nicht erfaßt. Häufig bewegen autistische Kinder sich tastend an der Wand entlang oder verschaffen sich mit den peripheren Sinnen Reize ohne objektalen Bezug (z. B. Knistergeräusche mit einem Papierknäuel direkt am Ohr, Flimmersensationen durch hin- und herbewegen der gespreizten Finger vor den Augen). Es besteht eine *auditive* und *visuelle Erfassungsschwäche*, die sich funktionell verschränkt mit den *motorischen Koordinationsschwächen, den Beeinträchtigungen der Sprache, den Angstparoxysmen und den Zwangsritualen.* Im Zentrum des Kreisganges zwischen *sensorischer Dechiffrierungsschwäche* und gestörter psychomotorischer Entäußerung steht die emotionale Defizienz, das Unvermögen des Kindes, sich auf andere und sich selbst altersgemäß zu beziehen.

Typologisch wird neben dem *frühinfantilen Autismus* noch unterschieden

– das *Syndrom von Asperger (autistische „Psychopathie")* als eine fast zeitgleich erstmals erwähnte, *erst im Kleinkindalter* sichtbar werdende autistische Verhaltensstörung, die in charakteristischer Ausprägung hauptsächlich bei Knaben vorkommt: *emotionale Abkapselung* und *Selbstisolierung;* *„prinzenhafte" Physiognomie* mit leerem, in die Ferne gerichtetem Blick; *auffällige Sprache und Psychomotorik* mit Wortneuschöpfungen, Intonationsstörungen, rhythmisierten Bewegungsstereotypien bei durchschnittlicher bis gelegentlich hoher Intelligenz und zuweilen spezialisierten lexikalischen Fertigkeiten; (Kinder mit dem Asperger-Syndrom können früher sprechen als laufen, bei Kindern mit dem Kanner-Syndrom ist es umgekehrt).

Differentialdiagnose: *Autistische Züge* können sich im Verlauf von ganz verschiedenen Störungen entwickeln, z. B. bei schizophrenen Psychosen des Kindesalters oder vorwiegend *somatogen* bei hirnbeschädigten und/ oder geistig behinderten Kindern. Bei Hörstummheit oder bei anderen ernsten Sinnesdefekten können ebenfalls ernste Kontaktstörungen auftreten (sog. Pseudoautismus).

Vorkommen: Bei strenger Handhabung der diagnostischen Kriterien sind autistische Syndrome selten (0,1–0,4‰). Autistische Verhaltensweisen bei frühkindlichen Hirnschäden können häufiger beobachtet werden; es handelt sich in diesen Fällen meistens um autistische Züge und nicht um das Vollbild des Autismus. *Das Kanner- und Asperger-Syndrom kommt fast nur bei Knaben vor.*

Ätiologie und Pathogenese sind unbekannt, obwohl eine Reihe von Befunden für eine organische bzw. biologische Pathogenese sprechen könnte, nämlich die in der Hälfte der Fälle weltweit gefundenen (polyätiologischen) Hirn-(funktions-)Schäden, die Art der Wahrnehmungs-, Sprach- und Intelligenzstörungen und die Häufung von epileptischen Anfällen im Jugendalter der Autisten. Einige Autoren vermuten einen hereditären „Autismusfaktor", der durch verschiedene Bedingungen (z. B. diskrete frühkindliche

Hirnschäden, Hirnfunktionsstörungen) aus der Latenz geschoben werden könne. Umwelteinflüsse sind für den Verlauf des Autismus, also für die Entwicklungsmöglichkeiten des autistischen Kindes, von großer Bedeutung, aber eine reine Psychogenese oder gar eine familiendynamische Verursachung kann heute aufgrund der weltweiten Forschung als ausgeschlossen gelten. Es wäre jedoch kurzschlüssig, die elterlichen Verhaltensstile in einen direkten ursächlichen Zusammenhang zu bringen mit dem Autismus ihrer Kinder (zumal auch soziale Selektionsprozesse beim „case-finding" eine Rolle gespielt haben könnten).

Therapie: Möglichst früh einsetzende heilpädagogische und kinderpsychotherapeutische Maßnahmen, die darauf gerichtet sind, allmählich die Kontaktfähigkeit, das Identitätsgefühl und die Personenwahrnehmung dieser Kinder zu wecken und zu fördern. Dabei sind immer auch die Eltern und die Geschwister einzubeziehen: Einübung von heilpädagogisch wirksamem Verhalten nach Möglichkeit in der häuslichen Situation („home-training") der Angehörigen. Bemerkenswerte Erfolge mit verhaltenstherapeutischen Behandlungsmethoden wurden beschrieben. Neuroleptika und/oder Tranquilizer können die Therapie unterstützen, vor allem, wenn starke Angst und psychomotorische Unruhe das Bild beherrschen.

Prognose: Vor allem beim Kannerschen Syndrom ungünstig (zwei Drittel der Kinder bleiben erheblich retardiert, ein Drittel nimmt eine relativ günstige Entwicklung). Je später das autistische Syndrom in Erscheinung tritt, um so relativ günstiger der Verlauf.

Schizophrene Syndrome
(ICD-9: 295.0–295.9, DSM III-R: 295.11–295.9)

Je älter das Kind beim Ausbruch einer schizophrenen Psychose ist, um so ähnlicher werden die psychopathologischen Phänomene und die Verlaufstypik den schizophrenen Psychosen des Jugend- und Erwachsenenalters.

Charakteristische Störungen des Denkens, der Emotionalität und des Identitätsgefüges, Sinnestäuschungen und Wahn können erst von einer bestimmten Stufe der Persönlichkeitsentwicklung an auftreten bzw. als solche wahrgenommen werden.

Im Vorschulalter bieten die Psychosen eine viel weniger reichhaltige Symptomatik, zumal an erfaßbaren akzessorischen Symptomen wie Sinnestäuschungen und wahnhaften Verarbeitungen. Produktive psychotische Erscheinungen bedürfen offenbar einer Persönlichkeitsentwicklung jenseits des magischen Denkens des Kleinkindalters, wodurch gerade gewisse magische Züge des Erlebens nun als projektive Abwehrformen psychopathologisch in Erscheinung treten können. Im Kleinkindalter (2–4 Jahre) wurden Syndrome beschrieben, die als *symbiotische Psychosen* (M. MAHLER) zu den Frühformen der Schizophrenien gerechnet werden und deren Namensgebung durch das psychodynamische Konzept des präödipalen Separations-Individuations-Vorganges bestimmt wurde. Nach einer relativ unauffälligen Säuglingszeit tritt, zuweilen nach kurzfristigen Trennungen von der Mutter, vom 2. oder 3. Lebensjahr an ein merklicher Verfall bereits vorhandener Fähigkeiten (emotional, sprachlich, kognitiv) und des erreichten Ich-Bewußtseins auf. Die Kinder nehmen, anders als die Autisten, Objekte in einer größeren Vollständigkeit wahr, behandeln diese aber, als seien sie ein Teil ihrer selbst. Die gewonnene Umgrenzung des eigenen Selbst zerfließt wieder, noch bevor das Kind in die ödipale Phase eintritt. Heftige *diffuse Ängste, wechselnde Stimmungen, autistische Rückzüge, tiefgreifende Beziehungsstörungen* beherrschen das Bild. Als weitere markante Erscheinungen bei den Frühformen psychotischen Erlebniswandels werden beobachtet: Gleichzeitigkeit von drohender Gebärde und zugewandtem lächelndem Gesichtsausdruck, Sprachstörungen (Mutismus: Sprachsperrung; Echolalien: automatisches Nachsprechen; pathetisch gekünstelte Sprache u. a.) fehlen selten. Zuweilen zeigen sich Zwangsdenken und -handeln. Typische katatone Erscheinungen (motorische Erregungsstürme oder wächserne Starre: Katalepsie) können bereits recht früh auftreten.

Vom 7. Jahr an werden Wahn und Halluzinationen häufiger; sie werden aber kaum systematisiert und sind zunächst noch flüchtig.

Von *der frühen Pubertät an nimmt die Inzidenz von schizophrenen Syndromen allmählich* zu und die klinischen Erscheinungsbilder gleichen sich den schizophrenen Verläufen junger Erwachsener an. Im Vorfeld der psychotischen Entgleisung können prognostisch schwer einzuschätzende psychische Auffälligkeiten beobachtet werden, z. B. *Depersonalisations-* und *Derealisationserscheinungen, depressive Verstummungen, plötzliches Nachlassen der schulischen Leistungen, dissoziale Reaktionen, anhaltende Protest-* und *Trotzhaltungen* etc. Alle diese Erscheinungen kommen freilich im Rahmen von *Pubertäts-* und *Adoleszentenkrisen* vor. Meistens verschwinden sie wieder, sobald die Krise bewältigt ist und sich ein neues, reiferes Ich-Bewußtsein eingestellt hat.

Bei einigen Jugendlichen (12–18 Jahre) und Heranwachsenden (18–21 Jahre) scheitert in dieser krisenanfälligen Periode die psychosexuelle Ich-Integration, und es kommt bei einer entsprechenden prämorbiden *Vulnerabilität* zur Manifestation einer schizophrenen Störung. Diese kann akut auftreten in Form eines *schizophrenen Schubes,* z. B. mit den Zeichen einer *katatonen Erstarrung (Stupor),* einer *katatonen Erregung* oder einer *Wahnstimmung,* oder von Anfang an in Form eines *psychotischen Prozesses* mit einem *hebephrenen* Gepräge oder dem *schleichenden, symptomarmen Verlauf* einer *Schizophrenia simplex* (s. S. 383).

Frühkindliche Schizophrenien verlaufen auch später relativ symptomarm, d. h. häufig ohne deutliche wahnhafte und halluzinatorische Erlebnisse (als Schizophrenia simplex). *Einmalige (funktionell) psychotische Episoden,* die während des Kindes- oder Jugendalters auftreten und wieder völlig ausheilen, werden *meistens nicht mehr* zum schizophrenen Formenkreis gerechnet und je nach Schule, vorherrschender Symptomatik und Lebensalter umschrieben als u. a. *psychogene Psychose, Pubertätspsychose, bouffée délirante, Emotionspsychose, Hysteropsychose.* Zur Vermeidung dieser verwirrenden Terminologien wäre zu empfehlen, je nach Leitsymptomatik rein deskriptive Umschreibung zu gebrauchen, z. B. *halluzinatorisches, oneiroides Wahnsyndrom* usw.

Einige Patienten mit *Borderline-Syndromen* (ICD-9 und DSM III-R: 301.83) werden bereits in der Pubertät und Adoleszenz – ganz selten im früheren Schulalter – durch den Kinder- und Jugendpsychiater gesehen. Hier stehen bei oft noch relativ guter sozialer Anpassung oder noch befriedigenden schulischen Leistungen heftige Ausbrüche von Angst und Wut im Vordergrund, während zugleich sehr frühe Abwehrmechanismen und kurzfristige psychotische Entgleisungen diesen im übrigen vielgestaltigen Störungen (*(Panneurose)* ihr besonderes Gepräge geben: *Projektive Identifikation, Identifikation mit dem Aggressor, Spaltungsoperationen, Idealisierungen* verlegen die Wahrnehmung von für das Ich unerträglichen, jedoch *nicht verdrängbaren destruktiven Impulsen* nach außen (psychotiformer Anteil). Sehr verschiedene neurotische Beschwerden und Strukturanteile sind in jeweils wechselnden Ausprägungen und Mischungen immer vorhanden, etwa *hysterische, depressive, zwanghafte* und *hypochondrische.* In psychosozialen Belastungssituationen kann es bei Borderline-Patienten zu *akuten psychotischen Episoden mit produktiver Symptomatik* und *meist sehr guter Prognose* (sog. *Mikropsychosen*) kommen.

Auch *geistig Behinderte* können trotz und mit der geistigen Behinderung an einer (funktionellen) Psychose erkranken (sog. Pfropfpsychosen). Obwohl eine manifestationsfördernde Wirkung der geistigen Behinderung auf die hypothetische Anlage zur Schizophrenie heute (wegen der gleichen Inzidenzraten wie in der übrigen Bevölkerung) nicht mehr angenommen wird, können bestimmte neuropsychologisch faßbare kognitive Teilleistungsschwächen – zumal in emotionalen Belastungssituationen – die *selektive Filterung und Verarbeitung* von inneren und äußeren Reizen erschweren und damit von pathogenetischer Bedeutung sein.

Eine gewisse *Sonderstellung dieser Pfropfpsychosen* ergibt sich aus den inhaltlich oft schwer faßbaren, *diffusen Symptomen* (sie erwachsen ja aus einer geringer durchstrukturierten Erlebniswelt), aus dem häufig starken affektiven Anteil (Mischpsychosen) in den Verläufen, den *blassen Entfremdungserlebnissen* und vor allem aus den häufig besonders *evidenten reaktiven Anlässen*, z. B. in Form von Überforderungen bei Anpassungen an neue Umgebungen.

Verlauf, Prognose, Vorkommen: Auch die frühkindlichen schizophrenen Syndrome verlaufen entweder in akuten Episoden, die einmalig sein, aber auch in Schüben wiederkehren und fortschreiten können, oder als primär chronisch prozeßhaftes Geschehen mit einem schleichenden Beginn. Auch im Kindesalter gilt: je akuter und produktiver die psychotischen Erscheinungen, desto (relativ) günstiger die Behandlungsprognose, je symptomärmer und schleichender die Psychose, desto ungünstiger der Verlauf. *Häufigkeit:* 0,1‰ der Bevölkerung oder 1% aller Schizophrenien.

Therapie: Bestimmte Formen der *Kinderpsychotherapie, Milieutherapie* und *Heilpädagogik*, die oft nur unter stationären Bedingungen möglich sind, können mit oder ohne neuroleptische Unterstützung besonders bei akuten schizophrenen Verläufen erfolgreich sein. Die *Einbeziehung der Eltern* (und Geschwister) in Form von *Familientherapie* und/oder von *Angehörigengruppen* kann förderlich sein für die Überwindung von elterlichen Fehlhaltungen oder belastenden familialen Interaktionen und von Schuldgefühlen bei den Eltern. Die praktische *Beratung* und *Aufklärung* der Eltern sind unumgänglich.

Depressive Syndrome

(ICD-9: 296.0–296.99, DSM III-R: 296.20–296.70; ICD-9 und DSM III-R: 300.40)

Depressive Syndrome sind vor der Pubertät ausgesprochen selten. Auch hier zeigt sich in der Ausgestaltung der Symptomatik eine deutliche Alterstypik in Abhängigkeit vom erreichten psychischen Entwicklungsniveau. Depressive Verstimmungen sind im Kindesalter wegen der untypischen Symptomatik häufig schwer zu diagnostizieren. Sie treten als *depressive Reaktionen und Entwicklungen* (dysthyme Störungen DSM III-R: 300.40) oder als tiefer greifende *Verstimmungen mit Vitalstörungen* (z.B. *Schlafstörungen, Inappetenz, Tagesschwankungen, Somatisierungen* DSM III-R: 296.2)) auf, oft nach typischen *auslösenden Ereignissen und Situationen*: nach dem *Tod* oder der (zuweilen wiederholten) *Trennung* von einem zentralen Liebesobjekt (z.B. der Mutter), nach ernsten *narzißtischen Kränkungen*, in Situationen *sozialer und emotionaler Deprivation* oder *affektiv pädagogischer Verwahrlosung*, nach drohenden oder stattgefundenen Mißhandlungen, während der *Depression eines Elternteils* (vor allem der Mutter), bei *akuten und chronischen körperlichen Erkrankungen*. Bei jungen Schulkindern bereitet es manchmal Schwierigkeiten zu entscheiden, ob Versagens- und Schulängste Folgen oder Anlässe für eine depressive Verstimmung sind oder ob es sich differentialdiagnostisch um reine *Separationsängste* (DSM III-R: 309.21) handelt.

Im **1. bis 2. Lebensjahr:** Frühinfantile (präödipale) Deprivationsdepressionen, meistens als abortive oder mitigierte Formen des heute selten vorkommenden Vollbildes einer anaklitischen Depression (s. S. 48) infolge von Trennungs- und Verlusterfahrungen oder früher emotionaler Verwahrlosung. Anfänglich stehen Angst und psychomotorische Unruhe, später Apathie, autoerotische und -destruktive Aktivitäten sowie Gewichtsabnahme, kognitive und sensomotorische Entwicklungsbeeinträchtigungen im Vordergrund.

Im 2. bis 4. Lebensjahr: Im Zusammenhang mit *phasenspezifischen Konflikten* (Reinlichkeitserziehung, Ambivalenzkonflikten, Gewinnung der Autonomie, Separationskrisen) können *flüchtige, zuweilen anhaltende depressive Reaktionen* beobachtet werden, die häufig mit *starken Ängsten* einhergehen und ebenfalls mit *Trennungserlebnissen* verknüpft sein können (*Differentialdiagnose: Pavor nocturnus, affektive Respirationskrämpfe, Separationsängste*).

Im 4. bis 6. Lebensjahr kann die depressive Symptomatik zum ersten Mal mit – zunächst Vorformen von – *Schuldgefühlen, Versagungsängsten* und *Versündigungsideen* einhergehen, da in dieser Zeit die normativen Forderungen und Erwartungen der Eltern durch *Verinnerlichung (Introjektion)* in der psychischen Struktur des Kindes verankert werden (Entstehung des Gewissens, des „Ideal- und Über-Ichs"); erst jetzt kann sich das kindliche Ich in seiner aktuellen Verfassung gegenüber seinen Idealforderungen als im Rückstand erleben. Wahrscheinlich hängt es mit diesem Vorgang der Persönlichkeitsentwicklung in Verbindung mit dem psychobiologischen Reifungsprozeß des „ersten" *Gestaltwandels* (körperliche Streckung, Verlust der Kleinkindmerkmale) zusammen, daß *phasenhaft verlaufende Depressionen* und *zyklothyme Verläufe* mit depressiven *und* manischen Phasen frühestens ab dem 7. Lebensjahr bis zur späten Pubertät – wenn auch nur sehr vereinzelt – beobachtet werden können. Die Symptomatik ist freilich meistens noch sehr abortiv ausgeprägt und wird vielfach noch überlagert durch andere, scheinbar weniger typisch depressive Verhaltensstörungen: Schulschwänzen, aggressive und scheinbar boshafte Streiche, trotziges Imponiergehabe, ängstliche Rückzüge, schulische Leistungsprobleme, etc. Für die Diagnostik bedarf es erfahrener kinderpsychiatrischer, heilpädagogischer und psychagogischer Therapeuten. *Flüchtige oder länger anhaltende depressive Reaktionen (Dysthymien)*, häufig in einem engen Zusammenhang mit den Leistungsanforderungen der Schule und des Elternhauses, kommen in dieser Zeit wesentlich häufiger vor.

Während der **Pubertät** (12.–18. Lebensjahr) entstehen solche depressive Reaktionen im Zuge der emotionalen Labilisierung, der verschärften Auseinandersetzung mit der Umwelt und der leibbezogenen Egozentrik des *„zweiten Gestaltwandels"* (Geschlechtsreifung, Ausprägung sekundärer Geschlechtsmerkmale, Ende des Längenwachstums). Sie finden ihren altersspezifischen Hintergrund in der Einsamkeits- und Weltschmerzthematik dieses Lebensabschnittes. *Zyklothyme Verläufe* (mono- oder bipolar) werden in diesem Alter allmählich häufiger und gewinnen als *juvenile Depressionen* und/oder *Manien* immer mehr Ähnlichkeit mit den entsprechenden Zuständen Erwachsener. Depressionen können auch in der Kindheit *suizidales Handeln* auslösen. *Suizidversuche, zumal gelungene Suizide*, sind vor der Pubertät außerordentlich selten, obwohl in den westlichen Industrienationen eine deutliche Zunahme von Selbsttötungshandlungen von Kindern zu verzeichnen ist (s. S. 235). Erst in der Pubertät und Adoleszenz steigt die Rate der Suizidversuche und Suizide allmählich und erreicht in dieser Periode einen kritischen Gipfel (wobei neben den Reifungskrisen auch das im Vergleich zum jüngeren Kind reifere Todeskonzept eine Rolle spielt).

Therapie: Je jünger das depressive Kind ist, desto wichtiger ist es, bei der Behandlung des Kindes die auslösenden situativen Anlässe zu klären, zu beseitigen bzw. zu kompensieren. Dazu bedarf es eines milieubezogenen heilpädagogischen und psychagogischen Ansatzes. Depressionen mit vital gefärbten, leibnahen Störungen oder vollausgebildete zyklothyme Verläufe bedürfen der antidepressiven psychopharmakologischen Therapie, bipolare Verläufe der Lithiumtherapie (in der manischen Phase) und der Lithiumprophylaxe (im freien Intervall).

Literatur

Asperger, H.: Heilpädagogik, 4. Aufl. Wien, 1965

Eggers, C., R. Lempp, G. Nissen, P. Strunk: Kinder- und Jugendpsychiatrie, 5. Aufl. Springer, Berlin 1989

Harbauer, H., R. Lempp, G. Nissen, P. Strunk: Lehrbuch der speziellen Kinder- und Jugendpsychiatrie. Springer, Berlin 1980

Kanner, L.: Autistic disturbances of affective contact. Nerv. Child (1943) 217

Kanner, L.: Follow-up study of eleven autistic children originally reported in 1943. J. Autism childh. schizophr. 1 (1971) 119–143

Kanner, L.: Childhood Psychosis: Initial Studies and New Insights. New York 1972

Kisker, K. P., H. Lauter, J.-E. Meyer, C. Müller, E. Strömgren: Kinder- und Jugendpsychiatrie. Psychiatrie der Gegenwart, Bd. VII. Springer, Berlin 1988

Nissen, G.: Depressive Syndrome im Kindes- und Jugendalter. Springer, Berlin 1986

Remschmidt, H.: Kinder- und Jugendpsychiatrie. Eine praktische Einführung. Thieme, Stuttgart 1987

Remschmidt, H., M. H. Schmidt: Kinder- und Jugendpsychiatrie in Klinik und Praxis, Bd. I–III. Thieme, Stuttgart 1985 u. 1988

Rutter, M.: Scientific Foundations of Developmental Psychiatry. Heinemann, London 1980

Spiel, W.: Die endogenen Psychosen des Kindes- und Jugendalters. Basel 1961

9 Psychische Störungen bei organischen Hirnschäden im Kindes- und Jugendalter

Lernziele:
Kenntnisse über Psychopathologie und Ätiologie akuter und chronisch-organischer Psychosyndrome im Kindesalter. Kennenlernen des hyperkinetischen Syndroms. Unterscheidung umschriebener Teilleistungsschwächen; Basiskenntnisse über therapeutische Möglichkeiten für hirngeschädigte Kinder und Jugendliche.

Klassifikation:
ICD-9: 310, 314, 315, 293, 294
DSM III: 314.00, 314.01, 315.00, 315.10, 310.00, 310.10, 310.20, 310.80, 293, 294

Krankheitsbilder

Organische Psychosyndrome

Akute organische Psychosyndrome sind Zustandsbilder mit Zeichen *verminderter Bewußtseinshelligkeit* (Somnolenz, Sopor, Koma) und *veränderter Wahrnehmung* (Verwirrtheit, illusionäre Verkennungen, Halluzinationen, Wahnwahrnehmungen) nach direkter oder indirekter exogener Schädigung des Gehirns (s. S. 267). Im Unterschied zu diesen, ist bei den *endogenen Psychosen* keine körperliche Ursache feststellbar.

Im Kindesalter sehen *exogene* (organische) Psychosen häufig *endogen* aus und *endogene* Psychosen *exogen*. Sorgfältige psycho- und somatodiagnostische Abklärung ist erforderlich. Fehldiagnosen werden gern zum Anlaß für weltanschauliche Schaukämpfe zwischen „Psychikern" und „Somatikern" genommen. Eine ganzheitliche Betrachtungsweise ist unabdingbar.

Das Erscheinungsbild **chronischer organischer Psychosyndrome** ist abhängig davon, in welchem Entwicklungsstadium des Kindes die Schädigung wirksam wird. Allgemein gilt, je früher sie liegt, um so schwerer sind die Folgen. Kommt es im 1.–5. Schwangerschaftsmonat zur Schädigung, so resultiert meist eine Oligophrenie (s. S. 256ff), liegt sie zwischen dem 6. Schwangerschaftsmonat und dem 18. Lebensmonat so resultiert ein *frühkindlicher Hirnschaden*. Bei späteren Störungen kann eine Persönlichkeitsänderung, wie z. B. bei postenzephalitischen oder posttraumatischen Verläufen eintreten (s. S. 274).

Ursache einer *frühkindlichen Hirnschädigung* können vielfältige vorgeburtliche, unter der Geburt auftretende oder nachgeburtliche Störungen sein, z. B. physikalische Einwirkungen, Gifte, Medikamente, Alkohol, infektiöse Erkrankungen wie Röteln, Toxoplasmose, epidemische Gelbsucht oder Kinderlähmung, Abwehrstoffe von der Mutter wie z. B. der Rhesusfaktor, Stoffwechselstörungen wie Diabetes oder Schilddrüsenunterfunktion, ungenügende Sauerstoffzufuhr (Asphyxie) prä-, peri- oder postnatal u. v. a. m.

Akute organische Psychosyndrome können durch die nachfolgend aufgeführten Krankheiten ausgelöst werden und – seltener – zu einer Persönlichkeitsveränderung im Sinne eines *chronischen organischen Psychosyndroms* führen. Der Zusammenhang zwischen akuter Erkrankung und späteren psychischen Auffälligkeiten muß durch „Brückensymptome", d. h. *persistierende Symptome,* belegt sein. Organische Erkrankungen in der Anamnese verführen dazu, spätere Verhaltensauffälligkeiten auf diese zu beziehen und psychosoziale Ursachen zu übersehen.

Hochfieberhafte Allgemeinerkrankungen

Hochfieberhafte Allgemeinerkrankungen bakterieller oder viraler Genese, die sog. Fieberdelirien, sind gekennzeichnet durch Desorientiertheit, verwirrtes Reden („Phantasieren"), illusionäre Verkennungen und eine Einschränkung der Aufnahme- und Reaktionsfähigkeit bei häufig nur geringfügiger Bewußtseinsstörung.

Therapie: Fiebersenkung und Behandlung der Grundkrankheit.

Enzephalitiden und Meningoenzephalitiden

Es handelt sich hier um primäre Gehirnentzündungen mit oder ohne Beteiligung der Meningen durch bakterielle Infektion oder neurotrope Viren. Selten ist heute *die Encephalitis lethargica (Economo)* und die *Polioenzephalitis* (Heine-Medinsche Krankheit), eine Sonderform der spinalen Kinderlähmung mit vorwiegendem Befall des Gehirns. Neuerlich lassen unterschiedliche Virustypen atypische Enzephalitisbilder entstehen. Leitsymptome sind neurologische Ausfälle, Krämpfe, Schlafrhythmusstörungen und eine flüchtige Psychopathologie.

Begleitenzephalitiden mit schweren Verläufen und häufig tödlichem Ausgang kommen vor bei Kinderkrankheiten wie Mumps, Masern, Varizellen, Röteln, bei Infektionen mit Grippe-, ECHO-, Coxsackie-, Herpes- u. a. Viren, als Komplikation nach Impfungen, z. B. gegen Pocken (postvakzinale Enzephalitis). Kardinalsymptome sind: Bewußtseinsstörung, Fieber, Krampfanfälle, neurologische Ausfälle. Diagnostisch sind EEG-Veränderungen und Liquorpathologie bedeutsam. Ob es ein spezifisches Erscheinungsbild des *postenzephalitischen Psychosyndroms* gibt, ist strittig. Eindeutige Beziehungen zwischen Verhaltensauffälligkeiten bestimmter Prägung und vorausgegangener Enzephalitis sind nicht nachzuweisen. Es kann jedoch im Anschluß an die Erkrankung zu einer unterschiedlich stark ausgeprägten Retardierung mit Intelligenzeinbußen, speziellen Teilleistungsstörungen (s. u.), Veränderung der Affektivität und der Motorik im Sinne des Syndroms der *zerebralen Dysfunktion* (s. u.) kommen. Die Qualität der Interaktionen zwischen Kind und Umwelt sind ausschlaggebend für das Ausmaß der Folgeerscheinungen.

Hirnstammpsychosen

Es handelt sich hierbei um seltene Enzephalitisformen, die zwischen dem 3. Lebensjahr und der Adoleszenz (Prädilektionsalter 13.–15. Lebensjahr) auftreten und neben neurologischer Symptomatik und Zeichen eines organischen Psychosyndroms wechselnde endogen anmutende psychotische Bilder zeigen. Die Prognose ist günstig, meist kommt es zur Ausheilung ohne Defektbildung. Die klinische Diagnose kann durch Liquor und EEG-Befunde erhärtet werden. Keine spezifische Therapie.

Leukenzephalitiden

Bei **Leukenzephalitiden** geht der neurologischen Symptomatik ein langes Prodromalstadium mit uncharakteristischen Verhaltensstörungen voraus. Initial tritt Schulversagen als Ausdruck eines langsam fortschreitenden geistigen und körperlichen Leistungsverfalls auf sowie Sprachstörungen, Interesselosigkeit, Antriebsschwäche, erhöhte Angst und Schreckhaftigkeit. Die diagnostische Abgrenzung zur *Schizophrenia simplex* ist wichtig und wird durch eine Zellzahl- und Eiweißerhöhung im Liquor und Radermecker-Komplexe im EEG ermöglicht.

Schädel-Hirn-Traumen

Schädel-Hirn-Traumen (Commotio, Contusio, Compressio cerebri) können wie bei Erwachsenen (s. S. 274) abhängig von ihrem Schweregrad Bewußtseinsstörungen, Durchgangssyndrome, Kontusionspsychosen oder ein apallisches Syndrom zur Folge haben. Der Schweregrad des Schädel-Hirn-Traumas kann nach Dauer und Tiefe der Bewußtlosigkeit und der Dauer der posttraumatischen Amnesie abgeschätzt werden. Je schwerer es ist, um so gravierender sind die Dauerfolgen z.B. hinsichtlich der Intelligenzminderung.

Sowohl im Hinblick auf die *Verursachung* von Schädel-Hirn-Traumen wie von Kindersterbefällen stehen die *Verkehrsunfälle* an erster Stelle in Westeuropa. Das jährliche Risiko, ein Schädel-Hirn-Trauma mit zerebraler Symptomatik zu erleiden, liegt für Jungen bei 1%, für Mädchen bei 0,5%!

Neben den unmittelbaren psychoorganischen Traumafolgen sind die *psychischen Reaktionen* des Kindes wie seiner Bezugspersonen untrennbarer Bestandteil der posttraumatischen Situation.

Der Grad der Restitution hängt vom Ausmaß der Schädigungsfolgen und dem gezielten Einsatz von Rehabilitationsprogrammen ab. Selbst schwergestörte Kinder verfügen nach aller Erfahrung über erhebliche, sich jeder Prognostik entziehende *funktionelle Reserven*.

Das Ausmaß der *posttraumatischen Folgen* (psychoorganisches Syndrom, POS) ist nach etwa 2 Jahren abzusehen. Neben hirnlokal bedingten Ausfällen wie Frontalhirnsyndrom und klassischen Werkzeugstörungen wird ein hypermotorisches Syndrom von einem solchen mit Antriebsarmut und Verlangsamung unterschieden. Das klinische Bild ist vielfältig. Globale Leistungsbeeinträchtigungen treten gegenüber engumschriebenen Läsionen mit isolierten spezifischen Leistungseinbußen zurück. Störungen der visuellen Merkfähigkeit und Änderungen der Stimmungslage mit euphorischen oder reizbar aggressiven Stimmungsauslenkungen kommen vor, eine Einschränkung der psychischen und intellektuellen Beweglichkeit und spezielle Lern- und Leistungsschwächen ebenso. Bei 10 bis 30% aller Fälle entwickelt sich eine posttraumatische Epilepsie. Die Wahrscheinlichkeit des Auftretens auch *psychoreaktiv-neurotischer* Störungen wächst mit der Schwere der Funktionsstörung! Das Risiko, nach einem schweren Schädel-Hirn-Trauma psychiatrisch zu erkranken, ist erhöht und liegt bei ca. 70%.

Das hyperkinetische Syndrom

Synonyma: Das hypermotorische bzw. hyperkinetische Kind, das psycho-organische Syndrom (POS), kindliches Hyperkinesesyndrom, minimaler Hirnschaden, Hirnschadensyndrom, minimale zerebrale Dysfunktion (MCD), minimale Hirndysfunktion, leichte angeborene zerebrale Dysfunktion, das hirnorganische psychische Achsensyndrom, frühkindlicher Hirnschaden, frühkindliches exogenes Psychosyndrom, Störungen mit Aufmerksamkeitsdefizit (DSM III).

Erscheinungsbild: Hauptmerkmale sind ein entwicklungsmäßig unangemessenes *Aufmerksamkeitsdefizit*, Reizüberempfindlichkeit, verminderte Angstbildung, Störungen im Distanzverhalten, auffallende *Impulsivität* und eine in einem Teil der Fälle beobachtbare, *überschüssige motorische Aktivität.* Die intellektuelle Leistungsfähigkeit ist ungestört bis auf Einbußen in umschriebenen Teilbereichen *(Teilleistungsschwächen).* Die überaus große Ablenkbarkeit erlaubt den Kindern nicht, bei Tätigkeiten, die über längere Zeit Konzentration und Aufmerksamkeit erfordern, wie z. B. altersgemäße Spielaktivitäten, Schulunterricht oder Hausaufgaben, zu verweilen. Dies ist nicht Ausdruck einer fehlenden Leistungsmotivation, sondern Ergebnis eines rastlos schweifenden Aufmerksamkeitsfokus, der sich bald dieses, bald jenes zum Gegenstand seines Interesses wählt. In impulsiven, unbedachten, vorschnellen oder überstürzten Handlungen vergaloppieren sich die Kinder. Die Entscheidung ist da, bevor die Folgen überdacht sind, und dem Planen eilt die Tat voraus. Darüber hinaus verfügen die Kinder über ein geringes Selbstwertgefühl, sind leicht verletzlich und in ihren Stimmungen und Affekten auffallend Wut oder Niedergeschlagenheit ausgeliefert.

Bei den *motorisch Hyperaktiven* („Zappelphilipp") unter diesen Kindern äußert sich der grobmotorische Bewegungsdrang eher ungezielt in rastlosem „Ständig-auf-dem-Sprung-Sein".

Variationen des Erscheinungsbildes stehen im Zusammenhang mit Alter, Entwicklungsdynamik, Reaktionen des engeren und weiteren Umfeldes, vor allem der Eltern-Kind-Beziehung, und der Schulsituation und mit der Ausprägung und Qualität einhergehender *Teilleistungsschwächen.*

Die spezifische Psychopathologie des hyperkinetischen Syndroms entsteht *unabhängig* von einem frühkindlichen Hirnschaden oder einer Hirnfunktionsstörung (ESSER u. SCHMIDT 1987). Es ist irreführend, dieses Bild, wie früher üblich, als „Minimale Cerebrale Dysfunktion" (MCD) o. ä. zu bezeichnen. Weder ist für das psychopathologische Syndrom eine Hirnfunktionsstörung Voraussetzung, noch ist es notwendige Folge einer solchen. Nur bei 39% der Kinder im Alter von 8 Jahren mit erhöhtem Risiko für psychiatrische Auffälligkeit findet man nachweisbare Zeichen einer Hirnfunktionsstörung (abnormes EEG und neurologische „soft signs"). Umgekehrt findet man bei 25% aller 8jährigen Kinder mit einer Hirnfunktionsstörung psychiatrische Auffälligkeiten, u. U. auch verbunden mit einem hyperkinetischen Syndrom. Das hyperkinetische Syndrom stellt nach heutigem Wissen eine eigene nosologische Einheit dar. Die Symptome dieses Syndroms werden als entwicklungsabhängige Defizite und damit als Unreifezeichen angesehen. Unreifezeichen sind definiert als entwicklungsmäßige Differenz zur Altersnorm. Die Schwankungen in Qualität und Tempo der Reifungsprozesse bringen es mit sich, daß solche Störungen früher oder auch später, vor oder in der Pubertät, z. B. bei 8- bis 13jährigen auftreten können. Damit wird von der Manifestationscharakteristik her auch deutlich, daß ein Kausalbezug des Syndroms zu frühkindlichen Hirnfunktionsstörungen nicht besteht. Denn diese zeigen sich spätestens im 8. Lebensjahr. Vielmehr spricht dies für das Vorliegen spezifischer oder allgemeiner Entwicklungsverzögerungen. Durch diese ist das kinderpsychiatrische Krankheitsbild des hyperkinetischen Syndroms charakterisiert. Sind bei den Einzelsyndromen u. a. Leistungsstörungen (bzw. Teilleistungsschwächen, s. u.) vorhanden, so sollten diese beschrieben werden ebenso wie objektivierbare neurologische oder neurophysiologische Störungen. Ein Zusammenhang mit dem psychopathologischen Bild im Sinne einer Verursachung darf von letzteren nicht hergestellt werden. Welche Rolle die Teilleistungsschwächen bei der Entstehung kinderpsychiatrischer Auffälligkeit spielen, wird durch zukünftige Forschungen belegt werden müssen. Erwiesen ist, daß teilleistungsgestörte Kinder ein erhöhtes psychiatrisches Erkrankungsrisiko aufweisen, insbesondere wenn Störungen der Sprachwahrnehmung vorliegen. Darüber hinaus muß wissenschaftlich evaluiert werden, was eindeutig objektivierte Hirnfunktionsstörungen zur kinderpsychiatrischen Morbidität beitragen.

Für die Pathogenese des hyperkinetischen Syndroms spielen die Eltern-Kind-Interaktion und möglicherweise genetische Faktoren eine große Rolle. Dies hat Konsequenzen für die therapeutische Beratungsarbeit. Der Verlust des entschuldenden Organizitätsfaktors an der Pathogenese des Syndroms kann erhebliche Schuldgefühle hinsichtlich eines Erziehungsversagens bei den Eltern wecken. Deren Aufklärung und Einbeziehung in die Therapie ist dringlich geboten (s. u.)

Teilleistungsschwächen

Unter einer Teilleistungsschwäche versteht man die Leistungsminderung eines umschriebenen zentralnervösen Funktionssystems mit dynamischer Lokalisation bei im übrigen ungestörten Hirnfunktionen.

Teilleistungen können einzeln oder in Kombination mit anderen gestört sein. Im Unterschied zu den klassischen *Werkzeugstörungen* gibt es keine exakt lokalisierbare neuroanatomisch-funktionelle Zuordnung. Als Folge von Teilleistungsschwächen kommt es in dem betroffenen Sinnesgebiet zu *Aufnahme- und Differenzierungsschwierigkeiten* von Außenreizen als Ausdruck einer Entwicklungsverzögerung, sei es im Sinne eines bleibenden Defizits oder nur einer verlangsamten Entwicklung. Die Liste der *identifizierten Teilleistungsschwächen* wird immer umfänglicher. Eine Möglichkeit der

Klassifikation besteht anhand von Symptomen, also gestörten Teilfunktionen, die Voraussetzung für komplexe Leistungen sind. Danach werden Teilleistungsschwächen, die dem Prozeß der *sensorischen Orientierung* zugeordnet werden, unterschieden. Ist z. B. die *visuelle Diskrimination* betroffen, ist die Wahrnehmung visueller Eindrücke, wie z. B. Gesten und Mimik der Bezugspersonen, wie die abstrakte Erfassung des Sinn- und Symbolgehalts in der gegenständlichen Umwelt, behindert. Dies kann zu einer erheblichen Beeinträchtigung im Sozialverhalten und zur Retardierung führen.

Ist die *auditive Diskrimination* beeinträchtigt, so können einzelne Laute schwer oder gar nicht nach Stärke, Klang, Tonhöhe und Reihenfolge voneinander unterschieden werden. Dies führt zu der Vermutung, das Kind höre nicht gut. Symptomatisch kann eine verzögerte Sprachentwicklung sein.

Ist die *taktil-kinästhetische Orientierung* verzögert, so kann eine Links-rechts-Seitenunterscheidungsschwäche und eine räumliche Orientierungsschwierigkeit resultieren.

Neben vielfältigen weiteren, dem Prozeß der sensorischen Orientierung zugeordneten Teilleistungsschwächen unterscheidet man dem Prozeß des *Behaltens*, der *Informationsaufnahme*, der *Integration* und des *Ausdrucks* zugeordnete *Leistungsschwächen*.

Legasthenie ist ein Syndrom, bei dem eine *Lese- und Rechtschreibeschwäche* (LRS) vorliegt. Das Vorlesen eines Textes mißlingt, weil die Kinder am Buchstabieren kleben bleiben oder falsche, scheinbar willkürlich abgeänderte Worte lesen. Auch das Nachsprechen einzelner Silben ist fehlerhaft. Typischerweise treten Verwechslungen einzelner koordinativ schwerer differenzierbarer Buchstaben auf, wie z. B. d, q, p, b oder auch von a und o. Es fällt ein Wechsel der Schriftrichtung im Wort oder auch im Satz auf, eine Vertauschung der Reihenfolge von Buchstaben, deren Auslassung oder Mehrfachverwendung sowie Abrutschen, Aufsteigen und Zusammenschreiben einzelner Worte. Endsilben werden weggelassen oder zusätzlich angehängt (einei statt ein). Die Schwäche kann eher im Sprachlichen oder im Graphischen liegen. Unterschiedliche Schweregrade und Kombination mit anderen Leistungsschwächen, z. B. spezifischen *Rechenstörungen,* kommen vor.

Sekundäre Folgeerscheinungen bei LRS-Kindern sind Dissozialität, emotionelle Störungen, z. B. Aggressivität, und psychosomatische Symptome.

Für die **Diagnostik** der Teilleistungsschwächen sind *neuropsychologische Testverfahren* das Mittel der Wahl. Testung setzt spezifische Fachkenntnisse voraus. Stets sollten die Ergebnisse mehrerer Testverfahren im Zusammenhang mit einer sorgfältigen Familien- und Eigenanamnese, dem neurologischen Befund und der aktuellen psychischen Verfassung gesehen werden.

Therapie: Bei Teilleistungsstörungen, die im Schulalter aktuell werden, insbesondere auch bei LRS, ist ein Funktionstraining nicht ohne Kenntnis der Familiensituation zu empfehlen. Die Erfahrung zeigt, daß die Funktionsschwäche Ausdruck sowohl funktioneller wie auch familiendynamischer Störungen sein kann und beides testpsychologisch und klinisch nicht voneinander abgrenzbar ist. Ist die LRS z. B. Symptom einer familiären Überbewertung von Schulleistungen, so würde dieses durch eine Übungsbehandlung verstärkt.

Die Behandlungsdauer beträgt beim Funktionstraining 1–2 Jahre, bei Psychotherapien mehrere Jahre. Daneben werden Kurztherapien und Therapien in Kleingruppen (4–6 Kinder) mit Variationsmöglichkeiten von reinen Therapiegruppen bis zu Hausaufgaben- und Lerngruppen empfohlen.

Therapie des hirngeschädigten Kindes

Die Aufklärung der Eltern durch den *Arzt* über die Entwicklungsstörung des Kindes und deren Ursachen verlangt von diesem, dem Rollenklischee des „Heilsbringers" kränkungsfrei entsagen zu können und in einen einfühlsamen Dialog mit den Eltern einzutreten. Gelingt ihm dieses, so ist damit der erste wichtige Schritt in der Therapie des Kindes getan. Klarheit über Art und Ursache der Störung führt bei den *Eltern* häufig zur Entlastung von Phantasien eigener Schuld, eigenen Versagens, eigener Bestrafung und Wertlosigkeit. Ist die Ursache nicht zu ermitteln, so muß diese Ungewißheit eingestanden und mit den Eltern geteilt werden. Letztendlich wichtiger als die Frage, ob das kindliche Gehirn tatsächlich oder vermeintlich geschädigt ist, ist die exakte Kenntnis der eingeschränkten Funktionen. Sich in seiner Erwartung auf ein gesundes Kind getäuscht zu sehen stellt eine tiefe *narzißtische Kränkung* dar und ruft bei den Eltern *Abwehrmechanismen* hervor. Diese müssen erkannt und bearbeitet werden, wenn die Therapie mit dem Kind erfolgreich sein soll. Es gibt verschiedene Spielarten der Abwehr. Manche Eltern versuchen die Selbsttäuschung, das Kind sei gesund, so lange wie möglich aufrechtzuerhalten *(Verleugnung)*, erklären den Fachmann für inkompetent und laufen von Arzt zu Arzt *(Projektion)*, reagieren mit Schuld und Mitleidsgefühlen, Überängstlichkeit und Verwöhnung oder Ablehnung und Vernachlässigung *(Reaktionsbildung)*, mechanisieren die Beziehung zu dem Kind, z. B. durch Überbetonung des Pflegerituals unter Ausklammerung der Gefühlsbeziehung *(Isolierung)* u. v. a. m. Häufig findet die innere Ambivalenz der Eltern dem Kinde gegenüber seinen Ausdruck in voreiligen Heimunterbringungswünschen. Werden mit den Eltern unbewußte Motive und Einstellungen bearbeitet, so stellt sich nach Durchleben von Enttäuschung und Traurigkeit in den meisten Fällen eine gute Akzeptanz des behinderten Kindes ein. Dies ist die beste Voraussetzung für ein gutes Gedeihen des Kindes in der Therapie.

Der Rat des Therapeuten muß stets im Einklang mit den inneren und äußeren Möglichkeiten der Eltern und des Kindes stehen. Bei der Therapieführung für das *Kind* übernehmen die Eltern bei Übungsbehandlungen selbst konkrete therapeutische Aufgaben. Dabei ist wichtig, daß sie den Behandlungsaufbau als sinnvoll, die Therapie als gezielt und in deren Verlauf den funktionellen Gewinn des Kindes bewußt erleben. Der beste Indikator für eine gut bewältigte Therapiesituation ist eine *befriedigende Kooperation* des Kindes, das den Funktionsgewinn *lustvoll* erlebt.

Neue Therapieformen und eine subtilere Entwicklungsdiagnostik haben in der Therapie hirngeschädigter Kinder zu einer Wende von der Resignation zu einem *aktiven therapeutischen Vorgehen* geführt. *Früherkennung* und gezielte *Frühbehandlung* schon in den ersten drei Lebensjahren, so zeigen Erfahrungen eindrücklich, erhöhen die Heilungschancen erheblich, im günstigsten Fall mit dem Ergebnis einer vollständigen Kompensation der Störung. Je nach Art der Störung sind Physiotherapie nach BOBARTH-KÖNIG, apparative Hilfen, wie z. B. ein Hörgerät schon im ersten Lebensjahr, logopädische Behandlung, eine Hausspracherziehung, Perzeptionstraining, Musik-, Mal- oder Spieltherapie, Beschäftigungstherapie, Heilpädagogik oder vorübergehende medikamentöse Behandlung, indiziert. Da die stürmischen Fortschritte der Perinatalmedizin die Zahl der lebensfähigen teilgeschädigten Risikokinder – derzeit ca. 10–20% – eher anwachsen läßt, kann die individuelle und soziale Bedeutung der *Frühtherapie* nicht hoch genug eingeschätzt werden, auch als Prophylaxe gegen *sekundäre Neurotisierungen.*

Analytische Kindertherapie ist bei *sekundär neurotisierten* Kindern mit Aufmerksamkeitsdefiziten unter bestimmten Voraussetzungen auch indiziert, wenn das führende Symptom nicht Angst, sondern Hyperaktivität ist. Hyperaktive Kinder erleben kaum Angst. Ziel der Therapie ist, den zur Wahrnehmung zugehörigen Gefühlston erlebnisfähig zu machen, d. h., hemmungslose Kinder für Signalangst (z. B. bei Rot nicht die Straße zu überqueren) empfänglich zu machen. Erfolgversprechend kann die Therapie sein, wenn ein Minimum an Bestreben erkennbar wird, sich Gefühle zu eigen zu machen und Vorgänge der Impulswahrnehmung und -abwehr in Gang kommen. Die übliche therapeutische Technik erfährt insofern eine Abwandlung, als der Akzent mehr auf die Stärkung der Abwehrseite als auf die Antriebsseite gelegt wird, mit dem Ziel, die von den Eltern und Erziehern übernommene Außensteuerung durch Eigensteuerung abzulösen.

Literatur

Biermann, G.: Handbuch der Kinderpsychotherapie, Bd. 1 und 2, Ergänzungsband. Reinhardt, München 1976

Esser, G., M. Schmidt: Minimale Cerebrale Dysfunktion – Leerformel oder Syndrom? Enke, Stuttgart 1987

Lehmkuhl, G., W. Thoma: Gibt es ein spezifisches hirnorganisches Syndrom nach Schädel-Hirn-Trauma im Kindes- und Jugendalter? Nervenarzt 60 (1989) 106–114

Remschmidt, H., M.H. Schmidt: Kinder- und Jugendpsychiatrie in Klinik und Praxis, Bd. 2: Entwicklungsstörungen, organisch bedingte Störungen, Psychosen, Begutachtung. Thieme, Stuttgart 1985

10 Pubertäts- und Adoleszenzkrisen

Lernziele:
Erkennen phasenspezifischer Pubertäts- und Adoleszenzkrisen in ihren differentialdiagnostischen Abgrenzungen und verwandten psychopathologischen Zustandsbildern; Kenntnisse zur vorbeugenden Beratung des Jugendlichen, Heranwachsenden und ihrer Erzieher im Zusammenwirken mit jugendpsychiatrischen Diensten.

Flüchtige und langanhaltende Krisen sind im Stadium der Neuorientierung der Pubertät und Adoleszenz zentriert um die interferierenden Probleme der Integration der genitalen Sexualität (Sexualkrisen), Selbstfindung und gesellschaftlichen Rollenbewältigung (Identitätskrisen), Lösung aus den Autoritätsbindungen der Kindheit und Gewinnung von realitätsgerechten neuen Bindungen (Autoritätskrisen).

Die Bewältigung dieser Aufgaben verläuft auch während einer normalen Pubertät und Adoleszenz selten völlig glatt und störungsfrei. Ambivalenz, emotionale Labilität, Stimmungsschwankungen (himmelhoch jauchzend, zum Tode betrübt), Einsamkeitserleben, aggressive Auflehnung und mißmutige Verzagtheit, starkes Liebesbedürfnis, Spannungszustände zwischen Hoffnung und Verzweiflung geben den Pubertätskrisen ihr besonderes Gepräge und ihre spezifische Dynamik.

Bei einer genaueren Unterscheidung zwischen den *normativen Entwicklungskrisen* und den *pathologischen Krisen* im eigentlichen Sinn zeigt sich, daß die Inzidenz psychopathologischer Störungen während der Pubertät und Adoleszenz eher *geringer* ist als in anderen Lebensphasen.

Sexualkrisen und Sexualneurosen

Sexualkrisen und *Sexualneurosen* zeigen sich in der Pubertät und Adoleszenz in Form von z.B. *Onanieskrupel*, d.h. starken Schuldgefühlen in Zusammenhang mit der Onanie und den eigenen sexuellen Wünschen überhaupt, zuweilen auch in Form *exzessiver Onanie*, d.h. als zwanghaft und persönlichkeitsfremd erlebten, in ihrer Frequenz gesteigerten masturbatorischen Aktivitäten, oder in Form von *Unsicherheiten gegenüber der Richtung der eigenen Triebwünsche* oder – als Reaktionsbildung gegen die sexuellen Impulse – in Form einer ausgeprägten *Pubertätsaskese* mit z.B. zwanghaften und/oder hypermoralischen Zügen etc. Die Verunsicherung infolge der noch nicht integrierten Triebwünsche führt zuweilen zu einer ausgeprägten Schüchternheit, die sich bei selbstunsicheren, leicht kränkbaren, häufig hypermoralischen Jugendlichen – zumal nach beschämenden Erlebnissen des sich Offenbart- oder Preisgegebenfühlens – zu *sensitiven Verarbeitungen* oder zu *Errötungsängsten (Erythrophobie)* oder zu einem echten *sensitiven Beziehungswahn* (situative Beziehungsideen bei asthenisch überempfindsamen Menschen) steigern kann.

Andererseits kann es jetzt – häufig bei frühverwahrlosten jungen Männern – erstmals zu *sexuell motivierten Gewalttaten* kommen, z. B. in Form von Vergewaltigungsversuchen oder Vergewaltigungen. Mädchen, die unter vergleichbar ungünstigen affektiv pädagogischen Verhältnissen aufgewachsen sind, lassen sich zuweilen vorzeitig auf sexuelle Beziehungen ein, die häufig und schnell wechseln.

Inzesterfahrungen von jungen Mädchen mit einem nahen Verwandten (meistens dem Vater) können ursächlich zur *sexuellen Verwahrlosung* beitragen, sie können andererseits die sexuelle Erlebnisfähigkeit nachhaltig beeinträchtigen und/oder beteiligt sein an der Genese von seelischen Fehlentwicklungen und Störungen (z. B. von hysterischen Fehlhaltungen, manchmal vergesellschaftet mit psychogenen Dämmerzuständen und/oder andersartigen psychogenen Anfällen). Inzesterfahrungen kommen übrigens häufiger vor als gemeinhin angenommen wird. (Laut amerikanischer und niederländischer Untersuchungen berichten etwa 10% der befragten Frauen, während ihrer Kindheit und/oder Jugend Opfer von Inzest geworden zu sein.) Erst durch gezielte Öffentlichkeitsarbeit, wie sie in den letzten Jahren im Hinblick auf den sexuellen Mißbrauch von Kindern z. B. in den Massenmedien durchgeführt wurde, beginnt man allmählich ein genaueres Bild vom Umfang des Problems zu gewinnen (in der BRD hat man das Verhältnis der Anzahl der gerichtlich abgeurteilten Fälle zur Dunkelziffer auf etwa 1 : 10 hochgerechnet).

In der Reifezeit vermag die Wahrnehmung von *homophilen Triebwünschen* starke Beunruhigung und Selbstzweifel auszulösen, zumal dann, wenn der Jugendliche/Heranwachsende in einer Umgebung aufwächst, in der Homosexualität noch stark tabuiert ist. *Homophile Handlungen*, z. B. in Form von *mutueller Onanie*, kommen bei Knaben in der Pubertät vor, ohne daß sie Vorboten einer *Neigungshomophilie* (s. S. 193) zu sein brauchen. Letztere wird ja heute von den meisten Fachleuten und einem aufgeklärten Teil der Gesellschaft nicht mehr als seelische Störung gesehen. Die verschiedenen Spielarten abweichenden sexuellen Verhaltens (die sog. Perversionen) werden meistens während der Pubertät und Adoleszenz manifest, können aber auch als krisenhafte Durchgangsstadien zur genitalen Sexualität nur vorübergehend in Erscheinung treten (z. B. Exhibitionismus, Voyeurismus etc., s. S. 190).

Identitätskrisen

Depersonalisations- und *Entfremdungserlebnisse* treten in unserem Kulturkreis bei Jugendlichen recht häufig auf. Sie können typischer Ausdruck einer *Identitätskrise* sein und eine meistens vorübergehende Schwierigkeit des Jugendlichen signalisieren, die herandrängenden Triebe und die verstärkte Selbstbezogenheit in Einklang zu bringen mit den von außen kommenden Leistungs- und Rollenerwartungen (in einer Kultur, in der die eigene, erwachsene Identität erst durch „Selbstverwirklichung" gefunden werden muß, sie dem Jugendlichen nicht – wie in traditionalistischen Kulturen – eindeutig vorgelebt wird und ihm nicht nach einem in der Gemeinschaft vollzogenen Initiationsritus „wie von selber" zuwächst).

In der Depersonalisation erscheint das Ich-Bewußtsein plötzlich verwandelt. Der Depersonalisierte erlebt sich selber in einer Fremdheit, als sei er nicht mehr er selbst oder als habe er jegliche Lebendigkeit und Selbstverständlichkeit des Existierens verloren. Zugleich wird die Umwelt als derealisiert, als von ihm selber entfremdet erlebt. Veränderungen in der sinnlichen Wahrnehmung können hinzutreten: eigentümliche Verzerrungen, z. B. in der Perspektivität oder Farbigkeit des visuell Wahrgenommenen oder eine meist als unangenehm empfundene Intensivierung aller Geräusche, Gerüchte etc. Die Derealisation wird bei Jugendlichen manchmal auch in Form von Déjà-vu- oder Jamais-vu-Erlebnissen wahrgenommen.

Depersonalisations- und Entfremdungserlebnisse können als Ausdruck weltflüchtiger Tendenzen und einer – zuweilen als grandios empfundenen – Einsamkeit aufgefaßt werden, psychodynamisch auch als die Folge mehr oder weniger flüchtiger Spaltungsprozesse, bei denen dem Ich-Bewußtsein der affektive Gehalt entzogen wird. Daher sind solche Erlebnisse häufig verbunden mit einem „Gefühl der Gefühllosigkeit". Derealisations- und Entfremdungserlebnisse halten manchmal auch länger an oder können Vorboten oder bereits Symptome einer beginnenden Schizophrenie sein.

Ernste *Identitätskrisen* werden manchmal ausgelöst im Zuge einer *Geschlechtsrollendysphorie* infolge einer schmerzlich erlebten Diskrepanz zwischen dem anatomischen Geschlecht einerseits und der als zum jeweils anderen Geschlecht zugehörig erfahrenen seelischen Identität andererseits (bei Transsexualismus, s. S. 191). Auch Mißbildungen an den Geschlechtsorganen (z. B. Epispadie), endokrin verursachte Entwicklungsverzögerungen oder -beschleunigungen (Pubertas tarda oder praecox) oder andere entwicklungsbedingte Abweichungen (z. B. ein zu spät erkannter Leistenhoden) vermögen die Entwicklung der Geschlechtsrollenidentität und das Identitätsgefühl nachhaltig zu beeinträchtigen.

Die rein psychisch bedingten Formen der Verunsicherung der Geschlechtsrollenidentität (gender identity disorder) ohne ausgesprochenen Transsexualismus sind freilich viel häufiger, zumal bei Mädchen in einer Kultur, in der die weiblichen Rollenerwartungen einem schnellen Wandel unterworfen sind. Die während der Pubertät und Adoleszenz *gehäuft vorkommenden depressiven Verstimmungen* und *Stimmungsschwankungen* manifestieren sich nicht selten zunächst als Identitätskrise, u. a. weil Schuldgefühle, Selbstzweifel und die Minderung des Selbstgefühles eine Bedrohung für die Ich-Identität als solche darstellen.

Suizide und Suizidversuche

Suizide und *Suizidversuche* sind besonders ernste, in unserem Kulturkreis noch im Wachsen begriffene Äußerungsformen und – wenn auch unzulängliche – Bewältigungsversuche bei kompliziert verlaufenden Pubertäts- und Adoleszentenkrisen (s. S. 72). Im Alter zwischen 15 und 19 Jahren liegt z. B. in den USA die Rate gelungener Suizide zehnmal höher als in der Altersgruppe unter 15 Jahren (was einer Mortalität von 7,64 gegen 0,81 auf 100 000 entspricht).

Während in der BRD im Jahr 1950 sich 848 Jugendliche, Adoleszenten und junge Erwachsene zwischen 15 und 25 Jahren das Leben nahmen und sich im selben Jahr 32 Kinder (bis 15. Lebensjahr) töteten, waren es im Jahr 1970 1050 Personen derselben Altersgruppe über 15 Jahre und 86 Kinder unter 15 Jahren (was einer Verdopplung der Kinderselbsttötungen entspricht). Betrachtet man aber die jährlichen Suizidraten, die vom Statistischen Bundesamt vorgelegt werden, so zeigt sich im Zeitraum von 1968−1985, daß die Suizidziffern in der Altersgruppe unter 15 Jahren jährlich schwanken, aber nicht gestiegen sind, während für die Altersgruppe über 15 eine deutlich steigende Tendenz zu verzeichnen ist. Echte Bilanzselbsttötungen sind auch in der Pubertät und Adoleszenz relativ selten, wesentlich häufiger dagegen werden Suizide und Suizidversuche unter dem Einfluß von Impulshandlungen ausgeführt. Daher dürften in diesem Lebensabschnitt auch eine Reihe von ernsten Unfällen, die nicht direkt als Selbsttötungshandlungen erkannt werden, durch suizidale Impulse mitverursacht werden. Unbewußte und halbbewußte suizidale Tendenzen können auch bei der Entstehung einer Drogensucht (s. S. 201 ff) oder in der Konfliktdynamik einer Pubertätsmagersucht (s. S. 123) eine Rolle spielen. Aus den genannten und aus anderen Gründen begrenzter statistischer Erfaßbarkeit bleibt die Dunkelziffer indessen sehr groß.

Autoritätskonflikte

Autoritätskonflikte, Protesthaltungen und *schwere Autoritätskrisen* werden infolge der Wandlung der Familienstruktur („abwesender Vater") und der Erziehungsstile heute eher in der Auseinandersetzung mit der Mutter und/ oder in kollektiver Form mit mehr oder weniger anonymen, außerfamiliären Instanzen und Mächten ausgetragen. Dabei wäre es jedoch einseitig, kollektive Formen des Jugendprotestes in all ihren politischen, unpolitischen und zuweilen dissozialen Varianten ausschließlich auf die intrapsychische Labilisierung dieser Lebensphase zurückzuführen und dabei die gesellschaftlichen Anlässe wie Jugendarbeitslosigkeit, schulischer Leistungsdruck, Verdunklung der Zukunftsperspektive usw. zu übersehen.

Andererseits erzeugen sicherlich auch die reifungsbiologischen Prozesse während des puberalen Instinktwandels, vor allem die Ungleichzeitigkeit körperlicher und seelischer Reifungsvorgänge emotionale Spannungen und

Widersprüche, die in den pubertären Protesthaltungen und in aggressiven Entgleisungen ausagiert werden und diesen ihr affektives Kolorit geben können. Neben dem „klassischen" Vaterprotest und den vielfältigen Äußerungsformen heutiger Autoritätskonflikte ist auch ein *dranghaft ausgeführtes Weglaufen*, das während der Pubertät und Adoleszenz einen statistischen Gipfel erreicht, häufig Ausdruck eines jugendlichen Protestes gegen Eltern/ Erzieher. In den letzten Jahrzehnten fällt auch eine Zunahme des Weglaufverhaltens bei Mädchen in der Pubertät auf, das nicht selten einhergeht mit sexueller Verwahrlosung, dem Beginn einer Drogenabhängigkeit und/oder Prostitution. Bei Knaben – und in einem geringeren Umfang bei Mädchen – kann es im Zuge des dranghaften Weglaufens und nicht selten unter bestimmten subkulturellen Einflüssen zur Verstärkung oder zur Ausgestaltung von dissozialen und/oder delinquenten Verhaltensweisen kommen (Diebstähle, Einbrüche, Gewalttaten etc., s. S. 77 ff). Auch die Hinwendung zu religiösen Jugendsekten stellt bei weglaufenden Jugendlichen und Heranwachsenden eine im letzten Jahrzehnt erheblich zugenommene sozialpsychologische Protest- und Gefährdungsform dar.

Infolge der in vielen Jugendsekten gebräuchlichen Indoktrinations- oder gar Brainwashing-Techniken, zu denen auch die systematische Entfremdung von Elternhaus und von den Peer-groups gehört, schlägt der anfängliche Autoritätsprotest alsbald um in einen blinden Gehorsam und eine ideologisch/theologisch verbrämte Abhängigkeit vom charismatischen Sektenführer und seiner in strenger Hierarchie organisierten Vertreter. Für den wachsenden Erfolg solcher Jugendsekten sind eine Reihe von im einzelnen noch nicht geklärten soziokulturellen Faktoren verantwortlich zu machen, wobei Erscheinungen wie soziale Entfremdung, Anomie, schrumpfende Zukunftserwartungen, emotionale Verödung menschlicher Beziehungen selber ebenso zu den Folgen als zu den Ursachen zu rechnen sind.

Vorkommen, Behandlung, Prognose

Mit der Verlängerung und noch zunehmenden Komplizierung der Sozialisations- und Reifungsbedingungen nehmen Pubertäts- und Adoleszentenkrisen an Häufigkeit, Dauer, Intensität und Vielgestaltigkeit zu. Für ihren Ausgang sind neben dem Verlauf der frühkindlichen Identitätsentwicklung und der aktuellen emotionalen Trag- und Bewältigungsfähigkeit des Elternhauses und des Jugendlichen selbst viele andere reifungsbiologische und soziale Einflüsse von Bedeutung, die im jeweiligen Problemfall einer möglichst genauen Klärung bedürfen. Neben der Einzelberatung stellen hier die Elternberatung und in schwierigen Fällen die Familientherapie wichtige (Selbst-)Bewältigungshilfen dar.

Literatur

Eggers, Ch.: Krisen und Neurosen in der Adoleszenz. In Kisker, K.P., H.Lauter, J.-E. Meyer, C.Müller, E.Strömgren: Kinder- und Jugendpsychiatrie. Psychiatrie der Gegenwart, Bd. VII. Springer, Berlin 1988

Erikson, E.: Jugend und Krise, Psychodynamik im sozialen Wandel. Stuttgart 1974

Galanter, M.: Charismatic religions sects and psychiatry: an overview. Amer. J. Psychiat. 139 (1982) 1539–1548

Gordon, Th.: Familienkonferenz. Hamburg 1974

Meyer, J.E.: Die Entfremdungserlebnisse. Stuttgart 1959

Nickel, H.: Entwicklungspsychologie des Kindes- und Jugendalters.

Nissen, G.: Psychische Störungen in der Pubertät und Adoleszenz. In Eggers, C., R.Lempp, G.Nissen, P.Strunk: Kinder- und Jugendpsychiatrie, 5.Aufl. Springer, Berlin 1989

Wissman, M., R.Haucke: Jugendprotest im demokratischen Staat. Enquête-Kommission des deutschen Bundestag, Weitbrecht, München 1983

11 Dissozialität und Verwahrlosung bei Kindern und Jugendlichen

Lernziele:
Fähigkeit, gesellschaftliche, individuell-psychologische und biologische Entstehungsbedingungen bei Persönlichkeiten mit Verwahrlosung und/oder Dissozialität grob einzuschätzen und die Zusammenarbeit mit geeigneten psychologischen, sozialen und psychiatrischen Diensten für solche Patienten anzubahnen und durchzuhalten.

Klassifikation: ICD-9: 312, DSM III: 312.00

In psychiatrischen Lehrbüchern wird den Problemen von Verwahrlosung und Dissozialität im allgemeinen wenig Beachtung geschenkt. Das liegt daran, daß es sich dabei nicht um primär psychiatrische, sondern vielmehr um soziologische Bestimmungen abweichenden und gestörten Verhaltens eines Menschen handelt. Dies besagt aber auch, daß Dissozialität und Verwahrlosung nicht allein und nicht in erster Linie als Probleme der Betroffenen selbst und ihrer Familie gesehen werden können, sondern die Gesellschaft als Ganzes angemessene Lösungen finden muß, die nicht einseitig zu Lasten des Individuums gehen können.

Denn: Dissoziales Verhalten bei Kindern und Jugendlichen ist stets ein Versuch, unterschiedlich entstandene Probleme und Konflikte – wenn auch mit untauglichen Mitteln – zu lösen.

Definition

Von **Dissozialität** spricht man, wenn häufige Verstöße gegen mehrheitlich für richtig gehaltene Gesetze oder vorherrschende Moralvorstellungen erfolgen. Dabei ist es gleichgültig, aus welchen Motiven heraus dies geschieht, unerheblich auch, ob bei dem Betreffenden eine mit psychiatrischer Begrifflichkeit faßbare Persönlichkeitsstörung vorliegt oder nicht.

Verwahrlosung hingegen liegt vor, wenn ein dauerhaftes, sozialwidriges Handeln sich aus einer gestörten Persönlichkeitsstruktur eines Menschen ableiten und erklären läßt. So gesehen ist der Dissozialitätsbegriff der umfassendere, da er eine permanente Persönlichkeitsabwandlung nicht voraussetzt.

Beide Begriffe werden nicht nur umgangssprachlich, sondern zum Teil auch in der wissenschaftlichen Literatur abwertend gebraucht. Als Reaktion auf diesen das Individuum stigmatisierenden Sprachgebrauch gibt es umgekehrt Versuche, die „krankmachende Gesellschaft" für dissoziales Verhalten ihrer Mitglieder haftbar zu machen und diese damit gleichzeitig zu „entschuldigen". Das alte *Anlage-Umwelt-Problem*, das uns bei fast allen psychiatrischen Krankheitsbildern in vielfältiger Weise beschäftigt, zeigt sich also auch hier.

Es sind vielfache Versuche unternommen worden, die Symptomatologie von Dissozialität und Verwahrlosung sowohl unter deskriptiven als auch ätiologischen und therapeutisch-prognostischen Gesichtspunkten zu ordnen. Dies ist deswegen nicht ganz einfach, weil die einzelnen Auffälligkeiten abhängig von Lebensalter und Intelligenz der Betreffenden sind und sich auch bei Jungen und Mädchen unterschiedlich darstellen. K. HARTMANN (1970) hat im wesentlichen *drei Verwahrlosungssyndrome* voneinander unterschieden:

1. *Instabilitätssyndrom* mit geringer Sozialgefährlichkeit (Depressivität, vorzeitige Entmutigung, Ratlosigkeit, Kontaktschwäche, Weglaufen),

2. *Assozialitätssyndrom* mit mittlerer sozialer Gefährlichkeit, überwiegend passive Verwahrlosung (Schwänzen von Schule und Arbeit, Bummeln, Alkoholmißbrauch, „schlechter Umgang"),

3. *Kriminalitätssyndrom* mit erheblicher Sozialgefährlichkeit, überwiegend aggressive Verwahrlosung (Bedrohung und Mißhandlung von Personen, Beschädigung und Zerstörung von Objekten, Delinquenz vor dem 14. Lebensjahr, nicht verhandelte Rechtsverletzungen).

Dabei überwiegen bei männlichen Jugendlichen die Eigentumsdelikte, oft in Verbindung mit Schulschwänzen und Weglaufen, während bei den Mädchen unstrukturierte sexuelle Beziehungen mit häufig wechselnden Partnern, ebenfalls nicht selten in Kombination mit Diebstählen und Herumtreiben, im Vordergrund stehen.

Hinsichtlich der *emotionalen Grundstimmung* lassen sich grob zwei Gruppen voneinander unterscheiden: Depressiv-dysphorische Jugendliche stehen einer anderen Gruppe gegenüber, die durch eine gesteigerte Expansivität, Extrovertiertheit, Geltungsbedürftigkeit bei heiterer Stimmungslage charakterisiert ist.

Unter prognostischen Gesichtspunkten sind die Merkmale Weglaufen, mangelhafte Versuchungstoleranz, depressive Verstimmung, Schul- und Arbeitsschwänzen, mangelhafte Kontaktbindung und Alkoholmißbrauch sowie Herumtreiben und häufig wechselnder Geschlechtsverkehr bei Mädchen eher ungünstig.

Ätiopathogenetische Vorstellungen

Wie auch bei anderen Störungen menschlichen Verhaltens sind Umwelt und Anlage in unterschiedlichem Ausmaß am Zustandekommen von Verwahrlosung und Dissozialität beteiligt. Die wichtigsten Faktoren lassen sich wie folgt zusammenfassen:
– mangelhafte bzw. fehlerhafte Erziehung,
– neurotische Entwicklung,
– zerebrale Erkrankungen oder geistige Behinderungen,
– konstitutionelle Schwäche und erbgenetische Faktoren.
Für Diagnose, Prognose und Therapie ist im Einzelfall die Erkennung und Bewertung der prävalierenden Faktoren von großer Bedeutung. Dies gilt insbesondere bezüglich einer hirnorganischen Beeinträchtigung eines Kindes bzw. eines Jugendlichen, da hierdurch der therapeutischen Beeinflussung mit psychologischen und heilpädagogischen Maßnahmen Grenzen gesetzt sind.

Die Frage, ob es eine *„primäre Dissozialität"* gibt, also ein abweichendes Verhalten, das im wesentlichen erbgenetisch-konstitutionell determiniert ist, ist vom Ansatz her falsch gestellt. Zwar muß man, wie bei fast allen psychischen Störungen, auch einen genetischen Faktor mit in Rechnung stellen, dieser ist jedoch in keiner Weise allein oder auch nur überwiegend entscheidend dafür, ob es bei einem Jugendlichen zu manifesten Verwahrlosungserscheinungen kommt oder nicht. Hierüber bestimmen vor allem Milieufaktoren. Andererseits ist nicht zu verkennen, daß vor allem geistig- oder lernbehinderte Kinder, aber auch solche mit leichteren Werkzeug- bzw. Teilleistungsstörungen (z.B. Legasthenie [s. S. 69]) wegen ihrer dadurch eingeschränkten Möglichkeiten, sich mit ihrer Umwelt adäquat auseinanderzusetzen, besonders gefährdet sind. Dies zeigt sich vor allem darin, daß verwahrloste Jugendliche über eine durchschnittlich schlechtere Intelligenz als die Gesamtbevölkerung verfügen, wobei gut oder auch überdurchschnittlich gut begabte Kinder natürlich auch verwahrlosen können.

Schon die Etymologie des Begriffs Verwahrlosung, der sich auf das mittelhochdeutsche transitive Verb „verwarlosen" „unachtsam behandeln" zurückführen läßt, läßt erkennen, daß es sich um keinen rein passiven Prozeß handelt, sondern im Gegenteil den Eltern eine aktive Rolle als „Verwahrloser" zukommt. Die in den vorhergehenden Kapiteln unter entwicklungs- und tiefenpsychologischen Gesichtspunkten beigebrachten Belege fügen sich nahtlos in diese Vorstellung ein. Chronische emotionale Frustrationssituationen des milieugeschädigten Kleinkindes sowie vernachlässigende, inkonsequente und widersprüchliche Erziehungspraktiken der Eltern *(Pendelerziehung)* sind neben und im Zusammenwirken mit den schon genannten Faktoren Hauptursachen für spätere Verwahrlosung und Dissozialität. Hinzu kommen Gefährdungseinflüsse durch Wirtschafts- und Wohnlage. Gelegentlich kann Dissozialität auch erstes und meist verkanntes Zeichen einer beginnenden schizophrenen Psychose sein, die sich erst Jahre später manifestiert.

Soziale Bedeutung

Die *soziale Bedeutung* von Verwahrlosung und Dissozialität liegt zunächst einmal darin, daß die Gesellschaft nicht hinnehmen kann, daß einzelne ihrer Mitglieder gegen mehrheitlich gebilligte und gesetzlich geregelte soziale Normen verstoßen. Tun sie dies dennoch, hält der Staat einen *Maßnahmekatalog* bereit, der im Jugendwohlfahrtsgesetz (JWG) bzw. im Jugendgerichtsgesetz (JGG) kodifiziert ist. Die Maßnahmen reichen dabei von der sporadischen und formlosen Betreuung Minderjähriger durch die Jugendämter über „Erziehungsbeistandsschaft", „freiwillige Erziehungshilfe" (FEH) und „Fürsorgeerziehung" (FE) bis hin zur Jugendstrafe. Sie stellen insofern ein abgestuftes System öffentlicher Reaktionen dar, die von dem Bedürfnis bestimmt werden, das dissozial-abweichende Verhalten einzelner unter Kontrolle zu bringen. In jeweils unterschiedlicher Mischung sind in ihnen sowohl pädagogisch-therapeutische als auch punitive Elemente enthalten.

Quantitativ ist das Problem der „öffentlichen Ersatzerziehung" nicht gering. So befinden sich zu einem gegebenen Zeitpunkt etwa 6‰ aller Minderjährigen in Betreuung von Jugendämtern, 0,4‰ aller Minderjährigen sind nach den Bestimmungen der FEH bzw. FE in Heimen untergebracht, 0,03‰ in Jugendstrafanstalten. Diese für das Bundesgebiet errechneten Quoten weisen erhebliche regionale Unterschiede auf, die sowohl mit der Sozialstruktur als auch mit der unterschiedlichen Praxis der Jugendhilfe und der Jugendgerichte zusammenhängen.

Therapie

Die Bekämpfung und Behandlung von Dissozialität und Verwahrlosung hat sich an ihren Entstehungsbedingungen zu orientieren. In diesem Zusammenhang ist daran zu erinnern, daß die gesellschaftlichen Rahmenbedingungen mit darüber entscheiden, ob das in § 1 JWG jedem deutschen Kind garantierte „Recht auf Erziehung zur leiblichen, seelischen und gesellschaftlichen Tüchtigkeit" auch wirksam werden kann. Kann man es arbeitslosen Jugendlichen aber verdenken, wenn sie zur Flasche greifen und sich dann in angetrunkenem Zustand wie die Vandalen aufführen? Eine individuelle Therapie greift hier allemal zu kurz. Gleichwohl sind ambulante, teilstationäre und stationäre heilpädagogische und psychologische Behandlungsverfahren vielfach das Mittel der ersten Wahl. Begleitend dazu sollte eine „Milieusanierung" erfolgen, vor allem eine Beratung der Eltern, Klärung der schulischen und gegebenenfalls der beruflichen Situation, Förderung von Freizeitinteressen und ähnlichem.

Die *Indikation* zu einer psychotherapeutischen oder heilpädagogischen Behandlung hat das jeweilige Lebensalter sowie den Entwicklungsstand des Kindes bzw. des Jugendlichen zu berücksichtigen, aber auch Form und Struktur des vorliegenden Dissozialitäts- und Verwahrlosungssyndroms selbst. Dabei ist der Aufbau einer tragfähigen Beziehung zum Therapeuten von großer Bedeutung. Wenn immer möglich, sollten ausgliedernde und isolierende Maßnahmen vermieden und eine ambulante Therapie, z. B. in einer Beratungsstelle für Kinder, Jugendliche und Eltern, angestrebt werden. Es gibt viele Hinweise dafür, daß durch solche offenen Maßnahmen (Unterstützung durch Sozialarbeiter, Wohngemeinschaften, kleinste pädagogische und therapeutische Heime) dissoziales Verhalten wirksamer beeinflußt werden kann als dies durch eine hospitalisierende und isolierende Unterbringung in großen Erziehungsheimen und Jugendstrafanstalten möglich ist. Der § 10 JGG sieht deshalb die Möglichkeit vor, einem straffällig gewordenen Jugendlichen aufzuerlegen, „sich einer heilerzieherischen Behandlung durch einen Sachverständigen zu unterziehen". Damit ist nicht nur Heilpädagogik im engeren Sinne, sondern auch Gesprächstherapie, Verhaltenstherapie und analytische Psychotherapie gemeint. Als Kostenträger kommen die Krankenkassen und, nach dem BSHG, das zuständige Jugendamt in Betracht.

Andererseits ist nicht zu bestreiten, daß es manche Jugendlichen erst unter den beschützenden Bedingungen eines Heimes langsam lernen können, auf eine unmittelbare und direkte Bedürfnisbefriedigung als Voraussetzung realitätsgerechten Sozialverhaltens zu verzichten. Hier haben sich gruppentherapeutische Settings nach Art der therapeutischen Gemeinschaft bewährt.

Wichtig ist ferner, daß die Jugendlichen die Möglichkeit erhalten, während ihres Heim- oder Gefängnisaufenthaltes einen Beruf zu erlernen, der sie befriedigt und der ihre spätere Reintegration in normale soziale Bezüge erleichtert.

Literatur

Hartmann, K.: Theoretische und empirische Beiträge zur Verwahrlosungsforschung. Springer, Berlin 1970

Nissen, G.: Dissozialität und Verwahrlosung. In Harbauer, Lempp, Nissen, Strunk: Lehrbuch der speziellen Kinder- und Jugendpsychiatrie, 3. Aufl. Springer, Berlin 1976

Eichhorn, A.: Verwahrloste Jugend. Die Psychoanalyse in der Fürsorgeerziehung, 7. Aufl. Huber, Bern 1971

III. Neurosen und Persönlichkeitsstörungen

12 Psychodynamik der Neurosen und Persönlichkeitsstörungen

Lernziel:
Verständnis der theoretischen *Grundpositionen* der Psychoanalyse in ihrer Bedeutung für den psychodynamischen Verstehenszugang zu funktionellen psychischen Störungen, Erfassen des Zusammenspiels von frühkindlich erworbener Disposition, Versuchungs- und Versagungssituation, Konfliktthematik, Abwehr und Symptombildung für die Pathogenese der Neurosen; Kenntnis der Definition des Neurosebegriffes und seiner differentialdiagnostischen Abgrenzung von Konfliktreaktionen und Persönlichkeitsstörungen.

Die folgende Darstellung der Neurosen und Persönlichkeitsstörungen fußt auf der *Krankheitslehre der Psychoanalyse* und den dort entwickelten Modellvorstellungen über psychisches Funktionieren. Dazu gehören

– die Annahme, daß der größte Teil der Seelentätigkeit *unbewußt* erfolgt, mithin der direkten Beobachtung nicht zugänglich ist, sondern nur indirekt erschlossen werden kann;
– die (nicht objektivierbare) Vorstellung der seelischen Organisation als eines auf Homöostase abzielenden Zusammenspiels von drei Teilbereichen („Instanzen") der Persönlichkeit: *Ich, Es* und *Über-Ich* (sogenanntes „Struktur"- oder auch „Drei-Instanzen-Modell" der Psychoanalyse);
– das Verständnis psychischen Krankwerdens als Resultat eines (spezifischen) Zusammenwirkens von Anlagefaktoren, lebensgeschichtlichen Erfahrungen (vor allem der *frühen Kindheit*) und aktuellen Milieueinflüssen.

Mit diesem *am biographischen Längsschnitt orientierten, individuumszentrierten* Verstehenszugang unterscheidet sich die Psychoanalyse von anderen theoretischen Krankheitskonzepten, darunter dem der *Lerntheorie* (bzw. der aus ihr abgeleiteten *Verhaltenstherapie*) und der *Kommunikationstherapie*, die therapeutisch vor allem als Systemtheorie der Familie (also eines *Mehrpersonengefüges*) Bedeutung besitzt.

Das Drei-Instanzen-Modell der Psychoanalyse

Nach psychoanalytischer Auffassung entwickeln sich die drei maßgeblichen Strukturen der seelischen Organisation, nämlich Ich, Es und Über-Ich, aus einer beim Neugeborenen noch undifferenzierten Matrix in einem längeren, störanfälligen Prozeß, der für das *Ich* mindestens die ersten *drei*, für das *Über-Ich* sogar die ersten *sechs Lebensjahre* umfaßt. Erst dann kann sinnvollerweise von einer psychischen Organisation (**„psychischer Apparat"**) im Sinne des Drei-Instanzen-Modells und damit auch von einer für das Neuroseverständnis bedeutsamen *Konfliktdynamik* gesprochen werden.

Ist dagegen die Strukturbildung selbst gestört, spricht man statt von einer Neurose besser von einer *Ich-Störung* oder auch einem *„strukturellen Defizit"*, zu dessen ätiologischem Verständnis das psychoanalytische Konfliktmodell nur einen begrenzten Beitrag liefert. Hier greifen statt dessen die ätiologischen Hypothesen der psychoanalytischen Ich- und Selbst-Psychologie über phasenspezifische *Störungen des Strukturbildungsprozesses* (s. S. 86 ff).

Das *Es* kann als der *Triebpol* der Persönlichkeit beschrieben werden, oder mit den Worten FREUDS auch als „Reservoir der Triebe" und damit der hauptsächlichen psychischen Energie. Die Manifestation von Triebenergie geschieht in *libidinöser* und/oder *aggressiver* Qualität. Die *Inhalte des Es*, zum einen Teil angeboren, zum anderen Teil lebensgeschichtlich erworben, sind definitionsgemäß *unbewußt*. Anders als Ich und Über-Ich steht das Es unter der Herrschaft des *Lustprinzips* (es will sofortige, bedingungslose Triebbefriedigung ohne moralisches Kalkül und Bedacht realer Konsequenzen). Damit befindet es sich in einem unausweichlichen, sozusagen strukturell vorgegebenen Antagonismus zu den beiden anderen seelischen Instanzen. Es wird vom *Primärprozeß* bestimmt (Zeitlosigkeit, Aufhebung der Gegensätze, Verschiebung, Verdichtung und Symbolisation anstelle logischer Strukturen), im Gegensatz zum Ich und dem bewußten Teil des Über-Ich, wo kausales, logisches, Realität einkalkulierendes Denken vorherrschen (= *Sekundärprozeß*).

Das **Über-Ich** ist eine innere Instanz, in welcher die dem Kind im Verlauf seiner familiären, später auch familienübergreifenden Sozialisation vermittelten Normen und Verhaltensregeln in depersonifizierter Form weiterleben. Fürchtete das Kind vor der Verinnerlichung dieser normativen Instanz noch die *Strafe* seiner Erziehungspersonen, so sind es jetzt vor allem *Schuld- und Schamgefühle*, die ein vom Über-Ich mißbilligtes Verhalten sanktionieren, auch wenn dieses Verhalten vielleicht nie zur Kenntnis eines Dritten gelangt. Das **Ich-Ideal** kann als Partialinstanz des Über-Ich verstanden werden, welche dem Individuum die notwendigen *narzißtischen Prämien* (z. B. in Form gesteigerter Selbstachtung) für idealorientiertes Verhalten liefert.

Das **Ich** ist *das* Anpassungs-„Organ" des Menschen, welches den Ausgleich zwischen den konflikthaften Ansprüchen der beiden anderen Instanzen (Es und Über-Ich) untereinander und mit der äußeren Realität bewirkt. Es ist primär durch seine *Funktionen* definiert und nicht – wie im allgemeinen Sprachgebrauch oder auch in der psychoanalytischen Selbstpsychologie üblich – durch seine erlebnishafte Seite. So verstanden, zielt es primär auf *Selbsterhaltung*. Zu diesem Zweck arbeitet es nach dem *Realitätsprinzip*: ein „denkendes, planendes, vorausschauendes System" (ELHARDT 1984). Die einzelnen *Ich-Funktionen* (Wahrnehmung, Gedächtnis, Reizschutz, Motorik, Realitätsprüfung, synthetisch-integrative Funktion, Impuls- und Affekt-steuerung, u. a.) stehen im Dienste dieser übergeordneten, lebenserhalten-den Zielsetzung. Dies gilt insbesondere auch für die Fähigkeit zur *Entwick-lung von Signalangst* (im Sinne eines Warnsignals nicht nur vor äußeren, sondern auch vor inneren, aus den realitätsblinden Ansprüchen des Es resultierenden Gefahren). Die Signalangst aktiviert das Ich zu schützenden Gegenmaßnahmen. Sofern diese Schutzmaßnahmen einer *inneren* Gefahr gelten, werden sie unter dem Begriff der *Abwehr* zusammengefaßt. Das Ich ist also vor allem auch Träger der lebenswichtigen *Abwehrfunktion*, sozusa-gen der *Abwehrpol der Persönlichkeit*, welcher dem Es als dem *Triebpol der Persönlichkeit* gegenübertritt. Da neurotische Symptome und Persönlich-keitszüge einen Kompromiß zwischen Triebimpuls und Abwehr darstellen, ist das Ich als Träger der Abwehr an ihrer Entstehung und qualitativen Ausgestaltung stets maßgeblich beteiligt.

Abwehrmechanismen

Der Abwehrvorgang vollzieht sich in formalen Operationen, den sogenann-ten *„Abwehrmechanismen"*. Die jeweils vorherrschenden Abwehrmechanis-men unterscheiden sich nach der Persönlichkeitsstruktur, dem Erkrankungs-typus und der genetischen Entwicklungsstufe, welcher der Abwehrkonflikt hauptsächlich entstammt (LAPLANCHE u. PONTALIS 1975).

Die **wichtigsten Abwehrmechanismen** sind

Verdrängung (Abdrängen eines inkompatiblen Impulses und der mit ihm verknüpften Erlebensweisen ins Unbewußte mit dem Ziel, die verdrängten Elemente auf Dauer von der Wiederkehr ins Bewußtsein fernzuhalten. *Universeller psychischer Vorgang*, konstitutiv für die in der Psychoanalyse postulierte Teilung der Psyche in einen bewußten und einen unbewußten Bereich. Auch als Oberbegriff für andere Abwehr-mechanismen bzw. als Synonym für „Abwehr" überhaupt verwendet);
Projektion (Verlagerung inkompatibler Persönlichkeitsanteile in die Außenwelt, häu-fig, um sie dort dann entsprechend zu bekämpfen);
Spaltung und *Dissoziation* (Verleugnung der Konflikthaftigkeit eines Komplexes durch seine Herauslösung aus einem vorgegebenen Kontext, stets in Verbindung mit einer vorübergehenden Suspendierung der integrativen Ich-Funktion. „Spaltung" hat gegenüber „Dissoziation" die spezifischere Bedeutung der Separierung von „ganz guten" und „ganz bösen" Selbst- und Objektbildern zu Abwehrzwecken);
Verleugnung (Negieren von Realität);
Identifikation (Verinnerlichung von Attributen eines äußeren Objekts);
Reaktionsbildung (Intensivierung der dem Verdrängten entgegengesetzten Triebre-gung im bewußten Erleben des Individuums);
Rationalisierung (sekundäre Rechtfertigung von sonst verpönten Verhaltensweisen durch vorgeschobene Motive);
Isolierung (Trennung der Vorstellung vom zugehörigen Affekt, der verdrängt wird, während die Vorstellung bewußtseinsfähig bleibt); *Ungeschehenmachen* (dem magi-schen Denken entstammender Versuch, ein unerlaubtes Verhalten durch eine gegen-sätzliche Aktion zu „löschen". Zusammen mit der Isolierung Hauptabwehrmechanis-mus bei der **Zwangsneurose**);

Verschiebung (Loslösung der emotionellen Reaktion von ihrem ursprünglichen Vorstellungsinhalt und Verknüpfung mit anderen, weniger intensiven Vorstellungen. Hauptmechanismus bei der **Phobie**);

Wendung gegen die eigene Person (Umkehrung der Richtung eines Triebimpulses zurück auf das Selbst, vor allem durch Verkehrung von Hetero- in Autoaggression; Hauptmechanismus bei der **Depression**);

Konversion (Umsetzung eines verdrängten psychischen Konflikts in Körpersprache; Hauptmechanismus bei der **Konversionsneurose**);

Regression (Rückgriff auf ontogenetisch frühere, „primitivere" Erlebens- und Regulationsmodi zu Abwehrzwecken. Bei der Neuroseentstehung sind solche regressiven Prozesse regelmäßig beteiligt. „Regression" kann deshalb auch als allgemeines Charakteristikum neurotischer Abwehr angesehen werden (MENTZOS 1982) und insofern – ähnlich wie die Verdrängung – als ein den einzelnen Abwehrmechanismen übergeordnetes Prinzip).

Verlagert sich der Abwehrkampf, wie es häufig geschieht, nach „draußen" auf die zwischenmenschliche Ebene *(„Externalisierung")*, spricht man von **psychosozialer Abwehr**. Dabei wird unbewußt eine zwischenmenschliche Konstellation geschaffen, die die intrapsychische Abwehr bestätigt, rechtfertigt und real erscheinen läßt. Häufig geschieht dies durch die Wahl eines Partners mit dem entsprechenden komplementären neurotischen Bedürfnis oder durch Rollenzuweisung (vor allem von Eltern an die Kinder) oder durch Manipulation, Verführung und Beeinflussung enger Beziehungspersonen (auch des Arztes!) in eine bestimmte Richtung (MENTZOS 1980). Eine Neurose (oder auch eine andere psychische Erkrankung, z.B. eine Psychose) manifestiert sich oft erst nach dem Zusammenbruch eines solchen psychosozialen Arrangements.

Weder die intrapsychische noch die psychosoziale Abwehr sind per se pathologisch. Grundsätzlich handelt es sich bei der Abwehr stets um eine existentiell bedeutsame *Schutzmaßnahme* des Ich, die erst *dysfunktional* wird, wenn sie die mögliche *bewußte* Auseinandersetzung mit konflikthaften Themen verhindert und damit die Lebensqualität eines Individuums auf Dauer unnötig einschränkt.

Abgewehrt werden *inkompatible Inhalte*, die für das Ich unlustvoll (angstauslösend) sind, weil sie ein bestehendes Gleichgewicht innerhalb bzw. zwischen den psychischen Instanzen bedrohen und damit die Integrität oder auch Kohärenz der psychischen Organisation in Frage stellen. In aller Regel geht es dabei um Konflikte infantiler Natur, die vorzugsweise den *ersten sechs Lebensjahren* entstammen und in dieser Zeit unter dem Druck der äußeren Realität *(Erziehung!)* vom Kind verdrängt werden mußten. Die Kenntnis der typischen phasenspezifischen Konflikte dieser Entwicklungsperiode ist deshalb eine wichtige Voraussetzung für das Verständnis neurotischer Erkrankungen im Erwachsenenalter.

Psychoanalytische Entwicklungslehre

Die psychoanalytische Entwicklungspsychologie umfaßt heute ein differenziertes theoretisches System von Hypothesen über die Triebentwicklung beim Kinde (FREUD), die Entwicklung des Selbst (KOHUT), des Ich (HARTMANN), den „Prozeß von Loslösung und Individuation" (MAHLER) und die Entwicklung der Objektbeziehungen (KERNBERG).

Phasen der psychosexuellen Entwicklung

Nach der Auffassung FREUDS vollzieht sich die psychosexuelle Triebreifung beim Kinde in verschiedenen Phasen *(orale, anale, phallische* und *ödipale Phase)*, die durch die jeweilige *„erogene Körperzone"* definiert sind, über die die hauptsächliche Triebbefriedigung erfolgt (also zunächst die Mundzone, später die Afterzone, schließlich die Genitalzone). Laut FREUD gewinnen die so charakterisierten phasenspezifischen Befriedigungsmodi oraler, analer, phallischer bzw. infantil-genitaler Art im weiteren Verlauf der Triebreifung immer mehr Vorlustcharakter, um sich mit Abschluß der Pubertät schließlich dem *Genitalen Primat* unterzuordnen. Damit ist eine reife Sexualbeziehung gemeint, in der als letztgültiges Triebziel die genitale Vereinigung mit einem in seiner Ganzheit und Eigenständigkeit akzeptierten Anderen angestrebt wird. Solange sich die Attraktivität des Liebesobjekts lediglich auf Teile seines Körpers (Brust, Penis etc.) bzw. deren symbolische Äquivalente beschränkt und/oder die infantilen Befriedigungsmodi (Oralität, Analität, Schau- und Zeigelust etc.) nicht in die genitale Vereinigung einmünden, sondern selbst Endziele sind, spricht man dagegen von **Partialobjekten** bzw. **Partialtrieben**.

Orale Phase *(erstes Lebensjahr und darüber hinaus):* Erster Kontakt zur Welt über Tiefensensibilität und Haut, später auch visuelle Wahrnehmung. Vorherrschendes *Unlusterlebnis:* Hunger, Tiefenschmerz; vorherrschendes *Lusterlebnis:* Sättigung, Beruhigung. Entwicklung von *Urvertrauen* oder aber *Urmißtrauen* (später nur mehr beschränkt korrigierbar). Totale *Abhängigkeit* von der Pflegeperson, die anfangs nur ausschnitthaft wahrgenommen wird, deren Gesamtgestalt für das Kind sich also erst bilden muß. *Symbiotische Verbundenheit* mit der Pflegeperson; Trennung von ihr wird als existentielle Gefährdung erlebt. Anfangs rein passive Befriedigung des *Genährtwerdens (passive Oralität)*, später Entwicklung *aktiv-oraler* Aspekte: greifen können, sich mit der Hand etwas heranholen können, beißen können („oral-kaptative" und „oral-sadistische" Impulse). Aggression äußert sich in dieser Phase in *„oralem Neid"* und *„oraler Wut"*, stets mit *Ohnmachtsgefühlen* gekoppelt. *Hauptangst:* Angst vor Objektverlust, Trennungsangst, später Angst vor dem Verlust der Liebe wichtiger Objekte. Das Erleben ist *präverbal*, also nicht durch Sprache kommunizierbar und damit auch keiner rationalen Verarbeitung zugänglich.

Anale Phase *(2. bis 4. Lebensjahr):* In unserer Kultur zeitliche Koinzidenz mit der Reinlichkeitserziehung des Kindes. Das Zurückhalten des Kotes wird lustvoll erlebt und verleiht dem Kind auch Macht über die Mutter, die es auf diese Weise bei sich festhalten kann (Töpfchen-Rituale); Grundmuster für viele spätere sadomasochistisch getönte Objektbeziehungen. Gleichzeitig *Lust am Produzieren.* Festschreibung der Körpergrenze durch Unterscheidung von Körperinnerem und dem entäußerten Produkt (erstes eigenes Produkt des Kindes und Geschenk an die Mutter!), Festlegung einer „Intimsphäre". Zeitliche Parallelität mit „Trotzphase", in der das Kind durch Nein-Sagen (beim Menschen zeitlich vor dem Ja) lernt, sich von seinen symbiotischen Objekten abzugrenzen. Themen von Macht, Stärke, Oben-Unten, Zwangsausübung auf den Anderen treten in den Vordergrund. Motorik entwickelt sich weiter, zusammen mit anderen Neuerwerbungen an Körperbeherrschung und Fertigkeiten. Funktionslust, expansive Bestrebungen (die von der Mutter wegführen!), Erweiterung des sozialen Radius, Entscheidung, ob die Welt künftig primär als verlockend oder primär als ängstigend erlebt wird. Weltbewältigung durch magisches Denken. Lust an zerstörerischen oder auch nur (aus Neugier vollzogenen) zerstörerisch anmutenden Tätigkeiten (deshalb auch „anal-sadistische Phase"). Übernahme der elterlichen Normen, in dieser Phase aus Angst vor Liebesverlust, vor allem aber auch aus der jetzt vorherrschenden Grundangst vor Strafe.

Die anale Phase der Triebentwicklung ist auch der Zeitraum, in welchem der von M. MAHLER beschriebene **Prozeß von Loslösung und Individuation** zu einem vorläufigen Abschluß kommt (Ende des 3. Lebensjahres). In diesem Prozeß geht es um die allmähliche Trennung von der Mutter und den Erwerb einer inneren Autonomie, die es dem Kind ermöglicht, sich als eigenständiges, von der Mutter losgelöstes Individuum zu begreifen. Der Prozeß vollzieht sich in mehreren Phasen, unter denen die sogenannte Wiederannäherungsphase (18. bis 36. Lebensmonat) für den Autonomieerwerb des Kindes besonders bedeutsam ist. In dieser Phase strebt das Kind von der Mutter weg, bis es Trennungsangst und Sehnsucht wieder zu ihr hintreiben. Die regressive Wiederannäherung an die Mutter wird ihrerseits durch die Angst vor dem Verlust der gerade erworbenen Selbständigkeit gebremst. In dieser Pendelbewegung von der Mutter weg und wieder zu ihr hin bestimmt das Kind seine jeweils optimale Distanz zu einem bis vor kurzem noch symbiotischen Objekt. Es kann auf diese Weise Autonomie einüben, sofern ihm mütterliche Präsenz bzw. Wiederantreffbarkeit die dafür notwendige Rükkendeckung garantieren.

Phallische Phase (4./5. Lebensjahr): Entdeckung des Geschlechtsunterschiedes (Neugier, Zeigelust, Schaulust). Entdeckung auch der Selbstbefriedigung, dadurch weiterer Zuwachs an Autonomie. „Phallischer Stolz" beim Knaben (auf größtes Genitale, den größten „Bogen" beim Urinieren etc.). Entdeckung der Penislosigkeit der Frau weckt Kastrationsangst, beim Mädchen Enttäuschung und „Penisneid" (in Analogie dazu „Brustneid" und „Gebärneid" beim Jungen, der entdeckt, daß er aufgrund seiner Männlichkeit diese weiblichen Merkmale nie erwerben wird). Mädchen verarbeiten in unserer Kultur die Enttäuschung der Penislosigkeit regelhaft durch eine libidinöse Besetzung des ganzen Körpers, dessen Schönheit und Attraktivität jetzt von Bedeutung wird. Zeitliche Überschneidung mit der ödipalen Phase, die primär durch die ödipale Dreieckskonstellation charakterisiert ist.

Ödipale (infantil-genitale) Phase (4. bis 6. Lebensjahr): Während das Kind bisher vorwiegend dyadische Beziehungen (zu Mutter, Vater, Geschwistern) unterhielt, spielt sich der ödipale Konflikt im Rahmen einer Dreieckskonstellation ab. Das Kind macht sich jetzt Vorstellungen über die zwischen Vater und Mutter bestehende Beziehung, aus der es sich ausgeschlossen fühlt und die es „irgendwie" sexuell phantasiert (sogenannte „Urszenen-Phantasien"). Wunsch des Kindes, den gleichgeschlechtlichen Elternteil zu eliminieren („Todeswünsche" gegen den „Rivalen", in ihrer Konsequenz vom Kind nicht überschaut), um seine Stelle an der Seite des andersgeschlechtlichen Elternteils einzunehmen (von diesem oft durch latent verführerische Signale unterstützt).

Der **positive Ödipus-Komplex** (Haß auf den gleichgeschlechtlichen und Liebe zum gegengeschlechtlichen Elternteil) wird gebremst durch die *Liebe* zum Rivalen und der Angst vor seiner Rache *(Kastrationsangst)*. Diese meist weniger beachtete Seite der ödipalen Konfliktkonstellation bildet die Wurzel des **negativen Ödipus-Komplexes**, in welchem das Kind sich mit dem gegengeschlechtlichen Elternteil identifiziert, um sich in dessen Rolle dem gleichgeschlechtlichen Elternteil als Partner anzubieten. Beim Knaben bedeutet dies Unterwerfung unter den Vater oder auch passiv-liebevolle Hingabe an ihn, beim Mädchen aktiv-„phallisches" Konkurrieren. In jeder ihrer Varianten weckt die ödipale Konfliktkonstellation wegen der mit ihr gekoppelten Aggression beim Kind starke Angst- und Schuldgefühle. Sie sind, zusammen mit der Erkenntnis von der realen Unerfüllbarkeit der ödipalen Wünsche, für das Kind schließlich Anlaß, seine ödipalen Phantasien aufzugeben *(„Untergang des Ödipus-Komplexes", Beginn der Latenzzeit).*

Die ödipale Phase endet im günstigen Falle mit der Identifizierung des Kindes mit dem gleichgeschlechtlichen Elternteil, verbunden mit der Entwicklung einer *Zukunftsperspektive* („wenn ich groß geworden bin und so wie mein Vater, werde ich eine Frau haben wie mein Vater, wie meine Mutter eine ist"). Auf diese Weise entsteht ein starker Entwicklungsreiz, erwachsen zu werden, dem Idealbild von Vater und Mutter nachzueifern. Das Über-Ich als *innere*, von den Eltern abgelöste Zensurinstanz ist jetzt voll etabliert. – In weniger günstigen Fällen kann der ödipale Konflikt *nicht* auf diese Weise gelöst werden, sondern unterliegt der *Verdrängung* mit der immer präsenten Möglichkeit seiner Reaktualisierung in späteren Lebensjahren.

Narzißtische Entwicklung

Die psychoanalytischen Narzißmus-Theorien (auch unter dem Begriff *„Psychoanalytische Selbst-Psychologie"* erfaßt) thematisieren die *Entwicklung des Selbstbildes* („Selbst-Repräsentanz"), des *Selbst-Erlebens*, des *Selbstwertgefühls* und der *Abgrenzung des Selbst gegenüber den Objekten*. Triebentwicklung und narzißtische Entwicklung sind eng miteinander verschränkt. Manche Erscheinungsformen im Bereich der Neurosen und Persönlichkeitsstörungen sind jedoch klarer mit den ätiologischen Hypothesen der Selbst-Psychologie zu fassen.

In der Psychoanalyse ist „Narzißmus" ein wertneutraler Begriff, der von FREUD zunächst eingeführt wurde, um die libidinöse Besetzung der Objekte von der Speicherung libidinöser Energie im Selbst zu unterscheiden. Später beschäftigten sich KOHUT und KERNBERG ausgiebig mit den Bedingungen der *normalen narzißtischen Entwicklung* (Selbst-Entwicklung) und ihren möglichen *Störfaktoren*.

Das Kind entwickelt sein Selbstbild und sein Selbstwertgefühl im ständigen Austausch mit der Umwelt. Entscheidend sind dabei
1. die *freudige Bestätigung* des Seins und der Lebensäußerungen des Kindes durch die Mutter (*narzißtische „Spiegelung"*, dem Kind erlebbar durch den „Glanz im Auge der Mutter") und

2. die Möglichkeit, einen Elternteil (vor allem den Vater) zu verehren (zu „idealisieren"), um sich an diesem Idealbild orientieren zu können und es schließlich zu internalisieren (Voraussetzung für die Herausbildung des *Ich-Ideals*).

Die allmähliche Verinnerlichung der freudigen, empathischen Spiegelung der Mutter ebenso wie der elterlichen Idealbilder und der ihnen zugeschriebenen Eigenschaften führt zu einer von äußerer narzißtischer Zufuhr weitgehend unabhängigen *inneren Regulation* des Selbst- und Selbstwert-Erlebens beim heranwachsenden Kind und späteren Erwachsenen. Die Formierung des Selbstbildes und der Selbst-Identität mit der notwendigen Grenzziehung nach außen, also zu den Objekten, ist von ähnlichen Entwicklungsvoraussetzungen abhängig. Fehlen diese Voraussetzungen infolge mangelnder Empathie der Mutter oder allzu massiver Enttäuschungen am idealisierten Elternteil, flüchtet das Kind häufig in Phantasien von eigener Grandiosität, Unverwundbarkeit und Selbstgenügsamkeit, die dann zum Mittelpunkt eines (pathologischen) Selbstbildes werden können.

Um dieses **„Größenselbst"** zu bewahren, muß es vor der Konfrontation mit einer desillusionierenden Realität abgeschirmt werden (Vermeidung von Konkurrenz- und Prüfungssituationen wie überhaupt aller sozialen Bezüge, in denen eigene Unzulänglichkeiten offenkundig werden könnten). Menschen mit einer derartigen grandiosen Selbstrepräsentanz können sich nur beschränkt in zwischenmenschliche Beziehungen einlassen, weil sie dort in erster Linie nicht den *wirklichen* Partner suchen, sondern ein mit Idealisierungen und Projektionen überfrachtetes **„Selbst-Objekt"**, das sie sich nach ihrem eigenen Bilde schaffen, und dessen Verweigerung der ihm angesonnenen Rolle oft extreme **„narzißtische Wut"** erzeugt.

Pathogenese der Neurosen in psychodynamischer Sicht

Die *neurotischen Konflikte* erwachsener Individuen sind individuelle Varianten der typischen Konflikte der Frühgenese. In Abhängigkeit von den biographischen Vorerfahrungen des einzelnen konstellieren sie sich hauptsächlich als *Nähe-Distanz-Konflikte*, als *Abhängigkeitskonflikte, Autonomiekonflikte, Trennungskonflikte, Aggressionskonflikte, sexuelle (ödipale) Triebkonflikte* und als *Selbstwertkonflikte*.

Wenn derartige Konflikte in der Kindheit keiner phasenadäquaten Lösung zugeführt werden konnten, sondern statt dessen *in ihrer ursprünglichen Form und Intensität* unbewußt in der Verdrängung weiter existieren, entsteht eine **neurotische Disposition**, die unter bestimmten Bedingungen später zum Ausbruch einer Neurose führen kann (nicht muß!). Verdrängung ist regelhaft mit positiver Verstärkung verknüpft und erweist sich von daher meist als recht stabil, führt sie neben einer dauerhaften Angstminderung doch fast stets zu weiteren, *sekundären Gratifikationen* (das ursprünglich unbequem-aggressive und jetzt plötzlich gefügige Kind z. B. wird für diese Gefügigkeit mit Zuwendung belohnt). Im günstigen Falle wird mit Hilfe der Verdrängung ein Gleichgewicht geschaffen, mit dem das Individuum, wenn auch um den Preis einer gewissen „Ich-Einschränkung" (A. Freud), leben kann. Wird dieses Gleichgewicht dagegen durch eine Veränderung seiner tragenden Bedingungen labil, entsteht ein Zwang zur Neuanpassung, der zur Ausbildung einer Neurose (als *einer* möglichen Form von neugewonnener Homöostase) führen kann.

Auslösend für diesen Vorgang sind (konfliktspezifische) Versuchungs- und Versagungssituationen, deren Situationsdynamik sich zum verdrängten Konflikt im Sinne eines *Schlüssel-Schloß-Phänomens* verhält: Die **Versuchungs- und Versagungssituation** enthält Elemente, die einen starken Anreiz für das Anwachsen des verdrängten Impulses darstellen (Versuchung!) bei gleichzeitigem Wegfall bisheriger Belohnungen für den mit der Verdrängung ursprünglich geleisteten Verzicht (Versagung!). Eine solche Konstellation kann zur neurotischen Symptombildung führen, wo eine Teilbefriedigung des verdrängten Impulses (in verdeckter Form und um den Preis des Leidens) möglich wird, gleichzeitig jedoch eine neue Abwehrkonstellation entsteht und die damit erreichte Angstminderung in Verbindung mit jetzt andersartigen Gratifikationen *(sekundärer Krankheitsgewinn!)* das neurotische Symptom stabil erhält.

Der Mechanismus neurotischer Symptombildungen. Die *Symptomwahl* hängt davon ab, welcher Teil des verdrängten Erlebniszusammenhanges bei diesem Prozeß ins Bewußtsein dringt. Ein solcher konflikthafter Erlebniszusammenhang besteht aus mindestens *fünf Teilstücken*, die isoliert voneinander den Weg ins Bewußtsein finden können. Es sind dies
1. die Vorstellung (im Symptom dann etwa als Zwangsvorstellung ausgestaltet),
2. der dazugehörige Affekt (exemplarisch bei der neurotischen Depression, s. S. 103 f),
3. der korrespondierende motorische Impuls (vorherrschend bei Zwangshandlungen und bestimmten Konversionssymptomen, s. S. 94),
4. die vegetativen Begleiterscheinungen des Affekts (z. B. scheinbar grundloses Zittern oder Erröten),
5. der (sekundäre) negative Affekt, der mit dem Komplex gekoppelt ist und ursprünglich zu seiner Verdrängung führte (meistens Angst).

Man kann zwischen **charakteristischen Symptomen**, *die einem bestimmten Neurosebild sein besonderes Gepräge geben (z. B. phobische oder Konversionssymptome) und* **uncharakteristischen Symptomen** unterscheiden, wie sie bei verschiedenen neurotischen Erkrankungen als regelmäßige Begleiterscheinungen der zentralen Konfliktthematik vorkommen (z. B. Arbeitsstörungen, Kontaktängste, passive Fehlhaltungen, Übererwartungen).

Primärer und sekundärer Krankheitsgewinn. Neurotische Symptome führen bei allem subjektiven Leiden, das sie verursachen können, definitionsgemäß zur Angstminderung bei gleichzeitiger (latenter) Teilbefriedigung des verpönten Impulses. Insofern verbinden sie sich immer mit einem *primären*

Krankheitsgewinn. Spontanremissionen nach Wegfall der auslösenden Versuchungs- und Versagungssituation sind trotzdem relativ häufig. Maßgeblich für die langfristige *Aufrechterhaltung der Neurose* ist meist ein größerer *sekundärer Krankheitsgewinn*, der sich, ohne daß dies ursprünglich intendiert gewesen wäre, durch die Reaktion der Umwelt auf das neurotische Symptom einspielt.

Die Frage, wie eine Neurose entstanden ist, ist also zu unterscheiden von der anders gearteten Frage, wodurch die Neurose aufrechterhalten wird. Aus diesem Grunde ist es sinnvoll, *primären* und *sekundären Krankheitsgewinn* getrennt zu beurteilen. Dabei finden neben psychodynamischen auch lerntheoretische Überlegungen Eingang in das Neurosenkonzept. In jedem Falle sollte man sich vergegenwärtigen, daß der einem Dritten durchaus sichtbare „Gewinn" für den Erkrankten selbst eine subjektiv leidvolle Erfahrung darstellt, in welcher er zunächst einmal (auch vom Arzt) akzeptiert werden möchte und muß.

Definition der Neurose

In psychodynamischer Sicht läßt sich die Neurose demnach als eine psychische Erkrankung definieren, bei der
- eine im Zusammenwirken von anlagebedingten Faktoren und pathogenen Umwelteinflüssen in der Kindheit (etwa bis zum 6. Lebensjahr) erworbene *Disposition* bei
- Hinzutreten weiterer Bedingungen im Erwachsenenalter *(konfliktspezifische Versuchungs- und Versagungssituation)*, unter denen der zur neurotischen Erkrankung disponierende, verdrängte infantile Konflikt sich aktualisiert, zur
- *neurotischen Symptombildung* als neuem Kompromiß zwischen den aktualisierten infantilen Triebwünschen und ihrer Abwehr führt, wobei
- *die Aufrechterhaltung dieser neurotischen Anpassung* durch sekundäre innerpsychische, häufig aber auch soziale Gratifikationen für das neurotische, subjektiv leidvolle Verhalten gestützt wird.

Differentialdiagnose

Man sollte nur dann von einer *typischen Neurose* sprechen, wenn ein im Sinne obiger Definition sinnvoller psychodynamischer Zusammenhang zwischen Symptom, auslösender Situation und frühkindlicher Traumatisierung hergestellt werden kann. Dabei wird ein *symptomfreies Intervall* vorausgesetzt, das sozusagen zufällig durch den Eintritt der konfliktspezifischen Versuchungs- und Versagungssituation unterbrochen wird. Lassen sich neurotische Erlebens- und Verhaltensweisen im Leben eines Patienten dagegen praktisch nahtlos bis in die Pubertät oder sogar weiter zurück in die Kindheit hinein verfolgen (sog. „*Primordialsymptomatik*"), sollte man besser von einer **neurotischen Entwicklung** sprechen.

In prognostischer Hinsicht bedeutsam ist die Unterscheidung zwischen **Symptomneurose** und **Charakterneurose**. Die Charakterneurose unterscheidet sich von den (durch einzelne, eher ausgestanzte Symptome definierten) Symptomneurosen durch die Verzweigtheit und die charakterliche Verankerung der Symptomatik. Die Fehlanpassungen in der Charakterneurose sind habituell und weitgehend ichsynton. Man könnte auch sagen: Sie haben die Qualität von Charakterzügen und werden von dem Betroffenen selbst deshalb nicht oder zumindest nicht ohne besondere Konfrontation registriert. In der neueren diagnostischen Nomenklatur hat sich für solche, die aktuelle Krankheitsepisode überdauernden Fehlanpassungen der Terminus **„Persönlichkeitsstörungen"** eingebürgert. Der Begriff läßt offen, ob die Person selbst ihr Fehlverhalten als Krankheit einstuft und leidvoll erlebt oder ob das Leid eher auf seiten der unmittelbaren sozialen Umgebung liegt, wie dies im Ausdruck „Charakterneurose", „Charakterstörung" oder mehr noch „abnormer Charakter" regelmäßig impliziert ist (s. S. 105ff).

Neurosen und Persönlichkeitsstörungen sind auch von den sogenannten **akuten Belastungsreaktionen** (ICD-9: 308) und den **Anpassungsstörungen** (ICD-9: 309, DSM III: 309) zu unterscheiden. Oft trifft man in diesem Zusammenhang auch auf den Terminus *„Konfliktreaktion"* oder auch „abnorme Erlebnisreaktion" (K. SCHNEIDER). *Akute Belastungsreaktionen* sind in der Definition des ICD-9 rasch vorübergehende Störungen jeder Schwere und Art, die als Antwort auf außerordentliche körperliche oder psychische Belastungen wie Naturkatastrophen oder Kriegsereignisse aufzufassen sind und üblicherweise innerhalb von Stunden oder Tagen abklingen. *Anpassungsstörungen* sind (ebenfalls in der Definition der ICD-9) leichte oder vorübergehende Störungen, die aber länger dauern als akute Belastungsreaktionen und bei Personen vorkommen können, die *nicht* an einer vorbestehenden psychischen Störung leiden. Anpassungsstörungen dauern gewöhnlich nicht länger als einige Monate und stehen in der Regel in enger zeitlicher und inhaltlicher Beziehung zu Belastungen wie Trauer oder Trennungserlebnissen. Man kann *Anpassungsstörungen mit depressiver und mit ängstlicher Stimmung* unterscheiden, aber auch *Verhaltensbeeinträchtigungen* und *Rückzug* können das Bild prägen.

„Zum Bild der Konfliktreaktion gehört die zeitliche und verstehbare Verflechtung mit einer im Gespräch eruierbaren äußeren Konfliktsituation." (BRÄUTIGAM 1985). Oft gewährt die Reaktion selbst bereits eine kathartische Erleichterung und sollte deshalb nicht im Sinne der Neurosenpsychologie pathologisiert werden.

Von den sogenannten **endogenen Psychosen** unterscheiden sich die Neurosen und Persönlichkeitsstörungen vor allem durch die bei aller möglichen Beeinträchtigung der Realitäts*wahrnehmung* und des Realitäts*erlebens* (z. B. Depersonalisation) grundsätzlich aufrechterhaltene Fähigkeit zur *Realitätsprüfung*, die in den akuten psychotischen Episoden definitionsgemäß verloren geht.

Literatur

Bräutigam, W.: Reaktionen – Neurosen – Abnorme Persönlichkeiten, 5. Aufl. Thieme, Stuttgart 1985

Elhardt, S.: Tiefenpsychologie – Eine Einführung, 9. Aufl. Kohlhammer, Stuttgart 1984

Mentzos, S.: Neurotische Konfliktverarbeitung – Einführung in die psychoanalytische Neurosenlehre unter Berücksichtigung neuer Perspektiven. Kindler, München 1982

Laplanche, J., J.-B. Pontalis: Das Vokabular der Psychoanalyse, 2. Aufl., 2 Bde. Suhrkamp, Frankfurt 1975

13 Klinik der Neurosen

Lernziel:
Kenntnis der Klassifikation der neurotischen Störungen und der Diagnose, Differentialdiagnose, Psycho- und Soziodynamik, Therapie spezieller Neuroseformen.

Klassifikation neurotischer Störungen

In der 9. Revision der „International Classification of Diseases" (ICD-9) der World Health Organization (1979) werden die Neurosen unter dem Diagnosenschlüssel 300 spezifiert in *Angstneurose* (ICD-9: 300.0), hysterische Neurose (ICD-9: 300.1), *Phobie* (ICD-9: 300.2), *Zwangsneurose* (ICD-9: 300.3), neurotische Depression (ICD-9: 300.4), *Neurasthenie* (ICD-9: 300.5), *neurotisches Depersonalisationssyndrom* (ICD-9: 300.6) und *hypochondrische Neurose* (ICD-9: 300.7).

Das „Diagnostische und Statistische Manual Psychischer Störungen" (DSM III) der American Psychiatric Association hat in seiner 3. Auflage (1980) zwar diese Kodierungen übernommen, weicht aber sonst von der traditionellen Einteilung der ICD in einigen wesentlichen Punkten ab. So ist dort nicht mehr von „Neurosen", sondern von „neurotischen Störungen" die Rede, die in 5 Gruppen erfaßt werden, nämlich den *somatoformen Störungen*, den *dissoziativen Störungen*, den *Angstsyndromen*, den *affektiven Störungen* (s. S. 332) und den *psychosexuellen Störungen* (s. S. 173 ff). Die Einteilung ermöglicht unter anderem eine differenziertere Zuordnung sogenannter hysterischer Krankheitsphänomene zu einer der somatoformen oder aber dissoziativen Störungen, als dies mit Hilfe des viel zu globalen „klassischen" Hysteriebegriffs möglich ist. Aus diesem Grunde orientiert sich die folgende Darstellung einzelner Neuroseformen vorwiegend an der Systematik des DSM III, obwohl einzelne der dort verwendeten Etikettierungen, insbesondere der Begriff der „somatoformen Störung", im deutschen Sprachraum nicht ohne weiteres gebräuchlich sind.

Somatoforme Störungen

Hauptmerkmal dieser Gruppe sind in der Definition des DSM III *körperliche Symptome*, die scheinbar auf eine Organstörung oder -läsion hinweisen, für die es jedoch keine nachweisbaren Befunde oder bekannten pathophysiologischen Mechanismen gibt; dagegen läßt die Ausgestaltung der Störung einen Zusammenhang mit psychischen Faktoren und Konflikten vermuten. Mit Ausnahme der Hypochondrie handelt es sich dabei um körperbezogene Symptome, die sonst meist unter dem diagnostischen Etikett einer **„hysterischen Neurose"** oder auch **„Konversionsneurose"** erfaßt werden. Im DSM III wird eine Dreiteilung dieser im traditionellen Wortsinn „hysterischen" Körpersymptome vorgeschlagen, und zwar in ein *Konversionssyndrom*, ein *psychogenes Schmerzsyndrom* und ein *Somatisierungssyndrom*.

Das Konversionssyndrom

Das Leitsymptom besteht im *Verlust oder der Veränderung einer körperlichen Funktion*, die sich auch nach gründlicher Untersuchung nicht durch eine nachweisbare organische Störung erklären läßt. Das Symptom ist nicht der willentlichen Kontrolle unterworfen. Beginn oder Exazerbation fallen zeitlich zusammen mit einem *konfliktspezifischen Umgebungsreiz* (in der Sprache der Psychoanalyse einer „auslösenden Konfliktsituation"). Häufig imponiert das Symptom durch seinen *starken Ausdrucksgehalt*, und/oder es verschafft dem Betroffenen einen erheblichen *sekundären Krankheitsgewinn*.

Die *„klassischen" Konversionssymptome* lassen prima vista fast immer eine neurologische Erkrankung vermuten, z. B. Schwierigkeiten beim Schlucken (Globusgefühl), Verlust der Stimme (Aphonie), Taubheit, Doppelbilder, verschwommenes Sehen, Blindheit, Ohnmacht oder Bewußtlosigkeit, Anfälle oder Krämpfe, Beschwerden beim Gehen, Lähmungen oder Muskelschwäche, Harnverhalten oder Miktionsschwierigkeiten. Seltener beziehen sich die Konversionssymptome auf das gastrointestinale oder endokrine System (z. B. psychogenes Erbrechen, eingebildete Schwangerschaft). Die Diagnose eines Konversionssyndroms bietet sich besonders dann an, wenn die geschilderten Symptome den tatsächlichen körperlichen Befunden nicht entsprechen, z. B. Zeichen guter motorischer Funktion in einem anscheinend gelähmten Glied, normale Pupillenreaktion bei konversionsneurotischer Blindheit oder Beschwerden, die offensichtlich nicht der Anatomie des Nervensystems entsprechen.

Prävalenz, Verlauf, Differentialdiagnose: Das Konversionssyndrom entspricht in obiger Definition der „klassischen" **Konversionsneurose** mit dramatischer, ausdrucksstarker Symptomatik von augenfälligem Symbolgehalt. Dieses klassische Krankheitsbild wird heute nur mehr selten angetroffen. Für den Verlauf scheinen abruptes Auftreten unter emotionalen Streßbedingungen und kurze Dauer charakteristisch. Gefahr der Chronifizierung vor allem durch pathogene psychosoziale Arrangements (auch iatrogen!). Differentialdiagnostisch ist der Ausschluß einer organischen Störung bedeutsam. Gefahr der Fehldiagnose besonders bei Personen mit auffallend „hysterischen" Charakterzügen.

Psychogenes Schmerzsyndrom

Starker und anhaltender Schmerz ist die vorherrschende Beeinträchtigung. Der geklagte Schmerz entspricht nicht der Anatomie des Nervensystems und läßt sich auch nach gründlicher Untersuchung nicht auf pathologische Organveränderungen oder bekannte pathophysiologische Mechanismen zurückführen. Falls doch Körperbefunde vorliegen, wären die geklagten Schmerzen *so* nicht zu erwarten. Beginn oder Intensivierung des Schmerzes stehen ebenso wie beim Konversionssyndrom in zeitlichem Zusammenhang mit einem konfliktspezifischen Umgebungsreiz, der mit Symptombildung beantwortet wird, um die Bewußtwerdung des Konfliktes zu verhindern. Auch hier verschafft das Schmerzsymptom dem Betroffenen häufig einen erheblichen sekundären Krankheitsgewinn mit anders nicht erreichbaren Vorteilen.

Verlauf, Differentialdiagnose, Komplikationen: Das Schmerzsymptom kann nach Behebung des auslösenden Faktors verschwinden, bei entsprechender (innerpsychischer oder sozialer) Verstärkung aber auch chronifizieren. Patienten haben selten Einsicht in die Psychogenese ihres Schmerzempfindens und bestehen deshalb auf somatischer Therapie. *Die schwersten Komplikationen sind hier iatrogen:* Abhängigkeit von Tranquilizern und Narkotika sowie wiederholte erfolglose chirurgische Eingriffe.

Somatisierungssyndrom

Hauptmerkmal sind rezidivierende und vielgestaltige körperliche Beschwerden von mehrjähriger Dauer, für die medizinische Hilfe gesucht wird, die aber offensichtlich *nicht durch eine körperliche Störung bedingt* sind.

Die Störung beginnt *vor dem 30. Lebensjahr* und hat einen chronischen, dabei jedoch fluktuierenden Verlauf. Die Beschwerdeschilderung wirkt häufig inadäquat (dramatisch, vage, übertrieben) und umfaßt eine komplizierte medizinische Vorgeschichte, bei der meist viele Diagnosen erwogen wurden. Oft sind diese Patienten gleichzeitig bei einer Vielzahl von Ärzten in Behandlung. Beschwerden beziehen sich immer auf *pseudoneurologische Symptome, gastrointestinale Beschwerden* (z.B. Leibschmerzen), *weibliche Geschlechtsorgane* (z.B. Menstruationsbeschwerden), *Schmerzen* (vor allem Rückenschmerz), *kardiopulmonale* und *psychosexuelle Symptome*. – Um die Kriterien des Somatisierungssyndroms lt. DSM III zu erfüllen, müssen mindestens *ein Dutzend* dieser Symptome geklagt werden, deretwegen der Patient einen Arzt aufgesucht, ein Medikament eingenommen oder seinen Lebensstil geändert hat.

Verlauf, Differentialdiagnose, Komplikationen: Chronische, aber fluktuierende Störung mit seltener Spontanremission. Hauptsächliche Komplikationen sind Depression, Suizidversuche, (iatrogene!) Abhängigkeit von psychotropen Substanzen und unnötige diagnostische Eingriffe. Differentialdiagnostisch muß vor allem eine körperliche Erkrankung (z.B. multiple Sklerose) ausgeschlossen werden. *Erstmaliges Auftreten vielfältiger Körpersymptome im späteren Leben ist fast immer auf eine Körpererkrankung zurückzuführen.*

Hypochondrie

Leitsymptom ist die eingehende Beschäftigung mit der Furcht vor einer schweren Krankheit durch unrealistische Interpretation von körperlichen Zeichen oder Empfindungen. Die unrealistische Furcht ist durch ärztliche Beruhigung und noch so umfassende diagnostische Maßnahmen nicht zu beeinflussen. Charakteristisch sind häufige Arztbesuche, wobei den Ärzten leicht mangelnde Sorgfalt vorgeworfen wird.

Hypochondrie kann sich zu einer schweren psychischen Behinderung auswirken und weite Lebensbereiche des Patienten nachteilig beeinflussen. Der *Verlauf* ist gewöhnlich chronisch mit Zu- und Abnahme der Symptome. Die wichtigste *Differentialdiagnose* besteht im Ausschluß einer echten organischen Erkrankung und einer Psychose mit Wahnwahrnehmungen entsprechenden Inhalts.

Psycho- und Soziodynamik der somatoformen Störungen

Bei den somatoformen Störungen wird ein unbewußter Konflikt (oder auch ein Strukturdefizit) in Körpersprache ausgedrückt (symbolisiert) bzw. in körperbezogene Befürchtungen übersetzt, wobei die Beschäftigung mit dem körperlichen Symptom dann die adäquate Auseinandersetzung mit dem eigentlichen, psychischen Konflikt ersetzt. Bei manchen funktionellen Körpersymptomen steht der symbolische Ausdruckscharakter ganz im Vordergrund (z. B. bei konversionsneurotischen Anfällen oder auch beim psychogenen Erbrechen); andere Körpersymptome (z. B. ein chronischer, psychogener Schmerz) sind weniger dramatisch und haben eine mehr vermittelte Beziehung zum neurotischen Konflikt. Oft funktionieren sie nach dem Muster der Verschiebung, bei der die dem Arzt präsentierte Klage über das Symptom (hier der Schmerz) die *eigentliche* Klage ersetzt bzw. von ihr ablenken soll (eine Klage zum Beispiel über erlittene, aber verleugnete Kränkungen und Entbehrungen in zwischenmenschlichen Beziehungen; Sehnsucht nach Anlehnung, Anerkennung, Ruhe, Abwechslung, Lebendigkeit u. ä.).

Derartige Symptome schützen und stabilisieren nicht selten neben dem inneren Gleichgewicht des Patienten auch seine Partnerbeziehung oder seine Familie. Die gemeinsame Beschäftigung aller Familienmitglieder mit dem *designierten Patienten* (STIERLIN) hilft, konflikthafte Auseinandersetzungen innerhalb der Familie zu verhindern und stabilisiert auf diese Weise ein sonst in seinem Fortbestehen vielleicht gefährdetes soziales System.

Am deutlichsten zeigt sich dieser *soziodynamische Aspekt somatoformer Störungen* beim sogenannten *Somatisierungssyndrom*, das durch eine jahrelange, meist chaotische Krankengeschichte charakterisiert ist, in welcher neben dem Patienten *Ärzte* die Hauptakteure sind. Die Einrichtungen des modernen Gesundheitswesens (Arztpraxis, Krankenhaus, Kurkliniken etc.) werden hier zum Austragungsort *innerpsychischer* Konflikte, zur wichtigsten

Bühne, auf der der Patient sein (heimliches, *seelisches*!) Leiden *inszeniert*, in ihm selbst verschlüsselter Form *kommuniziert, „ausagiert".* Grundsätzlich geschieht dies in der Hoffnung auf Gehört- und Verstandenwerden (verstanden in einem Anliegen, das der Patient selbst oft kaum in Worte kleiden könnte, würde er danach gefragt). Die Tragik dieses Stückes besteht darin, daß der Patient mit seinem Auftritt auf der medizinischen „Bühne" in Wirklichkeit nur allzu oft den ganzen Apparat medizinischer Diagnostik in Bewegung setzt oder auch schmerzhafte, oft risikoreiche, in jedem Fall aber erfolglose Eingriffe provoziert. Manchmal könnte man glauben, dem Patienten ginge es mit seinen Körperklagen unbewußt darum, in masochistischer Manier für sich noch mehr Leid zu provozieren und den Arzt in diesem scheinbar sadomasochistischen Arrangement als heimlichen „Komplizen" zu gewinnen.

Tatsächlich gilt: Niemand leidet gerne, es sei denn, er kann mit diesem Leiden etwas vermeiden, was für ihn noch schlimmer wäre (z. B. Angst, Einsamkeit, Entbehrung jedweder körperlicher Beachtung und Berührung, völligen Verzicht auf Expressivität, Schuld). Im ärztlichen Gespräch sollte deshalb immer zunächst das starke Leiden anerkannt werden, damit der Patient aufhören kann, durch Aggravation um sein Symptom zu kämpfen. Die nächste Frage lautet dann: Was ist es, was der Patient durch sein Leiden zu vermeiden sucht? Wer oder was wäre er ohne sein Symptom? Häufig ergibt sich aus der Antwort auf diese Frage bereits ein Ansatz (oder auch der Verzicht!) für eine Psychotherapie.

Für die **Hypochondrie** wurde immer wieder festgestellt, daß sie weniger auf einem umschriebenen neurotischen Konflikt aufruht, sondern eher eine tiefreichende allgemeine Lebensangst thematisiert, und daß sie daneben (ähnlich wie vermutlich auch das Somatisierungssyndrom) auf eine *schwer gestörte Beziehung zum eigenen Körper* hindeutet, die bereits in der frühen Mutter-Kind-Beziehung gebahnt wurde. Die Beziehung des Kranken zu seinem Körper symbolisiert sozusagen diese frühe (mißlungene) Mutter-Kind-Beziehung: In seinen hypochondrischen Befürchtungen und der körperbezogenen Fokussierung der Aufmerksamkeit versucht der Patient unbewußt, seinem Körper diejenige Beachtung und Fürsorge angedeihen zu lassen, die die Mutter ihm vorenthielt. Der Körper wird dabei im wahrsten Sinne des Wortes als „pflegebedürftig" dargeboten; gleichzeitig erscheint er unberechenbar, unverläßlich, überfordert und „defekt", wie es die Mutter vermutlich früher war. Die erzwungene Aufmerksamkeit gilt seinen *Funktionen* (Pflege statt Liebe), so wie die frühen Beziehungspersonen solcher Patienten sich häufig mehr um das körperliche Wohl des Kindes kümmerten, anstatt eine ganzheitliche, liebende Beziehung zu ihm aufzunehmen. Hypochondrie und Somatisierungssyndrom wie vermutlich überhaupt alle chronischen, nicht im engeren Sinne konversionsneurotischen somatoformen Störungen sind also Ausdruck einer tiefverwurzelten *„frühen Störung"* und verdecken oft ein massives ichstrukturelles Defizit.

Therapie der somatoformen Störungen

Angezeigt ist meist eine *stützende Therapie*, in der das Symptom zunächst in seinem subjektiven Leidensaspekt akzeptiert wird. Bei manchen Patienten ist eine oft jahrelange psychagogische Begleitung notwendig. Eine Ausnahme bildet das *Konversionssyndrom*, wo eine gezielt konfliktbearbeitende Psychotherapie das Symptom oft in kurzer Zeit zum Verschwinden bringt. Bei konversionsneurotischen Beschwerden ohne Anzeige für aufdeckend orientierte Psychotherapie empfehlen sich manchmal auch *suggestive Maßnahmen* (z. B. Hypnose). Aufdeckende (psychoanalytisch orientierte) Psychotherapie ist bei somatoformen Störungen nur dann erfolgversprechend, wenn der Patient bereit ist, eine *Psychogenese* seiner Körperbeschwerden zumindest zu erwägen. – Bei allen somatoformen Störungen Gefahr der iatrogen erzeugten Abhängigkeit von psychotropen Substanzen (Entzug *vor* Psychotherapie!) und der körperlichen Verstümmelung durch unnötige diagnostische und chirurgische Maßnahmen immer im Auge behalten!

Dissoziative Störungen

Die dissoziativen Störungen sind ebenso wie die somatoformen Störungen dem hysterischen Formenkreis zuzurechnen (eine mögliche Bezeichnung wäre z. B. **„hysterische Neurose, dissoziativer Typ"**). Das *Hauptmerkmal* der dissoziativen Störungen ist eine plötzliche, zeitlich begrenzte Änderung der *integrativen Funktionen* des Bewußtseins *(psychogene Amnesie)*, der Identität *(multiple Persönlichkeit)* oder des motorischen Verhaltens *(psychogenes Weglaufen/Fugue)*. Differentialdiagnostisch ist eine neurologische Erkrankung (Temporallappenepilepsie) ebenso auszuschließen wie eine Psychose.

Das *Depersonalisationssyndrom* wird in der Einteilung des DSM III ebenfalls den dissoziativen Störungen zugerechnet. *Leitsymptom* ist hier eine Änderung der Selbstwahrnehmung und des Selbsterlebens, wobei das Gefühl des eigenen Wirklichseins vorübergehend verloren geht oder sich verändert (Entfremdungsgefühle, Veränderungen des Körperschemas, sich mechanisch fühlen, „wie im Traum", etc.). Leichte Depersonalisationserlebnisse kommen bei 30–70 Prozent der jungen Erwachsenen vor. Stärker ausgeprägt kann das Symptom jedoch auch auf eine schwerere psychische Erkrankung hinweisen (Angstsyndrom, Depression, Schizophrenie). *Differentialdiagnose!*

Psycho- und Soziodynamik, Psychotherapie

Den beschriebenen Phänomenen gemeinsam ist der Abwehrmechanismus der Dissoziation (s. S. 84), der nach traditionellen diagnostischen Gepflogenheiten der Hysterie zugeordnet wird. Man findet ihn aber auch bei *Borderline-Störungen* und hysterisch überlagerten *schizoiden* (eigentlich: *schizotypischen*) *Persönlichkeitsstörungen* (s. S. 106). Zur Bestimmung des psycho-

dynamischen Stellenwertes dissoziativer Symptome bedarf es also einer sorgfältigen *Struktur-* bzw. *Persönlichkeitsdiagnose.*

Das Ergebnis dieser Strukturdiagnose bestimmt auch die Indikationsstellung
für eine mögliche Psychotherapie. Dissoziative Störungen sind oft (nicht
immer!) Ausdruck eines ich-strukturellen Defizits, das die Indikation für
aufdeckende Psychotherapie in vielen Fällen einengt. Bei entsprechender
Ich-Stärke und auch (in diesen Fällen eher seltener) Motivation wäre die
allmähliche Integration der dissoziierten Inhalte bzw. Persönlichkeitsanteile
in die Gesamtpersönlichkeit Therapieziel.

Neurotisch bedingte Angstsyndrome

Zu den Angstsyndromen gehören jene Störungen, bei denen Angst das
dominierende Symptom ist oder auftritt, sobald der Betroffene mit dem
angstauslösenden Objekt bzw. der angstauslösenden Situation konfrontiert
wird *(Phobie)* oder sobald er versucht, Zwangsgedanken und -handlungen zu
unterlassen *(Zwangsneurose).* Der Angstaffekt kann dabei als *Panik* oder als
generalisierte Angst auftreten. (Die Zuordnung der Zwangsneurose zu den
Angstsyndromen und die Unterscheidung von Angstsyndromen mit und
ohne Panikattacken ist ein Spezifikum des DSM III, im deutschen Sprachraum bis jetzt eher unüblich!)

Phobische Störungen

Leitsymptom ist eine anhaltende, abnorm starke Furcht vor bestimmten
Objekten oder Situationen, die üblicherweise solche Gefühle nicht hervorrufen, in Verbindung mit dem drängenden Wunsch, den *phobischen Stimulus*
zu meiden. Furcht und Vermeidungsverhalten können den sozialen Radius
stark einschränken und stellen dann eine subjektiv oft sehr leidvolle Erfahrung dar.

Bei der *einfachen Phobie* beschränken sich die phobischen Befürchtungen auf *einzelne*
Objekte und Situationen (z.B. Tierphobie, Höhenphobie). Bei der *sozialen Phobie*
besteht eine ständige, irrationale Furcht vor Situationen, in denen man von anderen
gesehen, beobachtet, geprüft, beschämt oder gedemütigt werden könnte. Die schwerwiegendsten sozialen Einschränkungen findet man jedoch bei der (häufigen!) *Agoraphobie.*

Agoraphobie. Leitsymptom dieser schwersten Form der Phobie ist eine ausgeprägte
Furcht vor dem Alleinsein oder vor dem Aufenthalt in der Öffentlichkeit dort, wo eine
Flucht schwer möglich ist oder Hilfe im Falle plötzlicher Hilflosigkeit (z.B. einem
Ohnmachtsanfall) nicht verfügbar wäre. *Am häufigsten werden folgende Situationen
gemieden:* Aufenthalt in einer Menschenmenge (belebte Straße, Kaufhaus), Tunnels,
Aufzüge, Brücken, öffentliche Verkehrsmittel. Verlassen des Hauses ist häufig nur in
Begleitung möglich.

Die Störung beginnt oft mit einem oder einigen rezidivierenden Panikanfällen. Es
entwickelt sich dann eine antizipatorische Furcht vor einem solchen Anfall, sozusagen
als „Angst vor der Angst". Häufig ist dies der Beginn einer Chronifizierung mit

zunehmender Einschränkung des normalen Aktionsradius, bis Furcht und Vermeidungsverhalten das Leben des Betroffenen völlig beherrschen. Wie bei allen anderen Phobien kann die Schwere der Störung aber auch hier zu- und abnehmen; dabei kann der phobische Stimulus häufig wechseln. Auch Perioden vollständiger Remission sind denkbar.

Angstzustände oder „Angstneurose"

Hier steht der Angstaffekt im Vordergrund. Er kann als *generalisierte Angst* oder als *Panik* auftreten.

Zum *generalisierten Angstsyndrom* gehört eine allgemeine, persistierende Ängstlichkeit, die das Hauptsymptom darstellt und nicht lediglich Begleiterscheinung einer anderen psychischen Störung ist. Trotz großer individueller Unterschiede in der Symptommanifestation findet man regelmäßig Zeichen einer motorischen Spannung, vegetative Hyperaktivität, Erwartungsangst, Überwachheit und ständiges Überprüfen der Umgebung.

Panikattacken manifestieren sich durch das *plötzliche* Einsetzen von intensiven Befürchtungen, Angst oder Schrecken, oft begleitet von Gefühlen drohenden Unheils. Die *häufigsten Symptome während einer Attacke* sind: Dyspnoe, Palpitationen, Schmerzen in der Brust, Erstickungs- oder Beklemmungsgefühle, Schwindel, Parästhesien, Schwitzen, Schwäche, Zittern oder Beben, Angst zu sterben, verrückt zu werden oder etwas Unkontrolliertes während der Attacke zu tun.

Komplikationen, insbesondere bei chronifizierten Angstsyndromen (einschließlich der Agoraphobie), sind fast immer Mißbrauch von Alkohol, Barbituraten und Anxiolytika (häufig durch ärztliche Verschreibungspraxis unterstützt!).

Der **Verlauf** kann wellenförmig sein, mit Spontanremission, häufiger jedoch mit Tendenz zur Chronifizierung. Dabei zeigt generalisierte Angst und Panik wegen der damit verbundenen Angstminderung eine Tendenz zur *phobischen Verarbeitung* mit entsprechendem Symptomwandel, nämlich *Ablösung des Angstaffektes durch Vermeidungsverhalten*.

Psycho- und Soziodynamik der Angstneurosen und Phobien

Neurotische Angstsyndrome sind *nicht* konfliktspezifisch. Oft läßt sich jedoch aus der Ausgestaltung der Angstsymptomatik bzw. des Vermeidungsverhaltens eine Vermutung über den abgewehrten neurotischen Konflikt herleiten. Dabei geht es häufig um abgewehrte Triebimpulse, die dem bewußten Vermeidungsverhalten diametral entgegengesetzt sind: In der Agoraphobie beispielsweise werden regelmäßig starke *expansive Wünsche* abgewehrt (Weglaufen; aggressive, auf Durchsetzung gerichtete Bestrebungen; Haß- und Mordimpulse; sexuelle Wünsche; Prostituiertenphantasien etc.). Diese Wünsche werden aufgrund lebensgeschichtlicher Vorerfahrungen (häufig ein früh über das Kind verhängtes Autonomieverbot) *unbewußt* gefürchtet und deshalb mit Angst und dadurch rationalisiertes Vermeidungsverhalten (Vermeidung von Versuchungssituationen!) abgewehrt. Bei allen **phobischen Störungen** funktioniert der grundlegende Abwehrvorgang so, daß die Furcht vor einem bedrohlichen *inneren Stimulus* auf eine *äußere Situation* verschoben wird, deren erfolgreiche Vermeidung Angstminderung bewirkt. Die wiederholte Erfahrung von Angstminderung wiederum führt zu einer Stabilisierung der Vermeidungsreaktion nach lerntheoretischen Prinzipien.

Bei der **Angstneurose** erlaubt der Ausdruckscharakter der Panikattacke oft den entsprechenden psychodynamischen Rückschluß: Angstanfälle können das Äquivalent eines Wutanfalls sein, ein sexueller Ersatzablauf (mit typischer Erregungssteigerung und -abfall), oft aber auch Ausdruck elementarer Trennungsangst, die – genau wie beim verlassenen, hilflosen Säugling – eigentlich Todesangst ist. Häufig findet man bei angstneurotischen Patienten überdurchschnittlich ängstliche Mütter, die dem Kind anstelle realistischer Einschätzung von Risiken und Gefahren eine diffuse Lebensangst vermittelten. KÖNIG spricht vom „Ausfall des steuernden Objekts" als einer lebenswichtigen inneren Struktur. Bei so geprägten Menschen bleibt die *Abhängigkeit von äußeren Schutzfiguren* deshalb oft lebenslang erhalten.

Trennungsempfindlichkeit, betontes Abhängigkeitsverhalten und ausgeprägt passive Fehlerwartungen an die Therapie charakterisieren auch die *therapeutische Beziehung* von angstneurotischen Patienten. Unter einer Psychotherapie kommt es nach scheinbar erreichten Fortschritten häufig zu Rückfällen, weil jeder selbständige Schritt die tiefsitzende Angst des Patienten vor Autonomie aktiviert. Umgekehrt verschwindet die Angst oft in der Nähe schützender Figuren (Arzt) oder in schützenden Situationen (Krankenhaus).

Therapie

Verhaltenstherapie (insbesondere bei ausgestanzten phobischen Symptomen oder auch bei massiven sozialen Beeinträchtigungen), klientenzentrierte, „stützende", bei sorgfältiger Indikationsstellung auch aufdeckend orientierte, analytische Psychotherapie (Prognose ungünstig, wenn Leidensdruck ausschließlich am Symptom besteht, bei gleichzeitig hohem sekundärem Krankheitsgewinn). Häufig ist das Mittel der Wahl eine langfristige, niedrigfrequente Therapie, in der der Arzt/Therapeut die Rolle der fehlenden Schutzfigur übernimmt (symbolisiert oft durch ein Rezept, eine schriftliche Verhaltensanweisung, eine Telefonnummer oder ein Medikament, das der Patient bei sich tragen kann). *Regelmäßige* Verordnung von Anxiolytika ist wegen der Suchtgefahr und der bei Substanzentzug sekundär freigesetzten Angst (s. S. 196) *kontraindiziert!*

Zwangssyndrome oder „Zwangsneurose"

Leitsymptom sind rezidivierende *Zwangsgedanken* und/oder *Zwangshandlungen*. Zwangsgedanken sind Einfälle, die in das Bewußtsein eindringen und von dem Betroffenen als sinnlos und störend empfunden werden (Unterschied zu *Wahnvorstellungen*, die *ich-synton* erlebt werden), weshalb der

Versuch gemacht wird, sie zu ignorieren oder zu unterdrücken. Zwangshandlungen werden ebenfalls mit einem Gefühl subjektiven Zwangs durchgeführt, d. h., der Betroffene hat nicht das Gefühl der Wahl zwischen Tun und Unterlassen. Die Verhaltensweisen werden nach bestimmten Regeln oder Ritualen ausgeführt; sie sind nicht per se sinnvoll, sondern sollen ein bestimmtes Ereignis oder eine Situation hervorrufen oder verhindern. Die Unterdrückung der Zwangshandlungen mobilisiert in aller Regel massive Angst.

Bei den *Zwangsgedanken* geht es häufig um gewalttätige Vorstellungen („ich könnte mein Kind töten"), Verschmutzung („ich könnte mich oder andere durch Berührung infizieren") und vor allem Zweifel (beispielsweise dauerndes Grübeln, ob man bei einem Verkehrsunfall nicht doch jemanden verletzt hat). Zu den häufigsten *Zwangshandlungen* gehören Händewaschen, Zählen, Kontrollieren und Berühren. Oft ist die engere soziale Umgebung in die Zwangsrituale (Sauberkeits-, Vermeidungs-, Kontrollrituale) mit einbezogen *(psychosoziales Arrangement)*.

Verlauf und *Komplikationen* sind ähnlich wie bei den anderen Angstsyndromen. Zwangssymptome können zum Hauptlebensinhalt werden. Wenn sie zu extremer sozialer Einschränkung führen, spricht man oft nicht mehr von einer Neurose, sondern von einer „Zwangskrankheit".

Psycho- und Soziodynamik der Zwangsneurose

Zwangsgedanken und -handlungen haben eine angstbindende Funktion. Mit ihnen sollen bedrohliche Triebimpulse (vorwiegend aggressiver und/oder sexueller Natur) unschädlich gemacht werden, die meist stärkere *antisoziale Tendenzen* aufweisen. Das Zwangssymptom weist meist relativ unverblümt auf den abgewehrten Inhalt hin, den es gleichzeitig dadurch abwehrt, daß es ihn verfremdet und für ich-dyston erklärt. Zwangssyndrome koppeln sich häufig mit magischem Denken und „Ungeschehenmachen" als magischem Handeln, mit dem die Triebgefahr gebannt werden soll (s. S. 84).

Wenn sich das Zwangssyndrom (was nicht zwingend ist) mit einem „*zwanghaften*" oder „*passiv-aggressiven Charakter*" koppelt (s. S. 110), dann ist das Verhalten des Patienten auch in der *therapeutischen Beziehung* durch entsprechende Charaktermerkmale geprägt (vordergründige Gefügigkeit, Retentivität, Rechthaberei, sublime Obstruktivität, Machtkampf, „passive" Aggression), die beim Therapeuten wiederum besonders leicht verkappt sadomasochistische Gegenübertragungsreaktionen hervorrufen. Häufig ist es notwendig, ein solches destruktives Beziehungsmuster in der therapeutischen Situation zu thematisieren, bevor überhaupt ein echtes Arbeitsbündnis entstehen kann.

Therapie

Verhaltenstherapie (insbesondere bei ausgestanzten Zwangssymptomen, oder auch bei massiven symptombedingten sozialen Einschränkungen); *systemtherapeutische Ansätze* (z. B. Symptomverschreibung); bei ausreichender Introspektionsfähigkeit *aufdeckend orientierte Psychotherapie*. Unstrukturiertes, regressionsförderndes therapeutisches Setting oft zu ängstigend, deshalb Psychoanalyse nur nach sorgfältiger Indikation. – Zwangssymptome treten oft im Vorfeld einer Psychose auf. In diesem Fall sind aufdeckende psychotherapeutische Maßnahmen strikt kontraindiziert (Differentialdiagnose!). Therapeutische Maßnahmen richten sich dann vielmehr nach den Grundsätzen der Psychosebehandlung (s. S. 133 ff).

Neurotische Depression

(synonym: „depressive Neurose"; in der Nomenklatur des DSM III: „dysthyme Störung").

Klinische Symptome: *Leitsymptom* ist eine anhaltende depressive Verstimmung (Traurigkeit, Trübsinn, Niedergeschlagenheit) oder der Verlust von Freude und Interesse an sonst üblichen Aktivitäten und Zeitvertreiben. Dazu kommen in individuell verschiedener Ausprägung *andere Merkmale* des depressiven Syndroms (Appetitstörung; Gewichtsveränderungen; Schlafstörungen; psychomotorische Erregung oder Hemmung; vermindertes Energieniveau; allgemeines Absinken der Leistungsfähigkeit; sozialer Rückzug; Minderwertigkeits- und Schuldgefühle; Konzentrationsstörungen; Verlangsamung des Denkens und Redens; quälende Unentschlossenheit, hypochondrische Befürchtungen; Gedanken an Tod und Suizid, häufig auch Suizidpläne und -versuche).

Differentialdiagnose: Die neurotische Depression ist differentialdiagnostisch von der *Erschöpfungsdepression*, der *reaktiven Depression* und der sogenannten *„endogenen" Depression* abzugrenzen.

Von den sogenannten *Konfliktreaktionen* bzw. *Anpassungsstörungen* unterscheidet sich die neurotische Depression bereits durch ihre Dauer und ihren rezidivierenden Verlauf. *Trauerreaktionen* beispielsweise können kurzfristig alle Züge einer voll ausgebildeten Depression aufweisen, obwohl sie eine *normale* Reaktion auf die Trennung von einem geliebten Menschen darstellen. Wenn diese Depression jedoch ohne wahrnehmbare Remissionstendenz über mehr als zwei Jahre anhält oder wenn übermäßige Beschäftigung mit Gefühlen von Wertlosigkeit und Schuld, ausgeprägte Leistungsminderung und psychomotorische Verlangsamung das Bild bestimmen, deutet dies auf eine Komplikation der Trauerreaktion durch eine neurotisch-depressive Verarbeitung des Verlustes hin. Die Diagnose einer *endogenen Depression* soll in der Regel auf die Schwere der Erkrankung, aber auch auf ihre vermutlich organische Verursachung bzw. ihre Unabhängigkeit von nachvollziehbaren äußeren Streßbedingungen hinweisen. Die manchmal geforderte strikte qualitative Unterscheidung der „endogenen" von der neurotischen Depression ist nicht unumstritten. Zur differentialdiagnostischen Abgrenzung und zur Definition der „psychotischen Depression" im Rahmen einer *manisch-depressiven Psychose* vgl. S. 332 ff).

Psycho- und Soziodynamik der neurotischen Depression

Die „neurotische" Depression ist – wie der Name bereits sagt – das Resultat einer *neurotischen Konfliktverarbeitung*. Dabei geht es regelmäßig um *Aggressionskonflikte, Verweigerung von Trauer im Sinne von Abschiednehmen* (Verleugnung eines Objektverlusts), um *subjektives Versagen vor unabding-*

baren, verinnerlichten Idealansprüchen, um *nichtverarbeitete narzißtische Kränkungen* und – im Extremfall – den *Zusammenbruch der narzißtischen Integrität*, der dann oft suizidale Handlungen nach sich zieht.

Depression kann oft zutreffend verstanden werden als *„Wendung von Aggression gegen die eigene Person"*, wobei die Aggression eigentlich einem geliebten, existentiell bedeutsamen Objekt gilt, mit dem der Betroffene meist so eng verwoben ist, daß Fremd- und Selbsthaß ohnehin nahtlos ineinander übergehen. Die Wendung der Aggression gegen die eigene Person ist gleichzeitig ein Versuch, das (real häufig bereits verlorene) Objekt festzuhalten: Das Bild eines geliebten Toten zum Beispiel wird dann im eigenen Inneren aufgerichtet und erhalten, wobei sich der ursprünglich dem Toten geltende Vorwurf wegen des Verlassenwerdens nun in quälenden Selbstanklagen manifestiert. Oft ist die Depression auch der unbewußte Versuch, stellvertretend für das verlorene Objekt wenigstens das Leiden festzuhalten oder es buchstäblich „herbeizuleiden".

Auf einer anderen, nämlich der *narzißtischen Ebene* ist die Depression Anzeichen für den Zusammenbruch eines narzißtischen Gleichgewichts, der durch Kränkung (Zurückweisung einer „narzißtischen Anwartschaft" durch die Umwelt) oder auch durch das Zurückbleiben hinter einer rigorosen verinnerlichten Idealvorstellung (von Schönheit, Leistung, Geliebtwerden etc.) erfolgen kann. Manchmal ist der Suizid dann der letzte Versuch, die verlorene narzißtische Integrität („das Gesicht") wieder herzustellen.

In praktisch allen depressiven Reaktionen reaktualisieren sich mehr oder minder intensiv die Ohnmachtsgefühle der Kindheit und – damit unlösbar gekoppelt – der existentiellen Abhängigkeit von einem liebenden, schützenden Objekt. Dies macht Depressive so ungemein verletzlich für (real oft minimale) Trennungserfahrungen, auch oder gerade in der *Arzt-Patient-Beziehung*, wo eine ausgefallene Therapiestunde, der Urlaub des Therapeuten und/oder wirkliche oder eingebildete Anzeichen von mangelnder Wertschätzung eine Suizidreaktion auslösen können.

Das (scheinbar grundlose) Festhalten am Leiden, die Überbetonung der leidvollen Seite des Lebens und die immanente Provokation von Zurückweisung durch den früher oder später überforderten Helfer verleiten leicht dazu, Depressive mit dem (abwertenden) Etikett des **Masochismus** zu belegen. Masochismus ist aber nicht „Lust am Leiden", sondern der verzweifelte Versuch, durch das Aufsichnehmen und Festhalten von Leid Schlimmerem zu entgehen (Schuldgefühlen, tödlicher Trennungsangst, absoluten, unerträglichen Vernichtungsgefühlen etc.). Vorwürfe der Umgebung oder auch wohlwollende Aufmunterungen, sich doch einfach einmal „zusammenzureißen", bewirken in dieser Situation darum allenfalls eine Verstärkung der depressiven Selbstvorwürfe.

Therapeutische Strategie

Die wichtigste **therapeutische Strategie** besteht zunächst immer darin, die Depression zu akzeptieren und den Patienten soweit wie möglich zu entlasten. Bei jeder weiteren Therapieplanung sind – insbesondere bei chronifizierten Störungen – Mißbrauch von Alkohol und psychotropen Substanzen als mögliche *Komplikationen* einzukalkulieren, ebenso eine mögliche vorübergehende Steigerung des Suizidrisikos bei der verfrühten Belastung durch eine aufdeckend orientierte Psychotherapie oder Verabreichung vorwiegend antriebssteigernder Psychopharmaka. (Zur psycho- und somatotherapeutischen Behandlung depressiver Erkrankungen vgl. im übrigen S. 359 ff.)

Literatur

Hoffmann, S. O., G. Hochapfel: Einführung in die Neurosenlehre und Psychosomatische Medizin. Schattauer, Stuttgart 1979

Mentzos, S.: Hysterie – Zur Psychodynamik unbewußter Inszenierungen. Kindler, München 1980

Mentzos, S.: Angstneurose – Psychodynamische und psychotherapeutische Aspekte. Fischer, Frankfurt 1984

Quint, H.: Über die Zwangsneurose. Vandenhoeck & Ruprecht, Göttingen 1971

14 Klinik der Persönlichkeitsstörungen

Lernziel:
Erkennen der Problematik des Psychopathiebegriffes; Erwerb von Basiskriterien für die diagnostische Zuordnung von Persönlichkeitsstörungen.

Begriffsbestimmung

Der diagnostische Begriff „Persönlichkeit" bzw. „Persönlichkeitsstörung" ist nicht eindeutig definiert und in der deutschen Psychiatrie überdies historisch durch seine Konnotation zum (mittlerweile suspekt gewordenen, aber keineswegs ganz gestrichenen) Psychopathie-Begriff belastet. **„Abnorme Persönlichkeiten"** bzw. **„Psychopathen"** sind nach dieser Tradition Menschen, die von einer *biologischen* Durchschnittsnorm abweichen, also eine (ererbte!) pathologische Konstitutionsvariante aufweisen. Hinzu kommt in diesem Kontext regelmäßig die Vorstellung von der mangelnden Beeinflußbarkeit derart „abnormer" Charakterzüge und dem hohen sozialen Störungsgrad der mit ihnen verbundenen Verhaltensauffälligkeiten. In dieser Bedeutung hat die Diagnose einer Persönlichkeitsstörung also fast immer auch einen diskriminierenden Aspekt und sollte von daher – wenn überhaupt – besonders sorgfältig abgewogen werden.

In der dem *psychoanalytischen* Denken verpflichteten Persönlichkeitsdiagnostik sind die Akzente dagegen völlig anders gesetzt. In der **psychoanalytischen Charakterologie** geht es um die Abgrenzung typischer Persönlichkeits- bzw. Charakterzüge, die – ebenso wie neurotische *Symptom*bildungen – das Resultat eines lebensgeschichtlich verständlichen Kompromisses in der grundsätzlich konflikthaften Beziehung von Trieben und Abwehrkräften darstellen; im Gegensatz zu den neurotischen Symptomen sind diese Persönlichkeitszüge jedoch habituell, ja ich-synton geworden und lassen deshalb das Verhalten eines Menschen, insbesondere auch seine Konfliktreaktionen, bis zu einem gewissen Grade vorhersagbar erscheinen. Es handelt sich also in erster Linie um eine *psychodynamische* Sichtweise, aus der in der psychoanalytischen Charakterologie meist vier *Persönlichkeitstypen* unterschieden werden: Der **schizoide**, der **depressive**, der **zwanghafte** und der **hysterische Charakter**. Dabei sind die Übergänge von typischen („normalen") charakterlichen Varianten hin zur Diagnose einer „Charakterneurose", einer „neurotischen Struktur" (BRÄUTIGAM 1985) oder auch einer „Persönlichkeitsstörung" fließend und auch terminologisch nicht immer exakt bezeichnet. Im DSM III ist deshalb ausschließlich von Persönlichkeits*störungen* die Rede, um zu betonen, daß es sich um eine Krankheitsdiagnose handelt. Die Terminologie wird hier übernommen.

Klassifikation der Persönlichkeitsstörungen

Zu den Persönlichkeitsstörungen gehören vor allem die *paranoide Persönlichkeitsstörung* (ICD-9 und DSM III: 301.0), die *schizoide Persönlichkeitsstörung* (ICD-9 und DSM III: 301.2), die *anankastische Persönlichkeitsstörung* (ICD-9 und DSM III: 301.4), die *hysterische* (im DSM III „histrionische") *Persönlichkeitsstörung* (ICD-9 und DSM III: 301.5) und die *antisoziale Persönlichkeitsstörung* (ICD-9 und DSM III: 301.7). Neu in das DSM III aufgenommen und hier ebenfalls beschrieben sind die *schizotypische Persönlichkeitsstörung* (DSM III: 301.22), die *narzißtische Persönlichkeitsstörung* (DSM III: 301.81) und die *Borderline-Persönlichkeitsstörung* (DSM III: 301.83) ebenso wie die *dependente* (DSM III: 301.60) und die *passiv-aggressive* Persönlichkeitsstörung (DSM III: 301.84).

Persönlichkeitsdiagnosen sind oft *Mehrfachdiagnosen*. Sie können mit einer anderen Persönlichkeitsdiagnose gekoppelt werden, da Überschneidungen hier eher die Regel sind als die Ausnahme. Gegebenenfalls muß ein aktuelles *Syndrom* bzw. eine *Symptomneurose* parallel zur Persönlichkeitsstörung diagnostiziert werden, also z. B.: Konversionssyndrom (Konversionsneurose) bei hysterisch-dependenter Persönlichkeitsstörung.

Paranoide, schizoide und schizotypische Persönlichkeitsstörungen

Für diese Gruppe von Persönlichkeitsstörungen ist eine ausgeprägte *Beeinträchtigung des Beziehungsverhaltens* durch Mißtrauen, Distanziertheit, mangelnde Gefühlswärme und soziale Zurückgezogenheit charakteristisch.

Menschen mit einer **paranoiden Persönlichkeitsstörung** tendieren zu projektiven Verarbeitungen vor allem im aggressiven Bereich. Sie sind dauernd auf der Hut vor Angriffen, wobei sie dazu neigen, das Verhalten anderer als feindlich oder verächtlich zu mißdeuten. Der Versuch des Gegenübers, diese Wahrnehmung zu korrigieren, wird in der Regel als Bestätigung der ursprünglichen Befürchtungen gewertet *(paranoider Denkstil)*. Fanatismus, Querulantentum, pathologische Eifersucht, chronische Streitsucht und Rechthaberei können das Erscheinungsbild prägen.

Bei der **schizoiden Persönlichkeitsstörung** besteht dagegen eine Neigung, sich von sozialen, vor allem stärker emotionell getönten Kontakten auf eine autistisch abgeschirmte Phantasiewelt zurückzuziehen. Auffällige Kühle und Zurückhaltung verbergen dabei oft die Unfähigkeit, warme Gefühle auszudrücken. Bei manchen Schizoiden bestehen daneben auffällige, exzentrisch wirkende Besonderheiten des Denkens, der Sprache oder des Verhaltens, die manchmal wie abgeschwächte schizophrene Symptome wirken (von denen sie sich im Ausmaß und der Art ihrer Ausprägung jedoch klar unterscheiden). Diese Patientengruppe wird im DSM III unter die **schizotypischen Persönlichkeitsstörungen** eingeordnet, eine bei uns wenig gebrauchte Diagnose (synonym oft *„Borderline-Schizophrenie"* oder auch *„Borderline-Syndrom"*).

Hysterische („histrionische"), narzißtische, antisoziale und Borderline-Persönlichkeitsstörung

Für diese Gruppe von Persönlichkeitsstörungen sind einseitig emotionsgesteuertes Verhalten, dramatische Gefühlsäußerungen, Sprunghaftigkeit im Denken und in der Emotionalität, Impulsivität und *manipulative zwischenmenschliche Beziehungen* charakteristisch.

Die hysterische („histrionische") Persönlichkeitsstörung imponiert vordergründig durch oberflächliche („unechte") und labile Affektivität, unbewußtes Rollenspiel („Theatralik"), ausgeprägte Expressivität, überschießende Gefühlsreaktionen, Suggestibilität und Neigung zur Selbstdramatisierung. Denken und Wahrnehmung sind durch einen *impressionistischen Stil* geprägt. In zwischenmenschlichen Beziehungen suchen solche Menschen dauernd nach Aufmerksamkeit und Bestätigung. Das Verhalten ist dabei entweder abhängig-hilflos und fordernd zugleich, häufig bis hin zu wiederholten manipulativen Suizidgesten, oder aber zwanghaft konkurrierend („phallisch").

Hinter der hysterischen Fassade verbergen sich in aller Regel ein niederes Selbstwertgefühl, Leeregefühle, die durch Aktivität überdeckt werden, und eine tiefe Identitätsunsicherheit vor allem auch in bezug auf das Mann- und Frausein. Sexuell verführerisches Verhalten ist häufig, steht jedoch mehr im Dienst der Selbstwertbestätigung bzw. der Manipulation des anderen, als daß es Ausdruck wirklicher sexueller Appetenz wäre. Hinter den hysterischen Charakterzügen verbergen sich häufig ungelöste ödipale Konflikte und eine weit ins Erwachsenenleben hinein fortbestehende, ambivalente Bindung an den gegengeschlechtlichen Elternteil. In einer tieferen Schicht der hysterischen Persönlichkeitsstörung begegnet man fast immer frühen *oralen Entbehrungen* und der Erfahrung, nur in einer Rolle, nicht aber in seinem wirklichen Sosein, von einem bedeutsamen Anderen ernst genommen zu werden. Die Störung wird *bei Frauen häufiger* diagnostiziert als bei Männern, sicherlich auch deshalb, weil in unserer Kultur Frauen eher zum Gefühlsausdruck ermutigt werden, während ihnen ihre geschlechtsspezifische Sozialisation andere, adäquate Formen der Durchsetzung und Selbstverwirklichung immer noch erschwert.

Bei der **narzißtischen Persönlichkeitsstörung** wird das klinische Bild statt dessen von einem übertriebenen (ich-syntonen!) Gefühl des Selbstwertes und der Einmaligkeit, einem dauernden Verlangen nach Aufmerksamkeit und Bewunderung und der Beschäftigung mit Phantasien von grenzenlosem Erfolg, Macht, Glanz, Schönheit oder idealer Liebe geprägt. Gleichzeitig besteht eine hohe Verletzlichkeit für Kritik, Gleichgültigkeit anderer oder für Niederlagen. Die *zwischenmenschlichen Beziehungen* sind durch ein Gefühl von „narzißtischer Anwartschaft" geprägt. Dazu gehört z. B. die Erwartung besonderer Vergünstigungen ohne entsprechende Gegenleistung, Mißachtung der Rechte und der Integrität anderer zu eigenen Gunsten (oft als ausgesprochen ausbeuterisches Beziehungsmuster), Schwanken der Beziehungen zwischen den Extremen der Idealisierung und Entwertung und vor allem ein ausgeprägter *Mangel an Empathie* (Unfähigkeit nachzuempfinden, was andere fühlen).

Bei der **antisozialen Persönlichkeitsstörung** („Persönlichkeitsstörung mit vorwiegend soziopathischem oder asozialem Verhalten) besteht eine charakteristische Vorgeschichte von beständigen, durch Erfahrung und Bestrafung kaum modifizierbaren dissozialen Verhaltensweisen. Sie beginnt oft bereits in der Kindheit mit Lügen, Stehlen, Prügeleien, Betrügereien und Widerstand gegen Autoritäten. Während der Adoleszenz treten nicht selten promiskes bzw. aggressiv-sexuelles Verhalten und Alkohol- und Drogenabusus hinzu. Menschen mit einer antisozialen Persönlichkeitsstörung sind überdies im Erwachsenenalter fast immer unfähig, eine dauerhafte Tätigkeit auszuüben oder die Verantwortung in einer Elternrolle zu übernehmen. Fast regelmäßig besteht eine deutliche Einschränkung der Fähigkeit, längere, warmherzige und verantwortungsbewußte *Beziehungen* zu Freunden, Partnern und Familie zu unterhalten.

Antisoziale Persönlichkeitsstörungen werden oft besser als *„dissoziale Entwicklungen"* etikettiert, um die besonders diskriminierende und gleichzeitig oft irreführende Bezeichnung „asozial" oder auch „antisozial" zu vermeiden. Klagen über innere Spannungen, Leeregefühle, eine chronische dysphorische Verstimmung und eine (oft realistisch eingeschätzte!) leidvoll erlebte Feindseligkeit der Umwelt sind fast immer Begleiterscheinungen der chronischen Dissozialität. – Auszuschließen sind eine schwere geistige Behinderung (z. B. frühkindlicher Hirnschaden), Schizophrenie und manische Episoden im Rahmen einer bipolaren Störung.

Die Borderline-Persönlichkeitsstörung ist neu in das DSM III aufgenommen und damit erstmals eine *offizielle* psychiatrische Krankheitsdiagnose. Als Bezeichnung unklarer Grenzzustände zwischen Neurose und Psychose, oder auch zwischen Charakterstörungen und Psychose, ist sie aber auch bei uns schon länger im Gespräch (z. T. unter den Synonyma *„Borderline-Syndrom"* oder auch *„Borderline-Störung"*). Es handelt sich dabei um Personen, die in ihren *zwischenmenschlichen Beziehungen* mit allen Mitteln eine strikte Schwarz-Weiß-Zeichnung (Spaltung in „ganz gute" und „ganz böse" Objekte) aufrecht erhalten müssen, um ihre liebenden („guten") Beziehungen vor der Destruktivität ihrer exzessiven Aggression zu schützen. Dementsprechend sind die zwischenmenschlichen Beziehungen von Borderline-Patienten zwar intensiv (panische Angst vor dem Alleinsein!), gleichzeitig jedoch instabil, d. h. durch abrupte Einstellungsverschiebungen z. B. von Idealisierung hin zu Abwertung geprägt. Hinzu treten typische, kurzfristige Stimmungsauslenkungen und eine ausgeprägte *Identitätsunsicherheit*, die sich in praktisch alle Lebensbereiche (die Berufswahl, die Geschlechtsrolle u. ä.) hinein verzweigt. Im *affektiven Bereich* herrschen

Zorn oder auch chronische Gereiztheit vor, verbunden mit ebenfalls chronischen Gefühlen von Leere und Langeweile. Besonders typisch für die Borderline-Persönlichkeitsstörung sind multiple, selbstschädigende Verhaltensweisen, sei es durch körperliche Selbstbeschädigung (Selbstverstümmelung), durch Alkohol- bzw. Drogenabusus oder durch Impulshandlungen (z. B. Ladendiebstahl, ruinöses Glücksspiel).

Narzißtische Persönlichkeitsstörungen und *Borderline-Persönlichkeitsstörungen* werden aus psychodynamischer Sicht zu den sogenannten „Frühstörungen" gerechnet, bei denen besonders massive Traumatisierungen während der ersten Lebensjahre die phasenadäquate Bewältigung von Triebkonflikten, insbesondere der mit ihnen verbundenen massiven Enttäuschungsaggression, verunmöglichten. Stattdessen wird eine Störung des Strukturbildungsprozesses selbst vermutet, aus der die jeweilige Beeinträchtigung der zwischenmenschlichen Beziehungen und die damit eng verbundene pathologische Form der Konfliktverarbeitung erklärbar werden.

Dependente, zwanghafte (anankastische) und passiv-aggressive Persönlichkeitsstörungen

Menschen mit diesen Störungen zeigen sich oft ängstlich oder furchtsam, übergefügig gegenüber Autoritäten und gehemmt im direkten Ausdruck von Aggressivität, in der Durchsetzung allgemein ebenso wie in der Subjekthaftigkeit ihres Denkens, Fühlens und Handelns.

Die dependente Persönlichkeitsstörung *(oder auch* „abhängige Persönlichkeit"). Menschen mit einer dependenten Persönlichkeitsstörung sind unfähig, wirklich selbständig zu handeln, und lassen es deshalb zu, daß andere für sie in wichtigen Lebensbereichen die Verantwortung übernehmen (der Partner entscheidet dann z. B., was er oder sie tun soll). Sie ordnen die eigenen Bedürfnisse den Personen unter, von denen sie abhängig sind, um den anderen nicht zu erzürnen und damit die eigene abhängige Position zu riskieren. Das Aufgeben der Abhängigkeitsposition wird als extrem ängstigend oder schuldhaft erlebt. Dabei gestattet mangelndes Selbstvertrauen diesen Menschen nicht, die eigenen Bedürfnisse wirklich wahrzunehmen, geschweige denn, sich auf sich selbst zu verlassen. Zur dependenten Persönlichkeitsstörung gehören fast immer ausgeprägt *depressive Züge*, so daß es auch gerechtfertigt wäre, von einer *„depressiven Persönlichkeit"* zu sprechen. Die in dieser Persönlichkeitsstörung abgewehrten Konflikte sind mit oralen Wünschen und Enttäuschungen, aber auch mit Angst vor Autonomie verknüpft, die diese Menschen in der regressiven Position der Dependenz festhält.

Zur zwanghaften (anankastischen) Persönlichkeitsstörung gehört die eingeschränkte Fähigkeit, warme und zärtliche Gefühlsregungen auszudrücken. Statt dessen ist der Betroffene übermäßig konventionell, förmlich und zurückhaltend. Die Gefühle anderer, deren Anpassung er – meist unter Berufung auf Prinzipien, auf das, was „man" tut – fordert, werden nicht einkalkuliert, deshalb auch nicht berücksichtigt. Da die Dinge nur perfekt oder gar nicht erledigt werden können, bestehen oft schwerwiegende Arbeitsstörungen. Der Denkstil ist aufs Konkrete, aufs Detail gerichtet, wobei der Gesamtzusammenhang häufig verlorengeht *(zwanghafter Denkstil)*. „Pflichten" rangieren weit vor Freude und dem Engagement in *zwischenmenschlichen Beziehungen*, die ihnen oft zum Opfer fallen. Hinzu treten eine durchgängige *Ambivalenz*, verbunden mit Zweifelsucht, und eine Unfähigkeit, Entscheidungen zu treffen. *Sicherheit* wird aus Vorausschau, Planung und Kontrolle bezogen. Spontaneität und Flexibilität im Denken, Fühlen und Verhalten bleiben dabei meist auf der Strecke.

Das Verhältnis zur Autorität ist prekär, meist durch vordergründige Gefügigkeit bei heimlichem, passivem Widerstand gekennzeichnet, wie dies besonders extrem bei der passiv-aggressiven Persönlichkeitsstörung der Fall ist. Das *Beziehungsverhalten* orientiert sich an dem Muster „Hammer oder Amboß sein", also einem strikten Denken in Kategorien von Oben oder Unten. Fast immer besteht eine Hemmung der Hingabefähigkeit, weil diese unbewußt mit Unterwerfung (meist unter einen sadistisch phantasierten Partner) gleichgesetzt wird. Ausdruck der scheiternden Selbstverwirklichung ist der regelmäßig anzutreffende Ersatz der Aussage „ich will" durch „ich muß". Meist verbergen sich hinter einer zwanghaften Persönlichkeitsstörung Konflikte der *analen Phase* (Ambivalenz zwischen Loslassen – Behalten, Machtkampf, Autonomiekonflikte).

Die **passiv-aggressive Persönlichkeitsstörung** tritt häufig mit einer anderen Persönlichkeitsstörung auf (vor allem zwanghafte oder dependente P.), bei der der direkte Ausdruck von Aggression Angst erzeugt und deshalb unterbleibt. Im Zentrum der passiv-aggressiven Persönlichkeitsstörung steht eine *indirekte Leistungsverweigerung* (z. B. durch Aufschieben, Trödeln, absichtliche Untüchtigkeit, „Vergessen" u. ä.). Das Verhaltensmuster ist meist von Kindheit an eingeschliffen und kommt deshalb auch unter Umständen zum Tragen, in denen ein selbstsicheres und effektiveres Verhalten durchaus möglich wäre. Die indirekte Leistungsverweigerung führt häufig zu einer tiefgreifenden und andauernden sozialen und beruflichen Untüchtigkeit und kann die berufliche Karriere blockieren. Der „passive Widerstand" zeigt eine deutliche Analogie zum kindlichen Trotzverhalten. Passive Aggressivität wird regelmäßig in der analen Entwicklungsphase erlernt und beibehalten, wenn sie sich als zweckmäßig erwiesen hat, um sich angesichts fordernder Eltern auf diese Weise wenigstens ein Stück Eigenständigkeit zu sichern. Trotz des begleitenden subjektiven Leidensgefühls ist sie *lustvoll*, weil sie aus der Position des scheinbar Schwächeren heraus einen heimlichen Triumph ermöglicht, der nur schwer bestraft werden kann, weil der Strafende sich wegen der „Unabsichtlichkeit" des Widerstandes zwangsläufig ins Unrecht setzen würde.

Psychotherapie und Psychotherapieprognose

In Frage kommen Krisenintervention, soziotherapeutische Maßnahmen, stützende Psychotherapie (auch langfristig), psychoanalytisch orientierte Psychotherapie oder Psychoanalyse. Dabei wird die Wahl der Therapieform in allererster Linie von der *Ich-Struktur* bzw. *Ich-Stärke* des Patienten bestimmt, d. h. seinen Möglichkeiten, den durch die Therapie in Gang gesetzten Prozeß zu bewältigen. Für die Psychotherapieindikation gelten im übrigen die auch sonst üblichen Kriterien (z. B. die Motivation des Patienten, sein Leidensdruck und das Ausmaß des sekundären Krankheitsgewinns, den er mit einer Persönlichkeitsveränderung aufgeben müßte, vgl. S. 133 ff).

Die **Prognose** einer wie auch immer gearteten Psychotherapie ist bei den *paranoiden, schizoiden* und *antisozialen Persönlichkeitsstörungen* am schlechtesten, am besten bei gut strukturierten *hysterischen, zwanghaften,* *dependenten* und *passiv-aggressiven Persönlichkeitsstörungen.* Dagegen bedürfen *narzißtische, schizotypische* und *Borderline-Persönlichkeitsstörungen* wegen ihrer Neigung zur Ich-Regression und zur negativen therapeutischen Reaktion einer besonders sorgfältigen Indikationsstellung. Häufig fällt die Entscheidung dabei für eine modifizierte Form der Psychoanalyse, wobei sich die Modifikationen nach den Besonderheiten der Störung richten. Borderline-Persönlichkeitsstörungen mit einer Neigung zu impulsivem Ausagieren bedürfen z. B. einer *aktiven* Konfrontation mit den destruktiven Auswirkungen ihres Verhaltens, wo nötig verbunden mit einer strikten Grenzsetzung, auch durch Hospitalisierung.

Literatur

Bräutigam, W.: Reaktionen – Neurosen – Abnorme Persönlichkeiten, 5. Aufl. Thieme, Stuttgart 1985

IV. Psychosomatik: psychosomatische Korrelation

15 Allgemeine Psychosomatik

Lernziele:
Genauere Kenntnis der beim Patienten faßbaren psychodynamischen Prozesse als erste Voraussetzung für Annäherungen in Richtung des psychosomatischen Patienten.

Definition

Der Begriff „**Psychosomatik**" umfaßt die diagnostischen und therapeutischen Überlegungen, die Lehrinhalte sowie den Forschungsansatz im Hinblick auf jene psychologisch-medizinischen Faktoren, welche die Zustände von körperlicher Gesundheit und körperlicher Krankheit mitbegründen, und zwar in jeweils enger Wechselbeziehung zu bestimmten *biologischen* Variablen. Diese Definition beinhaltet eine typisch *psycho-somatische* Korrelation im engeren Sinne des Wortes, die pathogenen psychosozialen Momenten primär eine wichtige teilursächliche Relevanz hinsichtlich der Entstehung und Fortdauer psychosomatischer Störungen zubilligt, gleichzeitig aber auch nachdrücklich biologische Aspekte berücksichtigt. Typische psychosomatische Störungen sind z. B. Adipositas, Anorexia nervosa, Bulimia nervosa, Asthma bronchiale, Colitis ulcerosa und Morbus Crohn, labile essentielle Hypertonie – auch bezeichnet als *„Psychosomatose"* – sowie Herzneurose, Reizmagen und irritables Kolon als charakteristische Beispiele der sog. *funktionellen Störungen* (das sind körperliche Beschwerdebilder, bei denen die zugrundeliegende pathophysiologische Abweichung nicht auf anatomischen Strukturveränderungen beruht).

Im Rahmen unserer definitorischen Überlegungen sprechen wir aber auch dann von *„psychosomatisch"*, wenn bei sog. Gesunden psychosozial relevante Faktoren hinsichtlich der Prädisposition und Prävention von Erkrankungen zur Diskussion stehen. Angesichts einer solch erweiterten Definition des Begriffes „psychosomatisch" geht es also letztlich nicht mehr darum, „psychosomatische Patienten" und „psychosomatische Erkrankungen" systematisch zu klassifizieren, sondern vielmehr im Einzelfall um die Eruierung des jeweils teilursächlichen Stellenwertes von psychosozialen Momenten und deren direkter Verknüpfung mit bestimmten biologischen Prozessen in Gesundheit wie Krankheit. Anhand dieser erweiterten Begriffsbestimmung gewinnt die Psychosomatik im Einzelfall eine mögliche Relevanz bei *jedem* Patienten.

Schließlich beinhaltet die Definition des Begriffes „Psychosomatik" eine *somato-psychische* Korrelation, denn es geht um die diagnostischen und therapeutischen Überlegungen im Hinblick auf jene sekundär-psychischen

Veränderungen, die beim Patienten reaktiv als Folge der Wahrnehmung einer beeinträchtigenden Erkrankung zutagetreten. Typische Beispiele sind intensivbehandlungsbedürftige Kranke, Dialyse- und Nierentransplantationspatienten sowie onkologische Kranke.

Entstehungs- und Verlaufstendenzen der psychosomatischen Störung

Sofern eine psychosomatische Störung *chronisch-rezidivierend* – der ohnehin häufigsten Verlaufstendenz der Psychosomatosen – verläuft, geht sie aus von einer *neurotischen* Fehlentwicklung (s. S. 89 ff). Hiervon abzugrenzen ist die *Hysterie* mit Konversionssymptomen (s. S. 94). Die weiteren *Entstehungs-* und *Verlaufstendenzen* der psychosomatischen Störung lassen sich anhand von vier wohlcharakterisierbaren Stichworten näher beschreiben.

Prägenitale Reifungsstörung

Die *prägenitale Reifungsstörung* ist die häufigste Variante neurotischer Fehlentwicklungen, die zur Entstehung und Fortdauer psychosomatischer Syndrome führt. Diese Reifungsstörung betrifft vor allem die *orale* Entwicklungsstufe (s. S. 86) und kann in jeweils unterschiedlichem Intensitätsgrad auftreten: irreversibel verfestigte orale Fixierung (*stark ausgeprägte* prägenitale Reifungsstörung), prägenitale Struktur mit faßbarer oraler Fixierung nahe der infantil-genitalen Entwicklungsstufe (*mittelgradige* prägenitale Reifungsstörung), Hysterie (s. S. 94) mit oraler Fixierung (*leichtere* prägenitale Reifungsstörung). Diese Reifungsstörung besteht also in einer mehr oder weniger ausgeprägten Fixierung an orale Bedürfnisse. Sie zeigt sich vor allem in einem gestörten, unflexiblen Umgang mit Abhängigkeitsbedürfnissen; sei es, daß diese zu stark dominieren, sei es, daß sie zu rigide abgewehrt werden. Je nachdem, welche dieser beiden Modalitäten beim Patienten vorherrscht, zeigen sich zwei unterschiedliche Verhaltenstypen: die *Pseudounabhängigkeit* und die *manifeste Abhängigkeit*.

Pseudounabhängigkeit und manifeste Abhängigkeit

Bei der **Pseudounabhängigkeit** sind die Wünsche nach Abhängigkeit und Umsorgtwerden nur partiell bewußt, denn sie werden – mittels der Reaktionsbildung (s. S. 84) – abgewehrt, weil der Patient die vollbewußte Wahrnehmung der Abhängigkeitswünsche als Makel erleben und deshalb nicht akzeptieren würde. Die Patienten zeigen ein scheinbar unabhängig-selbständiges Verhalten. Der Abwehrcharakter dieser Unabhängigkeit wird in der Rigidität der Verhaltensweisen deutlich; wir sprechen auch von *über*kompensatorischer Unabhängigkeit, z. B. werden Entspannungsbedürfnisse nur ausgelebt, wenn körperliche Beschwerden vorliegen, also dann, wenn hierzu ärztlicherseits eine offizielle Legitimation z. B. Verordnung von Bettruhe besteht. Die sozialen Kontakte sind so ausgerichtet, daß sich möglichst optimale Kompromisse zwischen Pseudounabhängigkeitsstreben und Befriedigung unbewußter Abhängigkeitswünsche ergeben, z. b. abgesicherte, wenig risikoreiche Berufspositionen mit „viel Verantwortung". Um die Befriedigung dieser kaum bewußten Abhängigkeitswünsche nicht zu gefährden – also zwecks Aufrechterhaltung eines „positiven" Beziehungs-„klimas" –, müssen die Patienten in ihren zwischenmenschlichen Beziehungen Unmut, Groll, Feindseligkeit unterdrücken. Die Patienten erleben häufig berufliches Vorwärtskommen (z. B. Beförderung) oder private Fortschritte (z. B. Heirat, Geburt eines Kindes) als bedrohlich, weil sie nämlich in solchen Situationen in ihrem bewußten Erleben mit der Forderung nach Selbständigkeit konfrontiert werden, die sie aber in Konflikt mit den unbewußten Abhängigkeitswünschen bringt. Deshalb kommt es bei den Patienten auch angesichts des „Erfolges" unbewußt zu Angst und eventueller körperlicher Symptombildung.

Bei der **manifesten Abhängigkeit** werden die Wünsche nach Umsorgtwerden direkt geäußert und sind weitgehend bewußt. Diese Patienten verhalten sich in der Regel überangepaßt, bisweilen sogar unterwürfig; sie können aber auch auf passive Weise sehr fordernd sein (z. B. in Form von Rentenwünschen). Die Orientierung der sozialen Kontakte erfolgt dorthin, wo die erheblichen Abhängigkeitswünsche realisierbar erscheinen.

Darüber hinaus beobachten wir psychosomatische Patienten, bei denen sich *keine* Abhängigkeitswünsche aufweisen lassen. Jedoch zeigen diese Patienten so forcierte und hartnäckig verfestigte Strebungen in Richtung von Überaktivität, daß die Vermutung einer ausgeprägten *Überkompensation* zwecks *Abwehr* von intensiven *Abhängigkeitswünschen* naheliegt, z. B. bei Patienten mit essentieller Hypertonie und der sog. „Risikopersönlichkeit" des Herzinfarktpatienten (s. S. 128).

Psychogenese

Psychoanalytisch wird die prägenitale Reifungsstörung so verstanden, daß das Kleinkind nicht imstande war, sich aus der frühkindlichen Zwei-Personen-Beziehung (Mutter-Kind) in Richtung der Drei-Personen-Beziehung (Mutter-Vater-Kind) zu entwickeln. Die zweite Kontaktebene stellt eine wichtige Vorstufe für die spätere Ausbildung von erwachsenen Viel-Personen-Beziehungen dar. Dieser Blockierung liegt eine typische Störung der frühen Mutter-Kind- und Mutter-Vater-Kind-Interaktion zugrunde. Es ist dadurch jener Entwicklungsschritt gestört worden, der für gewöhnlich zum Erwerb relativ konstanter Selbstsicherheit führt und wie folgt zu verstehen ist: Das Kind, welches anfangs durch die Eltern die Bestätigung bekommt, die zur Aufrechterhaltung seiner Selbstsicherheit nötig ist, lernt schließlich, von äußerer Bestätigung und Stützung weitgehend unabhängig zu werden. Es entwickelt sich eine Art von „innerem Sicherheitssinn" und „innerem Selbstwertgefühl" (Narzißmus). Das Kind kann sich selbst innerlich die Bestätigung liefern („narzißtische Unterstützung"), auf deren äußere Zufuhr es vorher total angewiesen war. Sofern dieser Ablösungsvorgang ungestört verläuft, stattet sich das Kind in seinem Inneren – als Ersatz für die äußeren schützenden Personen – mit deren Repräsentanz aus. Dieser komplizierte Vorgang der allmählichen Umschaltung von äußerer Abhängigkeit auf eine innere Schwelle zur konstanten Aufrechterhaltung von Selbstsicherheit und Selbstwertgefühl hängt in hohem Maße ab von der Stabilität der Beziehung zu den Eltern, vor allem zur Mutter. Die Biographien von psychosomatischen Patienten mit prägenitaler Reifungsstörung und verknüpftem Abhängigkeits-/Unabhängigkeitskonflikt zeigen, daß sie regelhaft Eltern hatten, die die Entwicklung der Autonomie nachhaltig störten, weil die eigenen ungelösten Abhängigkeitsbedürfnisse die Balance zwischen Hinwendung zum Kind und Loslassen behinderten. Es wurde beobachtet, daß sich die so betroffenen Kinder von ihren Eltern zurückgestoßen – und damit stärker depressiv-verängstigt sowie narzißtisch gekränkt – fühlten, wenn sie diesen gegenüber kritisch-widerstrebendes Verhalten und Unabhängigkeit bekundeten. Die Eltern behinderten damit die Entwicklung situationsgerechter Selbstbehauptung bzw. Aggressivität beim Kind, was zur Verdrängung und Verleugnung („Nichtmehrwahrnehmen, was ich fühle") führte. Umgekehrt waren diese Kinder der Nähe ihrer Eltern (pseudo)gewiß sowie damit vordergründig weniger depressiv-verängstigt und narzißtisch gekränkt, sobald sie sich bedingungslos den elterlichen Bedürfnissen anpaßten. Der Zustand, in dem diese Kinder ihren Eltern gegenüber verharren, wurde als „emotionale Hörigkeit" bezeichnet und das korrespondierende Verhalten dieser Eltern als „kompensatorische Overprotection", d.h., das Kind wird zu sehr beschützt und damit indirekt entmutigt sowie zur Anlehnung an einen Elternteil gezwungen, womit es den unbewußten Bedürfnissen dieses Elternteils nach Nähe, Anlehnung, Symbiose entgegenkommt. Die Wut über diese Art der gegenseitigen Abhängigkeit und „emotionalen Ausbeutung" muß auf beiden Seiten intensiv verdrängt werden. Bisher ist die Rolle der Mutter in diesem „Gefühls"- oder „Abhängigkeitsclinch" besonders intensiv untersucht worden; in letzter Zeit – vor allem im Zuge der Familiensystemforschung – ist die Rolle des Vaters (emotionale und Rollenunsicherheit mit Delegation der Verantwortung an die Mutter, die sich ihrerseits an das Kind hält) deutlicher hervorgetreten.

Psychodynamische Konfiguration

Die prägenitale Reifungsstörung wird am prägnantesten faßbar in den beiden *Basiskonflikten*, die wir bei psychosomatischen Patienten und nicht selten kombiniert (in quantitativ jeweils unterschiedlicher Gewichtung) beobachten:

Abhängigkeits-/Unabhängigkeitskonflikt. Es handelt sich um die zu starke Ausbildung von infantilen Abhängigkeitswünschen, die ihrerseits zu intensiv mit Unabhängigkeitswünschen interferieren und damit eine adulte Realitätsbewältigung des Patienten gefährden.

Nähe-/Distanzkonflikt. Es handelt sich um einen heftigen Ambivalenzkonflikt, bei dem die ausgeprägten Wünsche nach infantiler Abhängigkeit mit entgegengesetzten Wünschen nach zwischenmenschlicher Distanz verknüpft sind. Dementsprechend bestehen zwar erhöhte Ansprüche nach emotionaler Zuwendung, die jedoch praktisch kaum voll erlebnisfähig werden, weil gleichzeitig starke Ängste zutage treten, die konträre Wünsche in Richtung von Distanzierung signalisieren. Da also der Patient die ausgeprägte Neigung zeigt, jenes Objekt, das ihn anzieht, gleichzeitig wieder abzustoßen, muß der Patient in einer sozusagen *zwischenmenschlich-mittleren Balance* verharren, die weder das Ertragen von realer Nähe noch von realer Distanz zuläßt.

Neben diesen beiden Basis-Konflikten kennen wir beim Patienten folgende vier weitere *psychodynamische* Faktoren, die ebenfalls zu psychosomatischen Störungen disponieren können:

Gefühlsrestriktion, eingeschränkte Introspektion und Selbstreflektion. Die *Gefühlsrestriktion* äußert sich in der großen Schwierigkeit des psychosomatischen Patienten, sich seiner Wünsche, Gefühle und Konflikte gewahr zu sein und darüber mit seinen Mitmenschen zu sprechen sowie dadurch eventuell bestehende aktuelle Schwierigkeiten zu klären.

Psychosomatische Patienten mit prägenitaler Reifungsstörung haben sehr früh gelernt, „sich selbst *nicht* hinreichend wahrzunehmen"; sie können deshalb nur schwer über sich selbst reflektieren, sich selbst verstehen. Wir sprechen hier von einem – teilweise irreversiblen – Defekt, der manchmal die Züge einer „emotionalen Leere" annehmen kann. Dieses Defizit wird verstärkt durch die Angst des Patienten vor der Relativierung bzw. Auflösung seiner rigiden Abwehrstrategien, z. B. infantile Regression mit oral-narzißtischem Agieren, medizinisch orientierte Selbstbeschäftigung, Verleugnung, Aggressionsunterdrückung, Verschiebung, Reaktionsbildung, Projektion (s. S. 84).

Schließlich äußert sich der seelisch-energetische Basisdefekt auch darin, daß psychische Energie zur emotionalen Besetzung von Objektbeziehungen vermindert ist. Deshalb zeigen die Patienten nur schwach ausgeprägte libidinöse (Beziehungs-)Bereitschaften in einem erwachsenen Sinn, die sich nach außen hin in einer Kontaktstörung mit emotional verminderten Umweltbeziehungen äußern.

Narzißtische Dysregulation. Die Gefühlsrestriktion zusammen mit eingeschränkter Introspektion und Selbstreflektion steht ihrerseits in engem Verbund mit einer *narzißtischen Störung* (s. S. 88, 108), also einer Störung des Selbstwertgefühls, die näher als „Minderwertigkeitsempfindung" und „innere Verunsicherung" zu kennzeichnen sowie dem Oberbegriff *„narzißtische Kränkung"* subsummierbar ist. Narzißtische Kränkungen, die phänomenologisch wie eine emotionale Ohnmacht aussehen können, ereignen sich beim psychosomatischen Patienten – gerade wegen seiner infantilen Abhängigkeitswünsche und der verknüpften emotionalen Fragilität – bevorzugt nach sog. *Objektverlusten*: dem Vorgang des tatsächlichen oder drohenden oder nur vorgestellten Verlustes eines Objektes („Schlüsselfigur"), das für seine

Bedürfnisbefriedigung unumgänglich notwendig scheint. Hierzu gehören vor allem der Verlust von relevanten Personen oder auch Situationen (etwa Tätigkeitsfelder, Ideologie usw.); es können aber auch gestörte somatische Funktionen (z. B. organische Erkrankung, ausgeprägte Menopause, traumatisch entstellende Unfallfolgen) und die operative Entfernung von Organen (z. B. Mammaamputation, Kolektomie) als Objektverluste erlebt werden, die dann über das normale Maß der psychischen Verarbeitung hinaus (Trauer, Enttäuschung) das Selbstgefühl des Patienten nachhaltig erschüttern.

Aggressive Gehemmtheit. Die mit dem Objektverlust verbundene Erschütterung des Selbstwertgefühls (narzißtische Kränkung) führt zur (Frustrations-)*Aggression*, also Groll, Unmut und Hadern bis zum Ausmaß von Feindseligkeit angesichts des verlorengegangenen Objektes. Diese Frustrationsaggression vermag jedoch der Patient infolge seiner aggressiven Gehemmtheit – Anpassung aus Angst vor weiterem Objektverlust – nicht realitätsgerecht und bewußt zu erleben oder gar zu äußern. Er kann aggressiv Getöntes entweder lediglich situationsinadäquat explosibel kundtun oder aber anhand von klagsam-anklagendem Verhalten, das auch *medizinisch orientierte Selbstbeschäftigungen* einschließt, die unter Umständen hypochondrisch wirken.

Der psychosomatische Patient ist nach dem Verlusterlebnis in der Regel bestrebt, für das verlorene Objekt schnellstens Ersatzobjekte zu finden. Falls dies nicht gelingt, kann der Patient die eigene Person oder ein Organ zum Ersatzobjekt machen (autonarzißtische libidinöse Besetzungen). Dies äußert sich dann vor allem in den hypochondrischen Selbstbeschäftigungen, die stets auch Ängste einschließen. Es handelt sich also um die Neigung des Patienten, den somatischen Bereich im allgemeinen oder ein spezielles Organ im besonderen zum bevorzugten Gegenstand seines Interesses zu machen. In diesem Falle finden wir ein inniges Verwobensein von realverständlichen Ängsten infolge der körperlichen Störung einerseits sowie irrealen hypochondrischen Ängsten andererseits, die sich vor allem als ängstlich-mißtrauische Aufmerksamkeitszuwendung zum eigenen Körper äußern. Durch diesen Mechanismus stellt der Patient eine neue (Ersatz-)Objektbeziehung her – nämlich die zum eigenen Körper –, die ihm die Beschäftigung mit Ängsten, Trauer und narzißtischer Kränkung ermöglicht, ohne ihm eine emotionale Auseinandersetzung mit seiner eigenen Persönlichkeit und seiner realen Beziehungsproblematik abzuverlangen. Darüber hinaus garantiert ihm die Krankenrolle eine gewisse Sicherheit bezüglich Nähe und Zuwendung.

Im einzelnen beobachten wir im Kontakt mit psychosomatischen Patienten nicht nur seine aggressive Gehemmtheit, sondern auch das Unvermögen, kritische Äußerungen seitens der Umwelt situationsgerecht zu ertragen. In dem *klagsam-anklagenden* Verhalten drückt sich das Bestreben aus, in bedrängend-appellativer Form die Umwelt nachdrücklich auf die eigene Hilfsbedürftigkeit – insbesondere die Notwendigkeit von äußerer emotionaler Zufuhr – aufmerksam zu machen. Dieses Verhalten, das auch die unverkennbar indirekt-aggressiven Züge trägt, äußert sich einesteils in mannigfaltigen Unzufriedenheiten mit subjektiv relevanten Umgebungspersonen („Schlüsselfiguren", also auch Ärzten und Pflegepersonen) sowie anderenteils in den medizinisch orientierten Selbstbeschäftigungen.

Depression. Beim psychosomatischen Patienten zieht der Aufstau von Frustrationsaggression, im Verbund mit den unbewältigten Objektverlusterlebnissen, deutliche Züge der *Depression* nach sich, die sich einesteils kundtun können als depressive (Trennungs-)*Ängste* (inneres Getriebensein, Trennungsempfindlichkeit) sowie anderenteils als depressives *Gefühl* in Form der *Hilflosigkeit* (d. h. asthenische Entmutigung) oder *Hoffnungslosigkeit* (d. h. apathisch-düsteres Resigniertsein).

Psychodynamische Grundvoraussetzung der psychosomatischen Störung

Anhand der skizzierten psychodynamischen Konfigurationen ergibt sich folgende *Grundvoraussetzung* für die Entstehung und Fortdauer der psychosomatischen Störung: Ausgehend von der *prägenitalen Reifungsstörung* sowie den verknüpften Abhängigkeits-/Unabhängigkeits- oder/und Nähe-/Distanz*konflikten* stehen am Beginn der Erkrankung der *Objektverlust* mit narzißtischer Kränkung *(narzißtischer Konflikt)* und Aggressionsabwehr *(Aggressionskonflikt)* sowie die *Depression.* Wegen des Defizits an psychischen Verarbeitungsmöglichkeiten (eingeschränkte Introspektionsfähigkeit) des Patienten stellt der Objektverlust eine zentrale Bedrohung dar, die dann zur psychosomatischen Symptombildung (Ersterkrankung oder Rezidiv) führt. Die Erkrankung ist also zu verstehen einmal als länger hingezogener oder zeitweiliger Zusammenbruch des psychischen Regulationsmechanismus oder aber auch als Schutz (Abwehr) der völligen psychischen Dekompensation.

Die *psychophysischen* Mechanismen im einzelnen, insbesondere auch die Frage der „Organwahl", sind ungeklärt. **Somatische Dispositionsfaktoren** dürften eine entscheidende Rolle dabei spielen, ob es tatsächlich zu einer psychosomatischen Symptombildung kommt und zu welcher.

Den *körperlichen Dispositionsfaktor* setzen wir gleich mit dem Begriff „genotypisch-somatische Präformierung". Ein charakteristisches Beispiel ist das Phänomen „Hypersekretion des Magensaftes". Es handelt sich um eine hereditäre Reaktionsbereitschaft, die durch psychische Momente schließlich so pathogen stimuliert werden kann, daß ein Ulcus duodeni manifest wird. Ohne diese hereditäre Reaktionsbereitschaft – also infolge der psychischen Grundvoraussetzung alleine – würde mit hoher Wahrscheinlichkeit keine psychosomatische Verlaufsform des Ulcus duodeni resultieren. Diese Aussage wird verständlich, wenn wir bedenken, daß die bei psychosomatischen Patienten aufzeigbare psychodynamische Konfiguration keineswegs spezifisch ist, sondern vielmehr auch bei solchen Personen vorkommt, die niemals an psychosomatischer Störung erkranken. Deshalb stellt die *genotypisch-somatische* Präformierung eine weitere *Mitbedingung* für die Entstehung und Fortdauer von psychosomatischen Störungen dar. Weitere zugehörige Beispiele sind: Autoimmunmechanismen bei Colitis ulcerosa und Morbus Crohn, Hypothalamusalteration und/oder erhöhte Fettzellzahl bei Adipositas, allergisch-hyperergische Sensibilisierung und hyperreagibles Bronchialsystem bei Asthma bronchiale, pathologisch-anatomische und pathobiochemische Alteration der Koronarwand bei Herzinfarkt.

Literatur

Liedtke, R.: Familiäre Sozialisation und psychosomatische Krankheit. Springer, Berlin 1987

von Rad, M.: Alexithymie. Springer, Berlin 1983

von Uexküll, Th. et al.: Lehrbuch der Psychosomatischen Medizin, 3. Aufl. Urban & Schwarzenberg, München 1986

Weiner, H.: Psychobiology and Human Disease. Elsevier, New York 1977

16 Spezielle Psychosomatik

Lernziele:
Verständnis für den Umgang mit Patienten, die an psychosomatischen Störungen leiden, anhand der Stichworte „Psychodynamik", „Interaktionsverhalten" und „Psychotherapie".

Störungen des Gastrointestinaltraktes

Ulcus duodeni

Psychodynamik: Einesteils handelt es sich um pseudounabhängige Patienten im Sinne der leichteren prägenitalen Reifungsstörung (s. S. 113) anderenteils beobachten wir manifest abhängige Patienten im Sinne stark ausgeprägter prägenitaler Strukturanteile. Neben dem zugehörig vorherrschenden Abhängigkeits-/Unabhängigkeitskonflikt (s. S. 115) zeigen sich – in jeweils unterschiedlichem Ausmaß – auch Anhaltspunkte für Nähe-/Distanzkonflikt (s. S. 116). Für die schließliche Ulkusbildung ist entscheidend, daß infolge von Objektverlusterlebnissen die unbewußten oder bewußten Abhängigkeitswünsche eine Versagung erfahren. Die daraus resultierenden aggressivgetönten Enttäuschungsreaktionen müssen die Patienten aus Angst vor weiterem Objektverlust sofort unterdrücken. Diese abgewehrten frustrationsaggressiven Wünsche tragen ihrerseits zur Stimulierung der Magensaftsekretion bei und verschieben damit den Gleichgewichtszustand zwischen aggressiven und defensiven Faktoren im Bereich der Magen-Duodenal-Schleimhaut.

Interaktionsverhalten: Da die Mehrzahl der pseudounabhängigen Patienten psychotherapeutisch eine Bewußtmachung der Abhängigkeitswünsche, aber auch ihrer narzißtischen Kränkbarkeit und Aggressionsabwehr befürchtet, wehren sie sich gegen jegliche Konfrontation hiermit und entziehen sich schließlich meistens dem Arbeitsbündnis mit dem Psychosomatiker. Die manifestabhängigen Patienten erstreben ausschließlich Bestätigungen ihrer ausgeprägten Abhängigkeitswünsche, ohne an deren psychotherapeutischer Bearbeitung interessiert zu sein.

Psychotherapie: Während dieses Interaktionsverhalten bei der Mehrzahl der pseudounabhängigen und manifest abhängigen Ulkuspatienten vorherrscht, gibt es drei kleinere Gruppen von pseudounabhängigen Patienten, die auf psychotherapeutische Maßnahmen hin besser ansprechen. Erstens handelt es sich um Patienten mit den Eignungskriterien für psychoanalytische Therapie. Psychotherapeutische Erfolge sind zweitens bei jenen Patienten zu erwarten, die für stationäre Psychotherapie sowie ambulant für psychoanalytisch orientierte Gruppentherapie und ärztliche Gespräche (s. S. 142) geeignet sind. Drittens sehen wir Patienten – entsprechend der ersten und zweiten Behandlungsstufe (s. S. 139) –, die eine Arzt-Patient-Beziehung eingehen, um sich verstärkt mit der Mobilisierung und schließlich differenzierten Wahrnehmung eigener Gefühle zu beschäftigen. Beim Ulkuspatienten beinhaltet Psychotherapie ähnliche Effekte wie die medikamentöse Behandlung, nämlich Hemmung von schleimhautaggressiven und Unterstützung von schleimhautdefensiven Faktoren.

Colitis ulcerosa

Psychodynamik: Auf der Basis einer stark ausgeprägten prägenitalen Reifungsstörung sehen wir einesteils manifestabhängige Patienten, sowie anderenteils pseudounabhängige Patienten. Ausgehend von heftigen Abhängigkeits-/Unabhängigkeitskonflikten zeigen sich nach Objektverlusten mit dem Verlorengehen protektiv relevanter Schlüsselfiguren schließlich Zustände der Hilflosigkeit und Hoffnungslosigkeit, die dem Kolitisschub unmittelbar vorausgehen.

Interaktionsverhalten: Angesichts eines floriden Kolitisschubes finden wir beim Patienten eine besonders charakteristische Psychopathologie: intensive, depressiv getönte Abhängigkeitswünsche im Verbund mit Zügen emotionaler Ohnmacht zusammen mit ständiger Suche nach Ablehnung und Anklammerung bei Schlüsselfiguren. Im Krankenhaus reagieren diese Patienten sehr empfindlich auf „Versagungen" seitens der Schlüsselfiguren, nämlich: Ärzte und Pflegepersonen.

Psychotherapie: Ausgehend von dem charakteristischen Abhängigkeits-/Unabhängigkeitskonflikt besteht zunächst die Anzeige zur supportiven Psychotherapie, welche die Patienten eigentlich regelhaft akzeptieren und die im Falle des Gelingens die zweite und dritte Behandlungsstufe (s. S. 140) einschließt, aber u. U. auch – vor allem bei pseudounabhängigen Patienten – in länger hingezogene konfliktbearbeitende Therapie ausmünden kann. Es konnte empirisch belegt werden, daß es bei Kombination von internistischer Behandlung und Psychotherapie zur Verkürzung von Kolitisschüben, ferner zur Verlängerung der Remission zwischen Kolitisschüben, schließlich zur Milderung des Leidensdruckes und Förderung der sozialen Wiedereingliederung kommt.

Morbus Crohn

Psychodynamik: Ähnlich wie bei Colitis ulcerosa sehen wir sowohl pseudounabhängige als auch manifestabhängige Patienten, jedoch überwiegen –
im Unterschied zu Colitis-ulcerosa-Patienten – sowohl Nähe-/Distanzkon-
flikte (im Vergleich zum Abhängigkeits-/Unabhängigkeitskonflikt) als auch
Gefühlsrestriktion. Lediglich knapp ein Drittel der Crohn-Patienten zeigt
hinsichtlich Psychopathologie und Psychodynamik einige Übereinstimmung
mit jener der Colitis-ulcerosa-Patienten.

Interaktionsverhalten: Infolge des vorherrschenden Nähe-/Distanzkonfliktes fehlt
beim größeren Teil der Crohn-Patienten eine intensivere Abhängigkeitssuche, vielmehr dominieren dann im direkten Kontakt widerstrebende Beziehungsverhalten
auch angesichts der Ärzte-Schwester-Pfleger-Gruppe, die allerdings episodisch in
betont abhängiges Verhalten umschlagen können. Ferner finden wir nicht selten
infolge der stärkeren Gefühlsrestriktion Züge emotionaler Leere, wodurch die Psychopathologie eher unkonturiert monoton wirkt.

Psychotherapie: Gegensätzlich zu Colitis-ulcerosa-Patienten sind Crohn-
Patienten für Psychotherapie weniger positiv motiviert; noch am ehesten
kommen hierfür jene Crohn-Patienten in Frage, die hinsichtlich ihrer psychischen Struktur Colitis-ulcerosa-Patienten ähneln.

Funktionelle Abdominalbeschwerden

Das häufigste Beschwerdebild im Bereich des Oberbauches überhaupt ist die
funktionelle Störung *„Reizmagen"*. Folgende fünf Symptome treten einzeln
oder in Kombination auf: „Aufstoßen", „Völlegefühl", „leichtes Unbehagen
in der Magengegend über Druck bis zur krampfähnlichen Schmerzempfin-
dung", „Übelkeit bis zum Brechreiz und Erbrechen" sowie „Nüchtern-
schmerz mit Besserung nach Nahrungsaufnahme". Im Unterbauchbereich
stellt die funktionelle Störung *„irritables Kolon"* das häufigste Beschwerdebild dar. Die Symptome lassen sich beschreiben als „Kolonschmerz" und
„gestörter Stuhlgang (Obstipation und/oder Diarrhö, manchmal Abgang von
Schleim aus dem Rektum"). Etwa die Hälfte aller Patienten mit Klagen über
gastrointestinale Beschwerden leidet an funktionellen Störungen.

Psychodynamik: Bei Patienten mit funktionellen Abdominalbeschwerden
lassen sich alle Intensitätsgrade der prägenitalen Reifungsstörung sowie des
Abhängigkeits-/Unabhängigkeitskonfliktes oder/und Nähe-/Distanzkonflik-
tes nachweisen.

Interaktionsverhalten: Dieses hängt ab von der Anordnung der jeweiligen psychodynamischen Konfiguration. Introspektive und selbstreflektorische Vermögen sind bei
Patienten mit Reizmagen eher faßbar als bei jenen mit Colon irritabile.

Psychotherapie: Für Patienten mit Reizmagen liegen noch keine hinreichen-
den psychotherapeutischen Arbeitserfahrungen vor. Bei psychotherapeutisch motivierten Colon-irritabile-Patienten konnten mittels psychoanalytisch orientierter Fokaltherapie deutliche somatische und psychische Besserungen erreicht werden. Ferner liegen Ergebnisse vor, welche für die thera-

peutische Effektivität von biofeedback-unterstütztem Entspannungstraining und systematischer Desensibilisierung (s. S. 114) sprechen.

Psychogene Eßstörungen

Adipositas

Die Adipositas entsteht stets durch eine Störung der Energiebilanz und zwar infolge von gesteigerten Eßbedürfnissen mit vermehrter Kalorienzufuhr. Diese Störung basiert wahrscheinlich auf Irritationen des Hunger-Sättigungs-Mechanismus, die ihrerseits – über die zentralhypothalamische Steuerung der Hunger- und Sättigungsempfindung – *psychovegetativ* mitbedingt sein können. Die resultierenden *pathologischen Eßverhalten* sind ausgezeichnet durch Steigerung der Hungerempfindung oder/und Verminderung der Sättigungsempfindung oder aber vornehmlich nachts durch die regelhaft kombinierte Störung von Hunger- und Sättigungsempfindung. Ferner wurde – ausgehend von Tierversuchen – die Hypothese geäußert, daß beim Menschen die Fettzellzahl nicht nur genetisch bedingt ist, sondern auch durch die Quantität der Ernährung während des ersten Lebensjahres wesentlich mitbegründet wird. Danach führt beim Säugling die Überernährung zur Ausbildung einer erhöhten Fettzellzahl, die in der Folgezeit konstant bleibt. Diese vermehrte Fettzellzahl bedingt dann ihrerseits späterhin eine Disposition zur vermehrten „Avidität" in Richtung von fettreicher Nahrung.

Überernährung während der Säuglingszeit kann auf verschiedenen Ursachen beruhen: einesteils auf spezifisch gesellschaftlichen Traditionen, insbesondere speziellen familiären Eßgewohnheiten, sowie anderenteils auch auf gestörten Mutter-Kind-Beziehungen. Sofern nämlich die Mutter nicht situationsspezifisch auf die Bedürfnisse ihres Kindes einzugehen vermag (infolge neurotischer Gefühlsrestriktion, unbefriedigender Familiensituation, Überlastungsstreß), dann kann sie das Baby bzw. Kleinkind auch kompensatorisch durch Nahrung „befriedigen" bzw. „ruhigstellen".

Psychodynamik: Das Essen dient der Mehrzahl der Adipösen mit einer stark ausgeprägten oder mittelgradigen prägenitalen Reifungsstörung zur Abwehr von Unlustgefühlen (insbesondere narzißtisches Gekränktsein, Depression), die vor allem nach unbewältigten Objektverlusten verstärkt zutage treten mit der nachfolgenden Suche nach einem Ersatzobjekt, für das stellvertretend auch Essen fungieren kann, das dann gleichermaßen beruhigt und befriedigt. Die Patienten fühlen sich dann – wenigstens vorübergehend – seelisch viel ausgeglichener, unter Umständen beobachten wir euphorische Züge.

Interaktionsverhalten: Da bei Adipösen die vermehrte Kalorienzufuhr der Abwehr von Unlustgefühlen dient, wird verständlich, daß die Unlustgefühle während einer Entfettungskur verstärkt zutagetreten („Diätdepression"). Da der Adipöse hinsichtlich seines seelischen Befindens von der „Droge Essen" abhängt, ist die Mehrzahl der Adipösen – unbewußt oder halbbewußt oder bewußt – intensiver bestrebt, das Thema „Essen" aus der Beziehung zum Arzt auszuklammern und diesen – oft klagsam-anklagend – zu veranlassen, andere Ursachenfaktoren (z.B. „die inneren Drüsen") anzuerkennen, denn diese liegen außerhalb der Eigenverantwortlichkeit des Patienten. Anhand dieses Agierens wird einfühlbar, daß der Adipöse häufig vor sich selber die Tatsache einer vermehrten Kalorienzufuhr – ebenso wie die objektive Schwere seiner dysplastischen Körperform – verleugnet und deshalb auf bewußtem Niveau fest davon überzeugt ist, „nur wenig zu essen".

Psychotherapie: Erfahrungsgemäß läßt sich bei Adipösen eine kontinuierliche diätetische Führung relativ selten verwirklichen. Günstigere therapeutische Möglichkeiten scheinen die sog. Selbsthilfegruppen im Sinne der „Weight Watchers" und die Verhaltenstherapie mit einem multimodalen Ansatz zu bieten. Bei der Verhaltenstherapie werden dem Patienten im Hinblick auf den Eßvorgang bestimmte äußere, sichtbare Kontrollen gesetzt (z. B. nur an einem bestimmten Platz oder niemals vor dem Fernsehgerät zu essen). Diese verfolgen das Ziel, ihm eine situative Selbstkontrolle durch intensives Training zu ermöglichen, damit er seine gesteigerten Eßbedürfnisse besser zu beherrschen vermag.

Anorexia nervosa

Die fünf somatischen *Leitsymptome* der Anorexia nervosa sind „starke Angst vor Gewichtszunahme"; „erhebliche bis extreme Gewichtsabnahme (als Folge von Einschränkung der Nahrungsaufnahme und/oder Erbrechen)"; „deutliche Körperschemastörung im Sinne des Sich-zu-dick-Fühlens"; „fehlende Einsicht in die Pathologie des Eßverhaltens" sowie „Amenorrhö". Die Anorexia nervosa tritt vorwiegend bei jungen Mädchen in der Pubertät und Nachpubertät auf.

Psychodynamik: Es handelt sich zumeist um pseudounabhängige Patienten mit mittelgradiger prägenitaler Reifungsstörung, die sich zumeist in einer manifesten Ablösungsproblematik äußert: dem akuten Konflikt zwischen Verselbständigung und Erwachsenwerden einerseits, sowie Anpassung und Unterwerfung unter elterliche Normen bzw. Wünsche andererseits. Der Konflikt wird ausgetragen über das „Gewicht" bzw. die Magerkeit. Dieser Konflikt bringt einerseits die – exzessive – Selbstkontrolle, und andererseits die dramatische Hilfsbedürftigkeit in Richtung eines neurotischen „Kompromisses" scheinbar in Einklang. Die typisch weiblichen psychophysischen Formen des Erwachsenseins und alle sexuellen Tendenzen können auf diese Weise abgewehrt werden. Meist liegt der anorektischen Entwicklung ein angespannt-pseudoharmonisches Familienklima zugrunde mit eher unterschwellig dominierender, „aufopfernder" Mutter und eher schwachem Vater, wobei die Problematik der Tochter die Probleme der Eltern verdecken hilft.

Interaktionsverhalten: Ein Kennzeichen der Anorexia-nervosa-Patienten ist die fehlende Krankheitseinsicht: Es handelt sich um ausgeprägte Verleugnungen der offensichtlichen Abmagerung und der eigentlich dringlich notwendigen Behandlungsanzeige. Selbstinduziertes Erbrechen wird häufig hartnäckig negiert und zwar entweder im Sinne des bewußten „Lügens" oder der nachträglichen Verleugnung. Ferner zeigen die Patienten regelhaft eine stärkere Kontaktstörung, die sich vor allem niederschlägt in erheblich trotzhaft-oppositionellem Verhalten. Diese Modalität dient der „Sicherung" des neurotischen Kompromisses und stellt selbst einen solchen dar: Demonstration von Selbstbehauptung und Selbständigkeit einerseits sowie kindlich-trotziger Uneinsichtigkeit (also Abhängigkeit) andererseits. Diese Krankheitsverhalten können in der

Klinik die therapeutische Situation wesentlich erschweren. Insbesondere die Ärzte-Schwestern-Pfleger-Gruppe wird angesichts der unkooperativen Patienten u. U. zu affektiven Gegenreaktionen provoziert und zwar vor allem dann, wenn – trotz absinkender Gewichtskurve – heimliches Zurückweisen der Nahrung und/oder Erbrechen beharrlich verneint werden.

Psychotherapie: Es empfiehlt sich, grundsätzlich jede Anorexia-nervosa-Behandlung durch Sondenernährung einzuleiten. Im Stadium der stärkeren Gewichtsreduktion wird dank einer konsequenten Sondenernährung schneller ein Gewichtsanstieg erreicht als durch Psychotherapie alleine. Die forcierte Wiederauffütterung kann u. U. auf den Patienten so traumatisch wirken, daß ihm zukünftig der weitere Umgang mit seiner Eßstörung quasi verleidet wird. Die forcierte Wiederauffütterung kann aber auch einen eingeschliffenen, quasi leerlaufenden Circulus vitiosus dadurch durchbrechen, daß sie dem Patienten Verantwortung abnimmt und „das Gesicht wahren" hilft („Ich habe mich nicht aufgegeben, sondern bin höherer Gewalt gewichen"). Die Sondenauffütterung alleine führt bei einem Drittel der Patienten zu einer Besserung; bei einem weiteren Drittel der Patienten steht nach somatischer Stabilisierung die Anzeige zur stationären Psychotherapie, ambulanten psychoanalytisch orientierten Gruppentherapie oder individuellen Psychoanalyse zur Diskussion. Vergleichsweise gute Ergebnisse (ein Drittel deutliche Besserung, ein Drittel Besserung und Stabilisierung des Gewichtes) werden auch durch verhaltenstherapeutische Maßnahmen (s. S. 114) erzielt. Neuerdings wird vor allem *Familientherapie* (s. S. 156ff) empfohlen, da diesbezüglich eindrucksvolle Behandlungsergebnisse vorliegen.

Bulimia nervosa

Bei der fast ausschließlich normgewichtige jüngere Frauen betreffenden Bulimia nervosa handelt es sich um ein *süchtiges Eßverhalten* mit den vier Leitsymptomen: „Heißhungerattacken und nachfolgend unkontrolliertes Verschlingen großer Nahrungsmengen", „Einsicht in die Pathologie des Eßverhaltens", „kontinuierliches Aufrechterhaltenwollen eines Normgewichtes (mittels Diät, Erbrechen, Laxantien)", „Amenorrhö" (bei 5 %).

Die differentialdiagnostische Abgrenzung zur Anorexia nervosa ergibt sich bei Bulimie-Patienten anhand des viel ausgeprägteren Leidensdruckes, des nichtexistenten Untergewichtes und der stärker positiven Psychotherapiemotivation. Es gibt aber fließende Übergänge zwischen Bulimia nervosa und Anorexia nervosa und auch entsprechende Übergänge zwischen Bulimia nervosa und Adipositas.

Die psychologisch-medizinische Arbeitserfahrung im Umgang mit Bulimia-nervosa-Patienten lehrt, daß es sowohl pseudounabhängige als auch manifest abhängige Patienten gibt; die Symptommanifestation tritt meist auf nach Objektverlusten auf der Basis der für psychosomatische Patienten charakteristischen psychodynamischen Konfiguration (s. S. 115). Bei Bulimie-Patienten fehlen die Verleugnungstendenzen der Adipösen und der Anorexia-nervosa-Patienten. Jedoch bestehen bei Bulimie-Patienten häufig – in viel stärkerem Ausmaß als bei Adipösen und Anorexia-Patienten – intensive Ängste, die Eßstörung nächsten Bezugspersonen mitzuteilen.

Aufgrund der bisher noch vereinzelten Psychotherapie-Erfahrungen bieten sich bei Bulimie-Patienten, neben Psychotherapie im Sinne der dritten und vierten Behandlungsstufe sowie stationärer Psychotherapie, vor allem *familientherapeutische* Interventionen an.

Störungen der Atmungsfunktion

Asthma bronchiale

Psychodynamik: Bei der Mehrzahl der Patienten liegen, zusammen mit mittelgradiger prägenitaler Reifungsstörung, erhebliche *Nähe-Distanz*-Konflikte (s. S. 116) vor. Ferner sind die Patienten deutlich bemüht, die nächstumgebenden Menschen emotional zu verpflichten und dabei gleichzeitig zwischenmenschlich dominant zu bleiben, um hinreichend bewußte Kontrolle über das jeweilige Beziehungsgefüge zu gewinnen, damit zu große Nähe oder Distanz vermieden werden. Als Ausdruck dieses andauernd gegensätzlichen Beziehungskonfliktes und der zugehörigen Abwehrverhalten bestehen beim Patienten insbesondere Züge von Ängstlichkeit, Empfindlichkeit, Mißtrauen und pedantisch-eigensinnigem Trotz einerseits sowie Übergefügigkeit andererseits.

Wenn das labile Gleichgewicht zwischen Nähe und Distanz nicht aufrechterhalten werden kann, tritt der Asthmaanfall ein. Dieses Anfallsgeschehen versinnbildlicht also den Grundkonflikt des Patienten zwischen den beiden emotionalen Gefahren „Verschmelzung mit dem Objekt" und „Verlust des Objektes". Einesteils handelt es sich um eine Art von innerem Protest gegen die bedrohliche Trennung vom Objekt und der Ruf nach ihm, anderenteils um den Rückzug von diesem Objekt infolge von dessen bedrohlich intensiver Nähe in Richtung der körperlichen Symptomebene.

Der psychogenetische Hintergrund dieser psychodynamischen Prozesse sind dominierende Mutterfiguren, die zum Patienten seit dessen früher Kindheit solche Beziehungen herstellten, die sich kennzeichnen lassen durch die Ambivalenz von Anziehung und Ablehnung.

Interaktionsverhalten: In der Beziehung zum Arzt werden die Ängste vor zu großer Nähe oder zu großer Distanz deutlich faßbar. Eng hiermit verwoben sind die schroffen Wechsel von Zügen der Übergefügigkeit einesteils und des inneren Gereiztseins mit versteckt-vorwurfsvoller Feindseligkeit andererseits.

Psychotherapie: Der Therapeut muß vermeiden, im Umgang mit den Patienten für eine der beiden Valenzen „Nähe" oder „Abstand" Partei zu ergreifen. Er hat vielmehr bemüht zu sein, zwischen diesen beiden Valenzen eine mittlere Balance zu wahren. Der Schwerpunkt von psychotherapeutischen Interventionen sollte möglichst im *Intervall* – also nicht während eines akuten Asthmageschehens – liegen; anderenfalls treten unter Umständen ganz erhebliche asthmatische Verschlimmerungen bis zum Ausmaß des Status asthmaticus auf. Die spezielle psychotherapeutische Anzeige richtet sich vor allem nach dem Ausmaß der Motivation. Dementsprechend stehen im Einzelfall die Techniken im Rahmen des *vierstufigen Behandlungsmodells* (s. S. 139) zur Diskussion. Hinsichtlich *stationärer Psychotherapie* hat sich gezeigt, daß dann nicht selten erhebliche asthmatische Beschwerdeverschlimmerungen eintreten können, weil infolge des emotional so dichten stationären Settings die Nähe-Distanz-Balance des Asthmatikers schnell dekompensieren kann. Die Anwendung der *Verhaltenstherapie* mittels Entspannung und systematischer Desensibilisierung sowie operanter Verfahren (einschließlich Atmungs-Feedback) befindet sich noch im Stadium der Erprobung, sie scheint überall da relativ erfolgreich, wo ein Zusammenhang zwischen Auslösesituation, asthmatischen Beschwerden und sekundärem Krankheitsgewinn („Verstärkung") eruiert werden kann.

Hyperventilationssyndrom

Das *Hyperventilationssyndrom* ist dem Oberbegriff *„nervöses Atmungssyndrom"* subsummierbar, das von geringer Dyspnoe bis zum klassischen Bild der *Hyperventilation* reicht; deren Leitsymptom sind Angst, Parästhesien, Kopfleere, Schwarzwerden vor den Augen, Karpopedalspasmen, u. U. kommt es durch Hypokapnie zur zerebralen Minderdurchblutung. Der Patient selber ist sich häufig der Hyperventilation nicht bewußt.

Psychodynamik: Die Hyperventilation (flachfrequente Polypnoe mit Seufzerzügen) ist ein intensivierter Ausdruck von Angst und Resignation darüber, trotz Anstrengung gesteckte Ziele in der Realität nicht mehr erreichen zu können. Die charakteristische funktionelle Atmungsstörung – Nichtdurchatmen-Können und Lufthunger mit Engegefühl sowie Seufzeratmung – läßt sich nicht selten auch bei Patienten mit Herzneurose nachweisen. Umgekehrt kann u. U. bei Patienten mit nervösem Atmungssyndrom auch ein herzneurotisches Beschwerdebild vorliegen.

Interaktionsverhalten: Dieses entspricht zumeist jenen des manifest abhängigen Patienten. Die Patienten sind hinsichtlich ihres Selbstwertgefühls sehr labil und reagieren empfindlich auf vermeintliche Kritik.

Psychotherapie: Die psychotherapeutische Anzeige im Falle rezidivierender Anfälle des Hyperventilationssyndroms wird seitens des Patienten relativ gut akzeptiert, da die Abwehr wegen des manifesten, ich-nahen Angstgeschehens nicht sehr stark ist.

Störungen der Herz-Kreislauf-Funktion

Herzneurose

Der Begriff *„Herzneurose"* wird für die auf das Herz bezogenen Schmerzen und Beschwerden gebraucht, für die eine körperliche Ursache ausgeschlossen werden kann. Die *Symptome* der Herzneurose, die besonders vor dem 40. Lebensjahr auftritt, lassen sich anhand folgender fünf Stichworte umschreiben: „innere Unruhe", „Herzschmerz mit Furcht, herzkrank zu sein", „niedergedrückte Stimmung mit Empfindung der Selbstunsicherheit und Minderwertigkeit", „Furcht vor Infarkt" sowie „diffuse Ängstlichkeit bis zum Ausmaß von Vernichtungsangst".

Psychodynamik: Auf der Basis einer prägenitalen Reifungsstörung treten nach Objektverlusten erhebliche Ängste vor Vernichtung auf, die besonders auf ein Versagen des Herzens – z. B. infolge Herzinfarktes – bezogen werden. Je nachdem, ob die zugehörig starken Abhängigkeitswünsche direkt geäußert oder aber abgewehrt kundgetan werden, besteht beim Patienten eine manifeste Abhängigkeit oder eine Pseudounabhängigkeit.

Interaktionsverhalten: Es dominiert eine außerordentliche Besorgnis um die Herz-funktion nach Art von hartnäckigen hypochondrischen Selbstbeschäftigungen und das Gefühl der Beruhigung in der Nähe von Ärzten.

Psychotherapie: Es ist nicht nur wichtig, den Patienten nachdrücklich zu informieren, daß die Infarktangst unbegründet ist, sondern auch, daß die funktionellen Beschwerden keine organischen Schädigungen hervorrufen. Darüber hinaus ergeben sich – in Abhängigkeit vom Introspektionsvermögen des Patienten – alle Psychotherapiemöglichkeiten innerhalb des vierstufigen Behandlungsmodells (s. S. 139).

Essentielle Hypertonie

Psychodynamik: Es wurde objektiviert, daß die psychophysiologisch aufzeigbaren hämodynamischen Prozesse, wie sie bei Nichthypertonikern unter emotionaler Belastung bzw. unter Vorbereitung auf körperliche Arbeit auftreten, genau jenen psychophysiologisch aufzeigbaren hämodynamischen Prozessen des Hypertonikers entsprechen, wie sie bei diesem unter absoluten Ruhebedingungen feststellbar sind. Danach befindet sich also der Hypertoniker selbst unter – nach außen hin so erscheinenden – Ruhebedingungen in einer Art von innerer Streßsituation, so wie sie für gewöhnlich bei Nichthypertonikern unter emotionaler Belastung bzw. Vorbereitung auf körperliche Arbeit evident wird. Offensichtlich sind – ausgehend von diesen überschießenden hämodynamischen Prozessen – wiederholt einwirkende pathogenpsychische Faktoren – insbesondere *aggressive* Triebwünsche – geeignet, eine labile oder eine Dauerhypertonie nach sich zu ziehen, sofern sie Patienten mit genotypisch-somatischer Disposition betreffen.

Wahrscheinlich zeigt der Hypertoniker nicht nur eine stärker unterdrückte Aggressivität, sondern auch ausgeprägtere – d. h. in Richtung pathogener Prozesse entgleisende – psychophysische Reaktionsabläufe in Situationen, die zur Mobilisierung von Feindseligkeitsgefühlen führen. Wenn Ärger und Wut nicht in entsprechende Verhaltensweisen umgesetzt und damit „erledigt" werden können, steigt – immer wieder unter der Voraussetzung von genotypisch-somatischen Präformierungen – der Blutdruck. Die aggressive Gehemmtheit (s. S. 117), die mit betont rigiden Anpassungen einhergeht, hinter der sich zudem nicht selten ein starker Nähe-/Distanzkonflikt verbirgt, ist mit einer intensiven *Abwehr* von *Abhängigkeitswünschen* verknüpft (s. S. 114).

Interaktionsverhalten: Es dominieren nicht nur kontraaggressive Abwehrverhalten – insbesondere vordergründig fügsame Modalität im Wechsel mit episodischer Tendenz zu situationsinadäquaten feindseligen Affektladungen –, sondern auch die Konsequenzen eines schon intensiven Nähe-/Distanzkonfliktes.

Psychotherapie: Ein genügendes Konfliktbewußtsein liegt bei Hypertonikern selten vor. Dahinter verbirgt sich eine hartnäckig verfestigte neurotische Fehlentwicklung, die einer konfliktbearbeitenden Psychotherapie heftig widerstrebt. Vereinzelt wurde über die Anwendung von psychoanalytischer Einzeltherapie berichtet, die den Rückgang einer erhöhten Blutdrucklage nach sich zog. Der Behandlungsschwerpunkt liegt für gewöhnlich in der Kombination von antihypertensiver Medikation und kontinuierlicher psychologischer Führung, insbesondere hinsichtlich des Versuches einer oberflächlichen Bearbeitung von Konfliktsituationen, ausgehend von der Erfahrung, daß der Hypertoniker auf seelische Belastungen und Konflikte hin – mehr als der Normotoniker – mit einer Blutdruckerhöhung reagiert. Der Arzt muß Sorge tragen, daß bei ihm die unterdrückte Aggression des Patienten kein betont autoritativ-dirigierendes Verhalten auslöst mit der Gefahr eines Abbruches der Therapie durch den Patienten. In *verhaltenstherapeutischer* Sicht ergibt sich die Möglichkeit einer blutdrucksenkenden Effektivität von Entspannungsverfahren.

Koronarleiden und Herzinfarkt

Der Begriff „*Infarktpatient*" wird in zweifacher Hinsicht verwendet: einesteils im Sinne der „*Risikopersönlichkeit*", also des potentiell Infarktkranken mit der Gesamtheit jener psychischen Strukturanteile und somatischer Risikofaktoren, welche die Entstehung des Herzinfarktes begünstigen; anderenteils im Sinne der „*Infarktpersönlichkeit*", also des Status nach Überleben eines Herzinfarktes.

Psychodynamik: *Risikofaktoren* hinsichtlich der Infarktmanifestation, die durch *psychische* Momente mitbegründet sein können, sind vor allem Nikotinabusus, essentielle Hypertonie und Fettsucht. Ferner können wir bei den Patienten sehr charakteristische Fehlverhaltensweisen beobachten, die dem Oberbegriff „*Typ A*" subsumiert werden und die eine eindrückliche Ergänzung der bisher dargestellten psychodynamischen Konfigurationen (s. S. 115) sind.

Die Typ-A-Persönlichkeit leidet an einem labilen Selbstwertgefühl sowie Ängsten vor Abhängigkeit und „Nicht-gemocht-Werden". Überkompensatorisch entwickelt sich daher ein intensives Bedürfnis nach sozialem Prestige, was besonders durch rigides Leistungsstreben erreicht werden soll: hartnäckiges Festhalten an gesetzten Zielen, Neigung zu hohem Arbeitstempo (Ungeduld, Zeitdruck, Terminnot) und häufig aggressives Rivalisieren. Gleichzeitig – nämlich als Ausdruck der Selbstunsicherheit – findet sich eine große Empfindlichkeit und auch Kränkbarkeit vor allem bei beruflichen und außerberuflichen Versagungen. Typ-A-Persönlichkeiten reagieren intensiv auf Objektverluste. Diese Verhaltens- und Erlebnisweisen, die ja in der westlichen Leistungsgesellschaft nicht selten vorkommen, machen für sich alleine jedoch noch nicht das charakteristische Typ-A-Verhalten aus; hinzukommen muß eine gewisse Gefühlsrestriktion, die manchmal Züge von emotionaler Leere annehmen kann, sich aber vor allem als ungenügende Einsicht in die Bedürfnislage von Mitmenschen sowie in eigene Bedürfnisse und Probleme manifestiert.

Psychotherapie: Hinsichtlich des Typ-A-Verhaltens ergeben sich folgende psychotherapeutische Überlegungen: Es liegen bisher noch keine gut kontrollierten Studien über Interventionsstrategien vor; es gibt lediglich eine geringe Zahl begrenzter Behandlungsversuche, z. B. verhaltenstherapeutische Maßnahmen und konfliktbearbeitende Therapien. Wir betrachten als relevantesten Therapiefokus bei Typ-A-Patienten die psychotherapeutische Bearbeitung der Gefühlsrestriktion, um dem Patienten den Druck seines überkompensatorischen Leistungsverhaltens bewußt zu machen und dadurch etwas zu erleichtern und um ihm mehr Flexibilität im Umgang mit sich selbst und seinen Mitmenschen zu vermitteln.

Weitere Interventionsmöglichkeiten, die auch psychologische Therapiefaktoren beinhalten, lassen sich aufzeigen am Beispiel jener vier Etappen, die den *Rehabilitationsprozeß* nach der Herzinfarktmanifestation auszeichnen:
1. *Intensivbehandlungsstadium* im Zustand der potentiellen oder manifesten Vitalbedrohung (s. S. 159),
2. Übernahme auf die *allgemeine internistische* Station,
3. Aufenthalt in der *Rehabilitationsklinik*,
4. Teilnahme an einer *Infarktsportgruppe* am Wohnort.

Auf der allgemeinen internistischen Station dienen oberflächliche ärztliche Konfrontationen dazu, beim Patienten die Qualität der *Kooperationsbereitschaft* für den weiteren *Rehabilitationsprozeß* zu testen, insbesondere im Hinblick auf die spätere *Gesundheitsführung*, zweckmäßigerweise mit Einbeziehung der Angehörigen. Anläßlich des Aufenthaltes in der Rehabilitationsklinik stellen *Gruppengespräche* ein bevorzugtes Verfahren dar. Diese ermöglichen nicht nur Identifikationen der Patienten untereinander, sondern auch eine umfassende gemeinsame Durchsprache der Problematik der Risikofaktoren. In der *Infarktsportgruppe*, die zumeist einmal wöchentlich zusammenkommt, geht es einesteils – seitens des Internisten – um die somatische Überwachung und Bewegungstherapie, anderenteils – seitens des Psychosomatikers – um die ergänzende psychologische Führung. Diese basiert oft auf *verhaltenstherapeutischen* Verfahren zur Verminderung der Risikofaktoren und Modifikation von Verhaltensweisen des Patienten.

Literatur

Basler, H. D., H. Otte, Th. Schneller, D. Schwoon: Verhaltenstherapie bei psychosomatischen Erkrankungen. Kohlhammer, Stuttgart 1979

Bräutigam, W., W. Christian: Psychosomatische Medizin, 4. Aufl. Thieme, Stuttg. 1986

Hahn, P.: Psychologie des 20. Jahrhunderts – Ergebnisse für die Medizin, Psychosomatik, Bd. IX. Kindler, Zürich 1979

Hoffmann, S. O., G. Hochapfel: Eindführung in die Neurosenlehre und psychosomatische Medizin, 3. Aufl. Schattauer, Stuttgart 1987

Richter, H. E., D. Beckmann: Herzneurose. Thieme, Stuttgart 1973

Wise, Th.: Consultation Liaison throughout the World. Adv. Psychosom. Med., Vol. 11. Karger, Basel 1983

V. Psychotherapie

17 Indikationen und Prognose in der Psychotherapie

Lernziel:
Kenntnis der Begriffsbestimmung von Psychotherapie; Erwerb von Basiskriterien für die Einschätzung von Indikation und Prognose; Kenntnis der Einteilung der Psychotherapieverfahren und ihrer differentiellen Indikation.

Begriffsbestimmung

Psychotherapie ist ein (bewußter und geplanter) *interaktioneller Prozeß* zur Beeinflussung von Verhaltensstörungen und Leidenszuständen mittels *lehrbarer*, auf einer *Theorie des normalen und pathologischen Verhaltens* begründeter *kommunikativer Techniken* (STROTZKA 1978). Er richtet sich auf ein nach Möglichkeit von Therapeut und Patient gemeinsam erarbeitetes *Ziel* (Symptomminimierung, Strukturänderung der Persönlichkeit). In der Regel bedarf es dazu einer tragfähigen emotionalen *therapeutischen Beziehung* (STROTZKA 1978).

Prognostische Kriterien

Nicht jeder neurotisch kranke oder verhaltensgestörte Patient kann von einer Psychotherapie in gleichem Maße profitieren. Maßgeblich für die Einschätzung der Psychotherapierbarkeit sind primär nicht das klinische Bild, sondern vielmehr *bestimmte Persönlichkeitsmerkmale des Patienten* (in gewissem Umfang auch des Therapeuten). Die Mehrzahl dieser prognostisch bedeutsamen Merkmale ermöglicht eine Aussage über die Erfolgswahrscheinlichkeit von (lege artis durchgeführter) *Psychotherapie überhaupt*, ist also *methodenunabhängig*. Einige Kriterien beziehen sich aber auch stärker auf *bestimmte Psychotherapiemethoden* und erlauben von daher eine gezieltere methodenspezifische Indikationsstellung.

Patientenvariablen. Für die Einschätzung praktisch *jeder* Form von Psychotherapie sind folgende Faktoren bedeutsam: Motivation des Patienten, Grad der Einsicht in die „Psychogenese" des Konflikts, Leidensdruck, Ausmaß des *sekundären Krankheitsgewinns*, Dauer des Leidens; ebenso die psychische und soziale Flexibilität des Patienten, seine Angst- und Depressionstoleranz, Konfliktbereitschaft und emotionale Erlebnisfähigkeit, das Ausmaß der Abhängigkeitswünsche und -ängste und – dies vor allem – seine *Beziehungsfähigkeit*.

Chronifizierung, eine über die Pubertät hinaus persistierende Primordial-symptomatik, habituelles Ausweichverhalten (z. B. in Sucht, Dissozialität, Somatisierung), ein hoher Krankheitsgewinn, symptomstabilisierende psychosoziale Arrangements (in Familie oder Partnerschaft), Neigung zu masochistischem Triumph und ausgeprägte, schwer korrigierbare Fehlerwartungen an die Therapie sind prognostisch immer negativ zu werten.

Um die für die Psychotherapie nutzbaren psychischen Ressourcen eines Patienten, sein durch die aktuelle Krankheit möglicherweise verschüttetes, grundsätzlich jedoch verfügbares Entwicklungspotential antizipatorisch einigermaßen korrekt einzuschätzen, empfiehlt sich grundsätzlich der Rückblick auf die bisherige Form der Lebensbewältigung des Patienten, insbesondere in sogenannten *Schwellensituationen* („Leistungstest" nach Alexander).

Für alle *aufdeckend orientierten Psychotherapieverfahren* spielen darüber hinaus vor allem die *Introspektionsfähigkeit* des Patienten, also sein Wahrnehmungsvermögen für innerpsychische Vorgänge, seine Bereitschaft zu *kritischer Selbstprüfung* und meistens auch seine Verbalisierungsfähigkeit und ein gewisses Maß an *intellektueller Differenziertheit*, eine entscheidende Rolle.

Therapeutenvariablen. Auf der Seite des Therapeuten sind es vor allem *emotionelle Wärme, Echtheit* und *Empathie*, die den Therapieerfolg positiv beeinflussen. Einschlägige Untersuchungen zeigen immer wieder, daß diese *unspezifischen Therapeuten-Variablen* für den positiven Verlauf einer Psychotherapie ausschlaggebender sind als die Wahl einer bestimmten therapeutischen Methode. Auch das *Ausmaß an klinischer Erfahrung*, auf die ein Therapeut zurückgreifen kann, korreliert positiv mit dem Therapieerfolg. Das gleiche gilt allerdings für das (möglicherweise größere) *Engagement*, das Laien und Professionelle am Anfang ihrer Karriere in die Therapie mit einbringen.

Einteilung und Differentialindikation verschiedener therapeutischer Verfahren

Jeder psychotherapeutische Prozeß zielt auf eine (anhaltende) *Veränderung der Kognition*, der *Emotionalität* und des *Verhaltens* in den problematischen Bereichen der Persönlichkeit. Die Schwerpunkte in den verschiedenen psychotherapeutischen Verfahren im Hinblick auf diese Ziele sind jedoch unterschiedlich gesetzt. Hier kann eine *erste Einteilung psychotherapeutischer Methoden* einsetzen, nämlich in primär
– auf *Einsicht* zielende Verfahren (z. B. Psychoanalyse),
– auf *Katharsis* und *emotionale Neuerfahrung* zielende Verfahren (z. B. Psychodrama, Encounter-Gruppen, Gestalttherapie, Bioenergetik),
– auf Verhaltensänderung zielende, „übende" Verfahren (vor allem Verhaltenstherapie).
Diese unterschiedlichen Schwerpunktsetzungen beeinflussen auch die Wahl

des jeweiligen Psychotherapieverfahrens für einen bestimmten Patienten. Wenn beispielsweise der Eindruck besteht, daß dieser am ehesten von einer Psychotherapie profitieren könnte, die an seine introspektiven Fähigkeiten appelliert, wird man sich eher für eine psychoanalytisch orientierte Therapiemethode entscheiden als für eine Verhaltenstherapie klassischer Prägung. Geradezu kontraindiziert wäre es, einen ohnehin bereits hyperemotionalen Patienten einer Therapieform (z. B. einer Encounter-Gruppe) auszusetzen, die ihn in dieser Richtung vermutlich weiter stimulieren würde.

Ein für die **differentielle Psychotherapieindikation** außerordentlich bedeutsames Unterscheidungsmerkmal psychotherapeutischer Verfahren besteht in ihrer *aufdeckenden* oder aber eher *stützend-„zudeckenden" Vorgehensweise*. Parallel dazu bestehen meistens Unterschiede in der Strukturiertheit bzw. Regressionsfreundlichkeit des Settings. Die Mehrzahl der aufdeckend orientierten Psychotherapieverfahren, deren Prototyp immer noch die Psychoanalyse ist, ist *regressionsfördernd* und verläuft in einem relativ unstrukturierten, bewußt labilisierenden Setting (ebenso wie Gestalttherapie, Psychodrama, Bioenergetik, überhaupt alle „erlebnisorientierten" Gruppen, besonders drastisch die Primärtherapie), im Gegensatz zu jenen therapeutischen Methoden, deren Setting darauf angelegt ist, *Regression eher zu vermeiden* und eine strikt realitätsbezogene Zielorientierung zu wahren (wie dies z. B. bei der Verhaltenstherapie, aber auch einigen Formen der tiefenpsychologisch fundierten Psychotherapie der Fall ist).

Patienten, die sich bereits in einer pathologischen Regression befinden oder in Gefahr sind, in einen regressiven Prozeß hineinzugleiten, in welchem sie wichtiger Ich-Funktionen verlustig zu gehen drohen, wie dies z. B. bei Borderline-Persönlichkeiten oder auch bei Psychotikern der Fall ist, sollten sich keinem unstrukturierten, weiter regressionsfördernden psychotherapeutischen Setting aussetzen.

Eine wichtige Unterscheidung ist die zwischen *Einzeltherapie* (dyadisches Setting) und *Gruppenpsychotherapie* (Mehrpersonen-Setting). Für beide Formen gibt es heute positive Indikationen. Gruppentherapie ist also keine Notlösung mehr für einen mancherorts knappen Mangel an Einzeltherapieplätzen. Sie ist vor allem dort bedeutsam, wo es um *soziales Nachlernen* geht oder um die Chance, die für manche Patienten bedrohliche Abhängigkeit in einer therapeutischen Zweierbeziehung durch ihre Einbindung in ein Mehrpersonen-Setting zu vermeiden.

Im gleichen Zusammenhang spielt die *Therapiedauer* eine wichtige Rolle. Es gibt psychotherapeutische Verfahren, die von vornherein eine relativ enge zeitliche Begrenzung in den Therapieplan miteinbeziehen (z. B. psychoanalytische „Kurztherapie"), und „Langzeittherapie" (z. B. Psychoanalyse), die sich über viele Jahre erstrecken kann, ohne daß ihre Beendigung von den Beteiligten thematisiert wird. Langzeittherapien mit hoher Sitzungsfrequenz wie die Psychoanalyse (zwei bis vier Sitzungen pro Woche) zielen dabei auf die möglichst ungestörte Entfaltung eines tiefen regressiven therapeutischen Prozesses; niedrigfrequente Langzeittherapien haben demgegenüber meist „stützenden" Charakter: Der Therapeut hält sich verfügbar, weil der

Patient ihn wegen seines „Ich-Defizits" (z.B. bei einer Psychose) zum Überleben braucht.

Eine Sonderstellung unter den psychotherapeutischen Verfahren nehmen die *suggestiven Methoden* (z.B. *Hypnose*) und das *autogene Training* ein. Die suggestiven Methoden zielen auf eine Beeinflussung des Patienten unter weitgehender Ausschaltung des Wachbewußtseins. Sie kommen damit den Abhängigkeitswünschen vieler Patienten entgegen, von denen der hypnotische Rapport profitiert. Die Indikation sollte deshalb nur bei nicht zur Konfliktbearbeitung motivierbaren, relativ undifferenzierten Patienten gestellt werden, wobei die bei infantil-hysterischen Persönlichkeiten meist erhöhte Suggestibilität den Behandlungserfolg fördert. – Für das *autogene Training* besteht eine weniger eng umschriebene, aber doch klar begrenzte Indikation, vor allem für funktionelle Körperbeschwerden ohne Motivation für eine konfliktbearbeitende Psychotherapie, auch für Arbeits- und Schlafstörungen. Kontraindikation besteht bei Neigung zu hypochondrischer Selbstbeobachtung, bei Psychosen und schweren Charakterneurosen (BRÄUTIGAM).

Literatur

Strotzka, H.: Psychotherapie: Grundlagen, Verfahren, Indikationen, 2. Aufl. Urban & Schwarzenberg, München 1978

18 Psychoanalytische Therapie

Lernziel:
Einblick in die psychoanalytische Methode; Wissen um die Formen und Anwendungsbereiche psychoanalytisch orientierter Psychotherapieverfahren.

Die wichtigsten psychoanalytischen bzw. aus der Psychoanalyse abgeleiteten Psychotherapieverfahren sind das „klassische" *psychoanalytische Standardverfahren*, das *psychoanalytische Erstinterview*, die *tiefenpsychologisch fundierte Psychotherapie* (Fokaltherapie, dynamische Psychotherapie u.a.) und die verschiedenen Formen *psychoanalytischer Gruppentherapie*.

Psychoanalytische orientierte Therapieverfahren

Das „klassische" Standardverfahren

Das von FREUD entwickelte psychoanalytische Behandlungsverfahren ist durch Besonderheiten des *Settings*, der *therapeutischen Beziehung* und der *Interventionstechnik* charakterisiert. Die Behandlung erfolgt im *Liegen*, in mehreren Sitzungen pro Woche, mit einer Gesamtdauer gewöhnlich von mehreren Jahren. Der Patient ist zur *freien Assoziation* aufgefordert (unsortiertes, möglichst unkontrolliertes Äußern *aller* Einfälle, insbesondere auch zur Person des Analytikers, die ihm während der Sitzung durch den Kopf gehen). Der Analytiker sitzt seitlich vom Patienten oder hinter ihm und folgt den Einfallsketten des Patienten mit „freischwebender Aufmerksamkeit". In diesem (gezielt regressionsfördernden) Setting entwickelt sich eine charakteristische therapeutische Beziehung, in der **Übertragung** und **Gegenübertragung** eine dominierende Rolle spielen. Der Patient „überträgt" im Verlauf der Behandlung auf den Analytiker Gefühle und Phantasien, die ursprünglich auf andere Objekte, nämlich die wichtigsten Beziehungspersonen in der Kindheit des Patienten, gerichtet waren. Ein derartiges Beziehungsangebot stimuliert im Analytiker wiederum entsprechende emotionale Reaktionen, die ihm dazu verhelfen, den (zunächst unbewußten) Beziehungskonflikt des Patienten zu verstehen und dementsprechend zu *deuten*. Die *Deutung von Übertragung und Widerstand* steht im Zentrum der psychoanalytischen Interventionstechnik. **Widerstand** nennt man das in der psychoanalytischen Kur mobilisierte Abwehrverhalten des Patienten, mit dem er trotz allen bewußten Veränderungswillens unbewußt den neurotischen Status quo zu erhalten sucht. Wie jede Art von Abwehr steht auch der „Widerstand" im Dienste von Angstvermeidung und Aufrechterhaltung einer psychischen Homöostase. Seine persönlichkeitsspezifische Ausgestaltung in der Analyse liefert wichtige Hinweise auf die (gesunden ebenso wie auf die pathologischen) Anpassungsstrategien des Patienten. Widerstandsdeutungen sind das wichtigste technische Instrument, vor allem bei der **Charakteranalyse**. Der Deutung, d. h. Bewußtmachung unbewußter Inhalte und ihrer pathogenen Bedeutung für das gegenwärtige Leben des Patienten, folgt ein oft langwieriger **Durcharbeitungsprozeß**. Während die Deutung *Einsicht* bewirkt, zielt das Durcharbeiten auf *Veränderung*: Um von der Einsicht zu profitieren, muß der Patient die Auswirkungen der unter der Analyse wiedererlebten/wiedererinnerten schmerzlichen Beziehungskonflikte seiner Kindheit auf sein *gegenwärtiges* Leben erfahren und zu einer inneren Neuorientierung finden, mit allem Protest und aller Trauer, aber auch aller Hoffnung, die dieser Prozeß mit sich bringt.

Das psychoanalytische Erstinterview

Das psychoanalytische Erstinterview basiert auf den Prinzipien der psychoanalytischen Methode. Diagnostisch wichtige Informationen werden dabei *nicht* (oder jedenfalls nicht hauptsächlich) aus der direkten Befragung des Patienten gewonnen. Die Interviewsituation ist vielmehr so „offen" strukturiert, daß der Patient Gelegenheit hat, sie weitgehend nach seinen Bedürfnissen zu gestalten. Die dadurch mögliche Spontaneität der Beschwerde- und Situationsschilderung, insbesondere die vom Patienten spontan vorgenommenen Verknüpfungen von Informationen, ermöglicht dem Interviewer wichtige psychodynamische Rückschlüsse. Im Zentrum des psychoanalytischen Erstinterviews steht das **„szenische Verstehen"**. Der Patient kommuniziert in der Interviewsituation nicht nur bewußt und verbal, sondern auch unbewußt und averbal. Mit anderen Worten: Er benutzt die Interviewsituation, um den unbewußten und deshalb direkt nicht mitteilbaren Anteil seines pathogenen Konfliktes zu *inszenieren* (sozusagen als *indirekte* Form der Kommunikation). Der Analytiker erfaßt die „Szene" auch hier mit Hilfe seiner eigenen affektiven Reaktion auf das unbewußte Beziehungsangebot des Patienten (also seiner *„Gegenübertragung"*).

Beispiel:
Der Analytiker registriert mitten im Erstgespräch mit einer Patientin, daß er während ihres Redeflusses in Gedanken abschweift, sich langweilt, auf das Ende der Sitzung hofft, um sich „interessanteren" Dingen zuwenden zu können. Die damit hergestellte Szene einer appellativ ihre Krankheitssymptome klagenden Patientin und einer äußerlich zwar präsenten, innerlich jedoch desinteressierten Autoritätsfigur erlaubt einen direkten Rückschluß auf den der Erkrankung der Patientin zugrunde liegenden pathogenen Konflikt. Die Situation kann „szenisch" als von der Patientin unbewußt intendierte Wiederbelebung einer prägenden frühkindlichen Beziehungskonstellation verstanden werden, wo ein Kind (Mädchen!) sich gegenüber einer im Grunde desinteressierten Mutter nur im Falle der Krankheit wirklich Gehör und Zuwendung verschaffen kann. Es ist, als würde die Patientin mit ihrer Inszenierung dem Arzt mitteilen, wie es ihr ergangen ist: „Ich habe nie erfahren, daß sich jemand für mich interessiert oder bei mir bleibt, außer wenn ich krank war. Ich bin verzweifelt, wenn ich allein bin und nicht gesehen werde, also *muß* ich krank sein." Der Interviewer gewinnt auf diese Weise rasch eine erste psychodynamische Hypothese über die Erkrankung, verknüpft mit einem Hinweis über das mögliche therapeutische Vorgehen, das sich hier auf das mangelnde Selbstwertgefühl der Patientin konzentrieren könnte.

Eine emphatische Interpretation der „Szene" ist grundsätzlich auch im Erstinterview möglich und induziert oft einen erstaunlich positiven therapeutischen Effekt.

Tiefenpsychologisch fundierte Psychotherapie

Für das von FREUD entwickelte psychoanalytische Standardverfahren sind mittlerweile eine Reihe von Modifikationen entwickelt worden, die die Indikation für eine an der psychoanalytischen Methode orientierte Psychotherapie wesentlich erweitert haben. Die modifizierten psychoanalytischen Verfahren lassen sich unter dem Begriff der „tiefenpsychologisch fundierten Psychotherapie", der auch in den Psychotherapierichtlinien der Krankenkassen verankert ist, zusammenfassen. Vom psychoanalytischen Standardverfahren unterscheiden sie sich durch das andersartige Setting, die kürzere Dauer und eine umschriebene Zielsetzung.

Tiefenpsychologisch fundierte Psychotherapie erfolgt im Sitzen, ist niedrigfrequent (maximal eine Sitzung in der Woche, oft auch sehr viel größere Intervalle) und meist von vornherein zeitlich limitiert (20 bis 40 Stunden). Sie zielt *nicht* auf eine Strukturänderung der Persönlichkeit, sondern auf die Bearbeitung eines *umschriebenen, relativ bewußtseinsnahen Konfliktes* mit dem Ziel der Beseitigung der durch den Konflikt unterhaltenen Symptome.

Die zeitliche Limitierung und die umschriebene Zielsetzung bestimmen auch die *Interventionstechnik*: Die therapeutische Arbeit konzentriert sich in erster Linie auf die Bearbeitung von aktuellen Konflikten in der *realen Lebenssituation* des Patienten ebenso wie in der therapeutischen Beziehung und weniger auf biographische Rekonstruktion. Damit soll auch eine tiefere therapeutische Regression mit entsprechender Abhängigkeit vom Therapeuten vermieden werden, die im Setting der tiefenpsychologisch fundierten Psychotherapie schwer aufzufangen ist.

Spezielle Formen der tiefenpsychologisch fundierten Psychotherapie sind die **Fokaltherapie** und die **dynamische Psychotherapie**. Bei der *Fokaltherapie* wird bereits im Erstinterview aus dem vom Patienten vorgebrachten Material ein Konflikt ausgegrenzt und in einer psychodynamischen Hypothese *(Fokus)* formuliert. In der Therapie konzentrieren sich die Deutungen des Therapeuten dann ausschließlich auf diesen Fokus, der dabei immer wieder überprüft und gegebenenfalls neu formuliert werden muß. In der von DÜHRSSEN entwickelten *„Dynamischen Psychotherapie"*, die sich niedrigfrequent über mehrere Jahre erstrecken kann, geht es ebenfalls um die Arbeit an bewußtseinsnahen Konflikten, die jedoch weniger eingegrenzt sind als in der Fokaltherapie, mit einer dementsprechend flexibleren Interventionstechnik.

In allen tiefenpsychologisch fundierten Psychotherapieverfahren ist die *Zeitbegrenzung selbst* ein stets präsenter Fokus. Tiefenpsychologisch fundierte Psychotherapie (im Gegensatz zur mehrjährigen Psychoanalyse) ist deshalb oft die Therapiemethode der Wahl bei Patienten, die die zeitliche Dimension ihres Lebens und die daran geknüpften Begrenzungen verleugnen und deshalb eine zeitlich nicht limitierte Psychotherapie, wie sie die Psychoanalyse klassischer Prägung darstellt, leicht ebenfalls in den Dienst dieser Vermeidung stellen. Die Indikation für tiefenpsychologisch fundierte Psychotherapie ist auch sonst immer *positiv* zu begründen. Keinesfalls ist sie ein von vornherein schlechterer Ersatz für eine Psychoanalyse (nach dem Motto „Je länger, je besser"!), für die *andere* indikatorische Voraussetzungen gelten.

Psychoanalytisch orientierte Gruppenpsychotherapie

Eine an den Prinzipien der psychoanalytischen Methode orientierte Psychotherapie kann auch in einem **Mehrpersonen-Setting** erfolgen (Gruppen mit 8 Teilnehmern sind die Regel). „Pluralität ist das spezifische Neue, die charakteristische Reizkonfiguration der Gruppe in Abhebung von der einzelanalytischen Dyade. Die spezifische Wirksamkeit der Gruppenpsychotherapie läßt sich infolgedessen zum Faktor Pluralität und den sie kennzeichnenden Merkmalen in Beziehung setzen" (HEIGL 1972). Dazu gehört, daß der Patient in der Gruppe einer unter mehreren ist, nicht souverän, dabei als Glied einer Vielheit trotzdem einzigartig und – anders als im schützenden Setting der Einzeltherapie – mit der relativen Unabsehbarkeit der Folgen des eigenen Tuns konfrontiert (HEIGL 1972). **Indikation** und **Kontraindikation** für eine psychoanalytisch orientierte Gruppenpsychotherapie im Gegensatz zur Einzeltherapie ergeben sich aus diesen Faktoren (insbesondere die Einschätzung der Belastbarkeit und Kränkungstoleranz des Patienten). Aus der Kenntnis der Biographie des Patienten heraus läßt sich überdies oft entscheiden, ob der Patient positive *Neuerfahrungen* eher in einem Einzel- oder aber in einem Mehrpersonen-Setting machen kann. Für manche kontaktscheuen, von Kindheit auf eher isolierten Patienten ist die Gruppe ein wichtiges Feld für *soziales Lernen*. Andere, die in einem Vielpersonenhaushalt als Glied in einer langen Geschwisterreihe nie eine wirklich tragende dyadische Beziehung kennengelernt haben, fühlen sich manchmal nicht zu Unrecht eher zu einer Einzeltherapie hingezogen. In jedem Fall geht es auch bei der analytischen Gruppenpsychotherapie immer um eine *positive* Indikationsstellung.

Die therapeutischen *Interventionen* richten sich bei der psychoanalytisch orientierten Gruppenpsychotherapie – anders als im dyadischen Setting – auf das im hic et nunc sich entfaltende Erleben der Gruppe, also der *Gesamtheit* ihrer Mitglieder. Dabei kann es sich um latente, regressive *Gruppenphantasien* handeln, um kollektive Wünsche und Widerstandsphänomene, um *Gruppennormen*, vor allem aber auch um das innerhalb der Gruppe jeweils aktuelle *Beziehungsverhalten*. Auf dieser „interaktionellen Ebene" werden psychosoziale Abwehrkonstellationen besonders deutlich. Entsprechende Interventionen können sich an *die Gruppe* oder an den *einzelnen in der Gruppe* richten, um die spezifisch individuelle Art und Weise zu verdeutlichen, in der er an dem Gemeinsamen teilhat. Entsprechend wird oft zwischen einer „Therapie der Gruppe" und einer „Therapie in der Gruppe" unterschieden.

Indikation und Kontraindikation psychoanalytisch orientierter Psychotherapieverfahren

Psychoanalytisch orientierte Psychotherapieverfahren verfolgen immer eine **aufdeckende Zielsetzung**, nach dem berühmten Motto FREUDS „Wo Es ist, soll Ich werden". Sie sind also zunächst immer dort indiziert, wo ein unbewußter Konflikt maßgeblich zur Verursachung oder Aufrechterhaltung einer psychischen Krankheit beiträgt. Daneben bedürfen alle aufdeckend orientierten Verfahren aber auch einer **strukturellen Indikation**, bei der das *Ich* des Patienten daraufhin beurteilt wird, ob es in der Lage ist, die in der Psychotherapie aufgedeckten Inhalte zu integrieren. Bei schwereren Ich-Störungen ist eine unmittelbar aufdeckend orientierte Therapie zumindest zu Beginn kontraindiziert. Eine längere therapeutische Arbeit am „ich-strukturellen Defizit" muß hier der eigentlichen Konfliktbearbeitung vorangehen.

Die *differentielle Indikation zwischen Psychoanalyse und tiefenpsychologisch fundierter Psychotherapie* richtet sich nach den unterschiedlichen Zielsetzungen beider Verfahren. Das psychoanalytische Standardverfahren zielt auf eine *Strukturveränderung der Persönlichkeit*. Es ist deshalb definitionsgemäß indiziert bei der psychotherapeutischen Behandlung von *Persönlichkeitsstörungen* und von *symptomatischen Erkrankungen*, die so weit in die Persönlichkeit des Betroffenen hineinverzweigt sind, daß eine Symptombeseitigung ohne tiefergehende strukturelle Persönlichkeitsveränderungen nicht denkbar ist. Der Patient muß zusätzlich in der Lage sein, die mit dem psychoanalytischen Prozeß regelmäßig verbundenen Belastungen zu ertragen (Erfahrungen eigener Unzulänglichkeit, Perioden von Angst und Depression, Abhängigkeit vom Therapeuten).

Eine Psychoanalyse sollte nur begonnen werden, wenn ausreichend gesichert ist, daß der Patient auch in Phasen einer tieferen Regression zur *„therapeutischen Ich-Spaltung"* in der Lage ist. Das heißt, daß er seinem *erlebenden Ich* ein *beobachtendes Ich* gegenüberstellen und aufrechterhalten muß, welches am **therapeutischen Arbeitsbündnis** festhalten kann, auch wenn im Erleben des Patienten feindselige Gefühle gegenüber dem Analytiker vorherrschen. Psychotische Patienten und Patienten mit einem chaotischen Denkstil oder anderweitig beeinträchtigter Fähigkeit zur Realitätsprüfung sind zu dieser therapeutischen Ich-Spaltung häufig nicht in der Lage und geraten unter der Psychoanalyse deshalb leicht in eine *maligne Regression* (bis hin zur Übertragungspsychose).

Tiefenpsychologisch fundierte Psychotherapie ist immer dann indiziert, wenn sich ein *begrenzter, relativ bewußtseinsnaher Konflikt* beim Patienten eruieren läßt, von dessen Bearbeitung man sich eine Symptombesserung oder -heilung versprechen darf. Eine in diesem Sinne begrenzte therapeutische Intervention kann manchmal auch bei umfassenderen *Persönlichkeitsstörungen* sinnvoll sein, denen man die Regression in einer klassischen Psychoanalyse nicht zumuten möchte, *sofern der Therapeut sich die Begrenztheit der Zielsetzung immer wieder vor Augen führt.* Die modifizierten psychoanalytischen Therapieverfahren haben heute allgemein eine sehr viel breitere Indikation als viele Laien und auch Fachleute, denen immer noch das Bild der klassischen Psychoanalyse vor Augen schwebt, meinen. In Zweifelsfragen sollte die differentielle Indikation immer zusammen mit einem Spezialisten gestellt werden.

Literatur

Heigl, F.: Indikation und Prognose in Psychoanalyse und Psychotherapie. Vandenhoeck & Ruprecht, Göttingen 1972

Strotzka, H.: Psychotherapie und Tiefenpsychologie – Ein Kurzlehrbuch. Springer, Wien 1982

19 Spezielle Psychotherapieanzeigen bei psychosomatischen Patienten

Lernziele:
Durch die Unterteilung der psychosomatischen Therapiemethoden in supportive und konfliktbearbeitende Verfahren Erlangung eines optimalen Zugangs zu diesem Thema.

Im Vergleich mit den ich-stärkeren psychoneurotischen Patienten sind bei der Mehrzahl der ich-schwächeren psychosomatischen Patienten – ausgehend von ihrer Gefühlsrestriktion (s. S. 116) – die Introspektion und das selbstreflektorische Vermögen sowie die Fähigkeit zur seelischen Verarbeitung weniger deutlicher ausgeprägt. Ferner zeigen psychosomatische Patienten tiefergehende Ausmaße ihrer narzißtischen Kränkbarkeit und Aggressionsabwehr (s. S. 117). Auch gelingt es häufig wegen der offenkundigen Frustrationsintoleranz nicht, anhand psychodynamischer Erstinterviews beim psychosomatischen Patienten den Grundkonflikt so klar herauszuarbeiten, daß der Patient hinreichend mit seinen Problemen konfrontiert und bald motivational für eine konfliktbearbeitende Behandlung genügend aufgeschlossen werden kann, so wie dies bei psychotherapeutisch positiver motivierten psychoneurotischen Patienten eher der Fall ist. Deshalb ist es beim psychosomatischen Patienten häufig notwendig, als Ausgangspunkt psychotherapeutischer Bemühung zunächst solche Verfahren zu wählen, die weniger intensiv konfliktbearbeitend-„aufdeckend" sind.

Das vierstufige psychodynamisch orientierte Psychotherapiemodell

Als ein erster, weniger aufdeckend strukturierter Einstieg bietet sich – im Rahmen eines vierstufigen Behandlungsmodells – die **supportive Psychotherapie** an, die danach idealtypisch schließlich in konfliktbearbeitende Psychotherapie mündet. Diese Kombination von stützend-ermutigend-gewährender Psychotherapie einerseits und konfliktbearbeitender Psychotherapie andererseits beinhaltet gleichzeitig auch Aspekte dessen, was in der Sprechstunde des Allgemein- oder Facharztes – in jeweiliger Abhängigkeit von der Motivation des Patienten – als *supportive Psychotherapie* (erste und zweite Behandlungsstufe) sowie **ärztliches Gespräch** (zweite und dritte Behandlungsstufe) in Frage kommt.

Erste Behandlungsstufe

Wenn beim psychosomatischen Patienten die Motivation für Psychotherapie sehr minimal ist, steht zunächst der Aufbau einer *oral-narzißtischen* Objektbeziehung im Vordergrund (Der Begriff *„oral-narzißtisch"* beinhaltet für den Therapeuten das Ziel, den Patienten – nach dem erlittenen Objektverlust – im Sinne eines Ersatzobjektes seine protektive Nähe fühlen zu lassen und zur ersten Stabilisierung von dessen labilem Selbstgefühl beizutragen).

Es geht darum, den Patienten zur Wiedergabe seiner Selbstbeschäftigungen hinsichtlich körperlicher Beschwerden und medizinischer Behandlung anzuregen. Diese Selbstbeschäftigungen stellen nämlich anfangs das ganz vordergründige und eigentlich kommunikative Anliegen des Patienten dar und bedürfen deshalb zunächst einer besonderen therapeutischen Würdigung. Dabei spielen angesichts des Patienten das Gewährenlassen, Stützen und die Ermutigung seitens des Therapeuten die hauptsächliche Rolle. Ausgehend von seinen Verbalisierungen wird dem Patienten die Möglichkeit eröffnet, „über sich selbst" zu sprechen, auch wenn die vorgebrachten hypochondrischen Inhalte vordergründig wenig ergiebig erscheinen. Dieses „Sprechen über sich" und die resultierende Abfuhr der hypochondrischen Ängste beinhaltet aber für den Patienten nicht nur eine deutliche psychische Entlastung, sondern begünstigt auch die Entwicklung von Vertrauen zum Therapeuten.

Zweite Behandlungsstufe

Diese Behandlungsstufe stellt nicht nur die Fortsetzung der ersten Stufe dar, sondern auch den ersten Einstieg für solche psychosomatischen Patienten, bei denen initial die psychotherapeutische Motivation etwas deutlicher faßbar wird, so daß sie anfangs die erste Behandlungsstufe nicht durchlaufen müssen. Der zweite Behandlungsschritt hat zum Ziel, die Fähigkeit des Patienten zur Wahrnehmung der eigenen Gefühle zu fördern. Das Verhalten des Therapeuten ist einesteils gekennzeichnet durch das Anbieten und Durchsprechen von Beispielen, die emotionsträchtige Inhalte (insbesondere Phantasien) betreffen, anderenteils durch die Ermutigung des Patienten, über seine Gefühle zu reflektieren sowie seine Gefühle differenzierter wahrzunehmen und zu beschreiben. Innerhalb dieses Verbundes ist auch der Umgang mit frustrations-aggressiven Strebungen (s. S. 117) des Patienten sehr wichtig.

Jetzt hilft der Arzt dem Patienten, auf *assoziativem* Wege selber seine körperliche und seelische Situation darzustellen („*assoziative Anamnese*"). Insbesondere geht es darum, zu versuchen, verstehbare Zusammenhänge zwischen somatischen Symptomen einerseits und Lebensgeschichte andererseits herauszuarbeiten. Hierzu wird der Patient in der Weise ermuntert, daß der Arzt immer wieder fragender und/oder bestätigender Form solche Äußerungen tut, die gedanklich und gefühlhaft genau an dasjenige anschließen, was der Patient zuletzt gesagt hat. Hierauf antwortet der Patient wiederum mit weiteren Einfällen, die dann zwecks Fortsetzung der assoziativen Anamnese erneute ärztliche Interventionen ermöglichen, sobald sich die Spontaneität des Patienten wieder erschöpfte. Diese spezielle Technik stellt eine Modifikation des „klassischen" psychoanalytischen Erstinterviews (s. S. 134) dar zusammen mit dem Ziel, eine psychodynamisch orientierte Interviewsituation zu schaffen, die dem psychosomatischen Patienten ebenfalls ermöglicht, angesichts seines Arztes zu *verbalisieren*. Anläßlich dieses *systematisch-stufenweisen* Vorgehens ist wichtig, daß den Schilderungen des Patienten freier Lauf gelassen und er nicht unterbrochen wird. Sofern Gesprächspausen entstehen, die nicht als psychodynamisch bedeutungsvoll verstehbar sind, sondern weil der Patient „einfach nichts mehr zu sagen hat", muß der Therapeut unterbrechen und verbal-stützend intervenieren, um einem längeren Schweigen vorzubeugen. Diese Form des inhaltsleeren Schweigens würde nämlich vom Patienten als sehr belastend empfunden und den weiteren Interviewablauf beeinträchtigen.

Während der ersten und zweiten Behandlungsstufe können psychologisch-medizinisch talentierte studentische Hilfstherapeuten erfolgreich eingesetzt werden, und zwar deshalb, weil während der ersten beiden Behandlungsstufen für den Therapeuten die Fähigkeit, sich in die Situation hilfsabedürftiger Menschen einzufühlen oder sie verstehen zu können, ohne dieser Situation selbst anheimzufallen, besonders wichtig ist. Hierzu ist zunächst keine langjährige Ausbildung notwendig, wohl aber eine kontinuierliche intensive Supervision durch einen Experten. Der Einsatz von studentischen Hilfstherapeuten in der Betreuung psychosomatischer Patienten ist auch deshalb angezeigt, weil für diese Patienten viel zu wenig Therapieplätze zur Verfügung stehen und die langwierig ausgebildeten Psychotherapeuten oft wenig Neigung zeigen, sich auf diese Therapiestufen, die sie eher als monoton erleben, einzulassen.

Dritte Behandlungsstufe

Im dritten Behandlungsschritt ist es aufgrund des nunmehr besser gewordenen Selbstreflektionsvermögens und Konfliktbewußtseins des Patienten möglich, dem Patienten die Beziehung zwischen körperlichen Symptomen und Konfliktsituationen deutlich zu machen. Diese Erfahrung ist für den Patienten hinsichtlich einer positiven Motivation in Richtung konfliktbearbeitender Psychotherapie sehr wichtig. Jetzt, im Stadium einer stabileren Beziehung zum Therapeuten, können wir den Patienten auch vorsichtig mit seinen Verhaltensweisen und Bedürfnissen konfrontieren bzw. diese interpretieren. Dabei muß die emotionale Tragfähigkeit des Patienten genau beobachtet werden: Er sollte sich infolge einer „aufdeckenden" Therapiearbeit innerlich nicht stärker beeinträchtigt fühlen und auf den Hinweis der Notwendigkeit einer Änderung seiner Verhaltens- und Beziehungsmuster nicht mit dem Abbruch der Gespräche reagieren. Falls jedoch der Patient die Gespräche tatsächlich abzubrechen droht, ist es therapeutisch angezeigt, vom konfliktbearbeitenden Vorgehen abzulassen, sich auf die Erhaltung des psychischen Status quo des Patienten zu konzentrieren und dessen derzeitiges Verhalten – ungeachtet der offensichtlich (noch?) nicht bearbeitbaren Konflikthaftigkeit – zu bestätigen. Der Therapeut bejaht und erkennt an, daß der Patient für *seine* aktuelle Lebenssituation augenblicklich *seine* – subjektiv – bestmögliche Lösung gefunden hat, die immerhin ein viel erträglicheres Gleichgewicht als vor Einleitung der Psychotherapie gewährleistet.

Vierte Behandlungsstufe

Bei hinreichender emotionaler Tragfähigkeit kann schließlich die Behandlung auf der vierten Stufe – der eindeutigen *Konfliktbearbeitung* – erfolgen, die letztlich das eigentliche Ziel jeglicher psychotherapeutischer Bemühung darstellt (s. S. 133). Die nachfolgende, häufig länger hingezogene aufdeckende Psychotherapie sollte nach unserer Erfahrung zunächst *stationär* erfolgen (meist innerhalb eines tiefenpsychologisch fundierten Settings) und anschließend in eine längerfristige ambulante Psychotherapie einmünden.

Stationäre Psychotherapie

Die stationäre Form der Psychotherapie, sowohl als Ausdruck der vierten Behandlungsstufe als auch im Sinne eines eigenständigen Psychotherapieprozesses nach Art des konfliktbearbeitenden Vorgehens bei ursprünglich deutlicher psychotherapiemotivierten psychosomatischen Patienten, ist vor allem wegen folgender drei Gründe oftmals indiziert: Der Patient wird vom unmittelbaren Druck der Alltagsaufgaben und -konflikte entlastet und kann so die freiwerdende Energie für die Wahrnehmung seiner Grundprobleme einsetzen. Seine Bedürfnisse nach medizinischem Schutz und nach Sicherheit werden befriedigt; er vermag gerade so viel Distanz zu seiner Symptomatik zuzulassen – ohne sofort in Angst vor Verschlimmerung oder Krisen zu geraten –, daß er vor sich selbst und anderen nicht ständig auf unmittelbarer medizinischer Betreuung beharren muß. Das Auftreten *alter* Symptome, Konflikte und Kränkungen in der *neuen* stationären Umgebung mit *anderen* Menschen, das ja regelhaft erfolgt, hat oftmals eine ganz erhebliche Erkenntniswirkung („Aha-Erlebnis") in dem Sinne, daß der Patient seinen eigenen Anteil an der Herstellung der immer wieder gleichartigen Konflikt- und Enttäuschungsbeziehung konturierter wahrnimmt. Dies führt oftmals zu einem Motivationsschub, weil der Patient durch das Erleben seines Eigenanteils an die Machbarkeit einer Veränderung zu beginnen glaubt. Infolge des stationären „Schonklimas" wird die Risikobereitschaft gefördert, die sowohl zur Selbsterkenntnis als auch zum Ausprobieren neuer Verhaltensweisen – z. B. offen aggressiv seine Meinung zu sagen – erforderlich ist.

Wenn sich ein Patient zur stationären Psychotherapie entscheidet, die in der Regel 8 Wochen dauert, so stellt dies in sich schon meist ein prognostisch günstiges Zeichen dar, da er zu einer Relativierung seiner Lebensumstände bereit ist, sich zeitweilig von seinen Bezugspersonen trennen und sich auf neue Menschen einstellen kann. Die Patienten, die mit reinen Versorgungswünschen auf die Station möchten, werden in aller Regel bereits im Vorgespräch erkannt und auf die supportive Psychotherapie (Behandlungsstufen 1 und 2) verwiesen.

Leider scheitert die stationäre Behandlung oft an *realen* familiären oder Arbeitsplatzproblemen des Patienten, zumal die Patienten, die für eine konfliktbearbeitende Psychotherapie in Frage kommen, ja nicht akut internistisch behandlungsbedürftig wirken (und auch nicht sein dürfen), so daß auch die Hilfsbereitschaft der Umwelt keineswegs immer gegeben ist oder aber mit der strikten Erwartung gewährt wird, daß nach der Behandlung der Erfolg „garantiert" ist. Die Indikation zur stationären Psychotherapie hängt also nicht nur von der psychischen Belastbarkeit des Patienten, seinem körperlichen Befinden (keine akuten internistischen Erkrankungen), sondern auch von seinem Umfeld ab. Alle diese Faktoren müssen in Vorgesprächen geklärt werden.

Die stationäre Psychotherapie erfolgt in der Regel als **tiefenpsychologisch fundierte Gruppentherapie.** In der Gruppe werden am deutlichsten die problematischen Beziehungsmuster der Patienten wieder aktualisiert und dadurch therapeutisch relevant. Außerdem ist in der Gruppe ein sehr viel breiteres Übungsfeld gegeben.

Bei der stationären Gruppentherapie sind heute Varianten der psychoanalytischen Methode vorherrschend; einzelne Kliniken stützen sich auch auf andere tiefenpsychologische Verfahren (Psychodrama, Gestalttherapie) oder auch auf verhaltenstherapeutische Methoden. Die klassische psychoanalytische Gruppenmethode ist bei psychosomatischen Patienten oft nicht angezeigt wegen der hohen Anforderungen an Ich-Stärke und Frustrationstoleranz in der unstrukturierten analytischen Situation. Die stationären gruppentherapeutischen Verfahren orientieren sich mehr oder weniger eng an sog. interaktionellen Methoden, bei denen die Wahrnehmung der eigenen Befindlichkeit, der Wirkung auf andere, der Verhaltens- und Erlebnisdefizite sowie der Abwehr- bzw. Anpassungsstrategien in der Gegenwart im Vordergrund stehen; es handelt sich also um einen Prozeß des Bewußtmachens der gegenwärtigen Situation.

Zur Unterstützung dieses gruppentherapeutischen Prozesses, zur Mobilisierung von Ressourcen bei den Patienten und zur Förderung der Interaktion werden weitere, andere therapeutische Verfahren eingeführt, die nicht primär mit dem Medium der Sprache arbeiten, sondern mit Bewegung und Körpererfahrung (Entspannungstraining, Rhythmik, konzentrative Bewegungstherapie) und den sog. kreativen Medien (Malen, Gestalten, Spielen im weitesten Sinne). Diese Zusatzverfahren erfordern speziell tiefenpsychologisch und gruppentherapeutisch geschulte Mitarbeiter, die dann zusammen mit dem Psychotherapeuten das Team für eine ca. 7 bis 8 Patienten umfassende Therapiegruppe bilden.

Je nach Entwicklung des Patienten kann die Therapie nach der stationären Behandlung als vorläufig beendet gelten, wenn nämlich das Symptom verschwunden oder deutlich zurückgegangen ist, der Patient die neuen Impulse „in der Realität ausprobieren will" sowie sich erleichtert und freier fühlt. In der Regel wird längerfristig eine ambulante Therapie empfohlen, die wiederum gruppenpsychotherapeutisch orientiert werden kann, um den Entwicklungsprozeß des Patienten zu vertiefen und zu stabilisieren.

Literatur

Deutsch, F.: The Psychosomatic Concept in Psychoanalysis. University press, New York 1953

Kind, H.: Psychotherapie und Psychotherapeuten. Thieme, Stuttgart 1982
Meerwein, F.: Das ärztliche Gespräch, 3. Aufl. Huber, Bern 1986

20 Nichtpsychoanalytisch orientierte Therapieverfahren

Lernziele:
Kenntnis der wichtigsten nichtpsychoanalytisch orientierten Psychotherapiemethoden und der Merkmale zur Indikationsstellung für verschiedene Therapieformen; Verständnis für das „Hier-und-jetzt-Prinzip" der therapeutischen Arbeit; Erkennen der Unterschiede zwischen **Verhaltenstherapie** und den **humanistischen Therapien**; Einsicht in die zentrale Bedeutung der „emotionalen Vermeidung" in allen psychotherapeutischen Richtungen.

Neben der Psychoanalyse haben sich schon sehr früh, insbesondere aber in den 40er und 50er Jahren, andere Psychotherapieformen entwickelt, die in den beiden letzten Jahrzehnten auch in Deutschland zunehmend Verbreitung erfahren haben und im Prozeß der Konsolidierung sind. Sie werden neuerdings oft als **„innovative Psychotherapien"** bezeichnet. Der theoretische Ansatz und das psychotherapeutisch-praktische Vorgehen dieser Therapieformen ist teilweise sehr unterschiedlich; es gibt aber auch relativ große Ähnlichkeiten, da sich die Therapieformen naturgemäß nicht unabhängig voneinander entwickelt haben. Im übrigen hat sich in der täglichen Praxis bei den meisten Psychotherapeuten ein *Eklektizismus* herausgebildet, in dem – je nach Persönlichkeit des Therapeuten – verschiedene Psychotherapiemethoden kombiniert werden. Von grundlegender Bedeutung für den Therapieerfolg dürfte letztlich die Beziehung zwischen Therapeut und Patient sein.

Verhaltenstherapie

Unter Verhaltenstherapie werden alle Therapieformen verstanden, die sich in ihrer Methodik an den Ergebnissen der empirischen Lernforschung und der experimentellen Psychologie orientieren. Dabei wird der Begriff Verhalten in einem sehr weiten Sinne verwendet: Er umfaßt vegetative Reaktionen ebenso wie verbale Aussagen eines Patienten über sich selbst *(Kognitionen)* oder sein soziales Verhalten *(Handlungen)*.

Es wird hier auch von drei Verhaltensbereichen oder Aspekten gesprochen, die jedes Verhalten charakterisieren. Diskrepanzen zwischen **vegetativer Reaktion, Kognition**/Bewußtsein und **Handlung** sind psychodiagnostisch und therapeutisch oft besonders relevant: „Einsicht" z. B. bewirkt oft noch keine Veränderung des Handelns, verändertes Handeln oft noch keine Veränderung der vegetativen Reaktion. Die verschiedenen Therapieformen unterscheiden sich wesentlich darin, welchen Verhaltensbereich sie zum Ausgangspunkt ihrer therapeutischen Bemühungen machen. Im Zentrum der lerntheoretischen Forschung stehen drei Modelle (Paradigmen): die klassische Konditionierung im Sinne des bedingten Reflexes, das operante Lernen am Erfolg und das soziale Modellernen.

1. **Die klassische Konditionierung** besagt folgendes: Treten zwei Reize wiederholt gleichzeitig oder kurz nacheinander auf, wobei einer zu einer unbedingten Reaktion (Reflex) führt, kommt es längerfristig zum Auftreten der Reaktion (des Reflexes) auch bei Auftreten des zunächst unspezifischen Reizes. Reflex kann hier verstanden werden im Sinne z. B. des Lidschlagreflexes oder aber eines komplexen Reflexgeschehens, wie z. B. das allgemeine Adaptationssyndrom. Die meisten vegetativen Reaktionen werden mit Hilfe dieses Modells erklärt.

2. Verhalten ist abhängig von den Konsequenzen, zu denen es führt **(operantes Konditionieren)**: Von Aktivitäten, die zunächst zufällig aufgetreten sind, werden diejenigen öfter auftreten, denen unmittelbar eine positive Konsequenz (Belohnung, *positive Verstärkung*) folgt oder aber die Beendigung eines negativen Zustandes (*negative Verstärkung*, z. B. Aufhören des Schmerzes). Dieses Gesetz gilt unabhängig davon, ob dem Menschen die Zusammenhänge bewußt sind oder nicht.

3. **Modellernen** liegt vor, wenn ein Individuum als Folge der Beobachtung des Verhaltens anderer sowie der darauf folgenden Konsequenz sich neue Verhaltensweisen aneignet oder schon bestehende Verhaltensmuster verändert.
Es konnte gezeigt werden, daß praktisch alle Lernphänomene auch aufgrund stellvertretender Erfahrung zustande kommen können. Es liegt auf der Hand, daß das Modellernen oder soziale Lernen von besonderer Bedeutung für gruppentherapeutische Verfahren ist.

Die Verhaltenstherapie geht davon aus, daß unangepaßtes Verhalten bzw. gestörte Reaktionsweisen durch falsches oder fehlendes Lernen zustande kommen und daß sie durch Neulernen oder Umlernen in der Therapie verändert werden können. Dazu muß zunächst in einer *Verhaltensanalyse* der meist komplexe Zusammenhang zwischen Reizsituation, Reaktion und Konsequenz (also Verstärkung) aufgeschlüsselt werden. Hierzu ist in der Regel die aktive Mitarbeit („Verhaltensprotokolle") des Patienten notwendig. Dann wird zwischen Therapeut und Patient ein Therapieplan ausgearbeitet, der in der Regel ein *stufenweises Vorgehen* (meist übend) vorsieht, unterteilt nach den einzelnen Verhaltens- und Reaktionsweisen, die verändert werden sollen (Angst-, Reiz-, Problem-*Hierarchien*).

Im folgenden bringen wir die gebräuchlichsten verhaltenstherapeutischen Methoden:

Systematische Desensibilisierung

Sie wird in der Regel zum Abbau von Angst, z. B. bei *Phobien* oder vegetativen *Angstreaktionen*, eingesetzt. Zunächst lernt der Patient die **progressive Muskelentspannung** (ähnlich wie das autogene Training). Dann werden ihm die angstauslösenden Situationen in aufsteigender „Dosierung" vorgegeben (meist in Form von Vorstellungen). Der angstauslösende Reiz wird dann kombiniert mit der Entspannung, die mit einer Angstreaktion (Muskelkontraktion) unvereinbar ist. Auf diese Weise soll eine neue Konditionierung

(Problemsituation – entspannte Reaktion) erfolgen. War diese Neukonditionierung erfolgreich, so wird sie meist durch Übungen aufsteigender Schwierigkeitsgrade in der Realität weiter gefestigt.

Selbstsicherheitstraining

Hierbei steht die Vorstellung im Vordergrund, daß der Abbau der Angst und Unsicherheit nicht gelingen kann, wenn der Patient keine alternativen Verhaltensweisen zur Verfügung hat. Das Selbstsicherheitstraining ist darüber hinaus eine systematische Desensibilisierung „in der Realität" einer Trainingsgruppe. Es werden meist im **Rollenspiel** sehr konkrete Problemsituationen in aufsteigender Schwierigkeit von allen Patienten geübt, wobei der Therapeut und die Gruppe Rückmeldung und Ermutigung geben. Kritik wird vermieden, um der Therapie selbst den Charakter der positiven Verstärkung zu erhalten.

Biofeedback

In den letzten 20 Jahren haben sich zahlreiche Belege dafür ergeben, daß – anders als früher angenommen – auch das *autonome Nervensystem* den Gesetzen des Lernens am Erfolg zugänglich ist, also die willkürliche Beeinflussung autonomer Reaktionen möglich ist (was in östlichen Meditationsformen oder auch im autogenen Training bereits immer vorausgesetzt und erfahren wurde). Die Biofeedback-Therapie besteht nun darin, daß die „Bioreaktion" wie Pulsfrequenz, Hautwiderstand, Muskelspannung, Darmmobilität oder EEG-Wellen durch spezielle Apparaturen in ihrer Stärke sichtbar und hörbar gemacht werden. Der Patient kann mit Hilfe dieser **Biosignale** und durch **Autosuggestion** dann die bisher autonomen physiologischen Reaktionen zu einem gewissen Grad beeinflussen (z. B. Muskelentspannung bei Kopfschmerzen, Verlangsamung der Pulsfrequenz). Wegen des relativ großen apparativen Aufwandes sind diese Verfahren jedoch – noch – nicht sehr populär.

Operantes Konditionieren

Das operante Konditionieren (Belohnung bei erwünschtem Verhalten, Nichtreagieren oder Bestrafen bei unerwünschtem Verhalten) spielt in allen Therapieformen eine bedeutsame Rolle (z. B. in Form des wohlwollenden „hmhm" des Therapeuten). Systematisch eingesetzt wird es in der Verhaltenstherapie, aber auch in der **Gesprächspsychotherapie** und der **Transaktionsanalyse**. Bei der Therapie der Anorexia nervosa z. B. wird eine bestimmte Gewichtszunahme an bestimmte Belohnungen (z. B. Spazierengehen) gekoppelt.

Gerade wegen der Methode des operanten Konditionierens ist die Verhaltenstherapie oft als manipulativ und inhuman kritisiert worden; es ist sicher problematisch, wenn diese Methode Zwangscharakter annimmt. Wie weit jedoch die Psychotherapie auch selbst Zwangsmaßnahmen ergreifen muß bzw. ob sie diese immer an andere therapeutische Richtungen (Psychiatrie, innere Medizin) delegieren kann, ist eine umstrittene Frage.

Kognitive Umstrukturierung

Eine Mittelstellung zwischen der „klassischen Verhaltenstherapie" und der Transaktionsanalyse nehmen die sog. kognitiven Verhaltenstherapien ein: Sie gehen davon aus, daß **„irrationale Überzeugungen"**, die in der Regel (aber nicht unbedingt) in der Kindheit gelernt wurden, als innere Leitsätze zur Ordnung und zum Verständnis der Umwelt benutzt werden, aber entsprechend zu irrationalem, meist leidvollem Verhalten führen. Weit verbreitet sind z.b. die irrationalen Überzeugungen, daß „Streiten böse ist" oder daß „man eigentlich von allen Menschen gemocht werden muß". Die Kunst des kognitiven Therapeuten besteht nun darin, diesen z.T. sehr subtilen irrationalen Vorstellungen auf die Spur zu kommen.

Eine „kognitive Umstrukturierung" läuft in der Regel wie folgt ab: Zunächst wird die problemerzeugende Situation in der Vorstellung oder durch **Rollenspiel** aktiviert, die emotionalen Konsequenzen werden nach Art und Stärke genau registriert, die Interpretation der Situation durch den Patienten wird als hörbar gemachte innere Sprache registriert und im Hinblick auf ihre rationalen und irrationalen Komponenten von Therapeut und Patient durchgearbeitet, was in der Regel schon zu einer Problemreduktion führt. Gegebenenfalls werden Verhaltensalternativen durchgesprochen und erprobt. Darüber hinaus lernt der Patient hier ein *Problembewältigungs*verfahren, das er auch auf andere Situationen anwenden kann.

Im Gegensatz zur Psychoanalyse und anderen tiefenpsychologischen Verfahren nimmt die Verhaltenstherapie keine unbewußten innerpsychischen Konflikte als Ursachen von Störungen an, sondern – vereinfacht – „falsche Gewohnheiten". Daß die meisten Lernvorgänge unbewußt erfolgen, ist zwar wichtig, aber nicht entscheidend, da die Bewußtmachung allein in der Regel noch keine Verhaltensänderung bringt, sondern erst eine veränderte Verstärkung bzw. eine „Umgewöhnung". Das bewußte Erkennen der Reiz-Reaktions-Zusammenhänge ist aber erwünscht, um eine Generalisation der „gesünderen" Verhaltensweisen zu ermöglichen. Die Verhaltenstherapie stellt die Beziehung zwischen Therapeut und Patient nicht – wie andere Therapieformen – in den Mittelpunkt; sie stützt sich ausschließlich auf die bewußte **Kooperation** des Patienten, seinen Wunsch zu Veränderung. Sie geht deshalb oft recht naiv mit dem *Widerstand* (s. S.134) Patienten in der Therapie um, wenngleich sie das Phänomen des Widerstands theoretisch sehr gut erklärt (nach dem Modell des operanten Konditionierens: positive Verstärkung des Problemverhaltens).

Der ausgesprochen pragmatische Ansatz der Verhaltenstherapie hat viele Vorteile: Er ist durchschaubar für den Patienten, gewährt einen guten Einblick über Fortschritte oder Rückschritte, die therapeutischen Ansprüche sind nicht sehr hoch; sie werden in viele „machbare" Bereiche unterteilt; die Methode entspricht häufig dem „common sense". Nachteile bestehen in erster Linie darin, daß sie subtilere, komplexe neurotische Störungen des

Erlebens nicht ohne Rückgriff auf andere Theorien verstehen und behandeln kann. Für viele Patienten ist die Verhaltenstherapie jedoch die Methode der Wahl, wenn nämlich die verbalen Fähigkeiten und das Introspektionsvermögen nicht besonders ausgeprägt bzw. ungeübt sind, wenn **umschriebene Verhaltensstörungen** (wie *Phobien, Ticks, Bettnässen* und dgl.) vorliegen, wenn es um funktionelle vegetative Störungen mit ausgeprägtem **sekundärem Krankheitsgewinn** geht oder auch um **Suchtverhalten** (einschl. *Magersucht* und *Adipositas*). Mit recht gutem Erfolg wurden verhaltenstherapeutische Methoden auch bei sexuellen Störungen eingesetzt.

Die humanistischen Psychotherapieverfahren

Als „dritte Kraft" in der Psychotherapie neben der klassischen Psychoanalyse und den Verhaltenstherapien wurden die humanistischen bzw. erlebnisorientierten Therapien bezeichnet. Hierzu werden gerechnet: **Gestalttherapie, Psychodrama, Transaktionsanalyse, Bioenergetik, Themenzentrierte Interaktion, klientenzentrierte Gesprächspsychotherapie** (C. ROGERS) und meist auch die **Individualpsychologie** nach ALFRED ADLER.

Kennzeichnend für diese Therapieformen ist die (existenzphilosophisch begründete) Annahme eines autonomen Selbst, das nach Verwirklichung und Entfaltung strebt. Die entscheidende Rolle in diesem Prozeß spielt die Begegnung mit anderen Menschen, das Erleben und „Gewahrsein" in der Gegenwart als Schnittpunkt von Vergangenheit und Zukunft, in dem Entscheidungen für neue Erlebnisformen möglich sind, ebenso wie das dynamische Gleichgewicht und die Gleichrangigkeit von körperlich-seelisch-intellektuellen Vorgängen.

Gestalttherapie

Die Gestalttherapie (nicht zu verwechseln mit Gestaltungstherapie) wurde begründet durch FRITZ PERLS (1893–1970), seine Frau LORE PERLS (geb. 1906) und PAUL GOODMAN (1911–1972). Der Name bezieht sich auf eine der theoretischen Wurzeln der Gestalttherapie, nämlich die Gestalttheorie, die psychische Funktionen vor allem im Bereich des Wahrnehmens, Denkens und des Sozialverhaltens als Ausdruck von Gestaltbildungen (z. B. Figur-/Grundphänomenen) interpretiert. Andere Wurzeln sind die Psychoanalyse und die Gruppendynamik.

Relativ bald haben sich verschiedene Varianten der Gestalttherapie entwickelt, deren bedeutendste, vor allem in der Bundesrepublik Deutschland, sich „**integrative Therapie**" (H. PETZOLD) nennt. Von dieser ist im folgenden die Rede.

Die integrative Therapie beruht auf drei zentralen anthropologischen Konzepten: 1. *Leiblichkeit*, 2. *Intersubjektivität*, 3. *szenisch-ganzheitliches Erleben* und Verstehen.

1. Mit dem etwas altmodisch anmutenden Begriff des *Leibes* ist die Abgrenzung vom moderneren Begriff des Körpers intendiert, so wie er – auf der Grundlage des „Maschinen-Modells" – verobjektivierend meist verstanden wird. Der Leib ist der beseelte Körper, das „Gesamt-Organ", mit dem Schmerz, Lust, Bewegungsdrang/Unruhe, Angst, Niedergeschlagenheit usw. empfunden wird.

Es sind also wesentlich leibliche Ereignisse, die wir als Seelenzustände (vor allem Stimmungen und Befindlichkeiten) bezeichnen. Wenn ich mich spüre, spüre ich mich als Leib, niemals als Körper; als Körper betrachte ich mich „wie einen anderen". Die integrative Therapie spricht daher auch vom Leib-Selbst als Grundlage des Selbst, auf dem das *Rollen-Selbst* aufbaut. Leibliche Zustände, wie z. B. das hellwache Wahrnehmen der Umwelt, Spüren der eigenen Gestimmtheiten, Selbstbeobachtung oder Schlaf, sind organische Zustände der menschlichen Befindlichkeit, nicht aber feste Instanzen. Solange diese Zustände flexibel ineinander übergehen können, ist der Mensch gesund; wenn sich bestimmte Zustände fixieren, ist die Gefahr der Erkrankung gegeben.

Im Verlauf der individuellen und kollektiven Entwicklungs- und Sozialisationsgeschichte entstehen kleinere und größere Anästhesierungen des sog. „perzeptiven Leibes" („das tut doch gar nicht weh"), Amputationen des „expressiven Leibes" (die schlaffe, leblose Hand des Gehemmten) und Amnesierungen des „memorativen Leibes" (scheinbar erinnerungsleere Zeiten). Die basale therapeutische Arbeit besteht darin, diese „Verdrängungen in den Körper hinein" aufzuheben. Dazu setzt die integrative Therapie auch in besonderem Maße leibbezogene Techniken, Arbeit mit kreativen Medien, Bewegungstherapie, Thymopraktik ein.

2. Das Konzept der *Intersubjektivität* besagt, daß der Mensch nicht als einzelner existiert oder begriffen werden kann. Die Grunderfahrung des Menschen („Ur-Szene") ist die intrauterine Zwei-Einheit von Mutter und Kind. Das *Denken als innerer Dialog,* der Prozeß der Identitätsbildung als Sich-Sehen, wie man gesehen worden ist, ist stets auf einen anderen bezogen, wenn auch im Laufe der Entwicklung immer mittelbarer.

Intersubjektivität im engeren Sinne, die Fähigkeit, als Subjekt die Subjekthaftigkeit des anderen zu erfassen und in einen gemeinsamen Ko-respondenz-Prozeß einzutreten, ist ein therapeutisches Ziel. Sie schließt ein die Fähigkeit zu *Kontakt* (allgemeine Fähigkeit, sich auf andere einzulassen und sich abzugrenzen), zu *Begegnung* (relativ kurzfristige intensive Zwischenmenschlichkeit mit dem Gefühl des Innewerdens des anderen) und zu *Beziehung* (Fähigkeit, länger dauernde Zwischenmenschlichkeit – auch über Krisen hinweg – aufrecht erhalten zu können). Die Beziehung zwischen Patient und Therapeut als solche hat als Modell also eine eminent wichtige Bedeutung. Deshalb darf der Therapeut sich in der integrativen Therapie nicht abstinent (möglichst gefühlsneutral) verhalten, sondern muß möglichst klar und eindeutig, authentisch (echt), und/aber auch den intersubjektiven Fähigkeiten des Patienten angepaßt, also u. U. in seinen Äußerungen auch selektiv sein.

Die Fähigkeit zur Intersubjektivität kann durch *notorische Übertragungen* (s. S. 134) verstellt sein. Zu Beeinträchtigungen der Beziehungsfähigkeit nach „innen", zu sich selbst, und nach „außen", zu anderen, kommt es durch *Traumatisierung* (Überstimulisierung durch z. B. Unfall, Verlust, Mißbrauch), *Defizite* (chronische emotionale/soziale „Unterernährung"), *Störungen* (dauernde Unterbrechungen von Impulsen) oder *Konflikte* (chronische gegenläufige Stimulierung, z. B. Impuls und Hemmung) in Vergangenheit und Gegenwart. Generell gilt, daß sich eine chronische Beeinträchtigung der zwischenmenschlichen Beziehungen um so stärker auswirkt, je früher sie einsetzt, daß aber spätere Belastungen sich sehr wohl pathogen auswirken können.

Um alten oder erneuten Schmerz zu vermeiden, entwickelt der Mensch sog. Bewältigungs- oder Abwehrmechanismen (s. S. 85); grundlegend in der integrativen Therapie neben anderen sind hier die oben genannten „Verdrängungen in den Leib hinein" und *Abspaltungen* (rigides Trennen von Erfahrungen, die zusammengehören). Es kommt zu einer Ausblendung von Gefühlen und einer Beeinträchtigung der Eigen- und Fremdwahrnehmung in der Hier-und-jetzt-Situation (Szene). Ziel der Therapie ist es, die Gefühle und die dazugehörige frühere Situation wieder erlebbar und damit integrierbar zu machen. Dies geschieht häufig durch ein sog. *inneres Rollenspiel* (Dialog mit sich selbst), indem der Patient, evtl. auf wechselnden Stühlen (Technik des „leeren Stuhls"), unterschiedliche Tendenzen zum Ausdruck bringt und so in Kontakt mit blockierten Seiten seiner selbst und/oder früheren Bezugspersonen kommt. Beispielsweise kann so aus dem quälenden Gefühl eines Patienten, nicht spontan sein zu können, ein Dialog zwischen „Kontrolle" und bisher nicht wahrgenommener „Wut" und später zwischen überprotektiver, kontrollierender Mutter und dem liebebedürftigen, wütenden (früheren) Kind werden. Indem die Wut heute in einem intersubjektiven Bezug erlebt wird, wird sie integriert und steht dem Patienten als Energie (Spontaneität) zur Verfügung.

3. Ähnlich wie im Psychodrama wird der Mensch in der integrativen Therapie als kreativer, nach Ausdruck strebender Mitspieler auf der Bühne seiner Welt gesehen. Sein „Spiel" erfolgt gemäß übertragenen und übernommenen *Interaktionsmustern (Rollen)*. Diese sind Grundlage der Sozialisation und Identitätsbildung (Rollen-Selbst). Dabei handelt es sich nicht etwa nur um gesellschaftlich oder familiär vorgegebene Muster; Rollen werden auch gewählt und individuell verkörpert.

In der Entwicklungstheorie der integrativen Therapie werden die basalen/frühen Gedächtnisfunktionen beschrieben als propriozeptiv, atmosphärisch, ikonisch (bildhaft) und szenisch; später setzt das uns gewohnte Verbalgedächtnis ein, das die anderen Formen aber beileibe nicht ablöst. Die gespeicherten Atmosphäre, Bilder und Szenen prägen die Persönlichkeit mindestens so stark wie verbal gespeicherte Erfahrungen und können im Problemfall als *rigide Lebensmuster* mit festgelegtem Rollenverhalten oder als periodisch wiederkehrende, scheinbar grundlose *Verstimmungen* zu mehr oder weniger schweren Beeinträchtigungen führen (atmosphärisch: Weltraumkälte und Leere ... des über lange Perioden alleingelassenen Kleinkindes; ikonisch: Bild eines Lastwagens ..., mit dem der Vater abtransportiert wurde; szenisch: Hoffnungslosigkeit und Scham in geselligen Situationen ..., weil alle Brüder und der Vater sich am Eßtisch lustig machten und die Mutter schwieg).

Der Therapeut versucht, durch Erfassen und Verstehen des Atmosphärischen und Szenischen unter Nutzung der Gegenübertragung (s. S. 134) diese Verstimmungen zu konkretisieren, ihren „Sinn" zu erhellen und sie ggf. zu benennen und für den Patienten eine neue emotionale Erfahrung in der wiedererlebten „alten" Szene herbeizuführen, möglicherweise auch durch eigenes therapeutisch-kompensatorisches Verhalten.

Die Gestalttherapie ist weit verbreitet in klinischen und beratenden Institutionen. Sie ist indiziert für alle Patienten, bei denen eine tiefenpsychologische Therapie angezeigt ist; darüber hinaus auch bei solchen Patienten, die zunächst mehr Wahrnehmungstraining, Anregung und Mobilisierung ihrer positiven Kräfte benötigen. Sie erfolgt als Einzel- und Gruppentherapie.

Bioenergetik

Die Bioenergetik beruht auf dem Energiekonzept W. REICHS und wurde von A. LOWEN und S. KELEMAN methodisch und theoretisch entwickelt. Die Bioenergetik arbeitet ganz eng an dem Konzept der leib-seelischen Ganzheit und der Einheitlichkeit der leib-seelischen Energie.

Wird der psychophysische Energiefluß blockiert, d. h. dürfen bestimmte Reize nicht wahrgenommen und bestimmte Handlungen und Haltungen nicht ausgeführt werden, so entstehen die sog. „Charakterpanzerungen" in Form bestimmter **innerer** und **äußerer Haltungen**, die vor allem in körperlichen Merkmalen zum Ausdruck kommen (hängende Schultern, verkniffene Lippen, aufgerissene „Kinderaugen") sowie in psychosomatischen Symptomen (chronische Bindehautentzündung durch Zurückhaltung von Tränen, Schluckbeschwerden durch unbewußte Abwehrspannung). Ausgehend von diesen Körpermerkmalen können nun die „seelischen" Haltungen, die meist unbewußt sind, erschlossen und im therapeutischen Prozeß gelockert werden, so daß die Energie wieder freier verfügbar wird (merkbar an zunehmendem Interesse, Lebensfreude/Engagement).

Das Faszinierende an der Bioenergetik ist das unmittelbar körperlich-seelische Wechselspiel: Die Wahrnehmung, das Verstehen und die Veränderung körperlicher Haltungen kann die Wahrnehmung und Veränderung seelisch-persönlicher Haltungen zur Folge haben und umgekehrt. Die Bioenergetik setzt an der unmittelbaren Leiberfahrung an und arbeitet mit dieser z. B. in Form von Atemübungen, Bewegungs-, Ruhe-, Kontakt- und sog. Streß-(Anstrengungs-)Übungen. Sie erweitert so das Wahrnehmungsfeld des Patienten und kann sich den traumatischen oder einengenden Erfahrungen nähern.

Wegen der Gefahr, daß Kontrollmechanismen (etablierte, stützende „Panzerungen") durch die direkte Körperarbeit zu vehement angegangen und überrollt werden, muß die Indikation für eine bioenergetische Analyse besonders sorgfältig gestellt werden. Ist diese gegeben, kann Bioenergetik zu einer sehr wirkungsvollen therapeutischen Methode, insbesondere bei funktionellen psychosomatischen Störungen, werden.

Psychodrama

Psychodrama ist eine tiefenpsychologische integrative Methode, bei der mit Hilfe szenischer Darstellungen intrapsychische und interpersonelle Konflikte sichtbar, erlebbar und veränderbar gemacht werden können. Tiefenpsychologisch, weil sie auch (aber keineswegs ausschließlich) mit unbewußtem, genetisch in die Kindheit zurückreichendem Material arbeitet; integrativ, weil sie theoretisch und praktisch-therapeutisch disziplin- und schulübergreifend arbeitet (z. B. Sozialpsychologie, Medizin, Drama und Spiel).

Der Begründer der psychodramatischen Methode ist J. L. MORENO, der als Arzt in Wien nach dem 1. Weltkrieg mit sozialer und therapeutischer Gruppenarbeit begann. MORENO gilt als „Erfinder" der modernen Gruppentherapie. Der Mensch wird begriffen als ein im sozialen Umfeld Handelnder, der sein Verhalten und seine Beziehungen in **„Rollen"** (im weitesten Sinne des Wortes) strukturiert. Er erlebt sich immer in Beziehung zu anderen (Komplementärrollen), er kann andere empathisch verstehen über den gemeinsamen (unbewußten) Fundus an Rollen. *Psychische Konflikte, also widerstreitende Gefühle, müssen in der Gegenwart erlebt werden, um verändert werden zu können;* dieses Erleben ist am leichtesten durch Handeln (in der Rolle) zu stimulieren. Die Psychodramatheorie läuft also auf eine Konkretisierung von Umfeld, Rolle und Erleben hinaus.

Diese Konkretisierung wird erreicht durch die „Hilfswelt" der **szenischen Darstellung** im Psychodrama, meist in Gruppen, gelegentlich auch in Einzelsitzungen. Gespielt werden nicht nur reale Beziehungen zwischen Personen, sondern auch imaginäre Welten wie Phantasien und Träume. Hauptdarsteller bzw. Protagonist und Drehbuchautor ist jeweils ein Patient, der auf der vorgestellten Bühne Szenen möglichst genau „inszeniert", unterstützt von dem Spielleiter (Therapeuten). Die Komplementärrollen werden – nach kurzer Charakterisierung durch den Protagonisten oft sehr treffend – von anderen Gruppenmitgliedern dargestellt. Wird die Interaktion nicht plastisch genug, kann der Spielleiter einen *Rollentausch* veranlassen, bei dem der Protagonist selbst in die Rolle des Konfliktpartners geht und dessen Position dabei oft ganz neu erlebt (z. B. die Abhängigkeit eines angeblich starken Partners, die Zuneigung eines ewigen Nörglers). Ist ein Protagonist sehr gehemmt oder unklar, so kann der Spielleiter oder ein Gruppenmitglied für ihn sprechen (doppeln) und so die dem Protagonisten undeutlichen Gefühle oder Überlegungen sichtbar machen. Kommt der Protagonist in der aktuellen Szene an biographisch brisantes Material, so kann das Drama über mehrere Szenen hinweg fortgesetzt werden, so daß auch sehr frühes unbewußtes „Material" an die Oberfläche kommen kann.

Oft ist durch diese Erlebnisphase ein innerer Konflikt bereits gelöst („Vollendung der Gestalt"). Oft wird jedoch noch – vor allem bei aktuellen Beziehungskonflikten – eine *verhaltensmodifikatorische* Phase angeschlossen, in der der Protagonist Verhaltensalternativen, die von ihm selbst ins Spiel gebracht werden, spielerisch ausprobiert.

Wesentlich für den Protagonisten und die Gruppe ist die Integrationsphase nach Beendigung des Spiels. Zum einen muß der Protagonist das abgelaufene Drama auch intellektuell verstehen und dadurch in seine seelische „Normal"-Lage zurückkehren.

Zum anderen müssen die Gruppenmitglieder ihre emotionale Betroffenheit verarbeiten. Dies geschieht im sog. „sharing", d. h. in der Mitteilung von Gefühlen, eigenen Problemen, die während des Spielens des Protagonisten aufgetaucht sind. In der Integrationsphase wird auch ein Feedback gegeben, d. h. Beobachtungen zum Verhalten des Protagonisten, auch gelegentlich Deutungen und Vermutungen.

Die Phasen im Psychodrama – Gruppenanwärmphase, Drama, Integration in der Gruppe – ähneln im Ablauf den Phasen in der gestalttherapeutischen, bioenergetischen oder transaktionsanalytischen Arbeit.

Psychodrama ist über den engeren therapeutischen Bereich hinaus in vielen anderen Bereichen anwendbar, vor allem in Form des pädagogischen Rollenspiels.

Transaktionsanalyse

Der komplizierte Name *Transaktionsanalyse* drückt soviel aus wie Analyse zwischenmenschlicher (transpersonaler) Handlungen.

In der Theorie bestehen Ähnlichkeiten mit der Psychoanalyse (topologischer Gesichtspunkt „Ich, Es, Über-Ich") und dem Rollenkonzept des Psychodramas. In der Therapie sind die Verbindungen zu Gestaltmethoden, Psychodrama und auch Verhaltenstherapie enger als zur Psychoanalyse.

Die Transaktionsanalyse geht aus von drei **„Ich-Zuständen"**, dem **„Kind-Ich"**, dem **„Eltern-Ich"** und dem **„Erwachsenen-Ich"**. Diese Ich-Zustände sind alle in der Gegenwart relevant und treten situationsabhängig in den Vorder- bzw. Hintergrund. Das Kind-Ich erscheint in zweierlei Formen, einmal als freies Kind-Ich (Rebellion, Spontaneität, Kreativität) und als angepaßtes Kind-Ich (Unterwerfung unter die Erwartung der Erwachsenen). Das Eltern-Ich erscheint ebenso einmal als das nährende Eltern-Ich und einmal als das kritische Eltern-Ich.

Neurotische Probleme bzw. **Transaktionen** sind dadurch bedingt, daß diese Ich-Zustände in der falschen Situation auftauchen, z. B. in der Form, daß ein Zustand beherrschend ist.

Ein Beispiel: „Weißt du, wo meine Manschettenknöpfe sind?" „Warum paßt du auf deine Sachen nicht besser auf? Du bist schließlich kein kleines Kind mehr." Hier hat der Partner auf eine Erwachsenen-Ich-Frage aus seinem kritischen Eltern-Ich heraus reagiert. Die angemessene Erwachsenen-Reaktion wäre gewesen: „Ich weiß nicht" oder „Ich glaube, auf dem Schreibtisch".

Die Transaktionsanalyse geht davon aus, daß der Mensch sein Leben unbewußt nach frühen **Elternbotschaften** (Geboten/Erwartungen) einrichtet (Drehbuch oder **Lebensskript**), die im Problemfall als „Hexenbotschaften" oder „Giftsätze" wirken („aus dir wird doch nie etwas", „dazu bist du noch zu klein"). Er verschafft sich mit Hilfe unbewußter Strategien **(„Spiele der Erwachsenen")** immer wieder die alten Situationen, in denen sein **Skript** sich verwirklicht.

Die Transaktionsanalyse versucht – in der Regel als Gruppentherapie – dem Patienten dieses Skript und seine Strategien bewußt zu machen, oft durch Methoden, die den Gestalttechniken sehr ähnlich sind, seine unbewußte Fügsamkeit den Elternbotschaften gegenüber zugunsten einer bewußten Entscheidung für ein eigenes Skript aufzuheben und ihn auch durch selektive Verstärkung angemessener Verhaltensweisen zu unterstützen. Der Therapeut als „Verstärker" übernimmt zeitweilig und in Absprache mit dem Patienten eine positive Elternposition, die Gruppe dient als Übungsfeld für neue Transaktionen und auch als Verstärker.

Themenzentrierte Interaktion (TZI)

Die von RUTH COHN begründete themenzentrierte Interaktion ist eine pädagogisch-therapeutische Gruppenmethode im Grenzgebiet zwischen **Pädagogik, Selbsterfahrung (Prävention)** und Psychotherapie (**Human growth movement**). Sie basiert auf den Prinzipien der humanistischen Psychologie, der Gruppendynamik und der Psychoanalyse und formuliert pragmatische Sätze über notwendige Rand(struktur)bedingungen lebendiger **Gruppenprozesse**.

Die grundlegenden Sätze werden als Axiome bezeichnet, die letztlich nicht weiter begründbar sind.

Das erste Axiom lautet: Der Mensch ist eine psychophysische Einheit und ein Teil der Welt, also gleichzeitig autonom und interdependent. Seine Autonomie ist um so größer, je deutlicher ihm die Interdependenz bewußt ist.

Das zweite Axiom lautet: Der Mensch muß sich entscheiden; er ist ethisch verantwortlich.

Aus diesen Grundannahmen leiten sich zwei sog. Postulate ab, die gewissermaßen die grundlegenden Orientierungspunkte bzw. auch die Arbeitsmethoden der themenzentrierten Interaktion sind:

1. „Du bist dein eigener **Chairman** (Vorsitzender)"; also: „Du mußt dich entscheiden unter Berücksichtigung dessen, was in dir und um dich herum ist und was dein Ziel ist. Keiner kann dir die Entscheidung abnehmen, zumindest entscheidest du, daß andere entscheiden sollen."

   Dieser Satz wird oft zitiert als Aufforderung „Sei dein eigener Chairman!". Die paradoxe Form (der Befehl, sich keinem Befehl zu unterwerfen) hat oft zu Kritik geführt; sie wird sinnvoll als didaktisch-therapeutisches Prinzip, das auf die Ausschöpfung der eigenen Möglichkeiten und die Erweiterung der eigenen Grenzen hinwirkt, darf aber nicht verwechselt werden mit einem aufklärerisch-moralisierenden Zeigefinger, der gebietet, alles selbst zu tun oder nur an sich selbst zu denken.

2. Das zweite Postulat lautet: „**Störungen** haben Vorrang."
   Auch dieses Postulat hat – ähnlich wie das erste – ein Doppelgesicht; es beschreibt eine Tatsache und enthält eine Verhaltensvorschrift.

Wenn Störungen auftreten (z. B. Langeweile, Zorn auf ein Gruppenmitglied, Kopf-schmerzen oder Muskelspannungen), so werden sie so lange Energie absorbieren, bis sie behoben sind. Beheben heißt zunächst die Störung wahrnehmen und als solche akzeptieren und dann entscheiden, in welcher Weise sie bearbeitet werden soll: durch Mitteilung an die anderen, durch aktive Abhilfe oder auch durch bewußtes Aushalten, weil anderes im Augenblick wichtig erscheint. In diesem Entscheidungsprozeß ist der „Vorschriftscharakter" des Axioms hilfreich (aber nicht bindend). Oft führt bereits das Aussprechen des Gestörtseins zur Erleichterung bzw. Behebung des Zustandes (nach dem bekannten **therapeutischen Paradoxen**, daß einen Zustand akzeptieren ihn bereits verändern bedeutet).

Aus den Axiomen und Postulaten ergeben sich weitere „Hilfsregeln", die in der Gruppenpraxis klärende und entlastende Wirkung haben, z. B. „Mache persönliche Aussagen", „Es ist leichter, wenn du ‚ich' sagst, statt ‚man' oder ‚wir'." „Halte dich mit Interpretationen anderer zurück, drücke lieber deine subjektive Reaktion aus. Du weißt letztlich weniger über den anderen als über dich selbst. Interpretationen schaffen beim Gegenüber meist eine defensive Haltung".

In den „Regeln" sind übergeordnete Zielvorstellungen (Haltungen, Meta-ziele) jeder TZI-Gruppe (und nicht nur dieser) fixiert, unabhängig vom Anliegen (Thema) der Gruppe. Sie können deshalb als Orientierungsmar-ken dienen, aber nicht als Vorschriften, was ihrem Sinn widersprechen würde.

Jeder Gruppenprozeß ist gekennzeichnet durch vier Elemente: Ich – der einzelne mit seinem Anliegen in der Gruppe; Wir – die Gruppe mit ihren Zielen/Aufgaben; Es – das Thema, die Aufgabe, der Sinn der Gruppe; der Globe – das Umfeld, der Hintergrund, die Abhängigkeiten der Gruppenmit-glieder.

Diese vier Elemente müssen in einer **„dynamischen Balance"** gehalten werden, wenn Entwicklung (lebendiges Lernen) erfolgen soll. Wenn ein Aspekt vernachlässigt wird, wenn also zu sachlich (thematisch), zu ich-zentriert (Aufzählung von Ich-Zuständen reih um in der Gruppe) oder zu wir-bezogen gearbeitet wird (ständige interaktionelle Auseinandersetzun-gen ohne Besinnung oder Zielbezug), ist der Gruppenprozeß gestört oder bricht zusammen. Das Ausbalancieren ist eine der wesentlichsten Funktio-nen des Gruppenleiters.

Der TZI-Leiter versteht sich als gleichberechtigtes Gruppenmitglied mit besonderer Verantwortung für den Gesamtprozeß. Regressive Bedürfnisse bei den Teilnehmern wird er – in Grenzen – akzeptieren, aber nicht fördern; er wird sich bemühen, Übertragungen auf sich selbst oder andere Gruppen-mitglieder möglichst rasch durch Bezug auf die gegenwärtige Realität aufzu-lösen. Er bleibt als Person immer deutlich sichtbar.

Themenzentrierte Interaktion als flexibles Rahmenkonzept für Gruppen-prozesse bietet sich an zur Kombination mit anderen Verfahren. Es besteht auch eine relativ enge Übereinstimmung mit der sog. interaktionellen analy-tischen Gruppenmethode (s. S. 136). Die Vorteile liegen in der Durchschau-barkeit der Methode und des Leiters, die entängstigend und stabilisierend wirkt. Themenzentrierte Interaktion als *Einstiegsverfahren* für einen längeren therapeutischen Prozeß ist auch bei psychosomatischen Patienten möglich.

Literatur

Corsini, R.J.: Handbuch der Psychotherapie. Beltz, Weinheim 1983
Petzold, H.: Wege zum Menschen. Methoden und Persönlichkeiten moderner Psychotherapie. Junfermann, Paderborn 1984

Revenstorff, D.: Psychotherapie-Verfahren II: Verhaltenstherapie. 2. Aufl. Kohlhammer, Stuttgart 1989

21 Systemische (familien- und paarbezogene) Psychotherapie

Lernziel:
Indikation und Technik der systemischen Familien- und Einzeltherapie kennenlernen.

Innerhalb der *System*betrachtung der Psychotherapie wird die körperliche Störung eines Patienten weniger als Ausdruck von dessen individueller Problematik verstanden, sondern vielmehr als Folge von spezifischen Struktureigentümlichkeiten innerhalb seiner Familien- oder Paar*beziehungen*. Ausgehend von dieser *systemischen* Sicht stellt also das Symptom des Patienten einen relevanten Ausdrucksaspekt seiner unmittelbaren Interaktion dar. Die zentrale Aufgabe der systemischen Therapie ist, schnell – getragen von betonter *Aktivität* der Kotherapeuten – die wesentlichen, bei Familie oder Paar vorherrschenden Beziehungs- bzw. Systemkräfte zu erfassen und diese zu verändern. Für die schließliche Verwirklichung dieses Veränderungszieles ist das wesentliche therapeutische Instrument eine sehr effektive, spezielle Interviewmethode, nämlich die sog. *„zirkuläre Befragung"*.

Dabei befragen die Therapeuten – unter Wahrung strenger *Neutralität* bezüglich der Interessenzuwendung angesichts der einzelnen Familienmitglieder – jeweils einen Dritten über die Beziehung zweier (in der Regel anwesender) anderer, wodurch sich ständig neue Perspektiven bzw. Interpretationsschemata eröffnen. Auf diesem Wege gewinnen die Therapeuten wichtige Erkenntnisse über Interaktionsmuster, Beziehungsunterschiede und Veränderungen der Familie bzw. des Paares. Die Befragung beinhaltet nicht nur die Gegenwart und Vergangenheit, sondern vor allem auch die Zukunft, wobei sich gerade die letzteren, hypothetisch ausgerichteten Fragen als besonders wichtig erwiesen haben. Die zirkuläre Fragestellung zielt letztlich nicht auf die Suche von Ursachen, sondern insbesondere auf die Beschreibung von Beziehungen, von logischen Verknüpfungen. Die Einbeziehung von Phantasien – z.B.: „Was wäre, wenn...", „Was wäre, wenn nicht..." usw. – zeigt die intentionale und funktionale Eingebundenheit individuellen Verhaltens in den interpersonellen Kontext.

Auf der Basis des Eingehens auf die zirkulären Fragen wird jedes Familien-bzw. Paarmitglied sozusagen „gezwungen", die Zirkularität des Familien-bzw. Paarsystems – also die zugehörige systemische „Strömung" – nachdrücklich zu erleben, zusammen mit dem Ziel, dadurch Familien*ressourcen* freizulegen bzw. umzupolen. Ferner geht es den Therapeuten – bei gleichzeitiger *Betonung* des *Positiven* – darum, seitens der Familie bzw. des Paares gezeigte Verhaltensweisen *umzudeuten* bzw. *umzubewerten*, was letztlich auf die Veränderung innerer Bedeutungsgebungen abzielt. Einige Mitglieder des Therapeutenteams beobachten das Familien- bzw. Paargespräch hinter dem Einwegspiegel und konzentrieren sich auf die Reaktionen der „behandelnden" Therapeuten nicht weniger als auf die Familienangehörigen. Alle Teammitglieder erarbeiten dann abschließend gemeinsam die auf eine Systemänderung zielende Abschlußintervention.

Neuerdings erfuhr die systemische Therapie, die bisher vor allem anhand der Familientherapie exemplifiziert wurde, eine wesentliche Erweiterung durch den Begriff der sog. „*systemischen Einzeltherapie*" (auch bezeichnet als „Familientherapie ohne Familie"). Nachdem sich zunächst die systemische Familientherapie von ihrem Ausgangspunkt – der Einzeltherapie – entfernt und komplexeren Systemen – wie Familien – zugewandt hatte, kehrte nun die systemische Familientherapie um eine Stufe höher entwickelt zurück, zusammen mit dem Ziel, in die neukonzipierte systemische Einzeltherapie jene Erkenntnisse einzubringen, die ursprünglich in der systemischen Familientherapie gewonnen wurden. Diese Form der Einzeltherapie soll vor allem solchen Patienten mit systemisch orientierten Beziehungsstörungen zugute kommen, bei denen entweder die Familie (noch?) nicht zur Familientherapie bereit ist oder aber sich Familienmitglieder wegen geographischer Gründe nicht einladen lassen.

Die systemische Psychotherapie ist eine *Kurztherapie*. In der Regel werden bis zu 10–15 Sitzungen im Zeitraum von 1–2 Jahren durchgeführt. Darin gilt das Prinzip des Anstoßens statt des Durcharbeitens. Die längeren Sitzungsintervalle (meist 4–8 Wochen) sollen ermöglichen, daß die jeweiligen therapiebedingten Anstöße anschließend in der realen Umgebung des Systems wirksam werden und hier durch Problemlösungen und Strukturmodifikation Veränderungsprozesse nach sich ziehen.

Literatur

Simon, F. B., H. Stierlin: Die Sprache der Familientherapie, ein Vokabular. Klett-Cotta, Stuttgart 1984

Stierlin, H., F. B. Simon: Familientherapie. In Kisker, K. P., H. Lauter, J.-E. Meyer, C. Müller, E. Strömgren: Psychiatrie der Gegenwart, 3. Aufl., Bd. I: Neurosen, Psycho-somatische Erkrankungen, Psychotherapie. Springer, Berlin 1986

Weber, G., H. Stierlin: In Liebe entzweit (die Heidelberger Familientherapie der Magersucht). Rowohlt, Hamburg 1989

Weiss, Th.: Familientherapie ohne Familie. Kösel, München 1988

VI. Psychosomatik: somatopsychische Korrelation

Lernziele:
Ausgehend von Extrembeispielen der somatopsychischen Korrelation genaueres Kennenlernen des psychotherapeutischen Vorgehens bei körperlich Kranken klinisch-medizinischer Stationen, und zwar auf der Basis der Vorgehensweisen des interdisziplinär orientierten Konsiliar- und Liaisondienstes.

22 Sekundär-psychische Veränderung

Phänomenologie und Psychodynamik

Die oben (s. S. 116) skizzierte Psychopathologie des psychosomatischen Patienten ähnelt jener im Sinne der *sekundär-psychischen Veränderung.*

Die Wahrnehmung einer körperlichen Erkrankung beinhaltet nämlich beim Patienten ebenfalls einen *Objektverlust,* und zwar an den eigenen somatischen Funktionen einschließlich nachfolgender Erschütterung des Selbstwertgefühls *(sekundäre narzißtische Kränkung),* zusammen mit der Neigung des Patienten in Richtung erhöhter *medizinisch orientierter Selbstbeschäftigung* im Bereich des erkrankten Organs, die u. U. das Ausmaß hypochondrischer Überlagerungen erreicht. Als Folge hiervon zeigt sich dann eine – reaktive! – *Gefühlsrestriktion,* zusammen mit eingeschränkter Introspektion und Selbstreflektion. Weiterhin kommt es durch den Objektverlust – ähnlich wie beim psychosomatischen Patienten – zur *Abwehr* jener *frustrationsaggressiver* Strebungen im Sinne des Grolls, Unmutes, Haderns und der Feindseligkeit, die beim Patienten angesichts seines schwerwiegenden Krankheitseinbruches mobilisiert wurden entsprechend seiner Vorstellung: „Warum bin gerade ich so krank und nicht der andere?" Der Patient neigt nun zur Unterdrückung dieser frustrationsaggressiven Strebungen, und zwar einesteils deshalb, weil seine krankheitsbedingte Erschöpfung gezielte Unmutsäußerungen und Anklagen einschränkt, anderenteils auch deshalb, weil er befürchtet, bei solchen Äußerungen unwiderruflich die Zuwendung seiner häuslichen wie medizinischen Umwelt zu verlieren, von der er so abhängig ist.

Die beim chronisch Kranken im Rahmen seiner sekundär-psychischen Veränderung ferner nachweisbare *Angst* und *Depression* ist nicht nur Folge der Unterdrückung seiner Frustrationsaggression, sondern auch Ausdruck einer generellen emotionalen Schockreaktion angesichts der Krankheitswahrnehmung. Die ebenfalls beobachtbaren *Abhängigkeitswünsche,* die eine ausgeprägte *sekundäre infantile Regression* signalisieren, sind insofern auch ein Stück Adaptationsverhalten, als sie eine Voraussetzung für die Akzeptation von therapeutischen Direktiven seitens der Ärzte und Pflegepersonen darstellen. Die sekundär-psychische Veränderung umfaßt auch jenes seelische Abwehrverhalten, das sich der chronisch Kranke nach Art des Selbstschutzmechanismus *„Verleugnungsarbeit"* aufbaut. Verleugnung nennen wir die – unbewußt motivierte – Abschwächung oder gar Ausblendung von bewußtseinsnahen, subjektiv quälenden inneren wie äußeren traumatischen Wahrnehmungen. Diese Verleugnungsarbeit des chronisch Kranken im Sinne eines *realitätsgerechten* seelischen Selbstschutzmechanismus ist betont abzugrenzen von den Verleugnungsneigungen des neurotischen Patienten, die ein eher realitätswidriges Verhalten beinhalten.

Darüber hinaus ist nachdrücklich zu berücksichtigen, daß die Existenz von Konflikten bis zum Ausmaß *neurotischen* Gepräges – also ursprünglich unabhängig entstanden von sekundär-psychischen Veränderungen – bei chronisch Kranken häufig ist, ohne jedoch im klinischen Alltag eine entsprechend gebührende Würdigung zu erfahren.

Die beschriebenen sekundär-psychischen Veränderungen und zugehörigen psychotherapeutischen Interventionsmöglichkeiten lassen sich exemplarisch darstellen anhand von bestimmten medizinischen Extremsituationen: *Intensivbehandlungsstadium, Dauerdialyseprogramm, Transplantationsmedizin* und breitbasiges Therapieregime bei *Tumorpatienten.*

Klinisch-psychosomatisch relevante Beispiele

Intensivbehandlungsstadium

Anläßlich der stationären Einweisung eines *vitalbedrohten* Patienten – z. B. des akut Herzinfarktkranken – dominieren psychisch die *fundamentale emotionale Schockreaktion*, die phänomenologisch entweder einem „Angststupor" entspricht oder manifest archaische Ängste erkennen läßt. Die Intensität dieser emotionalen Schockreaktion geht unmittelbar nach der Einweisung merklich zurück, sobald der Patient die therapeutisch-helfenden Aktivitäten der sofort tätigen Ärzte und Pflegepersonen wahrnimmt. Während des anschließenden Intensivbehandlungsstadiums zeigen sich vor allem Züge der sekundär-narzißtischen Kränkung und reaktiven Depression. Eng verknüpft hiermit sind Gefühle des *inneren Bedrohtseins*, die von gedanklichen und gefühlhaften Präokkupationen in Richtung eines unbedingten Überlebenmüssens überformt werden. Ferner beobachten wir sehr prägnant die *Verleugnungsarbeit.*

Dauerdialyseprogramm

Bei den Patienten läßt sich der *Dialysestreß* anhand folgender *Stichworte umschreiben*: Abhängigkeit vom unerbittlich fortdauernden Therapieprogramm; andauernde Ungewißheit hinsichtlich der Lebenserwartung; Einschränkung der Umweltaktivitäten in familiärer, beruflicher und gesellschaftlicher Hinsicht.

Diese drei Streßfaktoren bedingen beim Patienten eine deutlich gedankliche und gefühlhafte Präokkupation mit der Dialysekonfrontation, die im Kontakt mit dem Patienten sofort ausgeprägt zutage tritt.

Die *emotionale Bewältigung* des Dialysestresses wird durch folgende *zwei Faktoren gefördert*: einesteils die unerbittlich fortdauernde Konfrontation mit der Alternative „Weiterleben" oder „Sterben" sowie anderenteils die Hoffnung auf Nierentransplantation. Dank dieser emotionalen Bewältigungsfaktoren erfährt das Durchaltevermögen des Patienten eine Aktivierung. Sofern der Patient das Dialyseprogramm bewältigen kann, gelingt nicht nur die positive Anpassung an die Apparate, sondern auch die psychosoziale Rehabilitation. Ferner kommt es zur Latenz der sekundär-psychischen Veränderung: Die Ungewißheit der Lebenserwartung, die sekundärnarzißtische Kränkung und die reaktive Depression sowie die Abhängigkeitswünsche werden geringer.

Transplantationsmedizin

Im Rahmen der imponierenden Fortschritte der modernen Medizin hat sich zwischenzeitlich die *Transplantationsmedizin* einen festen Platz auch im praxisbezogenen Alltag gesichert.

Der klinisch-psychosomatische Aspekt der *Nierentransplantation* beinhaltet vor allem die Tatsache, daß dann der Patient vollständig von seiner Abhängigkeit an das Dialyseprogramm erlöst wird. Auch nehmen jetzt die Umweltkontakte des Patienten zu, und es erhöht sich die psychische Flexibilität gegenüber neuen Umweltforderungen. Das Selbstwertgefühl erfährt eine Stabilisierung, außerdem werden Angst und Ungewißheit hinsichtlich der Lebenserwartung gemildert. Demgegenüber bleiben aber Befürchtungen bestehen, die sich auf die mögliche Abstoßung des Transplantates und damit potentiell auf die Wiederaufnahme der Dialysebehandlung beziehen. Die dann vorherrschende Frage: „Transplantaterhaltung oder endgültige Abstoßung?" kann – vor allem im Falle der manifest drohenden Gefährdung der Transplantatfunktion – zu einer Situation führen, die jener „wie auf dem Pulverfaß sitzend" gleicht: jetzt wird das Selbstwertgefühl labil, Depression und Ängste nehmen zu. Aber selbst dann, wenn es schließlich wiederum zu Transplantatabstoßung und nachfolgend erneuter Dialyse gekommen sein sollte, zeigt sich bei der Mehrzahl der Patienten schnell der Wunsch nach einer Zweittransplantation.

Beim erfolgreich *lebertransplantierten* Patienten lassen sich ähnlich psychisch-stabilisierende Effekte wie beim nierentransplantierten Patienten aufzeigen, allerdings mit zwei Unterschieden. Erstens ist beim Patienten mit terminaler Leberinsuffizienz vor der Organverpflanzung der Zeitraum zwischen hochgravierender Krankheitsdiagnose und Transplantationsanzeige häufig ein viel zu kurzer, so daß eine vollgeglückte Krankheitsadaptation nicht mehr regelhaft faßbar wird. Zweitens lassen sich bei erfolgreich leber-transplantierten Patienten zwar ähnlich psychisch-stabilisierende Effekte wie beim nierentransplantierten Patienten aufzeigen, allerdings mit der einen Abweichung, daß beim lebertransplantierten Patienten die Frage „Transplantaterhaltung oder Abstoßung?" eine elementar viel zwingendere und potentiell unverhältnismäßig bedrohlichere ist, weil diesen Patienten nicht der Ausweg in Richtung einer sog. „künstlichen Leber" offensteht.

Gerade wegen dieser vergleichend subjektiv wie objektiv gesteigerten Schweregrade des Krankheitserlebens ist die Beobachtung wichtig, daß sowohl den terminal leberin-suffizienten als auch den lebertransplantierten Patienten das Klinik-Setting auch maß-geblich dazu dient, ihre sekundär-psychischen Veränderungen emotional zu bewälti-gen. Das Klinik-Setting vermittelt nämlich den Patienten deutliche Gefühle emotiona-ler Sicherung infolge ihrer Wahrnehmung einer dort vorherrschenden, ausgeprägt-ärztlichen Kompetenz. Hier beinhaltet das stationär klinische Setting eine indirekte psychotherapeutische Einflußmöglichkeit allererster Ordnung, die gleichermaßen auch die spätere ambulante Nachversorgung betrifft.

Ähnlich wie bei der Nieren- und Lebertransplantation hat sich auch bei der *Herztransplantation* der Schwerpunkt von der Frage des Überlebens als primäres Ereignis verlagert zu anderen Aspekten des Lebens nach der Transplantation. Postalische Fragebogeneruierungen ergaben ähnlich psychoso-matische Befunde wie jene, die bei nieren- und lebertransplantierten Patienten anhand direkter klinisch-psychosomatischer Untersuchungen erhoben worden waren. Im thematischen Mittelpunkt einer solchen Befragung stan-den auch bei herztransplantierten Patienten einesteils nicht nur die gedank-lich-gefühlhafte Konfrontation mit dem transplantierten Organ, insbesonde-re im Sinne der sog. „Pulverfaß-Situation", sondern auch Ängste vor Kom-plikationen sowie Befürchtungen hinsichtlich der Nebenwirkung von Medi-kamenten. Andernteils ließen sich einfließende Schuldgefühle fassen, wie „daß ein Mensch sterben müßte, damit ich leben kann". Trotz dieser offen-kundigen Einschränkungen gab die Mehrzahl der Patienten an, daß sich die Hoffnungen und Erwartungen, die sie ursprünglich an die Herzverpflanzung gestellt hätten, überwiegend erfüllt hätten.

Breitbasiges Therapieregime bei Tumorpatienten

Beim *Tumorpatienten*, der sich einem breitbasig aufgebauten Therapiepro-gramm unterwerfen muß, beobachten wir nicht selten ausgeprägte Zuspit-zungen der sekundär-psychischen Veränderungen.

Eine spezielle Problematik stellt beim Tumorpatienten die sog. „*Aufklä-rung*" dar. Dahinter verbirgt sich die Frage, bis zu welchem Ausmaß dem Tumorpatienten die tatsächliche Diagnose mitgeteilt werden soll. Jegliche Form der realen Diagnosemitteilung hat auszugehen von einem engen kom-munikativen Gefüge Therapeut/Patient, also einer klaren überschaubaren Beziehung zum Patienten, die schließlich Schritt für Schritt genauere Ab-schätzungen dahingehend erlaubt, was dem Patienten an diagnostischer Information zugemutet werden kann.

Im einzelnen werden diese Abschätzungen bestimmt durch die *aktuell-klinische* Situation des Patienten, insbesondere dadurch, ob die Chance einer Besserung oder gar Heilung besteht oder aber eine infauste Prognose vorliegt. Ferner ist das Ausmaß der realen Diagnosemitteilung abhängig von der *prämorbiden* Struktur des Patienten, vor allem von seiner ursprünglichen Frustrationstoleranz, ebenso von der *Stabilität* seiner familiären Objektbeziehungen. Schließlich dient als wichtiger Anhalt für die Tragfähigkeit des Patienten der Grad seiner *Verleugnungsarbeit*. Es geht darum, im Rahmen der Aufklärung unbedingt zu vermeiden, daß die Verleugnungsarbeit so stark labilisiert wird, daß sie u.U. in langhingezogene Zustände der *Hoffnungslosigkeit* ausmündet. Oder anders ausgedrückt: Wir vertreten den Standpunkt, daß vor allem beim inkurablen Tumorpatienten die Anwendung des Prinzips *„Lüge als Arznei"* gerechtfertigt ist, sofern im Angesicht der realen Diagnosemitteilung die Gefahr besteht, daß uns der Patient emotional in Richtung eines Zustandes der ausgeprägten Hoffnungslosigkeit entgleitet.

23 Das klinisch-psychosomatische Konsultations-Liaison-Prinzip

Definitorische Bestimmung

Sofern sich ein psychosomatischer Patient wegen des Vorherrschens somatischer Probleme oder ein körperlich Kranker mit ausgeprägter sekundärpsychischer Veränderung auf einer klinisch-medizinischen Station (z.B. Innere Medizin, Chirurgie) befindet, dann erweist sich häufig als notwendig, ergänzend einen psychosomatisch geschulten Arzt oder Psychologen hinzuzuziehen, damit die psychologischen Probleme des Patienten ebenfalls eine Berücksichtigung erfahren, sofern durch diese Probleme die Ärzte-Schwestern-Pfleger-Gruppe fachbezogen überfordert wird. Ein solcher interdisziplinärer Service wird auch mit dem Begriff *„Konsultation-Liaison"* umschrieben. Der klinische Konsiliar- und Liaisondienst, der also vornehmlich hospitalisierte Patienten klinisch-medizinischer Stationen (außerhalb von Psychiatrie und Psychosomatik) betrifft, beinhaltet folgenden definitorischen Doppelaspekt: *„Konsultation"* meint die klassische Konsiliarfunktion des Psychosomatikers, der auf eine klinisch-medizinische Station zu einem Patienten mit psychischen Problemen gerufen wird, hier angesichts des dortigen Teams seine fachbezogene Beratung durchführt und dann psychotherapeutisch-begleitend an der weiteren Versorgung des Patienten teilnehmen kann. Demgegenüber meint der Begriff *„Liaison medicine"* die Vollzeiteinbeziehung des Psychosomatikers in das Team einer Station zwecks kontinuierlich-tragender Mitarbeit hinsichtlich der psychosozialen Aspekte der Krankenversorgung einschließlich der Sorge um psychosomatische Weiterbildung der Ärzte-Schwestern-Pfleger-Gruppe. Im Vergleich zur Konsultationsfunktion stellen die Liaisonaktivitäten das entschieden effektivere Modell dar, das aber bedauerlicherweise im Falle seiner ubiquitären Einrichtung viel zu zeit- und personalintensiv sein würde. Zwecks Förderung der interdisziplinären Kooperation betrachten wir als Hauptschwerpunkt des klassischen Konsiliar- und Liaisondienstes nicht nur die ein- bis zweimalige diagnostisch-psychosomatische Untersuchung des Patienten, sondern auch – im Falle einer entsprechenden Indikation – dessen ergänzend-begleitende Psychotherapie.

In den letzten Jahren wurden verschiedentliche Untersuchungen zum Bedarf an klinisch-psychosomatischen Konsiliardienstleistungen durchgeführt. In einer von uns in sechs klinisch-medizinischen Einheiten der Medizinischen Hochschule Hannover durchgeführten Prävalenzuntersuchung, bei der etwa 78% der stationären Patienten erfaßt wurden, wiesen 31,4 bis 42% der befragten Patienten schwerere Depressionen und Ängste auf und hätten dementsprechend einer vertieften psychologisch-medizinischen Diagnostik sowie gegebenenfalls auch Psychotherapie bedurft. In einer Prävalenzstudie in neun Hamburger Allgemeinkrankenhäusern wurden 38,4% der Patienten aufgrund von intensiven psychodynamischen Erstinterviews als deutlicher psychosomatisch gestört identifiziert. Gegensätzlich zu diesem offensichtlich hohen Bedarf zeigen jedoch die Untersuchungen hinsichtlich der Inanspruchnahme klinisch-psychosomatischer Konsiliardienste, daß die Beratungsfrequenz generell merklich unter dem veranschlagten Bedarf liegt. Übereinstimmend werden nämlich für diese Konsiliarinanspruchnahme lediglich Zahlen von 1 bis 5% der stationär behandelten Patienten berichtet. Gründe für diese sehr grobe Diskrepanz liegen zum einen in der personellen Ausstattung und therapeutischer Ausrichtung der klinisch-psychosomatischen Abteilungen, zum anderen in der Kooperationsbereitschaft der zuweisenden Ärzte.

Psychotherapie

Individueller Ansatz

Bei Patienten mit ausgeprägter sekundär-psychischer Veränderung bietet sich im Rahmen des Konsultations- und Liaisondienstes die *supportive Psychotherapie* (s. S. 139) wie folgt an:

1. Aufbau einer *oral-narzißtischen* Objektbeziehung (s. S. 139), ausgehend von der Entwicklung eines kontinuierlich-verbalen Dialogs im Sinne der „*assoziativen Anamnese*" (DEUTSCH 1953) (s. S. 140);
2. direkte Ansprache von *medizinisch orientierter Selbstbeschäftigung* („sekundäre Hypochondrie") als dem zunächst vordergründig-kommunikativen Anliegen des Patienten mit der nachfolgenden Möglichkeit narzißtischer Gratifikation und verbal-*kathartischer* Abfuhr von körperbezogenen Ängsten;
3. direkte Ansprache von *frustrations-aggressiven* Strebungen, ausgehend von der subjektiv quälenden Patientenvorstellung „Warum gerade ich und nicht der andere?", ebenfalls mit dem Ziel der verbal-*kathartischen* Abfuhr;
4. im Anschluß an die verbale Katharsis von medizinisch orientierter Selbstbeschäftigung und Frustrationsaggression mit – wenigstens vorübergehend – nachfolgend leichter Förderung von Introspektion und Selbstreflektion die

direkte Ansprache von *Konfliktsituationen*. Es handelt sich um eine Art von gemeinsam-problemorientierter, assoziativ-anamnestisch angereicherter Fokussierung, jedoch ohne nachfolgend-psychodynamische Bearbeitung. Vielmehr geht es vor allem um die bloße *konfliktorientierte Klarifikation* für den Patienten mit anschließender Möglichkeit des ergiebig-kathartischen *Sichaussprechenkönnens*. Diese vierte Intervention stellt nach unserer Erfahrung für die Patienten die effektivste innerhalb der supportiven Psychotherapie dar. Wir betonen auch deshalb so sehr diese spezielle Form der problemorientierten Fokussierung, weil – generell bei chronisch Kranken – krankheitsunabhängige Konflikte unverhältnismäßig häufiger sind, als allgemein hin angenommen wird.

Systemischer (familien- bzw. paarbezogener) Ansatz

Bei einem Teil der im Konsultations- und Liaisondienst gesehenen Patienten ist es empfehlenswert, ergänzend nächste Angehörige zum Zwecke von ein bis drei *systemischen Erstinterviews* (s. S. 156) hinzuzuziehen. Diese Gespräche beinhalten folgende drei Ziele:

1. Gewinnung von vermehrt *zusätzlicher Information* hinsichtlich des familien- bzw. paarbezogenen Beziehungsgefüges. Der Zuwachs an Informationsgewinn im Falle einer Ergänzung der supportiven Einzeltherapie durch systemische Gespräche ist ein eminent hoher.

2. *Intensitätsmilderung* der reaktiven *Unterindividuation* innerhalb der Familien- bzw. Paarbeziehungen chronisch Kranker. Die reaktive Unterindividuation ist eine Art von symbiotischer Fusion, anläßlich derer bei den Familienmitgliedern bzw. Partnern die eigenen Erlebnisse zu sehr mit dem Erleben und der Rolle des Patienten verschwimmen: die Grenzen des Patienten zu den Familien- bzw. Paarmitgliedern sind zu weich, durchlässig und brüchig. Jetzt ermöglicht die zirkuläre Befragung (s. S. 156) eine Art von differenzierterer, dialogischer Kommunikation mit dem Ziel, dadurch die Unterindividuationsdynamik ganz beginnend sozusagen „aufzuweichen", um neue, für Patient wie Angehörige besser erträgliche Nähe-Distanz-Konstellationen herstellen zu können.

3. Mobilisierung von familien- bzw. paarbezogenen *Ressourcen* auf der Basis einer *Betonung* des *Positiven*. Mittels der Betonung von Positivem, das sich hinter anfänglich negativ erscheinendem familiärem bzw. partnerischem Verhalten verbergen kann, wird seitens der Therapeuten ein außerordentlich kooperatives Klima geschaffen, das jeden Konfrontationskurs vermeidet. Ferner lassen sich jetzt verschüttete, symbiotisch-fusionsabsorbierte Ressourcen mobilisieren, z. B. an Opferbereitschaft, Einsatzfreude, Bereitschaft zum Trauern usw. Seitdem wir einzeltherapeutisch-supportive Sitzungen durch ein bis drei Familien- bzw. Paargespräche ergänzen, hat für uns die Effektivität des supportiven Vorgehens merklich zugenommen.

Das Gesamt dieses supportiv-psychotherapeutischen Angebotes im Sinne von Einzel- und Familiensitzungen erlebt der Patient als selbstwertstabilisierend, angstlösend und depressionsmildernd sowie fördernd hinsichtlich einer realitätsgerechten Verleugnungsarbeit und damit auch fördernd hinsichtlich der Compliance-Vermögen.

Anhang: Der Problempatient im interdisziplinären Verbund

Eine heterogene Gruppe von Patienten, die wir als besonders charakteristisch für den Konsultations- und Liaisondienst betrachten, sind solche, die *körperliche Störungen artefiziell manipulieren.* Diese relativ neue Kategorie psychosomatischer Störungen betrifft solche Patienten, die vordergründig glaubhaft anmutende *somatische* Symptome – im Sinne von selbstdestruktiven Akten – produzieren, mit dem Ziel, einen Patientenstatus zu verwirklichen. Diese Patientengruppe wird auch umschrieben mit den Begriffen „*Factitious disease*" (d. h. wörtlich: „nicht echte Erkrankung") und sog. „*Münchhausen-Syndrom*".

Typische Beispiele artefiziell manipulierter körperlicher Störungen sind medikationsbedingte Hypoglykämien (mittels Antidiabetikaabusus), Blutungen (mittels Antikoagulantienabusus) und Durchfälle (mittels Laxantienabusus). Ferner gehören hierher Manipulationen des Patienten an sich selber, z. B. massive Anämien infolge von selbstinduzierter Blutentnahme und gezielte Inaktivierung von Extremitätenanteilen mit nachfolgender Osteoporose. Schließlich bedürfen hier Patienten mit sog. „Operationssucht" (etwa präsentiert mittels aggravierter heftiger Bauchschmerzen) und artefiziell chronifizierte Wundheilungsstörung sowie Simulation von Fieber mittels Thermometermanipulation einer Erwähnung. Bei diesen Patienten lassen sich gehäuft Züge schwerer Persönlichkeitsstörung vor allem im Sinne der *Borderline*-Struktur (s. S. 108) aufzeigen. Psychodynamisch finden wir initial subjektiv gravierende *Objektverluste* (s. S. 116), die als emotionale Katastrophe wahrgenommen werden, und die beim Patienten – mangels dessen hinreichender seelischer Bewältigungsmechanismen – ausgeprägte *Entwurzelungsgefühle* mit intensivem Aufstau von frustrationsaggressiver Strebung nach sich ziehen. Diese Entwurzelungsgefühle kulminieren dann schließlich in Richtung von derart quälenden, *chronisch-dysphorischen Verstimmungen,* daß die Patienten keine andere Möglichkeit der psychischen Entlastung sehen als das artefizielle Krankheitsagieren mit resultierender „Flucht ins Krankenhaus". Im klinischen Alltag wird schnell deutlich, daß die Patienten ihre heftige, versagungsbedingte Frustrationsaggression dadurch *projektiv-verschoben* abführen, als sie immer wieder bei den umgebenden Ärzte-Schwester-Pfleger-Gruppen deren diagnostische Ratlosigkeit und therapeutische Hilflosigkeit wahrnehmen sowie diese als eine Art von „Triumph" erleben.

Innerhalb des psychosomatisch-psychotherapeutischen Erstkontraktes direkt „vor Ort" ist von einer direkten Konfrontation (sog. „Überführung") des Patienten mit seinem Agieren abzuraten, weil dies in der Regel vom plötzlichen Beziehungsabbruch durch den Patienten mit anschließender Intensivierung des artefiziellen Agierens gefolgt sein kann. Vielmehr empfiehlt sich eher im Rahmen der Konsiliar-Liaison-Dienst-Erstkontakte eine „indirekte" Konfrontationsarbeit auf der Basis mehrerer psychodynamisch orientierter Gespräche. Dabei geht es einesteils um den Versuch, eine tragfähige supportiv-psychotherapeutische Arbeitsbeziehung aufzubauen, anderenteils darum, thematisch das somatische Symptom *ohne* nachdrückliche Erwähnung der artefiziellen Note in den Mittelpunkt des Dialogs zu stellen. Zielrichtung dieses therapeutischen Vorgehens bildet eine schrittweise motivationale Aufschließung des Patienten für eine fast regelhaft indizierte, langfristige stationär-psychotherapeutische Behandlung.

Literatur

F. Balck, U. Koch, H. Speidel: Psychonephrologie. Springer, Berlin 1985

Bräutigam, W.: Kooperationmsformen somatischer und psychosomatischer Medizin. Springer, Berlin 1988

Deutsch, F.: The Psychosomatic Concept in Psychoanalysis. University Press, New York 1953

Eckhardt, A.: Das Münchhausen-Syndrom. Urban & Schwarzenberg, München 1989

Klapp, B.: Psychosoziale Intensivmedizin. Springer, Berlin 1985

Künsebeck, H. W., W. Lempa, H. Freyberger: Die Häufigkeit psychischer Störungen bei nicht-psychiatrischen Klinikpatienten. Dtsch. med. Wschr. 109 (1984) 1438–1442

Stuhr, U., A. Haag: Eine Prävalenzstudie zum Bedarf an psychosomastischer Versorgung in den Allgemeinen Krankenhäusern Hamburgs. Psychother. med. Psychol. 39 (1989) 273–281

VII. Sexualität

24 Psychologische Sexualmedizin

Lernziele:
Kenntnis des sexuellen Reaktionszyklus von Appetenz, Erregung, Orgasmus, Befriedigung in seiner Störbarkeit und der Bedeutung von Sexualität in Lebenslauf und Körpermedizin.

Definition

Sexualmedizin ist keine Fachrichtung, sondern ein Aspekt in aller Medizin. Es ist Sache aller Ärzte der somatischen und der psychologischen Medizin, diese sexualmedizinische Sicht in ihr kuratives und präventives Handeln zu integrieren.

Sexualmedizin ist zu einem sehr großen Teil psychologische Medizin. Als solche sieht sie Sexualität nicht eingeengt auf den funktionellen Vollzug, sondern primär als Erlebnisbereich, in dem sich Lust entfaltet und Intimität mit dem Partner ereignet. Psychologische Sexualmedizin sieht den Menschen nicht (nur) als leistendes Wesen, sondern als liebendes, spielendes, Nähe, Wärme und Geborgenheit suchendes – aber auch als sehr sexuelles und diesbezüglich sehr konfliktanfälliges Wesen.

Es steht schlecht mit der Sexualmedizin in der BRD: Die Ausbildung und Weiterbildung ist unzureichend, und Untersuchungen zeigen, daß ein wichtiger Faktor der schlechten Versorgung im Bereich sexueller Störungen mit ihren häufigen Begleiterscheinungen von persönlichem und partnerschaftlichem Unglücklichsein darin besteht, daß Ärzte kaum Kompetenz für Sexualberatung besitzen. Rat und Therapie wird zu fast 90 Prozent für sexuelle Funktionsstörungen gesucht – für die sich auch die Psychiatrie lange Zeit (zugunsten der Deviationen) kaum interessierte.

Sexualität als soziopsychosomatischer Prozeß: sexuelles Verlangen, Erregung, Orgasmus, Befriedigung

Sexualität ist erotische Imagination und stimulierender Hautkontakt. In ihr wird spezifische Lust erlebbar, aber auch körperliche wie emotionale Nacktheit riskiert. Sexualität kann befriedigen, aber auch unzufrieden machen. Wenn sie gelingt, baut sich aus intrapsychischen und Partneranreizen Erregung auf, die sich in körperliche, zumal genitale Reaktionen umsetzt und sich in der Partnerinteraktion zum Orgasmus steigert. Mißlingen von Heterosexualität entspringt oft aus dem Sachverhalt, der sie ermöglicht: dem Unterschied zwischen den Geschlechtern. Bei allen Aussagen über Sexualität ist zu bedenken, daß männliche und weibliche Sexualität sehr verschieden sind. Konfliktquellen sind „Zielorientiertheit" beim Mann gegenüber Partnerzentriertheit bei der Frau und männliches Dominanzbestreben gegenüber zunehmender weiblicher Selbstbestimmung.

Die **sexuelle Reaktion** im engeren Sinn beinhaltet Erregung und Orgasmus. Sexuelle Erregung manifestiert sich genitalphysiologisch in Mehrdurchblutung. Diese bewirkt bei der Frau Lubrikation und macht die Vagina zu einem aufnahmebereiten Geschlechtsorgan. Die Erektion ist ein komplizierter Prozeß, der im wesentlichen Erschlaffung der glatten Muskulatur des Schwellkörpers und der Penisarterien, dadurch Blutfüllung des Schwellkörpers mit mechanischer Drosselung der venösen Drainage beinhaltet. Der Orgasmus besteht genitalphysiologisch in rhythmischen Kontraktionen der den Penis bzw. die Vagina umfassenden (quergestreiften) Muskulatur. Der Orgasmus des Mannes hat zwei Phasen: Der Ejakulation geht voran die Emission in Form einer Kontraktion der ableitenden Samenwege, die auch Ursache der (bei der Frau nicht vorhandenen) Refraktärzeit ist.

Sexuelles Verlangen (Appetenz) fördert die sexuelle Reaktion, geht der Erregung voraus und begleitet sie, disponiert zu sexuellem Verhalten und ist eine wesentliche Voraussetzung für Lust, Genuß und Befriedigung. Diskrepanzen des sexuellen Verlangens sind ein häufiger Grund (bzw. Ausdruck) von sexuellen Partnerkonflikten, wobei stets sorgsam geprüft werden muß, ob das fehlende oder das überhöhte Verlangen die angemessene Reaktion ist. Theoretisch wie praktisch wichtig ist die Unterscheidung von Komponenten des sexuellen Verlangens (LEVINE 1988). Die Triebkomponente beinhaltet spontane endogene Erregung und erhöhte sexuelle Ansprechbarkeit (genitale Empfindungen, Wahrnehmungsveränderungen, Phantasien und Träume, Suche nach sexueller Betätigung). Eine kognitive Komponente sind sexuelle Wünsche (sich lebendig, bestätigt, verbunden, geliebt, mehr männlich oder weiblich zu fühlen oder den Partner zu befriedigen). Sexuelle Motivation schließlich als wohl wichtigste Komponente wird im wesentlichen getragen von der Psychodynamik des Individuums und der Paarbeziehung. Zahlreiche nichtsexuelle Motive können im Sexualverhalten oder dessen Vermeidung ausgetragen werden: Macht- und Besitzansprüche, Feindseligkeit, Herstellung wie Vermeidung von Intimität, Ausfüllung von Leere oder Abbau von Spannungen, Elternübertragungen auf den Partner u. a. Wenn wegen sexueller Probleme Behandlung gesucht wird, ist häufig zu erkennen, daß sich das sonst einheitliche Phänomen des sexuellen Verlangens in separate Komponenten aufgespalten hat (z. B. wenn trotz vorhandenem „Trieb" und/oder Wunsch keine Motivation zur Sexualität mit dem Partner besteht oder wenn bei älteren Männern der Wunsch überwiegend ist).

Sexualität im Lebenslauf

Sexualität entwickelt sich von Anfang an integriert in die *Persönlichkeitsentwicklung* und wird geprägt oder in Mitleidenschaft gezogen, wenn frühkindliche Konflikte Schwachstellen in der Persönlichkeitsstruktur bewirken. Sexualität entwickelt sich in und aus frühen Beziehungserlebnissen, die spätere *Beziehungsfähigkeit* prägen. Von frühkindlicher Entwicklung an differenziert sich Sexualität in ihren Dimensionen: einerseits des Gefühls für die Geschlechtszugehörigkeit und der *Geschlechtsrollenidentifizierung* und andererseits der *sexuellen Orientierung* und Erregbarkeit.

Grunderlebnisse dafür sind die frühen Erfahrungen mit Intimität und Versorgung, vertrauen zu können und vertrauenswürdig zu sein, Nähe wie Trennung ohne unerträgliche Angst riskieren zu können, aggressive Impulse nicht als zerstörerisch erleben zu müssen. Hier wird vorbereitet, daß sexuelle Befriedigung als Aspekt allgemeiner persönlicher Befriedigungsfähigkeit erlebt werden kann.

Prozesse der Loslösung und der Individuation aus der Symbiose und die Phase der Wiederannäherung sind Grundlage für die spätere Integration der Persönlichkeit, und ihre Störung ist außerdem für transsexuelle und perverse Entwicklungen von Bedeutung. Konflikte der oralen, analen und phallischen Phase können sich auch auf die Sexualität auswirken. Genitale Gefühle mit ihrer Entspannungs- und Phantasiefunktion können Autonomie fördern oder zum Ansatzpunkt für den Abwehrmechanismus der Sexualisierung werden.

Die Bewältigung der **ödipalen Phase** mit ihrem Oszillieren von verlangenden und rivalisierenden Gefühlen zu beiden Eltern erlaubt, den Sexualpartner nicht als inzestuöses Elternsubstitut erleben zu müssen. Die aus ihr resultierenden Verdrängungen, Hemmungen, Gebotsverinnerlichungen, unbewußten Phantasien sind entscheidend für die Ausformung einer integrierten, individualisierten Sexualität.

Jetzt und in der Zeit danach festigen sich Geschlechtsidentität und Objektpräferenzen, werden aber auch Ängste und Unsicherheiten in bezug auf sie angelegt; jetzt formt sich das Gewissen aus, entwickeln sich aber auch Gewissensängste, die (besonders bei Mädchen) Sexualität mit Gefahr, Schuld oder Abscheu assoziieren.

In der **Adoleszenz** müssen nicht nur die massiven körperlichen Veränderungen und die Pubertät mit ihrer Genitalisierung in Selbstbild und Erleben integriert werden, sondern alle Konfliktebenen neu mit dem Ziel der Selbstfindung durchgearbeitet werden. Selbstvertrauen und Fähigkeit zu Partnerintimität können resultieren, aber auch Einengungen von Sexualität und Persönlichkeit. Homosexualität und deviante Impulse können Inhalt vorübergehenden Experimentierens sein oder, psychodynamisch schon lange vorbereitet, sich ausformen und den Wunsch nach Beratung aufkommen lassen.

Ärzte sind auch einbezogen in das Spannungsfeld zwischen Sexualmoral Erwachsener und der freizügigen und gleichheitlichen, partner- und liebesorientierten Sexualmoral Jugendlicher. Diese geht nicht selten einher mit überhöhten Ansprüchen an Sexualität und Partnerschaft (sowie Berater) und disponiert zu neuen Problemen mit oft einseitiger „Oberflächen"-Sexualität und den sie begleitenden Versagensängsten. Kontrazeptionsberatung ist ein wichtiges Thema, sollte aber immer auch Sexualberatung sein, und der Arzt muß wissen, daß Jugendliche Geschlechtsverkehr haben, ob er ein Kontrazeptivum verordnet oder nicht.

Im **Erwachsenenalter** mit seinen Berufs- und Partnerfindungs- und -bindungsaufgaben gibt es ein breites Spektrum sexueller Probleme. Unter diesen spielen Konflikte zwischen der Lust- und Fortpflanzungsfunktion bei Frauen eine große Rolle. Sie brechen oft erst aus in der Schwangerschaft oder wenn das erste Kind da ist, sind aber schon in der Kontrazeptionsberatung zu bedenken. Auch kann das Eingehen einer Bindung mit ihren neuen Verpflichtungen, aber auch mit Abstrichen der eigenen Selbstverwirklichung, die Frau, ihr selbst oft ganz unerklärlich, zum Abschalten ihrer Sexualität veranlaßt haben, und Kinder können ihre Sexualität weiter hemmen. Es versteht sich, daß dies Selbstwertkrisen des Partners verursachen oder vertiefen kann, wie überhaupt sexuelle Probleme im Zusammenhang der eigenen Psychodynamik beider Partner und der der Partnerschaft verstanden werden müssen.

Für das **Älterwerden** und das **Alter** gilt zwar, daß sexuelle Aktivität und sexuelles Interesse erhalten bleiben, wenn relative Gesundheit und ein interessierter wie interessanter Partner vorhanden sind. Aber wenn das Paar wieder auf sich zurückgeworfen ist, mag die vielleicht immer schon vorhandene Beziehungsproblematik sich zugespitzt oder mit Feindseligkeit oder Aversion angereichert haben, und Reduktion der Vitalität und Attraktivität, Verlust der Selbstbestätigung im Beruf mögen schwer zu verkraften sein. Bei beiden Geschlechtern sinkt die Häufigkeit sexueller Aktivität mit dem Älterwerden, die Sexualreaktionen laufen langsamer und mit geringerer Intensität ab, und die Befriedigungsqualität verändert sich im höheren Alter.

Ein Teil der altersabhängigen Veränderungen der Sexualität ist somatisch bedingt. Relativ wenigen Veränderungen bei der Frau (verminderte Lubrikation und Atrophie der Vaginalhaut sowie unabhängig davon oft auch Appetenzminderung) stehen zahlreiche Beeinträchtigungen beim Mann gegenüber: erheblich verlängerte Erektionszeit, verminderte Prallheit der Erektion, verstärktes Angewiesensein auf direkte Penisstimulation (u. a. durch Sensibilitätsminderung), geringerer Ejakulationsdrang, weniger intensiver Orgasmus, stark verlängerte Refraktärzeit.

Wo die sexuelle Beziehung von Anfang an ausgeglichen und Sexualität immer schon in Zärtlichkeit eingebettet war, ist das kein Problem und kann sogar bereichernd sein. Eigentlich gibt es gar keine Alterssexualität: Jeder wird mit der ihm eigenen Sexualität auf seine oder eben auf entfremdete Weise alt.

Sexualität und Körpermedizin

Viele Körperkrankheiten und -behinderungen, chirurgische Eingriffe und Pharmaka haben beeinträchtigende Auswirkungen auf die Sexualität, teils auf die sexuelle Reaktion, häufiger noch auf das sexuelle Verlangen.

Dabei wäre es ein Vorurteil, anzunehmen, wo Krankheit oder Behinderung sei, habe Sexualität keinen Raum: die Bedürfnisse des Patienten sind dann nur weniger genital- und leistungszentriert, sondern mehr auf Wärme, Nähe und Hautkontakt gerichtet. Manche Krankheiten und/oder ihre Behandlungen beeinträchtigen die Sexualität mehr unspezifisch durch schlechtes Allgemeinbefinden, durch Schmerzen und Unbehagen oder durch besorgte Beschäftigung mit Krankheit und Behandlung. Mastektomie und Stomabildungen z. B. verursachen sexuelle Probleme durch ihre Auswirkungen primär auf das Selbstbild und sekundär auf die sexuelle Beziehung. Vielfach bestehen unspezifische und spezifische somatische Faktoren und seelische Verarbeitung der Krankheit mit ihrer Bedeutung für Lebensgefühl, Selbstwert und Zukunftsperspektive und Wechselwirkung – so z. B. ausgeprägt bei sexuellen Störungen im Zusammenhang mit chronischem Nierenversagen. Eine Vielzahl spezifischer somatischer Beeinträchtigungen der Sexualität ist heute bekannt: endokrine, nervale, vaskuläre und (z. B. pharmakabedingte) neurochemische Störungen und Schäden. Dabei galt bei weitem das meiste Forschungsinteresse den sexuellen Störungen beim Mann, zumal den Erektionsstörungen.

Multifaktorielle Verursachung. Oft handelt es sich um einen somatischen Teilfaktor, der in ein bestimmtes Muster lebensgeschichtlich und partnerschaftlich geprägter und mitunter schon vorher gestörter Sexualität eingreift. So unfundiert frühere Behauptungen einer ganz überwiegenden Psychogenese sexueller Funktionsstörungen – und zumal der Erektionsstörungen – waren, so unwissenschaftlich ist es, jede somatische Auffälligkeit für die Ursache zu halten. Es ist von einem multifaktoriellen Verursachungskonzept auszugehen, in dem die einzelnen pathogenetischen Faktoren für den individuellen Fall zu werten sind. Beispiele hierfür sind die angio- und neuropathisch bedingten Erektions- und Ejakulationsstörungen bei Diabetes, die gleichwohl ganz unterschiedlich verarbeitet werden; die Wechselwirkung zwischen Hypertonie, Antihypertensiva und psychischen Faktoren; die Beeinträchtigungen der Sexualität nach Myokardinfarkt, nach Prostataresektionen, nach gynäkologischen Eingriffen und bei schon vorhandenen sexuellen Störungen.

Nebenwirkungen von Pharmaka auf die Sexualität sind so zahlreich, daß bei jeder sexuellen Störung zuerst geprüft werden muß, welche Medikamente der Patient einnimmt. Dabei ist besonders auf Antihypertensiva, Kardiaka, Diuretika, Tranquilizer und Hypnotika zu achten, die unterschiedliche Nebenwirkungsmechanismen haben. Der bei Cyproteron (Androcur) angestrebte starke Antiandrogeneffekt findet sich (außer bei Östrogenen und Gestagenen) in abgeschwächter Form auch bei Lipidsenkern, Glukokortikoiden, Allopurinol u. a.

Die Erforschung dieser Nebenwirkungen wird erschwert dadurch, daß meist nur ein Teil der Patienten betroffen ist, daß die Wirkung vieler Pharmaka komplex ist und daß spezifische und unspezifische, periphere und zentrale

Auswirkungen auf die Sexualität oft kaum zu unterscheiden sind. Auch ist immer die Interaktion mit der Grundkrankheit zu bedenken, was besonders bei psychiatrischen Erkrankungen auf sehr komplizierte Verhältnisse trifft.

Von Schizophrenen weiß man, daß einerseits psychotische Symptome häufig Sexuelles beinhalten und daß andererseits Beziehungsstörungen häufiger sind als sexuelle Funktionsstörungen. Letztere können u. U. erst durch Neuroleptika verursacht werden, was nicht verwundert, da diese nicht nur antiadrenerg und anticholinerg, sondern vor allem antidopaminerg und (dadurch) prolaktinerhöhend wirken. Von Thioridazin (Melleril) ist bekannt, daß es dosisabhängig Verlängerung der Zeit bis zum Orgasmus oder Emissionshemmung bewirken kann, von Benperidol (Glianimon), daß es appetenzhemmend wirkt. Sexuelle Nebenwirkungen von Thymoleptika sind besonders deshalb schwer zu ermitteln, weil die Hemmung der sexuellen Appetenz ein Symptom von Depressionen sein kann.

Alkohol- und Drogenabhängigkeit sind ein prägnantes Beispiel für die multifaktorielle Verursachung von sexuellen Störungen. Wichtige somatische Faktoren bestehen in peripherer und vegetativer Polyneuropathie, Beeinträchtigungen des zerebralen Stoffwechsels und endokrinen Veränderungen im Zusammenhang mit Gonadenatrophie. Von noch größerer Bedeutung sind psychologische Faktoren, vor allem die fortschreitende Destruktion des Selbstwertgefühls, der Partnerbeziehung und der beruflichen Situation mit ihren unvermeidlichen Auswirkungen auf die Sexualität.

Diagnostik und Therapie von Erektionsstörungen ist heute fast vollständig in urologischer Hand. Die früher als Standardmethode zur Differenzierung psychogener und somatogener Verursachung dienende Registrierung der nächtlichen penilen Tumeszenzen ist in den Hintergrund getreten zugunsten einer direkten Überprüfung des Erektionsmechanismus. Die dosisabhängige Entstehung von Rigidität nach intrakavernöser Injektion einer Mischlösung von Papaverin und Phentolamin (neuerdings auch Prostaglandin E_1) läßt Rückschlüsse auf arterielle, venöse, kavernöse und nervale Funktionen zu. Behandlungsmethode der Wahl ist in vielen Fällen die Selbstinjektion, wobei psychologische Aspekte und Partnerbezug oft außer Betracht bleiben, obwohl sich eine Kombination der Injektionstechnik mit Psychotherapie anbietet. Angesichts dieser Entwicklung mit inzwischen vielen tausend veröffentlichten Fällen sind von psychologisch-medizinischem Interesse die gemeinsame werkzeughafte Sicht der Erektion bei Behandlern und Patienten, die in unterschiedlichem Ausmaß berechtigte Überzeugtheit von somatischer Verursachung mit entsprechender Psychotherapieablehnung seitens der Betroffenen, aber auch der Mangel an sexualpsychologischen Kenntnissen bezüglich älterer Männer.

Nach dieser notwendigen Betonung der Bedeutung somatischer Faktoren werden sich die folgenden Kapitel auf psychologische Aspekte in Verursachung und Therapie konzentrieren.

Literatur

Bähren, W., J. E. Altwein: Impotenz. Thieme, Stuttgart 1988

Bancroft, J.: Grundlagen und Probleme menschlicher Sexualität. Enke, Stuttgart 1985

Bräutigam, W., U. Clement: Sexualmedizin im Grundriß, 3. Aufl. Thieme, Stuttgart 1989

Hertoft, P.: Klinische Sexologie. Deutscher Ärzteverlag, Köln 1989

Kockott, G.: Männliche Sexualität. Hippokrates, Stuttgart 1988

Kockott, G.: Weibliche Sexualität. Hippokrates, Stuttgart 1988

Levine, S. B.: Intrapsychic and individual aspects of sexual desire. In Leiblum, S. R., R. C. Rosen: Sexual Desire Disorders. Guilford, New York 1988

Porst, H.: Erektile Impotenz. Enke, Stuttgart 1987

25 Sexuelle Probleme und Störungen

Lernziele:
Kenntnis der sexuellen Funktionsstörungen bei Mann und Frau in ihrem Vollzugs- und Genußaspekt, ihrer Häufigkeit und ihrer Bedeutung im Verhältnis der Geschlechter.

Klassifikation ICD–9: 302.7 (ICD−10: F52.0−52.9)
DSM III–R: 302.70–302.76, 302.79, 306.51

Begriffsbestimmung und Klassifikation

Sexuelle Funktionsstörungen wurden in ICD−9 in nur einer diagnostischen Position „Frigidität und Impotenz" zusammengefaßt. Diese deskriptiv unzureichenden Begriffe bringen zum Ausdruck, daß sexuelle Störungen und Probleme insgesamt bei Frauen als Defizit mehr des Verlangens, der Empfindung und des Genusses, bei Männern als Beeinträchtigung mehr der Leistung und des Vollzuges (Erektionserhaltung und Ejakulationskontrolle) imponieren. Sexuelle Funktionsstörungen beinhalten die Aspekte des subjektiven Erlebens und der genitalphysiologischen Reaktionen und umfassen sexuelles Verlangen (Appetenz) und sexuelle Reaktion. DSM III−R und ICD−10 sind zu in etwa übereinstimmenden Klassifizierungen gekommen, die sich am triphasischen Konzept KAPLANS (1981) – Verlangen, Erregung, Orgasmus – orientieren. Dabei darf nicht übersehen werden, daß Verlangen mehr als eine Phase ist, die der sexuellen Reaktion vorausgeht: es gibt ihr das „energetische Potential" und vermittelt Befriedigung.

– *Störungen der sexuellen Appetenz* zeigen sich in Mangel oder Verlust von sexuellem Verlangen (bei Fehlen von sexuellen Phantasien), mitunter auch nur in mangelnder sexueller Befriedigung. Sexuelle Aversion ist die starke Motivation, nicht sexuell zu sein, und kann phobische Ausprägung haben.

– *Störungen der Erregung* zeigen sich im subjektiven sexuellen Erleben oder im Versagen genitaler Reaktionen – in mangelnder vaginaler Lubrikation oder (bei weitem häufiger) in Erektionsstörungen.

– *Orgasmusstörungen* sind dadurch definiert, daß sexuelle Erregung ausgeprägt vorhanden ist, ein Orgasmus aber nicht ausgelöst werden kann. Bei Männern ist der Orgasmus sehr selten gehemmt, bei Frauen häufig, wobei nach koitaler, Partner- oder Selbststimulation zu unterscheiden ist. Vorzeitige Ejakulation beruht auf Unfähigkeit zur Kontrolle des Ejakulationsreflexes.

– Vaginismus ist ein Abwehrreflex der zirkumvaginalen Muskulatur und kann mit Dyspareunie als *Störungen mit sexuell bedingten Schmerzen* zusammengefaßt oder als Sonderform der Sexual-(Koital-)Vermeidung betrachtet werden. Bei Dyspareunien wie Erektionsstörungen ist es schwierig, die relative Bedeutung psychischer und/oder organischer Faktoren abzuschätzen.

Sexuelle Funktionsstörungen können schon immer (*primär*) bestanden haben oder nach bisheriger Funktionsfähigkeit *sekundär* aufgetreten sein, *generalisiert* oder *situations-* bzw. *partnerabhängig* sein, nach Ausmaß oder Häufigkeit *vollständig* oder *partiell* auftreten, schließlich wie erwähnt psychisch und/oder organisch bedingt sein.

Eine primäre Erektionsstörung bei einem jüngeren Mann, die nur im Partnerkontakt oder nur beim Koitus auftritt, wird eher psychogen anmuten. Eine sekundär entstandene Erektionsstörung bei einem älteren Mann in längerer Beziehung, die sich allmählich auf alle Quellen der Erektion ausgeweitet hat, wird in erster Linie an organische Faktoren denken lassen, die sich aber mit einem Appetenzverlust kombinieren können. Andererseits, wenn ein älterer funktionsfähiger Mann nach Partnerverlust bei einer neuen Partnerin erektionsunfähig ist, braucht das nicht rein situativ bedingt zu sein, sondern kann auch auf bis dahin kompensierten organischen Faktoren beruhen.

Zusammenhänge zwischen sexuellen Funktionsstörungen und bestimmten Persönlichkeitsmerkmalen sind nicht erwiesen. Wohl aber gelten als prädisponierend Angst, übermäßige sexuelle Leistungsorientiertheit, Zurückweisungsempfindlichkeit und erfahrungs-, konflikt- oder sozialisationsbedingte negative Einstellungen zur Sexualität. Sexuelle Funktionsstörungen sind meist nicht von anderen psychischen Störungen begleitet. Sie haben aber sehr häufig Versagensangst, „zwanghafte" Selbstbeobachtung und Empfindlichkeit gegenüber der Reaktion des Sexualpartners zur Folge, wodurch Funktionsfähigkeit, Befriedigung und Partnerkommunikation noch stärker eingeschränkt werden und sich Sexualvermeidung entwickeln kann. Verminderte sexuelle Appetenz kann sich (bei Frauen häufiger als bei Männern) als Reaktion auf jede sexuelle Funktionsstörung entwickeln – kann aber auch das primäre Problem sein und eine andere Funktionsstörung nur vortäuschen, nach deren (erfolgreicher) Behandlung erst deutlich werden.

Häufigkeit

Wenn für sexuelle Funktionsstörungen Rat oder Therapie gesucht wird, stehen bei Männern an erster Stelle Erektionsstörungen, gefolgt von vorzeitiger Ejakulation, und bei Frauen Mangel an sexuellem Verlangen und Erregungsstörungen, weniger häufig Orgasmusstörungen. Allerdings hat dies zur Voraussetzung, daß nicht nur Unzufriedenheit und Leidensdruck bestehen, sondern auch Chancen in der Suche nach Hilfe gesehen werden.

Über die Häufigkeit sexueller Funktionsstörungen in der Bevölkerung sind keine gesicherten Aussagen möglich, da entsprechende Studien kaum repräsentativ sind und dem sexuellen Wandel der letzten Jahrzehnte nicht gerecht werden können. Auch müssen sexuelle Störungen nicht die Zufriedenheit beeinträchtigen, zumal diese stark vom emotionalen Klima der Beziehung abhängt. Patienten, die danach fragen, wird man sagen können, daß bis zu 10% der Frauen ganz, erheblich mehr koital anorgastisch sind, bis zu 20% verminderte sexuelle Appetenz haben. Bis zu 30% der Männer ejakulieren sehr rasch, und auch dies muß die Sexualität nicht beeinträchtigen. Die altersabhängige Zunahme von Erektionsstörungen ist seit langem bekannt. Obwohl von Patientenproblemen nicht auf Häufigkeit in der Bevölkerung geschlossen werden darf, hat doch die rasant gestiegene Behandlungsnachfrage wegen Erektionsstörungen deren Häufigkeitsschätzung korrigieren lassen (DSM III−R nennt 8% bei jungen Erwachsenen).

Sexuelle Unterschiede zwischen Männern und Frauen

Wandel der Unterschiede und des Verhältnisses zwischen den Geschlechtern in den vergangenen Jahrzehnten bedingt, daß es der Sexualberater mit generationsabhängig sehr unterschiedlichen Sozialisationsbedingungen und Wertvorstellungen zu tun hat. Der Tendenz nach haben sich die Geschlechter angeglichen, nachdem lange Zeit und eindeutig der Mann in die aktiv-progressive, die Frau in die passiv-regressive Position gedrängt worden war.

Biologische Unterschiede sind nur das „Rohmaterial" für die sexuelle Sozialisation. Daß Mädchen, anatomisch bedingt, ihrer Genitalreaktionen auf sexuelle Stimuli weniger gewahr sind, weniger direktes Feedback bekommen als Jungen, macht sie möglicherweise leichter sozial-repressiv beeinflußbar. Beim obligatorischen Koitus bekommen Frauen weniger direkte (klitorale) Stimulation als Männer – ganz abgesehen davon, daß „Eindringen" und „In-sich-aufnehmen" (oder gar „Penetriertwerden") ganz verschiedene Erlebnisqualitäten haben. Andererseits sind Frauen bei optimaler Stimulation in viel höherem Maß multipler Orgasmen fähig, während der Orgasmus beim Mann von einer Refraktärzeit sexueller Unansprechbarkeit gefolgt ist. Offenbar nicht biologisch begründet ist hingegen, daß der Orgasmus bei Frauen in der sexuellen Interaktion leichter durch negative Gefühle gehemmt werden kann und in der Phantasie öfter mit (u. a. masochistischen) Themen der Verantwortungsdelegation für sexuelle Lust assoziiert ist.

Unterschiede der sexuellen Sozialisation, die bei Jungen mehr auf Initiative und Leistung, bei Mädchen mehr auf Empfindung und Attraktivität zielt, finden sich der Tendenz nach wieder in den Sexualphantasien mit Dominanz, Selbstwerterhöhung und visueller Orientierung auf der einen, und rezeptiv-selbstbezogener Beziehungsbetontheit und emotional-taktiler Orientierung auf der anderen Seite. Hinzu kommt, daß bei vielen Männern sexuelle Erregung leichter bei körperlicher Dominanz aufzukommen und Heterosexualität stärker homosozial („unter Männern") belohnend zu sein scheint.

Während in bezug auf die Fähigkeit, auf optimale sexuelle Stimulation zu reagieren, insgesamt keine allzu großen Unterschiede zwischen Männern und Frauen zu bestehen scheinen, haben Frauen offenbar ein geringeres und selteneres spontanes Interesse, sexuelle Stimuli zu suchen. Andererseits sind es die Frauen mit ihren emotionalen und Appetenzproblemen, die größeren Einfluß auf die sexuellen Interaktionen und deren Häufigkeit haben, nicht die Männer, obwohl diese öfter sexuelles Unbefriedigtsein als Problem ansehen. Wenn sexuelle Probleme und Störungen bei Frauen häufiger als bei Männern sind, so ist das gewiß nicht naturgegeben, sondern dadurch bedingt, daß soziokulturell, in Partnerbeziehungen und überhaupt von Männern Frauen selten die Chance gegeben wird, ihre eigenen sexuellen Bedürfnisse zu entwickeln und diesen entsprechend ihre sexuellen Interaktionen zu gestalten. Frauen der jüngeren Generation sind allerdings im Begriff, sich diese Chance zu nehmen – nicht ohne Irritation für die Männer. Offen ist, ob dies etwas daran ändern wird, daß weibliche Sexualität beziehungsabhängiger ist und beziehungsabhängig stärker störbar ist.

Typische interaktionelle Störungsmuster

Aus Unterschieden und Verhältnis der Geschlechter ergeben sich typische Risiken für die sexuelle Interaktion, aus denen sich Probleme und Störungen entwickeln, verstärken und ausweiten können, nicht selten mit dem Enderergebnis einer mehr oder minder vollständigen Sexualvermeidung.

Daß ein Paar seine sexuellen Aktivitäten auf Koitus beschränkt in der Erwartung, dies sei für die Frau genauso stimulierend wie für ihn, wird von der Frau, für die das nicht zutrifft, nur so lange akzeptiert werden, wie die Beziehung für sie lohnend ist und sie ihre Befriedigung aus der seinen, im Gefühl des Begehrtwerdens und der Intimität, gewinnt.

Das geringere und seltenere spontane sexuelle Interesse einer Frau, die aber sexuell reaktionsfähig ist, kann zu einer Polarisierung von Aktivität und Passivität in der sexuellen Interaktion und zu stärker werdenden Diskrepanzen bezüglich der gewünschten Häufigkeit führen, zumal wenn sich ihre sexuelle Reaktionsfähigkeit verringert und sie sich ausgenutzt fühlt. Aufkommen der Vermeidung sexueller Kontakte bei ihr können bei ihm stärker forderndes Verhalten bewirken, das wiederum ihre Vermeidung verstärkt.

Ein Mann mit Neigung zu vorzeitiger Ejakulation kann auf eine Partnerin treffen, die ihrerseits Schwierigkeiten hat, durch Koitus zum Orgasmus zu kommen. Aus ihrer sexuellen Interaktion werden sich die Probleme beider verstärken, besonders dann, wenn vielleicht beide Koitus (und gleichzeitigen Orgasmus) für einzig normal und wünschenswert halten.

Ein Mann mit leichten Erektionsproblemen, der auf eine Frau trifft, die spontane Erektionen als Beweis für ihre Attraktivität sieht, die „genommen" werden will und Angewiesensein auf manuelle Penisstimulation als unmännlich ansieht, wird ziemlich bald ihr gegenüber völlig impotent werden und Sexualität vermeiden. Dasselbe kann passieren, wenn er es als von ihm zu erbringende sexuelle Leistung betrachtet, ihr einen Orgasmus zu verschaffen, und das schon an ihrer sexuellen Unerregbarkeit scheitert.

Störungen beim Mann

Erektionsstörungen belasten Männer deshalb so stark, weil Männlichkeit und sexuelle Leistungsfähigkeit vor allem nach Ausprägung und Dauer der Erektion bemessen wird. Teils zur Entlastung in dieser Hinsicht, teils aus emotionaler Introspektionsunfähigkeit wird meist eine organische Verursachung angenommen. Versagensangst und überzogenes Bedürfnis, die Partnerin zu befriedigen, sind so häufig mit Erektionsstörungen, die sie verstärken, verbunden, daß sie keinen Beitrag zur Differenzierung somatogener versus psychogener Entstehung liefern. Auch das Vorhandensein nächtlich-morgendlicher und masturbatorischer Erektionen bei koitalem Versagen kann nur begrenzt in dieser Hinsicht verwertet werden. Das breite und intensiv beforschte Spektrum der Erektionsstörungen läßt kaum eine Typisierung zu, bestenfalls eine Unterscheidung von eher jüngeren Männern, deren sexuelle Funktion durch vorherrschende psychische Risikofaktoren eingeschränkt wird, und eher älteren Männern, bei denen sich somatische und psychische Risikofaktoren kombinieren. Der primär erektionsgestörte jüngere Patient bekommt meist Erektionen in nichtkoitalen Situationen, versagt aber bei oder vor der Einführung und läßt ausgeprägte Sexual- oder partnerbezogene Ängste erkennen. Klärung des für die Erektion kritischen Zeitpunkts im Ablauf der sexuellen Interaktion gibt oft Aufschlüsse über die Art des Angsteinbruchs bzw. der psychischen Verursachung. Der längere Zeit funktionsfähig gewesene, vielleicht sogar „automatisches" Funktionieren gewohnte, eher ältere Patient berichtet meist, daß seine Erektionsstörung mit zunächst nachlassender Steifheit, dann Erektionsverlust beim Koitus begonnen und sich später zu einem Erektionsversagen auch in nichtkoitalen Situationen ausgeweitet hat, wobei oft nachlassende Appetenz eine Rolle spielt.

Vorzeitige Ejakulation ist eine unpräzise Bezeichnung für die Funktionsstörung der *Unfähigkeit zur Ejakulationskontrolle*, bedingt durch (meist ängstliches) Abgelenktsein von der Wahrnehmung der präorgastischen Empfindungen. Auch diese Störung kann beträchtlichen Leidensdruck verursachen, da sie einen Koitus ebenso unmöglich machen kann wie Erektionsversagen. Bei eher jüngeren Männern tritt die vorzeitige Ejakulation bei steifer Erektion ein, bei älteren entsteht sie nicht selten mit nachlassender Erektionsfähigkeit – durch Verkürzung des Zeitintervalls zwischen dem Erreichen einer Erektion und der Ejakulation. Vorzeitigkeit bewirkt häufig Sexualvermeidung, die die Störung verstärkt. Obwohl mangelnde Ejakulationskontrolle bis heute als rein psychogene Störung gilt, wird die Bedeutung einer vegetativen Reaktionsdisposition (wie auch bei Erektionslabilität) diskutiert.

Die eher seltene **koitale Orgasmus-** bzw. **Ejakulationshemmung** belastet die sexuelle Beziehung u. a. dadurch, daß sie in der Partnerin Gefühle mangelnder Attraktivität aufkommen läßt und den Koitus strapaziös machen kann. Trotz der Fähigkeit, lang anhaltende Erektionen zur Verfügung zu stellen, besteht ein Erregungsdefizit. Es erklärt sich oft aus devianten Phantasiefixierungen, die Partnerintimität problematisch machen.

Auch **Appetenzstörungen** im heterosexuellen Bezug lassen an Probleme der sexuellen Orientierung und Devianz denken. Primäres Fehlen und sekundäres Nachlassen der sexuellen Appetenz können somatisch bedingt sein. Häufiger sind selektive, situations- und partnerabhängige Hemmungen (und Steigerungen) der Appetenz: daß sexuelle Appetenz nicht mehr der langjährigen Partnerin, wohl aber der jungen Geliebten gegenüber aufkommt, oder daß sinnliches Begehren und Liebe nicht vereinbar sind. Wenn „Hypersexualität" des Mannes – und nicht mangelnde Appetenz der Frau – das Problem ist, muß geprüft werden, inwieweit nichtsexuelle Motive in sexueller Form ausgetragen werden.

Störungen bei der Frau

Sexuelle Störungen bei Frauen sind emotionsabhängiger strukturiert als die bei Männern und deshalb nicht so leicht abzugrenzen. Die Gründe dafür liegen vor allem in der ausgeprägten Beziehungsabhängigkeit weiblicher Sexualität, der unterschiedlichen Bedeutung bestimmter zärtlicher oder sexueller Interaktionen und der starken Tendenz zur Ausweitung und Progredienz der Störung.

Zumindest als Arbeitshypothese – die aber durch Frauenbefragungen gestützt wird – kann die Vorstellung dienen, daß weibliche (viel deutlicher als männliche) Sexualität zwei verschiedene Dimensionen hat. Die eine Dimension ist charakterisiert durch *Orgasmuskonsistenz*, die andere durch sexuelle *Befriedigung* in emotionaler Nähe zum Partner (und ist mit häufigem Koitus verbunden). Diese Dimensionen können sich überschneiden, und zwar in positiven wie negativen Wechselwirkungen.

Sexuelle Aversion ist oft die gemeinsame Endstrecke progredienter und/oder chronischer Störungen der sexuellen Beziehung oder der als defizitär erlebten eigenen Sexualität. Sie führt zwangsläufig zu sexuellem Rückzug bzw. Sexualvermeidung. Die Aversion kann mehr Wut und Aggression, mehr Ekel und Abscheu oder mehr Angst beinhalten. Ist der negative Affekt, besonders Angst, sehr intensiv und besonders „irrational", dann spricht man auch von einer Sexualphobie. Diese kann (selten) auch ohne begleitende sexuelle Funktionsstörungen vorhanden sein – ist aber durch ähnliche Konflikte verursacht wie diese – und kann sich auf isolierte Aspekte der Sexualität wie Koitus, männliche Geschlechtsteile, Ejakulat, genitale Stimulierung u. ä. beziehen.

Mangel an sexuellem Verlangen (Appetenz) mindert oft Erregbarkeit und Befriedigung, schließt aber Rezeptivität nicht aus. Sexuelle Gedanken, Tagträume oder Phantasien fehlen entweder völlig oder werden als nicht realisierbar erlebt. Auf Sexualität „könnte völlig verzichtet werden", wobei manchmal ein Leidensgefühl besteht, von diesem Erlebensbereich völlig abgeschnitten zu sein und auch einem geschätzten und begehrenden Partner gegenüber nur eine negativ getönte Gefühlsleere zu empfinden. Seinen sexuellen Bedürfnissen, die sie oft vollends erkalten lassen, stellt sich die Frau meist nur aus dem Gefühl der Verpflichtung zur Verfügung. Sexuell fordernde Haltung des Partners läßt rasch Sexualaversion und -vermeidung aufkommen, die oft schon in der sexuellen Interaktion selbst mit aggressiv gefärbter Passivität und Gleichgültigkeit ausgetragen wird. Appetenzhemmung kann primär sein oder später im sexuellen Leben oder einem bestimmten Partner gegenüber entstehen.

Von **Störungen der Erregung** zu sprechen setzt voraus, daß Appetenz vorhanden ist. Es fehlt die Gelöstheit, sich sexuell-lustvollen Empfindungen hinzugeben: Erregung kommt nicht auf, ist labil oder läßt nach, sowohl in ihrer genitalphysiologischen Manifestation als auch und vor allem in mangelndem sexuellen Genuß und dem Gefühl des Unbefriedigtseins. Manchmal kann genitale Stimulation sehr genossen werden, oft aber wird sie als unergiebig abgekürzt und dem Partner Koitus angeboten. Dessen Genuß ist oft beeinträchtigt, weil mangelnde Erregtheit in Verbindung mit häufiger Orgasmusforderung (der Frau an sich selbst und des Partners an sie) die Verwirklichung eigener Bedürfnisse in ihm erschweren. Bei zusätzlichem Fehlen emotionaler Befriedigung und unter dem ständigen Eindruck eines Erregungsvorsprungs und sexuellen Egoismus des Partners entsteht leicht das Gefühl des Ausgenutztseins.

Dyspareunie, Unbehagen und Schmerz beim Koitus, kann somatisch bedingt sein sowie auch durch vaginistische Reaktionen. Oft ist sie aber das Endergebnis wiederholten lust- und genußlosen, vaginal unerregten Sicheinlassens auf Koitus. Auch an phobische Schmerzerwartung ist zu denken sowie daran, daß sexuelle Empfindungslosigkeit eine dissoziative Reaktion, Schmerz und Unbehagen eine Konversionsreaktion sein kann.

Von **Orgasmushemmung** – ob bei der Masturbation, bei Partnerstimulation oder beim Koitus – sollte man nur dann sprechen, wenn ein entsprechend hohes Niveau sexueller Erregung aufgebaut und erhalten werden kann, das dann das Nichterreichen orgastischer Entspannung frustrierend macht. Aus einer Orgasmushemmung, zumal wenn sie intensiv als solche erlebt wird, kann sich eine Erregungsstörung in bezug auf die betreffende sexuelle Aktivität oder überhaupt entwickeln. Unfähigkeit, beim Koitus (zumal ohne gleichzeitige klitorale Stimulation) zum Orgasmus zu kommen, sollte man nicht unbedingt als „Störung" sehen, sondern im Kontext unterschiedlicher physiologischer Schwellen und psychologischer Bereitschaften.

Vaginismus kann primär oder sekundär, partiell oder total sein und besteht, als spezifische Form der Penetrationsabwehr, in unwillkürlichem Spasmus der Zirkumvaginalmuskulatur, die jede Einführung (des Penis oder auch eines Tampons) unmöglich machen kann. Vaginistische Frauen können sexuell erregbar und orgasmusfähig sein, können aber auch eine intensive Sexualphobie und Sexualvermeidung haben.

Literatur

Arentewicz, G., G. Schmidt: Sexuell gestörte Beziehungen. Konzept und Technik der Paartherapie. 2. Aufl. Springer, Berlin 1986

Diagnostisches und statistisches Manual psychischer Störungen DSM−III−R. Deutsche Bearbeitung und Einführung von H.-U. Wittchen, H. Saß, M. Zaudig und K. Koehler. Beltz, Weinheim 1989

ICD−10 in Vorbereitung (Stand Sept. 1988, Deutsche Übersetzung des Kapitels V [F] „Psychische, Verhaltens- und Entwicklungsstörungen", H. Dilling u. a. 1989)

Kaplan, H. S.: Hemmungen der Lust. Neue Konzepte der Psychosexualtherapie. Enke, Stuttgart 1981

Kaplan, H. S.: Sexualaversion, sexuelle Phobien und Paniksyndrome. Enke, Stuttgart 1988

Langer, D., S. Langer: Sexuell gestörte und sexuell zufriedene Frauen. Eine empirische Untersuchung an Selbstdarstellungen von Frauen. Huber, Bern 1988

Masters, W. H., V. E. Johnson: Die sexuelle Reaktion. Rowohlt, Reinbek 1970

Sigusch, V.: Therapie sexueller Störungen, 2. Aufl. Thieme, Stuttgart 1980

Zilbergeld, B.: Männliche Sexualität. Deutsche Gesellschaft für Verhaltenstherapie, Tübingen 1983

26 Ursachen und Therapie sexueller Störungen

Lernziele:
Kenntnis der Ziele, Methoden und Inhalte von Sexualberatung und Sexualtherapie und deren Bezug zu den wichtigsten Ursachen sexueller Probleme und Störungen.

Es scheint selbstverständlich, daß Therapie auf die Beseitigung von Ursachen zielen muß. Auf der anderen Seite gilt als erwiesen, daß Sexualtherapie erfolgreich sexuelle Symptome beheben und Befriedigung erhöhen kann, ohne daß die verursachenden Konflikte oder Ängste aufgelöst werden. Dieser Widerspruch erklärt sich zunächst einmal daraus, daß sich psychische Ursachen nie einzeln, einfach und linear auswirken, sondern höchst komplex und individuell. Der psychotherapeutische Prozeß, den Paar oder Patient möglichst bald in Eigenverantwortung nehmen müssen, hat emotional selbstkorrigierenden Charakter, indem neue Lernerfahrungen gemacht und sexuell behindernde Faktoren unmittelbar erlebbar und bearbeitbar werden. Es ist Aufgabe des Sexualberaters und Sexualtherapeuten, zu solchen korrigierenden emotionalen Erlebnissen zu ermutigen und anzuleiten, und insofern hat er eine aktivere Rolle und arbeitet symptomzentrierter als in anderen Psychotherapien.

Außerdem gibt es, sowohl intrapsychisch als auch in der sexuellen Beziehung, einerseits mehr oberflächliche, auslösende Ursachen, andererseits tiefer liegende Ursachen. Man weiß nur selten im voraus, in welchem Umfang die Störung in tiefer liegenden Ängsten und Konflikten verwurzelt ist. Oder anders ausgedrückt: ob das Symptom umschriebene oder die gesamte Persönlichkeit und/oder Beziehung einbeziehende Konflikte zum Ausdruck bringt. Hinzu kommt, daß sexuelle Störungen durch einen Selbstverstärkungsmechanismus funktionelle Autonomie bekommen, die durch einsichts- und auf primäre Konflikte orientierte Psychotherapie nicht ohne weiteres aufgehoben werden kann.

Möglichkeiten der Sexualberatung

Die Mitteilungsbereitschaft der Patienten in bezug auf ihre Sexualität und der therapeutische Wert aufmerksamen Zuhörens, verständnisvollen Nachfragens und Zusammenfassens des Verstandenen dürfen nicht unterschätzt werden. Voraussetzung für Sexualberatung sind sexualmedizinische Sachkenntnis und die Fähigkeit, mit Patienten einigermaßen frei von eigenen Hemmungen und Konflikten über Sexualität zu sprechen. *Sexualberatung ist zuallererst Gespräch,* das wesentliche Modellfunktion für den Patienten in seiner Partnerkommunikation über Sexuelles hat. Haupthindernis für das sexualberatende Arzt-Patient-Gespräch ist die gemeinsame, durch Unsicherheit beider bedingte Vermeidung der Thematisierung von Sexualität und ihrer relevanten Details.

Darüber hinaus gibt es Erschwernisse, die es zu vergegenwärtigen gilt. Die meisten Menschen haben nie gelernt, über Sexuelles zu sprechen, haben oft sogar gelernt, daß man das nicht tut. Sex ist oft von heftigen Affekten begleitet, positiven wie negativen, und wird mit Intimität assoziiert, was Reden außerhalb wie innerhalb ihres Kontextes aus unterschiedlichen Gründen erschwert. Schließlich hat der oft jüngere Arzt mit Patienten zu tun, die älter sind als er selbst, und damit das Problem, quasi mit Elternfiguren über deren Sexualität zu reden.

Auch die „einfache" Sexualberatung hat viele Aufgaben und Möglichkeiten. Manche Patienten brauchen die schlichte *Bestätigung,* daß das, was sie tun, denken oder fühlen, „in Ordnung" ist. Andere haben *Informationsmängel* und *Lerndefizite,* die der Korrektur bedürfen – einer gezielten Korrektur, die bedenken muß, daß die Interaktion zwischen Information und persönlichen Wertvorstellungen stets komplex ist, daß Lernunfähigkeit nicht nur mit Informationsmangel zu tun hat (weil letzterer leichter zugegeben werden kann als tief verwurzelte Angst- oder Schuldgefühle, die ihm vielleicht zugrunde liegen) und daß falsche Normvorstellungen besonders destruktiv sind. Es ist eine wichtige Aufgabe für die Sexualberatung, *sexuelle Mythen* zu korrigieren, die auch heute noch sexuelle Kommunikation stören und verzerren können, und sei es in der Form, daß man frei sei von ihnen und „mehr Sex" zur Verhaltensvorschrift wird.

Es geht in diesen Mythen darum, daß Männer keine Gefühle zeigen sollen, daß nur die sexuelle Leistung zähle, daß der Mann sexuell aktiv und initiativ zu sein und die Funktion habe, die Frau zu befriedigen, daß er instinktiv wissen solle, wie er einer Frau Lust bereitet, daß für Sexualität Ausmaß und Festigkeit der Erektion entscheidend seien, weil sie Attraktivität der Frau und Begehren des Mannes beweisen, daß Sex obligatorisch in Koitus und in Erregungssteigerung zum Orgasmus zu bestehen habe, daß jeder Partner für die sexuelle Zufriedenheit des anderen verantwortlich sein und Sex trotzdem und vor allem spontan und natürlich sein solle usw.

Wieder andere Patienten brauchen bestimmte *Anregungen*, wie die typischen Risiken der destruktiven sexuellen Interaktion vermieden werden können und wie die sexuelle Situation anders gestaltet werden kann, so daß unangenehme Gefühle vermieden werden und die Lust gesteigert wird. Hauptaufgabe ist hier, *Selbstverstärkungsmechanismen* für Patient oder Paar erkennbar und bearbeitbar zu machen. Sie spielen in der Verursachung *aller* sexuellen Störungen eine wichtige Rolle und bestehen darin, daß Erwartungs- und Versagensängste im Teufelskreis mit Versagen sich fortlaufend selbst verstärken. Selbstunsicherheit und ängstliche Selbstbeobachtung, aber auch zunehmend fordernde oder feindselige Haltung des Partners wirken beschleunigend, Sexualvermeidung und Unterdrückung sexueller Appetenz sich selbst bekräftigend.

Stets ist zu bedenken, daß Beziehungen bestehen zwischen Versagensangst und Fordern des Partners, zwischen Angst vor Ablehnung und tatsächlicher Partnerfeindseligkeit, zwischen übertriebenem Bedürfnis nach Partnerbefriedigung und Verwirklichung eigener Bedürfnisse, zwischen eigenem, wiederholten Unbefriedigtsein und offensichtlichem Vergnügen des Partners, zwischen den Gefühlen, den anderen zum Sexualobjekt zu machen und selbst benutzt zu werden.

Die Ursachen sexueller Funktionsstörungen

Eine umfassende *Theorie der Verursachung* sexueller Funktionsstörungen – die es noch *nicht* gibt – müßte folgendes leisten: 1. auf Störungen des sexuellen Verlangens ebenso anwendbar sein wie auf Störungen der sexuellen Reaktion; 2. die Umsetzung psychischer Faktoren in genitalphysiologische Reaktionen ebenso erklären wie die Auswirkung somatischer Faktoren auf das psychosexuelle Funktionssystem und die Wechselwirkung zwischen psychischen und somatischen Faktoren; 3. den Unterschieden zwischen den Geschlechtern Rechnung tragen, d. h. dem Sachverhalt, daß ein Geschlecht spezialisierte Sexualproduktionen erbringen muß (Appetenzüberschuß, Erektion und Ejakulationskontrolle), die mit den Sexual- und Beziehungswünschen und der sexuellen Selbstentfaltung des anderen Geschlechts vereinbar sind.

Es gibt keine psychische oder Persönlichkeitsstörung, die zwangsläufig mit sexuellen Funktionsstörungen verbunden wäre, und es gilt auch im psychischen Bereich das Prinzip der *multifaktoriellen Verursachung*. Andererseits sind an zahlreichen psychischen Störungen Aspekte der Verursachung sexueller Funktionsstörungen zu erkennen: paranoide Beziehungsgestörtheit, depressiver Rückzug und Appetenzverlust, angstbedingte Verunsicherung und phobische Vermeidung, dissoziative Konversion und Somatisierungen von Konflikten. An Zustandekommen und Aufrechterhaltung sind nicht nur Konflikte und ihre Verarbeitungen beteiligt, sondern auch Lernerfahrungen – vor allem als Lerndefizite und als Vermeidungslernen. Nicht nur die Funktionsbeeinträchtigung durch negative Erlebnisse – Angst, Wut, Ekel, Scham, Erniedrigung, Schuld – bedürfen der Erklärung, sondern auch, daß und wie es (mehr Männern als Frauen) gelingt, die sexuelle Funktion vor destruktiven Einflüssen zu bewahren.

Man kann sich sexuelle Funktionsstörungen als bedingt durch nicht bewältigbare *Risiken* vorstellen, die in der sexuellen Situation entstehen. Diese Risiken bestehen darin, daß einerseits wegen mangelnden sexuellen Verlangens *keine Erregung aufkommt* und andererseits durch *Angst oder deren Abwehr* die sexuelle *Funktion beeinträchtigt* wird. Die Risiken können in der sexuellen Situation selbst liegen, intrapsychischen Ursprung haben oder aus der Partnerbeziehung entstehen. Sexuelle Symptome mögen eine ich-stabilisierende und beziehungsregulierende Funktion haben, aber es ist sicher einseitig, sexuelle Funktionsstörungen ausschließlich als Schutzmechanismen zu sehen, als Produkte der Abwehr unbewußter Ängste und Konflikte, die mit Sexualität, sexuellem Verhalten und sexueller Beziehung verbunden sind. Mit genauer Erforschung der Phänomene gestörten sexuellen Verlangens ist deutlich geworden, daß zu deren Erklärung das Paradigma der Abwehr sexualitätsassoziierter Angst nicht ausreicht. In Konsequenz der Erkenntnis von MASTERS u. JOHNSON (1973), daß Versagensangst die größte bekannte Gefahr für die sexuelle Funktion ist, hält APFELBAUM (1988) angesichts der heute als selbstverständlich tief verinnerlichten Verpflichtung zu Sexualität die „Reaktionsangst" für eine der wichtigsten Ursachen von Funktionsstörungen: die Angst, nicht (angemessen) sexuell empfinden und funktionieren zu können.

Nach KAPLANS (1981) Konzept ist die Symptomwahl bedingt durch 1. den Zeitpunkt im sexuellen Ablauf (von Appetenz bis Orgasmus), an dem Angst und/oder Angstabwehr auftreten, 2. die Qualität oder Intensität (nicht den Inhalt) tiefer liegender Ängste, 3. die spezifischen Vor- und Auslösebedingungen für Angst/Abwehr in ihrer Interaktion mit der sexuellen Reaktion. Relativ spezifische und unmittelbare, mehr **oberflächliche Ursachen** sind demnach: bei Hemmung der sexuellen Appetenz ein „Abschalten" in Form aktiver, aber unbewußter Unterdrückung sexuellen Verlangens und Interesses, bewirkt durch Konzentration auf negative Gedanken oder Gefühle; bei vorzeitiger Ejakulation perzeptive Abwehr durch Unterdrückung oder Sichablenken von deutlicher Wahrnehmung der genitalen Empfindungen; bei Orgasmushemmung (adäquate Stimulation vorausgesetzt) zwanghafte Konzentration auf die ansteigende Erregung im Dienst der Kontrolle und Reduktion der Angst; bei Vaginismus der auf Angst vor vaginaler Penetration konditionierte Spasmus der zirkumvaginalen Muskulatur. Erregungs- und Erektionsstörungen zeigen unterschiedliche Abwehrmechanismen, sind

aber meist durch deren Unwirksamkeit, also als physiologische Begleiterscheinung der Angst, charakterisiert.

Die **tieferen Ursachen** sind hinsichtlich der Symptombildung unspezifisch
und liegen einerseits in intrapsychischen Ängsten, andererseits in Partnerkonflikten. Nach ARENTEWICZ u. SCHMIDT (1986) lassen sich folgende, für die
sexuelle Entwicklung bedeutsame **Ängste** unterscheiden: 1. Triebängste in
Form von frustrationsinduzierter Angst vor Enttäuschung, Angst vor emo-
tionalem und körperlichem Kontrollverlust, Ekelreaktionen und Schmutz-
ängste, Angst vor Gewaltphantasien und Kastrationsängste; 2. Beziehungs-
ängste vor drohender Ich-Auflösung, vor Selbstaufgabe und Abhängigkeit,
vor Nähe und Intimität, vor Partnerverlust und Verlassenwerden sowie vor
inzestuösen Wünschen; 3. Geschlechtsidentitätsängste mit entsprechender
Verunsicherung oder deren Überkompensation; 4. Gewissensängste aus
destruktiven, die Sexualität tabuisierenden Botschaften der Kindheit. (KAP-
LAN [1981] beschreibt die Angst vor sexuellem Erfolg als besondere Form der
Lustangst und sexuell selbstdestruktiven Verhaltens.) Mechanismen sexuel-
ler Funktionsstörung durch **Partnerkonflikt** sind: 1. Delegation kaschierter
eigener Probleme an den „gestörten" Partner mit (oft unbewußter) sexueller
Sabotage; 2. Arrangement zwischen den Partnern hinsichtlich der Störung
mit Nutzen für beide und die Beziehung und zur Verleugnung tieferer
Konflikte; 3. Wendung gegen den Partner durch Einsatz der Störung zum
Ausdrücken und Austragen von Feindseligkeit oder Dominanzkonflikten; 4.
Ambivalenzmanagement durch Verwendung der Sexualität als Regulativ für
Beziehungskonflikte, zumal bezüglich Nähe und Distanz und anderer „Kol-
lusionen" (WILLI 1975), in denen bestimmte Positionen (wie z. B. die aktiv-
progressive/passiv-regressive) abgewehrt und auf den Partner delegiert wer-
den. Ganz unzureichend erforscht sind die Auswirkungen des Alterns auf die
Paarbeziehung und insbesondere auf das sexuelle Verlangen.

Sexualtherapie

Therapie sexueller Störungen ist in erster Linie Psychotherapie und will als
solche gelernt sein. Sexualtherapie kombiniert verhaltenstherapeutische mit
tiefenpsychologischen Ansätzen und bestimmte „Sexualübungen", die von
Paar oder Patient zu Hause ausgeführt werden, mit psychotherapeutischen
Sitzungen, in denen das bei den „Hausaufgaben" zutage getretene emotionale Material aufgearbeitet wird.

Die **Sexualübungen** haben das Ziel, aus der sexuellen Sackgasse zurückzuho-
len, ein Feld für ruhig-gelassene, angst-, leistungs- und forderungsfreie körperliche, zärtliche und sexuelle Interaktion zu eröffnen und emotional korri-
gierende Erfahrungen zu induzieren. Erster therapeutischer Schritt muß
immer der Abbau von Sexualaversionen und Vermeidungsverhalten sein –
erst dann können sich sinnliche Empfindungen entfalten. Hierfür wird ein
Verbot von Koitus und allen anderen, den Patienten belastenden oder unter
Druck setzenden sexuellen Aktivitäten verabredet. Für den so geschaffenen

Freiraum werden Interaktionen vorgeschlagen, die einen Neuanfang des Körperkontaktes beinhalten. Gegenseitiges, aber abwechselndes Streicheln, zunächst unter Aussparung der Geschlechtsteile, soll Geben und Nehmen, unmittelbare Rückmeldung von Empfindungen und Bedürfnissen, Sinnlichkeit des ganzen Körpers entdecken und lernen lassen. Wenn das genossen werden kann, wird spielerisches Streicheln und Stimulieren der Geschlechtsteile einbezogen und, später dann, im fließenden Übergang die Einführung geübt. Indikationen sind Erektionsstörungen, aber auch Appetenz- und Erregungsstörungen der Frau.

Spezielle Übungen orientieren sich an den spezifischen Auslösern der Störung. Genießenkönnen der Stimulation auch des schlaffen Gliedes, des Kommens und Gehens von Erektionen sind wichtig für ihn, ruhiges Verweilen oder Bewegen des Penis intravaginal für beide, Übernahme der Steuerung der Interaktion für sie. Bei vorzeitiger Ejakulation besteht die gezielte Therapie darin, dem Mann eine Wahrnehmung seiner präorgastischen Empfindungen und dadurch eine Kontrolle seines Ejakulationsreflexes zu ermöglichen. Das geschieht durch wiederholte Penisstimulation, die jeweils bei Annäherung an den Orgasmus abgebrochen wird – zunächst vorübend durch den Mann selbst, dann durch die Hand der Partnerin, schließlich durch deren Vagina. Bei weiblicher Orgasmushemmung geht es darum, daß die Frau – zunächst allein, dann den Partner schrittweise einbeziehend bzw. beteiligend – bei optimaler Stimulation versucht, sich durch sexuelles Phantasieren von ihrer zwanghaften Selbstbeobachtung abzulenken. Hierfür sowie auch bei Appetenzstörungen kann wichtig sein, die sexuelle Imagination zu entfalten, zum Beispiel durch erotisches Material. Bei Vaginismus sind Einführungsübungen mit dem eigenen Finger indiziert, mit denen es die Frau in die eigene Verantwortung nimmt, ganz allmählich ihren vaginistischen Abwehrreflex zu dekonditionieren, bis später der Finger und dann der Penis des Partners in fließenden Übergängen einbezogen werden kann. Es gibt sexuelle Lern- und Selbsterfahrungsprogramme (s. Literatur) für Frauen, Männer und Paare, die sinnvoll in die Therapie einbezogen werden können.

Die psychotherapeutischen Interventionen beinhalten die Bearbeitung der emotionalen und sexuellen Erlebnisse bei den Sexualübungen und – zusammen mit Paar oder Patient – die Planung der nächsten Schritte. Förderlich für den therapeutischen Prozeß sind kleine Schritte, die sich auf einem Pegel „optimaler Angst" bewegen müssen: Machen die – immer wieder modifizierten – Übungen zu viel oder zu wenig Angst, gibt es keine Veränderung. Häufig ergeben sich Barrieren oder Behinderungen des Therapiefortschritts – gemeinhin als Widerstand interpretiert. Dieser Widerstand kann verschiedenste Formen haben – von Terminversäumnis oder Abhaltung von den Hausaufgaben bis zu Protest gegen bestimmte Aktivitäten, Erlebnisse oder die Therapie überhaupt. Er kann sich gegen den Prozeß oder gegen das Ergebnis der Therapie richten, kann vom Patienten oder vom Partner ausgehen. In ihm kommt zum Ausdruck, daß die therapeutische Arbeit am Symptom bestimmte Ängste oder Konflikte mobilisiert, die Bedeutung haben für die sexuelle Störung im Rahmen der intrapsychischen oder dyadischen Psychodynamik. Es erfordert oft sehr viel therapeutische Phantasie, Paar oder Patient Wege erkennen zu lassen, wie dieser Widerstand umgangen werden kann, oder ihnen seine Bedeutung zu vermitteln in der Erwartung, daß emotional selbst erfahrene Einsicht eine Veränderung des Verhaltens oder Erlebens ermöglicht. Der Therapeut sollte aber nicht enttäuscht sein, wenn nur ein begrenzter Erfolg im Rahmen dessen erarbeitet werden kann, was einschränkende Psychodynamik (oder auch Körperstörung) zulassen.

Sexualpsychotherapie ist eine zwar symptomorientierte, aber sehr individualisierende Methode. Sie hatte sich im vergangenen Jahrzehnt auf die zunehmende oder besser erkannte tiefe Verwurzelung sexueller Probleme in Persönlichkeit und Beziehung einzustellen. Das Prinzip des gestuften Vorgehens hat sich bewährt: die Zahl der Patienten, die wegen sexueller Störungen möglichst rasche Hilfe suchen, ist viel zu groß, als daß anders vorgegangen werden könnte, als Schritt für Schritt zu prüfen, welche weitergehenden Interventionen jeweils indiziert sind. Sexualpsychotherapie hat noch flexibler werden müssen, um der komplizierten Dynamik der häufiger gewordenen Störungen des sexuellen Verlangens gerecht zu werden, um Einzel- und Paartherapie den wechselnden Erfordernissen des Verlaufs anzupassen und um eine Kombination mit somatischen Behandlungsverfahren zu ermöglichen. Hinsichtlich der Empfehlung von Sexualübungen mußte gelernt werden, eine mögliche AIDS-Gefährdung verantwortungsvoll zu bedenken bzw. auszuschließen. Unabhängig davon muß sich Sexualtherapie stets vergegenwärtigen, daß sexuelle Freiheit nicht bedeutet, zu Sexualität „ja" sagen zu müssen.

Literatur

Apfelbaum, B.: An ego-analytic perspective on desire disorders. In Leiblum, S. R., R. C. Rosen: Sexual Desire Disorders. Guilford, New York 1988

Barbach, L. G.: For yourself: Die Erfüllung weiblicher Sexualität. Ullstein, Berlin 1977

Buddeberg, C.: Sexualberatung, 2. Aufl. Enke, Stuttgart 1987

Heiman, J., et al.: Gelöst im Orgasmus. Entwicklung des sexuellen Selbstbewußtseins für Frauen. Flach, Frankfurt 1978

Kaplan, H. S.: Sexualtherapie. Ein bewährter Weg für die Praxis, 3. Aufl. Enke, Stuttgart 1990

Masters, W. H., V. E. Johnson: Impotenz und Anorgasmie. Goverts, Frankfurt 1973

Willi, J.: Die Zweierbeziehung. Rowohlt, Reinbek 1975

Willi, J.: Therapie der Zweierbeziehung. Rowohlt, Reinbek 1978

27 Sexualdelikte, sexuelle Deviationen, Transsexualität

Lernziele:
Kenntnis der Psychodynamik der Perversion in ihrer Bedeutung für Sexualdelikte und sexuelle Deviationen sowie der Transsexualität als Problem für die Medizin.

Klassifikation:
ICD-9: 302.0−302.6, 302.8, 302.9 (ICD−10: F 64−66)
DSM III−R: 302.20–302.70, 302.81−302.90

Bestimmte sexuelle Verhaltensweisen sind bzw. führen zu Straftaten. **Sexualdelikte** – als Straftaten gegen die sexuelle Selbstbestimmung gemäß StGB – entspringen einer abnormen Psychodynamik, in der zum Teil auch die Strafbarkeit von Bedeutung ist. Dabei ist nur ein Teil der Sexualstraftäter sexuell deviant. **Sexuelle Deviationen** oder Paraphilien haben als (oberflächliches) Merkmal, daß bestimmte ungewöhnliche, manchmal bizarre Vorstellungen oder Handlungen, Objekte oder Situationen für das Aufkommen sexueller Erregung und für den Orgasmus mehr oder minder unverzichtbar erforderlich sind. Außerdem kann die Fähigkeit zu Partnerbeziehungen in unterschiedlichem Maß beeinträchtigt sein. Kennzeichnend für **Transsexualität** ist die intensiv erlebte Inkongruenz zwischen anatomischem Geschlecht und Geschlechtsidentität und das daraus folgende hartnäckige Bestreben, die Rolle des anderen Geschlechts zu leben.

Diese „sexuellen Minderheiten" (Homosexuelle eingeschlossen) haben in ihrer Mehrheit nie Kontakt mit Medizin und Psychiatrie (außer Transsexuellen), sind sozialer Stigmatisierung ausgesetzt, die für sich oft zum Leidensfaktor wird, und haben zum Teil die Möglichkeit der subkulturellen Organisation. Für Therapie bei ihnen, so sie gewünscht oder zur Bewährungsauflage gemacht wird, sind nur wenige Psychotherapeuten kompetent – triebdämpfende Medikation darf Psychotherapie nur begleiten, nicht ersetzen. Trotzdem darf nicht unterschätzt werden, wie entlastend das Kenntnis und Verständnis vermittelnde Arzt-Patient-Gespräch auch für sexuell Deviante sein kann.

Psychodynamik der Perversion

Die wesentlichen Merkmale sexueller Devianz und Delinquenz liegen in ihrer Psychodynamik. Nur wenn man diese im Auge hat, sollte man von Perversion sprechen. Als spezifisch für die perverse Symptombildung (im wesentlichen bei Männern) gilt der Abwehrmechanismus der **Sexualisierung**. Die Perversion hat **kompensatorisch-reparative Funktion**, füllt wie eine „Plombe" Lücken des in seiner Selbstentwicklung gestörten, brüchigen Ich. Auf der Grundlage defizitärer früher Ich-Entwicklung und -Abgrenzung und vorherrschend primitiver mentaler Prozesse ermöglicht sie einerseits ein

Ventil für aggressive und sexuelle Triebe, andererseits eine Abdeckung von Mängeln der Persönlichkeitsintegration und des Bezuges zur Realität. Außerdem schützt sie vor tiefliegenden Ängsten. Perverse Inszenierungen sind risikohafte Rekonstruktionen frühkindlicher Konflikte und Traumatisierungen, Kränkungen und Demütigungen (zumal der sich entwickelnden Männlichkeit), die feindseligkeitsgetönt in sexuelle Erregung umgewandelt, schließlich im Hochgefühl orgastischen Triumphs augenblickhaft überwunden werden. Diese Sicht eignet sich für eine Theorie sexueller Erregung überhaupt – zu ergänzen vielleicht dadurch, daß auch archaische glückhafte Erlebnisse sexuell wiederbelebt werden können.

Wesentliche Ergebnisse zur Psychodynamik der Perversion erbrachten die Untersuchungen von Schorsch u. Mitarb. (1985) an Sexualstraftätern. Die Autoren beschreiben die **strukturelle Verankerung** einer Perversion im Persönlichkeitsgefüge unter 3 Aspekten. Perverse Symptomatik kann unterschiedliche **Intensität** haben: von sporadischen Impulsen in Konflikt- oder Lebenskrisen über perverse Symptomatik als habituelles Konfliktlösungsmuster und die echte Perversionsbildung als stabile deviante Orientierung bis zu progredienten, „süchtigen" Entwicklungen und Verlaufsformen. Weiterhin ist der **Stellenwert** der Perversion in der Persönlichkeitsstruktur unterschiedlich: vom umschriebenen, ritualisierten perversen Symptom im Kontrast zur übrigen Persönlichkeit über Impulshandlungen stark destruktiver Dynamik oft polymorph-perversen Gepräges bis zu brüchigen, nur durch die Perversion zusammengehaltenen und geprägten Charakterstrukturen. Schließlich gibt es Unterschiede der **Ich-Nähe** der Perversion, d. h. ihrer Beziehung zu Über-Ich und Ich-Ideal: die ich-syntone Verarbeitung mit Akzeptierung, Integration in das Selbstkonzept und positiver Bewertung und die ich-dystone Verarbeitung mit Scham, Schuld, Angst, Leiden und Negativbewertung als fremd oder krank. Beide Verarbeitungsweisen können auch nebeneinander oder alternierend vorkommen.

Als Bedeutungs- oder **Ausdrucksgehalte** des perversen Symptoms konnten herausgearbeitet werden: 1. die Demonstration von Männlichkeit, 2. das Ausweichen vor Genitalität, 3. Wut und Haß, 4. oppositioneller Ausbruch, 5. Omnipotenz, 6. Ausfüllen innerer Leere, 7. identifikatorische Wuncherfüllung. Daraus ergab sich, daß die zugrundeliegende Problematik vor allem in 4 Bereichen der Persönlichkeit begründet ist: in Störungen der männlichen Identität (1, 2), in einer Aggressionsproblematik (3, 4, 5), einer (narzißtischen) Störung des Selbsterlebens (5, 6) und einer Beziehungsproblematik (6, 7). Die Grundproblematik prägt die Ausdrucksgehalte der perversen Symptome in unterschiedlichem Ausmaß und hat selbst in jedem Störungsbereich eine unterschiedliche Ausprägung.

Sexualstraftaten

Vergewaltigung und sexuelle Nötigung sind in vielfacher Hinsicht bemerkenswerte Delikte: in bezug auf das Verhältnis zwischen den Geschlechtern;

wegen ihrer Medizinrelevanz; bezüglich der Opferfeindlichkeit der Strafverfolgung und der u. a. durch sie bedingten sehr hohen Dunkelziffer; angesichts der zahlreichen gesellschaftlichen Vorurteile, die z. B. dem Vergewaltigungsopfer – anders als bei allen anderen Gewaltverbrechen – Mitschuld geben, zumal wenn der Täter ein Bekannter war. Vergewaltigung ist keineswegs verursacht durch überstarke Sexualität und Männlichkeit: Sie ist nicht gewaltsame oder aggressive Sexualität, sondern sexualisierte Gewalt und Aggressivität.

Das wird nicht nur durch die Häufigkeit von anderen Gewaltdelikten bei Notzüchtern belegt. Nicht Sexualität wurde bei Vergewaltigungen als dominantes psychologisches Thema gefunden, sondern das Erleben von Macht und Kontrolle über das Opfer und seiner Demütigung, das Ausleben von Wut und Haß und – bei Gruppenvergewaltigungen – das Gefühl männlicher Kameraderie. Körperliche Dominanz, einer Frau gegenüber zwangsläufig mit sexuellen Mitteln ausgetragen, dient zur Bestätigung der psychologischen Dominanz und der Männlichkeit. Oder in der Demütigung des Opfers entlädt sich stellvertretend der Haß auf eine andere Frau oder auf Frauen überhaupt – auch wieder mit sexuellen Mitteln, weil nur das „männlich" ist und sexuelle Erregung beim Mann nach vorurteilendem Verständnis von Verantwortung entbindet. Nur eine Teilgruppe vergewaltigender Männer ist sexuell deviant in dem Sinn, daß Gewalt und Überwältigung, Brechen des Widerstandes und Zufügen von Schmerz in sich sexuell erregend bzw. erregungsfördernd ist.

Die meisten **Sexualdelikte an Kindern** (sowie Kindesmißhandlungen überhaupt) werden innerhalb der Familie begangen, was die extrem hohe Dunkelziffer erklärt. Überwiegend handelt es sich um schwer gestörte, emotional zerrüttete Familien. In solchen Familien kommt es auch zu *Inzest*, meist zwischen Vater und Tochter. Die seelischen Schäden bei den Opfern sind oft beträchtlich. Auch bei anderen Sexualdelikten an Kindern kannten sich Opfer und Täter meist vorher. Kinder dienen nicht ganz selten als sexuelle Surrogatpartner für Männer mit Alkoholabhängigkeit, in deprivierter sozialer Situation oder im Beginn zerebraler Abbauprozesse oder für Jugendliche, zumal geistig behinderte.

Nur ein eher kleiner Teil dieser Straftäter ist pädophil im Sinne einer mehr oder minder ausgeformten Perversion. Der *Pädophile* wird durch Kinder in spezifischer Weise sexuell erregt und ist meist entweder (häufiger) homosexuell oder heterosexuell orientiert: Erstere sprechen bevorzugt auf 11- bis 15jährige Jungen, letztere auf 8- bis 11jährige Mädchen an, obwohl die Grenzen bei Homosexuellen nach oben offen sind.

Gemeinsam ist Pädophilen die Faszination durch die körperlich, sozial und sexuell unreife kindliche Leiblichkeit und Erotik und die einfühlende Zuwendung. Die sexuellen Aktivitäten bestehen überwiegend in genitalen Berührungen. Zu Kontakt mit sehr jungen Kindern und Gewalt kommt es sehr selten. Unterschiedliche Bedeutung hat das Machtgefälle und Dominanzthema, das gern lehrerhaft oder väterlich ausgespielt wird. Mehr oder minder stark kommen narzißtische und exhibitionistische Bedürfnisse ins Spiel. Auch die Angst vor der reifen, erwachsenen Frau hat unterschiedliches Ausmaß. Es gibt auch Kontakte in geradezu infantil-regressiver Position, wobei der Eindruck entstehen kann, die Beziehung zu Kindern habe reparative Funktion in bezug auf die eigene, oft unglückliche Kindheit des Pädophilen.

Exhibitionismus ist in unserem Kulturkreis häufig. Er besteht darin, Frauen, die davon überrascht sind, den erigierten Penis zu zeigen, um sie damit zu beeindrucken. Es handelt sich um eine perverse Inszenierung, in der ein nicht nur sexuelles Hochgefühl und Macht über die Frau erlebt wird, wobei eine gewisse räumliche und personale Distanz aufrechterhalten wird.

Meist wird während des Präsentierens masturbiert, der Orgasmus aber erst anschließend erreicht – abhängig vom „Gelingen" der Situation; selten werden die unerregten Geschlechtsteile gezeigt. In manchen Fällen ist das Exhibieren auf emotionale Krisen beschränkt, in anderen Fällen sind exhibitionistische Phantasien allgegenwärtig und die Häufigkeiten groß. Die ideale Inszenierung beinhaltet Reaktionen der Frauen von Interesse bis zu Erschrecken; Indifferenz läßt die Szene meist zusammenbrechen. Es kann vorzugsweise vor erwachsenen Frauen oder vor jungen Mädchen exhibiert werden, und auch hinsichtlich der Risikobereitschaft gibt es große Unterschiede bis hin zu Fällen, wo das Gefaßtwerden mit zur Inszenierung zu gehören scheint. Sehr selten kommt es beim Exhibitionismus zu sexueller Annäherung oder gar zu Gewalt.

Voyeurismus scheint mit Exhibitionismus gemeinsam zu haben, daß es auch hier um ein Gefühl der Macht und zum Teil auch der Feindseligkeit geht. Ähnlich sind auch die Motive bei obszönen Telefonanrufen. Ob sie auch bei der weit verbreiteten Vorliebe, sexuell interessante Szenen zu betrachten bzw. Pornographie zu konsumieren, die entscheidende Rolle spielen, ist eine interessante Frage.

Sadismus und Masochismus

Das Wesen des Sadismus ist *sexualisierte Destruktivität und Beherrschung*. In seiner von SCHORSCH u. BECKER (1977) genauer analysierten, komplizierten Psychodynamik spielen Trennungs-Verschmelzungs-Ängste eine grundlegende Rolle, angereichert durch sexualisierte Konflikte aus späteren Phasen. Sadismus hat ein breites Spektrum: von gesellschaftlichen Phänomenen (im alten Rom, Inquisition, Konzentrationslager, Folterungen, Beliebtheit sadistischer Pornographie) über Kriegsvergewaltigungen u. ä. und sexualisierten aggressiv-destruktiven Impulshandlungen einzelner zu den sehr seltenen Tötungen aus stark ich-dystoner sadistischer Psychodynamik. Von Sadomasochismus darf man sprechen, weil beide Positionen komplementär auf einander bezogen sind und sich gegenseitig mitvollziehen. Sadomasochismus in kanalisierter, die übrige Persönlichkeit und ihre soziale Anpassung entlastender Form liegt vor in fixierten Masturbationsphantasien, sadomasochistischen Paarbeziehungen und schließlich in ausgeformten sadomasochistischen Perversionen. In letzteren wird das Thema Dominanz und Unterwerfung in vielfachen Variationen in ritualisierter und dadurch entschärfter Form inszeniert.

Fesselung, Knebelung, Peitschen, Gerten und andere „Folterinstrumente", aber auch Lederbekleidung spielen eine große Rolle. Heterosexuelle Sadomasochisten finden kaum Partnerinnen mit komplementärer Orientierung und sind daher meist angewiesen auf einschlägige Bordelle oder masturbatorisch-masochistische Praktiken. Sexueller Masochismus bei Frauen scheint überwiegend auf sexuelles Phantasieren begrenzt, in dem sich eigenes aktives Inszenieren der vorgestellten Situation mit passiver Abgabe der Verantwortung für das sexuelle Empfinden kombinieren. Überhaupt scheinen im Sadomasochismus sexuelle Erregung und „Bestrafung" eng miteinander verbunden.

Fetischismus und Transvestismus

Fetischismus beginnt, wo Teile oder Attribute des weiblichen Körpers für die sexuelle Erregung wichtiger werden als die Frau in ihrer Ganzheit und die Beziehung zu ihr. In seiner voll ausgeprägten Form, die dann auch die perverse Psychodynamik in Gestalt von Abspaltung und Fragmentierung erkennen läßt, wird die Frau substituiert durch Kleidungsstücke, Stiefel, Schuhe oder Materialien, wie vor allem Gummi, Leder oder schwarzes Plastik.

Wenn ein Mann ausschließlich oder bevorzugt dadurch sexuell erregt wird und/oder zum Orgasmus kommt, daß er weibliche Wäsche oder sonstige Frauensachen bestimmter Stoffqualität anzieht, spricht man von *fetischistischem Transvestismus*. Oft geschieht das ausschließlich für sich allein und hat den Charakter der typischen perversen Inszenierung, bei der oft masochistische Phantasien eine Rolle spielen. Fetischismus, Transvestismus und Sadomasochismus haben einen großen Überschneidungsbereich, was darauf schließen läßt, daß die Entstehungsbedingungen für die eine Störung die Entwicklung der anderen fördern können.

Das Cross-dressing kann sich als **Transvestismus** verselbständigen, sei es, daß die fetischistische Erregungsqualität mit der Zeit schwindet, oder sei es, daß sie nie vorhanden war und statt dessen Tragen von Frauenkleidung beruhigende, entspannende, bestätigende Erlebnisqualität hat. Es kann sich ein Lebensstil entwickeln, in dem das Auftreten in der Öffentlichkeit, als Frau aufgemacht, immer wichtiger und immer häufiger wird, bis hin zum Leben in zwei Rollen. Viel Bestätigung kann aus der transvestitischen Subkultur gewonnen werden. Die Mehrzahl der Transvestiten ist verheiratet oder war es einmal, wobei eine starke Wechselbeziehung besteht zwischen Belastung und Beziehung durch das Symptom und Bedeutung der Beziehung für das seelische Gleichgewicht. Ganz überwiegend sind Transvestiten gynäphil: Ihre Heterosexualität im eigentlichen Sinn ist dadurch eingeschränkt, daß sie den aggressiv-penetrativen Aspekt der (männlichen) Sexualität ablehnen, gleichsam eine Welt von Frauen herstellen wollen.

Transsexualität

Transsexualität hat nichts mit Intersexualität oder sonstigen körperlichen oder genetischen Anomalien zu tun. Transsexualität ist keine Krankheitseinheit, sondern eine gemeinsame Endstrecke verschiedener Verfassungen und Verläufe mit dem gemeinsamen Kern gestörter, konflikthafter oder uneindeutiger Kerngeschlechtsidentität, Aversion in bezug auf die eigenen Geschlechtsteile bei Neid auf die des anderen Geschlechts, Unfähigkeit zur Geschlechtsrollenidentifizierung entsprechend dem biologisch vorgegenen Geschlecht mit dem Versuch, die Rolle des anderen Geschlechtes zu verwirklichen. Transsexualität ist heute überwiegend die Selbstdiagnose von Menschen, die den Arzt konsultieren, um von ihm oder durch seine Hilfe ihren Wunsch nach Geschlechtswandel durch geschlechtskorrigierende Maßnahmen hormoneller oder operativer Art erfüllt zu bekommen, welche allein sie als für sich angemessen zu sehen vermögen. Oder sie wenden sich an die zuständigen Gerichte, um – nach dem 1981 in Kraft getretenen Transsexuellen-Gesetz – sich den Vornamen ändern zu lassen (oder, wenn sie schon „umoperiert" sind, den Personenstand), wobei zwei mit der Materie vertraute Gutachter bestellt werden, um das Vorliegen einer „transsexuellen Prägung" zu bescheinigen.

Für die Prognose und die Indikation zu ärztlicher Förderung ist die Fähigkeit des Transsexuellen entscheidend, aus sich heraus und konsequent mindestens 1 Jahr in der gewünschten Rolle zu leben. In dieser Erprobungs- und Bewährungszeit sollte er psychotherapeutisch begleitet, aber auch hinsichtlich alternativer Lösungen kritisch hinterfragt werden. Schon die unkritische Verschreibung von gegengeschlechtlichen Hormonen und Antiandrogenen ist hart an der Grenze zum Kunstfehler, weil sie fördernde Bestätigung ist. Stets sollte eingangs geprüft werden, ob das Aufkommen des transsexuellen Wunsches im Rahmen einer Lebenskrise zu sehen ist.

Die Prävalenz von Transsexualität scheint zugenommen zu haben (1 : 10000–20000), besonders bei biologischen Frauen, wodurch sich das M : F-Verhältnis auf 2 : 1 verringert hat.

Bei Männern gibt es 3 Wege in die Transsexualität. Der eine kommt aus transvestitischen Entwicklungen mit ausgeprägter innerer Verweiblichung, bei denen der Aufbau sexueller Beziehungen zu Männern vornehmlich im Dienst der Identitätsbestätigung steht und mit der primären gynäphilen Orientierung kollidieren kann. Aus stark effeminierter Homosexualität – deren Cross-dressing sich durch karikierend-provokative Momente vom Transvestismus unterscheidet – führt ein zweiter Weg in die Transsexualität. Hier steht umgekehrt zunehmende Verweiblichung im Dienst primär androphiler Sexualität. Der dritte Weg in die Transsexualität ergibt sich aus relativ asexuellen Entwicklungen bzw. Entwicklungshemmungen, bei denen soziale und sexuelle Inkompetenz männlicher Geschlechtsrollenidentifizierung Zuflucht in der Identifizierung als Frau suchen lassen.

Bei Frauen gibt es den transvestitischen Weg nicht. In erster Linie geht es hier um eine Störung der Geschlechtsidentität, die sich mit gynäphiler Orientierung kombiniert, wobei diese aber nicht als Homosexualität erlebt und gelebt werden kann. Die transsexuelle Frau unterscheidet sich von der lesbischen u. a. dadurch, daß sie von ihrer Partnerin als Mann akzeptiert werden will, und hat keine schlechten Chancen, deren Bedürfnis nach einem penislosen Mann zu befriedigen.

Der transsexuelle Wunsch zielt außer auf körperliche und seelische Veränderungen durch gegengeschlechtliche Hormone bei Männern auf Kastration und Schaffung einer Neovagina, bei Frauen vor allem auf Mastektomie – bei besonders abnormen (und unzureichend betreuten) Entwicklungen auch auf neophallische Konstruktionen.

Es ist bis heute umstritten, ob transsexuelle Entwicklungen stets tief konflikthaften Ursprungs sind und mehr oder minder mit einer Persönlichkeitspathologie vom Borderline-Typ verbunden bzw. hinsichtlich ihrer Psychodynamik den Perversionen vergleichbar sind. Stark vergröbert gesagt hat Transsexualität die Funktion, die konflikthaft-brüchige Selbstidentität bzw. Persönlichkeit zu „reparieren". Auch das sadomasochistische Thema ist in transsexuellen Entwicklungen von Bedeutung und zeigt sich außer im Bedürfnis nach Kastration vor allem in der „Flucht" in die Position der Unterwerfung bei männlichen und die der Dominanz bei weiblichen Transsexuellen.

Die „normale" **Homosexualität** *sollte nicht mehr Gegenstand der Psychiatrie sein.* Psychopathologisch und für den Arzt wichtiger als die Homosexuellen selbst ist die Heftigkeit der Reaktionen auf sie und ihre Diskriminierung – auch und immer noch in der Medizin. Es gibt viele Unterschiede hinsichtlich Homosexualität: bezüglich ihrer Ausschließlichkeit, Homosexualität in Phantasie versus manifestem Verhalten, Promiskuität und Beziehungsfähigkeit etc. Effeminierte männliche und hypermaskuline weibliche Homosexuelle sind nur Teilgruppen. Homosexuelle Interaktionen sind nicht in aktiv und passiv polarisiert, sondern sehr ausgewogen und genußbezogen. Wie Heterosexuelle auch können Homosexuelle Persönlichkeitsstörungen haben, pervers oder funktionsgestört sein oder Partnerprobleme haben und deswegen Beratung brauchen. Auch die Ich-Fremdheit homosexueller Bedürfnisse oder Phantasien sowie Probleme mit Bisexualität können Konsultationsgrund sein.

Literatur

Eicher, W.: Transsexualismus. Fischer, Stuttgart 1984

Kockott, G.: Sexuelle Variationen. Hippokrates, Stuttgart 1988

Morgenthaler, F.: Homosexualität, Heterosexualität, Perversion. Qumran, Frankfurt 1984

Schorsch, E., N. Becker: Angst, Lust, Zerstörung. Sadismus als soziales und kriminelles Handeln. Zur Psychodynamik sexueller Tötungen. Rowohlt, Reinbek 1977

Schorsch, E. u. a.: Perversion als Straftat. Springer, Berlin 1985

Stoller, R. J.: Perversion. Die erotische Form von Haß. Rowohlt, Reinbek 1979

VIII. Abhängigkeit

28 Abhängigkeitserkrankungen: Wesen und Ursachen

Lernziele;
Kenntnisse über Mißbrauch und Abhängigkeit von psychotropen Substanzen, bezogen auf Entstehungsbedingungen, Verbreitung und Folgen, Ziele und Formen der Behandlung und Möglichkeiten der Prävention.

Die Fähigkeit des Menschen zum **Abhängigsein** gehört zu den grundlegenden Merkmalen, die ihn als soziales Wesen kennzeichnen. Abhängigsein kann Halt, Orientierung und Überlebensmöglichkeit vermitteln, ohne diese Fähigkeit resultieren Bindungsschwäche und Haltlosigkeit und nicht etwa unabhängige Selbständigkeit. Als gegenteiliges Extrem führt das völlige Aufgehen im Abhängigsein auf der Endstrecke der Entwicklung in aller Regel zu psychiatrischer Auffälligkeit. Dabei handelt es sich um einen mehr oder minder akut verlaufenden Prozeß, der in Gebundenheit und Verlust der freien Entscheidung endet. Inhaltlich kann extremes Abhängigsein auf nahezu jede beliebige situative Gegebenheit, jedes menschliche Erleben, jedes menschliche oder dingliche Objekt bezogen sein.

Am häufigsten läßt sich extremes Abhängigsein in Zusammenhang mit dem Konsum von *psychotrop wirkenden Substanzen* beobachten (Alkohol, Medikamente, illegale Drogen, Schnüffelstoffe, bedingt auch Tabak und Kaffee). Beispiele für substanzunspezifisches bzw. *substanzfreies Abhängigsein* finden sich vor allem in den Bereichen Glücksspiel, Eß-, Sexual-, Risiko- und Arbeitsverhalten.

Sucht, Abhängigkeit, Mißbrauch

Begriffsbestimmung

Im deutschen Sprachraum ist der Begriff **Sucht** weit verbreitet. Er ist mehrdeutig und etymologisch auf das Wort „siech" zurückzuführen. Sucht meint einmal Krankheit (Gelbsucht, Schwindsucht), einmal auffälliges Verhalten (Ehrsucht, Habsucht, Eifersucht). Unter psychiatrischem Aspekt bezeichnet Sucht in der Vergangenheit unterschiedliche pathologische Verhaltensweisen. Sie sollen einer angenommenen, dem Betreffenden eigenen „süchtigen Fehlhaltung" („Süchtigkeit") entspringen und auch ohne Konsum psychotroper Substanzen auftreten können (Spielsucht, Freßsucht).

Da der Begriff „Sucht" definitorisch schwer zu fassen ist und das damit verbundene Erklärungsmodell keine entscheidenden diagnostischen oder klinisch relevanten Hinweise erbringt, hat die Weltgesundheitsorganisation (WHO) bereits 1968 beschlossen, den Begriff „Sucht" (addiction) durch **„Abhängigkeit" (dependence)** zu ersetzen.

Seitdem gilt als *WHO-Definition der Abhängigkeit:* „Ein psychisches und manchmal auch körperliches Zustandsbild als Folge der Einnahme einer psychotropen Substanz. Es ist charakteristisiert durch Verhaltensstörungen und andere Störungen, die den Drang einschließen, die Substanz ständig oder periodisch zu sich zu nehmen, um deren psychischen Effekt zu erleben, und manchmal, um das Mißbehagen beim Fehlen der Substanz zu vermeiden."

Bei dieser Definition ist es bis zur noch gültigen 9. Revision der ICD (International Classification of Diseases) geblieben. Dadurch fanden andere auffällige Verhaltensweisen, die durch substanzfreies pathologisches Abhängigsein gekennzeichnet sind, als eigenständige Störung keine Berücksichtigung.

Im deutschen Sprachraum wurden diese Störungen mit dem vielschichtigen Terminus „Sucht" verknüpft, was bei der Unschärfe dieses Begriffes zu einer inflationären Verwendung führte.

Gute Ansätze zu einer Klärung ließen sich bereits der 3. Auflage des Diagnostischen und Statistischen Manuals Psychischer Störungen (DSM III) der American Psychiatric Association entnehmen. Seit 1989 liegt die Revision als DSM III−R in deutscher Übersetzung vor. Abgesehen von der Zuordnung substanzunspezifischen bzw. substanzfreien Abhängigseins, die bereits im DSM III an entsprechendem Ort als Eßstörung, Störung der Impulskontrolle (pathologisches Spielen, Kleptomanie) bzw. Paraphilien („sexuelle Abhängigkeiten") erfolgte, ergeben sich im DSM III−R *verbesserte klinische Beschreibungen zur Klassifikation von Störungen durch psychotrope Substanzen,* die nachfolgend Berücksichtigung finden sollen − dafür spricht auch die hohe inhaltliche Übereinstimmung mit dem korrespondierenden Teil der ICD−10, deren Einführung 1990/91 zu erwarten ist.

Es gilt: **Abhängigkeit** ist immer gleichzusetzen mit **Substanzabhängigkeit.** Das Hauptkennzeichen ist ein Syndrom, bestehend aus substanz- und individualspezifisch mitbestimmten körperlichen, kognitiven und verhaltenstypischen Symptomen.

Zeichen einer Abhängigkeit

Für die Diagnose einer Abhängigkeit müssen mindestens **drei** der nachfolgend genannten Symptome anzutreffen sein, **wobei** einige davon seit mindestens einem Monat bestehen oder über längere Zeit hinweg wiederholt aufgetreten sind.

1. Der Konsum der Substanz übertrifft hinsichtlich Menge und Dauer das geplante Maß.
2. Es gibt erfolglose Versuche oder den bleibenden Wunsch, den Substanzgebrauch zu regulieren oder zu reduzieren.
3. Für die Beschaffung (z. B. Rezeptfälschung), die Einnahme oder die notwendige Erholung nach Gebrauch der Substanz wird viel Zeit aufgewendet.
4. Intoxikations- oder Entzugssymptome sind häufig, auch bei Ausübung der täglichen Arbeit/Aufgaben. Der Gebrauch der Substanz führt zur körperlichen Gefährdung (z. B. beim Autofahren).
5. Wichtige Aktivitäten in Beruf und Freizeit und soziales Engagement verlieren aufgrund des Substanzgebrauchs ihre Bedeutung und werden zurückgestellt oder ganz aufgegeben.
6. Die Substanz wird weiter zugeführt, obwohl dem Betroffenen bekannt ist, daß ihm dadurch soziale, psychische oder körperliche Probleme entstehen oder bereits bestehende verstärkt werden.
7. Es findet sich eine deutliche Toleranzentwicklung. Davon ist auszugehen, wenn der gewünschte Effekt der Substanz (z. B. auch der Intoxikationszustand) erst nach einer Dosissteigerung von ca. 50% gegenüber der ursprünglich benötigten Menge eintritt bzw. die Wirkung bei fortgesetzter Einnahme derselben Dosis als erheblich vermindert beschrieben wird. (Ein objektiver Hinweis für Toleranz ist schwer zu erbringen, brauchbare Hinweise können sich aus der Befragung des Betroffenen ergeben.)
   Achtung: Die zwei folgenden Symptome sind eher nicht zutreffend für Cannabis, Halluzinogene, Inhalantien (z. B. aliphatische und aromatische Kohlenwasserstoffe als Bestandteile von Benzin, Leim, Farben usw.) oder Phenzyklidin (PCP), da charakteristische Entzugssymptome bisher nicht nachweisbar sind.
8. Spezifische Entzugssymptome mit den Qualitäten von körperlicher und/oder psychischer Mißbefindlichkeit (z. B. Übelkeit, Schwitzen, Tremor, Ängstlichkeit, Tachykardie usw.). Nicht gemeint sind Entzugsdelire, die als hirnorganische Psychosyndrome anzusehen sind und nur als Folge des Gebrauchs von Sedativa, Hypnotika oder Anxiolytika und Alkohol beobachtet werden können.
9. Die Substanz wird häufig eingenommen, um Entzugssymptome zu mildern oder zu vermeiden (z. B. morgendliches Trinken).

Das *Ausmaß der Abhängigkeit* wird als Schweregrad definiert. Die Unterscheidung zwischen „leicht", „mittel" und „schwer" erfolgt analog zur Anzahl der erfüllten Abhängigkeitssymptome und der Beeinträchtigungen im beruflichen wie im sozialen Bereich und auf der Beziehungsebene.

Partiell remittiert ist eine Abhängigkeit, wenn innerhalb der letzten 6 Monate wenige Abhängigkeitssymptome bei seltenem Substanzgebrauch auftraten; *voll remittiert* dann, wenn in der genannten Zeitspanne kein Substanzgebrauch oder aber zwar Gebrauch der Substanz, aber keine Abhängigkeitssymptome auftraten.

Der Begriff **Mißbrauch** von psychotropen Substanzen bleibt damit einer sehr eng umschriebenen, aber beobachtbaren Kategorie unangepaßten Konsumverhaltens vorbehalten. Am ehesten ist Mißbrauch bei Menschen zu beobachten, die erst seit kurzem psychotrope Substanzen und dazu meist ohne den Effekt einer deutlichen Entzugssymptomatik konsumieren.

Charakteristisch sind:
1. Der Gebrauch erfolgt, a) obwohl berufliche, soziale, psychische oder körperliche Beeinträchtigungen zu erwarten sind oder verschlimmert werden oder b) Situationen körperlicher Gefährdung entstehen (z. B. Trunkenheitsfahrt).
2. Das Symptom besteht seit mindestens einem Monat oder ist wiederholt über längere Zeit aufgetreten.
3. Die Kriterien einer Abhängigkeit sind nie erfüllt gewesen.

Substanzklassen

Zu den psychotropen Substanzen, die sowohl *Mißbrauch als auch Abhängigkeit* erzeugen können, gehören: Alkohol; Sedativa, Hypnotika oder Anxiolytika; Opiate; Amphetamine oder ähnlich wirkende Sympathikomimetika; Cannabis; Kokain; Halluzinogene; Phenzyklidin (PCP) – auch bekannt als „angel dust" oder „Kristall" – oder ähnlich wirkende Arylzyklohexylamine und Inhalantien. Die zehnte Substanz, Nikotin, läßt Mißbrauch theoretisch zwar als denkbar erscheinen, nach den vorgenannten Definitionen muß allerdings angenommen werden, daß niemand Nikotin mißbraucht, der nicht vorher Bedingungen der Abhängigkeit erfüllt hat.

Wegen der substanzspezifischen Wirkung und gemeinsamer Merkmale beim Gebrauch lassen sich folgende Klassen zu Stoffgruppen zusammenfassen:
– Alkohol und Sedativa, Hypnotika und Anxiolytika,
– Kokain und Amphetamin oder ähnlich wirkende Sympathikomimetika,
– Halluzinogene und PCP oder ähnlich wirkende Arylzyklohexylamine.

Entwickelt ein Abhängiger gegenüber einer Substanz einer Stoffgruppe Toleranz, dann besitzt er sie auch gegenüber allen anderen Substanzen dieser Gruppe – dieses Phänomen bezeichnet man als *Kreuztoleranz.*

Die Begriffe *„polyvalente (gemischte) Abhängigkeit"* bzw. *„polyvalenter Mißbrauch"* sollten nur dann benutzt werden, wenn die verwendeten Substanzen nicht identifiziert werden können bzw. die Menge der mißbrauchten Substanzen eine solche übergreifende Bezeichnung angebracht erscheinen läßt. Polyvalent können sowohl Substanzen ein und derselben wie auch unterschiedlicher Stoffgruppen konsumiert werden, also z. B. Alkohol und Sedativa oder Opiate und Sedativa.

Entstehungsbedingungen der Abhängigkeit

Erklärungsmodelle der Abhängigkeit (umfassende Theorien gibt es bisher nicht) favorisierten je nach wissenschaftlicher Ausrichtung lange Zeit soziale, tiefenpsychologische, lerntheoretische, anthropologische oder biologische Faktoren als ursächlich entscheidende Wirkmechanismen für die Entstehung von Abhängigkeit.

Von den einzelnen Modellen hat jedes unbestreitbar interessante Erklärungsaspekte aufzuweisen, aber auch offensichtliche Schwächen, so zum Beispiel die lerntheoretischen Erklärungsmodelle: Die auf ihnen beruhenden Therapien können beachtliche Behandlungserfolge nachweisen, und die ehemals vernachlässigte individuelle Motivstruktur ist wesentlicher Teil neuerer lerntheoretischer Modelle. Ihre Grenzen werden aber sofort ersichtlich, wenn es zum Beispiel um Erklärungen für erbbiologische oder biochemische Erkenntnisse geht.

Die kritische Würdigung der unterschiedlichen Modelle und wissenschaftlichen Erkenntnisse hat zu einem inzwischen weitgehend akzeptierten **Synthesemodell** geführt, dessen Grundannahme lautet: Abhängigkeit hat multifaktorielle Ursachen. Die Ursachen sind als *komplexes Bedingungsgefüge* zu begreifen, in dem *individuelle, substanzspezifische und psychosoziale Faktoren* in intensiver Wechselwirkung miteinander stehen.

In prägnanter Verkürzung läßt sich das Bedingungsgefüge des Synthesemodells ausdrücken als Zusammenspiel von

Mensch – Droge – Umwelt.

Faktor Mensch: Eine charakteristische *prämorbide Abhängigenpersönlichkeit* gibt es nicht. Oft bilden Persönlichkeitsstörungen oder Verstimmungen oder ein gestörtes Selbstwertgefühl die Basis, auf der es zu Mißbrauch psychotroper Substanzen kommen kann. Daneben findet sich aber auch eine beträchtliche Anzahl psychiatrisch ursprünglich unauffälliger Menschen.

Ob Abhängigkeit auf direkte Vererbung zurückzuführen ist, wurde speziell im Bereich der Alkoholabhängigkeit intensiv untersucht. Die bisherigen Ergebnisse (Zwillings- und Adoptivkinderforschung) lassen keine schlüssigen Folgerungen zu. Individualspezifische erlernte Verhaltensweisen zur Angst- und Spannungsreduktion oder zur Vorbeugung gegenüber befürchteten Beschwerden oder Problemen können ebenfalls zu Mißbrauch und Abhängigkeit führen.

Faktor Droge: *Abhängigkeitspotential* meint die stoffspezifische Wirkung psychotroper Substanzen, die Abhängigkeit hervorrufen kann. Diese Wirkung ist – wenn auch in unterschiedlicher Ausprägung – allen psychotropen Substanzen eigen und resultiert aus deren Eigenschaft, biologische (im allgemeinen zentralnervöse) Vorgänge im Individuum zu verändern, ohne daß dazu unbedingt besondere psychische oder soziale Voraussetzungen gegeben sein müssen. (Neuroleptika und Thymoleptika gehören ebenfalls zu den psychotropen Substanzen. Ein klinisch bedeutsames Abhängigkeitspotential kann ihnen nach bisherigen wissenschaftlichen Erkenntnissen nicht zugeschrieben werden. Sie bleiben daher außerhalb unserer Betrachtung.) Der Konsum psychotroper Substanzen bedeutet eine Einflußnahme auf das Bestreben der zentralnervösen Strukturen eines Menschen, das Fließgleichgewicht (steady state) ihrer Funktionen zu erhalten. Dadurch kommt es durch Kompensation und Gewöhnung zu erhöhter Toleranz gegenüber der psychotropen Substanz, woraus – soll die gewünschte Wirkung der Substanz erhalten bleiben – eine Dosissteigerung resultiert. Spätestens zu diesem Zeitpunkt führt das Absetzen der Substanz zu Entzug(serscheinungen), wodurch eine Fortsetzung der Substanzeinnahme fast zwangsläufig erfolgt.

Eine Sonderform des Entzugs, der *Rebound-Effekt*, ist gelegentlich zu beobachten, wenn eine längerfristige niedrig dosierte (low dose) Tranquillantienmedikation abgesetzt wird. Mit Ängstlichkeit, reizbarer Dysphorie, Schlaflosigkeit und Lethargie treten Phänomene auf, die denen ähneln, deretwegen die Medikation ursprünglich verordnet wurde. Die erscheinungsbildliche Ähnlichkeit von ursprünglich behandelten Symptomen und Rebound-Effekten scheint typisch zu sein. Vermutlich handelt es sich dabei um die „Antwort" auf die Ausschaltung der spezifischen Substanzwirkung.

Untersuchungsergebnisse zeigen: Bei regelmäßiger Niedrigdosiseinnahme von ca. 10 mg Diazepam pro Tag entwickeln bereits nach 4 Monaten 25% aller Betroffenen, nach 12 Monaten 80% aller Betroffenen bei Absetzen der Substanz einen gewöhnungsbedingten Rebound-Effekt.

Faktor Umwelt: Zu den *psychosozialen und soziokulturellen Faktoren*, die das Entstehen von Abhängigkeit begünstigen, zählen sicherlich emotionale Belastungen in der Familie (Abhängigkeit, broken home), die Identifikationsbereitschaft mit Lebensformen einer Subkultur oder mystischen Anschauungen (in diesen Fällen werden im allgemeinen nichtlegale Drogen genommen) und die allgemeine Einstellung der Gesellschaft zum Gebrauch bestimmter psychotroper Substanzen (Alkohol, Medikamente). Die permissive Einstellung unserer Gesellschaft gegenüber dem Alkohol begünstigt das Entstehen von Alkoholabhängigkeit ebenso wie die extreme Griffnähe. Für Medikamentenmißbrauch und Medikamentenabhängigkeit sind nicht zuletzt unreflektierte Übernahme der Pharmawerbung und Verschreibungsmodalitäten verantwortlich.

Besonders gefährdete Berufsgruppen finden sich dort, wo die Griffnähe von psychotropen Substanzen gewährleistet ist (Krankenversorgung) oder Gewohnheitsbildungen den täglichen Alkoholkonsum in das Berufsleben integriert haben. Hierzu zählen das Gaststättengewerbe und zunehmend auch Großverwaltungen, die im einzelnen das Gefühl der Anonymität verstärken. Der Alkoholgebrauch im Baugewerbe ist rückläufig. Mit Ansteigen der Arbeitslosigkeit wird immer deutlicher, wie sehr dieser Faktor – noch mehr als aktuelle kritische Lebens- oder Konfliktsituationen – das Entstehen von Abhängigkeit begünstigt.

Verbreitung der Abhängigkeiten

Die *Zahl der abhängigen Menschen* in einer Bevölkerung korreliert positiv mit dem Pro-Kopf-Verbrauch der psychotropen Substanzen. In den meisten Gesellschafts- und Sozialsystemen beläuft sich der Anteil der Abhängigen auf *5 bis 7% der Bevölkerung*.

Die **Alkoholabhängigkeit** (Alkoholismus) muß nicht nur für Europa und die USA als eines der größten sozialmedizinischen Probleme angesehen werden. In der Bundesrepublik wurde nach einem Tiefstand des jährlichen Pro-Kopf-

Verbrauchs von 3,271 reinem Weingeist (aus dem Alkoholgehalt der verschiedenen Getränke hochgerechnet) im Jahre 1950 nur 15 Jahre später bereits ein Verbrauch von 10 Litern registriert, genausoviel wie im Jahre 1900, zur Zeit des Elendsalkoholismus.

Der bisherige Höchstverbrauch (1979) von 12,741 reinem Weingeist je Einwohner wurde 1988 mit 11,91 nur unwesentlich unterschritten. Damit waren jährliche Ausgaben für Alkohol von DM 593,– für jeden Bewohner der Bundesrepublik verbunden. Die Zahl der Erwachsenen, die schweren Alkoholmißbrauch betreiben oder alkoholabhängig sind, wird je nach Art der Schätzmethode mit 1,7 bis 2 Millionen angegeben. In den psychiatrischen Kliniken beträgt die Anzahl der Aufnahmen wegen Alkoholproblemen ca. 30 bis 35%. Die Mehrzahl der Betroffenen gehört zur Altersgruppe der 25- bis 55jährigen (ca. 80%).

Tendenz: Die in den letzten Jahren zu beobachtende rapide Zunahme des Frauenalkoholismus scheint sich zu verlangsamen. Zur Zeit finden sich in ländlichen Gebieten 20% Frauen und in Großstädten bis zu 35% Frauen unter den bekannten Alkoholabhängigen bzw. Alkoholmißbrauchern. Der Anteil der Jugendlichen (10%) scheint zuzunehmen, wesentliche Ursache könnte hier die hohe Jugendarbeitslosigkeit sein. Insgesamt findet sich eine zunehmende Bereitschaft, neben Alkohol auch – anfänglich oft ärztlich verschriebene – Medikamente zu mißbrauchen, hier vor allem Tranquilizer und Hypnotika.

Bei den **Medikamentenabhängigen und -mißbrauchern** finden sich im statistischen Mittel doppelt so viele Frauen wie Männer. Die Anzahl der Abhängigen läßt sich nur mit geringer Zuverlässigkeit schätzen. Hochrechnungen aufgrund der Kenntnis des Apothekenverkaufs und des Konsums der Bevölkerung ergeben Zahlen, die zwischen 200000 und 800000 Betroffenen schwanken. Der Anteil der Medikamentenabhängigen nimmt mit steigendem Lebensalter zu und erreicht seinen Höhepunkt zwischen dem 3. und 4. Lebensjahrzehnt.

Tendenz: Es ist mit einem weiteren Anstieg der Medikamentenabhängigkeit zu rechnen. Umfrageergebnisse deuten darauf hin, daß in der Altersgruppe der 10- bis 19jährigen bereits 7,9% der männlichen und 9% der weiblichen Befragten psychoaktive Substanzen konsumieren, und die Altersgrenze scheint sich weiter nach unten zu verschieben.

Die Zahl der **Konsumenten illegal genutzter Drogen** (Halluzinogene, Opiate, Kokain, Phenzyklidin und Cannabis-Produkte) bzw. Medikamente, die (meist) dem Betäubungsmittelgesetz unterliegen, in der Drogenversorgungslücke (Drogenabhängige) ist nur in sehr grobem Rahmen zu bestimmen. Nach einer Phase des Rückgangs und der Stagnation (1978–1984) verschärfte sich die Drogenproblematik bis 1988, gemessen an der Zahl der Neukonsumenten von harten Drogen, bei weiterhin steigender Tendenz um das Doppelte. Die Gesamtzahl der Konsumenten liegt je nach Schätzmethode zwischen 50000 und 100000 Personen.

Den Hauptteil der Drogenabhängigen stellen die 18- bis 30jährigen. Stark verringerter Drogenkonsum findet sich bei der Gruppe der 40jährigen, und in höherem Lebensalter spielt Drogenkonsum so gut wie überhaupt keine Rolle mehr. Der Drogenkonsum ist inzwischen in den verschiedenen Sozialschichten etwa gleich häufig zu beobachten, bei dem Drogengefälle von den Großstädten zum Land hin ist es trotz einer gewissen Nivellierung geblieben.

Tendenz: Das untere Einstiegsalter liegt bei etwa 14 Jahren und scheint im Vergleich zu den Vorjahren damit weiterhin gestiegen zu sein. Der Anteil der 12- bis 13jährigen Abhängigen ist unter 1% gesunken, während von den 15- bis 30jährigen etwa 10% Drogenerfahrung haben. Drogenabhängige lösen sich zunehmend aus der Subkultur und integrieren sich in gesellschaftlich tolerierte Verhaltensmuster. Die Konsumenten harter Drogen (Opiate) zeigen einen Anstieg in der Altersstruktur. Über Mißbrauch von Opiaten ohne Abhängigkeit wird zunehmend berichtet. Kokain hat sich neben Heroin als Modedroge etabliert, sog. „Designer-drugs" (synthetische Drogen) sind auf dem Vormarsch.

Folgen des Mißbrauchs und der Abhängigkeit von psychotropen Substanzen

Psychische Veränderungen

Alle Formen der Abhängigkeit verursachen psychische Veränderungen. Im Verlauf der Abhängigkeitsentwicklung schwindet das Selbstwertgefühl durch das wiederholte Erleben, weder dem Beschaffungsdrang, noch dem Gebrauch psychotroper Substanzen widerstehen zu können. Schuldgefühl und Verheimlichungstendenzen gehen Hand in Hand, und die pathologische Bindung an eine oder mehrere psychotrope Substanzen führt zur Isolierung und Interessenseinschränkung auf den „Stoff". Es kommt zu Stimmungsschwankungen. Bei Verknappung des Stoffs sind Abhängige im allgemeinen dysphorisch, elend oder stimmungslabil, bei „ausreichender Intoxikation" sind sie dagegen manchmal „übernormal", nicht aus der Ruhe zu bringen oder scheinbar selbstsicher, überaktiv oder von unrealistischem Optimismus. Beschaffungsschwierigkeiten lösen Hektik, Ängstlichkeit oder gereiztes Agieren aus.

Beschönigung, geringe Einsicht und sogar aggressives Leugnen der Problematik – selbst bei handfesten Indizien – sind krankheitstypische Verhaltensweisen. Beim Arztkontakt müssen diese Verhaltensweisen richtig bewertet werden, und es sollte trotz dieser Abwehr zu geeigneten Maßnahmen kommen.

Soziale Folgen

Die sozialen Folgen von Mißbrauch und Abhängigkeit sind für den einzelnen, sein soziales Umfeld und die Gesellschaft, in der er lebt, in vollem Umfang gar nicht aufzuzeigen. Sie führen zu nur in Milliarden auszudrückenden direkten und indirekten Folgekosten durch zum Beispiel Frühberentungen, Behandlungskosten oder Produktionsausfall. (Ebenfalls in Milliarden beläuft sich das Steueraufkommen: bei Alkohol 6,1, bei Tabak 14,5 Milliarden DM.)

In *gesundheitlicher Hinsicht* ist die Lebenserwartung von Abhängigen um ca. 10 Jahre verringert, die Sterblichkeitsrate ist erhöht ebenso wie die *Suizidalität*, die nach vorsichtigen Schätzungen bei Alkohol- und Medikamentenabhängigen 10%, bei Drogenabhängigen 16% beträgt.

Alkoholabhängigkeit. Unter Alkoholeinfluß (psychotrope Medikamente wurden bisher nicht erfaßt) ereigneten sich 1988 im Straßenverkehr mindestens 18% aller tödlichen und ca. 10% aller *Unfälle* mit Verletzten. Bei *Straftaten* spielte Alkoholeinfluß sogar bei der Hälfte (50%) der Fälle eine Rolle. Aus beruflicher Sicht fehlen Alkoholabhängige 16mal häufiger am *Arbeitsplatz*, sie sind 3,5mal so häufig in Betriebsunfälle verwickelt und 2,5mal öfter krank als die übrigen Arbeitnehmer.

Medikamentenabhängigkeit. Abhängige von psychotropen Medikamenten werden sozial sehr viel später auffällig, denn sie können ihren Konsum häufig mit einer ehemals diagnostizierten und mit Verordnung bedachten Störung maskieren, haben keine „Fahne" oder Flasche zu verbergen, finden neben einer Auswahl rezeptfreier Medikamente noch immer *unkritische Verschreiber* und sind ohne Labordiagnostik mangels einfacher Kontrollverfahren nur selten zu erkennen.

Die *psychosozialen Folgen* entsprechen im wesentlichen den oben beschriebenen. In der Regel sind sie jedoch weniger ausgeprägt und/oder *besser kaschiert*. Bei Versorgungsengpässen kann es zu *Beschaffungskriminalität* (Rezeptdiebstähle, Rezeptfälschungen und Schwarzhandel) kommen.

Drogenabhängigkeit. Drogengebrauch als Handlungsausdruck der Ideen einer Subkultur (z. B. die der totalen Verweigerung), von der ein Abhängiger aufgesogen wird, findet sich kaum noch. Der Abhängige läuft jedoch Gefahr, bei Beschaffung, Besitz oder Gebrauch von Drogen *kriminalisiert* zu werden. Bei harten Drogen führen die von den Kosten des Tagesbedarfs bestimmten *Beschaffungspraktiken* (Dealen, Raub, Diebstahl, Betrug, Prostitution usw.) fast zwangsläufig in die Illegalität bzw. das soziale und berufliche Abseits.

Die *somatischen und psychischen Begleit- und Folgeerkrankungen* der verschiedenen Abhängigkeiten werden in den später folgenden Kapiteln dargestellt.

Die Behandlung von Abhängigen

Behandlungsziele

Der therapeutische Umgang mit Abhängigen richtet sich vor allem nach Erfahrungswerten. Die *Vielgestaltigkeit* der therapeutischen Zugensweisen und die Multiprofessionalität der Behandlungsteams sind die empirisch gewachsenen Antworten auf das komplexe Krankheitsgeschehen.

Die *Erfolgsaussichten* einer Therapie erhöhen sich durch die Einbindung von sozial und emotional relevanten Bezugspersonen. Ganz entscheidende Bedeutung kommt der Motivlage des Abhängigen zu. Seine Krankheitseinsicht und Behandlungsbereitschaft muß so früh wie möglich gefördert werden, hierbei hat der behandelnde Arzt eine entscheidende Rolle. Wohlmeinende Ratschläge und halbherzige Empfehlungen genügen dabei nicht und führen nur weiter in die Abhängigkeit.

Die Therapie Abhängiger hat drei Ziele: *körperliche Gesundung, psychische Stabilisierung* und *soziale Eingliederung.* In Abhängigkeit von der Dauer und der Schwere der Störung können die Therapieziele in ihrer Wichtigkeit variieren oder auch nur bedingt erreicht werden. In manchen Fällen kann sich die Therapie auf die Vermittlung von (Über-)Lebenshilfen reduzieren.

Am Beginn der Behandlung von Abhängigen steht eine Abstinenzforderung. Am Ende sollte freiwillige Abstinenz als Begleiterscheinung bzw. Basis für die weitere Entwicklung stehen.

Theoretisch interessante, aber für die therapeutische Praxis bedeutungslose Versuche, soziales Trinken zu lehren, haben bei den Betroffen nur unberechtigte Hoffnungen geweckt und zu Eigenexperimenten mit enttäuschendem Ausgang geführt.

Behandlungsphasen

Die Behandlung Abhängiger gliedert sich in 4 voneinander nicht immer klar abzugrenzende Phasen. Man unterscheidet Kontaktphase und Entzugsphase (in beiden kommt der Motivationsarbeit große Bedeutung zu), Psychotherapie- oder Entwöhnungsphase und Nachsorgephase. Prinzipiell kann die Behandlung ambulant und/oder stationär erfolgen; die Entscheidung richtet sich im Einzelfall immer nach Anamnese und mißbrauchter Substanz.

Die *Kontaktphase* findet meist in ambulantem Rahmen, z. B. in einer Beratungsstelle, Selbsthilfegruppe oder in der Praxis des niedergelassenen Arztes statt. Manchmal beginnt sie auch im Verlauf der stationären Behandlung von anderen Erkrankungen oder Unfällen, besonders dann, wenn es durch den Aufenthalt zu einem Zufallsentzug gekommen ist. Für die Kontaktphase gilt: *Wenn psychotrope Substanzen Probleme machen, dann sind sie das Problem.*

Behandlungseinrichtungen

Die *Behandlungsphasen* sind eng *vernetzt* mit den Angeboten der weitgehend institutionalisierten und spezialisierten *Versorgungseinrichtungen* für Abhängigkeitskranke: Fachambulanzen, stationären Einrichtungen, Übergangseinrichtungen und Selbsthilfegruppen.

Für *Drogenabhängige* findet sich in diesem Rahmen ein *besonderes Behandlungsangebot*, das die speziellen Eigenarten dieser Abhängigen berücksichtigt. Die Angebote sind durch kontinuierliche Betreuung (Therapiekette) gekennzeichnet. Sie reichen von „street work" über therapeutische Wohn-gruppen bis hin zur Nachbetreuung durch „Ex-user".

Fachambulanzen (eine für 250 000 Einwohner) sind mit ihren ambulanten Angeboten schwerpunktmäßig in der Kontaktphase, bei der Förderung von Therapiemotivation und in der Nachsorgephase gefordert. Die Beratung von Instanzen und Personen, die Vermittlung von Zwangseinweisungen und Hausbesuche ergänzen den Aufgabenkatalog, ohne ihn abzuschließen. So werden im Rahmen der Möglichkeiten auch ambulante Behandlungen durchgeführt.

Die ambulante Behandlung von Abhängigen kann ausreichen, wenn bestimmte Kriterien erfüllt sind. Dazu gehören gute Therapiemotivation und noch vorhandene soziale Integration. Positiv kann auch eine bestehende Partnerschaft bewertet werden. Die Behandlung in Gruppen ist angezeigt, vorhandene Partner sollten „mitbehandelt" werden. Die ambulante Behandlung von Drogenabhängigen organisiert sich im wesentlichen um Substitutionsprogramme (Methadon) und „niederschwellige Angebote".

Stationäre Einrichtungen sind vorrangig für Entzug, Psychotherapie und Entwöhnungsbehandlung zuständig.

Eine *Entzugsbehandlung* wird im allgemeinen stationär durchgeführt, um möglicherweise auftretende Komplikationen sofort fachgerecht behandeln zu können. Eine Entzugsbehandlung dauert in der Regel wenige Tage, manchmal, vor allem bei Medikamentenabhängigen, bis zu einigen Wochen. Sie sollte nur in einer Institution vorgenommen werden, von der die Zeit gleichzeitig intensiv genutzt wird, den Patienten zu einer weiterführenden Therapie seiner Abhängigkeit zu motivieren. Alleinige Detoxikation unter Ausklammerung des Abhängigkeitsproblems schafft lediglich günstige Voraussetzungen für den weiteren Mißbrauch. Der Entzug von Drogenabhängigen sollte immer in einer auf diese Patientengruppe spezialisierten Einrichtung erfolgen.

Stationäre Psychotherapie bei Alkohol- oder Medikamentenproblematik ist angebracht, wenn davon auszugehen ist, daß Persönlichkeitsstörungen oder Defizite auf kompensatorischem Weg zu Substanzmißbrauch geführt haben. Sie sollte von kurzer Dauer (ca. 6 Wochen) sein, um Hospitalisierungseffekte und Arbeitsplatzgefährdung gering zu halten, und gemeindenah, um Bezugspersonen mitbehandeln und die Bedingungen des sozialen Umfeldes einbeziehen zu können.

Nach einer ambulanten Vorbereitung soll durch kurzfristige intensive stationäre Psychotherapie eine Neuorientierung erreicht werden, deren Konsolidierung während einer langfristigen Nachbetreuung erarbeitet werden muß. Im besten Fall besorgt die stationäre Einheit auch die ambulante Betreuung, bei enger Zusammenarbeit können dafür aber auch Beratungsstellen und Selbsthilfegruppen in Frage kommen.

Während Psychotherapie mehr darauf abhebt, durch Persönlichkeitsveränderung auch Abstinenzverhalten zu erzielen, haben *Entwöhnungsbehand-*

lungen ihre therapeutische Vorgehensweise um das Abstinenzverhalten als Kernthema zentriert. Entwöhnungsbehandlungen werden meist in Suchtkliniken oder Suchtfachabteilungen von psychiatrischen Krankenhäusern durchgeführt und dauern ca. 3 bis 4 Monate. Die Mehrzahl dieser Einrichtungen hat ihren Behandlungsrahmen nach den Kriterien eines Anerkennungskataloges der Rentenversicherungsträger ausgerichtet. Behandlungsziel ist die berufliche Rehabilitation der Abhängigen.

Für depravierte Abhängige gibt es langfristig angelegte stationäre Behandlungsangebote, die ein Jahr und länger dauern können; bei Pflegebedürftigkeit stehen entsprechende Heime zur Verfügung. Angepaßte Rehabilitationsmaßnahmen müssen Teil der Versorgung chronisch depravierter Abhängiger sein, so können oft noch nach Jahren überraschende Besserungen beobachtet werden.

Übergangseinrichtungen (Wohngemeinschaften, Wohn- und Übergangsheime, geschützte Arbeitsplätze) sind als Einrichtungen zur Verkürzung der stationären Therapien und zur Verbesserung der Wiedereingliederungschancen von Abhängigen von großer Bedeutung.

Nachsorge, Behandlungsinhalte, Kostenträger

Kein Abhängiger sollte aus der stationären Behandlung entlassen werden, bevor er nicht die Möglichkeiten für seine **Nachsorge** kennt. Ihre Aufgaben (z. B. Hilfen zur Lebensbewältigung, sozialen Eingliederung oder befriedigenden Bewältigung des Alltags) werden von Fachambulanzen, für die weitaus größere Zahl jedoch von *Selbsthilfeorganisationen* (Anonyme Alkoholiker [AA], Blaues Kreuz, Kreuzbund, Guttempler, Freundeskreise) wahrgenommen.

Wie die Erfahrung zeigt, kann der Wert einer guten Nachsorge gar nicht hoch genug eingeschätzt werden. Abhängige, die in Selbsthilfegruppen intensiv mitarbeiten, haben gute Aussichten, nach einer Therapie abstinent zu bleiben bzw. es auch ohne professionellen Behandlungsapparat zu werden.

Behandlungsinhalte bestehen meist aus einer Kombination verschiedener Verfahren aus unterschiedlichen Therapierichtungen (Verhaltenstherapie, Gesprächstherapie, analytische Psychotherapie, Soziotherapie und andere). In der Regel überwiegt die Gruppentherapie, ergänzt durch Einzel- und zunehmend auch Familien- und Umfeldtherapie in unterschiedlicher Kombination.

Die **Kostenträger** für die Behandlung Abhängigkeitskranker sind die Träger der *Sozialhilfe* (wenn Hilfe von anderen nicht erfolgt), die Träger der gesetzlichen *Krankenversicherung* (in der Regel ambulante Behandlung und Entzug) und die *Rentenversicherungsträger* (Entwöhnungsbehandlungen). Die jeweilige *Zuständigkeit* in der Leistungspflicht ist zwar durch Gesetz formal entschieden, besonders für die therapeutische Praxis ist sie bisher jedoch eher *unbefriedigend gelöst*. Daran hat auch die zwischen Kranken- und

Rentenversicherungsträgern geschlossene Empfehlungsvereinbarung zur Kostenregelung bei Entwöhnungsbehandlungen („Suchtvereinbarung", 1978) nichts geändert. Jedem mit der Behandlung von Abhängigen befaßten Arzt kann nur empfohlen werden, zur Klärung der Kostenregelung im Einzelfall die Zusammenarbeit mit den örtlichen Beratungsstellen zu suchen.

Präventive Maßnahmen

Alle Bemühungen, der Substanzabhängigkeit oder dem Substanzmißbrauch präventiv zu begegnen, orientieren sich an folgenden Erkenntnissen:

Abhängigkeit oder Mißbrauch verhalten sich weitgehend proportional zum Pro-Kopf-Verbrauch, zur Griffnähe und zur Auflösung bzw. dem Fehlen klar begrenzter Konsummuster.

Die Diskrepanz zwischen den Versprechungen/Forderungen einer Gesellschaft und deren Stimmigkeit für die einzelnen (z. B. „niemand muß leiden") fördert im Verein mit unbefriedigenden Kompensationsmöglichkeiten das Bedürfnis nach „psychotroper Hilfe".

Produktion und Vertrieb von psychotropen Substanzen müssen genauerer Kontrolle unterliegen, marktwirtschaftliche Regeln dürfen nur begrenzt Anwendung finden.

Primäre Prävention (durch sozialhygienische Maßnahmen) beginnt im Vorfeld von Abhängigkeit und Mißbrauch und versucht durch *steuernde, informative und erzieherische Maßnahmen* die Gesellschaft und auch das Individuum optimal auf den Umgang mit psychotropen Substanzen vorzubereiten.

Mögliche Maßnahmen: Einschränkung oder Einstellung der Überproduktion in der Alkohol- und Pharmaindustrie, weitere Einschränkung der Werbemethoden. Bereinigung des Marktes von überflüssigen Medikamenten, Ausweitung der Verschreibungspflicht, Herstellung bedarfsgerechter Kleinpackungen. Erhöhung der Alkoholsteuer und zweckgebundene Verwendung dieses Anteils zur Bekämpfung der Abhängigkeiten. Zeitliche und örtliche Beschränkung des Alkoholangebotes (kein Automatenvertrieb oder Nachtverkauf in Tankstellen). Informative Aufklärung über die Gefahren der psychotropen Substanzen, die nicht ängstigt, um so den Verlust von Wirkung zu vermeiden. Bei der Informationsvermittlung ist neben Lehrern und anderen, vorher kundig gemachten, Meinungsbildnern vor allem der niedergelassene Arzt gefordert. Weitgehende Straffreiheit für Konsumenten von psychotropen Substanzen, wenn Therapiemotivation vorliegt, strafrechtliche Ahndung der Verstöße bei Handel, Produktion, Werbung und gegenüber gesetzlichen Schutzbestimmungen. Schaffung eines Kanons der zu verwendenden und nicht zu benutzenden Medikamente durch Mediziner. Erzieherische Aufklärung zeigt vor dem Hintergrund des wachsenden Umweltbewußtseins Auswege aus der Selbstzerstörung und Selbstvergiftung.

Sekundäre Prävention (Individualprävention) beschäftigt sich mit Früherkennungsmaßnahmen, Motivationsarbeit, Frühbehandlung und der Verbesserung von Behandlungsstrategien. Genaueres kann den entsprechenden Kapiteln entnommen werden.

Tertiäre Prävention (Rückfallprophylaxe) hat als Ziel die Stabilisierung – auch chronisch geschädigter – Abhängiger nach der Behandlung. Dafür und zur Verhinderung von Spätschäden stehen breit gefächerte Wiedereingliederungsmaßnahmen zur Verfügung, die von beruflicher Umschulung bis zur Unterbringung in einem Pflegeheim reichen.

Literatur

Alkoholismus. Eine Information für Ärzte. Deutsche Hauptstelle gegen die Suchtgefahren e. V., Westring 2, 4700 Hamm 1, 1980

Diagnostisches und Statistisches Manual Psychiatrischer Störungen. DSM–III–R. Beltz, Weinheim 1989

Feuerlein, W.: Alkoholismus – Mißbrauch und Abhängigkeit, Thieme 4. Aufl., Stuttgart 1989

Jahrbuch '90 zur Frage der Suchtgefahren. Neuland-Verlagsgesellschaft, Adenauer-Allee 45, 2000 Hamburg 1

Kisker, K. P., H. Lauter, J.-E. Meyer, C. Müller, E. Strömgren: Abhängigkeit und Sucht. Psychiatrie der Gegenwart, Bd. III. Springer, Berlin 1987

Medikamentenabhängigkeit – Eine Information für Ärzte, 2. Aufl. Deutsche Hauptstelle gegen die Suchtgefahren e. V. (DHS), Westring 2, 4700 Hamm 1, 1987

Völger, Gisela, Karin von Welck: Rausch und Realität – Drogen im Kulturvergleich. Rowohlt, Reinbek 1981

Wanke, K., K.-L. Täschner: Rauschmittel. Drogen – Medikamente – Alkohol, 5. Aufl. Enke, Stuttgart 1985

29 Alkoholmißbrauch – Alkoholabhängigkeit

Man kann Abhängigen keine Sicherheit geben, man kann nur versprechen, sie nicht zu belügen.

Lernziele:
Kenntnisse der Probleme der Diagnose, des Interaktionsverhaltens, der Folgeerkrankungen sowie therapeutischer Maßnahmen und Perspektiven.

Klassifikation:
ICD-9: 305.0; DSM-III-R 305.00 Alkoholmißbrauch
ICD-9: 303; DSM-III-R 303.90 Alkoholabhängigkeit

Diagnose

Um zu der Diagnose Alkoholmißbrauch oder Alkoholabhängigkeit zu gelangen, muß sich der Arzt einer Schwierigkeit besonderer Art stellen: Er kann nicht davon ausgehen, die gestellten Fragen nach Trinkmenge, Trinkgewohnheiten, Dauer und Schwere der Erkrankung, offen beantwortet zu bekommen. Dies liegt daran, daß der Patient in ihm sowohl einen Helfer, als auch einen Verfolger (nämlich jemanden, der ihn in seiner Umgehensweise mit Alkohol einschränken will) sehen muß.

Abhängigkeit und Mißbrauch führen zu somatischen, sozialen und psychischen Veränderungen. Sie können zusammen, aber auch einzeln auftreten:

Ein 41jähriger Regierungsrat fällt wegen nachlassender Dienstleistung und mehrfacher „Fahne" auf. Die Anamnese ergibt, daß der Patient seit drei Jahren (nach einer Beförderung) vermehrt trinkt, die Trinkmenge wird zuletzt mit einer Flasche Korn pro Tag angegeben, angeblich ausschließlich am Arbeitsplatz. Der Ehefrau ist bisher keine Veränderung aufgefallen, die Leberenzyme zeigen lediglich eine diskrete Gamma-GT-Erhöhung mit 31 U/l.

Klinisch geben sich Mißbrauch und Abhängigkeit von Alkohol als Intoxikation (ICD-9: 305.0; DSM-III-R 303.00) zu erkennen und bieten die daraus abzuleitenden Befunde: Endstellnystagmus, Gangataxie, Dysarthrie, affektive Veränderungen; hinzu kommt der typische Fötor. Wegen der sich entwickelnden Toleranz können zwischen klinischem Befund und der Höhe des Blutalkoholspiegels erstaunliche Diskrepanzen bestehen.

Ein Patient kommt mit deutlichem Fötor zur stationären Aufnahme und kann, wenn auch verlangsamt, der ersten Gruppensitzung folgen. Der Blutalkoholspiegel (auch der kontrollierte Wert!) zeigt einen Wert von 4,13 Promille.

Kein Einzelbefund ist pathognomisch für die Diagnose Mißbrauch oder Abhängigkeit, auch schließen unauffällige Leberenzyme sie nicht sicher aus. „Typische" Organschäden sind jedoch häufig und bei der Diagnostik hilfreich. Beinahe alle Organsysteme können durch Alkohol gestört werden, es überwiegen internistische und neurologische Krankheitsbilder: Hepatopathien (Alkoholhepatitis, Fettleber, Leberzirrhose), Gastritiden, Magenulzera, alkoholische Myokardiopathien, Pankreatitiden, Polyneuropathien.

Soziale Auffälligkeiten sind erste Fingerzeige in Richtung auf eine Alkoholproblematik: häufiger Arbeitsplatzwechsel, Abmahnungen wegen Alkoholmißbrauches am Arbeitsplatz, Führerscheinverlust, Straftaten unter Alkohol (Körperverletzung, Sachbeschädigung, Diebstahl). Streit und Schwierigkeiten mit der Familie und Freunden sind häufig Folge und Ausdruck einer Abhängigkeit.

Diesen Konflikten liegen in aller Regel **Persönlichkeitsstörungen** zugrunde. Die Kritikfähigkeit gegenüber eigenen Möglichkeiten und Grenzen läßt in der Phase des Mißbrauchs und der Abhängigkeit nach, an ihre Stelle treten im Wechsel Selbstwertzweifel („ich bin der letzte Alkoholiker") und grobe Selbstüberschätzung („Alkohol ist für mich kein Problem"). Bei subtiler Exploration findet sich eine umfangreiche Selbstwertproblematik.

Um **diagnostische Sicherheit** zu gewinnen, darf keine sich bietende Gelegenheit unausgeschöpft bleiben. Möglichkeiten dazu bieten neben Anamnese und Befund Blutalkoholbestimmung, Leberenzymbestimmungen und Angaben von Angehörigen. (Hilfe zur diagnostischen Sicherheit vermag u. a. der MALT-Test zu bieten. Dieser einfach durchzuführende Test ist in: Alkoholismus, eine Information für Ärzte, enthalten [s. Literaturliste].)

Solche Maßnahmen sind gegenüber dem Patienten stets auch als das zu benennen, was sie eigentlich sind: nämlich Untersuchungen und *Kontrollen* zum Zweck diagnostischer Sicherheit. Nur so ist längerfristig das Vertrauen des Patienten zu gewinnen. Der Diagnostizierende hat nichts zu verlieren:

Hat er sich getäuscht, ist eine Verdachtsdiagnose sicher ausgeschlossen, hat er sich nicht getäuscht, ist er derjenige, der dem Alkoholkranken die Möglichkeit zur Umkehr bietet, da er nicht durch falsches Vertrauen oder Ängstlichkeit das ungestörte Fortsetzung des Mißbrauchs ermöglicht hat. Es ist gängige Erfahrung, daß Abhängigkranke für so gewonnene und benannte Klarheit letztlich dankbar sind. Gehört der Benenner doch dann zu denjenigen, die ihn nicht in der Situation des Sich-etwas-vormachen-Müssens alleingelassen haben.

Für den Arzt entsteht oft die Schwierigkeit, zu entscheiden, ob Alkohol ein Problem oder das Problem des Patienten darstellt. Prinzipiell gilt: *Wenn Alkohol zum Problem wird, ist er das Problem,* andere diagnostische bzw. therapeutische Maßnahmen (sofern nicht vitale Indikation vorliegt) sind nachrangig. Nur im trockenen Zustand (der auch zu kontrollieren ist) können weitere diagnostische und therapeutische Überlegungen zusammen mit dem Patienten angestellt werden. Wie wichtig diese Sicherheit ist, läßt sich wie folgt verdeutlichen: Entzugssymptome wie Schlafstörungen, Unruhe und Angstgefühle führen Alkoholabhängige häufig zum Arzt. Die Gabe von Hypnotika oder Tranquillantien (beides kreuztolerante Substanzen zu Alkohol!) würde eine iatrogene Ausweitung der Abhängigkeit (Stichwort: „Pulle und Pille") ermöglichen.

Statt einer Psychodynamik*

Der Alkoholabhängige erscheint seinem Gegenüber entweder als **Täter** (er trinkt, weil er unangepaßt ist, weil er sich nicht beherrscht, sich dabei um nichts kümmert, weil er ein „böser Mensch" ist) oder als **Opfer** (er trinkt, weil er keine Chance hatte, seit Jahren arbeitslos ist, wegen der tyrannischen Ehefrau, weil er eigentlich ein „zu guter Mensch" ist).

Die Wahrnehmung des Abhängigen als „Täter" löst bei dem Gegenüber, wenn auch oft nicht bewußt, aggressive Affekte aus: Auf diese, mehr oder minder direkt ausgedrückt, folgt regelmäßig der Abbruch der Beziehung nach dem Motto „Keiner mag mich" und die Fortsetzung des Mißbrauchs. Die Betrachtung des Abhängigen als „Opfer" bewirkt beim Helfer Beschützerimpulse. Meist gar nicht erkenntlich, enthält jedoch die Überfürsorglichkeit auch einen aggressiven Impuls: Der Helfer kümmert sich um alles, macht Termine mit Selbsthilfegruppen, „schiebt eine Therapie an". Diese Entmündigung (denn der Abhängigkranke kann ja selbst z.B. Termine mit Selbsthilfegruppen ausmachen) ist der andere Brutplatz problematischer Fortentwicklung: Der einzige Freiraum bei überfürsorglicher Zubettung ist und bleibt unverstellbar der Rückfall.

---

* LÜRSSEN (1983) hat aus psychoanalytischer Sicht eine umfassende Darstellung zum derzeitigen Stand der Theorie vorgelegt.
E. HERDIECKERHOFF (1987) formuliert ein sehr lesenswertes, praxisrelevantes Konzept zum Verständnis der Suchtmittelabhängigkeit.

Neben der Betrachtung des Abhängigen als einem Täter oder einem Opfer steht, gleichermaßen problematisch, das Übertragungsangebot des Patienten an den Arzt als einen „Erlöser". Es appelliert an seine Omnipotenzphantasien und Wünsche, die beim Kontakt mit dem „armen Kranken" angesprochen werden, wobei das gängige Arzt-Patient-Verhältnis dieser Verführung und einer Verwechslung Vorschub leistet: Der eigentliche Fachmann für die Abhängigkeitsproblematik ist nämlich der Patient, der über deren Verlauf, Ausprägungsform, Konfliktzusammenhänge sehr viel mehr weiß – und eben nicht der Arzt. Infolge der Unkenntnis dieses typischen Interaktionsmusters werden die distanzlosen Omnipotenzphantasien des Helfers durch einen Rückfall brutal in ihr Gegenteil verkehrt – muß er sich doch nun in der Tat völlig unfähig fühlen. Prompt erfolgt dann entweder der Abbruch der Beziehung aufgrund der auftretenden Enttäuschungswut (da jetzt der Patient als „Täter" erscheint) oder die Wiederaufnahme eines Aktionsmusters nach dem Motto „Wir versuchen es noch ein letztes Mal". Ein trockener, alkoholkranker Patient hat behauptet: Helfern ist es die ersten fünfzig Male nicht möglich, sich dieser Beziehungsfalle zu entziehen. Er begründete es einfach und plausibel: Dieses Geschick des Alkoholkranken ist die Grundlage dafür, weitertrinken zu können. (Dieses „Geschick" entspringt nicht dem freien Willen und auch nicht der Bosheit des Patienten: Es ist die Konsequenz der so kaum erkennbaren Angst vor dem Schmerz einer notwendigen Selbstwertkorrektur.)

Ziel im Umgang mit Alkoholabhängigen kann nur eine „engagierte Gleichgültigkeit" sein. Engagement ist dabei weder gehorsames Erfüllen lästiger Pflichten noch distanzlose Identifikation, sondern mühsam erworbene und verteidigte Arbeitshaltung. Gleichgültigkeit meint hier im Wortsinne die Möglichkeit, vor sich selbst die Entscheidungen des Patienten gleich gültig (nämlich als die seinen) sein zu lassen.

Es ist eine berechtigte Möglichkeit, sich den emotionalen Problemen im Umgang mit Alkoholkranken nicht zu stellen und an Fachleute (wie in anderen medizinischen Disziplinen ja auch) zu verweisen. Durch Teilnahme an Balint-Gruppen kann die eigene problematische Verflochtenheit in solche Beziehungssysteme erhellt werden.

Psychiatrische Folgeerkrankung der Alkoholabhängigkeit

Die Einteilung der WHO faßt Abhängigkeit von Alkohol und Barbituraten unter einem Abhängigkeitstyp zusammen, darunter fallen jedoch ebenfalls barbituratähnliche Substanzen (z. B. Clomethiazol, Distraneurin) sowie Benzodiazepine. „Prädelir"*, Delirium tremens und generalisierte Krampfanfälle können Folge des Absetzens oder der Reduktion dieser psychoaktiv wirksamen Substanzen sein.

---

* Prädelir ist im deutschen Sprachraum ein klinisch verbreiteter Begriff; er entspricht weitgehend dem im DSM III verwendeten Begriff „Entzug".

Das „**Prädelir**" (ICD-9: 291.8; DSM-III-R 291.80) ist charakterisiert durch ein Symptomquartett: Tremor, Schwitzen, Puls- und Blutdruckerhöhung. Die Patienten beklagen ängstliche Unruhe und Gier nach Alkohol. Die Symptomatik kann, muß aber nicht in ein Delirium tremens übergehen. Viele Patienten kennen diese Symptomatik nach dem Abfall des Blutalkoholspiegels am frühen Morgen als „Flattermann".

Das **Delirium tremens** (ICD-9: 291.0; DSM-III-R 291.00) bietet neben prädeliranten Symptomen Störungen in der Orientierung (der Patient kann weder den Ort noch das Datum benennen, verkennt den Untersucher bzw. die Gesamtsituation). Halluzinationen (überwiegend optisch, auch akustisch oder taktil) sind häufig. Die Sprache ist meist zittrig und stolpernd, die Körperbewegungen sind unruhig und überschießend, die Patienten nesteln an den Gegenständen ihrer Umgebung. Sie klagen über innere Unruhe, massive Schlafstörungen und dysphorische Verstimmung. Sie sind meist suggestibel, lesen auf Aufforderung vom leeren Blatt, knüpfen auftragsgemäß einen nicht vorhandenen Bindfaden zu einem Knoten. Kein Symptom ist für die Diagnose pathognomonisch, insbesondere atypische Delirien können den Untersucher vor diagnostische Schwierigkeiten stellen. Etwa 15 % der Alkoholkranken erleiden ein Delir. Die Gründe, warum die Mehrzahl davon verschont bleibt, sind bisher nicht bekannt.

Ein „Delir" ist keineswegs und ausschließlich nur Folge einer Abhängigkeitserkrankung. Organische Erkrankungen (z. B. zerebrale Gefäßsklerose, Enzephalitis) vermögen delirante Bilder ebenso auszulösen wie Medikamente (Anticholinergika, z. B. Atropin, Antidepressiva, z. B. Imipramin, Tuberkulostatika, z. B. INH).

Generalisierte Krampfanfälle vom Grand-mal-Typ im Rahmen eines Alkoholentzugssyndroms treten etwa in 20 % der Fälle auf; sie sind dann meist Vorboten eines Delirium tremens.

Die **Wernicke-Enzephalopathie** (ICD-9: 291.1; DSM-III-R 291.10) ist ein akut behandlungsbedürftiges Krankheitsbild, dem ein Delir vorausgeht. Die Patienten bieten schwere Gangunsicherheit, beklagen Doppelbilder; klinisch finden sich immer eine Polyneuropathie, gelegentlich auch eine Rumpfataxie. Nystagmus und Augenmuskellähmungen führen meist auf die richtige diagnostische Spur. Neuropathologisch zeigen sich Proliferationen und Dilatationen der Kapillaren sowie petechiale Blutungen im Bereich der Corpora mamillaria.

Das **Korsakow-Syndrom** (ICD-9: 291.1; DSM-III-R 291.10) kann sich schleichend entwickeln, aber auch einem Delir oder einer Wernicke-Enzephalopathie nachfolgen. Merkfähigkeitsstörungen, Beeinträchtigungen des Neuzeitgedächtnisses, Desorientiertheit im Zeitgitter, häufig auch bezüglich des Ortes, prägen das Bild. Konfabulationen können auftreten, sind jedoch nicht obligat. Der psychopathologische Befund kann sich nach längerer Alkoholkarenz noch deutlich bessern.

Die Diagnose einer **alkoholischen Demenz** (ICD-9: 291.2; DSM-III-R 291.20) sollte nicht vor dem Ablauf von drei Wochen nach erfolgter Alkoholabstinenz gestellt werden. Sie läßt sich erkennen an Beeinträchtigungen des abstrakten Denkens (z. B. Schwierigkeiten, Worte und Begriffe zu definieren), Beeinträchtigungen des Urteilsvermögens sowie Beeinträchtigungen höherer kortikaler Funktionen, wie Aphasie, Apraxie, Agnosie. Das Bewußtsein der alkoholdementen Patienten ist nicht getrübt, die Diagnose ist also gegen die eines Delirs abzugrenzen.

Computertomographische Befunde belegen die Möglichkeit der Rückbildung von ausgeprägten Hirnatrophien durch längerfristige Alkoholabstinenz. Dies ist einer von vielen Gründen, hirnorganisch und psychisch schwer geschädigte Alkoholkranke in sozialtherapeutischen Heimen unterzubringen, wo sie durch alkoholfreien, aktivierenden Lebensraum gefördert werden können.

Alkoholhalluzinose (ICD-9: 291.3; DSM-III-R 291.30). Bei dieser Erkrankung finden sich meist akustische Halluzinationen beeinträchtigenden oder verfolgenden Inhalts. Im Gegensatz zum Delir fehlen Desorientiertheit, die Patienten sind nicht suggestibel, bieten auch keine „prädeliranten" Symptome. Das Bild kann in eine chronische Halluzinose ausmünden, das sich dann von schizophrenen Endzuständen nicht mehr unterscheiden läßt.

Der **alkoholische Eifersuchtswahn** (ICD-9: 291.5; DSM-III-R 297.30, 303.90) wird nur bei Männern gesehen. Er ist durch groteske Eifersuchtsideen gekennzeichnet, die Partnerin wird der Untreue verdächtigt, alle Erklärungen werden lediglich als „Beweise" gewertet. Bezüglich der Genese werden psychodynamische Aspekte angeführt. Ekelbedingte Abwendung des Partners, abnehmende Potenz bei unter Umständen erhaltener Libido, können bei alkoholinduzierter Kritikschwäche ein solches Bild erklären. Die Prognose ist bei Alkoholkarenz durchaus günstig.

Eine Sonderstellung nimmt der **pathologische Rausch** ein (ICD-9: 291.4; DSM-III-R 291.40, dort idiosynkratische Alkoholintoxikation). Er kann nicht als Folgeerkrankung der Alkoholabhängigkeit bezeichnet werden, da er als eine Unverträglichkeitsreaktion zu gelten hat. Bei in aller Regel geringen Alkoholmengen verhalten sich diese Patienten „persönlichkeitsfremd", haben eine Amnesie für die Ereignisse, wobei das Krankheitsbild mit einem Terminalschlaf endet. Diese Diagnose kann nur selten gestellt werden und ist sorgsam von einer Dissimulation (um der Verantwortung für aggressives Verhalten zu entgehen) abzugrenzen.

Je umfangreicher der Alkoholkonsum einer Schwangeren, um so größer ist die Wahrscheinlichkeit einer alkoholischen *Embryopathie*. Sie liegt bei 30—40 % der alkoholkranken Frauen im gebärfähigen Alter. Der Alkohol passiert die Plazentaschranke, wobei das abgebaute Azetaldehyd die Synthese von Proteinen und Nukleinsäuren beeinträchtigt. Dies gilt als die Pathogenese der durch intrauterinen und postpartalen Minderwuchs, psychische Retardierungen, Mikrozephalus, Hyperaktivität, Muskelhypotonie sowie Mißbildungen an Herz, Kopf und Genitalien charakterisierten Erkrankung. Der Arzt hat im Rahmen der Beratung zu berücksichtigen, daß diese Konstellation eine Indikation zu einer Interruptio darstellen kann.

Wegen des hohen Maßes an Selbst- und/oder Eigengefährdung ist bei nachfolgenden Krankheitsbildern stets sofort eine *Klinikeinweisung* durchzusetzen (ggf. unter Einsatz der zur Verfügung stehenden Rechtsmittel): Sopor oder Koma, pathologischem Rausch, generalisierten Krampfanfällen im Rahmen eines beginnenden Entzugssyndroms, Delirium tremens und Wernicke-Enzephalopathie.

Internistische und neurologische **Alkoholfolgeerkrankungen** (Gastritiden, Pankreatitiden, Polyneuropathien, Hepatopathien) werden entsprechend den Richtlinien der Fachrichtungen behandelt. Wichtig ist es, in diesem Zusammenhang die Notwendigkeit einer Therapie der Grunderkrankung (nämlich der Abhängigkeit) anzusprechen. Solche Hinweise sind notwendige, wenn auch natürlich längst nicht hinreichende Voraussetzungen, Therapiebereitschaft zu wecken.

Pharmakotherapie der Alkoholfolgeerkrankungen

Die Pharmakotherapie der Alkoholfolgeerkrankungen kommt aus psychiatrischer Sicht mit wenigen Medikamenten aus: Bei *abnormem Rausch* (in aller Regel Alkoholintoxikation mit aggressiver Erregung) können mittelpotente Neuroleptika (z. B. Truxal) verwendet werden. Nicht jede „prädelirante" Symptomatik ist medikamentös behandlungspflichtig. Die Beurteilung richtet sich nach der Anamnese (z. B. Delirien oder epileptische Krampfanfälle in der Vorgeschichte) und dem aktuellen Befund.

Eine ambulante Distraneurin-Behandlung ist wegen der Abhängigkeitspotenz der Substanz und der Unkontrollierbarkeit der Einnahme stets kontraindiziert.

Die medikamentöse Behandlung des Delirium tremens muß stationärer Behandlung vorbehalten bleiben. Sie geschieht prinzipiell durch den Einsatz kreuztoleranter Substanzen: In den USA finden Benzodiazepine Verwendung. In der Bundesrepublik wird überwiegend Clomethiazol (Distraneurin) eingesetzt. Die Höhe der Medikation ist abhängig von engmaschig zu kontrollierenden Werten: Puls, Blutdruck, Schwitzen und Tremor sind dabei ebenso zu berücksichtigen wie psychopathologische Befunde (Halluzinationen, Unruhe, Desorientiertheit). Die Infusionsbehandlung muß wegen der Komplikationsgefährdung (Atemdepression, Kreislaufdepression, Pneumoniegefahr) auf Intensivstationen erfolgen. Auf ausreichende antikonvulsive Abschirmung ist zu achten. Bei produktiv psychotischen Bildern im Rahmen eines Delirium tremens (optische, akustische Halluzinationen) können Butyrophenone (z. B. Haldol in einer Dosierung von 3×2 bis 3×4 Ampullen i. v. pro die) wirksam sein. Bei der *Halluzinose* ist die Gabe hochpotenter Neuroleptika die Therapie der Wahl. Die Diagnose einer *Wernicke-Enzephalopathie* erzwingt sofortige Gabe von Vitamin B_1 i. v. Allergische Reaktionen vom Soforttyp sind selten, aber möglich. Die prophylaktische Gabe von Vitamin- und Leberschutzpräparaten ist nicht angezeigt. Die Beurteilung der Wirksamkeit von Piracetam bei der Behandlung von Entzugssyndromen ist im Moment abschließend noch nicht möglich. Es entspricht klinischer Erfahrung, daß eine *adäquate Beziehung zu dem Patienten* häufig Medikamente einspart. Bekanntlich nimmt die delirante Symptomatik nachts zu, u. a. deshalb, weil der Patient mit seinen Symptomen alleine ist. Es hat Sinn, auf die biologischen Erfordernisse im Rahmen des Entzuges zu achten: Die Unruhe und Getriebenheit läßt nach, wenn der Patient sich bewegen kann, statt abwartend im Bett zu liegen oder auf Station „rumzusitzen".

Aversionstherapie: Sie wurde entwickelt aus der Emetikabehandlung und versucht, durch die Verwendung von Brechreiz erregenden Mitteln (z. B. Antabus) den Genuß von Alkohol zu verleiden. Wir haben in vielen Jahren keine einzige zwingende Indikation für die Verwendung solcher Substanzen gefunden. Wenn der Patient bereit ist, die aufwendigen Bedingungen für korrekte Applikation solcher Medikamente auf sich zu nehmen, lassen sich kaum Gründe dafür finden, nicht an einer Therapie teilzunehmen oder sich regelmäßig an Selbsthilfegruppen zu beteiligen.

Wege zur Psychotherapie

„Der Abhängige bekommt nicht das, was er will, sondern das, was er braucht."

Dieser Satz, richtig verstanden, ist die prägnanteste Verhaltensanleitung für alle diejenigen, die einem koalkoholischen, also Abhängigkeit unterstützenden Verhalten entgehen wollen. Der Abhängigkranke braucht ein Gegenüber, das *kenntnisreich und konsequent* in seinen Handlungen ist.

Mit *Kenntnisreichtum* ist die richtige Interpretation von somatischen Befunden, psychischen Veränderungen und sozialen Auffälligkeiten gemeint. Hier hat der Hausarzt mit seiner umfassenden Kenntnis der Krankheiten, der familiären und beruflichen Situation sowie der Persönlichkeit des Patienten meist bereits sehr früh Informationen, die auf Mißbrauch oder beginnende Abhängigkeit hinweisen.

Erst durch den *konsequenten Umgang* mit dem Patienten macht dieser die Erfahrung, die er auf dem Weg zur Therapie braucht. Dies bedeutet im Umgang mit solchen Patienten:
- Die Befunde und ihre Interpretationen (z. B. alkoholische Gastritis) oder Wahrnehmungen („Sie haben eine Fahne") sind anzusprechen.
- Als sinnlos erkannte Wünsche sind konsequent zu verweigern (z. B. Forderung nach Lebertabletten bei fortgesetztem Alkoholkonsum).
- An gemeindenahe Beratungsstellen bzw. Hilfseinrichtungen (Fachambulanzen, Selbsthilfegruppen) ist zu verweisen.
- Die Grenzen der eigenen Umgehensmöglichkeit und die Willigkeit sind zu benennen. Dies kann darin bestehen, nur knapp und sachlich auf die notwendige Kontaktaufnahme zur Beratungsstelle zu verweisen und sich

Gesprächen und Erklärungen, Erläuterungen und Begründungen für den fortgesetzten Alkoholkonsum zu entziehen.

Erst durch die Verweigerung koalkoholischen Verhaltens *und* therapeutisches Angebot entsteht ein Entscheidungsdruck ohne Ausweichmöglichkeit für oder gegen eine Behandlung.

Wie schwer sich Menschen in helfenden Berufen mit Alkoholabhängigen tun, ist täglich im Krankenhaus zu beobachten: Alle „wissen", wenn ein Patient alkoholkrank ist. Es wird ihm nonverbal, manchmal ganz direkt bedeutet, den Weg zum Kiosk nicht zu vergessen (wegen befürchteter Entzugserscheinungen), gelegentlich wird eine Operation um eine Entzugssymptomatik „herumorganisiert". Alkoholinfusionen intraoperativ sind nicht seltene Praxis.

Hier mangelt es nicht an Kenntnis, sondern an Bereitschaft zur Konsequenz. Diese ist gleichbedeutend mit Konfrontation, in allererster Linie mit der eigenen Einstellung. Der Arzt ist gezwungen, aus seinem geäußerten Wissen auch Folgen abzuleiten (z. B. durch adäquates Ansprechen einer Behandlungsnotwendigkeit), kann aber nicht davon ausgehen, bei dem Patienten das zu ernten, was er gängigerweise erhält: nämlich fügsame Dankbarkeit. Dies bedeutet, aus der tradierten Rolle des freundlichen Beraters auszusteigen hin zu der eines engagierten Aufforderers, hier und jetzt bezüglich der Abhängigkeitsproblematik eine Entscheidung zu treffen.

Alkoholabhängigkeit ist ein *Risikofaktor* und als solcher (genau wie z. B. Hypertonie, Diabetes mellitus) adäquat zu behandeln. Dies kann im Einzelfall bedeuten, daß z. B. vor einer geplanten Operation erst ein kontrollierter Entzug zu geschehen hat. Falls der Patient ein solches Vorgehen verweigert, ist auch an eine Entlassung wegen mangelnder Kooperationsgemeinschaft zu denken. (Um Mißverständnisse zu vermeiden: Ein solches Verfahren kann natürlich nicht für geschäftsunfähige [z. B. alkoholdemente] Patienten gelten oder solche, die vital gefährdet sind. Es wirkt therapiemotivierend für denjenigen, der *so* erst erfährt, daß andere seine Krankheit und deren Folgen ernst nehmen.)

Haus- und Nervenärzte behandeln überwiegend die Folgeerkrankungen der Abhängigkeit, in internistischen und chirurgischen Abteilungen kann meist die Grunderkrankung Abhängigkeit nicht angemessen berücksichtigt werden.

Psychologen und Sozialarbeiter in Fachambulanzen und Beratungsstellen sind mit ambulanter Therapie, Vorbereitung zur stationären Behandlung und Nachsorgeaufgaben betraut. Stationäre Behandlungen finden in psychiatrischen, psychosomatischen und Fachkliniken statt. Die Behandlungsdauer liegt zwischen 2 und 6 Monaten, je nach Schwere der Erkrankung und Therapiekonzept. Die „Entwöhnungsbehandlung" ist eine Rehabilitationsmaßnahme, die ein Antragsverfahren beim Rentenversicherungträger notwendig macht. Unterschiedliche therapeutische Ansätze (verhaltenstherapeutische, tiefenpsychologische, „humanistische" Therapieverfahren) finden dabei Anwendung; überwiegend wird gruppentherapeutisch behandelt. Die alle Lebensbereiche umfassende Erkrankung erfordert multiprofessionelle Zusammenarbeit (Sozialarbeiter, Bewegungstherapeuten, Beschäftigungstherapeuten usw.). Hohe Eigenmotivation und erhaltenes Sozialgefüge ermöglichen eine ambulante Therapie. Je mehr die Krankheit körperlichen, seelischen und sozialen Tribut fordert, um so eher stellt sich die Indikation zu einer stationären Behandlung. Als Orientierung kann gelten: Besser früh und intensiv als ein Schritt unter der Wirkschwelle.

Literatur

Alkoholismus, Eine Information für Ärzte. Deutsche Hauptstelle gegen die Suchtgefahren e. V., Westring 2, 4700 Hamm 1, 1990

Antons, K., W. Schulz: Normales Trinken und Suchtentwicklung, Bd. I und II. Hogrefe, Göttingen 1984

Diagnostisches und Statistisches Manual psychischer Störungen DSM-III-R. Beltz, Weinheim 1989

Feuerlein, W.: Alkoholismus – Mißbrauch und Abhängigkeit, 4. Aufl. Thieme, Stuttgart 1989

Herdieckerhoff, E.: Symptomspezifische psychoanalytische Differentialdiagnostik von psychischer Abhängigkeit und Sucht, Materialien zur Psychoanalyse und analytisch orientierten Psychotherapie, Bd. XIII. Verlag für medizinische Psychologie, Göttingen 1987

Kisker, K. P., H. Lauter, J.-E. Meyer, C. Müller, E. Strömgen: Abhängigkeit und Sucht. Psychiatrie der Gegenwart, 3. Aufl., Bd. III. Springer, Berlin 1987

Rost, W.-D.: Psychoanalyse des Alkoholismus. Klett-Kotta, Stuttgart 1987

Schrappe, O.: Toxikomanie. In: Kindlers „Psychologie des 20. Jahrhunderts", Psychiatrie, Band 2. Beltz, Weinheim 1983

30 Medikamentenmißbrauch – Medikamentenabhängigkeit

Lernziele:
Kenntnisse im Umgang mit psychotropen Substanzen. Kenntnisse der Grundzüge von Therapie und Prognose sowie der Probleme der Diagnostik und der Folgeerkrankungen.

Klassifikation:
ICD-9: 305.4, 305.7, 305.9; DSM-III-R 305.40, 305.70 Medikamentenmißbrauch
ICD-9: 304.1, 304.4; DSM-III-R 304.10, 304.40 Medikamentenabhängigkeit.

Während bei der Alkoholabhängigkeit der Arzt meist mit Folgen der Erkrankung befaßt ist, hat er bei der Arzneimittelabhängigkeit eine ganz andere Bedeutung: Medikamentöse Behandlung ist *die* Domäne des Arztes, die Wirksamkeit dieser Behandlungsform wird mit der Möglichkeit des Mißbrauchs und der Abhängigkeit beim Einsatz von psychotropen Substanzen bezahlt. Der Rezeptierende ist manchmal unwissend, oft halbwissend „Komplize" des Mißbrauchers oder Abhängigen. Am Nadelöhr des Rezeptes kommt der Patient nur vorbei, wenn er sich frei verkäufliche Medikamente erwirbt (unter denen auch solche mit Abhängigkeitspotential sind) oder durch die Beschaffung auf kriminellem Wege. Die Bedeutung des Arztes für die Probleme Mißbrauch und Abhängigkeit von Medikamenten, insbesondere seine Bedeutung für die Prävention, ist aufgrund dieser Sonderstellung einzigartig. Daraus leitet sich die Forderung nach verantwortungsbewußter Anwendung dieses Monopols ab.

Richtlinien

Diagnostische Unsicherheit, insbesondere bei „funktionellen" Beschwerden, unterstützt die Illusion, daß eine wirksame *und* risikoarme Therapie mit „leichten" Schmerz- oder Beruhigungsmitteln dem Patienten nicht schaden könne (z. B. nach dem Motto „Psyche im Aufwind" bei dem Tranquilizer Lexotanil). Für den Arzt ist es entscheidend, sich gegen die Einklemmung durch Forderung von Patienten nach Medikamenten mit Abhängigkeitspotential einerseits, und Versprechungen der pharmazeutischen Industrie andererseits adäquat zu verhalten bzw. zu wehren. Dabei dürfen dem Patienten weder durch unangemessene Ängstlichkeit im Umgang mit solchen Substanzen ihm diese zu seinem Schaden vorenthalten werden, noch leichtfertige Verschreibungspraxis ihn zum Leidenden an den Nebenwirkungen machen.

Gebote für den Umgang mit psychotropen Substanzen:
– Für die *Verordnung* von Betäubungsmitteln und deren technischer Handhabung eignet sich der Artikel „Verordnung von Betäubungsmitteln" von W. K. JUNGE in der alljährlich erscheinenden „Roten Liste".
– Es gibt *kein Anrecht auf Wohlbefinden*. Schlafstörung z. B. ist zunächst eine Klage, nicht unbedingt eine Krankheit. Der Arzt, der dies bedenkt, ist dann an einem „reflexartigen" Einsatz von Hypnotika gehindert.
– Stets ist die Frage zu überprüfen, ob nicht *auf anderem Wege gleiche Ergebnisse* zu erzielen sind, z. B. durch entängstigende Information, konfliktzentriertes Gespräch, Verwendung von Substanzen auf pflanzlicher Basis, Einsatz von Entspannungstechniken. (Autogenes Training wird an den meisten Volkshochschulen im Kursverfahren angeboten.)
– Wenn ein psychotrop wirksames Medikament verwendet wird, dann *das mit dem geringsten Abhängigkeitspotential*. Niederpotente Neuroleptika (z. B. Thioridazin, Melleril) haben eine deutlich schlafanstoßende Wirkung, das Abhängigkeitspotential ist praktisch bedeutungslos.
– *Monosubstanzen* sollten zur Anwendung kommen, Kombinationspräparate (z. B. Limbatril) keine Verwendung finden.
– Tranquillantien und Schlafmittel länger als zwei Wochen zu applizieren, kann nur in begründeten Einzelfällen als sinnvoll erachtet werden. Die Wirkung der Verordnung muß kontrolliert werden!
– Keine Verschreibung von Appetitzüglern.
– Keine Verschreibung von Amphetaminen außerhalb der Indikation: Narkolepsie und minimale zerebrale Dysfunktion (MZD).
Aus psychiatrischer Sicht gibt es für *Barbiturate, Bromide* und *Methaqualone keine* Indikation.

Diagnose

Mehr noch als Alkoholkranke bieten medikamentenabhängige Patienten diagnostische Probleme: Es finden sich keine „typischen" körperlichen Folgeerkrankungen; ein Delir ist bereits eine späte und schwere Folgeerscheinung der Abhängigkeit. Die Kernsymptomatik, nämlich die Unfähigkeit zur Abstinenz, läßt sich durch die günstige Möglichkeit des Versteckens (z. B. in der Geldbörse) und unauffällige Möglichkeiten zur Einnahme leichter und länger verbergen. Daher werden Medikamentenabhängige häufig nicht als solche erkannt.

Eine 25jährige Patientin wurde in 7 Krankenhäusern, davon 7 psychiatrischen, unter abenteuerlichen Diagnosen behandelt, bevor abschließend die klärende Diagnose einer Medikamentenabhängigkeit gestellt werden konnte.

Klinische Hinweise nach einer Einnahme von Benzodiazepinen oder Barbituraten sind Zeichen der Intoxikation: Gangunsicherheit, Dysarthrie, Endstellnystagmus. Der psychopathologische Befund ist bei schweren Intoxikationen markant, die Patienten sind dösig-verhangen. Diskrete Auffälligkeiten können leicht der Aufmerksamkeit eines ungeübten Untersuchers entgehen (z. B. Unkonzentriertheit). Im EEG zeigt sich stets ein Betarhythmus.

Bei Intoxikationen durch Appetitzügler oder Stimulantien finden sich zumeist Tachykardie und Blutdruckerhöhung, verbunden mit Pupillenerweiterung. Psychopathologisch fallen die Patienten durch Unruhe und Getriebenheit auf; der EEG-Befund ist unauffällig.

Bei dem Verdacht auf Medikamentenmißbrauch oder Medikamentenabhängigkeit hilft eine Urinuntersuchung auf psychogene Substanzen oft weiter.

Funktionelle Beschwerden sind gelegentlich Grundlage, häufig bereits Ergebnis einer Medikamentenproblematik. Beeinträchtigungen allgemeiner Art, Schlaflosigkeit, unspezifische Angst, Konzentrationsverlust, Unruhe, Gliederschmerzen, Kopfschmerzen, werden leicht zur Indikation für Schmerz- und Beruhigungsmittel. Dabei ist zu bedenken, daß solche Beschwerden bei dem Einsatz von Tranquillantien bereits Ausdruck eines Entzuges bei einer Low-dose-Dependance sein können.

Aufmerksamkeit verdienen Patienten, die „ihr" psychotrop wirksames Medikament fordern und einer sachlichen Aufklärung ausweichend oder ablehnend gegenüberstehen. Häufiger Arztwechsel ist gelegentlich dem Versuch geschuldet, die zugrundeliegende Erkrankung zu verschleiern.

Medikamente im Kontext von Abhängigkeit und Mißbrauch

Kleine Analgetika

1988 wurden in der Bundesrepublik etwa 70 Mio. Packungen von überwiegend frei verkäuflichen Schmerzmitteln verkauft; diese enthalten Aspirin oder Paracetamol und werden als peripher wirksame Analgetika bezeichnet; nach bisherigem Kenntnisstand haben sie kein Abhängigkeitspotential. Durch die Kombination mit Koffein wird jedoch bei chronischem Gebrauch ein Arzneimittelkopfschmerz verursacht, der einem weiteren Mißbrauch Vorschub leistet. Auch stehen Kombinationsschmerzmittel in dem dringenden Verdacht, bei Daueranwendung Nierenschäden zu bewirken.

Tranquillantien und Hypnotika

Sämtliche Tranquillantien und Hypnotika (ICD-9: 304.1, 305.4; DSM-III-R 304.10, 305.40) haben ein Abhängigkeitspotential.

Praktisch alle zur Zeit verwendeten Tranquillantien sind *Benzodiazepinderivate*. Diese zeichnen sich durch das Fehlen einer narkotischen Wirkung (bei gleichzeitig schlafbahnendem Effekt), geringe Beeinflussung des REM-Schlafes, fehlende Enzyminduktion und (als Monosubstanz) die Untauglichkeit als Mittel zum Suizid aus. Der Vorzug des geringeren Abhängigkeitspotentials (z. B. gegenüber Barbituraten) wird durch die inflationäre Verschreibungspraxis mehr als aufgewogen. Das *Rebound-Phänomen*, also das Auftreten von Angst, Unruhe und Schlafstörungen nach dem Absetzen von Benzodiazepin in niedriger Dosierung (z. B. 3 × 1 Tavor 1,0 mg länger als 3 Wochen), erzwingt zurückhaltende Verschreibungspraxis dieser Substanzen. Insbesondere angstneurotische Entwicklungen sowie chronische Schlaflosigkeit gelten gar zu rasch als Indikationen für deren Verwendung.

Der Rezeptierende muß wissen, daß er bei längerfristiger Verschreibung dann ein pharmakologisch induziertes Bild hinzufügt. Ein ambulanter Absetzversuch ist in aller Regel nicht mehr möglich.

Bei längerfristiger Verordnung des Koronartherapeutikums Persumbran (1 Mio. Rezepte pro Jahr) wird ein herzkranker Patient iatrogen abhängig gemacht: Einem Arneimittel wird hier ein Benzodiazepin zugemischt, ohne der Behandlung einer psychischen Erkrankung zu dienen. Ein Verbot eines solchen Unsinns zeichnet sich noch immer nicht ab.

Während Benzodiazepine als Schlafbahner angesprochen werden können, handelt es sich bei *Barbituraten* um schlaferzwingende Pharmaka mit dosisabhängiger Stufenwirkung: Sedation – Schlaf – Narkose – Coma – Tod. Wegen des ausgeprägten Abhängigkeitspotentials, der massiven Reduktion der REM-Phasenanteile im Schlaf, der Enzyminduktion und der hohen Toxizität „suizidtauglich", besteht aus psychiatrischer Sicht *keine Indikation* mehr zur Verwendung von Barbituraten.

Die Bedeutung und Verwendung in der Neurologie (Schlafepilepsie) und Anästhesie bleiben unberührt.

Alkoholhaltige Medikamente

Ein Großteil, insbesondere frei erhältlicher Arzneimittel, enthält Alkohol in erheblichen Prozentanteilen, so hat z. B. Klosterfrau-Melissengeist einen Alkoholanteil von 79 Vol.%. Hinter der Maske des Medikamentengebrauches können sowohl der Einstieg in die Alkoholabhängigkeit als auch ein Rückfall verborgen sein.

Die Rote Liste gibt Auskunft über die Frage, ob und gegebenenfalls in welcher Höhe Medikamente Äthanol enthalten.

Stimulantien (ICD-9: 304.4, 305.7; DSM-III-R 305.70, 304.40)

Unter Stimulantien werden Medikamente verstanden, die Amphetamin, Ephedrin oder Norpseudoephedrin enthalten. Wegen des hohen Abhängigkeitspotentials unterliegen Amphetamine (Methylphenidat, Ritalin und Phenityllin, Captagon) der Betäubungsmittelverschreibungsordnung. Die Einnahme bewirkt eine kurzfristige Leistungssteigerung, die jedoch bei längerem Gebrauch einer objektiven Nachprüfung nicht standhält. Diese Medikamente werden überwiegend von Jugendlichen und auch Drogenabhängigen mißbraucht. Ephedrin findet sich in zahlreichen Expektorantien (z. B.: Dorex). Norpseudoephedrin ist in zahlreichen Appetitzüglern enthalten; einige davon sind frei verkäuflich (z. B. Recatol N und Fugora N). Sie werden häufig als Amphetaminersatz mißbraucht. Bisher sind alle Versuche gescheitert, diese Substanzen unter die Verschreibungspflicht zu stellen, um die problematische Selbstmedikation zu unterbinden. Im Jahre 1988 wurden insgesamt 43,1 Mio. DM für norpseudoephedrinhaltige Substanzen ausgegeben; eine medizinische Indikation für deren Gebrauch dürfte dabei nicht vorliegen.

Laxantien und Diuretika

Diese Medikamente werden in erheblichem Umfange überwiegend von Frauen mißbraucht (ICD-9: 305.9; DSM-III-R 305.90). Ein Abhängigkeitspotential kommt ihnen jedoch nicht zu.

Folgeerkrankungen des Medikamentenmißbrauches und der Medikamentenabhängigkeit

Intoxikationen:

Medikamentenmißbrauch und -abhängigkeit erscheinen als Intoxikationen und werden klinisch relevant:
– bei Überdosierungen, insbesondere bei Wechsel zu neuen Präparaten,
– bei Kombinationsversuchen, insbesondere von Barbituraten und/oder Tranquillantien mit Alkohol,
– bei dem Versuch, Entzugssyndrome zu kupieren (z. B. im Rahmen eines Entzuges vom Opiattyp durch die Einnahme von Barbituraten),
– bei Suizidversuchen.

Die Behandlung richtet sich nach den Grundsätzen der Notfallmedizin.

Entzugssyndrome

Barbiturate. Eine Entzugssymptomatik durch Barbiturat-, Clomethiazoloder Benzodiazepinabhängigkeit (ICD−9: 292.0; DSM-III-R 292.00) ist klinisch von einem Alkoholentzug (s. dort) nicht zu unterscheiden; eine Entzugsbehandlung muß berücksichtigen, daß delirante Bilder auch noch acht Tage nach der letzten Einnahme von Barbituraten oder Tranquillantien auftreten können.

Amphetamine. Entzugssyndrome bei Mißbrauch und Abhängigkeit von Amphetaminen (ICD-9: 292.0; DSM-III-R 292.00) sind meist durch Erschöpfung, Schlafstörung und vermehrte Träume bei depressiver Verstimmung charakterisiert. Die unter Amphetamineinnahme entstandenen *Wahnsyndrome* (ICD-9: 292.1; DSM-III-R 292.11) (Beziehungsideen, Aggressivität und Feindseligkeit, Ängstlichkeit mit psychomotorischer Erregung) können sich über eine Woche hinziehen. *Delirante Zustände* (DSM-III-R 292.81) klingen in aller Regel innerhalb von sechs Stunden wieder ab.

Soziale Depravation bei Barbiturat- und Amphetaminabhängigen können erhebliches Ausmaß annehmen. Die bei der Alkoholabhängigkeit durch Störungen des Zentralnervensystems zu beobachtende dementielle Entwicklung ist bei keiner anderen Substanz mit Abhängigkeitspotential gesichert.

Therapie und Prognose

Der Behandlungsbeginn („Entzug") hat in aller Regel in einem dafür geeigneten, *stationären Rahmen* zu erfolgen; nur so ist eine kontrollierte Freiheit von psychotropen Substanzen zu gewährleisten (Drogen-Screening). Schlafstörungen, auftretende Unruhe und Ängstlichkeit – ganz abgesehen von schweren Entzugsphänomenen – lassen eine ambulante Behandlung kaum zu.

Diese *kontrollierte Medikamentenabstinenz* (die auch Alkohol miteinbeziehen muß) gilt als Arbeitsgrundlage für die Aufarbeitung der jeweiligen defizitären Bereiche des Patienten. Das nähere Umfeld (insbesondere die Familie) ist, wo immer möglich, mit in die Zukunftsplanung einzubeziehen.

Die *Prognose* ist um so günstiger, je früher sich der Patient einer Behandlung stellt. Sie ist dann günstig, wenn es ihm gelingt, zu erkennen, *wofür* sein Suchtmittel steht (Minderwertigkeitsgefühle, mangelnde Durchsetzungsfähigkeit, „Hunger" nach Anerkennung und Geborgenheit usw.) und er *unschädliche und befriedigende* Alternativen zu finden vermag. Wichtig ist, daß der Patient die Notwendigkeit einer langfristigen Nachsorge aktiv unterstützt, die ganz überwiegend von Selbsthilfegruppen getragen wird.

Häufig wird in Selbsthilfegruppen-Kontakten lediglich die „unschädliche" Alternative zur Medikamentenabhängigkeit gesehen. Dadurch gerät die Möglichkeit des Patienten, seinen ihn befriedigenden Anteil aus den Kontakten in solchen Gruppen zu erwerben, aus dem Blickfeld.

Sich eine solche Fähigkeit zu erarbeiten (die nicht verordnet werden kann!) steht meist im Mittelpunkt therapeutischer Arbeit.

Eine konsequente Haltung des Umfeldes (der Angehörigen ebenso wie des behandelnden Arztes), möglichst in Abstimmung mit Beratungsstellen und Fachkliniken, bietet dem Patienten helfende Klarheit.

Literatur

Diagnostisches und Statistisches Manual psychischer Störungen DSM-III-R. Beltz, Weinheim 1989

Jahrbuch zur Frage der Suchtgefahren. Neuland-Verlagsgesellschaft, Adenauer-Allee 45, 2000 Hamburg 1.

Kisker, K. P., H. Lauter, J.-E. Meyer, C. Müller, E. Strömgen: Abhängigkeit und Sucht. Psychiatrie der Gegenwart, 3. Auflage, Bd. III. Springer, Berlin 1987

Medikamentenabhängigkeit – Eine Informa-
tion für Ärzte. Deutsche Hauptstelle gegen die Suchtgefahren e. V. (DHS), Westring 2, 4700 Hamm 1, 1990

Ramström, J.: Drogenabhängigkeit, Deutscher Ärzteverlag, Köln 1984

Schrappe, O.: Toxikomanie. In: Kindlers „Psychologie des 2. Jahrhunderts", Psychiatrie, Bd. II. Beltz, Weinheim 1983

Völger, Gisela, Karin von Welck: Rausch und Realität – Drogen im Kulturvergleich. Rowohlt, Reinbek 1981

31 Drogenmißbrauch – Drogenabhängigkeit

Lernziele:
Kenntnisse der Wirkung der Drogen, der klinischen Folgen des Drogenmißbrauchs und im Umgehen mit drogenabhängigen Patienten.

Begriffsbestimmung

Mit dem Begriff Drogen bezeichnen wir Opiate, Kokain, Cannabis, Halluzinogene und Schnüffelstoffe.

Diese Stoffe bzw. Stoffgruppen werden überwiegend von Jugendlichen und jungen Erwachsenen verwendet. Der Begriff „Drogenszene" unterstellt den Konsumenten Ähnlichkeiten bezüglich ihrer Persönlichkeitsstörungen, ihres Mißbrauchsmusters und ihres sozialen Verhaltens. Da es sich bei diesen Substanzen um „nicht verkehrsfähige" Betäubungsmittel nach dem Betäubungsmittelrecht (z. B.: Haschisch, Heroin, LSD) handelt oder um Medikamente, die der Betäubungsmittelverschreibungsverordnung unterliegen (z. B. Pentazocin, Fortral), haben Mißbrauch und Abhängigkeit immer auch strafrechtliche Aspekte.

Schnüffelstoffe, die frei verkäuflich sind, hier einzuordnen, scheint wegen des Mißbrauchsmusters, des jugendlichen Alters und der in aller Regel schweren Persönlichkeitsstörungen der Patienten gerechtfertigt.

Das Erscheinungsbild des Drogenabhängigen hat sich in den zurückliegenden Jahren deutlich verändert; neben sozial entwurzelten, aus schwierigen Verhältnissen entstammenden Drogenabhängigen treten zunehmend mehr Patienten aus bürgerlichen Familien, mit abgeschlossener Berufsausbildung. Zwar wird die Zu- oder Abnahme drogenabhängiger Patienten auch durch soziale Konflikte beeinflußt (Studentenbewegung, Jugendarbeitslosigkeit), das Mißbrauchmuster wird jedoch von der zugrundeliegenden Persönlichkeitsstörung geprägt.

Ein 19jähriger, arbeitsloser, alkoholabhängiger Patient beantwortet die Frage, warum er auf die Verwendung von Cannabis oder Halluzinogenen bisher verzichtete, mit seiner Angst vor „Horrortrips". Es handelte sich um einen jungen Mann mit ausgeprägten Ängsten vor seinen Hingabe- und Verschmelzungswünschen, der seine aggressive Gespanntheit durch den zentral-dämpfend wirkenden Alkohol kupierte. Die Verwendung von Opiaten war in seiner Clique (deren Mitglieder der Beschreibung nach ebenfalls Alkohol in großem Umfang mißbrauchten) verpönt. Vom Scheidt (1976) unterscheidet zwischen depressiven und schizoiden Konsumententypen und Drogenkarrieren. Bei den ersten erfolgt der Einstieg über die Gruppe, bei letzteren vollzieht sich die Karriere in der Vereinzelung, in lediglich sporadischen Zweierbeziehungen. Drogen werden verwendet da der Patient „das Rauscherleben braucht, um sich lebendig zu fühlen", genauer: um zu sich selbst zu gelangen, um Kontakt zu jenen zentralen Schichten seiner Persönlichkeit zu bekommen, die ihm das Gefühl einer sinnvollen Existenz vermitteln. Er nennt Drogen die „Gefühlsschrittmacher", die den Patienten am Leben erhalten.

Mißbrauch und Abhängigkeit von den verschiedenen Drogentypen

Drogen des Opiattyps

Pharmakologisch lassen sich Opiumalkaloide (z. B.: Pantopon), halbsynthetische Opiatabkömmlinge (z. B. Dilaudid, Heroin) und synthetische Analgetika (z. B.: Dolantin, Fortral, Temgesic) unterscheiden. Wegen der Griffnähe zu diesen Substanzen sind Mißbrauch (ICD-9: 305.5; DSM-III-R 305.50) und Abhängigkeit (ICD-9: 304.0; DSM-III-R 304.00) bei in medizinischen Berufen Tätigen relativ verbreitet, die Hälfte der Pentazocinabhängigen sind Medizinalpersonen.

Zur Zeit unterliegen fast alle zentral wirksamen Analgetika der Betäubungsmittelverschreibungsverordnung (außer dem Opiod Tramadol, Tramal). Das lediglich rezeptpflichtige Tilidin (Valoron) hat sich durch den Zusatz des Opiumantagonisten Naloxon als weitgehend mißbrauchsuntauglich erwiesen.

Die Antitussiva Kodein (Codeinum phosphoricum Compretten, Codipront, Codicaps) und Dihydrokodein (Remedacen) haben unbestreitbar ein Abhängigkeitspotential, da sie zu 20 % zu Morphin verstoffwechselt werden. Insbesondere in der Versorgungslücke werden diese Substanzen von Drogenabhängigen mißbraucht.

Über Wirkweise und Wirkort dieser Analgetika wissen wir noch sehr wenig, sie gelten als selektiv zentral dämpfend. Dieses Wirkprofil gab Anlaß, über die Verwendung der Substanzgruppe als primär antiaggressiv nachzudenken, da bei Drogenabhängigen schon früh Störungen im Aggressionsverhalten beschrieben wurden. Die Wirkdauer liegt bei 1–4 Stunden.

Das alltägliche Leben dieser Patienten ist durch die Substanz bestimmt: Die Ausgaben für den „Stoff" (angeblich zur Zeit zwischen 200 und 600 DM pro Tag) engen die Aktivitäten völlig auf dessen Beschaffung und Vermeidung des Entzuges ein. Dealen, Prostitution, Beschaffungsdiebstähle, Rezeptdiebstähle und Rezeptdelikte sind kaum vermeidbare Fortentwicklungen.

Klinische Folgen der Opiat-Drogenabhängigkeit. Die Intoxikation ist durch die Trias Bewußtlosigkeit, Atemdepression und stecknadelkopfgroße Pupillen zu diagnostizieren. Der Opiatentzug (ICD-9: 292.0; DSM-III-R 292.00) ist durch Blutdruckanstieg, Pulsfrequenzbeschleunigung, Mydriasis, Schlaflosigkeit, Schwitzen, Tränenfluß und Diarrhö charakterisiert. Die Patienten sind ängstlich, unruhig, von der Gier nach der Droge beherrscht.

Desorientiertheit, Suggestibilität und Halluzinationen gehören nicht zum Opiatentzug, sondern zum Entzug vom Alkohol-Barbiturattyp. Falls solche Symptome bei Opiatabhängigen auftreten, sind sie meist Ausdruck einer zugrundeliegenden polyvalenten Abhängigkeit.

Opiatabhängigkeit zieht häufig internistische (Hepatopathien, Thrombophlebitiden, Thrombosen), dermatologische (Lues, Gonorrhö, Skabies) und chirurgische (Abszesse) Behandlungsnotwendigkeiten nach sich. Es gilt dann die Grunderkrankung anzusprechen, mögliche Hilfen (Drogenberatungsstellen) zu benennen, psychotrope Ersatzsubstanzen strikt zu verweigern.

Drogenabhängige Patienten gelten zu Recht als Risikogruppe bezüglich einer HIV-Infektion. Diagnostische, therapeutische und rechtliche Probleme, auch die Frage der ärztlichen Führung solcher Patienten, sind in den einschlägigen Lehrbüchern zum Thema AIDS dargestellt.

In der Versorgungslücke werden meist Notärzte mit Forderungen nach Barbituraten, Benzodiazepinen, Mitteln „gegen den Husten", gelegentlich aber auch direkt mit der Aufforderung, zur Überbrückung Opiate zu verschreiben, konfrontiert. So einfach es prinzipiell klingt (nämlich solche Forderungen unbeugsam zu verweigern und gleichzeitig die Möglichkeit zum stationären Entzug anzubieten), so schwierig ist es häufig, sich in situativem Druck einem solchen Begehren zu entziehen.

Cannabis

Bei intensivem Gebrauch von Cannabis (Cannabismißbrauch: ICD-9: 305.2; DSM-III-R 305.20; Cannabisabhängigkeit: ICD-9: 304.3; DSM-III-R 304.30) wird zwar eine Toleranzsteigerung beschrieben, Entzugssyndrome sind jedoch nicht gesichert. Cannabis (Marihuana, Haschisch) wird von

Jugendlichen, überwiegend Schülern und Lehrlingen, konsumiert. Geraucht bewirkt es für 1 bis 3 Stunden Heiterkeit, Sorglosigkeit, Euphorie mit gesteigerter Kontaktfähigkeit, verzerrte Wahrnehmung von Zeit und Raum, Steigerung des Selbstwertgefühles und des Wohlbefindens. Häufig bleibt der Mißbrauch ohne Auswirkung, fällt jedoch in fortgeschrittenem Stadium durch Störungen im Sozialverhalten auf. Durch Cannabisgebrauch kann eine schizophrene Psychose ausgelöst werden; Patienten mit dieser Grunderkrankung sind bei Gebrauch dieser Substanz von der Exazerbation ihrer Grunderkrankung bedroht. An Komplikationen sind „Horrortrips" (ICD-9: 292.1; DSM-III-R 292.11) und strafrechtliche Konsequenzen durch die Stoffbeschaffung zu erwarten.

Kokain

Kokain wird aus den Blättern des Kokastrauches (Erythroxylon coca) gewonnen. Der Mißbrauch dieser Substanz (ICD-9: 305.6; DSM-III-R 305.60) hat in den letzten Jahren zugenommen. Kokain besitzt lokalanästhetische Wirkung (von der die Augenheilkunde auch heute noch Gebrauch macht) und gilt zudem als das stärkste Stimulans des Zentralnervensystems. Es kann sowohl intravenös appliziert werden als auch durch Schnupfen oder Rauchen seine Wirkung entfalten (Wirkzeit: etwa eine Stunde). In hoher Dosierung genommen, vereint es die Wirkung von Halluzinogenen und Amphetaminen.

Kokainkonsum führt zu Appetitverlust, massiven Schlafstörungen, Veränderung des Tag-Nacht-Rhythmus, Antriebssteigerung, Kritikschwäche und Distanzlosigkeit. In niedrigen Dosierungen gilt es als (vermeintlich) Sexualität und Kreativität anregend.

Schwere Intoxikationen sind durch zerebrale Krampfanfälle, Fieber und Herzversagen gekennzeichnet. „Kokainschocks" (anaphylaktische Reaktion?) sind seltene Ereignisse; die Toleranzsteigerung bei Kokainmißbrauch kann erhebliches Ausmaß annehmen, das Kokainentzugssyndrom ist durch Erschöpfung, Schlaflosigkeit und psychomotorische Unruhe charakterisiert.

Halluzinogene, Phenzyklidin (PCP) oder ähnlich wirkende Arylzyklohexylamine

Halluzinogene (Mißbrauch: ICD-9: 305.3; DSM-III-R 305.30) bieten keinen Anhalt für die Entwicklung körperlicher Abhängigkeit. LSD, Psylocybin und Meskalin können als kreuztolerante Substanzen gelten. Im STP/DOM sind die Moleküle von Meskalin und Amphetamin vereint. Die Wirkung ist der von Cannabis ähnlich, gegenüber diesem jedoch sicherer vorhersehbar, intensiver und länger anhaltend (6 Stunden, bei DOM bis zu 72 Stunden).

Halluzinogenzwischenfälle sind durch Depersonalisationserlebnisse, ausgeprägte Angstsymptomatik, depressive oder paranoide Symptome (in deren Rahmen auch Suizidversuche auftreten können) gekennzeichnet (ICD-9: 305.3; DSM-III-R 305.30).

Phenzyklidin (das euphorisierend und psychomotorisch erregend wirkt) ist bisher ohne klinische Bedeutung (Mißbrauch: DSM-III-R 305.90).

Organische Lösungsmittel

Als „Schnüffelstoffe" (Mißbrauch: ICD-9: 304.6; DSM-III-R 305.90) eignen sich Farb- und Lackverdünner, Nitroverdünner, Nagellack, Lösungsmittel für z. B. Kopiergeräte, Klebestoffe. In einen Plastikbeutel gegossen werden diese wie aus einer Atemmaske über Mund und Nase eingeatmet, wonach es zu Euphorie und Erregungszuständen kommen kann. Sinnestäuschungen und halluzinatorische Erlebnisse können auftreten. Bei häufigem Gebrauch solcher Stoffe kommt es zu ausgeprägter neurologischer Symptomatik (Gang- und Standataxie, Sprachstörungen und Nystagmus) sowie zu psychischen Veränderungen im Sinne einer Enthemmung. Die Konstellation von Persönlichkeitsveränderung, halluzinatorischer Symptomatik und dementiellen Zeichen bei Jugendlichen wird häufig als Schizophrenia simplex verkannt. Die Patienten sind ganz überwiegend Jugendliche, z. T. sind Probierer zwischen 10 und 14 Jahre alt.

Das „Hängen an der Tüte" führt rasch zu erheblichen sozialen Einbußen, chronische Schnüffler zeigen computertomographisch bereits nach zwei bis fünf Jahren erhebliche kortikale Atrophien; Leberschäden und Blutbildveränderungen lassen sich fast regelmäßig nachweisen.

Behandlung von Drogenabhängigen*

Bei drogenindizierten Delirien und Wahnsyndromen (meist durch Cannabis oder LDS ausgelöst) gilt Valium, 1−2 Ampullen i. m., als die medikamentöse Therapie der Wahl. Bei einem Opiatentzug ist Drogenfreiheit, in aller Regel durch Einweisung in eine geschlossene psychiatrische Abteilung, herzustellen. Der Patient ist zu „filzen", um zu verhindern, daß der Konsum fortgesetzt wird. Bei schweren Entzugssymptomen (die vom Erscheinungsbild mit einer schweren Grippe vergleichbar sind!) kann Clonidin verwandt werden. Auf intravenöse Applikation von Medikamenten ist konsequent zu verzichten.

Es ist streng (wenn auch sehr schwierig) zu unterscheiden zwischen Entzugssymptomen und übertriebenen Beschreibungen der Beschwerden mit dem Ziel, medikamentöse Behandlung zu erlangen. Die Therapie des Drogenentzuges ist in allererster Linie der sog. „Talk-down"; adäquate Nähe zum Patienten ersetzt Medikamente.

Abstinenz ist nicht nur Ziel, sondern auch Grundlage der Behandlung. Ambulante Entzugsbehandlungen sind kaum möglich, Entgiftung muß in aller Regel stationär erfolgen; ambulante Behandlung mit psychotrop wirksamen Substanzen ist durch nichts zu rechtfertigen.

---

* Eine ausführliche Darstellung des Themas bietet TÄSCHNER (1983).

In jüngerer Zeit wird die Frage der Methadonbehandlung opiatabhängiger Patienten kontrovers diskutiert. Levo-Methadon ist ein Opiat, das in ärztlich begründeten Einzelfällen auch bei heroinabhängigen Patienten appliziert worden ist, so z. B. bei akut notwendigen operativen Eingriffen oder bei HIV-positiven Heroinabhängigen im Finalstadium. Ein breiter Einsatz von Methadon im Rahmen der Versorgung Opiatabhängiger ist ärztlich-wissenschaftlich nicht begründet. Nach wie vor ist die völlige Drogenfreiheit das entscheidende Therapieziel. Durch Methadonbehandlung wird die notwendige Einstellungsveränderung zur Drogenfreiheit erheblich erschwert, gelegentlich verhindert; die Attraktivität Drogenfreiheit und Therapie wird beeinträchtigt; die Annahme, daß eine breite Anwendung von Methadon die Beschaffungskriminalität und Beschaffungsprostitution verringern werde, ist bisher nicht belegt. Heroinabhängige Patienten sind ganz überwiegend polyvalent abhängig; insofern ist dann die Anwendung von Methadon fragwürdig, wenn sich das Verhalten gegenüber anderen Suchtmitteln nicht ändert.

Mehrfachmißbrauch und Abhängigkeit

Als Faustregel kann gelten: Medikamentenabhängige benutzen in der Versorgungslücke Alkohol, Drogenabhängige sowohl Alkohol als auch Medikamente.

Alkoholabhängige verwenden Distraneurin bzw. Benzodiazepine als Ersatzstoffe zur Vermeidung von Entzugssymptomen. Gelegentlich werden Amphetamine oder Ephedrine als „Starter am Morgen" eingesetzt.

Medikamentenabhängige benutzen in der Versorgungslücke Ersatzstoffe, wozu sich insbesondere die Kombinationspräparate unter den „kleinen Analgetika" eignen.

Der Versuch der Sedierung am Abend und Stimulation am Morgen (z. B. durch Benzodiazepine und Amphetamine) führt zwangsläufig in die polyvalente Abhängigkeit.

Drogenabhängige benutzen in der Versorgungslücke Tranquillantien, Hypnotika und Antitussiva. Hierbei kann es zu klinischen Bildern kommen, die den Behandelnden vor diagnostische Probleme stellen: Zum einen treten Entzugssymptome vom Opiattyp auf, zum anderen finden sich dann Intoxikationserscheinungen.

Polyvalent Abhängige sind als stationär behandlungsbedürftige Patienten zu betrachten. Sie zeigen ausgeprägte Tendenz zur Suchtverlagerung, so kann z. B. exzessiver Koffeingenuß die Behandlung erschweren.

Verhaltensrichtlinien im Umgang mit drogenabhängigen Patienten

Es ist zu unterscheiden zwischen Intoxikation, Intoxikationsfolgen und Entzugssyndrom! Intoxikationen sind nach den Richtlinien der Notfallmedizin zu behandeln.

Selbstwert und soziale Wertsysteme stehen, angenommen oder abgelehnt, in einem engen Zusammenhang. Die Selbstwertproblematik Drogenabhängiger, ausgedrückt durch radikale Ablehnung geltender Werte bei meist gleichzeitiger nachdrücklicher Forderung nach deren jeweiligem Nutzen für sich selbst, löst im Helfer heftige aggressive Affekte aus. Im längeren Umgang mit Drogenabhängigen bedürfen Therapeuten eines reflektierten Selbstwertverständnisses, um sich ohne Gefahr den Patienten nähern zu können. Eine solche Gefahr kann sowohl der meist nicht bewußten Identifikation mit der Ablehnung der Wertsysteme entspringen als auch der meist bewußteren gefühlsmäßigen Ablehnung der Patienten.

Mißbrauch und Abhängigkeit von sogenannten Genußgiften

Nikotin

Als Merkmale der Nikotinabhängigkeit (ICD-9: 305.1; DSM-III-R 305.10) können gelten: Die Entwicklung eines Tabakentzugsyndroms, vergebliches Bemühen, Tabakkonsum einzustellen oder zu reduzieren, das Vorliegen schwerer körperlicher Störungen (Atemwegs- oder kardiovaskulärer Erkrankung), von denen der Betroffene weiß, daß sie durch Tabakkonsum verschlechtert werden.

Der Nikotinentzug (DSM-III-R 292.00) ist durch das Verlangen nach Tabak, Reizbarkeit, Angst und Konzentrationsstörung, Unruhe, Kopfschmerzen und gastrointestinale Beeinträchtigungen zu charakterisieren. Er entsteht in aller Regel zwei Stunden nach der letzten Zigarette und verschwindet, wenn wieder geraucht wird.

Koffein

Hauptmerkmale der Koffeinintoxikation (DSM-III-R 305.90) sind Ruhelosigkeit, Nervosität, Erregung und Schlaflosigkeit, gastrointestinale Beschwerden. Bei dem Genuß von mehr als 1 Gramm pro Tag (eine Tasse Kaffee enthält 100 bis 150 mg Koffein) können psychomotorische Erregung, weitschweifige Gedanken und Redefluß, aber auch Herzrhythmusstörungen auftreten. Bei Überschreiten der Einnahme von 10 Gramm sind generalisierte Krampfanfälle und Atemdepression möglich.

Rezeptfreie Stimulantien und Migränemittel enthalten etwa 100 mg Koffein pro Tablette.

Stoffungebundene „Suchtformen"

Darunter werden sog. neue Süchte, wie Spielsucht, Arbeitssucht, Sexsucht, Mißbrauch von Medien oder auch Kaufsucht verstanden; vor einer sinnlosen Ausweitung des „Sucht"-Begriffes ist zu warnen. Die Anamnese von abhängig-kranken Patienten ergibt jedoch, daß solche Auffälligkeiten gelegentlich dem Einstieg zur Suchtmittelabhängigkeit vorausgingen. Nicht selten wird, auch nach längerer Abstinenz, von einem „Umsteigen" berichtet, das vom Erleben und der sozialen Schädlichkeit der stoffgebundenen Abhängigkeit durchaus ähnlich werden kann. Auch Eßstörungen (Adipositas, Bulimie, Anorexie) sind nicht selten vorauseilende oder nachfolgende, gelegentlich auch begleitende Erkrankungen einer Abhängigkeit.

Literatur

Diagnostisches und Statistisches Manual psychischer Störungen DSM-III-R. Beltz, Weinheim 1989

Hippius, H.: Stellungnahme zu den sogenannten Methadon-Programmen. Spektr. Psychiat. Nervenheilk. 2 (1989)

Jahrbuch zur Frage der Suchtgefahren, Neuland-Verlagsgesellschaft, Adenauer-Allee 45, 2000 Hamburg 1

Kisker, K. P., H. Lauter, J.-E. Meyer, C. Müller, E. Strömgren: Abhängigkeit und Sucht. Psychiatrie der Gegenwart, 3. Aufl., Bd. III. Springer, Berlin 1987

Lürßen, E.: Das Suchtproblem in neuerer psychoanalytischer Sicht. In: Kidlers „Psychologie des 20. Jahrhunderts", Tiefenpsychologie, Bd. II. Beltz, Weinheim 1983

Medikamentenabhängigkeit – Eine Information für Ärzte. Deutsche Hauptstelle gegen die Suchtgefahren e. V. (DHS), Westring 2, 4700 Hamm 1, 1990

vom Scheidt, J.: Der falsche Weg zum Selbst. Kindler, München 1976

Schrappe, O.: Toxikomanie. In: Kindlers „Psychologie des 20. Jahrhunderts", Psychiatrie, Band II. Beltz, Weinheim 1983

IX. Krisen und Interventionen

32 Suizidalität

Lernziele:
Wissen über den therapeutischen Umgang mit Suiziden und die Ursachen suizidalen Verhaltens, über die Vor- und Nachsorge für Menschen in suizidalen Krisen durch psychologische und soziale Dienste, Kennenlernen der Menschengruppen, die in besonderer Weise suizidgefährdet sind, und der Epidemiologie des Suizids, Wissen über Suizid und Rechtsprechung.

Die Sinnfrage

Ist Selbsttötung ein souveräner Akt der Befreiung? Von manchen wird diese Frage bejaht. Ist aber eine Freiheit, die nicht mehr gelebt werden kann, Freiheit? Gibt es eine Freiheit ohne Sein? Freiheit im Nichtsein, ist das nicht ein Widerspruch in sich? Wäre das Nichtsein erlebbar, dann wäre es ja Sein. Kann ich als Lebender meine Nichtexistenz erleben? Das ist offenbar eine prinzipielle Unmöglichkeit menschlicher Existenz. Dann aber ist Selbsttötung keine Befreiung. Wie entsteht aber der Gedanke, daß es so sein könnte? Mit Suizidphantasien sind Gefühle von Entlastung, Erleichterung, Freisein und Wünsche auf Erfüllung tiefer Sehnsüchte nach Geborgenheit verknüpft. Die Gefühle und Phantasien vermitteln ein Trugbild, dessen Erfüllung mit dem Todeswunsch assoziiert wird. Tatsächlich aber ist der Tod das Ende, das Nichts. Darin liegt ein Selbstbetrug. Die Psychiatrie versucht den tieferen Sinn von Todeswünschen zu verstehen und Therapien zu entwickeln.

Therapeutische Begleitung Suizidaler

Suizidalität ist ein Alarmsignal, ein Hilferuf, der auf eine ausweglose psychische Konfliktlage hinweist. Suizidalität erfordert in jedem Falle besondere therapeutische Bemühungen.

Für den Umgang mit Suizidgefährdeten gibt es keine kausale Therapie, die, nach bestimmten technischen Regeln vollzogen, die Heilung des Patienten garantiert. Die Behandlung wird die Auflösung der die Suizidalität verursachenden Problematik zum Ziel haben, nicht aber darin bestehen können, einen Suizid *um jeden Preis* zu verhindern.

Niemand, außer dem Lebensmüden selbst, kann sich letztendlich vor Selbsttötung bewahren.

Die therapeutische Begleitung Suizidaler bietet ermutigende Möglichkeiten: Bei etwa 70 % gelingt nach einmaligem Suizidversuch der Aufbruch zu neuen Lebenszielen. Bei 30 % wiederholen sich suizidale Krisen, von denen knapp die Hälfte tödlich enden. Mit diesem Risiko muß der Therapeut lernen zu leben. Folgerungen für den therapeutischen Umgang mit Suizidalen lassen sich aus bisherigen Erfahrungen ableiten. Die Bereitschaft, die Krise in einen Neubeginn umzugestalten, ist unmittelbar nach einem Suizidversuch besonders groß.

Der erste wichtige therapeutische Schritt ist die *Beziehungsaufnahme*. Eine erste Frage könnte lauten: „Was hat Sie so verzweifelt gemacht, daß Sie glaubten, nicht mehr leben zu können?" Vermittlung von Verständnis und Teilnahme an Verzweiflung und Ausweglosigkeit heben den eingetretenen Beziehungsabbruch des Suizidanten und seine mitmenschliche Isolation auf.

Der *aktuelle Anlaß* für den Suizidversuch liegt meist Minuten bis Stunden, selten Tage vor dem Ereignis. Diesen zu kennen und ggf. frühere Anlässe bei vorangegangenen Suizidversuchen ist wichtig, um einen Zugang zum tieferliegenden Problem des Patienten zu finden. Es ist eine alte psychiatrische Erfahrung, daß das bewußt angegebene Suizidmotiv nicht die eigentliche und vollständige Begründung für die Suizidhandlung enthält. In aller Regel ist die Krisensituation der Anlaß, an dem sich eine noch nicht erkannte Grundproblematik neu entzündet. Der Anlaß ist meist eine Partnerenttäuschung oder ein Verlust, der kränkend und verletzend ist und zu einer existentiellen *Erschütterung des Selbstwertgefühls* führt. Der Therapeut macht sich ein Bild von dem Ausmaß der Krise und der Intensität des Todesverlangens. Verantwortung für den Suizidanten zu übernehmen durch ständiges Da-sein oder Klinikeinweisung kann in schwersten suizidalen Krisen oder bei akut psychotischen Patienten (endogen Depressiven, Schizophrenen) häufig der einzige Ausweg sein, um den Patienten vor seinen eigenen Suizidimpulsen zu schützen. Bei *psychoreaktiven Krisen* wird der Respekt vor der Selbstbestimmung des Patienten die Haltung des Therapeuten bestimmen. Der Lebensmüde wird um so leichter das Leben wählen, je weniger es ihm aufgedrängt wird. Werden gemeinsam die Grenzen des Todesverlangens ausgelotet, so kann damit schon der erste Schritt in Richtung Leben getan sein. Es gibt wohl niemanden, der *nur* sterben (oder nur leben) möchte. Der Suizidale möchte in seinen Todeswünschen verstanden und ernstgenommen werden.

Der tiefere Sinn des Todeswunsches offenbart sich meist in Phantasien von ursprünglicher Geborgenheit. Der physische Tod ist nicht eigentlich das Ziel Suizidaler. Es hilft weiter, diesen eigentlichen Sinn der Krise zu erkennen und die Bedeutung für die tieferliegende Grundproblematik zu erarbeiten.

Nachdem die therapeutische Beziehung verläßlich geknüpft ist, Umfang und Anlaß der Krise erkennbar sind, das Todesverlangen ausgelotet und die Sinnzusammenhänge transparenter geworden sind, beginnt die aufbauende therapeutische Arbeit. Eigene Stärken erkennen, eigene Wünsche und Ziele formulieren und Verständnis und Lösungsmöglichkeiten für jetzige und zukünftige Krisensituationen zu entwerfen sind wichtige Schritte einer *Krisenpsychotherapie* (s. S. 136).

Motivstruktur suizidalen Handelns

Suizidalität ist aus *psychoanalytischer Sicht* (FREUD, ABRAHAM) Reaktion auf den Verlust ambivalent (liebend/hassend) erlebter naher Beziehungspersonen oder auch auf Enttäuschungen durch diese. Die Person wird als unverzichtbar und ihr Verlust als existentiell bedrohlich verstanden. Zur Selbstrettung macht der Suizid, das geliebte/gehaßte Objekt durch Verinnerlichung zu einem Stück von sich selbst. Damit ist der Verlust gebannt, der Haß allerdings wendet sich jetzt gegen die eigene Person und wird zum Selbsthaß. FREUD: „Kein Neurotiker verspürt Selbstmordabsichten, der solche nicht von einem Mordimpuls gegen andere auf sich zurückwendet."

Später schloß FREUD aus dem kosmologischen Prinzip des Werdens und Vergehens auf ein analoges Gegensatzpaar bei den Triebkräften: *Lebenstrieb* und *Todestrieb* stehen in einer sensiblen Balance zueinander. In Konfliktsituationen kann der Todestrieb das Übergewicht erlangen und seine autoaggressive Wucht gegen die eigene Person richten mit der Folge des Suizids.

Nach *neoanalytischer Auffassung* (HENSELER 1974) sind suizidgefährdete Menschen besonders verletzlich. Verluste oder Kränkungen werden als vernichtend erlebt. Im Rückgriff auf totale Lösungsmöglichkeiten soll die Katastrophe eigener Hilflosigkeit und Ausgeliefertseins abgewendet werden: Alles oder Nichts; Ich oder Du; Sein oder Nichtsein. Die Wut kann sich dabei nach außen oder auch gegen die eigene Person zur Restituierung des eigenen (narzißtischen) Selbstwertgefühls richten. Der Suizidant phantasiert im letzteren Falle den Rückzug auf einen regressiven Zustand umfassender Geborgenheit, Rückkehr in den Mutterschoß, Einssein mit dem All. Die tatsächliche Todesgefahr bei der Suizidhandlung kann so subjektiv nicht mehr erlebt werden. Aus *anthropologischer Sicht* liegt Suizidphantasien der Wunsch nach „Einssein" (magische Identität) zugrunde. So tötet der Suizidant seine Opfer in sich (Suizid) oder sich in seinen Opfern (Mord). Die Todsünde der Tötung wird dadurch in einem Akt begangen *und* gesühnt. Der Täter ist in jedem Falle Beherrscher der Situation, auch wenn er dafür sein Leben lassen muß. Zur Wahrung des Prinzips eigener Unversehrtheit und Größe ist kein Opfer zu teuer. Die psychoanalytische, neoanalytische und anthropologische Sichtweise stimmen bei allen Verschiedenheiten darin überein, daß es dem Suizidanten um die Beherrschung der Situation und um die Rettung seiner Omnipotenz geht. Die Unterschiede bestehen wesentlich darin, *wie* dies Ziel erreicht wird (durch Einverleibung, Regression auf den Primärzustand, magische Identität) und welche Rolle die Aggression spielt (Aggressionskonflikt, Restituierung des narzißtischen Systems, doloristisches Ritual).

Die *älteste Suizidtheorie* stammt von dem *Soziologen* DURKHEIM (1897): Die Suizidhaftigkeit in einer Gesellschaft beruht auf zwei Regulativen, dem Grad ihrer Übereinstimmung in Anschauungen, Meinungen, Zielen, Interessen (soziale Integration) und auf dem Grad der emotionellen und motivationalen Beeinflussung ihrer Mitglieder (soziale Regulation). Ein Zuviel oder Zuwenig bedingt unterschiedliche Selbstmordtypen. Der *Zustand der Regellosigkeit* (Anomie) ist Ursache für hohe Selbstmordziffern in wirtschaftlich stark entwickelten Ländern.

Selbst- und Fremdtötung

Die enge Verknüpfung von Auto- und Fremdaggression wird aus den Suizidmotiven evident. Diesen liegt der dreifache Wunsch zugrunde, zu töten, getötet zu werden und gemeinsam zu sterben (MENNINGER). Unterschiedliche Formen von Selbst-/Fremdtötungshandlungen verdeutlichen dies: der erweiterte Suizid, bei der die Einbeziehung anderer (Kinder, Ehepartner) der Selbsttötung vorausgeht; Suizid nach Fremdtötung oder Fremdtötung, um selbst getötet zu werden (Schuld und Sühne); Selbstauslieferung, um sich töten zu „lassen" (Märtyrer, Opferlamm, Christus redivivus); Suizid nach Fremdtötung (Tötung des Opfers in sich); Suizid nach Tod des Partners (Wiedervereinigung im Tode); Fremdtötung mit dem Motiv der Eifersucht („auf ewig mein"); Harakiri (Mittäterschaft anderer); altruistischer Suizid (Opfertod, Heldentod); Amoklauf (Versuch einer „Alltötung"); Duell („Gottesurteil").

Aufklärung, Prävention, Früherkennung

Die **allgemeine Aufklärung** über das Wesen psychischen Gestörtseins bei suizidalen Krisen durch die Medien kann zum Abbau von Vorurteilen diesen Menschen gegenüber beitragen. Suizidalität, auch wenn sie noch so appellativen „unernsten" Charakter hat, muß als Ausdruck psychischer Störung ernstgenommen und mit einem Hilfsangebot verknüpft werden. Befürchtungen vor der eigenen wie vor der Lebensmüdigkeit des anderen haben Diskriminierung von Suizidanten auch bei Ärzten und Psychiatern zur Folge („nur demonstrativ", „Psychopath", „solchen Leuten ist nicht zu helfen"). Die ständig größer werdende Tendenz des Rückzugs zur Problemlösung auf die eigene Person, wie der Suizidgefährdete sie versucht, findet seine gesellschaftlichen Entsprechungen in der Ausdünnung zwischenmenschlicher Beziehungen und der Isolation des einzelnen in der „einsamen Masse".

Prävention besteht in sozialen Hilfen in schwierigen Lebenslagen, Betreuung von Einsamen, Alten und Bindungslosen; in frühzeitiger Zuführung zur *Psychotherapie* bei neurotisch bedingter Bindungs- und Kontaktschwäche; in Förderung von *Beratungsstellen* (Eheberatung, Erziehungsberatung) und Einrichtungen zur ambulanten Behandlung *(Ambulanzen, sozialpsychiatrische Dienste)*; in Förderung der Lebensfürsorge und der *Telefonseelsorge*, deren Beratungsteams meist interdisziplinär zusammengesetzt sind (Psychiater, Psychotherapeuten, praktische Ärzte, Psychologen, Sozialarbeiter, Seelsorger, Juristen). Diese Einrichtungen dürften bereits heute einen nicht zu unterschätzenden Beitrag in der Suizidprophylaxe leisten.

Zur **Früherkennung suizidaler Gefährdung** haben nicht Psychiater, sondern Ärzte anderer Disziplinen, vor allem behandelnde Hausärzte, die meiste Gelegenheit. Suizide geschehen in den weitaus seltensten Fällen ohne Vorsignale. Ankündigungen und Hinweise in offener oder verdeckter Form werden Suizidhandlungen fast immer vorausgeschickt.

Für die Abschätzung der Gefährdung ist die Kenntnis der Entwicklung des Suizidvorsatzes von besonderer Bedeutung; sie zeigt vor allem bei nichtpsychotischen Suiziden gewisse typische Besonderheiten, so daß sich ein *präsuizidales Syndrom* beschreiben läßt, das durch folgende Phasen gekennzeichnet ist:

Gefühl und Bewußtseinshorizont sind eingeengt, es tritt ein passiver *Rückzug auf sich selbst* auf, und es entwickeln sich Gefühle der Einsamkeit, Sinnlosigkeit und Ausweglosigkeit.

Zunehmende Entwicklung von starken, aber *ohnmächtigen Aggressionen* und der innere Vorwurf gegen die anderen verbindet sich mit schmerzlicher Resignation. Besonders in dieser Phase wird die Absicht der Umgebung kenntlich gemacht.

Es kommt zur Flucht in eine Phantasiewelt, zu Suizidgedanken und masochistisch-lustvollem Ausmalen der Folgen für die anderen und der ihnen aus dem eigenen Selbstmord entstehenden Leiden. Das Ende dieser Phase ist durch eine *„Ruhe vor dem Sturm"* gekennzeichnet, der Patient ist äußerlich unauffällig, obwohl die Suizidhandlung im einzelnen vorbereitet wird.

Wer ist besonders gefährdet?

Menschen mit *psychischen Störungen* und *Entwicklungskrisen* sind in unterschiedlicher Weise gefährdet. *Suizide bei endogenen Psychosen* bilden eine geschlossene Gruppe. Sie machen bei den erfolgreichen Selbsttötungen ein Drittel aller Fälle aus. Auch „harte" Suizidmethoden sind bei den „psychotischen" Suiziden häufiger als bei den „nichtpsychotischen". Diese hat man teilweise von den „psychotischen" Suiziden systematisch abgegrenzt, obwohl die Übergänge fließend sind und sich auf dem Weg zur aktuellen suizidalen Situation und im suizidalen Handeln viel Gemeinsames findet. Die Erscheinungsbilder, etwa der verschiedenen Depressionsformen, sind daher für die Beurteilung der Selbstmordgefährdung wichtiger als ihre diagnostische Zuordnung. Bei den *endogenen Depressionen* besteht insbesondere gegen *Beginn und gegen Ende der Phase* eine besondere Gefährdung, ebenso bei *antriebssteigernder thymoleptischer Medikation*, die vor ihrer antidepressiven Wirkung zur Minderung der Hemmung führt (s. S. 361 f). Die Suizidgefahr bei endogen Depressiven ist deshalb so groß, weil die depressive Grundstimmung in der Phase praktisch unbeeinflußbar ist; endogen depressive Patienten zeigen auch die größte „Nachselbstmordziffer". Ähnlich liegen die Verhältnisse bei *Altersdepressionen*, wobei hier oft die Rolle sozialer Isolierung auch in der Motivation deutlich wird. Hoch ist die Suizidrate bei *schizophre-*

nen Patienten. Es kann zu unvermitteltem Durchbruch eines Suizidimpulses, zum raptusartigen Suizid, kommen, z. B. bei starker (katatoner) innerer Gespanntheit. Seine Ausführung ist häufig grausam und oft nicht ohne Gefahr für Dritte. Bei *neurotisch-depressiven Entwicklungen* (s. S. 103) ist die Suizidgefährdung hoch und kann sich zur chronischen Suizidalität entwickeln mit einer über lange Zeit anhaltenden potentiellen Lebensgefahr.

Jugendliche Patienten mit dem Leitsymptom der *Bindungsunfähigkeit* sind besonders suizidgefährdet. Sie stammen oft aus emotional nicht tragfähigen und psychisch zerrütteten Familienverhältnissen und geraten dadurch später leicht in soziale Isolierung. In der kritischen Lebensphase der *Pubertät* und *Nachpubertät* kann die Gefährdung im Zuge der Ablösung von den Eltern auch bei geringerer neurotischer Gestörtheit besonders groß werden.

Auch im *Klimakterium* ist die Suizidgefährdung höher als in anderen Lebensphasen.

Der Alkohol spielt eine große Rolle beim Suizid. Seine Bedeutung liegt im „Mutantrinken" vor der Ausführung. Tiefgreifender sind die Beziehungen zum *chronischen Alkoholismus* (s. S. 207 ff). Eine ähnliche Disposition kann zu diesem wie zum Suizid führen. Oft scheint der Suizid für den Patienten der letzte *Ausweg aus der Demoralisierung* zu sein. Auch bei chronischem Medikamentenmißbrauch kann mit dem Suizid als Ausweg eines Tages der „lange Schlaf" gewählt werden. Der gleiche Mechanismus findet sich bei jeder *Sucht*, vor allem dann, wenn sie bei harten Rauschmitteln zu körperlichen Dauerschäden geführt hat (s. S. 222).

Bei körperlichen Krankheiten ist die Suizidneigung nicht unbedingt von der Schwere des Krankheitsbildes abhängig. Schwer Krebskranke haben häufig bis zuletzt noch Hoffnungen und denken nicht an Suizid. Unerwartetes Auftreten von Krankheiten kann bei wirklicher oder vermeintlicher Gefährdung von Berufskarrieren häufig in den ersten Tagen nach Einweisung in ein Krankenhaus zum Suizid führen.

Häufigkeit

Die Zahl der erfolgreichen Suizide erreicht in der BRD etwa die Zahl der Verkehrstoten und hat geringfügig ansteigende Tendenz (1982 ca. 8400). Die auf 100 000 Einwohner bezogene Selbstmordrate liegt in wirtschaftlich entwickelten Ländern zwischen 10 und 30 erfolgreichen Selbstmorden im Jahr; in der BRD bei 21. Die Zahl der Selbstmordversuche ist wegen der großen Dunkelziffer schwer zu schätzen; sie beträgt wahrscheinlich mehr als das Zehnfache der Selbsttötungen. Statistische Vergleiche zeigen, daß Selbstmordversuche besonders in jungen Jahren häufiger sind, während die Kurve der erfolgreichen Selbsttötungen bei älteren Menschen stark ansteigt. Sie überwiegen beim männlichen Geschlecht, während beim weiblichen die Versuche überwiegen. Während Frauen „weiche" Methoden (Medikamente, Gas) bevorzugen, spielen bei Männern „harte" Methoden eine größere

Rolle (Erhängen, Sturz aus Höhen, Schußwaffen); während bei Frauen
Liebeskonflikte ursächlich im Vordergrund stehen, sind es bei Männern eher
Berufskonflikte.

Eine höhere Suizidgefährdung findet sich bei Kinderlosen, Ledigen, Ge-
trennt- und Geschiedenlebenden, vereinsamten Alten, alleinstehenden
Kranken und Menschen ohne enge, insbesondere familiäre Bindungen. Das
zahlenmäßige *Absinken* der Suizidhäufigkeit in *politischen* und *militärischen
Krisenzeiten*, das Ansteigen in Wirtschaftskrisen aber auch in Phasen großer
Prosperität weist auf übergreifende sozioökonomische und sozialpsychologische Momente hin. Geringere Suizidraten haben Menschen, die aus dünn
besiedelten, insbesondere ländlichen Gebieten stammen und Menschen in
der Lebensmitte. Hohe Suizidraten findet man bei Flüchtlingen, Emigranten
und anderen Menschen, die eine ökonomisch, sozial und psychologisch
tragende Basis verloren haben.

Suizid und Rechtsprechung

Allgemein gilt, daß Suizid und Suizidversuch per se keinen Straftatbestand
erfüllen und weder Anstiftung noch Beihilfe strafbar sind. Ein Arzt also, der
einem zurechnungsfähigen Lebensmüden Medikamente überläßt und inso-
weit „Beihilfe" leistet, wird nicht strafrechtlich belangt. Er kann allerdings
berufsgerichtlich wegen eines Behandlungsfehlers im Sinne standeswidrigen
Verhaltens zur Rechenschaft gezogen werden.

Aus der für jedermann geltenden *allgemeinen Hilfeleistungspflicht* ergibt sich
für Ärzte, „das Mögliche und Zumutbare zur Verhinderung der Selbsttötung
auch schon vor Eintritt der Bewußtlosigkeit zu tun". Die Pflicht zur Hilfeleistung beginnt schon dann, „wenn durch die erkannte Selbsttötungsabsicht
eine unmittelbare, als Unglücksfall zu wertende Gefahrenlage entstanden ist."
Als *Unglücksfall* wird im deutschen Recht die „Gefahrenlage" bei Suizid
angesehen. Ein Arzt, der zu einem ihm vorher nicht bekannten Patienten nach
einem Suizidversuch gerufen wird oder zufällig hinzukommt, muß also unabhängig davon, in welchem psychischen, geistigen oder körperlichen Zustand
sich der Lebensmüde befindet, lebensrettende Maßnahmen ergreifen. Ausnah-
mefälle bilden laut höchstrichterlicher Rechtsprechung (BGH) nur schwerste
Krankheitsverläufe, bei denen der Entschuldigungsgrund der Unzumutbarkeit
lebensrettender Maßnahmen anerkannt werden kann.

Dem *behandelnden Arzt*, z.B. dem Hausarzt, obliegt aufgrund des Arzt-
Patient-Verhältnisses eine besondere „Garantenpflicht" zur Bewahrung des
Lebensmüden. Konkret heißt das: Wenn infolge von Bewußtlosigkeit die
Möglichkeit des Selbstmörders zum Rücktritt vom Suizid nicht mehr gegeben
ist, muß der Arzt lebensrettende Maßnahmen veranlassen. Andernfalls macht
er sich eines Tötungsdelikts (Totschlag, Tötung auf Verlangen) durch Unterlassen schuldig. Der Arzt darf sich dem Todeswunsch des Suizidenten grundsätzlich also nicht beugen. Dies entschied der Bundesgerichtshof (BGH) (Urteil

vom 4. 7. 84 – 3 StR 96/84) zur Frage, wann ein *behandelnder Arzt*, der seinen Patienten nach einem Selbstmordversuch bewußtlos antrifft, sich strafbar macht, wenn er nichts zu dessen Rettung unternimmt. Die Vorinstanz des Landgerichts hatte eine andere Auffassung vertreten: Die Strafbarkeit eines Arztes wegen eines Tötungsdelikts entfalle generell, wenn er aus dem Respekt vor dem Selbsttötungswillen des Patienten von einer lebenserhaltenden ärztlichen Versorgung Abstand nimmt.

Es gibt dennoch laut BGH-Urteil keine *Rechtsverpflichtung zur Erhaltung eines erlöschenden Lebens um jeden Preis.* Entsteht ein Konflikt zwischen der Verpflichtung zum Lebensschutz und der Achtung des Selbstbestimmungsrechtes des Patienten, so besteht eine Grenzsituation, in der der Entscheidungsspielraum des Arztes sich an der prognostischen Einschätzung der Situation des Kranken und seinem mutmaßlichen Willen orientieren kann.

Die Frage, ob ein Arzt bei einem noch *bewußtseinsklaren*, aber schwerverletzten Suizidenten auch gegen dessen Willen Rettungsmaßnahmen einleiten muß, hat der BGH ausdrücklich offengelassen.

Als Grundsätze bei der *passiven Sterbehilfe* lassen sich in Übereinstimmung mit Ärzten, Juristen und BGH folgende benennen: „Dort, wo der unheilbar Kranke sich nicht mehr äußern kann und eine Ermittlung seines mutmaßlichen Willens nicht möglich ist, ist ein Verzicht des Arztes auf Weiterbehandlung zulässig, wenn weitere Maßnahmen zur Lebensverlängerung mit der Zielsetzung des ärztlichen Auftrags unvereinbar und dem Arzt daher unzumutbar sind." Das Selbstbestimmungsrecht eines geschäftsfähigen Kranken ist vom Arzt auch grundsätzlich zu beachten, wenn Forderungen, lebenserhaltende oder lebensverlängernde oder das Sterben hinauszögernde ärztliche Handlungen wie etwa Beatmung oder Fortsetzen der Dialyse zu unterlassen, geäußert werden.

Für Suizidhandlungen während psychiatrischer Therapie wird an der prinzipiellen Nichterkennbarkeit der Suizidabsichten eines Patienten im Einzelfall festgehalten. Die Konsequenz daraus ist, daß der Akzent ärztlichen Handelns sich von den präventiven Maßnahmen weg zum therapeutischen Handeln hin verschiebt. Die *umfassende Beziehungsaufnahme* zum Patienten unter Einbeziehung aller familiären, sozialen, klinischen und individuellen Gesichtspunkte hat Vorrang bei ambulanter wie stationärer Therapie.

In der Rechtsprechung wird u. a. ausgeführt (OLG Hamm 26. 11. 80, 3 u 84/ 80, Revision BGH 22. 6. 82, VI ZR 10/(1): „Bei den zur Verhütung von Selbstmordversuchen eines stationär aufgenommen depressiven Patienten erforderlichen Sicherungsmaßnahmen genügt die Mitteilung an das Krankenhauspersonal, daß ein Patient suizidgefährdet ist, sowie die Anordnung häufiger Überwachung... Irgendwelche Maßnahmen technischer Art zur Verhinderung oder Erschwerung eines Selbstmordes (Türklinken, Sicherungsflügel an Fenstern, o. ä. Einrichtungen) brauchen nicht getroffen zu werden." Der Arzt ist allerdings verpflichtet, die Therapie mit dem Patienten sorgfältig zu dokumentieren, seine Einschätzung der Suizidalität des Patienten sowie seine therapeutischen Schritte und Überlegungen aufzuzeichnen. Insofern werden die schriftlichen Unterlagen als Teil der Therapie und damit im weiteren Sinne auch der Suizidprophylaxe angesehen.

Literatur

Amery, J.: Hand an sich legen. Klett, Stuttgart 1975

Durkheim, E.: Der Selbstmord. Luchterhand, Neuwied 1973

Henseler, H.: Narzißtische Krisen. Rowohlt, Reinbek 1974

Henseler, H., Ch. Reimer: Selbstmordgefährdung. Frommann-Holzboog, Stuttgart 1981

Kisker, K.P., H. Lauter, J.-E. Meyer, C. Müller, E. Strömgren (Hrsg.): Suizid. Psychiatrie der Gegenwart, Bd. II. Springer, Berlin 1986 (S. 87–173)

33 Konsultation-Liaison-Psychiatrie

Lernziele:
Kennenlernen des philosophischen und therapeutischen Selbstverständnisses der Konsultation-Liaison-Psychiatrie, des Konsultationsprozesses, des Umgangs mit dem chirurgischen Patienten, Chirurgen und Pflegepersonal. Wissen um spezielle Aufgabenfelder des Konsiliarpsychiaters.

Zur Philosophie der Konsultation-Liaison-Psychiatrie (KLP)

An der Wiege der Liaison-(Verbindung, Zusammenarbeit)Psychiatrie stand in den späten 20er Jahren dieses Jahrhunderts eine ganzheitliche „biopsychosoziale" Sichtweise vom Menschen. Diese neue anthropologische Philosophie wollte aus der theoretischen Überwindung des Leib-Seele-Dualismus praktisch therapeutische Konsequenzen für den Umgang mit Kranken ziehen. Ihr neues Paradigma war die Erkenntnis, daß Psyche und Körper von ihrer Natur her *unteilbare integrale Persönlichkeitsanteile* sind. Die Zerspaltung in eine „Zweiheit" (Seele – Körper) wurde als Artefakt analytischer Betrachtungsweise und damit als Ergebnis eines *gedanklichen* Vorgangs begriffen, der mit der phänomenalen Ganzheit des Individuums nicht mehr identisch ist.

Die Frage „Was ist Psyche?" wurde zum Prüfstein für eine ganzheitliche Betrachtungsweise vom Menschen. Es scheint sich heute die Auffassung durchzusetzen, daß darunter die Gesamtheit aller Nerven-Gehirnfunktionen zu verstehen ist: Das Gefühlserleben, die Wahrnehmung der gegenständlichen Welt und die gedanklichen Assoziationen als Funktion neuronaler Strukturen. Alle psychischen Funktionen werden bei dieser Sicht zu physiologischen, also leiblichen. Realiter ist damit die Leib-Seele-Dichotomie eine rein leibliche, bei der man die zentralnervösen Funktionen von den übrigen Körperfunktionen abtrennt – was unsinnig wäre. Der alte Psyche-Soma-

Dualismus, wie ihn die Psychosomatik eigentlich wider Willen fortschreibt, kann entfallen. Die Aufgabe des fiktionalen Seelebegriffs führt die Liaison-Psychiatrie zu einem psycho-soziobiologischen Verständnis des Individuums und darüber hinaus zu dem Paradigma, daß „psychische" Krankheiten und „Psycho"therapien letztendlich funktioneller Natur sind und gar nicht anders sein können. Dieses Paradigma impliziert, daß jeweils das ganze – physische – Individuum beteiligt ist, in allen seinen sozialen, individualpsychologischen und biologischen Bereichen. Mit dieser Erkenntnis findet der ganzheitliche Ansatz liaison-psychiatrischen Wirkens seinen schlüssigen theoretischen und praktisch-therapeutischen Zugang.

Zum therapeutischen Selbstverständnis der Konsultation-Liaison-Psychiatrie

Das Wagnis der KLP besteht darin, den *Brückenschlag* von der *psychologischen Medizin* zur *Organmedizin* zu riskieren, ohne im voraus zu wissen, ob sich auf der anderen Seite ein solider Auflagepunkt bietet. Ist aber ein solcher vorhanden, wird also das Kooperationsangebot des Konsultation-Liaison-Psychiaters angenommen, so eröffnet sich ihm in allen organmedizinischen Teildisziplinen ein weites Arbeitsfeld.

Kernaufgaben für sein therapeutisches Wirken sind einerseits die psychologischen Begleitphänomene organischer Krankheiten, deren Verarbeitungen und psychiatrische Komplikationen und andererseits die psychischen Erscheinungsbilder psychosomatischer und funktioneller Krankheiten.

Vom *Blickpunkt* der KLP aus ist die strikte Einteilung der Krankheitsbilder in organische und funktionelle irreführend. Klärend wirkt vielmehr die Frage, inwieweit eine Störung grobgeweblicher oder toxischer Natur ist und wo ihr funktioneller Anteil liegt und umgekehrt. Denn bei genauerem Hinsehen läßt sich bei nahezu jeder Krankheit – nicht nur bei den psychosomatischen im engeren Sinne – eine psychische Komponente erkennen. Der psychosomatische Zusammenhang kann allerdings mehr oder minder augenfällig sein.

Das *Expertentum* des Konsultation-Liaison-Psychiaters ist angesiedelt zwischen psychosozialer Medizin, Psychosomatik und medizinischer Sozialpsychiatrie. Ihm dient seine interdisziplinäre Orientierung als Praxisfeld für die therapeutische Verwirklichung seiner ganzheitlichen Perspektive.

Die Liaison-Psychiatrie läßt sich als *Glied der Allgemeinpsychiatrie* verstehen, die sich mit der Prävention, Diagnostik und Therapie psychischer Morbidität organisch Kranker wie auch mit Patienten befaßt, die sich einer Organsprache als Ausdruck ihres psychischen Leidens bedienen. Ihre Aufgaben fallen damit ganz überwiegend in das weite Arbeitsfeld klinischer Psychiatrie mit dem Schwerpunkt der Zusammenarbeit mit nicht psychiatrisch geschulten Ärzten und Pflegepersonal unterschiedlichster Fachrichtungen. Sie kann aber darüber hinaus auch beratend für soziale Institutionen und Gesundheitsdienste tätig werden.

Die wichtigste *organisatorische Aufgabe* ist die Bereitstellung eines *mobilen Konsiliardienstes*, in dem psychotherapeutisch erfahrene (Sozial)Psychiater, Psychologen, Sozialarbeiter und Krankenschwestern zusammenarbeiten.

Der Konsultationsprozeß

Was durch die Konsultation als „Seele" der Liaison-Psychiatrie in Bewegung gerät, verbindet und inspiriert bestenfalls alle Beteiligten, den Patienten, die medizinischen Behandler und den Psychiater. Die Handhabung des Konsultationsablaufes bis zu dessen Gelingen erfordert Sensibilität für Arbeitsatmosphäre und Interaktionsstile von Ärzten und Pflegepersonal und Augenmaß für therapeutisch Mögliches auf nichtpsychiatrischen Stationen. Den Auftakt zum Konsultationsprozeß bildet der mündlich oder schriftlich, meist von Schwestern oder Sozialarbeitern im Namen des Stationsarztes, seltener von ihm selber, an den Liaison-Psychiater herangetragenen Wunsch nach Beratung. Häufig geht es darum, wie mit einem Patienten umzugehen ist. Der Konsilschein – unverzichtbares Requisit im Konsultationsablauf – wird dabei zum Medium schriftlicher Vermittlung basalster Informationen für den Psychiater: anfordernde Stelle, Patientendaten, Krankheitsvorgeschichte, medizinische Diagnose und Fragestellung einschließlich relevanter Beobachtungen.

Bevor er ans Werk geht, mache sich der Liaison-Psychiater seine Rolle deutlich: er ist Berater, Mittler, Anstifter von etwas, das günstigstenfalls der Heilung des Patienten dient. Er ist *nicht* hauptverantwortlicher Therapeut, sondern in einer Nebenrolle tätig. Behandelnde und Patienten fühlen sich ernstgenommen, wenn der Psychiater auf Hilferufe prompt reagiert. Da ein vollständiges Verstehen des Anliegens einschließlich des medizinischen Kontextes Voraussetzung für eine erfolgreiche Beratung ist, steht am Anfang ein Gespräch mit dem Stationsarzt, der Stationsschwester oder dem Sozialarbeiter. Der Patient sollte von seinem Arzt über die Notwendigkeit eines Gesprächs mit dem Psychiater aufgeklärt worden sein und sein Einverständnis gegeben haben. Häufig geschieht dies nicht. Es ist dann dem Geschick des Psychiaters überlassen, beim Patienten Klarheit darüber zu schaffen, wer ihn aus welchem Grund befragt, und zum Gespräch zu motivieren. Für ein ungestörtes Gespräch mit dem Patienten muß auf der Station ein Raum zur Verfügung stehen. Unter den Bedingungen einer Intensivstation kann durch zugezogenen Bettvorhang und gedämpfte Stimme die notwendige Vertraulichkeit gewahrt werden. Zu Beginn soll der Patient möglichst *sein Eigeninteresse* an dem Gespräch sehen und in Worte fassen, sofern es der psychopathologische Zustand des Patienten zuläßt. Dabei ist es wichtig, daß er seine Befürchtungen und Vorurteile gegenüber einem Gespräch mit dem Psychiater äußert. Geschieht dieses, so ist der Gesprächsfaden schon aufgenommen. Der Psychiater gibt dem Patienten Raum für seine Darstellung, hält den Fluß des Gespräches in Gang, interveniert und vertieft gezielt und behält dabei den Problemkreis der Fragestellung im Auge. Er entwirft sich ein Bild von der Persönlichkeit des Patienten, seiner Lebenswelt, seiner geistigen Verfassung und Psychodynamik. Kontakte zu Familienangehörigen, Freunden und Bekannten können, das Einverständnis des Patienten vorausgesetzt, das Bild vervollständigen. Ist schließlich eine klare Einschätzung des Patienten gelungen und ein Therapieplan entstanden, so beginnt jetzt ein wichtiger Teil im Konsultationsablauf, nämlich die *Vermittlung* dieses Wissens an die medizinischen Behandler und den Patienten selbst. Seine Mitarbeit ist am ehesten zu gewinnen, wenn er über die Ergebnisse des Gesprächs und die therapeutischen Schritte in geeigneter Weise aufgeklärt wird. Dies gilt auch für den Stationsarzt und die Mitarbeiter. Durch Information aller Beteiligten wird eine *eindeutige therapeutische Situation* geschaffen. Dafür bieten sich die Gesprächsrunden der ärztlichen und nichtärztlichen Stationsmitarbeiter an. Auf dem Konsilschein sollen in einer erlebnisnahen Sprache Angaben zu folgenden Punkten zu finden sein: Krankheitsanamnese, psychische und soziale Entwicklung, psychischer Status, psychodynamische Zusammenhänge und persönliche Eindrücke, aktuelle Problematik und therapeutisches Vorgehen.

Die Therapie kann überwiegend den Patienten selbst betreffen oder aber darin bestehen, das Personal oder die Familie im Umgang mit dem Patienten anzuleiten. *Krisenpsychotherapie* (s. S. 246 ff) kann durch den Liaison-Psychiater in wenigen Sitzungen auf der Station durchgeführt werden. Der Erfolg psychopharmakologischer Behandlungen sollte durch nachfolgende Besuche beim Patienten überprüft werden. Die Übernahme von Patienten auf psychiatrische Stationen sollte den wenigen Fällen vorbehalten bleiben, bei denen auch eine enge konsiliarische Betreuung nicht ausreicht und psychotherapeutisch/psychiatrisch geschulte Mitarbeiter gebraucht werden. Bei guter medikamentöser Einstellung müssen erregte oder verwirrte Patienten selten verlegt werden. Auch suizidale Patienten können bei einfühlsamer Behandlung häufig auf Allgemeinstationen verbleiben. Den Abschluß des Konsultationsprozesses bildet die aktuelle Lösung des therapeutischen Problems und die vorsorgliche Planung der Weiterbehandlung nach der stationären Entlassung beim niedergelassenen Allgemeinarzt oder psychiatrisch/psychotherapeutisch tätigen Kollegen.

Der Patient, der Chirurg und der Psychiater

Die *präoperativen Ängste* des Patienten richten sich meist auf die Verletzung körperlicher Unversehrtheit, auf Entstellung und Verstümmelung. Allgegenwärtig sind Befürchtungen vor eigener Ohnmacht, vor Auslieferung oder Überwältigung durch den Chirurgen, die Narkose, den Schmerz oder die Stationsmitarbeiter. Todesängste können sich in der Frage artikulieren „Wache ich aus der Narkose wieder auf?" oder auch Ursache von Operationsverweigerung sein. In der präoperativen Situation versucht der Patient, seine Ängste in der Art, wie er dies gewohnheitsmäßig zu tun pflegt, zu bewältigen. Sind die Ängste vor der Operation intensiv, so können die Bewältigungsgewohnheiten pointierte oder pathologische Züge annehmen. Immer repräsentieren solche Ausdrucksmuster charakteristische Persönlichkeitsanteile, die durch die situative Zuspitzung ggf. als Symptom wahrgenommen, Behandlungsbedürftigkeit signalisieren. Es lassen sich *typische Spielarten der Angst* voneinander unterscheiden: Das Operationsrisiko wird gar nicht zur Kenntnis genommen, bagatellisiert oder dramatisiert; die Operation wird enthusiastisch gefordert oder abgelehnt; wahnhafte Phantasien oder Gefühle tiefster Hoffnungslosigkeit mit Suizidphantasien treten auf; der Patient legt sein Schicksal ganz in die Hand des Chirurgen und stilisiert diesen zum Alleskönner hoch, oder er rebelliert gegen alles und jedes.

Der Liaison-Psychiater wird fast ausschließlich zu chirurgischen Patienten gerufen, deren Verhaltensauffälligkeiten zu einer tiefgreifenden *Beziehungsstörung* zu Stationsarzt und Pflegepersonal führen: Verweigerung des Operationseinverständnisses, Weglaufen von der Station, aggressive Erregungszustände, psychotische Dekompensation oder Äußerungen von Suizidphantasien. Weniger spektakuläre, aber nicht minder therapiebedürftige Verhaltensabweichungen, z. B. passiv unterwürfige Überanpassung oder ängstlich depressiver Rückzug, also Verhaltensvarianten, die der Funktionalität des Stationsablaufes nicht entgegenstehen, bleiben meist unerkannt und ohne Behandlung. Aufgabe des Liaison-Psychiaters ist es, neben den augenfälligen, die stillen Symptombilder zu erkennen und sein Hilfsangebot auch diesen Patienten zukommen zu lassen. Dies besteht im wesentlichen darin, die Bedeutung der Ängste für den Patienten zu entschlüsseln und dadurch zu mindern.

Im Vorfeld der Operation ist die *kritische Überprüfung der Indikationsstellung* eine Aufgabe, bei der die Mitwirkung des Liaison-Psychiaters zur Klärung beitragen kann.

Typische Beispiele: unklare Unterleibsbeschwerden bei Frauen; der die Operation fordernde polychirurgische, d. h. vieloperierte Patient.

Bei der Vorbereitung des Patienten ist seine *Aufklärung* über alle Einzelheiten der Operation durch den behandelnden Chirurgen von größter Bedeutung. Der Chirurg ist am allerbesten dazu geeignet, durch fachkompetente und von der Realität ausgehende Sicht die Chancen und Risiken des Eingriffs einzuschätzen und beim Patienten negativistische Fehleinschätzungen oder magische Riesenerwartungen an den Operationserfolg zu korrigieren. Verbleibende Restrisiken müssen eingestanden und gemeinsam getragen werden. Gelingt es nicht, die Ängste des Patienten durch Aufklärung auf ein realitätsgerechtes Maß anzuheben bzw. schrumpfen zu lassen, so ist der Rat des Liaison-Psychiaters unbedingt einzuholen.

Je besser die Operationsmotivation des Patienten ist und je realitätsgerechter seine Ängste sind, um so niedriger ist die postoperative Komplikationsrate.

In der *postoperativen Situation* können insbesondere bei alten Menschen *akute organische Psychosyndrome* (s. S. 266 ff) auftreten. *Intensive Ängste*

(Todesängste, Zukunftsängste) finden ihren Ausdruck z. B. in erhöhter Irritierbarkeit, Hyperventilationssyndromen, Tachykardie und Arrhythmie, Schlaflosigkeit oder paranoiden Verarbeitungsmustern. *Schmerz* ist ein bedeutsames Signal für emotionelle Probleme beim postoperativen Verlauf.

Traurig-depressive Verstimmungen nach Operationen sind ein Hinweis darauf, daß eingetretene Verluste oder Enttäuschungen wie z. B. Entstellung, Verstümmelung, Entnahme eines Organs oder ein Operationsmißerfolg noch nicht verarbeitet sind. Die Unfähigkeit, die notwendige Trauerarbeit zu leisten, führt zu Symptombildungen wie Hoffnungslosigkeit, Apathie, Rückzug, Schlaf- und Appetitlosigkeit, Regression auf infantile Versorgungshaltungen und Suizidalität. Bei solchen Störungen kann die Notwendigkeit einer Krisenpsychotherapie (s. S. 246) gegeben sein.

Für die *fachliche Zusammenarbeit* zwischen *Chirurgen* und *Psychiatern* bieten sich aussichtsreiche Möglichkeiten. Erfolg oder Scheitern ihres Zusammenwirkens hängt davon ab, wie beide sich gegenseitig ihre unterschiedlichen Erfahrungswelten zu vermitteln verstehen. Der gegenseitige Zugewinn durch die professionelle Sicht des anderen, sei es in Mitarbeiterrunden oder Auge in Auge, gelingt im Blick auf den Patienten nur, wenn therapeutische Allvertretungsansprüche kränkungsfrei relativiert, auf das empirisch Gegebene zurückgenommen werden können. In ihrer therapeutischen Kompetenz sind sich Chirurg und Psychiater schließlich ebenbürtig: Ein scharfsinniger Gedanke kann ebensoviel Heil stiften wie ein scharfgeschliffenes Skalpell. Wird für beide die Begegnung eher zum Lernerlebnis als zum Selbstbehauptungstest, so kann man sie als geglückt ansehen.

Umgang mit Sterbenden

Der Umgang mit sterbenden Menschen erfordert eine Haltung, die den Tod als Vollendung des Lebens begreift. Das Lebensende will gelebt sein, wie andere besonders kritische Lebensabschnitte, wie Geburt und Pubertät, auch. Wie der Geburtshelfer das Neugeborene oder ein pädagogischer Ratgeber dem Pubertierenden begleitend seinen Weg finden läßt, so ist der Sterbehelfer Begleiter für den Sterbenden. Sterbehilfe ist keine psychotherapeutische Aufgabe im engeren Sinne. Sie wird von Familienmitgliedern, Freunden, Gemeindeschwestern, Pfarrern, Ärzten oder Pflegepersonal wahrgenommen und nur ausnahmsweise und in besonderen Situationen durch den Liaison-Psychiater selbst.

Während die Ängste vor dem „Lebenlassen" durch gesetzliche Regelungen (§ 218 zum Schwangerschaftsabbruch) und eine stürmische Entwicklung der Perinatalmedizin gesellschaftlich weitgehend gebannt scheinen, haben die Ängste vor dem „Sterbenlassen" vergleichbar verbindliche Übereinkünfte für den Sterbenden bisher verhindert (z. B. das Recht auf einen selbstbestimmten Tod). Indessen hemmen magisch-mystische Einstellungen vom Tod gesellschaftliche Gesetzesregelungen und realitätsgerechte Haltungen von Ärzten und Pflegepersonal gegenüber Sterbenden. Vermittlung von Wissen über die psychologische Natur von Sterbeprozessen und Anleitung beim Umgang mit Sterbenden ist Aufgabe des zur Konsultation gerufenen Liaison-Psychiaters.

Das Sterben ist ein psychobiologischer Prozeß mit einer charakteristischen *emotionellen Dynamik*. KÜBLER-ROSS unterschied verschiedene Phasen, die im idealtypischen Fall nacheinander bis zur Vollendung des Prozesses durchlaufen werden. Sie fand eine Sequenz von Nichtwahrhabenwollen oder Verleugnung (denial), Wut (anger), Verhandeln (bargaining), Trauer (depression) und Zustimmung (acceptance). Alle Stadien können mehrfach durchlebt werden. Diese Dynamik sagt Wesentliches über die emotionellen Einstellungen Sterbender, bedarf jedoch noch der Ergänzung.

Dem Prozeß des Sterbens können latente oder offen artikulierte Impulse einer *Todessehnsucht* vorausgehen. Die Sehnsucht ist auf das Verlassen des Bisherigen gerichtet, auf das Ende, mit dem die Trennung von Partner, Besitz, Lebenswerk usw. eintritt. Es folgt die *Angst vor der Trennung* z. B. von den noch unvollendeten Lebensaufgaben, von der Verantwortlichkeit gegenüber Abhängigen oder auch vor dem Tod als einer Reise ins Ungewisse. Trennungsängste sind bereits Ergebnis einer nachlassenden Verleugnung, deren Sinn es war, dem Patienten die aktuelle Lebensgefährdung im terminalen Erkrankungsstadium nicht bewußt werden zu lassen.

Es folgt das Stadium des *Kampfes und des schmerzhaften Ringens* um die bevorstehenden Verluste. Auseinandersetzungen mit Ärzten und Pflegepersonal, Pfarrer, Familienangehörigen finden statt. Der Patient hadert mit seinem Schicksal. Magische Lösungsversuche werden erprobt: Sich durch eine besonders rigorose Therapie von der Krankheit frei zu kaufen oder durch Selbstbestrafung das Geschehene ungeschehen zu machen und damit einen neuen Anfang zu finden (Schuld und Sühne). Der Kampf richtet sich als Teil der Ablösung auf die Bewahrung bzw. Wiederherstellung all der Bindungen, deren Verlust bevorsteht. Ein Sichlösen aus menschlichen Beziehungen und bestehenden Verbindlichkeiten kündigt die *Trauerphase* an. Diese geht mit dem Gewahrwerden des Verlustes all dessen, was ihm lieb und wert war, d. h. letztendlich seiner ganzen Welt, einher. Schließlich findet dieser Prozeß in der *Akzeptanz* des eigenen Schicksals und der *Todesgewißheit* seine Vollendung.

All diese Stadien können mehr oder weniger problematisch bewältigt werden. Hilfe ist notwendig, wenn die Todessehnsucht zum suizidalen Drang wird, Todesangst unterdrückt oder in Schreck und Panik ausufert, der Kampf sich in Schmerz und Verzweiflung verliert, Trauer zu tiefer Melancholie erstarrt und gelassene Gewißheit vom Ende sich zu Todeseuphorie versteigt. Die Kunst der Begleitung Sterbender besteht darin, die latente Botschaft, die das emotionelle Erleben enthält, zu verstehen und den Patienten seine eigene Wahrheit erkennen zu lassen. Der Begleiter orientiert sich dabei an den phasenhaft wechselnden emotionellen Einstellungen im Sinne

einer partiellen Identifizierung. Er läßt Wünsche nach Regression und körperlicher Nähe zu.

Die Aufgabe des Liaison-Psychiaters besteht darin, den Sterbenden zusammen mit den Behandlern zu begleiten und zur Lösung auftretender Konflikte
beizutragen. Wesentlich ist darüber hinaus, eine sorgfältige Symptomlinde-
rung und eine Umgebungsatmosphäre herzustellen, in der die Annahme des
Todes als geglückte Bewältigung und nicht als Niederlage angesehen wird
und in der dies auch in der Anteilnahme und in dem Respekt des Pflegeperso-
nals dem Patienten gegenüber seinen Ausdruck findet. Sagt der Patient „Es
ist gut hier zu sterben", so ist diese Aufgabe befriedigend gelöst.

Schmerz und Schmerzbehandlung

Gedankliche Abläufe und kognitive Prozesse können mit Schmerzen rein
funktioneller Art assoziiert sein. Ebenso können körperliche Schädigungen
mit mehr oder auch weniger starken Schmerzen einhergehen. Einen konsistenten „ursächlichen" Zusammenhang der Schmerzentstehung im Sinne des
Reiz-Reaktions-Schemas gibt es nicht. Phänomenologisch unterscheiden
sich Schmerzen organischen und psychischen Ursprungs nicht voneinander.
Schmerz ist eine einheitliche subjektive Erlebnisevidenz, die eine Gefühls-
qualität darstellt. Schmerzen psychischen Ursprungs sind ein nicht weniger
bedeutsames psychodiagnostisches Phänomen als Ängste, Depressivität
oder hysterische Phänomene und stehen häufig mit diesen in Beziehung. In
demselben Sinne bedeutsam, aber davon zu unterscheiden, sind starke
Schmerzzustände bei geringgradigen organischen Ursprüngen und schließlich schwere Schmerzzustände auf organischer Grundlage mit sekundären
psychischen Störungen (MERSKEY 1986). Bei der letzteren Gruppe findet
man im allgemeinen keine hysterischen oder neurotischen Symptome, aber
neben Angst und Depressivität Groll, Reizbarkeit, Ärger, Verbitterung und
aggressive Verhaltensmuster als Schmerzantwort.

Der Schmerzpatient bedarf sorgfältiger körperlicher Untersuchung und der
Erhebung von Schmerzlokalisation, -schweregrad, -ausdauer, -auftreten,
-art und -begleitsymptomatik sowie der Erhebung von biographischer und
familiärer Anamnese, Arbeitssituation und sozialer Beziehungsökologie. In
der Schmerzbehandlung haben sich kognitive Therapiemethoden und analytische Kurzpsychotherapie sowie die Einbeziehung der Familie und der
Angehörigen bewährt. Gruppentherapie gehört in den Rahmen einer umfassenden Schmerzbehandlung. Bei der psychopharmakologischen Behandlung
sind trizyklische Antidepressiva und Phenothiazine geeignet, da sie einen
analgetischen Effekt entfalten – nicht jedoch Benzodiazepine. Entscheidend
für den Schmerzpatienten ist ein Behandler, der seine Gesamtsituation in
ihrem biopsychosozialen Zusammenhang richtig erfaßt und die Dynamik der
Schmerzentstehung bzw. -verstärung in therapeutisches Handeln umzuset-
zen weiß.

Literatur

Bönisch, E., J. E. Meyer: Psychosomatik in der klinischen Medizin. Springer, Berlin, 1983

Creech, F., J. M. Pfeffer: Medicine and Psychiatry: A Practical Approach. Pitman, London 1982

Mendel, M., Ph. Solomon: The Psychiatric Consultation. Grune & Stratten, New York 1968

Merskey, H.: Schmerz und Schmerztherapie. In Kisker, K. P., H. Lauter, J.-E. Meyer,

C. Müller, E. Strömgren: Psychiatrie der Gegenwart, Bd. II. Springer, Berlin 1986

Machleidt, W., L. Gutjahr, A. Mügge: Grundgefühle. Springer, Berlin 1989

Strain, J. J., St. Grossmann: Psychological Care of the Medically Ill. A Primer in Liaison Psychiatry. Appleton-Century-Crofts, New York 1975

Wise, T. N., H. Freyberger: Consultation-Liaison Throughout the World. Karger, Basel 1983

34 Kriseninvention und psychiatrischer Notfall

Lernziele:
Kennenlernen der Technik der Krisenpsychotherapie; Wissen über Erstversorgung klassischer Notfälle: psychotische Erregungszustände, Manie, Depression, akutes psychoorganisches Syndrom, psychogeriatrische Verwirrtheitszustände, Delirium tremens, Intoxikations- und Entzugssyndrome bei Alkohol-, Rauschdrogen- und Medikamentenabhängigkeit.

Krisenpsychotherapie

Die unmittelbare Antwort auf ein Ereignis, das als persönliche Katastrophe erlebt wird, wie z. B. der Verlust geliebter Personen, enttäuschte Erwartungen, berufliche oder finanzielle Rückschläge, ist ein Gefühl innerer Betäubung („Schockphänomen", emotionelle „Anästhesie"). Diese Reaktion stellt einen allerersten, der Selbstrettung dienenden Versuch dar, das Ereignis durch Verneinung und Distanzierung zu bewältigen. Das Zusammenbrechen dieser Abwehrreaktion und weiterer gewohnheitsmäßiger Abwehrmechanismen kann den Patienten in überflutende panische Angst, tiefe Verzweiflung und Lebensmüdigkeit, unbändige Wut oder auch psychotische Phantasiewelten stürzen.

Was kann zur Bewältigung solcher Krisensituationen therapeutisch getan werden und wie sieht diese therapeutische Behandlung aus? Die geeignete Behandlungsmethode ist die Kriseninvention, Krisenpsychotherapie oder Notfallpsychotherapie. Ziel dieser Therapieform ist es, beim Patienten schnelle *emotionelle Erleichterung* zu erreichen und das Gleichgewicht, das vor der Krise bestand, wiederherzustellen. Ist der Patient bereit und in der Lage zu sprechen, so ist es wichtig, daß der Therapeut ihm aufmerksam folgt, einfühlendes Verständnis zeigt und unterstützende Beruhigung zu vermitteln versteht.

Dies sollte unabhängig davon geschehen, ob inhaltlich psychotische Erlebnisaktualitäten oder realitätsgerechte Mitteilungen vom Patienten gemacht werden. Ist der Patient stumm (mutistisch), so können aktive Ansprache und Interpretationen, ggf. auch konfrontative Interventionen, ein Gespräch in Gang bringen. Medikamentengabe (Haldol, Valium) kann bei dranghafter Unruhe, depressiver Erstarrung, Ausuferung psychotischer Phantasien nützlich sein, um die Kommunikationsfähigkeit herzustellen.

Vorrangiges Ziel des Gesprächs ist die *Klärung der Tragödie* und *deren Bedeutung* für den Patienten. Der Therapeut fragt sich „Warum dies?" und „Warum jetzt?" Ist es ihm gelungen, die mehr oder minder unbewußten Motive des Patienten zu erkennen, so muß er ihm diese verdeutlichen. Läßt er ihn seine eigenen Abwehrmanöver durchschauen, so bahnt er ihm damit den Weg, seine Gefühle und Einstellungen über das traumatische Ereignis *in Worte zu fassen*. Häufig stellt sich dabei eine kathartische („reinigende") Gefühlsreaktion und eine sichtliche Entlastung ein. Zuspruch und Vermittlung hoffnungsvollen Mitgefühls führen den therapeutischen Prozeß weiter. In diesem Stadium der Therapie ist dem Therapeuten bereits eine erste Einschätzung von Ich-Stärke und Flexibilität des Patienten möglich.

Wichtiger als weiter auf die konflikthaften Zusammenhänge zu schauen ist jetzt, die gesunden Persönlichkeitsanteile, wie z.B. Leistungsfähigkeit, Erfolge und positive Bewältigungskapazitäten, anzusprechen. Stehen Bezugspersonen aus Familie und Umgebung zur Verfügung, so sind sie in den Therapieplan mit einzubeziehen. Meist ist die Krise des einzelnen gleichbedeutend mit einem Kollaps des Familiensystems. Für alle Beteiligten eröffnet die Krise Möglichkeiten für Wachstum und Aufbruch zu reiferen Bewältigungsmethoden dort, wo die alten versagt haben. Für das *Durcharbeiten der Krise* ist es essentiell, am Problemfokus in der unmittelbaren Gegenwart, im Hier und Jetzt, zu bleiben und historisches Material, nur wenn es direkten Bezug zum Problem hat, einzubeziehen. Übertragungsgefühle sind sinnvollerweise nur anzusprechen, wenn sie den therapeutischen Prozeß blockieren oder aber gezielt weiterbringen. Unbewußte Bedürfnisse und Konflikte sind in der Krise besonders bewußtseinsnah. Dadurch bieten sich günstige Bedingungen, die eigenen Anteile am Zustandekommen des Traumas ins Bewußtsein zu heben. Mit einigem Geschick lassen sich Deutungen aus der gegenwärtigen Krisensituation auf zugrundeliegende Kernprobleme des Patienten beziehen und dadurch therapeutische Änderungen in Gang setzen, die den Unterschied ausmachen zwischen einer reinen Linderung des Traumas und dem Auffinden dauerhafter alternativer Problemlösungen. Jede Krise birgt die Chance für Entwicklung, denn jede Entwicklung vollzieht sich krisisch!

Wer nimmt Kriseninterventionsangebote wahr? Unter den Hilfesuchenden großer Kriseninterventionszentren in den USA wurden 1/3 als neurosekrank, 1/3 als persönlichkeitsgestört, 1/5 als psychotisch und die übrigen als flüchtig situativ gestört eingeordnet. Wie viele therapeutische Sitzungen sind erforderlich? Etwa die Hälfte aller Klienten brauchen ein bis zwei Sitzungen und nur ca. 2% mehr als 6. Eine Begrenzung der Sitzungsanzahl auf 2–4, maximal 6 ist – von Ausnahmen abgesehen – sinnvoll. Zeitlimit und erreichbare Therapieziele sind möglichst schon in der ersten Sitzung gemeinsam mit dem Patienten zu erarbeiten. Neben der Einzel- und Familienbehandlung haben sich Kriseninterventionsgruppen bewährt. Das Angebot des Therapeuten, seine Hilfe bei Bedarf wieder in Anspruch zu nehmen, sollte am Ende der Therapie stehen. Bei entsprechender Motivation des Patienten tut der Therapeut gut daran, ihm weiterführende Wege für eine Psychotherapie einzeln, in der Gruppe oder mit seiner Familie zu eröffnen. Die therapeutischen Erfolge sind ermutigend: Bei 2/3 aller mit Krisentherapie behandelten Patienten wurde eine dauerhafte Besserung erreicht.

Erstversorgung in psychiatrischen Notfallsituationen

Schizophrener und katatoner Erregungszustand, Manie

Initial 1–2 Ampullen (5–10 mg) Haldol i. v. oder i. m., ggf. einleitend 10–20 mg Valium i. v. (keine Mischspritze). Bei schwerster Erregung alle 30 Minuten 1–2 Ampullen Haldol i. v. oder i. m. Gleichzeitig 50–300 mg Neurocil i. m. *Cave:* Blutdrucksenkung. Haldol-Tagesdosis 30–60 mg (6–12 Ampullen), abends zur Sedierung zusätzlich Neurocil. Bei Basismedikation mit Lithiumsalzen therapeutischer Plasmaspiegel 0,4–1,2 mval/l, durchschnittlich 0,6–0,8 mval/l. *Cave:* Früheres Auftreten von Intoxikationserscheinungen bei Kombination mit Haldol.

Katatoner Stupor, akute febrile (perniziöse) Katatonie

Hochdosierte Gabe hochpotenter Neuroleptika: Infusion von 30–60 mg (6–12 Ampullen) Haldol in 500 ml isotonischer Elektrolytlösung (z. B. Sterofundin) morgens und abends bis zur Zurückbildung der katatonen Symptomatik. Einleitend Kombination mit 3 × 50 mg Neurocil i. m./die, Reduktion der Ausgangsdosis von Haldol um jeweils 1 Ampulle pro Tag bzw. je nach psychopathologischem Bild. Wasser und Elektrolythaushalt kontrollieren, Thromboseprophylaxe, Sondenernährung bzw. parenterale Ernährung. Sitzwache am Bett und wiederholte Ansprache. Bei *akuter lebensbedrohlicher Katatonie* (hohe Temperatur und/oder Tachykardie) und Therapieresistenz gegen Neuroleptika kann *Elektrokrampftherapie* lebensrettend sein: Blockbehandlung in relaxierter Kurznarkose (Trapanal, Succinyl; Prämedikation: 0,5 mg Atropin i. m.) zusammen mit einem Anästhesisten.

Agitierte depressive Psychose

Ambulant: Schwach potente Neuroleptika, z. B. 75–250 mg Melleril oder 200 mg retard p. o. oder Neurocil bis 150 mg i. m.

Klinisch: Saroten (Amitriptylin) als Infusion, in den ersten 24 Stunden nicht mehr als 150 mg gelöst in 250 ml 0,9%iger NaCl-Lösung, Einlaufzeit 90–120

Minuten; i.m. Injektionen von 25–50 mg (bis 150 mg am ersten Tag) oder orale Einnahme.

Cave: Hypotone Kreislaufregulationsstörung (Depot-Novadral). Kardiale Reizleitungsstörungen, Glaukom, Prostatahypertrophie: Harnverhalt.

Kontraindiziert: gleichzeitige Gabe von trizyklischen Antidepressiva und *MAO-Hemmern.*

Bei Therapieresistenz gegen Antidressiva und Chronifizierungstendenzen notfalls *Elektrokrampftherapie.*

Erregungszustand bei körperlich begründbaren Psychosen

Bei hirnorganisch veränderten *alten Menschen* vorsichtige Dosierung von Neuroleptika, z.B. 5–25 Tropfen oder eine halbe Ampulle (2,5 mg) Haldol i.v., ggf. Wiederholung nach mindestens einer halben Stunde. Alternativ dazu 5–20 g Paraldehyd per os oder 5–10 ml tief intraglutäal in Glasspritze; geeignet ist auch Distraneurin bei einer Dosierung von 2–3 Kapseln oder i.v. Gabe.

Kontraindiziert: Morphinderivate, Scopolamin, Barbiturate und andere Hypnotika. *Ungeeignet* sind Antidepressiva. Ergänzung des Nahrungs- und Flüssigkeitsbedarfs häufig notwendig, Herz- und Kreislauftherapie, Kontrolle des Wasser- und Elektrolythaushaltes, ggf. vorübergehende Infusionsbehandlung.

Bei *jüngeren Menschen* mit akutem organischen Psychosyndrom Therapie wie oben, evtl. in höheren Dosierungen, z.B. 1–3 Ampullen (5–15 mg) Haldol i.v. oder i.m.; 2–4 Kapseln Distraneurin per os oder Kurzinfusion bis Beruhigung erreicht ist; 1–3 Ampullen (10–30 mg) Valium i.v. oder i.m.

Reaktive Zustände intensiver Angst, Aggression, Depression oder Suizidalität

Krisenpsychotherapie von 30–50 Minuten Dauer, falls erforderlich Folgesitzungen. Ist Kommunikation und Zusammenarbeit nicht anders herzustellen, kurzzeitig und je nach Situation angemessen dosiert, Gabe eines Tranquilizers (Valium), eines sedierenden Antidepressivums (Saroten) bzw. eines Neuroleptikums (Haldol, Melleril).

Akute Syndrome bei Alkohol-, Rauschdrogen- und Medikamentengebrauch

Allgemeines. Ursache von Notfall- und Krisensituationen sind Entzugs- und Überdosierungserscheinungen, Suizidalität, psychotische Erscheinungen wie Rauschzustände, Delirien, paranoid-halluzinatorische Psychosen und zerebrale Krampfanfälle. Priorität hat die Klärung der Frage, *welche Abhängigkeit(en) bestehen und welche Substanz(en)* hauptsächlich zuvor eingenommen wurde(n). Grundsätzlich gilt für den *Ort der Therapie*: Bei leichter Symptomatik und geringerer Einnahmemenge kann im allgemeinen Behandlung auf einer psychiatrischen Station erfolgen. Bei Komplikationen, schweren Zustandsbildern und Intoxikationen ist Behandlung auf einer *Intensivstation* erforderlich, wo nach den Behandlungsprinzipien der klinischen Intoxikationstherapie verfahren wird. Schon außerhalb der Klinik sind bei *Intoxikationen*, wann immer möglich, folgende Fragen zu klären: *Warum* wurde(n) *welche Substanz(en) wann* in *welcher Dosierung wie* eingenommen? Wo immer möglich müssen Dritte befragt werden. Der *Notarzt* konzentriert sich auf die Vitalfunktionen wie Bewußtseinslage, Atmung und Kreislaufverhältnisse und führt bei oraler Einnahme sofortiges Erbrechen herbei. Die *klinische Therapie* richtet sich auf die symptomatische Behandlung der Vitalfunktionen, die Giftelimination und, sofern möglich, die Giftneutralisation durch Antidot bzw. die symptomatische Therapie der Giftwirkung.

Erregungszustände: „normaler" und abnormer Alkoholrausch. Um eine Nachresorption zu verhindern, ist in der Resorptionsphase nur beim *wachen* und *kooperativen* Patienten Magenentleerung, mechanisch oder mit 10 mg Apomorphin i. m. und ggf. 10 mg Novadral i. m., sinnvoll. *Cave:* Aspirationsgefahr. Antidote zu Apomorphin sind Lorfan und Narcanti.

Sedierung mit 5–10 ml Paraldehyd (in Glasspritze aufziehen!) i. m. (tief intraglutäal), in Ausnahmefällen bei stärkster Erregung bis 20 ml, und zwar je 10 ml links und rechts i. m. Fixierung des Patienten bis zum Wirkungseintritt innerhalb von ca. 10 Min. bei Anwesenheit von Arzt oder Pfleger. Alternativ dazu 1–2 Ampullen Haldol (5–10 mg) i. v. oder i. m., mehrmals wiederholbar im Abstand von mindestens 30 Minuten.

Kontraindiziert: Barbiturate, Morphine, Valium.

Entzugserscheinungen (Prädelir) bei Alkohol- und/oder Medikamentenabhängigkeit. Enge Betreuung ohne Medikamentengabe und „Talk down". Bei anhaltendem Puls- und Blutdruckanstieg (Anhaltswerte: systolischer Blutdruck länger als 1 Std. höher als 180 mmHg (Riva-Rocci-Apparat), und Pulsfrequenz über 120 Schläge/min) Gabe von Distraneurin-Saft oder -Kapseln. Regeldosis: 2–4 Kapseln in 2–4 Std., entsprechend 10–20 ml Saft. *Therapeutisches Ziel:* Stabilisierung bzw. Normalisierung der Kreislaufwerte. *Cave:* kardiopulmonale Nebenwirkungen von Distraneurin.

Delir. Sofortige stationäre Einweisung. Bei Erstmanifestation oder *nicht infusionspflichtigem Delir in der Anamnese* gestuftes Vorgehen wie folgt: Orale Distraneuringabe, initial 2–3 Kapseln, dann in der Regel 2stündig 2 Kapseln, je nach psychopathologischem Bild und somatologischem Befund max. 24 Kapseln in 24 Std. „Talk down" nutzen! Tritt die gewünschte Wirkung nicht ein, kann der Versuch ein- bis zweimaliger kurzzeitiger Distraneurininfusionen von 20–40 ml (höchstens 120 ml in 30 Minuten) 0,8%iger Distraneurin-Lösung unter Kontrolle von Blutdruck und Atemfrequenz in Anwesenheit eines Arztes gemacht werden. *Cave:* Atemdepression

(Beatmungsbeutel bereithalten) und vermehrte Bronchialsekretion. *Therapieziel:* Schlafanstoß und Fortsetzung oraler Medikation. Sukzessive Reduktion in den folgenden Tagen entsprechend dem Zustandsbild.

Tritt nach Kurzinfusionen die erwünschte Wirkung nicht ein oder liegt in der Anamnese ein *infusionspflichtiges Delir* vor: Infusionsbehandlung mit Distraneurin auf Intensivstation.

Komplikationen: Bei *ausgeprägten Halluzinationen* kombinierte Haldol-Distraneurin-Behandlung: Haldol 3 × 50 bis 3 × 100 Tropfen oder mehrmals tägl. eine Ampulle (5 mg) i. v.

Bei *Epilepsieanamnese* antikonvulsive Einstellung auf Phenhydan, abgestuft erst 3 × 3, dann 3 × 2, dann 3 × 1 Tablette/die (Erhaltungsdosis) unter Serumspiegelkontrolle.

Bei *erstmals auftretendem Krampfanfall* im Entzug sofortiger Beginn bzw. Erhöhung der Distraneurin-Medikation. Bei *Krampfserie* 1–2 Ampullen Valium oder Rivotril langsam i. v.; ggf. 50 ml Phenhydan-Infusionskonzentrat (entspricht 750 mg Phenytoin) in 500 ml 0,9%iger Kochsalzlösung infundieren. Therapie des Status epilepticus s. u.

Halluzinose: Sofortige Gabe von 3 × 30–100 Tropfen/die Haldol.

Akute Alkohol- und/oder Medikamentenintoxikation. Sicherstellen, daß Äthylalkohol bzw. ein bestimmtes oder auch mehrere Medikamente die hauptsächlichen Toxine darstellen. Asservate von Erbrochenem und Urin für Analysen sicherstellen. Blutspiegelbestimmungen von Alkohol und Medikamenten. Giftelimination und Basistherapie auf Intensivstation nach den Grundsätzen der klinischen Toxikologie.

Psychostimulantien (Weckamine) und Kokain. *Intoxikation:* Reizabschirmung, Kontrolle von Temperatur, Blutdruck und Atmung. *Cave:* Hyperthermie und schneller Blutdruckanstieg. *Therapie:* 10–20 mg Valium initial langsam i. v., dann i. m., ggf. mehrmals.

Bei *Kokainschock* Schockbehandlung wie bei anaphylaktischer Reaktion. Bei psychotischem Syndrom (Dermatozoenwahn, Delir, Kokainwahnsinn, u. U. mit starken Suizidimpulsen einhergehend) supportive Psychotherapie. *Persistiert* die *psychotische Symptomatik*, Therapie mit hochpotenten Neuroleptika, z. B. 3 × 10 bis 3 × 30 Tropfen Haldol/die. *Entzug:* sofort; depressive Symptomatik und Suizidalität beachten; psychotherapeutische Begleitung.

Opiate (Morphin, Heroin u. a.). *Intoxikation:* Morphinantagonist Narcanti 0,4–2 mg (1 Ampulle ≙ 1 ml ≙ 0,4 mg) oder Lorfan 0,5–1 mg (1 Ampulle ≙ 1 ml ≙ 1 mg) langsam i. v., mehrmalige Wiederholung möglich. Atembeutel bereithalten. Bleibt Verbesserung von Atmung und Reflexverhalten nach wiederholter Injektion aus, so ist anzunehmen, daß die Atemstörung nicht opiatbedingt ist. Bei stärkerer Atemdepression wegen der Gefahr einer respiratorischen Azidose forcierte Diurese durch Lasix; Kortikoide zur Hirnödemprophylaxe. Bei Krampfanfällen Phenhydan. *Cave:* Potenzierung der Opiatwirkung durch Alkohol und Barbiturate.

Kontraindiziert: Neuroleptika und Analeptika.
Entzug: sofort, möglichst ohne Medikamentengabe. Notfalls niedrige Neuroleptikadosen, z. B. Haldol.

Halluzinogene und Cannabis (LSD, Meskalin, DOM, Haschisch u. a.). *Intoxikation:* Absolute Reizabschirmung, Kontrolle von Atmung und Kreislauf, „Talk down". Bei schwerster Erregung, Tobsuchtsanfällen mit der Gefahr raptusartiger Suizidversuche und hohen Blutdruckwerten 2- bis 6mal 10–20 mg Valium i. m., anfangs 1- bis 2mal i. v. oder Dauertropfinfusion mit 40–60 mg/Infusion. Ggf. Schockprophylaxe.
Kontraindiziert: Antidepressiva, Neuroleptika, Antiparkinsonmittel, Barbiturate und barbituratfreie Schlafmittel, Analeptika und speziell analeptisch wirkende Kreislaufmittel.
„Horror-Trip": „Talk-down", Gabe von Valium s. o.
Cave: Massive Suizidimpulse in der Abklingphase.
Persistierende Psychose: Neuoleptikabehandlung einleiten, wenn nach 3 Tagen psychotische Symptomatik nicht abgeklungen ist.
„Flash back": Psychotherapeutische Bearbeitung der Auslösesituation.
Entzug: Sofort unter absoluter Ruhe und Zuwendung durch beruhigendes Gespräch. Bei Erregungszuständen im Ausnahmefall 10–20 mg Valium i. m. oder i. v.

Status epilepticus

Zeitablauf in Min.	Therapeutisch-diagnostische Maßnahmen (gekürzt nach SCHMIDT 1984)
0	Klinische Diagnose absichern; Kontrolle von Blutdruck, Puls, Atmung, Bewußtseinslage; EKG; intravenösen Zugang legen; Laborroutineparameter und Plasmaspiegel der Antikonvulsiva bestimmen. Bei Zyanose arterielle Blutgase bestimmen.
5	Infusion mit physiologischer Kochsalzlösung und Bolusinjektion von 50 ml 50%iger Glukose.
10	Diazepam (Valium) i. v., Injektionsgeschwindigkeit maximal 2 mg/min, nicht mehr als 20 mg; danach, falls Anfälle nicht sistieren, 250 mg Phenytoin (Phenhydan) i. v., Injektionsgeschwindigkeit maximal 25 mg/min; danach Phenhydan-Infusionskonzentrat (50 ml, entspr. 750 mg Phenytoin), Infusionsgeschwindigkeit 2–3 mg/min, (nicht mehr als 50 mg/min) bis zur Gesamtdosis von 17 mg/kg Körpergewicht. *Cave:* Bei Blutdruckabfall und Arrhythmien Infusionsgeschwindigkeit verlangsamen.
30–40	Falls Anfälle nicht sistieren, erneut 20 mg Diazepam als Infusion in 250 ml 0,9%iger NaCl- oder 5%iger Glukose-Lösung. Stattdessen Clonazepam (Rivotril) mit nicht mehr als 0,2 mg/min bis zu einer

Gesamtdosis von 2 mg bei Erwachsenen *oder* Phenobarbital (Luminal) mit nicht mehr als 100 mg/min i. v. bis zur Gesamtdosis von 20 mg/kg Körpergewicht möglich. Beide Medikamente *nicht* kombiniert oder nacheinander geben! Möglichkeit für Intubation und künstliche Beatmung erforderlich.

50–60 Falls die Anfälle nicht aufhören, Allgemeinnarkose mit Thiobarbituraten durch Anästhesisten. Falls Anästhesist nicht verfügbar, Paraldehyd 4% in physiologischer Kochsalzlösung, so schnell geben bis die Anfälle aufhören. Alternativ dazu 50–100 mg Lidocain i. v.; bei Erfolg 50–100 mg Lidocain in 250 ml 5%iger Glukose- oder Dextroselösung infundieren, Infusionsgeschwindigkeit max. 1–2 mg/min. Alternativ Clomethiazolinfusion (Distraneurin) bei max. 8 mg/min. *Cave:* Atem- und Blutdruckdepression; intensivmedizinische Überwachung notwendig.

80 Falls kein Medikament hilft, Allgemeinnarkose. Erfahrenen Epileptologen konsultieren.

Zusätzliche Maßnahmen:

1. Hirnödemtherapie mit Furosemidinjektionen i. v. oder i. m.; Infusion von 150 ml 20%iger Mannitlösung im Verlauf einer Stunde;

2. Azidose- und Exsikkosetherapie;

3. Temperatursenkung, physikalisch durch Wadenwickel oder u. U. durch Antipyretika;

4. bei Aspiration Infektionstherapie;

5. Sitzwache am Bett, Blutdruck, Puls, Atmung kontrollieren, Wasser und Elektrolythaushalt bilanzieren;

6. Digitalisierung.

Unverträglichkeiten und Intoxikationserscheinungen durch die medikamentöse Behandlung

Unverträglichkeiten und Überdosierungserscheinungen bei der Therapie mit Antidepressiva

Psychiatrische Komplikationen: Bewußtseinsstörung, Delir, paranoid-halluzinatorische Psychose als Ergebnis einer „Symptomprovokation", Auslösung einer Manie, Unruhe und Erregungszustände.

Organische Komplikationen: Akute Harnsperre, schwere Kollapszustände, absolute Arrhythmie, Ileus, zerebrale Anfälle, myoklonische Zuckungen, Agranulozytosen (äußerst selten), Leberfunktionsstörung mit Ikterus, allergische Dermatosen und Photosensibilisierung.

Therapie: Reduktion bzw. Absetzen des Antidepressivums; bei Kollapszuständen Plasmaexpander; bei Herzrhythmusstörungen 1–2 mg Physostigminsalicylat (Anticholium) i. v.; Delirbehandlung mit Distraneurin.

Kontraindiziert: Adrenergika.

I *Merke:* MAO-Hemmer nur in Ausnahmefällen und gezielt bei Patienten mit Therapieresistenz gegen andere Antidepressiva verwenden! *Unverträglichkeiten* beachten!

Kontraindikationen für Antidepressiva

Absolute: Intoxikationen mit psychotropen Substanzen; delirante Syndrome; Verwirrtheitszustände; akute Harnverhaltung.

Relative: Prostatahypertrophie mit Harnentleerungsstörungen; Glaukom; schwere Leber- und Nierenschädigung; kardiale Reizleitungsstörung und ausgeprägte Herzinsuffizienz; Zustand nach Herzinfarkt; postoperativ; Ileusgefahr nach Eingriffen am Darm; gleichzeitige Gabe von Guanethidin.

Intoxikationserscheinungen bei der Therapie mit Lithiumsalzen

Warnsymptome (SCHOU 1986): starke Übelkeit und Erbrechen, Durchfälle, grobschlägiger Tremor, abnorme Schläfrigkeit, Apathie, starker Schwindel, Artikulationsstörungen, Polydipsie, -urie.

Intoxikationszeichen: Bewußtseinstrübung, Koma, Rigor mit Steigerung der Eigenreflexe, Muskelfaszikulationen, Blutdruckabfall, starker Tremor, Streckkrämpfe der Extremitäten, zerebrale Krampfanfälle, Ataxie, Schnappatmung.

Therapie: Giftelimination und Basistherapie auf Intensivstation; forcierte Diurese mit Mannit/Sorbit bzw. Hämodialyse.

Unverträglichkeiten und Überdosierungserscheinungen bei der Therapie mit Neuroleptika

Extrapyramidal-motorische Syndrome:
Frühdyskinesien: (Zungenschlundkrämpfe, Blickkrämpfe, Verkrampfung der Gesichts-, Nacken-, Rumpf- und Extremitätenmuskulatur, Opisthotonus, choreatiforme Bewegungsstörungen): *Therapie:* 1 Ampulle (5 mg) Akineton i. v. oder i. m., mehrmals wiederholbar.

Akathisie (Bewegungsunruhe): *Therapie:* Reduzierung bzw. Absetzen des Neuroleptikums, da Antiparkinsonmittel unwirksam sind.

Spätdyskinesien (Hyperkinesien nach langem Neuroleptikagebrauch): *Therapie:* Absetzen des Neuroleptikums, ggf. unter besonderen Kontrollen des Blutbildes Leponex-Gabe; kein Akineton.

Komplikationen bei Neuroleptikagabe: Kollapszustände, Tachykardie, kardiotoxische Wirkungen, Schleimhautschwellung, Thrombosen, Galaktorrhö, Regelanomalien, Ödeme, insbesondere der Unterschenkel, Krampfanfälle, Photosensibilität, Übelkeit und Erbrechen, Leukopenien und Agranulozytosen, irreversible Pigmentablagerungen in Haut, Augen, inneren Organen.

Therapie: Reduktion bzw. Absetzen des Neuroleptikums. Bei Kollapszuständen Plasmaexpander, keine Adrenergika. Bei Herzrhythmusstörungen und anticholinergen Symptomen 1–2 mg Physostigminsalicylat i. v., ggf. wiederholen. Bei Krampfanfällen Valium.

Malignes neuroleptisches Syndrom: Symptomatik: hochansteigende Körpertemperatur, Akinese, Muskelhypertonus; Tachykardie und Arrhythmie; Stupor; auch vegetative Symptome und einzelne neurologische Ausfälle; hohe Letalität durch Herz-

Kreislauf-Versagen. DD.: Maligne Hyperthermie, akute febrile (perniziöse) Katatonie. *Derzeitige Therapieempfehlungen:* Neuroleptika absetzen; Dantrolen-Natrium-Infusionslösung streng i. v. (Dantrolen i. v. Röhm Pharma) und/oder Bromocriptin.

Literatur

Benkert, O., H. Hippius: Psychiatrische Pharmakotherapie. Springer, Berlin 1980

Berzewski, H.: Der psychiatrische Notfall. Notfallmedizin, Bd. 7. Perimed, Erlangen 1983

Feuerlein, W.: Alkoholismus – Mißbrauch und Abhängigkeit, 4. Aufl. Thieme, Stuttgart 1989

Finzen, A.: Medikamentenbehandlung bei psychischen Störungen. Psychiatrie-Verlag, Rehburg 1981

Haase, H.-J.: Therapie mit Psychopharmaka, 5. Aufl. Schattauer, Stuttgart 1982

Hyman, S. E.: Manual der psychiatrischen Notfälle. Enke, Stuttgart 1988

Schmidt, D.: Behandlung der Epilepsien, 2. Aufl. Thieme, Stuttgart 1984

Schou, M.: Lithium-Behandlung der manisch-depressiven Krankheit, 2. Aufl. Thieme, Stuttgart 1986

Wolberg, L. R.: Kurzzeit-Psychotherapie. Thieme, Stuttgart 1983

X. Hirnabhängige psychische Störungen

35 Die geistige Behinderung (Oligophrenie)

Lernziele
Erkennen und Einschätzen einer geistigen Behinderung unter Berücksichtigung sozialer Erwartungen und psychosozialer Konsequenzen. Fähigkeit zur Beratung der Angehörigen bei heilpädagogischen und rehabilitativen Maßnahmen für ihre behinderten Kinder, Heranwachsenden und Geschwister.

Klassifikation:
ICD-9: 317–319

Definition und Klassifikation

Nennt man oligophren jenen Menschen, der nicht genügend Fähigkeiten erwirbt, um sich selbst und seine Angelegenheiten zu besorgen, so sollte deutlich sein, daß für eine solche Feststellung eine Normsetzung durch die Gesellschaft das wesentlichste Maß abgibt. Oligophren sind dann jene Menschen, die die gesellschaftlichen Normen nicht erfüllen können, was gleichbedeutend ist, daß ihnen ein Defizit zugewiesen wird, das man ihnen dann aber auch wieder zugute hält, indem man die Forderung an sie einschränkt. In der BRD ist jedes 150. Kind geistig behindert. Zumeist ist es die „soziale Wahrnehmung", das Auffallen in den gesellschaftlichen Beziehungen, die zu einer Aussonderung solcher Menschen führt, da sie den allgemeinen Erwartungen nicht entsprechen. Doch bietet dann die Gesellschaft Institutionen an, die die Behinderung zu objektivieren haben und zugleich Hilfen empfehlen (Tab. 1):

Bei einer psychometrischen Feststellung der Verstandesleistung gilt als Faustregel: Unterschreitet der IQ (Intelligenzquotient) den Durchschnittswert der Bevölkerung um mehr als das Doppelte der Standardabweichung des Meßinstruments (Test), liegt Subnormalität vor. Bei einem Durchschnittswert von 100 und einer Standardabweichung von 15 (dieses entspricht den Werten beim Hamburg-Wechsler-Intelligenztest für Erwachsene) gelten also die Personen einer Bevölkerung mit einem IQ unter 70 als „geistig subnormal". Diejenigen mit einer dreifachen Minusabweichung werden als „geistig deutlich bis hochgradig subnormal" aufgefaßt. Solche Grenzen sind relativ zu sehen, insbesondere schon durch den unterschiedlichen Aussagewert des einzelnen Intelligenztests. Die Intelligenzmessung bedarf stets der Erweiterung durch eine mehrdimensionale Psychometrie (Entwicklungsdiagnostik) sowie durch direkte Beobachtungsverfahren. Doch führt auch ein so komplettiertes Instrumentarium keinesfalls zu einem gesicherten diagnostischen Fundament.

Tabelle **1**   Verbund der Hilfen der Gesellschaft

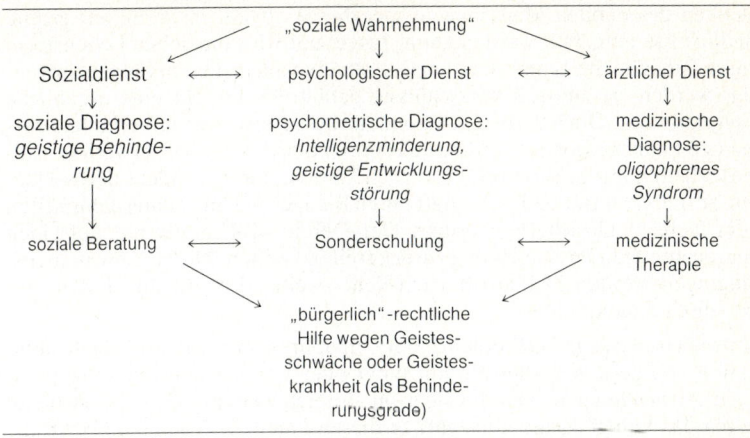

In der Diagnostik haben die in der Tabelle 2 aufgeführten Unterscheidungen der oligophrenen Syndrome zwar Gültigkeit, doch sollten diese nicht zu schematisch genommen werden:

Tabelle **2**   Klassifikation des oligophrenen Syndroms

Leichte Debilität	IQ 80–70	Noch ausreichend bildungsfähig	Mild mental retardation or deficiency	ICD-9: 317
Debilität	IQ 70–55	Begrenzt bildungsfähig (Sonderschule)	Moderate mental retardation or deficiency	ICD-9: 317.1
Imbezillität	IQ < 55	Lebenspraktisch bildungsfähig (individuelles Trainingsprogramm notwendig)	Severe mental retardation or deficiency	ICD-9: 318.0
Idiotie	IQ < 20	Kaum bildungsfähig (weitgehend pflegebedürftig)	Profound mental retardation or deficiency	ICD-9: 318.2

Formen der Oligophrenie

Debilität

Debile Kinder erweisen sich in der Sonderschule durchaus als bildungsfähig, wenngleich sie nicht das Sozialprestige des Kindes mit normaler Schulbildung erreichen. Immer bleibt das konkret Erfahrene bestimmend für das Denken des debilen Menschen, wobei dieses oft nur in bezug auf eigene Bedürfnisse aufgefaßt werden kann. Insgesamt wird die debile Lebensform durch Passivität bestimmt; werden Entscheidungen in diesem Leben notwendig, werden sie zumeist kurzschlüssig gefällt. Es besteht eine erhebliche Suggestibilität. Doch vermag die Sonderschule Einsichten in Verhaltensnormen zu bahnen, wobei allerdings das durch die Gesellschaft erwartete Rollenverhalten nur gekürzt erfüllt werden kann und insbesondere der Rollenpluralismus in unserer Gesellschaft durch Mangel an Umstellungsfähigkeiten dem Debilen Unsicherheit bringt. Der Debile wird immer nur auf einen begrenzten Standard an Rollen zurückgreifen können. Durch Gewohnheitsbildungen werden Debile oft nach dem zweiten Lebensjahrzehnt in der Gesellschaft unauffällig.

Hinzuweisen ist auf das Problem einer Oligophrenia vera als erbliche Kombination von geistigen Mängeln mit mehr oder weniger deutlichen körperlichen Abweichungen. Der IQ liegt im Bereich zwischen 50–70 und bleibt durch das Leben relativ konstant. In diesen Familien liegen die Grenzfälle bei einem IQ zwischen 80 und 45.

Als Sonderform gilt der Verhältnisblödsinn: Hier handelt es sich um debile Menschen mit einer gewissen Regsamkeit und Gewandtheit, die mit einem guten mechanischen Gedächtnis und einem unkritischen Selbstbewußtsein sich in geistige Bereiche hineinwagen, denen sie nicht gewachsen sind.

Imbezillität und Idiotie

Von den imbezillen und idiotischen Kindern – den geistig Behinderten im engeren Sinne – ist ein Erlernen von Lesen, Schreiben und Rechnen, den sogenannten Kulturtechniken, selbst in bescheidenem Umfang nicht zu erwarten. Allerdings sind diese Kinder lebenspraktisch bildungsfähig. Es muß vor allem geklärt werden, inwieweit diesen Kindern ein sprachlicher Kontakt möglich ist und inwieweit damit eine soziale Integration versucht werden kann. Bereits vom dritten Lebensjahr an sollte eine Heilerziehung, eventuell mit Sprachlehrer zur Sprachanbahnung, einsetzen; ab dem vierten Lebensjahr sollte dann die Bildung im Sonderkindergarten fortgesetzt werden. Es geht darum, das geistig behinderte Kind auf praktische Fähigkeiten einzustellen, d. h., die alltäglichen Dinge müssen für das Kind vertraut und die Handlungsabläufe eingeübt werden. In einer Schule für „lebenspraktisch bildbare Kinder" wird spielhaft die Einpassung in die Lebenswelt trainiert, wozu auch das Erlernen von Arbeitstechniken gehört, die in einer „beschützenden Werkstatt" genutzt werden können. Die Erziehungsweise dieser Kinder sollte überwiegend gruppenbestimmt sein und auf die Schulung vorhandener motorischer Möglichkeiten abzielen. Merkfähigkeit und Gedächtnis funktionieren eher mechanisch. Es bleibt bei einfachen Kenntnissen mit einem geringen Begriffs- und Vorstellungsquantum. Bei ausgeprägter Idiotie besteht kaum eine Bildungsfähigkeit.

Der geistig Schwerbehinderte zeigt häufig massive Autoaggressionen sowie Angriffshandlungen gegen die Umgebung. Da er niemals die Möglichkeit gewinnt, Aggressionen in sozialer Form abzureagieren, kommt es zu selbstbeschädigendem Handeln wie Schlagen des Kopfes gegen die Wand oder gegen harte Gegenstände bis zur Selbsttötung. Bewegungssturm, Zerreißen von Bettwäsche, Kleidung, Spielzeug und Angriffe gegen Mitpfleglinge und Pflegepersonal müssen bedacht werden. Dieses erethische Moment kann sich in leichterer Form durch ständiges ungezieltes Herumlaufen, Abwehr von pflegerischen Maßnahmen, Ausschlagen von Kontakt darstellen. Bei der Beschreibung der Persönlichkeit Schwachsinniger kann man sich allerdings nicht damit begnügen, diese ihren emotionalen Problemen nach unter die Bezeichnung „erethisch" (erregbar) oder „torpide" (träge) zu subsummieren. Es ist notwendig, zur besseren Beratung eine differenzierte Charakteristik der Persönlichkeit zu versuchen.

Differentialdiagnostische Anmerkungen

Ein IQ von < 50 verweist fast immer auf ein oligophrenes Syndrom als Folge einer hirnwirksamen organischen Schädigung. Als Ursache für diese Form schweren Schwachsinns gelten:
1. erworbene Schädigung der elterlichen Keimzellen;
2. Inkompatibilität der elterlichen Rhesusfaktoren;
3. pränatale Infektionen;
4. Hirn- und Schädelmißbildungen;
5. Geburtsverletzungen;
6. postnatale Schädigungen (Enzephalitiden, Ernährungsstörungen).

In den industrialisierten Gesellschaften gehören die Eltern von leicht Subnormalen vorwiegend den unteren sozialen Schichten an. Die leichte Subnormalität ohne körperlichen Befund beschränkt sich auf diese unteren sozialen Schichten. Somit spiegelt sich im IQ nicht nur die subkulturelle Verschiedenheit der sozialen Schichten (Wertordnung und Erziehungsweise) wider, sondern auch die soziale (insbesondere pädagogische und medizinische) sowie materielle Eingeengtheit der unteren Bevölkerungsschichten.

Es ist bekannt, daß bei leicht subnormalen (begrenzt schulbaren) Personen noch Jahre, nachdem ihre geistige Entwicklung als abgeschlossen angenommen wurde, sich ihr IQ verbesserte. Hierin zeigt sich, daß die Schulanforderung nicht identisch mit der späteren sozialen Anforderung ist: Personen, die im Schulmuster deutlich als „geistig subnormal" beurteilt wurden, konnten später doch noch zu einer ausreichenden selbständigen Lebensbewältigung kommen.

Abzugrenzen ist der schwachsinnige Mensch von den Spielarten der Verstandestätigkeit an den Grenzen des Normbereichs: den Infantilen, Einfältigen und Beschränkten.

Beratung

Mit der Diagnose Oligophrenie (Schwachsinn) ist der Arzt vor die unabwendbare Aufgabe gestellt, für einen geistig behinderten Menschen einen Lebensplan zu entwerfen.

Der Arzt sollte dazu wissen, daß auch er leicht den Vorurteilen der Gesellschaft über diese Menschen erliegen kann. Immer muß er bei der Beratung die Summe von Leiden und Konflikten der gesamten Familie dieses Menschen mit bedenken und jedes einzelne Mitglied dieser Gruppe speziell beraten. Vater und Mutter des behinderten Kindes müssen angeregt werden, gemeinsam helfende Maßnahmen zu entwickeln. Es sollte niemals aus dem Blick geraten, daß das oligophrene Syndrom keinesfalls als statisch aufgefaßt werden darf, sondern der so gestörte Mensch auch einen individuellen Lebenslauf hat. Der Arzt muß sich verpflichtet fühlen, es nicht nur bei einer einmaligen Untersuchung des schwachsinnigen Menschen zu belassen, sondern immer wieder den Entwicklungsstand zu überprüfen, um eine optimale Beratung zu leisten.

Nicht außer acht gelassen werden darf das Problem der psychosexuellen Entwicklung, die sich für den geistig Behinderten durch die Schwierigkeit, soziale Forderung und sexuelle Appetenz in eine durchschaubare Beziehung zu bringen, kennzeichnet. Es fehlt diesen Menschen bereits die Erfahrungsbildung zur Sexualität in einer Gruppe von Gleichaltrigen, woraufhin sie nur langsam ihre sexuelle Identität gewinnen und die dazugehörigen Aktivitäten auffassen. Im Verhalten unbeholfen, gelingt eine Beziehung zum Mitmenschen als Geschlechtspartner nur schwer, und es kommt zu längeren Phasen von Masturbation und Primitivreaktionen. Sexuelle Vorgänge müssen für den geistig Behinderten durch den ärztlichen Berater in faßbarer Weise aufbereitet werden, wobei es gilt, jede Beunruhigung zu vermeiden. Mitunter wird eine medikamentöse Triebdämpfung notwendig werden.

Zu bedenken ist, daß die Eltern ständig gefordert sind, da ihre Anwesenheit bei dem Kind einfach immer notwendig ist, heißt es doch, diesem den ganzen Tag Anregungen zu geben, um eine optimale Selbstentfaltung zu erreichen. Spannungen entstehen für die Eltern dadurch, daß ihnen das Kind keine Zeit für sich läßt, da dieses oft schon empfindlich auf die Andeutung einer Vernachlässigung reagiert. Der Arzt sollte deshalb stets auch Entlastungsmöglichkeiten für die Eltern suchen. Dabei wird zu berücksichtigen sein, daß eine Mitverantwortung der Geschwister nur begrenzt gefordert werden kann, da es kaum angängig ist, daß das behinderte Geschwister den Lebensweg der anderen Geschwister deformiert. Optimal ist, das behinderte Kind daran zu gewöhnen, daß es Teil einer Familie ist und sich gleich den anderen Mitgliedern in die Familiengemeinschaft einzupassen hat. Es sind aber auch Hilfen von außen an die Familie heranzuführen, die durch ein geistig behindertes Kind zu einer Isolation gezwungen ist. Immer gilt es, bereits den simplen Alltag für das Kind zu regeln, wobei die offenen Einrichtungen der Bundesvereinigung Lebenshilfe für geistig Behinderte e. V. genutzt werden sollten.

Das Äußere des „Schwachsinnigen" und sein Verhalten machen die Mitwelt betroffen, und doch ist jeder aufgerufen, dem geistig Behinderten eine positive Orientierungshilfe zu sein. Die Intelligenzminderung ist immer nur der augenfälligste Teil einer allgemeinen Entwicklungsänderung, wobei sich die Stadien menschlicher Entwicklung so dehnen, daß oft ein Ablauf nicht vorhanden zu sein scheint. Ungeachtet dessen, was ein geistig Behinderter sich letztlich an Kenntnissen und Fähigkeiten anzueignen vermag, erhält er nur durch das Mühen aller ein menschenwürdiges Leben.

Anschriften der Elternvereine der deutschsprachigen Länder:

Bundesrepublik Deutschland:

Bundesvereinigung Lebenshilfe für geistig Behinderte e. V., Raiffeisenstraße 18, 3550 Marburg/Lahn

Österreich:

Dachverband Lebenshilfe Österreich, Ebendorferstraße 10/1, A 1010 Wien

Schweiz:

SVEGB – Schweizerische Vereinigung der Elternvereine für geistig Behinderte, Postfach, CH-2501 Biel

Literatur

Handbücherei der Bundesvereinigung „Lebenshilfe für geistig Behinderte e. V.", Marburg a. d. Lahn

Harbauer, H.: Geistig Behinderte, 2. Aufl. Thieme, Stuttgart 1976

Specht, F.: Soziotherapie der Oligophrenen. In K. P. Kisker, J. E. Meyer, M. Müller,

E. Strömgren: Psychiatrie der Gegenwart, 2. Aufl., Bd. II/2. Springer, Berlin 1972

Speck, O.: Der geistig behinderte Mensch und seine Erziehung, 3. Aufl. Reinhardt, München 1975

Spreen, O.: Geistige Behinderung. Springer, Berlin 1972

36 Genetisch bedingte Schwachsinnsformen

Lernziele
Kenntnis von Schwachsinnsformen als Begleiterscheinungen genetisch bedingter Stoffwechselanomalien (Phenylketonurie u. a.) und Chromosomenaberrationen (Trisomie 21 und gonosomale Anomalien), der Präventionsmöglichkeiten durch genetische Beratung und der therapeutischen Chancen bei Früherkennung der Stoffwechselstörung.

Stoffwechselkrankheit und Schwachsinn

Bei dieser Schwachsinnsform besteht eine Kausalbeziehung zwischen Genschaden, Enzymdefekt und oligophrenem Syndrom. Gerade an diesen Erkrankungsformen hat sich gezeigt, wie eine differenzierte biochemische Forschung zu neuen Einsichten in ein amorphes Erscheinungsbild und damit zu besseren therapeutischen Möglichkeiten geführt hat.

Metabolisch-genetische Schwachsinnsformen

Bisher sind über 40 metabolisch-genetische Schwachsinnsformen bekannt, die die verschiedensten Stoffwechselkomplexe betreffen: Aminosäuren, Kohlehydrate, Fette, Elektrolyte, Schwermetalle, Vitamine, Hormone und Bilirubin. Der Erbgang dieser Krankheit ist offenbar rezessiv autosomal (die Anlageträger sind klinisch gesund, weil von dem doppelt vorhandenen Gen das eine gesunde genügt, um einen normalen Stoffwechsel aufrechtzuerhalten). Zwei heterozygote Eltern sind Vorbedingung für die Manifestation der Krankheit in der Kinderreihe, die dann statistisch zu einem Viertel gesund, zur Hälfte heterozygot, zu einem Viertel krank erwartet werden kann. Die verlaufspathologischen Gesetze sind bei den einzelnen Leiden jeweils krankheitstypisch und die durchschnittlichen Manifestationsalter recht unterschiedlich. Die schädlichen Metaboliten haben nicht immer sofort eine Angriffsfläche, oder die fehlende Substanz kann zu gewissen Lebenszeiten noch entbehrt werden.

Phenylketonurie

Eine der wesentlichsten Enzymopathien ist die *Phenylketonurie* als hepatischer Phenylalanin-Hydroxylasemangel (ICD-9: 270.1), bei der der Phenylalaninstoffwechsel gestört ist. Während normalerweise entweder die Umwandlung dieser Aminosäure zu Tyrosin oder der Abbau zur Azetessigsäure erfolgt, sind bei der Phenylketonurie diese beiden Stoffwechselwege blockiert. Es kommt zu einem Phenylalanin-Anstieg im Blut sowie Gewebe und einer Ausscheidung von Phenylbrenztraubensäure im Urin.

Für die **Laboratoriumsdiagnose** stehen deshalb zwei Methoden zur Verfügung:

1. die Bestimmung des Phenylalanins im Blut;
2. der *Nachweis von Phenylbrenztraubensäure im Urin*.

Von etwa 10000 Neugeborenen leidet ein Kind an Phenylketonurie. Die Häufigkeit der Erkrankung nimmt in Europa von West nach Ost zu, wobei der Anstieg – anscheinend durch das Wandern nach dem 2. Weltkrieg von Ost nach West bedingt – innerhalb Norddeutschlands besonders ausgeprägt festgestellt wurde. Bei 0,5 bis 1,5 Prozent aller Schwachsinnigen entsteht die Behinderung aufgrund einer Phenylketonurie. Jeder 50. Mensch ist Anlageträger für diese Enzymopathie. Eine pränatale Diagnose ist bei Phenylketonurie noch nicht möglich.

Bei dem stoffwechselbedingten Schwachsinn bringen die Kinder lediglich den Enzymdefekt mit, sind aber bei der Geburt ohne Krankheitserscheinungen, d. h. wirken klinisch gesund. Erst nach bestimmten Zeiträumen, und zwar unter wesentlicher Mitwirkung der Nahrung, deren normale Umsetzung unterbrochen oder abgeändert ist, entwickelt sich die mit Intelligenzreduktion einhergehende Störung. Bei der Phenylketonurie kommt es *erst im zweiten Lebenshalbjahr* zu einer *Veränderung der geistigen Entwicklung*, wobei dieser Prozeß progressiv bis zur Pubertät verläuft und um jene Zeit den Zustand seiner größten Ausprägung erreicht.

Die **Therapie** der Phenylketonurie muß deshalb im *ersten Lebenshalbjahr* beginnen und besteht in einer konsequenten *phenylalaninarmen* Diät, die unbedingt während der ersten zehn Lebensjahre beizubehalten ist. Aber auch eine nach dem ersten Lebenshalbjahr einsetzende Diättherapie kann in gewissen Grenzen bereits schwere Schwachsinnszustände wieder ausgleichen. Allerdings besteht eine Erfolgschance kaum bei einer Therapie, die nach dem fünften Lebensjahr beginnt.

Die Erfahrung mit phenylketonurischen Frauen, die durch die Diät eine normale geistige Entwicklung erreichten, lehrt, daß die phenylalaninarme Kostform von diesen strikt von der Neugeborenenzeit ab bis zum Ende des reproduktionsfähigen Alters beibehalten werden muß. Es hat sich nämlich gezeigt, daß genetisch unauffällige Kinder phenylketonurischer Mütter, die nach der Pubertät die Diät eingestellt hatten und während der Schwangerschaft unbehandelt blieben, mit hoher Wahrscheinlichkeit mental geschädigt sind (Phenylalaninembryofetopathie, auch maternale Phenylketonurie genannt). Allerdings besteht noch die Frage, ob Beibehalten der Diät während Konzeption und Schwangerschaft unbehinderte Kinder sichert. Deshalb sollte eine sorgfältige Beratung dieser Frauen zur Konzeptionsverhütung erfolgen.

Von den angeborenen Stoffwechselstörungen, die zu einem Intelligenzdefizit führen, können einige mit Erfolg behandelt werden: u. a. idiopathische Galaktosämie, idiopathische Hypoglykämie, Fruktoseintoleranz, renaler Diabetes insipidus, Ahornsirupkrankheit (maple sugar disease).

Anomalien des Chromosomensatzes und Schwachsinn

Down-Syndrom
(ICD-9: 758)

Als JOHN LANGDON HAYDON DOWN 1866 ein oligophrenes Syndrom als „mongoloide Idiotie" beschrieb und benannte, leiteten ihn evolutionistische „observations on ethnic classification of idiot", indem er meinte, eine Einteilung der Schwachsinnigen durch die Skala eines ethnischen Gefälles geistiger Werte erfassen zu können. „Mongoloide Idiotie" war für ihn bei einem „weißen Kind" ein Hervorkommen von Zügen „niedriger geistiger Wertigkeit", entsprechend seiner Einschätzung der mongolischen „Rasse", die in seinem „natürlichen System" geistiger Fähigkeiten einen niederen Rang erhalten hatte. – In neuerer Zeit ist mit dem Persistieren auf „embryonaler Entwicklungsstufe" bei Down-Syndrom – als „Neotonie" aus der Zoologie übernommen – ein weiteres evolutionistisches Modell in der Diskussion variiert worden. Durch eine solche Hypothese wird die Möglichkeit psychosozialer Anpassungsvorgänge der Menschen mit Down-Syndrom verkleinert und eine hilfreiche therapeutische sowie pädagogische Initiative gerät aus dem Blick. – Man sollte als Arzt um die Gefahr solcher Denkmuster wissen und gewarnt sein, „Mongolismus" als Terminus zu benutzen.

Etwa bei jedem 600. Neugeborenen findet sich eine Chromosomenanomalie, die zum Down-Syndrom führt, nämlich eine Trisomie in der G-Gruppe (meist Chromosom Nr. 21). Die Häufigkeit der Störung hat eine deutliche Beziehung zum Alter der Mutter: So beträgt die Erwartung bei Müttern unter 30 Jahren, daß sie ein Kind mit einem Down-Syndrom haben werden, 1 : 2000, bei Müttern zwischen 30 und 35 Jahren 1 : 1000, zwischen 35 und 40 Jahren 1 : 250 und bei Müttern über 40 Jahren ca. 1 : 50. Eine Beziehung zwischen dem Alter des Vaters und der Häufigkeit des Down-Syndroms wurde bisher zwar nicht nachgewiesen, sollte aber stets auch bedacht werden. Die erbliche Form ist die Translokationstrisomie, sie findet sich bei 3 Prozent der Fälle. Eine genetische Beratung sollte bei Down-Syndrom niemals unterlassen werden. Präventiv gilt bei Schwangeren vom 36. Lebensjahr ab und bei solchen, die bereits ein Kind mit Trisomie 21 geboren haben, sowie bei Vorliegen einer balancierten Translokation des Chromosoms Nr. 21, durch Amniozentese eine Chromosomendiagnostik des Fetus durchzuführen.

Kinder mit Down-Syndrom fallen der Umgebung gleich nach der Geburt durch ihr besonderes Aussehen auf: Die Lidspalten sind schief nach außen gestellt, die Augen liegen wenig tief, es findet sich ein Epikanthus (also keine echte Mongolenfalte), eine Sattelnase, eine Zungenverdickung, eine Hypotonie der Unterlippe (Cheilosis) sowie ein fliehendes Kinn (Mikrogenie). Meist besteht eine Brachyzephalie. Muskel und Gelenke sind schlaff, die Hände und Füße sind kurz und plump. Die geistige Störung entspricht einer Debilität bzw. Imbezillität; schwere Subnormalität ist selten.

Der Arzt sollte baldmöglichst die Eltern über die Konsequenz der Diagnose orientieren. Er hat die richtigen Worte zu finden, die die Eltern zur Annahme des Kindes bringen. Lesenswert sind die von PEARL S. BUCK mit ihrem mongoloiden Kind in „Geliebtes unglückliches Kind" geschilderten Erfahrungen. Der Vater ist der empfindlichste Teil in der Familiengruppe, denn der Vater erwartet in unserem Kulturbereich immer ein „normales" Kind. Die Geschwister werden oft wegen der augenfälligen Andersartigkeit mit der geistigen Behinderung der Schwester oder des Bruders gehänselt. Durch die Eröffnung der Diagnose engagiert sich der Arzt immer in dieser Familie. Er bleibt für die Familie jene Person, die Hilfe und Rat zu geben hat. Jede derartige Betreuung hat sich von Schablonen fernzuhalten und grundsätzlich immer wieder die wechselnde Familiensituation mit zu bedenken. Da die Mutter oft nach einer ersten Schockreaktion zu einer gewissen Verwöhnung ihres Sorgenkindes neigt, leistet sie einer unerwünschten Infantilisierung

Vorschub. Immer sollte aber das Kind mit Down-Syndrom die Kleinkindzeit im Elternhaus verbringen, wonach es jedoch notwendig wird, daß das Kind die Anpassung an Personen außerhalb des Familiennestes lernt. Eine geistige Entwicklungsmöglichkeit läßt gerade diese Kinder von allen Sondereinrichtungen (Sonderkindergarten, evtl. Kindergarten, Sonderschule, Beschäftigungszentrum, beschützende Werkstatt) profitieren. Plastisch-chirurgische Gesichtskorrekturen zwischen dem vierten und sechsten Lebensjahr können ein Kind mit Down-Syndrom bereits in der Kindergarten- und Schulgruppe weniger auffallen lassen. Dies gilt besonders auch durch das Wissen, daß diese Kinder von den Gleichaltrigen in den Sondererziehungsbereichen vermehrte Zuneigung und Zuwendung erfahren. Oft gelingt es auf diese Weise besser, das Kind zu einer ausreichenden Selbständigkeit zu bringen. Allerdings wäre es unklug, eine durch die geistige Behinderung gesetzte Grenze der Bildungsmöglichkeit zu übersehen.

Weitere autosomale Störungen, die mit Oligophrenie einhergehen, sind u.a. die Trisomie 18 (Edwards-Syndrom) und das Katzenschrei-Syndrom, bedingt durch Deletion des kurzen Arms eines Chromosoms Nr. 5, bei dem aber nur eine Lebensaussicht von höchstens einem Jahr besteht.

Abweichende Geschlechtschromosomenkombination

Beim **Klinefelter-Syndrom** (ICD-9: 758.7), der chromosomalen Zwitterbildung mit dem Geschlechtschromosomenmuster XXY, besteht meist eine Debilität oder doch eine unterdurchschnittliche Begabung im Verhältnis zur Verstandesleistung der Eltern und Geschwister. Liegt Verdacht auf ein Klinefelter-Syndrom vor, sollte zur Abklärung ein Abstrich der Mundschleimhaut zur Geschlechtschromatinbestimmung erfolgen. Auf etwa 600 männliche Neugeborene kommt ein chromatinpositives Kind, d.h., das Klinefelter-Syndrom ist nach dem Down-Syndrom die häufigste chromosomale Aberration.

Eine leichte geistige Behinderung wird oft bei der Chromosomenkombination 47,XXX **(Triple-X-Syndrom)** gefunden.

Das **48,XXXX-Syndrom**, eine seltene Polysomie, kann dem Erscheinungsbild nach mit dem Down-Syndrom verwechselt werden. Es finden sich neben einer ausgeprägten psychomotorischen und geistigen Retardierung ein hypoplastisches Genitale, Skelettanomalien und mitunter Krampfanfälle.

Das **Ullrich-Turner-Syndrom** (ICD-9: 758.6) mit dem Karyogramm 45, XO, also einer gonosomalen Monosomie oder auch einer Strukturabweichung für das zweite Gonosom, kann mit geistiger Subnormalität einhergehen. Diese Mädchen sind eher schwerfällig und werden durch ihren Minderwuchs gegenüber den Gleichaltrigen selbstunsicher, so daß sie Anschluß bei Jüngeren suchen. Da medizinisch-therapeutisch keine wesentliche Zustandsänderung erreicht werden kann, muß die Hilfe für das Mädchen und die junge Frau durch sozialpädagogische Maßnahmen konzipiert werden. Es ist dann eine ausreichende Berufsausbildung und auch die Möglichkeit einer Partnerschaft zu erreichen.

Literatur

Collatz, J., G. Flatz: Geistige Entwicklungsstörungen. Huber, Bern 1976

Dupont, A.: Mental retardation. In K. P. Kisker, J. E. Meyer, M. Müller, E. Strömgren: Psychiatrie der Gegenwart, 2. Aufl. Bd. II/2. Springer, Berlin 1972

Dupont, A.: Genopathien. In K. P. Kisker, J. E. Meyer, M. Müller, E. Strömgren:

Psychiatrie der Gegenwart, 2. Aufl., Bd. II/2. Springer, Berlin 1972

Grüter, W.: Angeborene Stoffwechselstörungen und Schwachsinn am Beispiel der Phenylketonurie. Enke, Stuttgart 1963

Rett, A., H. Seidler: Das hirngeschädigte Kind, 5. Aufl. Jugend und Volk, Wien 1981

Wunderlich, C.: Das mongoloide Kind, 2. Aufl. Enke, Stuttgart 1977

37 Psychopathologie akuter und chronischer Hirnkrankheiten

Lernziele:
Erkennung und Abgrenzung akuter und chronischer hirnabhängiger Psychosyndrome in ihren typischen (reversibel/irreversibel) Verläufen; Erfassung hirnlokalisatorischer Tönungen solcher Syndrome.

Klassifikation:
ICD-9: 293 vorübergehende organische Psychosen
310 nichtpsychotische Störungen nach Hirnschädigung
DSM III: 293.00 Delir
294.00 amnestisches Syndrom
293.81 organisches Wahnsyndrom
293.82 organische Psychose
293.83 organisches affektives Syndrom (akute organische Psychosyndrome)
294.10 Demenz
310.10 organische Persönlichkeitsstörung (chronische psychoorganische Syndrome)

Die psychopathologischen Syndrome bei Hirnschäden sind ziemlich *unspezifisch* im Hinblick auf die Ätiologie. Unterschiedlichste Noxen, welche das Hirn substantiell oder funktionell betreffen, führen zu psychopathologisch weitgehend identisch aufgebauten Zuständen. Dies erleichtert allerdings die Abgrenzung hirnabhängiger Syndrome von neurotisch-erlebnisreaktiven Zuständen und von funktionellen („endogenen") Psychosen. Innerhalb der Gruppe hirnabhängiger Psychosyndrome lassen sich wiederum hinlänglich klar unterscheiden: *akute* (potentiell reversible) von *chronischen* (häufig irreversiblen) Zuständen. Akute Hirnschädigungen betreffen das *aktuelle*

Erlebnisfeld des Patienten (d. h. seine Klarheit, Wachheit, Auffassung und Orientierung); Dauerschäden des Hirns bauen die *strukturellen Bestände* ab (Persönlichkeit, Geschichtlichkeit, Intelligenz).

Sowohl beim akuten als auch beim organischen hirnabhängigen Syndrom kann es zu „produktiven" Ausgestaltungen des Bildes mit Sinnestäuschungen, Wahn und anderen realitätsverzerrenden Erfahrungen kommen. Dann wird von akuten oder chronischen *organischen Psychosen* gesprochen.

Akutes psychoorganisches Syndrom

Achsensyndrom: Bewußtseinstrübung
Störung der Wachheit (Vigilanz)
Orientierungsstörung
Merkfähigkeitsstörung

Bei schwerer akuter Hirnschädigung hat zunächst die Bewußtseinstrübung Führung. Bei stärkster Ausprägung kommt es zum *Koma* (motorische Abwehrbewegungen aufgehoben, Erlöschen des Kornealreflexes, Auftreten pathologischer Reflexe); restituiert sich das Bewußtseinsfeld, so gelangt der Patient in den *Sopor* (Bewußtlosigkeit mit erhaltenen motorischen Abwehrbewegungen auf Schmerzreize und primitiven motorischen Schablonen, wie Schnauz-, Greifbewegungen usw.). Nächste Restitutionsstufe ist die *Somnolenz* (deutliche Schläfrigkeit, Orientierungsstörung, erschwerte Ansprechbarkeit, verwaschene Sprache, Wechsel zwischen Apathie und primitiver Aggressivität). Zur Bewußtseinsklarheit hin wird das Stadium der *Benommenheit* durchschritten (diskrete Auffassungserschwerung, leichte Artikulationsstörung, Dekonzentriertheit, Verdöstheit, leichte Verlangsamung der sensomotorischen Reaktionen, intakte Orientierung, mürrisch-gereizte oder euphorisch-enthemmte Stimmungs- und Antriebslage). Diese Stufen können bei subakut einsetzender Hirnschädigung (Modell: Alkoholrausch) auch in umgekehrter Reihenfolge durchschritten werden.

Störungen der Wachheit (Vigilanz)

Bereits den normalen Wach- und auch Schlafzustand kennzeichnet ein stetiger Wechsel der Reagibilität für vital-bedeutsame Reize. Schlaf schließt Vigilanz nicht aus („Ammenschlaf"). Bewußtseinsgetrübte sind nicht selten hypervigilant, gelangen nur in REM-Schlaf und reagieren intensiver, affektiv unkontrollierter auf Umgebungsreize. Schlafentzug und toxische Bewußtseinsveränderungen können Überwachheit und zugleich Senkung kognitiver Filterung bewirken. Delirante sind, wiewohl bewußtseinsgetrübt, nicht selten überwach und brauchen einen reizarmen Behandlungsraum.

Orientierungs- und Merkstörungen

Stärkere Bewußtseinstrübungen beeinträchtigen die eng miteinander verknüpften Leistungen der Orientierung und Speicherung bzw. Abruf von

Gedächtnisdaten. Zunächst bei beginnenden oder minimal bleibenden Hirnschäden leidet die *zeitliche Orientierung* (im Gespräch durch beiläufige Fragen nach Datum, Jahreszeit und Jahr faßbar); bei stärkerer Eintrübung verliert sich auch die *örtliche Orientierung* (Frage nach dem gegenwärtigen Aufenthalt, nach regional-geographischen Bezügen). Schließlich brechen die *situativ-interpersonale* und *persönliche Orientierung* ab (Patient kann die Beziehung zu derzeitigen Mitmenschen, seine Rolle in der gegenwärtigen Situation, schließlich sich selbst als Person nicht mehr feststellen). – Beeinträchtigungen der Speicherung (des Merkens) von Gedächtnismaterial, des gebundenen Abrufens (Wiedererkennen) und der freien Erinnerungen betreffen zunächst die in jüngerer Zeit eingeprägten, in den geschichtlichen Lebenszusammenhang des Menschen noch nicht fest integrierten Daten, später oder bei schwereren Hirnbeeinträchtigungen auch das „Altgedächtnis".

Exkurs in die Neurobiologie (Bewußtsein, Schlaf und Traum, Gedächtnis)

Bewußtsein ist eine auf komplizierten neuropsychischen Funktionen beruhende Leistung. Seine Intaktheit ist indirekt aus sensomotorischen und kommunikativen Verhaltensweisen zu erschließen. Ein örtlich und zeitlich orientierter, sprachlich klar artikulierender Mensch, welcher präzis wahrnimmt und auf vital bedeutsame Umgebungsreize elastisch (weder träge noch überschießend) reagiert, ist nicht bewußtseinsgestört. Bewußtsein wird neurobiologisch gesteuert durch ein komplexes Zusammenspiel zentralnervöser Aktivierungs-(Arousal-) und Hemmungsprozesse zwischen zentrenzephalem, kortikalem und limbischem System. Primitivformen des Bewußtseins und der Vigilanz bleiben bei Ausschaltung des Hirnmantels (apallisches Syndrom) erhalten, solange aktivierende mesodienzephale Anteile der retikulären Formation intakt sind.

Schlaf und *Traum* sind verhaltensmäßig und neurophysiologisch von bewußtlosen (komatösen), gesperrten (stuporösen) und toxisch-narkotischen Zuständen klar unterscheidbar. Sie erfüllen in der Regel ein restitutives organismisches Grundbedürfnis, gelegentlich auch – als Realitätsabkehr – ein psychologisch-defensives. Das Schlaf-EEG gliedert sich in unterschiedlich tiefe Stadien. Allein im ersten Stadium (8 bis 13 niedrige Wellen/s) kommt es zur Traumaktivität. Solche Phasen werden mehrfach pro Nacht durchlaufen und geben sich durch schnelle Augenbewegungen (rapid eye movements) zu erkennen: REM-Phasen. Entzug von Schlaf oder selektiver Entzug von REM-Schlaf führt zu psychischen Störungen bis hin zu psychotischen Zuständen. Psychotiker zeigen Verschiebungen der Relation „schneller" und „langsamer" Schlafphasen. Schlaf ist Bewußtseinsaktivität auf regressivem Niveau.

Gedächtnis: Das Kurzzeitgedächtnis scheint auf Hippokampusaktivitäten zu beruhen, und zwar auf elektrophysiologisch faßbaren Prozessen; Langzeitgedächtnis wird kortikal, insbesondere temporal und auf biochemischem Niveau elaboriert. Für das Gedächtnistraining scheinen Ribonukleinsäuremoleküle Trägersubstanz zu sein. Vaskuläre und andere zerebrale Schäden beeinträchtigen über relative Hypoxie zuerst und zunächst den auf intensiver Oxidation beruhenden Proteinmetabolismus des Gehirns als Träger der Gedächtnisleistungen und damit des kompliziertesten phylogenetischen Erwerbs, der Geschichtlichkeit.

Organische Psychosen

Sie sind dynamische Bindeglieder zwischen schweren akuten psychoorganischen Syndromen mit hervorstechender Bewußtseinsstörung und chronischem hirnorganisch bedingtem Persönlichkeits- und Intelligenzabbau. Sie können im Anlauf- und Rückbildungsstadium von Hirnschädigungen als „Durchgangssyndrom" auftreten, und zwar bei allen den zerebralen Metabolismus in Mitleidenschaft ziehenden hirneigenen oder hirnbeteiligenden Krankheitsprozessen. Bei kardiovaskulären, hepatischen, endokrinen und anderen Entgleisungen, wie sie bei schweren Körperkrankheiten, nach Operationen und Intoxikationen auftreten, kommt es häufig genug zu flüchtigen, mit Besserung des Grundleidens in der Regel reversiblen Psychosen, die sich von den funktionell-„endogenen" durch ihre Amalgamierung mit Bewußtseinstrübungen, Orientierungs- und Merkfähigkeitsstörungen und ihre stärkere Persönlichkeitsferne unterscheiden. Dem Allgemeinarzt, dem Chirurgen und Internisten begegnen solche organisch-psychotischen Zustände häufiger als dem Nervenarzt.

Zum Achsensymptom der Bewußtseinstrübung treten in diesen Verfassungen schwere Verwirrtheiten, Umdämmerungen, traumähnliche (oneiroide) Erlebnislagen mit Wahnbildungen und Sinnestäuschungen „niederstufigen" Gepräges.

Die nachfolgend geschilderte **Typologie organischer Psychosen** zeigt eine psychopathologische Steigerungsreihe von der Konfabulose zur Amentia. Diese Reihe kann ganz oder in Anteilen progressiv (bei Erkrankungsbeginn) oder reversiv (in der Rekonvaleszenz) durchlaufen werden:

Konfabulose: nach Hirntraumen, in der Rekonvaleszenz nach Enzephalitiden, bei Fieberdelirien auftretende flüchtige, Tage bis Wochen während Zustände mit kritiklos-euphorischer Selbstüberschätzung (man ist hochdekorierter Offizier, Geldmagnat, berühmter Operateur, je nach präpsychotischem Ich-Ideal), dabei relativ besonnenes Verhalten mit Diskussionsfähigkeit bei fehlender Leidenseinsicht und relativ guter Verlaufsprognose.

Halluzinose: episodische, Tage bis Wochen während Verfassungen mit diskreter Verhangenheit, die sich bei atrophisch-vaskulären Hirnprozessen als taktile Halluzinose, bei Alkoholismus als Verbalhalluzinose, bei progressiver Paralyse als optische Halluzinose darstellen können.

Oneiroid: episodisch auftretende Zustände mit traumartiger Erlebnisproduktion bei mäßiger Bewußtseinstrübung; lebhafte, meist optische, szenisch gegliederte Sinnestäuschungen.

Dämmerzustand: Tage bis Wochen dauernde, einfach somnolente Ausnahmezustände mit Desorientiertheit bei Epileptikern. Bei Epilepsien mit psychomotorischen Anfällen bilden sie – als Sekunden bis Minuten dauernde „dreamy states" – gemeinsam mit motorischen Stereotypen den Temporalanfall. Dämmerzustände können indessen auch bei vaskulären und entzündlichen Hirnprozessen auftreten. Seltener: orientierte Dämmerzustände mit relativ geordnetem Verhalten, die mit aggressiven Entladungen einhergehen können und forensische Fragen aufwerfen.

Delir: gekennzeichnet durch mittelstarke Bewußtseinstrübungen, Desorientiertheit, psychomotorische Enthemmung, Tremor, ausgeprägte Vegetativsymptomatik, flüchtige optisch-taktile Halluzinationen, verwirrtes Denken. Klinischer Prototyp: Delirium tremens der Alkoholkranken (s. S. 211), aber auch bei andersartig verursachten Dekompensationen der Hirnleistung (vaskulärer oder senil-atrophischer Hirnabbau).

Amentia: starke Bewußtseinstrübung, reduzierte Stammhirnmotorik, Desorientiertheit, hochgradige Verwirrtheit, Ratlosigkeit, flüchtige elementare Sinnestäuschungen, ängstliche oder euphorische Affektlage. Bei schweren traumatisch-entzündlich oder toxisch bedingten Hirnschäden; bei Überleben relativ häufig in chronische organische Defektsyndrome übergehend.

Apallisches Syndrom: schweres chronisches Defektsyndrom mit erhaltener Vigilanz bei fehlender Bewußtseinstrübung: Reduktion der Aktivität auf einfache motorische Zuwendereaktionen und Einstellreflexe, auf orale und urogenitale Automatismen. Die affektiven Abläufe folgen ungebremster infantiler Lust-Unlust-Dynamik. Die Verfassung ist in der Regel mit längerem Überleben nicht verträglich. Ganz selten (etwa nach Virusenzephalitiden) Durchgangssyndrom mit kompletter Remission.

Chronisches psychoorganisches Syndrom

Achsensymptome: Persönlichkeitsabbau
                   Intelligenzabbau (Demenz)

Frühsymptome

Erhöhte Ermüdbarkeit, Dekonzentriertheit, gereizte Asthenie, dysphorische Verstimmungszustände, diskrete Beeinträchtigung des Neugedächtnisses. Im weiteren Verlauf kommt es zur Auffassungsverlangsamung. Umständlichkeit und Detailverhaftung des Denkens („Perseveration"), zur Abflachung und Labilität der Affektdynamik. Asthenieähnliche und „hysterisch" wirkende oder matt-hypochondrische Verarbeitungen können auf lange hin im Vordergrund stehen. Die Beeinträchtigungen der personalen Funktionen (ethische Werthaltungen, Entwurfsfähigkeit, Kultiviertheit, Geschmack u. ä.) laufen dem intellektuellen Abbau stets voraus. Das Bewußtsein bleibt hier immer klar. Das Denkfeld ist eingeengt, Umsicht, Urteilsfähigkeit und Selbstkritik ebnen sich ein. Relativ intakte Verhaltenstraditionen können fassadenhaft gewahrt werden. Die Kontrolle der Affektdynamik sinkt ab. Es kommt zur Überwältigung durch aktuell einschießende Affekte mit euphorisch-enthemmtem, gereizt-mürrischem oder torpid-indolentem Verhalten. Wird die Gesamtpersönlichkeit zunächst nur in Richtung der Übertreibung und Karikierung vorgegebener Charakterzüge betroffen, so kommt es in weiteren Stadien zur Vereinfachung, zur Entdifferenzierung der ursprünglichen persönlichen Eigenart.

Treten hier *Störungen der Merkfähigkeit* stark hervor, so kommt es zu korrespondierenden *Orientierungsschwächen* und zu einem Auffüllen der Gedächtnisvakanzen mit biographischem Material, in verlegener Beiläufigkeit hergeholt oder kompensativer Selbstwertsteigerung dienend: *Konfabulationen*. Solche Verfassungen werden im klinischen Jargon gelegentlich auch als Korsakow-Syndrome bezeichnet.

Solche hirnabhängigen Defektbilder können sich temporär, seltener chronisch mit organisch-psychotischen Verfassungen (s. o.) verbinden.

Hirnlokale Psychosyndrome

Die psychoorganischen Folgen bei herdförmigen Hirnschädigungen sind weder psychopathologisch noch ätiologisch spezifisch.

Das **Stirnhirn-Syndrom** wird gekennzeichnet durch euphorische Enthemmtheit, Takteinbuße, Distanzverlust, Antriebsreduktion, Entwurfsblockierung, ethische Depravation.

Bei **Stammhirn-Syndromen** finden sich Antriebsreduktion, psychomotorische Primitivierung, Affektentsteuerung mit Mißmutigkeit oder Gehobenheit.

Limbische Syndrome können mit sexueller Enthemmung, Hyperphagie, primitiven aggressiven Entladungen und amnestischen Beeinträchtigungen ohne markanten Intelligenzabbau einhergehen.

Zwischenhirn-Syndrome zeigen periodische Steigerungen von Hunger und Durst, Schlaf-Wach-Rhythmus-Störungen, dranghaftes Aus-dem-Felde-Gehen, Wandern (Poriomanie) und impulsives sexuelles Durchbruchsverhalten.

Therapie

Bei akuten psychoorganischen Syndromen ist die Behandlung stets klinisch und auf das jeweilige Grundleiden zentriert. Häufig wird Intensivpflege zur Stabilisierung der Herz-Kreislauf-Funktionen sowie der Flüssigkeits- und Elektrolytlage erforderlich. Sedierende, schlaffördernde Psychopharmakatherapie ist häufig unentbehrlich. Bei organisch-psychotischen Zustandsbildern sind Paraldehyd, Distraneurin, wenn erforderlich in Kombination mit Neuroleptika, einzusetzen. Dabei sind die verminderte Toleranz und das erhöhte pulmozirkulatorische Risiko solcher Kranker für Clomethiazol und hochpotente Neuroleptika zu beachten. Für einen reizarmen Behandlungsraum ist zu sorgen.

Intellektuell und emotionell abgebaute Patienten mit chronischen psychoorganischen Syndromen brauchen häufig überdauernde nervenärztliche und allgemeinärztliche Führung. Sekundäre Gefährdungen solcher Patienten (Alkoholismus, Dissozialität, inadäquate Geldausgaben und Testierungen) sind im Auge zu behalten; sozialrechtliche und zivilrechtliche Hilfen (bis hin zur Einrichtung von Pflegschaften und Vormundschaften) können geboten sein. Für subakute und noch teilremissionsfähige Zustände ist Zusammenarbeit mit Spezialeinrichtungen für Hirngeschädigte erforderlich. Stützende

Beratung der Familienangehörigen ist angezeigt. Die situative Plastizität solcher Syndrome führt häufig zu Umweltvorwürfen und hinzutretenden reaktiv-depressiven Krisen.

Literatur

Lauter, H.: Die organischen Psychosyndrome. In Kisker, K. P., H. Lauter, J.-E. Meyer, C.   Müller, E. Strömgren: Psychiatrie der Gegenwart, Bd. VI. Springer, Berlin 1988

38 Psychische Störungen nach Traumen und Infektionen des Gehirns

Lernziele:
Psychopathologische Syndrome und Leitlinien klinischer Therapie bei akuten posttraumatischen und postinfektiösen Psychsen kennen.

Medikamentöse Therapie, psychotherapeutische und rehabilitative Führung von Patienten mit chronischem Persönlichkeitsabbau nach Hirntraumen bzw. Hirninfektionen.

Klassifikation:

ICD-9:	293.0	akuter „Verwirrtheitszustand" i. S. einer posttraumatischen organischen Psychose
	310.2	postkontusionelles Syndrom
	293.0	akuter „Verwirrtheitszustand" i. S. einer akuten Psychose bei Infektionen
	310.8	spezifische nichtpsychotische Störungen nach Hirnschädigungen (hier: Hirninfektionen)
DSM III:		293.00, 293.81, 293.82, 293.83 delirante, amnestische, wahnhafte, halluzinotische und affektive hirnorganische Psychosyndrome
		310.10 organische Persönlichkeitsstörungen

Commotio cerebri (Hirnerschütterung) und Contusio cerebri (Hirnquetschung)

(Neuroanatomische und neurologisch-medizinische Befunde im traumatologischen Unterricht der Chirurgie und Neurologie)

Commotio cerebri

Psychopathologie und Verlauf: Sekunden bis Minuten, selten wenige Stunden während Bewußtlosigkeit, gelegentlich nur vorübergehende Umdämmerung. Zeitlich eng begrenzte Erinnerungslosigkeit für das Verhalten vor dem Trauma (retrograde Amnesie) und nach dem Aufwachen (anterograde Amnesie). Je länger Bewußtlosigkeit und Amnesie währen, um so stärker wird der Verdacht auf Contusio cerebri. – Postkommotionelle Beschwerden: Erbrechen, Schwindel, Kopfschmerzen, vegetativ-asthenische Klagen. Dieses Syndrom klingt in der Regel nach Tagen bis Wochen ab.

Therapie: Kurze Bettruhe; gestufte, allmähliche Arbeitsbelastung; vegetative Sedativa; Analgetika selten und nur vorübergehend, keine Tranquilizer. Informierung des Patienten über den reversiblen Charakter der Unfallfolgen.

Begutachtung: Arbeitsfähigkeit spätestens nach einigen Wochen. Gutachtlich: niedrige Erwerbsminderungssätze für einige Monate, höchstens ein Jahr. Bei längerwährenden Beschwerden differentialdiagnostische Abgrenzung gegen postkontusionelle Syndrome, psychoreaktive Verarbeitungen (mit oder ohne unangemessenere Rentenerwartung), andere (etwa gefäß- bzw. altersabhängige) Hirnschäden.

Contusio cerebri

Psychopathologische Symptomatik: Länger (mehrere Stunden bis Tage und Wochen) währende Bewußtlosigkeit nach substantieller Hirnschädigung (Rindenprellungsherde, multiple mesodienzephale Blutungen, Hirnschwellung, Fettembolien usw.). Bei längerer Bewußtlosigkeit, ausgedehnter und wenig rückbildungsfähiger retrograder Amnesie und gedehnten Durchgangssyndromen besteht Verdacht auf Contusio cerebri. Er wird erhärtet durch neurologische Herderscheinungen wie Halbseitensymptome, generalisierte oder fokale Krampfanfälle, Aphasien usw. Bewußtseinstrübungen nach Zeitintervall lassen an eine Compressio cerebri, bei schnellem Einsetzen an eine epidurale Blutung, bei verzögertem Beginn an ein subdurales Hämatom denken. Bei einem Teil der Fälle kommt es zu *traumatischen Psychosen* unter den wechselvollen Bildern akuter psychoorganischer Syndrome (s. S. 267). Diese Zustände gehen häufig mit massiven Erregungen und Enthemmtheit einher. Sie dauern Tage bis Wochen und bedürfen klinischer Behandlung, da die bewußtseinsgetrübten Patienten die Situation verkennen und in der Therapie nicht kooperieren.

Im günstigen Fall bilden sich neurologische, psychopathologische und elektroenzephalographische Veränderungen zurück. In Abhängigkeit von dem Ausmaß und der Lokalisation der traumatisch-zerebralen Schädigung kann es indessen zu *Dauerschäden* kommen (s. u.).

Therapie: Am Unfallort Reanimation, dann klinische Intensivbehandlung. Die Sedierung posttraumatisch-psychotischer Zustände erfolgt mit Paraldehyd, Distraneurin, schwachpotenten Neuroleptika, letztere in vorsichtiger Dosierung.

Posttraumatische psychische Dauerschäden

Leichtgradige Dauerschäden zeigen die Psychopathologie eines chronischen vegetativ-asthenischen Schwächezustandes mit Leistungsinsuffizienz, vorzeitiger Erschöpfbarkeit und eingeengten emotionellen Toleranzen. Stärkere traumatische Hirnschädigungen führen zum chronischen psychoorganischen Syndrom (s. S. 270) mit Persönlichkeitsabbau und (bei ausgeprägtem Schaden) mit Demenz. Stehen Störungen des Merkens, der Orientierung und Konfabulationen im Vordergrund, so kann von einem traumatischen Korsakow-Syndrom gesprochen werden. In der allgemeinmedizinischen Praxis begegnet man häufiger blanden Persönlichkeitsnivellierungen ohne wesentliche intellektuelle und mnestische Schädigung.

Typische Gefährdungen der Hirntraumatiker: Durch affektive Unkontrolliertheit, Entdifferenzierung und Enthemmung der Antriebsdynamik und die damit verknüpften mitmenschlichen Beziehungserschwernisse kommt es zu beruflichem Abstieg, Alkoholabhängigkeit, Familienkonflikten, Delinquenz. Durchhaltefähigkeit und elastisches Eingehen auf situative Forderungen sind vermindert: „Hirnleistungsschwäche". In der Auseinandersetzung mit der eigenen Behinderung neigen Hirntraumatiker (seltener) zu kritikloseuphorischer Selbstüberschätzung oder (häufiger) zu depressiver Hilflosigkeit. Einbuße oder Verringerung der Libido und emotive Unbeherrschtheiten bedingen zusätzliche erlebnisreaktive Krisen.

Spätkomplikationen: Hirnabszeß (nach offenen Verletzungen), traumatische Epilepsie.

Therapie: Spezifische pharmakotherapeutische Einflußmöglichkeiten sind nicht gegeben. Psychotherapeutische Führung, Angehörigenberatung, ärztliche Hilfen bei der Ordnung des Sozialfeldes stehen im Vordergrund. In der nachklinischen Behandlungsphase ist langfristige, gegebenenfalls zu wiederholende Rehabilitation in Spezialinstitutionen angezeigt. Einrichtung von Pflegschaften und Entmündigung können erforderlich werden.

Begutachtung: Bei der Begutachtung sind die Möglichkeiten einer Berentung auf Zeit zugleich mit dem Abbau inadäquat passivierender Rentenerwartungen im Blick zu behalten. *Sorgfältige Erstaufzeichnungen* des praktischen und Unfallarztes entscheiden oft über die spätere angemessene rechtliche Bewertung von Unfallschäden.

Psychische Störungen nach Hirninfektionen

Luetische Infektion des Zentralnervensystems

Asthenisches Syndrom im Sekundärstadium der Lues: emotionelle und vegetative Labilität, Schwindel, Benommenheit, flüchtige ängstliche Verstimmungszustände; reflektorische Pupillenstarre, positive Seroreaktionen in Blut und Liquor, Liquorpleozytose. Die Erscheinungen können sich mit oder ohne Therapie (Penizillin) zurückbilden.

Lues cerebrospinalis: bedingt durch tertiär-syphilitische, meningitische, angiitische oder gummöse Prozesse. Psychoorganische Syndrome mit wechselnder hirnlokaler und psychotischer Ausgestaltung. Neurologische Komplikationen (Lähmungen, apoplektische Zustände usw.) treten hinzu. Ausgang in Demenz, wenn nicht zeitig und ausgiebig mit Penizillin behandelt wird.

Progressive Paralyse: Syphilitische Enzephalitis, 5 bis 15 Jahre (oder auch später) nach der luetischen Infektion auftretend, führt unbehandelt in Monaten oder wenigen Jahren zum Tode. Hirnpathologisch: chronische Leptomeningitis, Hirnrinden- und Stammganglienatrophie, plasmozytäre Gefäßwandveränderungen. Seit der Penizillintherapie der ersten beiden luetischen Erkrankungsstadien wurde die progressive Paralyse erheblich seltener. Typischer Erkrankungsbeginn im 30. bis 40. Lebensjahr. Ein Zehntel der luetisch Infizierten erkrankt an progressiver Paralyse.

Infantile und *juvenile* progressive Paralyse bei konnataler Infektion. Beginn nach dem 6. Lebensjahr mit früh einsetzender Demenz, Hutchinson-Trias.

Diagnose: relativ leicht bei Hinzutreten charakteristischer neurologischer Symptomatik: reflektorische Pupillenstarre, Anisokorie, Pupillenentrundung, tabische Komplikationen, Dysarthrie. Serologische und Liquoruntersuchungen sichern die Diagnostik ab: Treponema-pallidum-Hämagglutinations-(TPHA-)Test, Fluoreszenz-Treponema-Antikörper-Absorptions-(FTA-ABS-)Test und Treponema-pallidum-Immobilisations-(TPI-)Test, lympho- und plasmozytäre Liquorpleozytose, Erhöhung des Liquorgesamteiweißes bei relativ stärkerer Globulinvermehrung. Psychopathologisch: akute psychoorganische Syndrome, häufiger mit blander depressiver Apathie oder flüchtigen Wahnbildungen als mit komponiertem Größenwahn (Megalomanie) einhergehend. In den ersten Krankheitsstadien relatives Zurücktreten der Bewußtseinstrübung. Im weiteren Verlauf chronisches psychoorganisches Syndrom mit Persönlichkeitsabbau, Demenz und Amnesien. – Entscheidend ist die Frühdiagnose. Wenn innerhalb der ersten drei Monate nach Auftreten der Initialsymptome behandelt wird, kann noch mit Heilung ohne wesentlichen Defekt gerechnet werden.

Therapie: Vorbeugend intensive Penizillinbehandlung der Lues in ihren Frühstadien bei regelmäßiger Kontrolle der Sero- und Liquorreaktionen. Paralleluntersuchungen der nächsten Angehörigen, bei infizierten Frauen zumal der Kinder und insbesondere der Neugeborenen.

Penizillinbehandlung: Nach Prophylaxe allergotoxischer Reaktionen und Sensibilisierung der Spirochäten mit Kortikosteroiden täglich Depot-Penizillininjektionen (je eine Million Einheiten) für einen Monat unter Kontrolle des spirochätiziden Spiegels. Bei Penizillinallergie: Tetrazyklin. Wiederholung solcher Kuren in mehrwöchigen Abständen bis zur „Liquorsanierung" (zunächst Rückbildung der Pleozytose, dann der veränderten Eiweißwerte, schließlich der Lues-Reaktionen).

Andere psychiatrisch bedeutsame Infektionskrankheiten

Bakterielle zerebrale Infektionen und solche durch *Leptospiren, Echinokokken* und andere Erreger erfahren ihre klinische Behandlung zumeist in der Neurologie oder der Inneren Medizin. Bei ausgeprägten meningitischen, meningoenzephalitischen oder abszedierenden Prozessen kann es selbstverständlich zu akuten psychoorganischen Syndromen mit unterschiedlichen organisch-psychotischen Ausgestaltungen kommen. Beachtlich sind die subakuten emotionellen Veränderungen (bis hin zu milden Psychosen) bei akuter *Chorea minor* (SYDENHAM).

Zerebrale Infektionen durch neurotrope Viren

Infektionen mit Grippeviren, bei Lyssa, bei Pockenenzephalitis, Windpokken, Mumps, Masern usw. können mit akuten psychoorganischen Beeinträchtigungen einhergehen. Deren Symptomatik und Verlauf hängen nicht vom Erregertyp ab, sondern von der Intensität und Lokalisation der entzündlichen Prozesse. Klinisch-psychiatrische Therapie kann bei starken, mit ausgeprägten Verhaltensstörungen und Gefährdung einhergehenden organisch-psychotischen Störungen erforderlich werden.

Die **Encephalitis lethargica** (Economo) trat seit ihrer epidemischen Kulmination 1916–1928 nur mehr sporadisch auf. Im akuten Stadium führt sie zu deliranten Umdämmerungen; nach jahrelanger Latenz progredientes Parkinson-Syndrom.

Lyssa-(Tollwut-)**Enzephalitis** tritt bei ausbleibender Frühimpfung 10 Tage bis 4 Wochen nach Biß- oder Kratzverletzung durch ein infiziertes Tier auf und verläuft in wenigen Tagen tödlich. Zuvor: Delirien, Hydrophobie, Stammhirnkrämpfe.

Andere Virusenzephalitiden können auch die Hirnrinde und Hirnhäute beteiligen, machen wechselvolle, meist flüchtige psychoorganische Zustände mit paranoid-halluzinatorischer, deliranter oder oneiroider Ausgestaltung des Achsensymptoms: Bewußtseinstrübung. Die Mortalität im akuten Stadium ist beträchtlich. Schwere psychiatrische Dauerschäden sind eher selten. Über spezifische therapeutische Maßnahmen berichten neurologische und internistische Lehrbücher.

Zerebrale Toxoplasmose

Bei fetaler Protozoeninfektion Auftreten schwerer Hirnmißbildungen mit Oligophrenie und Epilepsie. *Ablauf:* Generalisierte Infektion, akute Enzephalitis und postinfektiöser Zerebralschaden können in die Embryonalzeit, teilweise in die frühe Kindheit fallen. *Neuroanatomisch:* Erweichungsherde, Zystenbildung, Verkalkungen. Postnatale Infektionen, zumal solche Erwachsener, verlaufen meist subklinisch, gelegentlich als akute Meningoenzephalitis.
Diagnose: Durch Komplementbindungsreaktion mit Titeränderung.
Therapie: Sulfonamide, Pyrimethamin.

Fleckfieber-Enzephalitis

Sie ist Begleiterscheinung jeder *Rickettsien*infektion. Diese Erkrankung war in den Kriegen im osteuropäischen Raum und in Konzentrationslagern epidemisch. Das somnolent-delirante akute Bild geht nicht selten über eine konfabulatorische Rekonvaleszenzphase in Heilung über. In einigen Fällen kommt es zu Hirnatrophie, neurologischen Restschäden und psychischen Dauerveränderungen mit mäßigem Persönlichkeitsabbau; häufig sind gedehnte vegetativ-asthenische Syndrome. Die Differenzierung von postdystrophischen zerebralen Schäden nach langfristiger Aushungerung bei früheren Kriegsgefangenen oder Konzentrationslagerinsassen ist oft schwierig.

Literatur

Huffmann, G.: Infektions- und andere entzündliche Erkrankungen des Zentralnervensystems. In Kisker, K. P., H. Lauter, J.-E. Meyer, C. Müller, E. Strömgren: Psychiatrie der Gegenwart, Bd. VI. Springer, Berlin 1988

Schönle, P. W.: Psychische Störungen nach geschlossenen Hirntraumen. In Kisker, K. P., H. Lauter, J.-E. Meyer, C. Müller, E. Strömgren: Psychiatrie der Gegenwart, Bd. VI. Springer, Berlin 1988

39 Metabolische, endokrine und postoperative psychische Störungen

Lernziel:
Erkennen von charakteristischen Verknüpfungen zwischen metabolischen und endokrinen Entgleisungen sowie postoperativen Lagen und psychoorganischen Syndromen.

Klassifikation:

ICD-9: 293	vorübergehende organische Psychosen,
294	andere (chronische) organische Psychosen
DSM III:	293.00 Delir
	294.00 amnestisches Syndrom
	293.81 organisches Wahnsyndrom
	293.82 organische Halluzinose
	293.83 organisches affektives Syndrom
	310.10 organische Persönlichkeitsstörung

Unmittelbar das Gehirn befallende Krankheiten (Tumoren, Gefäßprozesse, multiple Sklerose, degenerative Vorgänge usw.) führen je nach Ausprägungsgrad zu leichteren oder schwereren akuten bzw. chronischen psychoorganischen Syndromen. Charakteristische psychiatrische Bilder und Verläufe auf dem Boden hirngebundener Erkrankungen sind etwa bei degenerativen und extrapyramidalen Hirnerkrankungen (Picksche Atrophie, s. S. 308; Chorea Huntington, Morbus Wilson, Alzheimersche Krankheit, s. S. 308) zu sehen. Schwere Allgemeinerkrankungen führen oft über Entgleisungen des Wasser- und Elektrolythaushaltes, des Kohlehydratstoffwechsels, über hämodynamisch bedingte zerebrale Hypoxydose zu flüchtigen „Durchgangssyndromen", ausgeprägteren organischen Psychosen oder überdauernden, psychoorganisch strukturierten Persönlichkeitsstörungen. Leukosen, Karzinomatosen und Avitaminosen können ebenso wie der dissiminierte Lupus erythematodes, fortgeschrittene Herzkrankheiten, Leberleiden oder Niereninsuffizienz zu solchen psychiatrischen Zuständen führen. Fehlt organisch-psychotischen Verfassungen das Achsensymptom der Bewußtseinstrübung oder tritt dieses stark zurück und kommt es zugleich zu produktiven paranoid-halluzinatorischen Verläufen – wie das z. B. bei psychischen Störungen im Verlauf der perniziösen Anämie der Fall ist –, so können differentialdiagnostische Schwierigkeiten im Hinblick auf schizophrene Erkrankungen entstehen. Solche „symptomatischen Schizophrenien" können auch bei Intoxikationen mit Schwermetall, Kohlenoxid oder Schwefelkohlenstoff auftreten. Auch zyklothym-depressive Syndrome können durch Hirnkrankheiten (Traumen, Tumoren) imitiert werden.

Endokrine Psychosyndrome

Ein scharf umrissenes endokrines Psychosyndrom gibt es nicht. Bei endokrinen Erkrankungen unterschiedlichster Art kann es zu zeitlich begrenzten oder dauerhaften Veränderungen des Antriebs, der Stimmung und einzelner Triebe kommen. Hunger (Heißhunger, Inappetenz, besondere Gelüste), Durst, Bedürfnis nach oder Vermeidung von Wärme oder Kälte, Veränderungen des Bewegungstriebes (Bewegungsarmut, Unruhe, zielloses Herumlaufen), Steigerung oder Minderung des Schlafbedürfnisses und der Sexualität, Abwandlungen im Territorial-, Konkurrenz- oder Aggressionsverhalten, kaptative Durchbrüche mit Delinquenz gehören zur vielgestaltigen Palette solcher Störungen.

Wird die endokrine Ursache beseitigt, so tritt die psychische Symptomatik zurück, es sei denn, das Grundleiden habe bereits zu einer Hirnschädigung geführt.

Einzelne endokrine Funktionsstörungen

Nebennierenrinde: Apathie, Depressivität, ängstliche Gereiztheit, gelegentlich delirant-halluzinatorische Psychosen; bei Kortikoidtherapie gelegentlich maniform-expansive Bilder.

Hyperthyreose: ängstliche Getriebenheit, Irritabilität, Gefühlslabilität; in thyreotoxischen Krisen auch delirante Psychosen.

Hypothyreose: Antriebsarmut, Verlangsamung; bei Ausbleiben der Substitution Persönlichkeitsabbau und Demenz.

Hypophyseninsuffizienz: apathisch-amnestische Syndrome bis hin zu halluzinatorischen oder deliranten Zuständen mit psychomotorischer Erregung.

Morbus Cushing: Antriebsmangel, Verstimmungszustände, emotionelle Labilisierung.

Nebenschilddrüsenstörungen: asthenische Syndrome, „Pseudopsychopathien", paranoid-halluzinatorische oder delirante Psychosen.

Endokrine Erkrankungen, welche mit deutlicher Entstellung einhergehen (M. Cushing, adrenogenitales Syndrom, hypophysärer Zwergwuchs), bedingen nicht selten psychoreaktive Beeinträchtigungen auf dem Hintergrund entstellungsbedingter Selbstwertprobleme.

Psychische Störungen nach Operationen und unter Intensivtherapie (Dialyse u. a.)

Komplizierung und Vervollkommnung im Bereich der operativen, insbesondere transplantativen und Intensivmedizin bedingen in zunehmendem Maße auch psychologisch-medizinische Risikosituationen: erlebnisreaktiv-neurotische Verarbeitungen mit dem Leitsymptom der *Panik*, unmittelbare und mittelbare Beeinflussung der Hirnfunktionen mit psychoorganischen Begleit- und Folgesyndromen, Auslösung flüchtiger oder längerfristig überdauernder wahnhafter und/oder halluzinatorischer Psychosen „endogenen" Gepräges. Das Risiko für solche psychiatrischen Komplikationen nach dem operativen und während des intensiv-medizinischen „Stresses" liegt relativ hoch und fordert häufig begleitende konsiliar-psychiatrische Beratung und Therapie (s. S. 238 ff).

Diagnostisch und in therapeutischer Hinsicht sind zu unterscheiden:

Akute psychoorganische Syndrome nicht nur nach Hirnoperationen, sondern auch bei Eingriffen im Bereich des kardiovaskulären, gastrointestinalen oder urogenitalen Systems. Ursächlich sind hier sekundäre Beeinträchtigungen der oxidativen und sonstigen metabolischen Hirnfunktionen durch Zirkulationsstörungen, Kaliummangel, sonstige Verschiebungen im Elektrolythaushalt, Entgleisungen im Wasserhaushalt, Überflutung des Hirns mit Metaboliten aus dem Bereich der biogenen Amine usw., Blutverlust, Embolien, Narkoseauswirkungen, Infektionen sind beachtlich.

Angst- und Panikreaktionen als erlebnisreaktive Antwort auf den die leibliche Integrität belastenden Eingriff mit schweren Verhaltensdesorganisationen in der Form psychogener Umdämmerung, erregten Fluchtverhaltens oder apathisch-infantiler Regression. Solche Zustände sind besonders bei Patienten mit vorgegebener charakterneurotisch strukturierter Ich-Schwäche zu sehen. Operationen mit der Einbringung von Transplantaten und Organersatz führen notwendigerweise zu einer risikoreichen psychologischen Einarbeitung des „Fremdkörpers". Auf der Ebene psychologischer Verarbeitung bedeuten solche Eingriffe stets: Auseinandersetzung mit realer Todesbedrohung, Körper-Ich-Verluste, Furcht vor Überwältigung. Narzißtische Grundbedürfnisse werden in Frage gestellt und auf der unbewußten Erlebnisebene als „Kränkung" erfahren. Erschwerend tritt die mit Intensivbehandlung einhergehende sensorisch-soziale Isolation hinzu (s. S. 25). Unterschiedliche Weisen ungünstiger psychologischer Verarbeitung solcher Streßsituationen werden beobachtet: reaktiv-depressive Zusammenbrüche, Rückgriff auf kindliche Verhaltensmuster mit Passivität und Forcierung der Abhängigkeit (Regression), Entfremdungszustände (Depersonalisation und Derealisation), Verleugnung der Gefahr in gehoben-ekstatischen Ausnahmezuständen, besonders aber generalisierte Angstsyndrome.

Auslösung funktioneller („endogener") Psychosen: Sie sind seltener, verlaufen zumeist episodisch und können zu differentialdiagnostischen Schwierigkeiten im Hinblick auf akute psychoorganische Syndrome mit psychotischer (schizophrenie- oder zyklothymieähnlicher) Ausgestaltung führen.

Therapie

Bei psychoorganischen Syndromen hat stets die Behandlung des somatischen Grundleidens Vorrang. Bei psychomotorischer Unruhe und Erregtheit ist wirksame, dabei schonende Sedierung geboten: Benzodiazepine, Paraldehyd, Distraneurin, bei psychotischen Verhaltensstörungen Butyrophenon (Haldol). – Prävention akuter panischer Streßreaktionen durch angemessene präoperative ärztlich-psychotherapeutische Führung im Zusammengang zwischen Chirurg und Anästhesist. In der akuten psychoreaktiven Krise: dichte supportive Psychotherapie; Verbesserung der emotionellen Einstellung des therapeutischen Personals durch Balint-Arbeit (insbesondere auf Dialyseeinheiten). Ausreichende Sedierung mit Tranquilizern. Bei gedehnten psychologisch-medizinischen Krisen Persönlichkeitsrekonstruktion durch Verhaltenstherapie bzw. psychoanalytische Fokalbehandlung.

Literatur

Huber, G.: Körperlich begründbare psychische Störungen bei Intoxikationen, Allgemein- und Stoffwechselstörungen, bei internen und dermatologischen Erkrankungen, Endokrinopathien, Generationsvorgängen, Vitaminmangel und Hirntumoren. In Kisker, K. P., H. Lauter, J.-E. Meyer, C. Müller, E. Strömgren: Psychiatrie der Gegenwart, Bd. VI. Springer, Berlin 1988

40 Psychosen in Schwangerschaft und Wochenbett

Lernziele:
Kenntnis der typischen psychoreaktiven und psychotischen Komplikationen in Schwangerschaft und Wochenbett; Fähigkeit, bei psychologischen Fehlverarbeitungen von Schwangerschaft und früher Mutterschaft in beratender und kurzpsychotherapeutischer Weise einzugreifen; Befähigung zur Indikationsstellung für psychiatrisch-klinische Therapie bei akuten perinatalen Psychosen.

Psychologie der Schwangerschaft und des Wochenbetts

Die Vorhersage, ob eine psychisch gesund erscheinende Frau ihre Schwangerschaft auch bei psychischem Wohlbefinden übersteht, ist im Einzelfall schwer. Als alarmierende neurotische Reaktionen sind morgendliche Übelkeit (Hyperemesis gravidarum), Speichelfluß, Sodbrennen, gesteigerter Appetit aufzufassen. Überbetonte Heiterkeit und „spielendes Damitfertigwerden" sind Überkompensationen. Andere Frauen verlieren während der Schwangerschaft ihre neurotischen Symptome, z. B. Angst. Die Schwangerschaft gibt ihnen ein Gefühl von Sicherheit, Integrität und Wert. Manche genießen die Vorteile der Schwangerschaft, indem sie ihren Abhängigkeitsbedürfnissen und ihren Hilfsbedürfnissen eher nachgeben können. Andere werden schon früh von panikartigen Ängsten befallen, während der Entbindung verstümmelt oder getötet zu werden. Die oft zu beobachtende bewußte Ablehnung des Kindes bei ledigen Müttern hat nichts mit einer komplizierten Schwangerschaft zu tun. Dagegen sind *unbewußte Ablehnung* des Kindes und Furcht der Mutter vor Verstümmelung wichtige Ursachen von Komplikationen. Die *Identifikation der Schwangeren mit ihrer eigenen Mutter* ist für die Art des Erlebens der Schwangerschaft ausschlaggebend.

Nach der Zeit der Introversion (Zurückgezogenheit) in den letzten Schwangerschaftsmonaten und während der Geburtsereignisse erfolgt der *Wiederaufbau der Welt der Wöchnerinnen* in Stufen:

Identifikation mit dem Kind;
allmähliche Durchsetzung der Objektbeziehung zum Kind in der Wochenbettperiode;
Lösung der narzißtischen Einengung der ersten Wochenbettphase; emotionale Wiederbesetzung der Umwelt.

Seelische Störungen in der Schwangerschaft

In der Schwangerschaft treten *seelische Störungen nur selten* auf. Oft fühlen sich seelisch labile Frauen in der Zeit der Schwangerschaft besonders wohl. Endogene Depressionen können zu Beginn einer Schwangerschaft abklingen; auch chronisch schizophrene Störungen, die meist durch eine Schwangerschaft nicht wesentlich beeinflußt werden, können sich in dieser Zeit bessern. Depressive Reaktionen zu Beginn der Schwangerschaft treten in der

Mehrzahl der Fälle bis spätestens im vierten oder fünften Monat wieder zurück. Das Ereignis der *unehelichen* und *unerwünschten Schwangerschaft* kann bei seelisch reaktiven Störungen eine größere Rolle spielen. Eine mit schweren Belastungen verbundene uneheliche Schwangerschaft kann auch eine schizophrene Psychose auslösen. Bei der Hälfte der in der Schwangerschaft einsetzenden endogenen Psychosen ist kein innerer Zusammenhang mit der Schwangerschaft zu erkennen. Wenn endogene Psychosen während der Schwangerschaft entstehen, ist ihre Prognose ungünstig. In der Schwangerschaft auftretende Depressionen dauern in der Regel lange. In dieser Zeit auftretende schizophrene Störungen führen sehr leicht zu schweren Persönlichkeitsveränderungen.

Seelische Störungen im Wochenbett

Sie sind mit den leibseelischen Vorgängen während der Schwangerschaft und Geburt untrennbar verwoben, haben einen eigenen besonderen „*puerperalen Stil*". Dieser bezieht sich weniger auf die Symptomatik als vielmehr auf die psychodynamische Entwicklung, den Inhalt und auf den im allgemeinen als günstig zu bezeichnenden Verlauf. In etwa der Hälfte der Fälle finden sich schizophrene, in etwa einem Viertel depressive und in etwa einem weiteren Viertel Mischpsychosen.

Andere Autoren unterteilen körperlich begründbare Psychosen in solche mit vorwiegend exogener Symptomatik und solche mit vorwiegend endogener Symptomatik. Unter den Mischbildern trifft man nicht selten solche mit einer exogenen Symptomatik, und sei sie auch nur transitorisch, an. Diese Patientinnen bieten dann meist delirant-amentielle Krankheitsbilder mit traumhafter (oneiroider) Verwirrtheit, illusionären Verkennungen, Halluzinationen und motorischer Unruhe. Abgrenzen lassen sich hiervon hypokinetische Zustände, die sich besonders durch Stupor und Mutismus auszeichnen.

Allgemeine Symptomatologie

Affektivität: Todesangst, ängstliche Getriebenheit, Ratlosigkeit, überschießende, heitere, freudige, sorglose und beschwingte Stimmung – oder gereizte Erregtheit – mit auf Kind, Ehemann oder Mutter gerichteten aggressiven Affektäußerungen.

Antriebsverhalten: Extrem aggressive oder infantile Verhaltensweisen mit erhöhtem Anlehnungs- und Zärtlichkeitsbedürfnis, regressives Verhalten, narzißtische Einstellung; nicht selten plötzlicher Übergang in hochgradige Erregungzustände oder Stupor.

Denkinhalte: Minderwertigkeits- und Insuffizienzgedanken, Schuld- und Versündigungsideen, die um Kind, Ehemann und eigene Person kreisen, verbunden mit paranoider Schuldverarbeitung und leibhypochondrischer Wahnthematik; Eifersuchtsgedanken oder wahnhaft gesteigerte Sorgen um den Verbleib des Kindes oder des Ehemannes; Wahneinfälle vom Typ des Größenwahns mit ekstatischer Gestimmtheit; Beeinflussungserlebnisse, Wahnwahrnehmungen und Halluzinationen.

Manifestation: Schon bei orientierender Kenntnis der Psychologie und der Psychodynamik von Schwangerschaft und Wochenbett wird verständlich, daß bei disponieren-

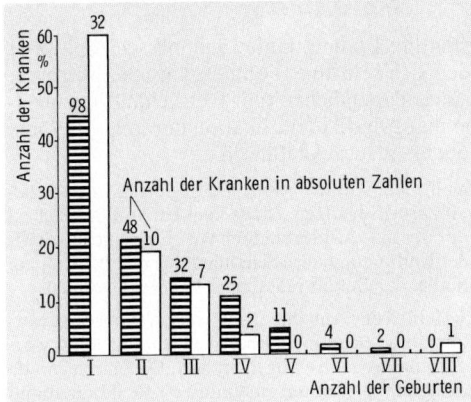

Abb. **2** Häufigkeit und Wochenbettpsychosen in % bei Erst-, Zweit , Drittgebärenden usf.
Schraffierte Säulen: Verteilung bei 200 Patienten von *Pauleikhoff* (1964)
Weiße Säulen: Verteilung bei 52 eigenen Kranken

den persönlichkeitsstrukturellen und psychosozialen (gestörte Ehe und Familie) Faktoren das *Mutterwerden* eine *Reifungskrise* bedeutet. Deshalb ist es nicht verwunderlich, wenn besonders häufig Erstgebärende psychisch erkranken (siehe Abb. 2).

Bei der Untersuchung der zeitlichen *Abhängigkeit der Wochenbettpsychosen vom Ereignis der Entbindung* lassen sich drei Gipfel erkennen (Abb. 3): unmittelbar nach der Geburt, am 4. und am 10. Tag post partum. Die Krankheitsformen Schizophrenie, Depression und Mischpsychosen verteilen sich zwanglos über die genannten Zeitpunkte. Andere Untersucher haben eine bemerkenswerte Häufung depressiver Psychosen um den 10. Tag herum gesehen. Der 10. Tag post partum war für die Auslösung der Wochenbettpsychose von besonderer Bedeutung, da zu diesem Zeitpunkt die Entlassung aus der Entbindungsklinik erfolgte, in der üblicherweise das Versagen „mütterlicher Instinkte" durch Schonung und Trennung von dem Kind begünstigt wird. (Bei entsprechend kürzerer Krankenhausaufenthaltsdauer ist heute der 5. bis 6. Tag der übliche Entlassungstag, so daß zu erwarten ist, daß sich die Auslösungsproblematik auf diese Tage verschieben wird.)

Nach Rückkehr in das häusliche und familiäre Milieu werden die Frauen dann plötzlich mit den Aufgaben als junge Mutter und Hausfrau konfrontiert und es fällt ihnen schwer, die richtige Beziehung zum Kind und zu der neugegründeten Familie überhaupt zu finden. Denkt man an die physiologischen Emotionen der ersten Wochenbetttage (Entlastungsstreß, siehe oben), so scheint auch gerade das Auftreten von Psychosen am 1., 2. und 3. Tag post partum verständlich. Der 3. und 4. Tag nach der Geburt, der sich durch die plötzlich stark einsetzende Milchproduktion auszeichnet, pflegt die ersten realen Anforderungen an die Mutter nach der Leistung der Geburt zu stellen und konfrontiert sie mit der nächstliegenden Aufgabe der Mutterschaft, nämlich der Nahrungsspende. Bedenkt man, daß bei den meisten psychotischen Wöchnerinnen die Beziehungen zum neugeborenen Kind gestört sind, so nimmt die Tatsache nicht wunder, daß gerade an diesem Tage gehäuft Wochenbettpsychosen auftreten.

Psychodynamik

Deutliche Häufung seelisch infantiler Frauen. Unter den mit schizophrener Symptomatik Erkrankten finden sich sensitive, kontaktschwache, introvertierte, narzißtische und gehemmte Persönlichkeiten. Der gehäuft anzutreffende Infantilismus ist auf eine mangelnde Identifikation der jungen Wöchnerinnen mit der eigenen Weiblichkeit zurückzuführen.

Beziehung zur eigenen Mutter. In einzelnen Fällen lassen sich gestörte Mutterbeziehungen bis in die früheste Kindheit zurückverfolgen. Meist liegt ein konfliktreiches, ambivalentes Verhältnis zur Mutter oder eine Mutterbindung vor. Eine solche schafft ein Reservoir von Todesangst bei der Entbindung, weil Schuldgefühle oder verdrängte Aggressionen gegenüber der Mutter bei der Geburt reaktualisiert werden können.

Schwangerschaftswunsch. Man geht fehl in der Annahme, daß von psychotisch gewordenen Wöchnerinnen Familienbildung und Schwangerschaft bewußt abgelehnt worden wäre. Meist wird eine Schwangerschaft sogar freudig intendiert. Oft führen gerade ereignisarme, heitere und sonnige Schwangerschaften zu abnormen Reaktionen und Psychosen im Puerperium.

Ehe. Das Thema der *ehelichen Partnerschaft* wird in etwa zwei Drittel der erkrankten Wöchnerinnen geäußert. Oft ablehnende, aggressive Haltungen gegenüber den Ehemännern. Hier kann man den Versuch einer Verdeckung der Insuffizienz der Wöchnerinnen in Form einer Projektion der eigenen nicht verfügbaren Verantwortlichkeit auf den Ehepartner sehen. Die Aversion gegen den Ehemann als Erzeuger des Kindes ist auch Ausdruck einer narzißtischen Kränkung.

Beziehung zum Kind. In fast allen Fällen ist eine Beziehung der jungen Mutter zum Kind gestört. Dies ist wohl ausnahmslos durch eine unbewußte Ablehnung des Kindes begründet. In hochpsychotischen Erregungen tritt sie in Form offener Aggression hervor. Bei anderen Wöchnerinnen steht die Interesselosigkeit am Kind mehr im Vordergrund. Nicht selten erfolgt die Abwehr der Aggression gegen das Kind in Form von Zwangsgedanken oder einer übertriebenen Besorgtheit. Die Person des Kindes erscheint auch in der Wahnthematik.

Prognose

Bislang wurde den Wochenbettpsychosen immer eine günstige Prognose nachgesagt. Neuere Untersuchungen haben aber gezeigt, daß rund die Hälfte aller erkrankten Frauen nach ihrer Wochenbettpsychose wieder erkranken. Ein Viertel davon erleidet Rezidive in einem späteren Wochenbett. Am günstigsten scheint die Prognose zu sein bei akuten delirant-amentiellen und den katatonen Zustandsbildern.

Therapie

Im Prinzip wie bei den Schizophrenien, mit Ausnahme von rein depressiven oder manischen (selten) Psychosen. Somatisch: bei depressiven Störungen Thymoleptika wie Amitriyptilin, bei stuporösen und katatonen Bildern Haloperidol, bei fieberhaften Katatonien (sehr selten) Elektrokonvulsionsbehandlung in relaxierter Kurznarkose. Milieutherapie, „rooming in", d. h. Wöchnerinnen mit Kind in einem Raum untergebracht und nicht wie üblich

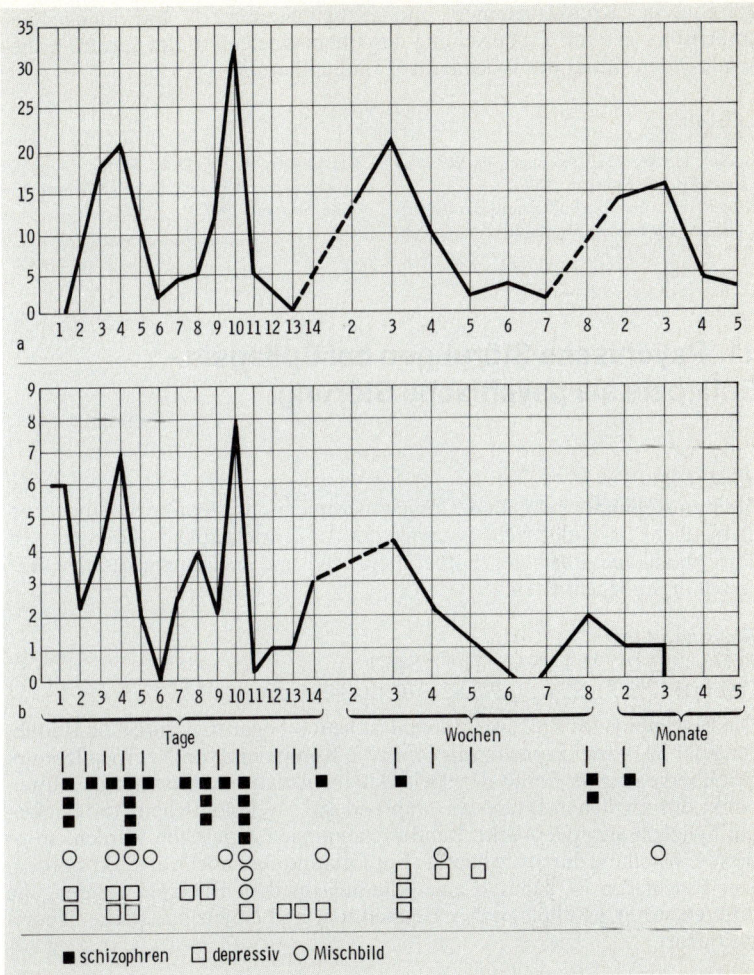

Abb. **3** Zeitpunkt und Häufigkeit des Auftretens der Wochenbettpsychosen in Tagen, Wochen bzw. Monaten nach der Entbindung:
a) graphische Darstellung von *Pauleikhoff* (1964) (200 Kranke)
b) im Vergleich dazu die Verteilung der eigenen 52 Krankheitsfälle in Verbindung mit der klinischen Symptomatik

getrennt in „Krankenzimmer" und „Säuglingszimmer". Individuelle Gesprächstherapie mit Einbeziehung des Ehemannes, evtl. der Eltern, insbesondere der Mutter der Wöchnerin (Familientherapie).

Literatur

Gödtel, R.: Seelische Störungen im Wochenbett. Fischer, Stuttgart 1979

Krüger, H.: Zur Psychodynamik der Gestationspsychosen. Z. Psychother. med. Psychol. 15 (1965) 230

Pauleikhoff, B.: Seelische Störungen in der Schwangerschaft und nach der Geburt. Enke, Stuttgart 1964

41 Psychische Störungen bei Epilepsie – Epilepsie als psychische Störung

Lernziele:
Kenntnis epilepsiegebundener psychopathologischer Syndrome sowie der Persönlichkeit und Psychodynamik des Epilepsiekranken. Grundwissen über medikamentöse, psychotherapeutische und sozial-rehabilitative Behandlungsmöglichkeiten.

Klassifikation:
ICD-9: 293.0, 294.1, 294.8, 310.1, 345.1
DSM III: 293.81, 294,10, 293.82, 310.10, 345.1

Die Betreuung des Epilepsiekranken ist heute, begünstigt durch die Einführung der Elektroenzephalographie, in die Kompetenz von Neuroepileptologen übergegangen. Stand der spektakuläre Anfall schon immer im Mittelpunkt des ärztlichen Interesses, während die psychologischen Auffälligkeiten lediglich als epileptische Randerscheinungen angesehen wurden, so ist diese Einstellung durch die heutige Entwicklung eher noch verstärkt worden. Der Psychiatrie ist dadurch eine Klientel aus dem Blickfeld geraten, die differenzierter psychologischer Betrachtung und emanzipatorischer Therapie bedarf.

Klassifikation epileptischer Anfälle

Die internationale Nomenklatur läßt sich von der Topologie der Anfallssymptomatik leiten und unterscheidet drei Gruppierungen:

Einfache fokale (partielle) **Anfälle** beginnen lokal mit seitendifferenten klinischen oder elektroenzephalographischen Symptomen bei *unbeeinträchtigtem* Bewußtsein. Unterschieden werden motorische Symptome (inklusive Jackson-Anfälle), spezifische sensorische oder somatosensorische Symptome (einfache Halluzinationen wie Kribbeln, Lichtblitze, Klingeln), vegetative Symptome (wie Erbrechen, Inkontinenz, Blässe, Erröten, Schwitzen) oder psychische Symptome (wie dysphasische, dysmnestische, kognitive und affektive Symptome, sehr selten).

Von diesen unterschieden werden *komplexe fokale Anfälle* mit im allgemeinen zu Anfallsbeginn oder kurz darauf *beeinträchtigtem* Bewußtsein. Hierunter fallen die *psychomotorischen Anfälle* mit unterschiedlicher kognitiver, affektiver, psychosensorischer und -motorischer (Automatismen) Ausgestaltung. Darüber hinaus sind *Anfälle mit fokalem Beginn* und daran *anschließender Ausbreitung* (sekundäre Generalisierung) abzugrenzen.

Generalisierte, d. h. seitengleich symmetrisch *ohne* fokalen Beginn auftretende bzw. generalisierte EEG-Muster aufweisende **Anfälle** sind Absencen (Petit mal), Myoklonien (inkl. Impulsiv-Petit-mal), infantile Krämpfe (BNS-Krämpfe), klonische, tonische, tonisch-klonische (Grand mal), atonische und akinetische Anfälle.

Die dritte Gruppierung umfaßt wegen unvollständiger Daten unklassifizierbare epileptische Anfälle (Näheres siehe Neurologie- und Epileptologielehrbücher).

Epidemiologie

Die Prävalenz epileptischer Anfallsleiden liegt zwischen 0,2 und 0,6% (BRD 120000–360000), die Krankheitserwartung zwischen 0,4 und 0,6% der Durchschnittsbevölkerung. Etwa 1/3 aller Epilepsiekranken weist nach heutigen Schätzungen behandlungsbedürftige *psychische Störungen* auf.

Ätiologie

Unterschieden werden *genuine* (endogene) und *symptomatische* Epilepsien. Bei genuinen Anfallsleiden sind keine primär hirnschädigenden Auslöser nachweisbar. Für die Entstehung einer erhöhten Krampfbereitschaft wie auch der Anfälle werden deshalb disponierende Faktoren angenommen. Als symptomatisch werden Epilepsien bezeichnet, deren Erstmanifestation in zeitlichem Zusammenhang zu einer Hirnschädigung steht. Über die Hälfte aller Epilepsien sind symptomatischen Ursprungs. Das Risiko für Eltern, mit einem epilepsiekranken Partner ein epileptisches Kind zu bekommen, liegt je nach Anfallstyp zwischen 2 und 8%, also etwa 10mal höher als im Bevölkerungsdurchschnitt. Konkordantes Erkranken an genuiner Epilepsie ist bei eineiigen Zwillingen ca. 5mal häufiger als bei zweieiigen. Ist bereits ein epileptisches Kind in der Familie, so liegt das Erkrankungsrisiko für ein weiteres Kind je nach Anfallstyp zwischen 5 und 15%.

Persönlichkeit des Epilepsiekranken

Das psychische Erscheinungsbild des Epilepsiekranken ist so vielfältig wie die Individualität derjenigen, die an epileptischen Anfällen leiden. Wie Menschen von unbewältigten Konflikten oder psychotischen Erlebnisaktualitäten in ihrem Fühlen und Handeln bestimmt sein können, so tritt auch beim Epilepsiekranken die dem Anfallsleiden zugrundeliegende bzw. damit einhergehende psychische und soziale Problematik in Erscheinung. Diese verdichtet sich *nicht* zu einem spezifischen Persönlichkeitsbild. Psychischen Besonderheiten, die früher als typisch „epileptisch" angesehen wurden, begegnet man auch bei Mitmenschen oder Patienten mit anders gearteten psychologischen Problemlagen.

Einzelne Auffälligkeiten, die einen lockeren Zusammenhang zur Epilepsiekrankheit erkennen lassen, werden von den „Organikern" unter den Epilepsiekennern als Ausdruck zentralnervöser Schädigungen, von den „Psychikern" – diese halten die idiopathische Epilepsie für eine funktionelle neurotisch-psychotische Erkrankung – als Verhaltensvarianten, die überwertig-aggressiven Impulsen entspringen, angesehen. Angesprochen sind hiermit gelegentlich bei *Temporallappen- bzw. Schlafepileptikern* auffallende *Zuspitzungen prämorbider Persönlichkeitsmuster*, die der Interaktion etwas zwängig-enges, beharrlich-insistierendes und hartnäckig-haftendes („enechetisches" oder „Haftsyndrom") geben. Demgegenüber locker und unverbindlich erscheint die bei *Aufwachepileptikern* anzutreffende *Extremvariante*, deren Verhalten als kindlich-extrovertiert, leichtfertig-suggestibel, sprunghaft-fahrig, grandios-überwertig und konfliktvermeidend charakterisiert wird. Beide Varianten und ihre weniger akzentuierten Erscheinungsbilder können aus psychodynamischer Sicht als *Abwehrstrategien* gegenüber nach innen und außen gewandten zerstörerischen Impulsen (epileptische Wut) auf dem Hintergrund einer mit geringem Selbstwertgefühl ausgestatteten Persönlichkeit interpretiert werden.

Leicht entstehen aggressive Übertragungen im Gespräch mit Epilepsiekranken, die, rechtzeitig wahrgenommen und günstig gehandhabt, die wohlwollend annehmende Haltung zum Patienten nicht unterlaufen. Für die Persönlichkeitsentwicklung des Epilepsiekranken ist wichtig, wie in seiner familiären und sozialen Umgebung auf das Anfallsleiden reagiert wird. Darüber hinaus ist auch die Wahl des Antiepileptikums und die Dosierung für das Ausmaß der Beeinträchtigung seiner psychischen und intellektuellen Beweglichkeit von Bedeutung.

Verstimmungen

Epilepsiekranke sind leicht verletzlich und zeigen, insbesondere nach oder anstelle eines Anfalls, eine besondere Bereitschaft zu konflikthaften Verarbeitungen mit ängstlich besorgten, ärgerlich gereizten oder traurig niedergeschlagenen Stimmungen. Dabei können auch Suizidgedanken auftreten. Diesen ist besondere Aufmerksamkeit zu schenken. Die überwiegende Zahl derer, die Suizidabsichten äußern, werden später Suizidversuche begehen. Das Risiko infolge eines Suizids zu sterben, ist bei Epilepsiekranken etwa *5mal höher* als im Bevölkerungsdurchschnitt. Bei der Wahl der Suizidmethode kommen häufig harte, ungewöhnlich starke autodestruktive Impulsive offenbarende Techniken zur Anwendung. Gefürchtet wegen ihrer selbst- und fremdzerstörerischen Gewaltausbrüche sind Epilepsiekranke in *gereizten Verstimmungszuständen*. Diese wie auch depressiv getönte können abrupt durch einen Anfall zum Abklingen kommen.

Therapie: Ambulante psychotherapeutische Betreuung, ggf. unterstützt durch Antidepressiva- oder Sedativagabe; bei Fremd- oder Selbstgefährdung Klinikbehandlung.

Suchtartige Selbstauslösung epileptischer Anfälle

Die seelische Bedeutung der Selbstauslösung epileptischer Anfälle, sei es durch Nichteinnahme der Antikonvulsiva, Aufsuchen bzw. Nichtvermeiden anfallsauslösender Situationen oder sensorische Stimulierungstechniken, wird heute noch unzureichend erkannt. Ein besonderer Fall ist die meist zufällig von Patienten gemachte Erfahrung, daß sich beim Betrachten blink- oder blitzartiger Lichteffekte, z. B. vertikalinstabiler Fernsehbilder, Blitzlichtgewittern in Diskotheken, Fächeln vor den Augen beim Blick in die Sonne u. ä., beim Anhören bestimmter Musik, bei bestimmten Körperberührungen oder Bewegungen oder auch bei Imagination und Tagträumerei Anfälle auslösen lassen. Dieses Erleben ist stark lustbetont und von großer Heimlichkeit und Schamhaftigkeit begleitet. Zwei Erklärungsmodelle werden angeboten. Der triebhafte Wiederholungszwang und der Widerstand gegen alle Versuche, die Selbstauslösung zu vermeiden, führten zu der Annahme eines „Suchtmoments" bei der Epilepsie *(Fallsucht!).* Aus psychoanalytischer Sicht hat die lustvolle Selbstauslösung die Bedeutung einer *sexuellen Ersatzhandlung.* Der *Anfall* entspricht dem *Koitus* (FREUD).

Aufdeckende Psychotherapie war in den wenigen Fällen, in denen sich Patienten dazu bereit fanden, erfolgreich.

Psychosen bei Epilepsie

Bei **iktalen bzw. paroxysmalen Dämmerzuständen** (iktal, paroxysmal – anfallsweise) wie *Petit-mal-Status, Status psychomotorischer Anfälle oder der Aura continua* folgen epileptische Anfälle ununterbrochen oder in kurzem zeitlichen Abstand aufeinander, so daß zwischen den Anfällen Bewußtsein und Orientierung nicht oder nur unzureichend wiedererlangt wird. Fragmente des jeweiligen Anfallstyps treten auf. Psychopathologisch ist traumhafte Benommenheit, Perseveration, teilweise Amnesie und gelegentlich produktiv Psychotisches zu beobachten. Im EEG sind spezifische epileptische Potentiale nachweisbar.

Therapie: Unter EEG-Kontrolle 10–20 mg Diazepam oder 2 mg Clonazepam langsam i. v. injizieren. *Cave:* Atemdepression (Beatmungsbeutel bereithalten) und Blutdruckabfall. Klinikeinweisung und antikonvulsive Neueinstellung mit Plasmaspiegelbestimmung. EEG-Kontrolle nach 24 Stunden zur Rezidiverfassung.

Postiktale Dämmerzustände weisen eine zeitliche Bindung zum Anfallsgeschehen auf und treten meistens nach *Serien* großer Anfälle oder Grand-mal-*Status,* seltener vor, mitunter auch spontan im anfallsfreien Intervall auf.

Psychopathologisch zeigen diese die Symptomatik des *akuten organischen Psychosyndroms* (s. S. 267) und gehen mit somnolenter Bewußtseinstrübung, Orientierungsstörung, Verwirrtheit, Halluzinationen und Wahnbildungen einher. In der meist starken psychomotorischen Erregung können aggressive Fehlhandlungen begangen werden. Es besteht eine partielle Amnesie für die Zeit herabgesetzter Bewußtseinshelligkeit. Dämmerzustände dauern selten länger als Stunden.

Im EEG ist eine mittelgradige bis schwere Allgemeinveränderung, gelegentlich Spike-Wave-Komplexe, Spikes oder eine gruppierte Dysrhythmie nachweisbar.

Therapie: Klinisch; Pflegeperson bleibt zur Überwachung beim Patienten, um Fehlhandlungen zu verhindern. Gabe von hochpotenten Neuroleptika, z. B. Haldol i. v. oder Diazepam i. v. Bei *„geordnetem Dämmerzustand"* ist das Bewußtsein klar, aber insofern eingeengt, als die „Besinnung", d. h. das Erinnern und Reflektieren des eigenen Tuns, gestört ist und einer vollständigen oder teilweisen Amnesie unterliegt. Diese Zustände sind sehr selten und noch seltener einmal von forensischer Bedeutung.

Paranoid-halluzinatorische (schizophrenieähnliche) epileptische Psychosen (Alternativpsychosen). Das Bewußtsein ist im Gegensatz zu den iktalen und postiktalen epileptischen Psychosen (Dämmerzuständen) ungetrübt. Es kann sogar Überwachheit bestehen. Alle bei Schizophrenie geläufigen psychopathologischen Phänomene kommen vor. Häufiger als hebephrene sind paranoid-halluzinatorische Zustandsbilder, selten katatone (s. S. 383). Die Affektivität dieser Patienten wird im Unterschied zum Schizophrenen als wärmer, die zwischenmenschlichen Beziehungen als von einem weniger großen Distanzbedürfnis durchdrungen erlebt.

Die Beobachtung, daß es bei diesen Psychosen zu einer „forcierten Normalisierung" des EEG kommt, bedarf insofern der Relativierung, als neben wenig veränderten verbesserte, seltener gänzlich normalisierte EEG-Befunde vorkommen. Kleine oder große Anfälle nehmen ab oder bleiben ganz aus. Diese Beobachtungen haben zu der Annahme geführt, daß ein funktioneller Antagonismus zwischen epileptischen Manifestationen und psychotischen Erlebnismustern besteht. Auf diesem Zusammenhang beruht die Benennung dieser Psychosen als Alternativpsychosen.

Therapie: Es gilt „zwischen der Skylla der Anfälle und der Charybdis der Psychose" zu manövrieren. Reduzierung von Antiepileptika und Gabe von Neuroleptika je nach psychopathologischem Bild begünstigt das Anfallsrezidiv, mit dem die Psychose meist abklingt.

Schizophrene, manisch-depressive oder **depressive psychotische Episoden** kommen bei Epilepsiekranken im anfallsfreien Intervall (interiktal) vor. In ihrem Erscheinungsbild unterscheiden sie sich bei Patienten mit oder ohne Epilepsie nicht.

Chronische schizophrene Psychosen sind bei Epilepsiekranken etwas häufiger (0,64%) als bei Koinzidenz statistisch zu erwarten wäre. Meist sind Patienten mit über ein Jahrzehnt langen Verläufen betroffen. Am häufigsten ist die paranoide Form mit undramatischem Beginn. Chronifizierung erfolgt in etwa der Hälfte der Fälle. Die Symptomkonstellationen lassen keine Besonderheiten zwischen Patienten mit oder ohne Epilepsie erkennen (Therapie s. Schizophrenien [s. S. 393]).

Die **epileptische Demenz** ist ein *chronisches organisches Psychosyndrom* (s. S. 270), das durch diffuse Hirngewebsschäden infolge von Anfällen und Stürzen entsteht. Es kommt zu z. T. erheblichen intellektuellen Leistungseinbußen und zu einer Zuspitzung „enechetischer" Persönlichkeitsmerkmale. Bei konsequenter antiepileptischer Behandlung wird eine dementielle Entwicklung zu verhindern sein. Differentialdiagnostisch muß an eine Beeinträchtigung der psychischen und geistigen Beweglichkeit durch Antikonvulsiva, insbesondere Barbiturate, gedacht werden, die eine „Demenz" vortäuschen können.

Psychodynamisches Epilepsieverständnis

Aus psychodynamischer Sicht symbolisiert der Anfall regressive autodestruktiv ausgelebte Impulse. Diese entspringen der Unfähigkeit des Epilepsiekranken, aggressive Emotionen situationsadäquat zuzulassen. Die aggressiven Triebstauungen entladen sich im Rückgriff auf archetypische Verhaltensmuster meist als Anfall. Eine Prädisposition gibt den Ausschlag zu dem für die epileptische Symptombildung charakteristischen Weg der Aggressionsabfuhr. Multifaktorielle Vererbungsmodalitäten werden heute angenommen.

Der *idiopathischen Epilepsie* als funktioneller neurotisch-psychotischer Störung liegt eine nur unvollständig geglückte *Ich-Entwicklung* zugrunde. Die Verselbständigung des Kindes von den primären Bezugspersonen Mutter und Vater mißlingt. Die symbiotische Fusionierung – normales Durchgangsstadium der frühen Kindheitsentwicklung – bleibt weitgehend bestehen. Beim Heranwachsenden persistieren Überbleibsel aus der frühkindlichen (primär narzißtischen) Erlebniswelt wie Allmachts- und Größenphantasien, unzureichende Unterscheidungsfähigkeit zwischen Realität und Phantasie, Aggressionsvermeidung aus Angst vor Verlust der unverzichtbaren Bezugsperson und vieles andere mehr. Es resultieren Handlungsvollzüge und Symptombildungen nach dem Alles-oder-nichts- bzw. Allmachts-Ohnmachts-Schema, deren oberstes – metaphysisches – Ziel die Wahrung eigener Absolutheitsansprüche ist.

Wie geschieht dies beim Epilepsiekranken?

Man kann dies wie folgt sehen. Eine Kränkung, eine soziale Ungerechtigkeit oder die Verweigerung eines Wunsches kann als akute situative Bedrohung eigener Omnipotenz empfunden werden. Wird diese Bedrohung mit einem Anfall „beantwortet", so macht dieser den Epilepsiekranken wieder zum Beherrscher der Situation – auch real, denn alle Zuwendung gilt jetzt ihm, man läßt von Forderungen ab etc.; er entgeht so tatsächlich oder vermeintlich einer Einbuße seiner Person, da er im Anfall ohn(un)mächtig diese nicht erleiden muß. Die konvulsive Ohn(un)macht ist so gesehen nur eine Spielart zur Wahrung eigener Allmacht. Andere Möglichkeiten allmachtlichen Symptomgebarens sind z. B. der ausgestanzte destruktive Wutanfall, der mitunter Trümmerfelder hinterläßt, die Ich-Mythisierung bei alternativer Psychose oder die projektive Abwehr paranoischer Prägung. Die Lösung des Problems „Wahrung der Allmacht" wird im Rückgriff auf archetypische Verhaltensmodi gesucht. Der Anfall – häufigste Spielart – ist recht verstanden die *Inkarnation des K(r)ampfes um die eigene Unversehrtheit.* Er dient der Wahrung eines metaphysischen Prinzips, nämlich dem eigener Größe. Dem Fallsüchtigen als dem von der Sucht, sich selbst zu Fall zu bringen, Beherrschten ist die eigene Person Opfer seiner zerstörerischen „Überlebensstrategie".

Emanzipatorische Therapie mit Epilepsiekranken

Psychotherapie: Der Epilepsiekranke bedarf neben einer optimalen Einstellung auf Antikonvulsiva der Beratung bei Fragen der Lebensführung und bei aktuellen Konflikten. Häufig ist psychotherapeutische Behandlung notwendig. Dafür stehen unterschiedliche Verfahren wie Gesprächs-, Familien-, Gruppen- und analytische Psychotherapie zur Verfügung. Darüber hinaus sind Selbsthilfegruppen von Betroffenen hilfreich.

Ziel aller therapeutischen Bemühungen ist es, den Epilepsiekranken zu weitestgehender eigenständiger Lebensführung zu verhelfen. Aufarbeitung der besonderen epileptischen Konfliktdynamik, die zur Auslösung und Unterhaltung der Anfälle führt und die individuelle und beruflich-soziale Selbstfindung erschwert, ist Kernaufgabe der Therapie.

Relativ günstige Bedingungen dafür bieten sich, wenn medikamentös eine deutliche Reduzierung bzw. Anfallsfreiheit erreicht wird und die psychischen Probleme in den Vordergrund treten. Eine Besonderheit bei der Behandlung Epilepsiekranker liegt nämlich darin, daß, solange Anfälle bestehen, kaum Leidensdruck empfunden wird und die Bereitschaft zu introspektiver Selbstreflexion gering ist. Den Leidensdruck erlebt stellvertretend die Umwelt als Zeuge des Anfallsgeschehens um so heftiger. Bei bestehender Motivation sollte eine tiefenpsychologische Behandlung angestrebt werden. Bisherige Erfahrungen zeigen allerdings, daß die Fortsetzung der Therapie in einem Stadium gefährdet ist, in dem statt Anfällen Ängste und aggressive Impulse bewußter erlebt werden. Wird die Therapie durchgehalten, so sind Erfolge zu erzielen wie Überwindung von Therapieresistenz, Verminderung von Anfallshäufigkeit und Antiepileptika und günstigenfalls Anfallsfreiheit ohne Medikamenteneinnahme.

Sozialtherapie: Die psychischen Störungen, weniger die Anfälle, sind Ursache beruflich sozialer Desintegration bei Epilepsiekranken. Die Isolierung am Arbeitsplatz kann, auch in aufgeklärter Zeit, durch das Stigma „Epilepsie" entstehen. Bei Konflikten mit Arbeitskollegen spielt häufig die leichte Verletzbarkeit des Epilepsiekranken eine Rolle. Lösungen können durch Aufklärung und Vermittlung vor Ort durch einen Sozialarbeiter gesucht werden. Der Arbeitsplatz selbst muß auf die besonderen Fähigkeiten und Behinderungen des Epilepsiekranken zugeschnitten sein (siehe Berufsliste für Behinderte mit Epilepsie in „Ausbildungseinrichtungen für Behinderte", Bundesanstalt für Arbeit).

Stärker seelisch und intellektuell Behinderte bedürfen gestufter Rehabilitation. Bereits unter stationären Therapiebedingungen können basale manuelle Fertigkeiten in der Beschäftigungstherapie, gezielter in der Werkleistungsgruppe und zur Vorbereitung auf berufsqualifizierende Maßnahmen oder Beschäftigung auf dem freien Arbeitsmarkt in beschützenden Werkstätten trainiert werden. *Spätmanifestationen* wie Ausbildungsabbrüche, Berufs- oder Erwerbsunfähigkeit und sozialer Abstieg sind eher *präventiv* durch gezielte Berufswahl, sorgfältige Ausbildung und sozialpsychologische Begleitung durch das *Beratungsteam* zu vermeiden als durch spätere Rehabilitation aufzufangen. Von den rehabilitierten Epilepsiekranken, die 3–4,5% aller Rehabilitierten ausmachen, erhielten im Anschluß an eine erfolgreiche Rehabilitationsmaßnahme 23–57% einen Arbeitsplatz auf dem freien Arbeitsmarkt. Bei 5–30% konnte der soziale Abstieg nicht verhindert werden (SCHMIDT 1984). Die Eingliederung Epilepsiekranker in selbständige Wohnformen, wie z.B. Wohngemeinschaften, Wohnheime oder auch eigene Wohnungen, aus häufig persistierenden symbiotischen Lebensgemeinschaften mit Familienangehörigen ist wichtiger Bestandteil emanzipatorischer Therapie.

Literatur

Bundesarbeitsgemeinschaft für Rehabilitation: Die Rehabilitation Behinderter. Deutscher Ärzteverlag, Köln 1984

Janz, D.: Die Epilepsien. Thieme, Stuttgart 1969

Reynolds, E. H., M. R. Trimble: Epilepsy and Psychiatry. Churchill Livingstone, Edinburgh 1981

Schmidt, D.: Behandlung der Epilepsien, 2. Aufl. Thieme, Stuttgart 1984

Wolf, P., G.-K. Köhler: Psychopathologische und pathogenetische Probleme psychotischer Syndrome bei Epilepsie. Huber, Bern 1980

XI. Alterspsychiatrie

42 Zur psychischen und sozialen Situation des alternden Menschen (Gerontopsychiatrie)

Lernziele:
Wissen um die biologischen, psychologischen und sozialen Bedingungen, unter denen alte Menschen gesund bleiben oder krank werden; Grundkenntnis der Inhalte einiger Alterstheorien. Kenntnis der Häufigkeit und Gestalt psychischer Erkrankungen im Alter, der Aufgaben und Erkenntnisse der Gerontopsychologie und der pathogenen altersspezifischen Konfliktsituationen.

Einführung

Gerontopsychiatrie befaßt sich mit Nosologie, Diagnostik, Therapie und Prävention von psychischen Erkrankungen, die das Alter begleiten oder durch Alternsvorgänge ausgelöst werden, und zwar mit ihren somatischen, psychischen und sozialen Ursachen, Entwicklungsbedingungen und Auswirkungen.

Es stellt sich die Frage, was Altern ist, durch welche Faktoren Alterungsprozesse im wesentlichen bestimmt werden, sowie die nach den Grenzen zwischen „normalen" Alterserscheinungen und Alterserkrankungen. Das Alter selbst ist keine Krankheit; nicht alle im Alter auftretenden Veränderungen haben Krankheitswert. Das Alter als Lebensphase ist keineswegs durch einen universellen Abbau aller Funktionen gekennzeichnet. Alte Menschen leben heute im Durchschnitt nicht nur länger als früher, sondern sind auch körperlich und psychisch gesünder und leistungsfähiger. Die Unterschiede zwischen den chronischen Erkrankungen des Alters, die früher als Ausdruck unbeeinflußbaren Alterns selbst angesehen wurden, zu den Phänomenen des Alterungsprozesses i. e. S. lassen sich heute deutlicher zeigen. Anhand von Longitudinalstudien ließen sich *normale Verläufe* des Alterns darstellen.

In der Psychiatrie des Alterns sind die physiologischen Alterungsvorgänge nicht Thema, sie bleiben jedoch im Blickfeld, da mit zunehmendem Alter gesetzmäßig auftretende organische und psychische Wandlungen mit krankhaften Phänomenen zusammenlaufen. Die Definition der *Altersnorm* ist mit Problemen verbunden, als Bezugspunkt kann jeweils nur die Durchschnittsverfassung einer Gruppe Gleichaltriger gelten.

Das Altern bewirkt nicht zwangsläufig bestimmte psychische Erkrankungen. Kennzeichnend für diese Lebensphase sind die erhöhte Anfälligkeit für

Schädigungen vielfältiger Art und die Tendenz zur Entwicklung mannigfaltiger Leidenszustände *(erhöhte Vulnerabilität und Multimorbidität)*. Neben der größeren Verletzlichkeit durch somatopathogene Noxen spielt eine verminderte Resistenz gegenüber psychischen und sozialen Traumatisierungen eine Rolle. Pathogene und situations-destabilisierende Einflüsse gewinnen höhere Penetranz. Die größere Vulnerabilität gründet sich vielfach in Strukturen der Primärpersönlichkeit und in ihren Erfahrungen in den Lebensphasen bis hin zum Eintritt ins Alter. Für die Gestaltung des Alters ist der Inhalt des gesamten bis dahin geführten Lebens entscheidend.

Theorien zum Alterungsvorgang

Fragen, die das Altwerden aufwirft, solche nach Ursachen und Gesetzen des Verlaufes, nach einer Erklärung für die in diesem Prozeß auftretenden Erscheinungen sowie nach Voraussagen sind Thema von Theorien zum Alterungsvorgang. Diese gehen von biologischen, medizinischen, psychologischen und soziologischen Ansätzen aus. Die Komplexität des Alterungsprozesses hat eine umfassende Theorie, die den Vorgang in seiner alle Aspekte umfassenden Gesamtheit wissenschaftlich verständlich machen könnte, bislang nicht ermöglicht. Jeder Erklärungsansatz vermag bestenfalls Teilaspekte und Einzelphänomene einem Verständnis näherzubringen.

Biologische Theorien *des Alterns* stellen körpermedizinische Gegebenheiten in den Vordergrund. Sie analysieren Altersveränderungen auf den Ebenen des genetisch programmierten Alterns der einzelnen Zelle bzw. zu Organen verbundener Zellverbände. Sie laufen Gefahr, die ständige Interaktion des genetischen Potentials mit Umweltgegebenheiten gering zu veranschlagen. Bei dieser Interaktion setzen erweiterte Theorien, wie die der somatischen Mutation, die Theorie vom Altern durch Schäden in den DNS-Reparaturmechanismen (Fehlertheorie) oder metabolisch orientierte Ansätze an. Sehen die auf der Zellebene angesiedelten Theorien die Abläufe in der Einzelzelle als den Altersvorgang wesentlich bestimmend an, so machen andere Theorien primäre Störungen auf Organebene, innerhalb abgrenzbarer Systeme (wie Kreislauf, Schilddrüsenfunktion, Hypophysenfunktion, zentrales Nervensystem) in erster Linie für die lebensbeendenden Vorgänge verantwortlich. Auch Dysfunktionen im Bereich organübergreifender Regulationssysteme werden in unterschiedlicher Weise als den Alterungsprozeß steuernd in Anspruch genommen. Einzelheiten dieser einseitig naturwissenschaftlich ausgerichteten Theorien und ihrer Kritik sind Thema der *allgemeinen Gerontologie*.

Die **psychologischen Theorien** *zum Altern* erheben weniger als die biologischen, die auf Ursachenklärung zielen, den Anspruch auf kausale Begründung. Sie thematisieren die psychischen Aspekte des Altwerdens, die Verhaltens- und Erlebnisänderungen und die somato-psychisch-sozialen Zusammenhänge, in denen der alte Mensch und insbesondere der alte Kranke steht. Allen ist – mehr oder weniger – ein praktischer, d. h. therapie- und handlungsbestimmender Anspruch eigen. Der alternde Mensch soll besser verstanden, adäquater behandelt, der Entstehung und Verschlimmerung seiner Beschwerden soll effektiver vorgebeugt werden.

Das **Defizitmodell** versteht Altern als Prozeß des Verlusts und des Abbaus emotionaler und intellektueller Fähigkeiten. Einstellungserschwernis, Haften an Altem, Inaktivität, verminderte Ansprechbarkeit kennzeichnen danach den alten Menschen. Der

Weg zum Defekt ist irreversibel. An der Defizittheorie und an den empirischen Beobachtungen, auf denen sie fußt, wurde inzwischen vielfältige sachliche und methodische Kritik geäußert. Das sich aus ihr herleitende *negative Altersstereotyp* kann inzwischen als wissenschaftlich nicht haltbar angesehen werden. Es prägt freilich in unserer Gesellschaft noch weitgehend die Einstellung zum alten Menschen. Altern wird mit Leistungsverfall, sozialer Kompetenzeinschränkung und Hilfsbedürftigkeit gleichgesetzt. Dem alternden Menschen wird das Fremdbild eines überflüssigen, ja lästig werdenden Gliedes der Gesellschaft vermittelt.

Selbstbild – Fremdbild

Für die Befindlichkeit des alten Menschen wesentlich mitbestimmend ist sein *Selbstbild oder Selbstkonzept.* Dieses ist Resultat von im Laufe des Lebens aus sozialen Interaktionen gewonnenen selbstbezogenen Informationen. Durch Rollenverlust im Alter und diskriminierende Vorurteile wird das die soziale Identität bestimmende Selbstkonzept in Frage gestellt. Keineswegs allen Betroffenen gelingt es, etwa durch die Entwicklung eines Gruppenbewußtseins in der Subkultur Gleichaltriger oder durch Aktivität und akzeptierte Verhaltensweisen, das Selbstbild zu stabilisieren. Man ist nicht so alt, wie man sich fühlt, sondern wie man von den anderen angesehen wird. Untersuchungen zum Verhältnis von Selbstbild und Fremdbild zeigen, daß solche Einschätzungen – seien sie noch so wenig wirklichkeitsgerecht und stark ideologisch verfälscht – nicht ohne Konsequenzen für das tatsächliche Befinden und Verhalten des so Stigmatisierten bleiben. Selbstbilder variieren nach Geschlecht, sozioökonomischem Status, ökonomischer Belastung im Alter, aber auch nach dem Grad der „subjektiv empfundenen Gesundheit", die keineswegs immer dem objektiven Gesundheitszustand entspricht.

Unter dem äußeren sozialen Druck negativer *Fremdbilder* nehmen *defensive Persönlichkeitszüge* zu. Empirisch sind solche Selbstkonzeptveränderungen und die in Abhängigkeit von ihnen entstehenden Verhaltensmuster belegt worden. Es resultieren Alternsstile, die sich zwischen den Polen „reif" und „gestört" bewegen und die sich durch Abwehrmechanismen, Ausmaß der Konflikttendenzen und der Selbstbildintegration unterscheiden.

Die Mitwelt macht dem Alternden sein Alter erkennbar. Das Vorurteil, Alter sei irreversibler Verfall und Verlust, reduziert natürlich die Chancen einer der Lebensphase gemäßen Neuorientierung und die Erschließung von Erfahrungsquellen, die neue Rollen und – damit verbunden – ein entsprechendes Selbstbewußtsein vermitteln könnten. Am Defizitmodell wird zugleich die Kulturrelativität der Einstellung zu alternden Mitbürgern deutlich. Neben Kulturen, in denen die Wertlosigkeit des alten Menschen seine soziale Position bestimmt, finden sich solche, in denen das Alter eine besondere Würde genießt und der Greis als Träger von Erfahrung, Wissen und Tradition besondere Achtung.

Wissenschaftlich ist das Defizitmodell schon deshalb fragwürdig, weil empirisch-statistische Ergebnisse, die Aussagen über das Altern der Bevölkerung schlechthin erlauben, und damit auch die Basis für allgemeingültige Aussagen i. S. einer Theorie nicht zur Verfügung stehen. In seiner trivialisierten Form bestimmt das Defizitmodell die gesellschaftliche Einstellung zu alten Menschen hierzulande. Ein Blick auf die Lebens-

und soziale Situation eines großen Teils alt gewordener Menschen um uns herum läßt Beispiele überflüssig werden.

Zweifellos ist Alter ein *biologisch determinierter Prozeß*, der auf das Ende des Lebens hinorientiert ist. Ein solch globales Gesetz schließt jedoch nicht aus, daß dieser Prozeß in seinem zeitlichen Ablauf und insbesondere in der Folge seiner Manifestationen auf den verschiedenen Organgebieten von individuellen, genetischen und Umwelteinflüssen abhängig ist. Es scheint nicht ausgeschlossen, daß der Alterungsprozeß selbst bis zu einer gewissen Grenze durch Umweltbedingungen – Ernährung, Lebensstil, Training – und eines Tages auch möglicherweise durch Substitution des Altersdefizits von Neurotransmittern und durch Genmanipulationen herausgeschoben werden kann.

Problematisch ist, daß in der Medizin und in der Psychiatrie die Biologie des Defizitmodells bestimmend geblieben ist. Dies führte zu einer mangelhaften institutionellen Entwicklung gerontologischer Versorgungs- und Behandlungsmöglichkeiten, zur geradezu sprichwörtlichen *medizinischen Unterversorgung* alter Menschen. Zum andern hat das Modell in seinem Gefolge einen therapeutischen Defätismus, ein Desinteresse und damit den Verzicht auf die Ausschöpfung gegebener Möglichkeiten. Überdies aber führt die Gleichsetzung von Alter mit unbeeinflußbarem Verfall zu einer Art *Entpathologisierung von behandlungsfähigen und behandlungsbedürftigen Leidenszuständen* in dieser Lebensepoche. Der Krankheitscharakter depressiver Zustände beispielsweise wird nicht mehr erkannt bzw. ernstgenommen, weil Traurigkeit und Haltungen, die zur Depression gehören, als dem Alter gleichsam natürlich zugeordnet und damit einer Therapie entzogen werden.

Das Defizitmodell findet seine Stützung in biologischen Modellen, die Alter als Abnutzung, Konsequenz der Ablagerung von Abfallprodukten, Einbau von Kalzium, Kollagenansammlung, Sklerose etc. sehen. Es stützt sich auf einen extrem restriktiven Normbegriff.

So prägt das Defizitmodell die Vorstellung, daß Gebrechlichkeit, Krankheit, sozialer Rollenverlust und Kränkung dem Alter als naturgemäß zugerechnet werden und so als Ziel eines therapeutischen Bemühens sinnvollerweise gar nicht mehr in den Blick kommen können. Eine solche Auffassung verkürzt die Komplexität des Alterns und der Psychiatrie des Alters auf unzulässige Weise.

Die Fragwürdigkeit einer rein defektologischen Theorie vom Alter wird unterstrichen durch eine Reihe anderer Theorien des Alterns, die die Plastizität, Wandlungsfähigkeit, Umweltabhängigkeit von Alternsprozessen gegenüber seiner schicksalhaften Endgerichtetheit stärker in den Blick bringen und auch in dem, was sich beim alten Menschen verändert, stärker die Metamorphose, den Wandel, die Veränderung der Möglichkeiten betonen.

Häufigkeit psychischer Störungen im Alter

Die nachfolgenden Daten sind dazu bestimmt, das Gewicht gerontopsychiatrischer Aufgaben zu umreißen. Die *mittlere Lebenserwartung* hat in den letzten hundert Jahren (1880–1980) erheblich zugenommen: bei Männern von 40,56 auf 70,18 Jahre, bei Frauen von 43,97 auf 76,85 Jahre. Die Gründe sind in den in dieser Zeit stetig verbesserten Lebensbedingungen und der Entwicklung der medizinischen Versorgung zu sehen. Die Zahl alter Menschen nimmt dementsprechend zu. Die absolute Zahl der über 65jährigen in der Bundesrepublik Deutschland verdoppelte sich von 1950 bis 1980 (von 4,8 auf 9,5 Mio.). Ihr Anteil an der Gesamtbevölkerung stieg von 9,4 auf 15,5%, etwa ein Drittel dieser Gruppe sind über 75 Jahre alt.

Alte Menschen nehmen überproportional den Großteil von Gesundheitsleistungen in Anspruch: 40% der Konsultationen bei Kassenärzten, 45% der Krankenhausbetten. Dies hängt mit der Zunahme chronischer, wiederholter Gesundheitsleistungen bedürftiger Krankheiten im Alter und mit der Multimorbidität zusammen. 25–30% der über 65jährigen gelten unter psychiatrischem Aspekt als Risikobevölkerung. 10% der über 65jährigen sind pflegebedürftig, 7% bedürfen fachärztlicher psychiatrischer Behandlung, 4% sind hospitalisiert. Die Zahl der Hospitalisierungen alter Menschen nimmt absolut und relativ zu. Die Hospitalisierungsrate der über 60jährigen hat sich in den letzten 40 Jahren verdoppelt, mehr als 50% aller Hospitalisierungen betreffen Alterskranke, die 20% aller psychiatrischen Betten belegen, obwohl sie nur 15% der Bevölkerung ausmachen. Die Gründe dafür sind in der höheren Prävalenz und Inzidenz psychiatrischer Krankheiten in den höchsten Altersstufen zu sehen, die mit der Überalterung der Bevölkerung an Umfang zunehmen, weiter an der veränderten sozialen Struktur der Industriegesellschaft, die Alte aus sozialen Bezügen herausdrängt. Es wird diskutiert, daß die Verbesserung der ambulanten psychiatrischen Versorgung jüngerer Patienten die Vernachlässigung der Altersklientel in den Ambulanzen und damit verbunden deren häufigere Krankenhauseinweisung zur Folge hat. Ein echter Anstieg der psychischen Alterskrankheiten, d. h. die Zunahme der Chance des einzelnen, im Alter psychisch zu erkranken, ist wohl zu verneinen.

Zur Verteilung psychiatrischer Erkrankungen ergeben Feldstudien, daß ein Viertel bis ein Drittel aller über 65jährigen an solchen Störungen leiden, bei etwa einem Siebtel davon handelt es sich um schwerwiegende hirnorganische Abbausyndrome und Demenzen, ein gleicher Anteil weist endogene Psychosen auf, ein Drittel dieser Gruppe leidet unter leichteren hirnorganischen Beeinträchtigungen, die Hälfte dieser Klientel wird von Patienten mit Neurosen und durch schwerwiegende Belastungen ausgelöste Erlebens- und Verhaltensstörungen gestellt. Die Zahlen aus den unterschiedlichen empirischen Untersuchungen streuen breit, allgemein akzeptierte Häufigkeitsangaben stehen nicht zur Verfügung. Entgegen der landläufigen Meinung sind psychische Erkrankungen nicht weit überwiegend Folge schweren hirnorganischen Abbaus, lediglich etwas mehr als die Hälfte der schwereren Erkrankungen gehen auf Funktionsstörungen des Gehirns zurück. Psychische Störungen, die denen früherer Lebensalter entsprechen oder sich aus ihnen entwickelten, stellen einen großen Teil der Symptome bei der Altersklientel.

Eigenständigkeit einer Gerontopsychiatrie?

Nicht nur Umfang und Gewicht psychischer Altersproblematik rechtfertigen eine eigene Disziplin Gerontopsychiatrie. Die Vernetzung von somatisch-biologischen, psychischen und sozialen Ursachen und Einflüssen in der Ätiologie und Pathogenese weist bei alten Menschen typische Strukturen und Gesetzmäßigkeiten auf, denen eine differenzierte Diagnostik und eine entsprechende Therapie gegenüberstehen muß. Während die Spezialisierung der Medizin der frühen Lebensphasen heute vernünftigerweise nicht mehr in Zweifel gezogen wird, gilt es für ältere Patienten, die Privilegien einer spezialisierten Disziplin erst noch zu schaffen. Gerade in der Psychiatrie, die lange Zeit vom Defizitmodell des Alterns geprägt war, sind Alte vielfach „mitbehandelt" worden und dementsprechend in den therapeutischen Institutionen untergegangen. Die Entwicklung eigener geriatrischer und gerontopsychiatrischer Behandlungseinrichtungen im stationären, ambulanten und flankierenden Bereich ist unbedingt geboten. Daß das bisherige Angebot ineffizient war und den Bedarf längst nicht deckte, steht außer Zweifel. Allen Planungen und Reformen wird jedoch eine Klärung der häufig irrationalen und unbewußten Abwehrhaltungen gegenüber alten Menschen (weil sie pflegeintensiv sind, weil sie viel Arbeit machen, weil sie mit der Hinfälligkeit und dem eigenen Tod konfrontieren) voranzugehen haben. Gerontopsychiatrisches Tun setzt bei allen Fortschritten, die auf diesem Gebiet erzielt werden konnten, sicher immer auch eine Bereitschaft zur therapeutischen Bescheidung voraus, einen „Paradigmenwandel" vom Arzt als Heiler zum Helfer.

Psychologische Aspekte des Alterns

Die Gerontopsychiatrie hat den psychisch kranken alten Menschen im Blick. Es ist nötig, das Krankhafte, Abnorme dieser Altersphase auf die Norm zu beziehen, die Psychopathologie auf die Psychologie. Die Abgrenzung des normalen Alterns von psychiatrischen Krankheiten des Alters ist in einem breiten Grenzbereich schwierig. Je nachdem, wo die Schwelle angesetzt wird, wie breit der Bereich der Normvarianten gilt, ergeben sich ganz unterschiedliche Populationen als „normal". Verhalten, Leistung, Behandlungs-, Pflege-, Versorgungsbedürftigkeit können Kriterien bilden. Mehr als statistische Ansätze zur Normdefinition kann die Unterscheidung von harmonischem und nichtharmonischem Altern besagen.

Mit der Variationsbreite der psychischen Norm im Alter befaßt sich die *Gerontopsychologie*. Sie untersucht den Alterungsprozeß bezüglich des Verhaltens und Erlebens, hinsichtlich Wahrnehmung, Denk- und Gedächtnisleistungen oder in bezug auf Motivation und Befindlichkeit. Sie erkennt Prozesse des Abbaus neben Leistungszunahmen. Ihre Theorien sind zwischen Extremen angesiedelt, zwischen der Annahme, daß alle psychischen Funktionen im Alter einem systematischen Abbau unterliegen, und der Meinung, die mit dem kalendarischen Alter verknüpften Funktionseinbußen seien im wesentlichen auf methodische Fehler bei der Datenerhebung zurückzuführen.

Ähnlich beschäftigen sich Sozialpsychologen und Soziologen mit den vorwiegend sozialen und gesellschaftlichen Bedingungen, die für den Alterungsprozeß maßgeblich sein können. Hier interpretiert sich Altern als soziales Schicksal, alterstypische Veränderungen werden mit Wandlungen der sozialen Situation in Beziehung gesetzt.

Die Gerontopsychologie sieht den normal Alternden als – im Vergleich mit der Mehrzahl der Gleichaltrigen – sich weitgehend unauffällig verhaltenden, von belastenden Beschwerden freien Menschen, der vorhandene leichte Einengungen und Behinderungen toleriert, zufrieden und angepaßt lebt.

Seelische Veränderungen im Alter sind Leistungsminderung, Leistungswandel und Umbildung der inneren Umwelt. Unmittelbar mit psychischen Alterserscheinungen hängen die Veränderungen der Sinnes- und Wahrnehmungsleistungen zusammen, wie Verschlechterung des Sehens, der Dunkelanpassung, des Hörens usw. Man muß freilich feststellen, daß die Wandlungen höherer Wahrnehmungsleistungen im Alter noch wenig untersucht sind.

Psychomotorische Leistungsfähigkeiten nehmen im allgemeinen ab; das zeigt sich in der Veränderung der Reaktionszeiten, der Bewegungszeiten, der Wahlreaktionszeiten und der Zeit zur Bewältigung größerer Aufgaben. Das Verhalten in komplexen Situationen hängt von der Einstellung, der Aufmerksamkeit und der Erwartungsstruktur ab. Neben nachlassenden Fähigkeiten, wie Sehvermögen, Gehör, Geschicklichkeit, Widerstandsfähigkeit, Wendigkeit, Arbeitstempo, Anpassungsfähigkeit, Aufmerksamkeit, Energie, Gedächtnis, stehen Fähigkeiten, die im Alter zunehmen, wie Geschmack, Regelmäßigkeit des Rhythmus, Methodik, Pünktlichkeit, Konzentration und Wachsamkeit, guter Wille, Disziplin, Vorsicht, Geduld und Präzision.

Mit experimentalpsychologischen Methoden hat man das Nachlassen der Merkfähigkeit, die vermehrte Erschöpfbarkeit und die Toleranzminderung beim alten Menschen festgestellt. Altersbedingte Veränderungen der Intelligenz im engeren Sinne, d. h. des Auffassungsvermögens, der Raumvorstellung, des induktiven Denkens, des Rechnens und der Sprachflüssigkeit, finden sich bis ins siebente Lebensjahrzehnt hinein kaum. Der regelhafte Intelligenzabbau im Alter ist ein Vorurteil. Es zeigt sich, daß diese Fähigkeiten viel mehr von der Ausgangsbegabung und der körperlichen Gesundheitssituation als vom Alter abhängen.

Im einzelnen ergibt sich, daß bei *Lernversuchen* ältere Menschen sinnloses Material schlechter lernen; wenn Sinnzusammenhänge verstanden werden können, sind die Leistungen denen jüngerer durchaus gleichwertig. Entscheidend ist die Frage der Motivation: Warum soll etwas gelernt werden, lohnt sich das? Davon hängt auch der zeitliche Ablauf des Lernens ab. Das Tempo nimmt ab. Oft fehlt älteren Menschen die Lerntechnik. Ihre Lernmöglichkeiten sind abhängig vom Komplexitätsgrad des Gebotenen, mehr Wiederholungen als bei jüngeren sind erforderlich. Der Lernvorgang ist störanfälliger. Der Reproduktion des Aufgenommenen steht oft weniger die schlechte Lernfähigkeit im Wege als die dem Alten eigentümliche Unsicherheit zu reproduzieren. Immer wieder ergibt sich, daß Begabung, Übung, Gesundheit und Motivation sehr viel stärker auf Lernprozesse Einfluß nehmen als der Altersfaktor.

In welchem Ausmaß die Psychologie des Alterns Veränderungen der Persönlichkeit feststellt, Zuspitzungen oder Abschwächungen charakterlicher Eigentümlichkeiten, hängt stark von der Methodik solcher Untersuchungen ab. Für das Gepräge einer Persönlichkeit sind soziale und motivationale Einflüsse bedeutsam. Für das Verhalten spielen Rollenzuschreibungen, Erwartungen, der Position zuerkannte Freiheiten eine wichtige Rolle. Die Bedeutung des kalendarischen Alters relativiert sich.

Was die *soziale Lage des alten Menschen* betrifft, so ist sie häufig durch Verluste, Einschränkungen, Konflikte zwischen Selbst- und Fremdbild sowie durch Auswirkungen des Generationsproblems gekennzeichnet. Vorstellungen, was „wertvoll" sei, wandeln sich im Laufe des Lebens, auch in der Zuschreibung. Reifen in der Jugend bedeutet Entfaltung, Expansion, Ausweitung, Reifen im Alter Kondensation, Konzentration auf das Wesentliche, Verinnerlichung, Anreicherung mit Erfahrung und sittlicher Substanz. Ein Nichtgenügen im Hinblick auf diese Normvorstellungen ist u. U. die Voraussetzung für pathogene Konflikte.

Das Verständnis des alten Menschen und seiner Symptome setzt voraus, daß man sich den *gesamten Kontext seiner somato-psychischen-sozialen Befindlichkeit* vergegenwärtigt: die somatischen Veränderungen, den psychischen Funktionswandel, die veränderte soziale Szenerie mit dem Gefühl, unerwünscht und unbrauchbar zu sein und deshalb zu vereinsamen, die finanzielle Unsicherheit, die Unausgefülltheit und Langeweile, die eingeschränkte Kompensationsfähigkeit gegenüber plötzlichen Veränderungen und schließlich die Konfrontation mit der Endlichkeit und dem Tod.

Die Alterssituation ist also in hohem Maße Bedrohungen, Gefahren, Verlusten und Kränkungen ausgesetzt. Sie verlangt tragfähige Mechanismen und entwickelte Fähigkeiten der Selbstbehauptung und der Konfliktabwehr. Störbarkeiten und Schwächen, die u. U. lebenslang bestanden, können in dieser kritischen Situation manifest werden.

Allgemeine Psychopathologie des Alterns

Ist schon die Abgrenzung von „normalen" Alterserscheinungen und Alterserkrankungen nicht immer einfach, so bereitet die Zuordnung der bei alten Menschen auftretenden seelischen Störungen erst recht oft erhebliche Schwierigkeiten.

Gerontopsychiatrische Symptome und Syndrome sind weitgehend unspezifisch, d. h., man kann aus dem psychischen Erscheinungsbild nicht ohne weiteres ablesen, welche Krankheit zugrunde liegt bzw. welche Ursachen und Bedingungen verantwortlich sind. Es gibt keine engen parallelen Beziehungen zwischen klinisch-psychiatrischem Befund einerseits und pathologisch-anatomischen bzw. pathophysiologischen Befund andererseits – dies gilt insbesondere für die Ergebnisse technischer Untersuchungsmethoden des EEG, PEG, CCT. Völlig unterschiedliche Noxen können einander ähnliche Syndrome erzeugen.

Im Einzelfall ist eine klare Zuordnung zu den Gruppen der organisch verursachten oder endogenen Psychosen, der erlebnisreaktiv verursachten oder Persönlichkeitsstörungen oft nicht möglich. Jedes gerontopsychiatrische Syndrom ist ein Komplex unterschiedlicher nosologischer Elemente entsprechend den vielfachen Ursachen, die in der *multifaktoriellen Bedingung* von Alterskrankheiten zusammentreten müssen.

Die Lebenssituation und die Persönlichkeit des alt Gewordenen mit allen Prägungen, Spuren und Vorerfahrungen formt die in dieser Lebensphase auftretenden Krankheitsbilder – mildernd oder verschlimmernd –, die auch aus anderen Lebensaltern bekannt sind, in spezifischer Weise. In diesem Sinne spricht man von *Altersdepressionen, Altersschizophrenien* etc.

Daneben treten, durch den *hirnorganischen Abbau* verursacht oder zumindest von seinen Auswirkungen stark mitgeprägt, Syndrome auf, deren Richtungsziel die *Demenz* ist, und verbinden sich mit Störungen „endogener" und reaktiver Genese.

Schließlich sieht man eine ganze Reihe von Beschwerdebildern, deren Entwicklung und Gestalt nur vor dem Hintergrund des gestörten seelischen Gleichgewichts und der oft frustrierenden Situation alter Menschen verständlich wird.

Sieht man zunächst einmal ab von nosologischen Zuordnungen, so lassen sich *folgende Symptome und Syndrome* bei alten Menschen häufig feststellen: sogenannte allgemeine nervöse Störungen, hypochondrische Klagen, Angstzustände, Zustände von Eifersucht, Zwangserscheinungen, manische Krankheitsbilder, Formen von Erregtheit und Gehemmtheit, depressive Syndrome, Selbstmord und Selbstmordversuche, Schlafstörungen, Wahnerkrankungen, Sinnestäuschungen, Störungen der intellektuellen Funktionen, Persönlichkeitsveränderungen, Bewußtseinsstörungen, Verwirrtheitszustände, Anfälle, Alkohol- und Arzneimittelmißbrauch und Delikte.

Man begegnet also Syndromen, die auch in anderen Lebensphasen bekannt sind. Das Alter färbt jedoch die psychopathologischen Phänomene in charakteristischer Weise ein, wenngleich in wechselndem Maße. Häufig erkennt man eine *„organische Färbung"* auch vieler primär nicht organischer Alterserkrankungen, die durch das Hinzutreten zerebraler Abbauerscheinungen oder psychoorganischer Einsprengsel gekennzeichnet ist. Dem Alter eigen ist eine *Tendenz zur Entwicklung abgeschwächter, nivellierter*, ihre ursprüngliche Charakteristik verlierender Symptome sowie zu schleichenden chronifizierenden Verläufen. Diese Entleerung und Entdynamisierung ist Ausdruck der im Alter verringerten Widerstandsfähigkeit, die sich in abgeschwächten Reaktionen ausdrückt. Das hat zur Folge, daß die in früheren Lebensaltern auftretenden akuten Krankheitserscheinungen, die meist zu einer erheblichen Störung der sozialen Integration des Betroffenen führten, milder und flacher verlaufen können, so daß Umweltbeziehungen weniger gestört bzw. existierende Störungen abgeschwächt werden.

Zur *Alterstönung psychischer Syndrome* gehört ferner, daß das Erlebnisfeld des alten Menschen sich häufig auf den engsten Lebenskreis und auf den eigenen Körper einengt, was zu einer verstärkten *Somatisierung* psychischer Beschwerden und zur Entwicklung *hypochondrischer* Symptome führt. Bevorzugte Reaktionen auf Konflikte sind Angst, Depressivität, soziale Unsicherheit und Rückzug, Beeinträchtigungsgefühle und schließlich wahnhafte Projektionen. Solche Reaktionen können schon bei relativ geringfügigen Erschütterungen ausgelöst werden, wobei vielfach lange vorbestehende neurotische Dispositionen mitbedingend ins Gewicht fallen.

Verständlich werden diese Krankheitsprofile, wenn man sich die Ursachenmuster, die in dieser Lebensphase wirken, vergegenwärtigt.

Das Altern ist oft geprägt durch *Verlusterlebnisse.* Diese beginnen – mit den entsprechenden, bis in die psychiatrische Nosologie hineinreichenden Konsequenzen – bereits im Klimakterium und bewirken Syndrome sozialbiologischer Verursachung. *Für die Frau* bedeutet Klimakterium Verlust der Gebärfähigkeit bei erhaltenen sexuellen Bedürfnissen, weiter einen Verlust an Attraktivität, der besonders in der Zeit, die Jugendlichkeit zum Fetisch erhebt, relevant ist. Daneben treten aber auch andere Verluste ein, etwa der der in der Regel bis dahin begleitenden Bezugspersonen der Eltern, Verlust der Kinder, die aus dem Hause gehen. Auch die unverheiratete, kinderlose Frau erlebt Analoges im Gefühl der „Torschlußpanik". Es erfolgt eine starke Konzentration auf den Lebenspartner mit allen Gefahren daraus geborener Beziehungsstörungen und der Konkurrenz zum Mann, der in dieser Phase von so eingreifenden Identitätsveränderungen nicht betroffen zu sein scheint. Bestimmend wird das Gefühl der Lebensleere.

Beim Mann bahnt sich der Konflikt dadurch an, daß die durchaus schicht- und kulturabhängigen Leistungsforderungen eigentlich kein Altwerden erlauben, kein Sistieren der Expansion, kein Nachlassen der Aktivität. Das Erleben reduzierter Möglichkeiten in der Konkurrenzsituation führt zu Panik. Konflikte entstehen durch die Wahrnehmung der Diskrepanz zwischen Gewolltem und Erreichtem, aus dem Gefühl der Bilanzierung. Es erfolgen auch erste reale altersbezogene Kränkungen, wie Versetzung an schlechtere Arbeitsplätze, in denen sich das Wahrgenommenwerden durch die Mitwelt und Arbeitswelt widerspiegeln. So entsteht ein Syndrom von Konkurrenzangst, wirtschaftlicher Existenzangst, Schuldgefühlen und Depression, das sich in Arbeitsunlust, Ermüdbarkeit, Mißmut, Gereiztheit, Verstimmung, uncharakteristischen körperlichen Beschwerden, Klagen über Nachlassen der Leistungsfähigkeit ausdrückt und zirkelhaft zur Verschlechterung der Position beiträgt.

In dieser Zeit psychischer Instabilität und Tendenz zu abnormen Erlebnisreaktionen sind die *Übergänge zwischen normaler involutiver Entwicklung und krisenhaft krankhaften Reaktionen fließend.* Bei denen, die manifest erkranken, ist meist die prämorbide Verfassung schon gestört, so daß die besonderen Belastungen dieser Situation nicht ertragen werden können und depressive, ängstliche, hysterische Reaktionsmuster abgerufen werden. Im Prinzip finden sich jedoch hier die gleichen Mechanismen wie in anderen Altersphasen auch, es scheint deshalb nicht sinnvoll, hier neue nosologische Gruppierungen wie „klimakterische Depression" etc. zu schaffen.

Zu den *Kausalfaktoren* gehört nicht nur das Erleben des Verlustes. Beim alten Menschen spielen die Erfahrung der Einsamkeit, das von der Mitwelt und der Familie widergespiegelte Gefühl, unerwünscht oder nicht mehr brauchbar zu sein, das von der Unausgefülltheit gefolgte Gefühl von Langeweile und Ziellosigkeit und schließlich die Einschränkung der sozialen Rolle, die Verschlechterung der wirtschaftlichen Situation und die finanzielle Unsicherheit eine Rolle.

Außerdem beeinflussen *Phänomene des Hirnalterns* das Bild. Es zeigen sich kognitive Defizite, die psychomotorische Geschwindigkeit nimmt ab, die Reaktionszeit verlängert sich, Einschränkungen der Fähigkeit visuelle Eindrücke wahrzunehmen, verstehen und zu erkennen treten auf, auch die Fähigkeit, sprachliche Äußerungen zu verstehen, kann schlechter werden. Abgewandelt ist das Wort- und Begriffsverständnis, das Vermögen der Erfassung und des Verständnisses von Gesamtheiten und Teilen. Die Orientierung des Denkens am Konkreten, d. h. die Einstellung und Antwort auf bestimmte Reizerfahrungen und ihre inhaltliche Begrenzung, wird erschwert.

Zu den *kognitiven Defiziten* gehört weiter die *amnestische Symptomatik*, die Veränderung der Lernfähigkeit und des Behaltens neuer Lerninhalte, Störungen der Aufmerksamkeit, der Perzeption und Konzentration, Mangel an Initiative, Spontaneität und neuen Ideen, Stereotypien und Verarmung von Denken und Assoziationen, Unfähigkeiten, Informationen zu überblicken, zu integrieren, zu differenzieren und zu analysieren, weiter eine zunehmende gedankliche Irritabilität und Einförmigkeit.

Der körperliche Gesundheitszustand ist eine der wesentlichen Größen, die den psychischen Zustand im Alter mitbeeinflußt. Dabei geht es nicht nur um Erkrankungen des zentralen Nervensystems, die etwa Begleitpsychosen auslösen oder für abnorme Streßreaktionen verantwortlich sind, sondern auch um hirnferne Erkrankungen, die durch Schmerzen, Kräfteeinbußen, Erlebnis des Nicht-mehr-Könnens psychische Krisen induzieren.

Die psychische Situation ist gekennzeichnet durch das Nahen des Lebensendes, durch das Gefühl der Endgültigkeit. Die Zukunft verkürzt sich, der alte Mensch ist Neuem gegenüber weniger geöffnet und empfänglich, die Interessen engen sich ein, es erfolgt der Rückzug aus sozialen Beziehungen und von der Außenwelt.

Entscheidend sind schließlich soziale Faktoren, der soziale Status, die sozioökonomische Situation, die familiäre Eingebundenheit, die Beziehungen zu einem stabilen Lebenskreis, weiterführende Aufgaben, Verpflichtungen und Interessen.

In allen Bereichen können Faktoren i. S. eines kumulativen Stresses zusammentreten, die Gewichtung der Einzeleinflüsse ist nicht möglich. Je mehr ungünstige Voraussetzungen aus den einzelnen genannten Kategorien zusammentreffen und je weniger belastungsfähig die Primärpersönlichkeit ist, um so wahrscheinlicher wird es, daß die eine oder andere psychische Alterskrankheit auftritt. Es ist allerdings erforderlich, sehr genau hinzuschauen und die Ursachen zu analysieren. Man hüte sich vor Klischees und Stereotypen, wie vor dem der zwangsläufigen Demenz im Alter, dem der Pensionierung als unausweichlichem Ausgangspunkt für eine Lebenskrise, dem von der generellen sozialen Isolierung des alten Menschen oder dem, daß immer pathogene Spannungen in den familiären Beziehungen im Alter eine Symptomatik verursachen.

Seelische Gesundheit jenseits des 65. Lebensjahres ist nicht allein Variable der Verfassung des Gehirns oder evtl. genetischer oder konstitutioneller

Faktoren. Die gerontologische Forschung der letzten Jahrzehnte stellt eine ganze Reihe zumindest gleichgewichtiger Einflußgrößen als bestimmend für das Befinden dieser Population fest, nämlich neben körperlicher Gesundheit die Intaktheit der sozialen Beziehungen, die Beschäftigung und Pensionierung, das Arrangement des Zusammenlebens und Wohnens, die Struktur familiärer Beziehungen, die wirtschaftliche Sicherheit, das psychosoziale Hilfsangebot in der Gesellschaft. Nicht zuletzt ist entscheidend, wie man mit den im Alter charakteristischen *Verarbeitungsmechanismen* umgeht. Häufig verhaltensbestimmende Verarbeitungsmechanismen alter Menschen stellen sich dann so dar:

1. Es tritt eine *Ich-Bezogenheit* auf, d. h. Denken und Interesse engen sich egoistisch auf den eigenen Körper und die eigenen Körperfunktionen ein. Enttäuschungen darüber, daß die Angehörigen sich nicht in gleicher Weise so interessieren, sind vorprogrammiert. So entstehen Spannungen zur Umwelt.

2. Das *Erleben der Defizienz, des Ausbleibens und Verlusterlebnisse* bedingen eine hypochondrische Verstimmung, aus der heraus jedes minimale Körpersymptom als übermäßig gravierend wahrgenommen wird.

3. Krankheit und Hinfälligkeit werden als *Schwäche und Bedrohung erlebt.* Alte Menschen versuchen häufig, die Krankheit zu verleugnen und zu verdrängen, sie wehren sich und wollen Symptome nicht wahrhaben. Dabei werden sie häufig in unvernünftiger Weise von ihren Angehörigen bestärkt, die dann wiederum wenig Verständnis für die ,Starrköpfigkeit' und den Realitätsverlust der Alten aufbringen.

4. Eine ganz charakteristische Form der Auseinandersetzung mit Krankheit für alte Leute ist *das regressive Verhalten*, das durch die Aufgabe der Eigeninitiative, dem Appell an die Hilfe anderer, gekennzeichnet ist. Diese Haltung, die als Art erlernter Hilflosigkeit erscheinen kann, wird durch überprotektive, entmündigende Verhaltensweisen der Umgebung, d. h. der Angehörigen oder auch ganzer Institutionen (Altersheime, Pflegeheime), gefördert. Das regressive Verhalten drückt Flucht aus und konstelliert maligne Entwicklungen.

Diese häufigsten Verarbeitungsmechanismen müssen erkannt werden, damit den daraus resultierenden Fehlhaltungen durch vernünftige psychotherapeutische Einstellungen begegnet werden kann.

Immer muß bedacht werden, daß die negativen Aspekte, die Szenerie von Resignation, Verbitterung, aggressiven, autoaggressiven, regressiven Tendenzen, von Depression, Hypochondrie, Minderwertigkeits- und Verlassenheitsgefühlen, der Rückzug von außen, die verstärkte Introversion, die Vitalitätsminderung und die libidinöse Involution nur eine Seite dieser Altersphase darstellt, daß die Neigung besteht, die erhaltenen kreativen Kräfte zu unterschätzen, bei denen eine vernünftige Therapeutik ansetzen muß.

Literatur

Oesterreich, K.: Psychiatrie des Alterns – UTB Quelle & Meyer, Heidelberg 1981
Oswald, W. D., W. M. Herrmann, S. Kanowski, U. M. Lehr, H. Thomae: Gerontologie –

Medizinische, psychologische und sozialwissenschaftliche Grundbegriffe. Kohlhammer, Stuttgart 1984

43 Organisch bedingte Alterspsychosen

Lernziele:
Kenntnis der Systematik, Klinik und Symptomatik der durch psychoorganische Prozesse hervorgerufenen Alterserkrankungen, der Differentialdiagnose dementieller Prozesse und der Klinik und Ätiologie von Verwirrtheitszuständen im Alter.

Klassifikation:

ICD-9:	290 Demenzen bei präsenilen und senilen Hirnkrankheiten
	293 Psychosen bei anderen organischen Hirnstörungen
DSM III:	290 senile und präsenile Demenzen

Einteilung psychischer Altersstörungen

Die *Klassifikation* psychiatrischer Alterserkrankungen gestaltet sich schwierig, eine allgemeine Übereinkunft fehlt weitgehend. Je nachdem, ob das *psychopathologische Erscheinungsbild, die Ursachenkonstellation* oder *der Verlauf* als Unterscheidungskriterien herangezogen werden, ergeben sich unterschiedliche Ordnungen. Die *ideale Krankheitseinheit* müßte eine bekannte und spezifische Ursache eines typischen Syndroms mit einem charakteristischen Verlauf aufweisen. Die multifaktorielle Bedingtheit aller Störungen im Alter erlaubt nicht, solche Krankheitseinheiten zu definieren. Konstitutionelle, endogene, psychoreaktive, somatische und hirnorganische – also exogene und endogene Faktoren – verzahnen sich bei allen Psychosen des höheren Lebensalters.

Für den *praktischen Gebrauch* eignet sich eine Einteilung in:
1. psychische Alterskrankheiten mit vorwiegend psychoorganischem Erscheinungsbild (senil-atrophische Demenz vom Typ des Morbus Alzheimer [SDAT], Multiinfarktdemenz [MID] und andere Demenzformen),
2. akute Verwirrtheitszustände,
3. psychische Alterskrankheiten mit vorwiegend nicht psychoorganischem Erscheinungsbild (depressive und manisch-depressive Alterspsychosen, wahnhafte und wahnhaft-halluzinatorische Alterspsychosen sowie nicht psychotische Verhaltens- und Erlebnisstörungen).

Unter 1. und 2. sind also Bilder zu subsumieren, die durch die biologische, psychische und soziale Alterssituation verursacht oder doch entscheidend geprägt sind, unter 3. eher nichtv altenspezifische Syndrome, die durch das Senium in mehr oder weniger spezifischer Weise eingefärbt werden. Nicht übersehen darf man dabei freilich, daß die reaktiven Störungen des seelischen Gleichgewichts im Alter (Neurosen und Charakterhaltungen) durch die Situation des Alternden in Gruppe und Gesellschaft bestimmt werden.

Organisch bedingte Alterspsychosen

Diese Krankheitsbilder beruhen auf einer *diffusen chronischen Hirnschädigung*. Ihre Symptome sind die des *chronisch-hirnorganischen Psychosyndroms* i. S. von E. BLEULER. Bei voller Ausprägung findet sich die *typische psychopathologische Trias*: Persönlichkeitsabbau, chronisches amnestisches Syndrom (mit Merkstörung, Desorientiertheit, u. U. Konfabulationen) und Intelligenzabbau (Demenz) als Ausdruck einer Hirnleistungsschwäche.

Häufigkeit

Über die Auftretenshäufigkeit des hirnorganischen Abbausyndroms bei über 65jährigen gibt es keine sicheren Angaben. Zwischen 3 und 10% der über 65jährigen sollen an hirnarteriosklerotischen Demenzen leiden, zerebrale Gefäßerkrankungen mit neurologischen Ausfallerscheinungen kommen bei 2 bis 3% vor, ein Fünftel der Todesfälle der über 65jährigen ist auf zerebrale Gefäßleiden zurückzuführen. Die Prävalenz leichter organischer Psychosyndrome wird mit 5 bis 15% angegeben. Eine echte Inzidenzzunahme in den letzten Jahrzehnten ist fraglich, die Häufigkeitszunahme scheint durch die Überalterung der Bevölkerung erklärt.

Je nach Ausprägung des chronisch-hirnorganischen Psychosyndroms und nach Ausmaß der Vermischung mit Symptomen psychogener, endogener, persönlichkeitskonstitutiver Art sowie mit neurologischen Ausfallerscheinungen kann man neben dem Kernsyndrom der Demenz einen Kreis von zuzuordnenden Krankheitsbildern erkennen.

Syndrome

Der **vorzeitige Versagenszustand** ist gekennzeichnet durch eine Verlangsamung psychischer Abläufe, Umstellungsschwierigkeiten, Reizbarkeit, Antriebsmangel und Versagenserlebnisse sowie diskrete Störungen der affektiven Reaktion und Konzentrations- und Merkfähigkeitseinschränkungen. Den in der Involutionsphase und im Präsenium einsetzenden fortschreitenden Prozessen liegen atrophisierende Hirnerkrankungen unterschiedlicher Art zugrunde, psychische Belastungen und Überforderungen spielen oft eine auslösende Rolle. Abgrenzung von der Altersnorm und die Gewichtung der ursächlichen Faktoren sind schwierig.

Organisch geprägte abnorme Charakterentwicklungen des Alters. Unter dem Einfluß diskreter Hirnleistungseinbußen durch Hirnabbau kommt es zu Akzentuierungen und Zuspitzungen von neurotischen und psychopathischen Wesenszügen und Verhaltensweisen, die vorher bestanden, aber durch die Gesamtpersönlichkeitsstruktur ausgeglichen und kompensiert wurden, so daß sie bis dahin nicht sozial störend in Erscheinung traten. Der durch vielfältige, häufig organische Faktoren angestoßene *Entdifferenzierungsprozeß* führt zu Kontrollverlust, triebdynamisch labilem Verhalten und vermehrter Reizgebundenheit. In der Verursachung solcher Entwicklungen treten innere und äußere Einflüsse zusammen.

Schizophrenien und zyklischen Psychosen ähnliche Krankheitsbilder. Organisch bedingte Hirnleistungsschwäche und altersspezifische psychosoziale Belastungen und Traumen können Syndrome hervorrufen, bei denen sich *endogene psychopathologische Merkmale mit organischen* verbinden, so daß Krankheitsbilder, die schizophrenen und zyklischen Psychosen ähnlich sind, entstehen.

Alzheimersche und Picksche Erkrankung. Unter den *früh einsetzenden hirnatrophischen Prozessen* sind die *Alzheimersche* und die *Picksche Erkrankung* als wichtigste zu erwähnen. Die erstere beginnt im sechsten Lebensjahrzehnt oder früher mit amnestischen und Orientierungsstörungen bei zunächst relativ guter Verhaltensfassade. Meist entwickeln sich neurologische Ausfallerscheinungen und Werkzeugstörungen. Die Krankheit, Frühform der senilen Demenz (SDAT), führt in wenigen Jahren zum Tode.

Die *Picksche Erkrankung*, die familiär gehäuft auftritt und dominant vererbt wird bei beschränkter Penetranz der Anlage, beginnt mit einem Frontalhirnsyndrom. Sie geht einher mit pseudoneurasthenischen Beschwerden, mit Interessen- und Initiativeverlust, schreitet langsam fort, führt zu ethischer Entdifferenzierung, Affektnivellierung, primitiver Triebhaftigkeit und Verlust der sprachlichen Äußerungsmöglichkeit bei lange erhaltenen instrumentalen Sprachfunktionen. Gedächtnis und Orientierung sind zunächst ungestört. Apraktisch-agnostische Herderscheinungen fehlen im Gegensatz zum Morbus Alzheimer. Man sieht eine Erweiterung der Ventrikel, fokale progressive Atrophien vorwiegend des Frontal- und Temporallappens – also der phylogenetisch jüngsten Hirnregionen –, die sowohl Rinde wie Mark betreffen. Histologisch besteht ein Neuronenschwund mit subkortikaler Gliose.

Den **präsenilen Demenzen** zugerechnet werden noch die *Creutzfeldt-Jakobsche Erkrankung* (eine Gruppe relativ seltener progressiver Demenzformen bei Menschen mittleren Alters, mit pyramidalen und extrapyramidalen Symptomen einhergehend und rasch zum Tode führend) und die *spongiöse präsenile Hirnatrophie (Heidenhain)*. Bei der mit Demenz einhergehenden *Chorea Huntington* handelt es sich um eine dominant vererbte Degeneration extrapyramidaler Kerne (Putamen, Klaustrum), die im zweiten bis vierten Lebensjahrzehnt beginnt, jahrelang mit uncharakteristischen pseudopsychopathisch anmutenden Symptomen verläuft und eine Progredienz zur Demenz aufweist. Die voll entwickelte Erkrankung ist an den typischen Bewegungsmustern erkennbar. Die Demenz wird durch eine Anosognosie, die euphorisch-kritiklose Leugnung des eigenen Krankseins, gekennzeichnet.

Auch der *Morbus Parkinson* (Paralysis agitans), eine dominant vererbte Basalganglienatrophie, die im fünften bis sechsten Lebensjahrzehnt beginnt, kann neben den charakteristischen extrapyramidalen hypokinetisch-hypertonen Symptomen mit Tremor und progressiver motorischer Einschränkung über zunächst uncharakteristische psychische Symptome (affektive Veränderungen, Depressivität) eine langsame Entwicklung zur Demenz zeigen.

Dementielle Syndrome sieht man weiter bei der *progressiven Paralyse* und bei der *multiplen Sklerose*. Hier, wie bei anderen Hirnabbauprozessen – infantile Demenz Heller, Wilsonsche Erkrankung, Westphal-Strümpellsche Erkrankung, Heredoataxie (Friedreich, Pierre Marie) –, finden sich neben den charakteristischen neurologischen und neuropathologschen Befunden Demenzsyndrome wechselnder Ausprägung und Symptomkonstellation.

Senile Demenz vom Alzheimer-Typ (SDAT)

Dieses Syndrom globaler Störung höherer mentaler Leistungen bei erhaltener Bewußtseinsklarheit ist durch chronisch-progrediente Minderung aller intellektuellen Funktionen im Alter gekennzeichnet. Es weist eine unterschiedlich ausgeprägte Desintegration motorischer, mnestischer, sprachlicher, praktischer und gnostischer Fähigkeiten auf.

Die SDAT tritt zwischen dem sechsten und neunten Lebensjahrzehnt auf. Symptome, die die Störung höherer mentaler Funktionen erkennen lassen, sind:

– Einschränkungen des Gedächtnisses und der Merkfähigkeit: Vergeßlichkeit, Unfähigkeit zu lernen, zeitliche, räumliche und autopsychische *Desorientiertheit*,
– *Abbau kognitiver Funktionen*: fehlerhafte Verarbeitung sensorischer (visueller und auditiver) Reize *(Agnosie)*,
– gestörte Konzeptbildungen (Einschränkungen des Erkennens, der Wahrnehmung des Gleichseins der Objekte),
– Verlust konstruktiver Fähigkeiten *(konstruktive Apraxie)*,
– Verarmung des Vermögens, komplexe Bewegungen auszuführen bzw. zu erlernen *(ideomotorische Apraxie)*.

Dazu treten der Verlust des Sprachflusses und des Sprachverständnisses. Demenzbedingte *intellektuelle Einbußen* zeigen sich an der Erschwerung abstrakten Denkens, in fehlerhaftem Argumentieren, Planen und Urteilen. Als *Persönlichkeitsstörungen* sieht man den Verlust von Interesse und Takt, emotionale Abstumpfung und Enthemmung, soziales Fehlverhalten und Selbstvernachlässigung (Nahrungsverweigerung). *Das psychomotorische Verhalten* kann enthemmt-hypermotorisch (nächtliche Unruhe) oder i. S. der apathischen Bewegungsarmut gestört sein. Die *Affektivität* ist durch Gefühlslabilität und Affektinkontinenz sowie durch eine flach-euphorische oder ängstlich-unsichere Grundstimmung gekennzeichnet. *Abwehrmechanismen*, die als Ausdruck der Auseinandersetzung mit den selbst erlebten Einbußen zu gelten haben, sind Konfabulationen, stereotype Festlegungen, Perseverationen, Vermeidungs- und Fassadenverhalten; wahnhaft-halluzinatorische, depressiv-hypochondrische und expansiv-manische Ausgestaltungen dieser Bilder kommen vor. Früher oder später treten *hirnlokale Syndrome und Hirnwerkzeugstörungen* (Aphasien, Apraxien, Agnosien etc.) dazu.

Beim *amnestischen Syndrom (Korsakow)* – verursacht durch Läsionen im bilateralen Hippokampus, Fornix und Corpora-mamillaria-Bereich – stehen Kurzzeitgedächtnisstörungen, die Unfähigkeit, neue Gedächtnisinhalte zu speichern, und Konfabulationen im Vordergrund.

Pathologie und Ätiologie. Eine morphologische Trennung von SDAT und Morbus Alzheimer ist nicht möglich. Alle beim Morbus Alzheimer (MA) beschriebenen Hirnfunktionsstörungen, insbesondere die Hirnwerkzeugstörungen, finden sich häufig bei der senilen Demenz, bei der die anfängliche amnestische Störung im Laufe der Entwicklung zunehmend auch psychopathologische Herderscheinungen aufweist. Daß der MA und die SDAT zu unterschiedlichen Zeiten im Lebenslauf auftreten, gibt kein brauchbares Trennkriterium. Bei Jüngeren läuft das gleiche pathologische Geschehen stürmischer ab und führt schneller zu neurologischen und Werkzeugstörungen. Der raschere Verlauf überformt die individualpsychologische Matrix schneller, welche bei den langsameren Altersverläufen das Krankheitsbild in seiner Vielfalt bestimmt.

Hirnpathologisch sieht man eine gyrale Atrophie vorzugsweise frontaler, temporaler und hippokampaler Hirnregionen. Erkennbar ist ein erheblicher Verlust kortikaler Neuronen, das Auftreten von senilen Plaques (Drusen) und Neurofibrillen. Gleiche morphologische Strukturen werden als Ausdruck normaler Altersveränderungen des Gehirns angesehen; es scheint so zu sein, daß dann, wenn die Zahl der untergegangenen Hirnzellen einen bestimmten Schwellenwert übersteigt, die psychopathologischen und neurologischen Symptome der Demenz auftreten. Bedeutsam ist auch das Tempo der Progression.

Diffuse und lokalisierte Hirnschädigungen treffen zusammen, Akzentuierungen in einzelnen Bereichen (limbisches System, mediobasale Temporalregion, Hippokampusformation) bedingen die klinischen Syndromvariationen.

Der selektive Untergang präsynaptischer cholinerger Neuronen in diesen Bereichen und insbesondere im Nucleus basalis Meynert führt zur Reduktion der Azetylcholinbildung, was wiederum eine Einschränkung des zerebralen Glukosestoffwechsels bedingt. Insbesondere in der Anfangsphase der SDAT ist eine Herabsetzung des zerebralen Glukoseverbrauchs nachgewiesen.

Der Verlauf hängt nicht nur von den hirnorganischen Ursachen ab, sondern psychische und soziale Einflüsse sowie das Auftreten und Verschwinden auflagernder Symptomkonstellationen vermögen ihn sehr wohl zu beeinflussen, was therapeutische Bedeutung hat. Außerdem besteht ein enger Zusammenhang zwischen dem psychopathologischen Bild und extrazerebralen somatischen Erkrankungen; kritische körperliche Verfassungen können eine bislang latente Hirninsuffizienz über die Manifestationsschwelle heben oder – treten sie im Verlaufe der Demenz auf – schubweise Verschlechterungen hervorrufen, die partiell durchaus reversibel sein können.

Vaskuläre Demenzen (Multiinfarktdemenz [MID])

Demenzen auf der Basis einer allgemeinen Arteriosklerose der Hirngefäße bilden mit einer Häufigkeit von 20 bis 30% aller Altersdemenzen die zweitgrößte Gruppe nach der SDAT, deren Häufigkeit mit 60 bis 70% angegeben wird. Die Häufigkeit der Mischformen (SDAT + MID) liegt bei 15%.

Ursache der Hirnleistungsstörung sind verstreute oder *lokalisierte Gefäßprozesse* in Rinde und Marklager, die als multiple kleine Infarkte in Erscheinung treten und Ausdruck einer zerebralen Mikrozirkulationsstörung sind. Die größeren Gefäße des Gehirns sind nicht regelmäßig verstärkt von atheromatösen Plaques und Thrombosen befallen. Als bedingend wird eine vaskuläre Disposition angesehen, andererseits spielen Faktoren, wie Stoffwechsel, Ernährung, Lebensführung eine Rolle. Hypertonus, Funktionsstörungen des Herzens, Fettsucht, Hypercholesterinämie, Diabetes und genetische Faktoren gelten als das Risiko bestimmend.

Es besteht keine enge Korrelation zwischen der Arteriosklerose der Hirngefäße und der anderer Organarterien. Die Abgrenzung von SDAT und MID ist weder psychopathologisch noch neuropathologisch immer mit letzter Sicherheit möglich. Veränderungen im Neurotransmittergleichgewicht sind bei der MID nicht erkennbar.

Die wechselnde Topographie erklärt die Variation der Krankheitsbilder und Verläufe.

Das klinische Bild ist das des chronisch-hirnorganischen Psychosyndroms. Den zugrundeliegenden pathophysiologischen Vorgängen entsprechend setzt die Erkrankung häufiger schlagartig mit den Erscheinungen eines Hirninfarkts ein. Der Verlauf ist intermittierend, sprunghaft, von Remissionen begleitet. Die psychopathologischen Ausfallserscheinungen entsprechen denen bei SDAT. Neurologische Ausfallserscheinungen, insbesondere Hirnwerkzeugstörungen entsprechend der Lokalisation der Infarkte, sind charakteristisch. Bei akuter vaskulär bedingter zerebraler Hypoxie treten somnolent-delirante, komatöse, apoplektische Zustände auf. Wechselnde Vigilanzstörungen begleiten den Verlauf. Zumeist findet man eine stärkere Affektdynamik und eine bessere Konservierung der Verhaltensfassade. Auch die Orientierung bleibt häufig länger intakt. Da die Patienten zumindest in den ersten Phasen der Erkrankung ihre Behinderungen deutlicher wahrnehmen als bei der SDAT, kommt es zu reaktiv-depressiven Verstimmungen. Körperliche Erkrankungen (Bronchopneumonie, Herzinsuffizienz u. a. m.) haben Verschlimmerungen zur Folge.

Die oft schwierige *Differentialdiagnose* zwischen SDAT und MID kann durch den *Hachinsky-Score* erleichtert werden. Dabei werden folgende Faktoren mit Punkten bewertet: abrupter Beginn (2), schrittweise Verschlechterung (1), fluktuierender Verlauf (2), nächtliche Verwirrung (1), relative Bewahrung der Persönlichkeit (1), Depression (1), somatische Beschwerden (1), emotionale Inkontinenz (1), Hirninfarktanamnese (2), Hochdruckanamnese (1), Hinweise auf assoziierte Arteriosklerose (1), fokale neurologische Symptome (2). Ein Wert von mehr als sieben Punkten deutet auf eine Multiinfarktdemenz, ein Wert unter vier Punkten auf eine SDAT.

Hirnabbausyndrome

Neben der SDAT und der MID finden sich im Alter *Hirnabbausyndrome*, denen *chronisch-progrediente entzündliche, vaskuläre* oder *toxische Prozesse* zugrunde liegen und solche, bei denen stabile posttraumatische, postoperative, defektgeheilt-paralytische vorausgegangen sind. Erwähnt werden müssen in diesem Zusammenhang zerebrale Infektionen und Entzündungen, Neurosyphilis, Arteriitis cranialis, systematischer Lupus erythematodes, limbische Enzephalitis, multifokale Leukoenzephalopathie. Weiter entsteht eine Demenzsymptomatik nach intrakraniellen Massenläsionen (Tumor, chronischsubdurale Hämatome), bei obstruktivem und kommunizierendem Hydrozephalus sowie sekundär bei einer Reihe extrazerebraler Erkrankungen, wie Hyperthyreoidismus, Hyperkalzämie, Hypoglykämie, Porphyrie, Vitamin-B_{12}-Mangel, hepatische Enzephalopathie, Malabsorptionssyndrome, Alkoholismus, und im Rahmen der Dialyse.

Öfter ist ein dementieller Versagenszustand nichts anderes als Ausdruck der in der Alterssituation hervorgerufenen Dekompensation einer lange bestehenden Hirnschädigung, deren Folgen bislang nicht in Erscheinung traten.

Eine gründliche Diagnostik und Ursachenklärung ist in jedem Fall erforderlich, da ja die durch Infektionen, durch Vitaminmangelzustände, durch Intoxikationen oder metabolisch entstandenen Demenzen therapeutisch beeinflußt werden können.

Das bedeutet, daß eine umfassende somatische Untersuchung bei der *Demenzdiagnostik* wichtig ist. Neben laborchemischen, endokrinologischen, immunologischen Untersuchungen können bildgebende Verfahren (Röntgen, Arteriographie, CCT, PET, Kernspin), das EEG, Szintigraphie und Lumbalpunktion erforderlich werden. Die Abwägung des Ausmaßes der den Patienten z. T. belastenden Untersuchungen unter der Zielsetzung einer evtl. Therapie und die Entscheidung zur Diagnostiklimitierung ist oft nicht einfach.

Die *psychologische Untersuchung* im Rahmen der Demenzdiagnostik umfaßt die Prüfung des Kurzzeit- und Langzeitgedächtnisses, der Orientierung, des Erkennens von Gegenständen, des formalen Denkens, der motorischen Fähigkeiten und der Sprache.

Verwirrtheit, Delir und Aggressivität im Alter

Zustände getrübten Bewußtseins, verwirrten und unzusammenhängenden Denkens, Orientierungsstörungen, Bilder des Verlustes der Fähigkeit zu kritischer Selbst- und Situationseinschätzung, Ratlosigkeit, Situations- und Umgebungsverkennung, Aggressivität – Ausdrucksformen symptomatischer Psychosen – gehören zu den häufigsten Einweisungsgründen in der Alterspsychiatrie. Beim Delir treten Halluzinationen optischer und akustischer Art und Wahnbildungen hinzu.

Der verwirrte alte Mensch ist das Paradigma für Altersstörungen. Er verhält sich auffällig und wird im gewohnten Milieu der Wohnumgebung, der Familie, des Heimes untragbar und so nicht selten unter dramatischen Umständen und zwangsweise hospitalisiert.

Verwirrtheitszustände im Alter haben in der Regel eine „außerpsychiatrische" Ursache, eine somatische oder milieubedingte, häufig sind sie iatrogen ausgelöst. Das Spektrum der zugrundeliegenden Syndrome ist breit: Herzinfarkt, Rhythmusstörungen, Karotisstenose, Adams-Stokes-Anfall, transitorische ischämische Attacke, Schädelfrakturen, Anticholinergika, Kortison, Benzodiazepine, Asthma cardiale und bronchiale, Pneumonie, Sepsis, Hyperthyreose, Anämie, Hyper- und Hypoglykämie sowie Exsikkose können Auslöser sein. Auch psychische Traumen und abrupte Milieuveränderungen können Verwirrtheitszustände auslösen. Die Erkennung der Ursachen ist deshalb von großer Bedeutung, weil sich diese Krankheitsbilder in der Regel erfolgreich therapieren lassen; sie klingen unter gezielter somatisch-internistischer Therapie und unter günstigen Milieubedingungen mehr oder weniger schnell ab.

Literatur

Lauter, H.: Demenzen. In: Peters, H. W.: Die Psychologie des 20. Jh., Zürich 1980

Muller, C.: Alterspsychiatrie. Thieme, Stuttgart 1967

44 Psychische Alterskrankheiten mit vorwiegend nichtorganischem Erscheinungsbild

Lernziele:
Kenntnis von Ursachen nicht körperlich begründeter psychischer Störungen im Alter; Erkennen von endogen-psychotischen und psychoreaktiven Störungen bei alten Menschen; Fähigkeit zur Differentialdiagnose von Altersdepressionen. Beurteilung von Neurosenursachen im Alter.

Klassifikation:
ICD-9:   300 Neurosen
         301 Persönlichkeitsstörungen
         296 Involutionsdepression

Einführung

Die Annahme, es handele sich beim überwiegenden Teil der im Alter auftretenden psychiatrischen Erkrankungen um solche, für die in erster Linie pathophysiologische und neuropathologische Veränderungen des zentralen Nervensystems, also altersbedingte „Abbauerscheinungen", verantwortlich zu machen sind, entspringt einem durch das Defizitmodell geprägten Vorurteil.

Die Psychiatrie des Alterns ist nicht die Psychiatrie der Demenz. Ein erheblicher Teil behandlungsbedürftiger und -fähiger psychiatrischer Erkrankungen Alternder ist anderen nosologischen Kategorien zuzurechnen, den funktionellen Psychosen (depressive, depressiv-manische, schizophrene), den neurotischen Entwicklungen und abnormen Erlebnisreaktionen und Persönlichkeitsstörungen mit den Phänomenen Sucht, Suizid und Alterskriminalität.

Diese Zustände zeigen meist eine altersspezifische Ausgestaltung, die jedoch keineswegs immer als organische Färbung bestimmt werden kann, sondern ebensosehr die *charakteristischen Prägungen* durch die psychische und soziale Situation des Alternden aufweist – wie dies ja auch bei den primär hirnorganisch verursachten Störungen dieser Lebensphase der Fall ist.

Pathogene Faktoren, sowohl für die Manifestation endogener Psychosen wie für die Dekompensation lebenslang begleitender Dispositionen, liegen in verschiedenen Bereichen: im *sozialen* (Isolierung, Statuseinbuße, Rollenverlust), *psychodynamischen* (Desintegration der Bedürfnisse, Dissoziation von Selbst- und Fremdbild, narzißtische Kränkungen, Einschränkung der Möglichkeit zur Entwicklung befriedigender Objektbeziehungen), *persönlichkeitsstrukturellen* (schizoide, depressive, hysterische, narzißtische Primärpersönlichkeiten) sowie im *somatischen* Bereich (involutiver Funktionsmangel aller Organsysteme, insbesondere des zentralen Nervensystems, sensorische und motorische Behinderungen, Wahrnehmungseinschränkungen, Veränderungen des intellektuellen Leistungsprofils).

Bei den endogenen Psychosen sollte zwischen den erstmals im Senium auftretenden Krankheitsbildern und denen unterschieden werden, die als Rezidive oder Folgezustände von in früheren Lebensphasen aufgetretenen Entwicklungen und Prozesse unter den besonderen Vorzeichen der Alterssituation psychiatrischer Therapie bedürfen. Allgemein gilt für psychische Alterskrankheiten, daß sie multifaktoriell ausgelöst sind, daß vielfältige Wechselwirkungen zwischen Auslösungs- und Reaktionsbereichen bestehen und daß die erkennbaren Anlässe – bezogen auf die Schwere des Leidenszustandes – oft geringfügig erscheinen können.

Krankheitsbilder

Psychotische Syndrome des schizophrenen Formenkreises

Alte **Schizophrene.** Menschen mit in früheren Jahren erstmals aufgetretenen schizophrenen Psychosen bieten jenseits des 65. Lebensjahres im allgemeinen Bilder *schizophrener Residualzustände* bzw. des *schizophrenen Persönlichkeitswandels* mit oder ohne produktive Exazerbationen. Das Alter beeinflußt diese Syndrome i. S. der Dämpfung der psychotischen Produktivität und Milderung der Konfliktanfälligkeit. Das Senium ermöglicht die Kompensation von Wahn durch Regression, d. h. durch Zurückfallen auf frühe, u. U. kindhafte Entwicklungsstufen und Verhaltensweisen. Die Wahndynamik verschiebt oft sich in Richtung nihilistisch-depressiver Verarbeitung. Postremissive Residuen, d. h. Zustandsbilder nach Abklingen der akuten Krankheit, zeigen das ganze Spektrum depressiver Symptomatik und erfordern eine entsprechende Behandlung.

Ein Teil der Erkrankungen entspricht dem gewohnten Bild des schizophrenen Persönlichkeitswandels mit gedanklicher Verworrenheit, sprachlicher Zerfahrenheit, Manierismus, Ausdrucks- und Bewegungsanomalien und oft abstrusen paraphrenen Inhalten. Pharmakologische Therapieversuche vermögen hier meist wenig, Milieuveränderungen und soziotherapeutische Behandlung können erheblich dazu beitragen, das Leben dieser chronisch Kranken lebenswerter zu gestalten.

Man wird heute kaum noch Patienten dieser Gruppe zu Gesicht bekommen, bei denen sich nicht die krankheitseigenen Phänomene mit den Folgewirkungen längerfristiger Neuroleptikatherapien auf den Gebieten des Antriebs, der Psychomotorik, der Gestimmtheit, der intellektuellen Leistungsfähigkeit zu komplexen Störungsbildern verdichten, in denen die einzelnen ursächlichen Anteile schwer zu differenzieren sind. Parkinsonoide und spätdyskinetische Symptome als Folgen der Neuroleptikabehandlung lassen sich oft nicht von den primär krankheitsbedingten Störungen abgrenzen.

Altersschizophrene. Bei den im höheren Alter als Erstmanifestation der Schizophrenie auftretenden Spätschizophrenien und schizophrenen Reaktionen des höheren Alters läßt sich oft eine die Lebensgeschichte durchziehende konstante Kommunikationsproblematik nachweisen, die unter den psychosozialen Belastungen des Alters dekompensiert und zum Umbau angstbindender Abwehrhaltungen (wahnhafte Projektion, Verschiebung, Realitätsverleugnung etc.) führt. Hier können massive wahnhaft-halluzinatorische psychotische Syndrome eine Hospitalisierung und eine energische Psychopharmakatherapie notwendig werden lassen.

Paranoide Syndrome sind bei Alternden häufig, die zu isolierten Wahnbildungen unter verschiedenartigen somatischen und psychosozialen Umständen neigen. Die psychodynamische Interpretation weist Projektionen innerer Ängste aus dem Erleben von Triebeinschränkungen und hypochondrische Bezogenheit auf leibliche Abläufe aus. Die ängstliche Fixierung verdichtet sich auf das existentiell Vorrangige, die Habe, das Geld, die Nahrung, die Wohnung – der *depressive Verarmungswahn* ist hier charakteristisch.

Aber auch diffuse, unsystematisierte Wahnbilder sieht man. Die Kranken glauben sich hintergangen, verfolgt, mißbraucht, entrechtet und bestohlen. Mit ihren Anfeindungen und Verdächtigungen tun sie den um sie besorgten Menschen ihrer Umgebung Unrecht und erschweren so ihre Situation; der entstehende Zirkel läßt sich oft nur durch die Hospitalisierung auflösen.

Eine besondere Form des Alterswahns ist das *Kontaktmangelparanoid*, das im sechsten bis siebten Lebensjahrzehnt auftritt. Über seine Zugehörigkeit zum schizophrenen Krankheitskreis wird gestritten. Es handelt sich um einen erstaunlich gleichförmigen Typ paranoider Syndrome, bei dem die isolierte Lebenssituation des Kranken den Hintergrund abgibt. Die Patienten finden sich in oft überdurchschnittlich guter körperlicher Verfassung und seelischer Rüstigkeit. Häufig handelt es sich um allein lebende Frauen. Soweit Kontaktpersonen vorhanden sind, besteht zu ihnen eine spannungsreich-distanzierende, paranoid-abwehrende oder eifersüchtige Beziehung. Das Erleben der Beeinträchtigung, der Verfolgung und Bedrohung steht im Vordergrund. Die Szenerie des Geschehens wird von der engsten Umgebung gebildet, der Kranke wähnt seinen eigensten Bereich in mannigfacher Weise verletzt, die Einrichtung wird durchwühlt und verstellt, eindringender Lärm, Ungeziefer, Gase, Gifte, hypnotische Manipulationen, elektrischer Strom, Magnetisierung, Strahlen u. a. m. quälen ihn und treiben ihn zu Aggression oder Selbstmord. Auf die Sexualsphäre bezogene Wahninhalte sind häufig. Die oft heftigen Reaktionen stören seine soziale Integration und führen dazu, daß von der Umwelt, von den Hausgenossen eines Tages Maßnahmen ergriffen werden, die der Patient wiederum als so feindselig erleben muß, daß sie ihn in seinem Wahn bestätigen. Wahn und Halluzinose verfestigen sich im Verlauf. Das psychotische Erleben hat, wie die meisten Wahnbildungen im höheren Alter, Ersatzfunktion für ausbleibende reale mitmenschliche

Kommunikation, es ist Surrogat für eine in der sozialen Isolierung verlorengegangene Begegnungswelt. Im Ausgeliefertsein an bedrohliche äußere Mächte restituiert sich eine verloren gegangene Beziehung zur Mitwelt. Gar nicht so selten verschwinden diese Krankheitssymptome auch ohne psychopharmakologische Therapie, wenn der Kranke in einen therapeutischen Bereich mit dosierten sozialen Reizen gebracht wird. Beim Einsatz von Psychopharmaka ist sorgfältig abzuwägen zwischen der Beeinträchtigung durch den Wahn und den die medikamentöse Therapie im Alter belastenden Begleitwirkungen.

Paranoid-halluzinatorische Syndrome. Paranoid-halluzinatorische Psychosen zeichnen sich beim Alternden besonders durch optisch- oder haptisch-halluzinatorisches Erleben aus. Die Kranken sehen ganz anschaulich Gestalten, oft verkleinert erscheinende Figuren (Mikropsien), die sie bedrohen. Nicht selten entwickelt sich aus der projektiven Bereitschaft ein *Dermatozoenwahn*, eine taktile Halluzinose, bei der die Kranken Ungeziefer in oder unter der Haut fühlen, gelegentlich sogar zu sehen glauben. Pathogenetisch spielen hier wahrscheinlich Abbauprozesse im Thalamus mit einem Funktionswandel des Körperschemas eine Rolle.

Depressive Erkrankungen im Alter

Depressive Syndrome aller nosologischen Kategorien (endogen, somatogen, psychogen) und Erscheinungsformen (gehemmt, agitiert, ängstlich) treten in höherem Alter gehäuft auf. Die Morbiditätsrate wird mit 10% aller über 65jährigen angegeben.

Es bestehen pathophysiologische Zusammenhänge zwischen der erhöhten Erkrankungsbereitschaft und Hirnalterungsprozessen. Das erniedrigte Niveau der Hirnerregbarkeit, das sich in der Hirninsuffizienz, der Einschränkung der Lernfähigkeit und vermindertem psychomotorischem Tempo ausdrückt, bildet eine Teilursache im Bedingungsgefüge. Auch erscheinungsbildlich bestehen Beziehungen zwischen den Syndromen: Beginnende Hirninsuffizienzen werden oft als Depressionen diagnostiziert, deren Symptome sie zeigen, eine beginnende Demenz kann gelegentlich durch eine hinzutretende Depression demaskiert werden. Bilder, bei denen die depressive Antriebsverarmung eine Einschränkung der intellektuellen Leistungsfähigkeit vermuten läßt, werden als depressive Pseudodemenzen bezeichnet. Es ist jedoch nicht zulässig, die in dieser Lebensphase auftretenden depressiven Syndrome schlechthin als Vorstufe der Demenz anzusehen. Depressive entwickeln nicht häufiger Demenzen als Nichtdepressive. Andererseits zeigen Längsschnittuntersuchungen, daß Patienten, die unter dem Bild einer phasisch abgrenzbaren depressiven Pseudodemenz behandelt wurden, nach Jahren häufiger eine senile Demenz vom Alzheimer-Typ entwickeln.

Wie eng Hirninsuffizienz und depressive Symptomatik zusammenhängen, zeigen die Formen der präapoplektischen Depression, der Depression als Prodrom beim Herzinfarkt, depressive Syndrome im Rahmen der Entwicklung zerebrovaskulärer Verschlüsse und bei der Leucencephalopathia progressiva subcorticalis Binswanger, bei der Periarteriitis nodosa, bei Hirntumoren und anderen zerebralen und extrazerebralen Erkrankungen des Alters. Insbesondere die pseudoneurasthenischen Vorstadien der Demenz lassen sich oft schwer von Depressionen anderer Genese abgrenzen.

Alle an anderer Stelle beschriebenen Depressionsformen kommen im Alter vor. Die *Klassifikation* und differentialdiagnostische Zuordnung ist schwierig, weil sich erlebnisreaktive und neurotische, somatische und u. U. endogene Bedingungsfaktoren eng verschränken. Je nach Gewicht der Grundstruktur und der auslösenden Faktoren wird man Unterformen klassifikatorisch abgrenzen können, was für die Therapie von einigermaßen zweitrangiger Bedeutung ist.

Der *Verlauf* dieser Erkrankungen im Alter ist oft langwierig und zur Chronifizierung neigend, die Phasendauer nimmt zu. Die *Behandlung* gestaltet sich meist komplizierter als in jüngerem Lebensalter. Therapierefraktäre Bilder sind häufig, insbesondere auch, weil beim alten Menschen dem Einsatz der Thymoleptika wegen der gravierenden begleitenden Nebenwirkungen sehr viel engere Grenzen gesetzt sind. Es zeigt sich eine starke Somatisierungstendenz der meist ängstlich agitierten, oft mit Schuldgefühlen und Selbstvorwürfen, überwertigen Ideen und Wahnvorstellungen einhergehenden Depressionen. Die Wahndynamik läßt meist einen Bezug zur realen Situation des Alternden erkennen, die sich in leibhypochondrischen Befürchtungen, Verarmungsideen, dem Erleben der Entwertung und Diskriminierung repräsentiert.

Für den therapeutischen Umgang bilden die nicht so seltenen *hysterischen Ausgestaltungen* ein Problem. Die hysterischen Verhaltensweisen haben grob demonstrativen, Hilflosigkeit signalisierenden und massiv-appellativen Charakter und stellen für die Umgebung der Kranken eine oft kaum vorstellbare Belastung dar.

Die Chancen einer Restitutio ad integrum bei Depressionen im Alter sind skeptisch einzuschätzen, häufiger bleibt nach Ablauf der akuten Erkrankung ein *phasenüberdauernder Persönlichkeitswandel* erkennbar oder die Zeichen beginnenden dementiellen Abbaus treten zutage. Die „*Involutionsdepression*" als eigenes Krankheitsbild abzugrenzen scheint nicht zweckmäßig. Alle jenseits des 65. Lebensjahres auftretenden affektiven Erkrankungen lassen sich Depressionsformen zuordnen, die auch aus anderen Lebensphasen bekannt sind, wenn man berücksichtigt, daß die Syndrome durch die altersspezifischen, biologischen und psychosozialen Einflüsse ausgestaltet sind. Für den nosologischen Sachverhalt, der mit der Diagnose Involutionsdepression gefaßt werden sollte, empfiehlt sich die Bezeichnung „spät manifestierende Depression vom endogenen Typ". Eindeutig als bi- bzw. unipolar affektive Psychosen einzuordnende Syndrome treten bei sonst aktiven und körperlich gesunden alten Menschen auf. Ihr Symptomprofil entspricht dem endogener Psychosen früherer Lebensphasen.

Die *larvierten*, d. h. ohne auffällige psychopathologische Symptomatik verlaufenden, dafür aber somatisch ausgestalteten *Depressionen* bringen bei
Alternden erhebliche diagnostische und therapeutische Probleme. Vor dem
Hintergrund der zu erwartenden Multimorbidität ist der Ausschluß eines
organischen Leidens oft schwierig. Die Klagen wie Kopfdruck, Herzsensa-
tionen, Schlafstörungen, körperliche Abgeschiedenheit, Inappetenz u. a. m.
sind besonders in dieser Altersphase vieldeutig. Die Gefahr besteht, daß sie
zu umfassenden und eingreifenden diagnostischen Maßnahmen und zu er-
gebnislosen somatotherapeutischen Therapieversuchen Anlaß geben und
daß diese Polypragmasie beim alten Menschen ernste Schäden verursacht.
Zur richtigen Diagnose verhilft die gründliche Fahndung nach auslösenden
depressiogenen Situationen, Klärung der prämorbiden Persönlichkeitsstruktur und die Beobachtung der Verlaufstypik (biorhythmische Phänomene,
phasenhafter Verlauf, Tagesschwankungen).

Manische Phasen – weitaus seltener als depressive – verlaufen im Alter
häufiger unter dem Bild der zornigen bzw. gereizten Manie, euphorische
Gehobenheit wird seltener gesehen. Die psychopathologischen Bilder sind
monotoner, erregte Umtriebigkeit, störende Redseligkeit, gelegentlich Verwirrtheit ist kennzeichnend. Steigert sich die Verwirrtheit und treten Bewußtseinstrübung und delirante Symptome dazu, so muß immer auch daran
gedacht werden, daß das hypermotorische Verhalten den Patienten in eine
Herzinsuffizienz und damit verbunden auch schnell in eine Hirnleistungsschwäche geführt hat und daß die Manie durch eine psychoorganische Symptomatik kompliziert wird. Dem ist natürlich bei der Therapie Rechnung zu
tragen.

Ätiologie und Pathogenese. Depressionen im Alter stellen häufig unspezifische Antworten auf eine erlebte Lebenssituation dar, die Pflichten und
Entscheidungen abverlangt, welche nicht bewältigt werden können. Außer-
dem sind Verlusterlebnisse, körperliche Erkrankungen und Kränkungen
auslösend. Auch die Beeinträchtigungen körperlichen Befindens und die
Einschränkungen sexueller Möglichkeiten spielen eine Rolle. Die große
Zahl und Bedeutung extrazerebraler körperlicher Erkrankungen als prädi-
sponierende Faktoren für die Depression im Alter wird meist unterschätzt.
Bei über 80% der über 65jährigen bestehen eine oder mehrere chronische
Erkrankungen, die eine Depression zumindest mitbegründen können. Diese
Erkrankungen wirken teils disponierend durch die das zentrale Nervensystem mitberührende Beeinflussung humoraler und metabolischer Prozesse,
teils psychoreaktiv über das Erleben der Hilflosigkeit und des Ausgeliefertseins.

Der rechtzeitigen und präzisen Diagnostik und Therapie steht im Wege, daß
depressive Verstimmungen bei alten Menschen als etwas Natürliches angesehen werden; die Depression gilt gleichsam als der Normalzustand des Alternden, sie wird entpathologisiert. Resignative Reaktionen werden als altersad-
äquat und deshalb nicht krankhaft angesehen. Zugleich hemmt die Überde-

terminiertheit depressiver Zustände im Alter durch eine Vielfalt zugleich einwirkender kausaler Faktoren die Behandlung. Auch die vermeintliche Perspektivelosigkeit wirkt sich aus und lähmt oft die in der Tat schwierige Therapie.

Neurosen, Reaktionen und Persönlichkeitsstörungen

Wandel der sozialen Situation, des Status und die hierdurch abverlangten, nicht leicht zu leistenden Änderungen von Einstellung und Haltung liefern die Dynamik für mannigfaltige Krisen und Konflikte im Alter. Verhaltensstörungen, die an und für sich noch ohne Krankheitswert sind, wie selbst gewählte Einsamkeit, sozialer Rückzug, Selbstvernachlässigung, Ziellosigkeit, sind die Folge und geben die Matrix ab, von der aus Konflikte je nach der individuell vorgegebenen Verhaltensbereitschaft nach neurotischem Reaktionsmuster verarbeitet werden: hysterisch, depressiv, zwanghaft, regressiv, trotzig, aggressiv-protesthaft.

Anpassungsstörungen, Starrheit, Angst, Rigidität, Egozentrismen erschweren die Integration des alternden Menschen. Zwang zur Anpassung, Herabsetzung des Ich-Wertes, Bedrohung durch äußere und innere Welt, Konfrontation mit dem Endlichkeitsproblem haben im Alter erhebliche pathogene Bedeutung.

Die Psychiatrie des Seniums hat im gleichen Maße wie die Erwachsenenpsychiatrie den hohen Prozentsatz *neurotisch* und *psychosomatisch stigmatisierter* und persönlichkeitsgestörter Menschen zu berücksichtigen. Eine Besonderheit liegt darin, daß neurotische Zustände im Alter ihre klinische Spezifität verlieren und die besonderen Charakteristika der Lebensperiode annehmen. Ob wirklich ein nennenswerter Anteil neurotischer Symptome und Strukturen sich erst im Alter entwickelt oder ob nicht häufiger eine längst vorhandene Struktur, die bislang kompensiert und eingebunden in tragfähige soziale Funktionen war, unter den vielfachen traumatischen Einflüssen zutage tritt, muß offen bleiben. Im allgemeinen sind die Neurosen der Alternden häufig durch Leibsymptome ausgestaltet, durch hypochondrische Befürchtungen und unangenehme Körpergefühle, die ängstliche und depressive Affekte begleiten. Bei einem Viertel der Alterskranken ist mit Angstneurosen zu rechnen, danach rangieren Phobien und Zwangssymptome.

Die Psychoanalyse hat sich aus einer Reihe von Gründen erst spät der Neurosendynamik alter Menschen angenommen. Die hier bestehenden Vorurteile, die mit technischen Problemen begründet und rationalisiert werden, deuten eine verräterische Nähe zum biologischen Defizitmodell des Alterns an. Einer psychodynamischen Erfassung der Situation des alten Menschen und der entsprechenden Therapie soll entgegenstehen, daß alte Menschen an einem wachsenden Mangel an Anpassungsfähigkeit der geistigen Prozesse und an einer wachsenden Rigidität und Brüchigkeit der Abwehrmechanismen leiden, daß ferner die Menge des durchzuarbeitenden Materials für die Möglichkeiten des analytischen Prozesses zu groß ist und daß schließlich die Triebstruktur des alten Menschen zu schwach sei, um hinreichende Motivation zu erzeugen, mit der die Dynamik des analytischen Prozesses in Bewegung gehalten werden kann.

Erst in den letzten Jahren hat sich die Tiefenpsychologie den Altersproblemen intensiver zugewandt und auch therapeutische Perspektiven eröffnet.

Suizidales Syndrom

Die Suizidrate steigt mit zunehmendem Alter an. Zwar nimmt der Suizidversuch unter den Todesursachen der über 65jährigen erst eine nachrangige Position ein, jedoch sind 20% der Suizidenten über 60 Jahre alt, zwei Drittel aller Suizidhandlungen im Alter enden tödlich, bei Männern doppelt so viele wie bei Frauen. Als Auslöser für die häufig sehr zielgerichteten suizidalen Handlungen findet man das ganze Spektrum der im Alter auftretenden Traumen: soziale Konflikte durch Pensionierung, Wohnungswechsel, Schwierigkeiten bei der Integration in eine Heimumgebung und in der persönlichen und materiellen Versorgung, Generationenprobleme, chronische Erkrankungen, Vereinsamung, Ehestreitigkeiten, Tod des Partners, soziale Isolierung, Delikte. Unter nosologischem Aspekt stehen akute psychoorganische Syndrome, Depressionen, Süchten und reaktive Störungen im Vordergrund. Der vielfach erkennbare Appellcharakter suizidaler Handlungen muß zu einer genauen Analyse des psychosozialen Feldes und der Motivstrukturen, die den Suizidversuch tragen, veranlassen. Zweifellos bedeutet die große Anzahl alter Menschen, die den Suizid als letzten Ausweg wählen, eine Herausforderung an eine altersfeindliche oder zumindest die Bedürfnisse der alten Mitbürger vernachlässigende Gesellschaft.

Literatur

Ciompi, L., F. Post, H. Lauter: Alterspsychiatrie. In K. P. Kisker, J. E. Meyer, M. Müller: Psychiatrie der Gegenwart, 2. Aufl., Bd. II/2. Springer, Berlin 1972

45 Psychiatrische Therapie bei psychischen Erkrankungen im Alter

Lernziele:
Kenntnis der Leitlinien eines gerontopsychiatrischen Behandlungsplanes; Erlernen des Umgangs mit Psychopharmaka bei psychischen Alterskrankheiten und der Grundlinie der Psycho- und Soziotherapie bei alten Menschen.

Psychiatrischer Behandlungsplan

Voraussetzung für die Behandlung psychischer Störungen im Alter ist ein *gerontopsychiatrischer Behandlungsplan*. Dieser stellt ein individuell anzupassendes Muster von therapeutischen, unterstützenden und kompensierenden Maßnahmen dar, die der Multimorbidität des alten Menschen, der vielfältigen Verursachung seiner Leiden und der Verflechtung von körperlichen und psychosozialen Faktoren bei Alterskrankheiten und Verhaltensstörungen Rechnung tragen.

Angesichts der häufig chronisch-progredienten und kausal nicht zu beeinflussenden Leidenszustände dürfen unter Therapie nicht nur, wie in der Akutmedizin, die auf die Restitution zielenden Maßnahmen verstanden werden, sondern alle lindernden, pflegenden, entlastenden, pathogene Teilfaktoren beseitigenden Bemühungen wie auch die, welche sich mit den vielfältigen Sekundärfolgen von Alterskrankheiten befassen.

Der Behandlungsplan setzt eine *Rangordnung der Symptome und Behinderungen* voraus, die therapeutisch beeinflußt werden sollen. Er bestimmt somit auch die Rangfolge der einzusetzenden, aber auch der zu vermeidenden Maßnahmen und Therapeutika.

Da die psychische Befindlichkeit des alten Menschen in hohem Maße von seiner körperlichen Verfassung abhängt und psychiatrische Krankheitsbilder im Alter häufig körperliche Störungen begründen oder begleiten – die Tendenz zur Multimorbidität spiegelt sich darin, daß bei 80% der über 65jährigen drei und mehr Diagnosen gestellt werden –, kommt der Ausschöpfung der *somatomedizinischen* (internistischen und neurologischen) Behandlungsmöglichkeiten Vorrang zu. Psychiatrische Therapie ohne körpermedizinische Vorausdiagnostik und entsprechende Therapie ist bodenlos. Voraussetzung ist die Erkennung und Behandlung von Herz-Kreislauf-Störungen (Hypertonus, Herzrhythmusstörungen, Herzinsuffizienz), von Ventilationsstörungen, von endokrinen Erkrankungen, von Mangelzuständen im Mineral- und Wasserhaushalt, von neoplastischen Erkrankungen etc. Oft lassen sich auf diesem Wege eindrucksvolle Veränderungen der psychischen Situation erreichen. Ein nicht geringer Teil verwirrter, paranoider, depressiver Bilder und „neurotischer" Leibsymptome hat internistisch beeinflußbare Ursachen.

Jede Pharmakotherapie im Alter hat die veränderte Pharmakokinetik (Resorption, Transport, Verteilung, Gewebsbindung, Metabolisierung, Exkretion) und die veränderte Pharmakodynamik zu berücksichtigen.

Behandlung mit Psychopharmaka im Alter

Allgemeine Leitlinien

Psychopharmaka gehören zu den meistverordneten Arzneimitteln im Alter. Man kann davon ausgehen, daß etwa ein Drittel aller Personen über 60 Jahre mit mindestens einer psychotropen Substanz behandelt wird. Da dabei wichtige Regeln oft nicht beachtet werden, nimmt es nicht wunder, daß ein erheblicher Prozentsatz Alterskranker durch Medikamente verursachte Störungen aufweist und in erster Linie deswegen dem Psychiater zugeführt wird.

Für den *Umgang mit Psychopharmaka* ist wichtig, daß in der Regel mit der Hälfte der beim Erwachsenen üblichen Dosis gleiche Blutspiegel wie beim Jüngeren mit der Normdosis erreicht werden. Die wirksame und verträgliche Dosis des Psychopharmakons ist also erheblich geringer. Außerdem ist die Häufigkeit von Nebenwirkungen aller Psychopharmaka beim alten Menschen wesentlich höher als beim jüngeren.

Die Ursachen dafür liegen einmal in veränderten pharmakokinetischen Prozessen. Die Resorption ist häufig verringert. Die Verteilung ist durch die Abnahme des Blutalbuminspiegels verändert; die zu einem hohen Anteil an Albumine gebundenen Psychopharmaka (insbesondere Antidepressiva und Benzodiazepine) finden sich in höherer Konzentration als freier aktiver Wirkstoff im Blut, die aktive Wirkstoffkonzentration ist erhöht. Da die Affinität der Medikamente zum Plasmaeiweiß unterschiedlich ist, können Psychopharmaka durch andere Substanzen aus ihrer Eiweißbindung verdrängt werden, was u. U. zu plötzlichen Konzentrationserhöhungen führt, wenn wegen der Multimorbidität eine Mehrzahl von Substanzen verordnet wird. Der alternde Organismus hat gegenüber solchen Veränderungen eine geringere Anpassungsfähigkeit. Auch die Verringerung des Gesamtkörperwassers spielt für die Veränderung des Verteilungsvolumens eine Rolle, andererseits führt die zunehmende Umwandlung von Parenchymgewebe in Fettgewebe zu einer vermehrten Kumulation und Wirkungsverlängerung lipoidlöslicher Pharmaka (z. B. Benzodiazepine). Auch die Elimination – die hepatische wie die renale – ist im Alter beeinträchtigt. Von Belang ist ferner die im Alter veränderte Gewebeempfindlichkeit. Mit dem Untergang zentralnervöser Neurone ist eine Reduktion der Rezeptoren und ein verminderter Neurotransmitterumsatz verbunden.

Neben diesen Fakten ist für das Arzneimittelregime die bei Alterskranken oft beeinträchtigte *Compliance* von Belang sowie die Tatsache, daß wegen der Vielfalt von Beschwerden im Alter (Polypathie) zu einem schwer abzuschätzenden Maße Selbstmedikation betrieben wird. Diese umfaßt Analgetika, Laxantien, Tranquilizer, Grippemittel u. a. Unverträglichkeitserscheinungen, die durch Wechselwirkungen dieser Medikamente mit ärztlich verordneten entstehen, können Symptome provozieren und auch den Abbruch einer an sich nötigen Therapie verursachen.

Die Wahl eines Psychopharmakons beim alten Patienten darf sich unter diesen Umständen nicht allein am Zielsyndrom orientieren, vielmehr muß den hier genannten Einflußgrößen, wie körperlicher Zustand, Einnahme anderer, ärztlich verordneter oder nicht verordneter Medikamente, Ernährungsgewohnheiten und dem zu erwartenden Nebenwirkungsprofil, Rechnung getragen werden. Die Grenzen einer an und für sich wünschenswerten pharmakologischen Beeinflussung von psychopathologischen Symptomen werden sich häufig sehr viel enger zeigen, als man es wünscht.

Darüber hinaus gilt allgemein, daß einschleichend dosiert wird, um die niedrigste Wirkdosis festzustellen, daß sorgfältig auf Nebenwirkungen geachtet und der Patient sowie die Angehörigen über die zu erwartenden Nebenwirkungen aufgeklärt werden. Unverträglichkeitserscheinungen oder Nebenwirkungen zwingen zu Wechsel des Medikaments bzw. zur Dosisreduktion. Psychopharmakologische Kombinationspräparate sind unter den geschilderten Bedingungen tunlichst zu vermeiden. Schließlich ist auch daran zu erinnern, daß die Wirksamkeit eines Psychopharmakons in starkem Maße von konstellativen Einflüssen, die in der Persönlichkeit und der Situation des Patienten liegen, beeinflußt wird.

Antidepressiva

Depressive Syndrome bilden die größte Gruppe psychischer Erkrankungen bei alten Menschen. Der Einsatz von Thymoleptika kann bei allen Formen geboten sein, gleich ob es sich um eine psychotische, eine psychoreaktive oder neurotische Depression handelt oder um eine jener Formen, die häufig den Beginn eines dementiellen Prozesses ankündigen. Entscheidend ist, daß die Depression als behandlungsbedürftiges Syndrom diagnostiziert und erkannt wird. Der zeitliche Zusammenhang des Auftretens mit extrazerebralen Erkrankungen weist auch hier auf die Notwendigkeit einer internistischen Diagnostik und Therapie hin. Erwähnung verdient, daß Antidepressiva auch bei schweren chronischen Schmerzzuständen als Hilfe zur Verringerung der Schmerzresonanz gegeben werden.

Für die Verordnung gilt das an anderer Stelle zur Depressionsbehandlung Ausgeführte (s. S. 361). Je nach vorherrschender Leitsymptomatik – Gehemmtheit, Agitiertheit, Angst – kommen antriebssteigernde (Imipramin-Typ), dämpfende (Amitriptylin-Typ) oder angstlösende Antidepressiva in Betracht.

Da ältere Menschen durchweg besonders anfällig gegenüber den *Nebenwirkungen* der Thymoleptika sind, gestaltet sich die Therapie oft schwierig. Komplizierend wirken sich die starke Sedierung, die anticholinergen Effekte, eine zu starke adrenerge Aktivierung und kardiovaskuläre Nebenwirkungen aus. Auch bei anfänglicher Dosishalbierung und vorsichtigem Einschleichen lassen sich diese Begleitwirkungen, die so ausgeprägt sein können, daß die Therapie abgebrochen werden muß, nicht immer vermeiden. Blutdruck- und EKG-Kontrollen sind in jedem Falle obligat. Relativ häufig treten unter der Behandlung mit trizyklischen Antidepressiva delirante Zustände auf, gelegentlich schon unter geringen Mengen. Sie stehen im Zusammenhang mit der zentral-anticholinergen und sedativen Wirkung.

Unverträglichkeitserscheinungen zwingen öfter, von den Standardpräparaten aus dem Kreise der trizyklischen Antidepressiva abzugehen und sonst seltener eingesetzte Medikamente aus dem breiten Spektrum der Thymoleptika zu versuchen. In sehr vielen Fällen ist die optimale Einstellung Sache des Facharztes. Bei der gelegentlich zu beobachtenden Therapieresistenz ist die Heilkrampfbehandlung zu erwägen, die auch beim älteren Menschen – in Narkose und bei Muskelrelaxation durchgeführt – ein geringeres Maß an Komplikationen bringt als die Thymoleptikatherapie. Man wird sich auf diese Methode insbesondere dann besinnen, wenn lange Krankheitsverläufe den Patienten und seine Angehörigen aufs äußerste belasten.

Ob eine Behandlung mit trizyklischen Antidepressiva auch geeignet ist, Zustände von Antriebsmangel bei der beginnenden Demenz und deren (pseudo-)neurasthenisches Vorstadium therapeutisch zu beeinflussen, wird diskutiert; andererseits wird erwogen, daß Antidepressivabehandlung Einfluß auf später entstehende dementielle Prozesse haben könnte, wobei die anticholinerge Wirkung der Antidepressiva zur Erklärung herangezogen wird und die Tatsache, daß ein Funktionsmangel cholinerger Überträgersysteme als pathogenetischer Teilfaktor bei der Entstehung der Demenzen wahrscheinlich ist.

Eine Indikation für Antidepressiva stellen auch die postremissiven Depressionen im Verlaufe chronischer Schizophrenien dar.

Man wählt im Alter die Antidepressiva mit den geringsten Nebenwirkungen. Bei agitiert-unruhigen Depressionen wird Doxepin (Sinquan, Aponal) wegen der möglicherweise etwas geringeren kardiovaskulären und anticholinergen Nebenwirkungen dem Amitriptylin vorgezogen. Bei gehemmten Depressionen wird bei fast gleicher antidepressiver Wirksamkeit Dibenzepin (Noveril) ein geringerer kardiotoxischer Effekt zugeschrieben als Imipramin und den entsprechenden trizyklischen Antidepressiva. Über die neueren Antidepressiva, ihre Wirksamkeit und ihr Nebenwirkungsspektrum gehen die Meinungen auseinander: die tetrazyklischen Antidepressiva wie etwa Maprotilin (Ludiomil) scheinen wegen ihrer geringeren anticholinergen Wirkung bei Depressionen im Alter von manchen bevorzugt zu werden, ähnliches gilt für Trazodon (Thombran) und Viloxazin (Vivalan). Allerdings mehrten sich in der letzten Zeit Berichte über unerwünschte Nebenwirkungen der Antidepressiva der neuen Generation, so daß inzwischen vielfach wieder auf die Standardpräparate zurückgegriffen wird.

Bipolar verlaufende affektive Psychosen und psychotische Depressionen, bei denen häufige und dicht aufeinanderfolgende Phasen verifiziert sind, müssen auch bei alten Menschen Anlaß geben zur Frage nach der Thymoprophylaxe niedrigere Spiegel als beim Erwachsenen (0,5–0,8 mval/l). Jenseits dieser Grenze können leicht Nebenwirkungen auftreten: Polyurie, Polydipsie, Ataxie, Dysarthrie und Verwirrtheit. Werden Diuretika verordnet, so ist eine regelmäßige Elektrolytkontrolle erforderlich, auch eine Beobachtung der Schilddrüsenfunktion (T3-Spiegel) ist geboten.

Neuroleptika

Paranoid-halluzinatorische Zustandsbilder gleich welcher Ursache, chronisch verlaufende Schizophrenien und Residualzustände sowie Bilder psychomotorischer Erregtheit können auch im Alter die Indikation zur Behandlung mit Neuroleptika darstellen. Nebenwirkungen und die Gefahr einer zusätzlichen Dauerschädigung sind noch größer als bei Antidepressiva, so daß die Therapie striktester Überwachung bedarf. Die Medikamente wirken stärker und länger. Als gravierende *Nebenwirkungen* sind zu erwähnen: Absenkung des Blutdrucks mit der Folge von Kollaps, zerebrovaskulärer Insuffizienz, die sich in Verwirrtheit äußert, und myokardiale und zerebrale Ischämien. Herzrhythmusstörungen und die anticholinergen Begleitscheinungen (Erhöhung des Augeninnendrucks, Tonusreduktion der Darm- und Blasenmuskulatur) sind gefürchtete Komplikationen. Die Provokation eines Delirs ist – wenngleich seltener als bei Antidepressiva – möglich. Zentrale Nebenwirkungen sind die bekannten extrapyramidalmotorischen Syndrome hyper- und hypokinetischer Art, wobei die hyperkinetischen seltener sind. Spätdyskinesien können bei alten Menschen auch nach kürzerer Neuroleptikatherapie hervorgerufen werden. Treten diese Bilder auf, so springen die ausgeprägten choreatischen Bewegungen vor allem im Bereich der Mund- und Gesichtsmuskulatur ins Auge. Es wird diskutiert, daß die gleichzeitige Gabe von Antiparkinsonmitteln zum Neuroleptikum das Entstehen der Spätdyskinesien begünstigt. Auf Veränderungen des weißen Blutbildes muß geachtet werden, ebenso auf Leberfunktionsstörungen (intrahepatische Cholestase und vermehrte Thromboseneigung). Auch zerebrale Krampfanfälle können auftreten. Welchen Einfluß Neuroleptika auf die beginnende dementielle Einschränkung haben, ist strittig. Bei psychomotorisch-unruhigen hirnorganischen Erkrankungen kann die Dämpfung zur Kompensation der mentalen Insuffizienz beitragen, bei apathisch-depressiv getönten Demenzformen bedingt die Sedation eine Verschlechterung der Leistungsmöglichkeit.

Die Therapie von Verwirrtheitszuständen im Alter ist oft schwierig, da die zugrundeliegenden pathophysiologischen Mechanismen nicht erkennbar sind. Vordringlich ist die Überprüfung der Herz-Kreislauf-Situation und des Elektrolythaushaltes. Zur Sedierung kommen in erster Linie Chloraldurat, Paraldehyd und vor allem Distraneurin in Frage; der Einsatz der Neuroleptika wird in solchen Fällen durch die nebenwirkungsbedingten Komplikationen eingeengt.

Tranquilizer und Hypnotika

Nichtpsychotische Unruhezustände, aggressive Gereiztheit, neurotische Syndrome unterschiedlicher Prägung, Angstzustände und Schlafstörungen bilden das Indikationsgebiet für Tranquilizer. Die größte Rolle spielen dabei Benzodiazepine. Diese und ihre aktiven Metaboliten haben im alternden Organismus eine erheblich verlängerte Halbwertszeit (Diazepam bzw. Demethyldiazepam statt 50 150 Stunden), d. h., sie kumulieren bei Standarddosierungen erheblich. Oxazepam und Lorazepam werden unverändert schnell ausgeschieden.

Die Benzodiazepinderivate zeichnen sich durch ein breites Wirkungsspektrum und eine große therapeutische Breite aus. Bei geriatrischen Patienten führen sie auch schon bei relativ geringer Dosierung häufig zu einer Reihe von Nebenwirkungen. An erster Stelle steht die Hypotonie, die eine zentralnervöse Mangelversorgung mit Verwirrtheit bedingen kann, Gangstörungen und Ataxie werden zentral und durch die Verringerung des Muskeltonus verursacht (Gefahr des Hinstürzens). Daneben sieht man Obstipation und Harnverhaltung, aber auch paradoxe Reaktionen, wie Agitiertheit, Erregungszustände und Schlaflosigkeit. Es ist darauf zu achten, daß Benzodiaze-pine auch bei älteren Patienten zur süchtigen Abhängigkeit führen können. Der Einsatz darf deshalb nur kurzzeitig erfolgen. Ohnedies ist nach etwa sieben Tagen wegen Gewöhnung mit einem Wirkungsverlust zu rechnen. Als Medikamente, mit denen verwirrte Erregungszustände behandelt werden können, kommen Benzodiazepine wegen ihrer abträglichen Wirkung auf die zerebrale Versorgung kaum in Frage.

Neben den Benzodiazepinen spielen Beruhigungsmittel vom Antihistamini-kum-Typ noch eine gewisse Rolle (Diphenhydramin und Hydroxyzin). Sie sind weniger blutdrucksenkend, aber stärker anticholinergisch. Barbiturate sind obsolet. Chloraldurat ist oft nützlich, weil es keinen Hang-over und keine Gewöhnung verursacht.

Schlafstörungen bei alten Menschen. Wenn kausal behandelbare Ursachen der Schlafstörungen ausgeschlossen und alle sonst bei der Therapie des Symptoms bekannten Behandlungsweisen erschöpft sind, kommt bei Alters-kranken in erster Linie eine Behandlung mit Clomethiazol (Distraneurin) in Frage. Versucht werden können auch Chloraldurat und Paraldehyd. Neuro-leptika sollten wegen der hohen Nebenwirkungsrate bei Alterskranken nicht zur Schlafförderung eingesetzt werden, auch Barbiturate sind kontraindi-ziert. Muß man auf Benzodiazepine zurückgreifen, so kommen solche mit kurzer Halbwertszeit (Oxazepam) in Frage. Eine Einregulierung des ge-störten Tag-Nacht-Rhythmus gelingt manchmal durch morgendliche (aber auch gelegentliche abendliche) Gabe von Koffein. Wichtig ist eine sinnvolle Aktivierung im Laufe des Tages. Schlafstörungen, die Ausdruck einer de-pressiven Erkrankung sind, werden mit dämpfenden Antidepressiva zu be-handeln sein.

Nootropika (Antihypoxidotika)

Es handelt sich hier um Substanzen, die eine zerebrale „Hypoxidose" verhin-dern bzw. Mangelzustände der zentralnervösen Versorgung jeder Art beein-flussen sollen. Je nach Wirkmechanismus unterscheidet man metabolisch aktive, rheologisch aktive, osmo- und onkotherapeutische, antithromboti-sche, vasoaktive und indirekt wirkende Antihypoxidotika. Zum Einsatz kommen diese Substanzen beim organischen Psychosyndrom. Über die Wirksamkeit dieser enzephalotropen Substanzen wird gestritten. Als Stan-dardtherapie dürften sie beim augenblicklichen Wissenstand nicht in Be-tracht kommen. Ein Problem ihres Einsatzes liegt sicherlich darin, daß sie als Alibi dienen können und Anlaß geben, andere notwendige psychotherapeu-tische und milieutherapeutische Maßnahmen zu vernachlässigen. Eine kau-sale biologische Therapie dementieller Erkrankungen aller Genesen steht im Augenblick nicht zur Verfügung.

Leitlinien zur Pharmakotherapie im Alter

– Überprüfung der somatischen Situation und Vorrang entsprechend kausaler Therapie;
– bei Psychopharmakotherapie Vergegenwärtigung des Nebenwirkungsprofils und Nutzen-Schaden-Risiko-Abwägung;
– Prüfung der Interferenz mit anderen Medikamenten;
– Klärung der Voraussetzungen optimaler Compliance;
– Aufklärung des Patienten und der Angehörigen über zu erwartende Nebenwirkungen;
– einschleichender Beginn mit Niedrigstdosen und frequente Kontrollen;
– stete Überprüfung der Notwendigkeit der Behandlung.

Auftretende Nebenwirkungen sind Anlaß zur Überprüfung des Arzneiregimes und nicht zu erweiterter arzneitherapeutischer Polypragmasie.

Psycho- und Soziotherapie

Im selben Maße wie sich die Gerontopsychiatrie vom Defizitmodell des Alterns distanziert, kommen in ihr psychotherapeutische sowie sozial- und milieutherapeutische Aspekte zum Tragen.

Unter den psychotherapeutischen Richtungen haben die tiefenpsychologisch-psychoanalytischen zum Verständnis des Alters und zur Therapie von Altersstörungen bislang am wenigsten beigetragen. Erst in letzter Zeit zeichnet sich eine Bereitschaft zur Entwicklung von Behandlungsformen für alte Menschen ab. Psychotherapie bei alten Menschen bedeutet eine je nach Bedarf, Problemlage und Aufnahmefähigkeit gestaltete Verfahrensweise aus zudeckenden, stützenden und gesprächstherapeutischen Anteilen. Symptom und Persönlichkeit des Patienten bestimmen die Technik.

Stützende (supportive) Therapie zielt darauf, erhaltene Fähigkeiten zu fördern und zu ermutigen, eine möglichst kränkungsfreie Auseinandersetzung mit den altersbedingten Defiziten und Versagungen zu begleiten, regressive Tendenzen zu steuern. Angestrebt wird der Aufbau einer Struktur, der die krankheitsbedingte Verhaltensdestrukturierung auffängt. Mit hoher Wahrscheinlichkeit ist ein großer Teil der erlebnisbedingten psychischen Störungen im Alter mit psychotherapeutischen Methoden heilbar und besserungsfähig, insbesondere dann, wenn Therapie und Beratung die Angehörigen und Bezugspersonen mit einbeziehen. Das Gespräch wird die Selbstentwertung, die Einsamkeit, Gefühle der Hoffnungslosigkeit und Ängste, die häufig leibbezogen sind, thematisieren, es wird ich-stützend ausgerichtet sein und jede Überforderung des Patienten peinlich zu vermeiden trachten.

Beim psychotherapeutischen Umgang mit Menschen, die unter depressiven Syndromen leiden, gilt das an anderer Stelle Ausgeführte (s. S. 368 ff). Die Behandlungsphasen wird man kurz halten, dem Patienten ist jedoch Gelegenheit zu geben, sich bei Auftreten neuer Probleme an den Therapeuten wenden zu können.

Besonders wichtig ist die **stützende Psychotherapie** bei den depressiven Verstimmungen, die häufig mit dem Beginn einer Demenz einhergehen und die dadurch ausgelöst werden, daß der Kranke die einsetzenden Funktionseinschränkungen bei noch erhaltener Kritikfähigkeit und Selbstwahrnehmung erlebt. Je früher dieser Prozeß therapeutisch in seinen diskreten Vorstadien erfaßt wird, um so wirksamer wird man den Patienten vor dekompensierenden Überforderungen bewahren können. Man sollte auch daran denken, daß die Funktionseinschränkungen im Beginn der Demenz durch einfache Methoden des Selbsttrainings verlangsamt werden können.

Verhaltenstherapeutischen Verfahren kommt in der Behandlung Hirnsuffizienter eine zunehmende Bedeutung zu. Die Möglichkeiten der Patienten, sich adäquat zu verhalten, sind von übersichtlichen Umgebungsstrukturen und von einer überschaubaren Reizmenge abhängig, hier kann ein Setting, welches elementare Lernprozesse fördert, dazu beitragen, Defizite auszugleichen. Der Einsatz verhaltenstherapeutischer Methoden ist am Symptom und an der Verhaltensstörung orientiert und vom nosologischen Zusammenhang unabhängig. Allzu rigide Programme, wie sie in der Literatur beschrieben wurden, sind freilich mit Skepsis zu betrachten, da in ihnen die Gefahr der entmündigenden Manipulation gegeben ist: Der alte Mensch ist ihr hilfloser ausgesetzt als der jüngere Patient, die Interessen des Personals und der Angehörigen können leicht bestimmend werden.

Kognitive Psychotherapieverfahren zeigen sich – ebenso wie verhaltenstherapeutische – bei chronisch depressiven Erkrankungen erfolgversprechend, also bei häufigen und von hohem Folgerisiko begleiteten Leiden.

In der stationären Behandlung Alterskranker geht es darum, das therapeutische Potential des klinischen Settings auszuschöpfen. Milieutherapie zielt darauf, Einrichtung, Organisationsstrukturen und Interaktionsprozesse so zu gestalten und aufeinander abzustimmen, daß eine aktivierende, zugleich jedoch die psychotische Desorganisation auffangende Struktur zustande kommt. Die Patienten sollen zu Entscheidungsprozessen im Rahmen ihrer Möglichkeit herangezogen werden, sie sollen gewohnte, aber im Laufe ihrer Krankheit verlorengegangene alltägliche Funktionen im Stationsverband wieder einüben; Gruppen unterschiedlicher Zielsetzung und Beschäftigungstherapie, aber auch ein Spektrum außerstationärer Aktivitäten sind hier therapeutisch wirksam. Es kommt darauf an, Ausgewogenheit zwischen schützenden und in einem therapeutisch sinnvollem Maße Regression ermöglichenden Strukturen einerseits und einem Klima der Realitätsnähe und Orientierung andererseits zu finden. Wichtig ist, daß alle Trainingsprogramme an noch möglichen Leistungen anknüpfen und in kleinen Schritten aufbauen. Die Lernfähigkeit Alterskranker wird meist unterschätzt, auch die Beeinflußbarkeit des Verhaltens durch gezielte soziale Stimuli. Zu achten ist auch auf die oft diskreten und manchmal chaotisch wirkenden Ansätze einer vom Patienten versuchten „Eigentherapie", die auf die Kompensation erlebter Behinderungen zielt.

Familientherapie

Der Einbezug des sozialen und familiären Hintergrunds in die Therapie Alterskranker ist obligat. Auch in einer stationären Behandlung sollen die Angehörigen dichten Kontakt mit dem Kranken halten; ganztägige Besuchszeit schafft die Voraussetzungen. Alle geplanten Maßnahmen sind mit der Familie zu entwickeln; auch wenn eine Heimunterbringung in Frage kommt, ist dieser für die Angehörigen oft von Schuldgefühlen begleitete Schritt zu bearbeiten. Der Patient sollte auch nach der Hospitalisierung das Gefühl, zu einer Familie zu gehören, nicht verlieren.

Die institutionellen Hilfen für alte Menschen, wie sie in Alten- und Pflegeheimen geboten werden, sind hierzulande oft problematisch. Heime können Ghettos sein, Zusammenballungen von Abgeschobenen, in denen sich Affekte steigern. Die Strukturen werden durch unsinnige und wirklichkeitsfremde Ordnungen und Reglementierungen, die inhuman und passivierend wirken, geformt. Daß dies nicht so sein muß, zeigen neue Entwicklungen.

Es entspricht den Interessen der meisten alten Menschen – wie auch volkswirtschaftlichen Interessen –, Heimunterbringungen, soweit möglich, zu umgehen. Altentagesstätten, Tageskliniken, Einrichtungen wie Besuchsdienste, sozialpsychiatrische Beratungsstellen, Altenclubs u. a. m. können Voraussetzungen dafür schaffen, daß der alte Mensch in seiner Wohnung bleibt. Die Möglichkeiten der Altenhilfe nach dem BSHG auszuschöpfen und Patienten und Angehörige darüber zu beraten, wird – solange sich Dienste der Altenberatung noch in den Anfängen befinden – oft genug Sache des behandelnden Arztes sein.

Wenn freilich absehbar ist, daß eine Heimunterbringung nicht vermieden werden kann, sollte sie rechtzeitig geplant werden und geschehen, um dem alten Menschen die Verwurzelung in der neuen Umgebung zu erleichtern. Kurzfristige Hospitalisierungen können nötig werden, um die Familie eine Zeitlang von der belastenden Pflege freizustellen.

Daß auf dem Gebiet der sozialpsychiatrischen Versorgung alter Menschen noch viel zu tun ist, steht außer Zweifel, ebenso die Tatsache, daß heute existierende Möglichkeiten oft nur Notlösungen sind – manchmal geeignet, antisoziale Verhaltensweisen und paranoide und depressive Reaktionen zu provozieren. Auch an die Einbeziehung von Selbsthilfegruppen („Graue Panther") in die therapeutischen Konzepte ist zu denken.

Die Einfädelung von sozialen Hilfen, die Vermittlung von „Essen auf Rädern", die Klärung der Rentensituation, Arrangements zur altengerechten Einrichtung der Wohnung und zur Pflege der Wohnung durch Reinigungsdienste usw., der Anschluß an ambulante Altengruppen, der Kontakt zu sozialpsychiatrischen Beratungsstellen oder zur Sozialstation, die Anbindung an Besuchskreise, sind Maßnahmen, die einer vorzeitigen Hospitalisierung vorbeugen können.

Rechtliches

In Situationen, in denen Gefahr für das eigene Leben oder wegen Verwirrtheit und Aggressivität Gefahr für andere besteht, kann die Unterbringung des Alterskranken gegen seinen Willen nach den Regelungen der Psychisch-Kranken-Gesetze erfolgen. Zur Sicherung der Behandlung und zum Schutz der ökonomischen Belange reicht in der Regel die Pflegschaft mit den unterschiedlichen Wirkungskreisen (Gebrechlichkeitspflegschaft, Unterbringungspflegschaft etc.) aus. Die stets diskriminierend erlebte Entmündigung sollte möglichst vermieden werden. Man muß unbedingt darauf achten, daß die rechtlichen Modalitäten, unter denen ein Patient – auch wenn er wegen seiner Demenz zu keiner durchhaltenden Willensäußerung in der Lage ist – behandelt wird, geklärt sind. Bei Verwirrten und Dementen besteht in der Regel Geschäfts- und Testierunfähigkeit, bei Delikten zerebralorganisch abgebauter Patienten ist von Schuldunfähigkeit auszugehen.

Literatur

Oesterreich, K.: Psychiatrie des Alterns. UTB Quelle & Meyer, Heidelberg 1981

Oswald, W. D., W. M. Herrmann, S. Kanowski, U. M. Lehr, H. Thomas: Gerontologie – Medizinische, psychologische und sozialwissenschaftliche Grundbegriffe. Kohlhammer, Stuttgart 1984

XII. Affektive Syndrome

46 Depressive Syndrome

Lernziele:
Kenntnis der Ordnung depressiver Syndrome nach Ursachen und klinischem Erscheinungsbild, der Grundlagen der Diagnostik depressiver Krankheitsbilder, der epidemiologischen und statistischen Verteilungsmuster und der Ursachenkonzepte depressiver Störungen.

Klassifikation:
ICD-9: 296   affektive Psychosen
        300.4 depressive Neurosen
DSM III: 296   typische affektive Störungen
        301   andere spezifische affektive Störungen

Begriffsbestimmung und Klassifikation

Depressive Erkrankungen gehören zu den häufigsten psychischen Leiden. Ihr klinisches Bild ist wechselnd, sie nehmen unterschiedliche Verläufe, ihre Diagnostik und systematische Ordnung stellt den Arzt vor erhebliche Probleme. Die Abgrenzung von behandlungsbedürftigen depressiven Störungen und normalpsychologischen Zuständen der Traurigkeit als Reaktion auf Verlust und Schmerz ist nicht immer einfach.

Der Begriff „Depression" wird für die Beschreibung eines breiten Bereiches von Störungen des Erlebens, Befindens und Verhaltens gebraucht. Eine drohende Begriffsverwirrung vermeidet man nur, wenn man erkennt, daß drei terminologische Ebenen voneinander abgegrenzt werden müssen, auf denen die Bezeichnung „Depression" verwendet wird: Auf der *symptomatologischen Ebene* meint sie einen Zustand affektiver Verstimmtheit, Traurigkeit und Niedergeschlagenheit, auf der *syndromatologischen Ebene* eine regelhafte Kombination von emotionalen, kognitiven, motorischen und körperlich-vegetativen Störungen. Depression als *nosologische Bezeichnung* schließlich meint nicht nur eine bestimmte Krankheitseinheit, die ein wechselndes Symptomprofil zeigen kann, sondern schließt auch je nach Art des depressiven Krankheitsbildes Vorstellungen von der Verursachung, vom Verlauf, der Prognose und den Therapieerfordernissen mit ein.

Zur Vermeidung begrifflicher Unklarheiten hat man vorgeschlagen, statt auf allen Definitionsebenen von Depression zu sprechen, besser die Bezeichnung „*depressive Verstimmung*", wenn das Symptom, „*depressives Syndrom*", wenn eine Symptomkonstellation vorliegen oder präzise nosologische Termini, wie „*bipolar-affektive Psychose*", „*organische Depression*" oder „*schizophrene Depression*", zu verwenden.

Depressives Kranksein gibt sich immer in Symptomen aus unterschiedlichen Bereichen der Persönlichkeit, des subjektiven Erlebens und des objektivierbaren Verhaltens zu erkennen: *Psychische, psychomotorische* (antriebsmäßige), *somatische* Störungen mannigfaltiger Kombination und Ausprägung sowie *soziale Konsequenzen* des Leidenszustandes charakterisieren im Einzelfall das Gesicht der Krankheit.

Depression ist also als ein symptomatologisch orientierter Oberbegriff anzusehen. Da depressive Syndrome vielfältige, oft heterogene Ursachen haben und im Erscheinungsbild variieren, stellt sich die Frage nach einer Ordnung dieser Vielfalt. Auf keinem anderen Gebiet der Psychiatrie sind die Bemühungen um *klassifikatorische Ordnung* letzthin so intensiv betrieben worden wie hier. Dies führt, da alte Einteilungen neben neuen bestehen, nicht selten zu terminologischen und damit auch diagnostischen Schwierigkeiten.

Depressionen werden einmal – ungeachtet des ihnen zugrundeliegenden Verursachungsmechanismus – nach ihrem *Erscheinungsbild (phänomenologisch)* geordnet. Je nachdem, wo der syndromale Schwerpunkt im affektiven, psychomotorischen oder körperlichen Bereich liegt, sind die *gehemmtapathische*, die *agitiert-ängstliche*, die *gehemmt-ängstliche* und die *larvierte* bzw. maskierte Depression zu unterscheiden. Bei dieser Gruppierung wird also vor allem auf die Art der Störung des psychomotorischen Antriebs Bezug genommen. Die typischen Ausgestaltungen werden später bei der Erörterung der depressiven Psychosen verdeutlicht.

Die phänomenologische Ordnung der Depressionen ist für den Arzt vorrangig. Sie gelingt bei einiger diagnostischer Übung und ermöglicht eine erste Therapie. Bei den meisten behandlungsbedürftigen Depressionen wird eine Psychopharmakotherapie mit Antidepressiva angezeigt sein, deren Einsatz sich in erster Linie (s. S. 361) nach dem Erscheinungsbild des depressiven Syndroms richtet.

Schwieriger als die phänomenologische Klassifikation und auch strittiger ist die Ordnung der Depressionen nach ihrer Ursache und ihren Entstehungsbedingungen, die *nosologische Klassifikation*. Die Störungen können aus seelischen Gründen, die überwiegend in der Reaktion des Kranken auf eine bestimmte traumatische Situation oder überwiegend in seiner Biographie und Persönlichkeitsstruktur liegen können, heraus entstehen *(psychogene Depressionen)*. Sie können solche und andere klinisch zu diagnostizierende Ursachen jedoch vermissen lassen und eine psychotische Dimension erreichen *(endogene [psychotische] Depression)*. Eine weitere Gruppe steht in kausalem Zusammenhang mit körperlichen Erkrankungen *(somatogene Depression)*. Als Leitlinie der nosologischen Einteilung von Depressionen bietet sich folgendes *Schema* an:

1. Psychogene Depressionen:
   – reaktive (erlebnisreaktive/psychoreaktive) Depressionen,
   – neurotische Depressionen,
   – depressive Entwicklungen und depressive Persönlichkeiten.

2. Endogene Depressionen:
 – periodische Depressionen mit nur depressiven Phasen (monopolar),
 – zyklische Depressionen mit regelmäßig oder unregelmäßig aufeinan-
 derfolgenden depressiven und manischen Phasen (bipolar),
 – Depressionen im Rückbildungsalter („Involutionsdepression"),
 – schizophrene Depression.
3. Somatogene Depressionen:
 – organische Depressionen (verursacht durch strukturelle Veränderungen des Gehirns),
 – symptomatische Depressionen (Begleit- und Folgeerscheinungen bei
 hirnfernen körperlichen Erkrankungen wie Stoffwechselstörungen, Intoxikationen etc.).

Diese nosologisch wichtigen Typen lassen sich in ein Koordinatensystem mit
den Achsen somatogen/psychogen ordnen, wie das nachfolgende Schema
von KIELHOLZ zeigt (Abb. 4).

Die *nosologische Diagnostik* depressiver Zustände setzt die Kenntnis des
Krankheitsverlaufes, der hereditären und Entwicklungsbedingungen, der
prämorbiden Persönlichkeit und ihrer Biographie, eine umfassende körperliche und psychopathologische Befunderhebung sowie eine Analyse des beruflichen, familiären und sozialen Feldes, aus dem heraus der Patient erkrankte,
voraus.

Während die Abgrenzung der somatogenen Depressionen von den anderen nosologischen Formen noch relativ unproblematisch ist – freilich ist durch den somatischen
Befund das Auftreten einer Depression in einer bestimmten Situation nur selten allein

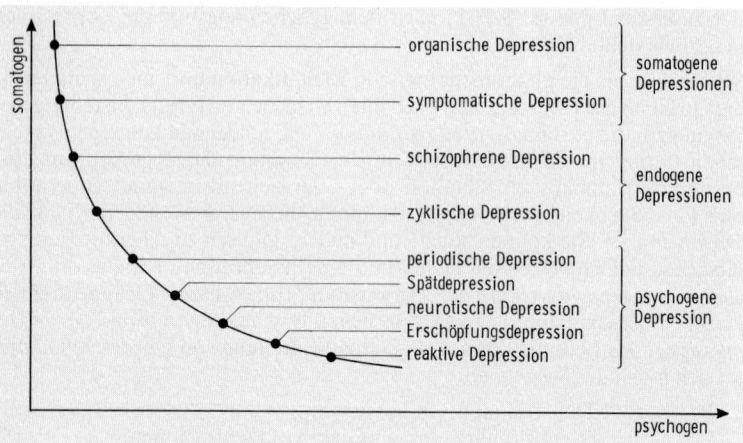

und hinlänglich begründet, persönliche Disposition und situative Faktoren sind in aller Regel mit in Betracht zu nehmen –, wird die Zweiteilung der Gruppe noch verbleibender depressiver Störungen in endogene und psychogene neuerdings vielfach in Zweifel gezogen.

Es gibt dafür eine Reihe von durchaus stichhaltigen Gründen. Es ist einmal das Unbehagen am Begriff „endogen", der den Verzicht auf ätiologische Zuordnung, aber auch auf Verständlichkeit der so charakterisierten psychotischen Abwandlung mit beinhaltet. Je genauer man sich mit der Situation der Persönlichkeit und den Lebensbedingungen des Erkrankten beschäftigt – unter Zuhilfenahme der von der Psychiatrie seit der Konzeption des Endogenitätsbegriffes entwickelten Verständnismittel –, um so häufiger werden Sinnzusammenhänge nachvollziehbar und um so deutlicher zeichnen sich spezifische Auslösungs- oder Ausklinkungssituationen ab. Auch andere Kriterien, die für die Differentialdiagnose endogene versus psychogene Depression lange Zeit in Anspruch genommen wurden (siehe unten) relativierten sich. So entspricht die für endogen-depressiv Erkrankte als typisch erkannte prämorbide Persönlichkeitsstruktur (Typus melancholicus Tellenbach) in weiten Bereichen dem Persönlichkeitsbild und den Verhaltensmustern neurotisch Depressiver. Diese und andere Einsichten haben Zweifel entstehen lassen, daß in jedem Fall die differentialdiagnostische Zuordnung zu dem einen oder anderen nicht somatogenen Depressionstyp möglich ist.

Insbesondere klassifikatorische Bestrebungen im angloamerikanischen Sprachraum zeigen deshalb eine Tendenz von der bislang geläufigen dichotomen zu einer mehr quantitativen Betrachtung. Im DSM III werden demzufolge die „typischen (major) affektiven Störungen" mit einem vollen affektiven Syndrom den „anderen affektiven Störungen" mit einem nur partiellen affektiven Syndrom von mindestens zweijähriger Dauer und den „atypischen affektiven Störungen" gegenübergestellt. Damit wird bei dieser Einteilung auf die ätiologische Unterscheidung endogen – exogen kein Bezug mehr genommen.

Diagnostik

Das Erkennen depressiver Syndrome wird dadurch erschwert, daß es obligate *Leitsymptome* bei diesen Erkrankungen nicht gibt, daß keines der häufig zu findenden Symptome typisch ist und daß fast alle im Rahmen depressiver Störungen auftretenden psychischen und somatischen Beschwerden auch in anderen Krankheitszusammenhängen gefunden werden.

Nur bei einem Teil der depressiven Menschen sieht man auf den drei genannten Ebenen (psychisch – psychomotorisch – somatisch) *Symptome*, die als diagnoseleitend gelten können. Unter den *psychopathologischen Phänomenen* sind dies grundlose Traurigkeit, Angst, Schuldgefühle, Gefühlsverarmung, Denkhemmung, Grübeln, Zwänge, Konzentrationsstörungen, Hoffnungslosigkeit, Minderwertigkeitsgefühle und Lebensüberdruß. Im *Antriebserleben* gehören hierzu Getriebenheit (Agitiertheit), apathische Gehemmtheit, Rat- und Entschlußlosigkeit, Entscheidungsunfähigkeit, Interesseverlust. Unter den *körperlichen, vegetativen* und *vitalen Symptomen* müssen Tagesschwankungen, Schlafstörungen, Früherwachen, Appetenz- und Libidoverlust, Funktionsstörungen und Beschwerden im Bereich fast aller Organsysteme ohne klinisch faßbare Veränderungen, aber auch Klagen diffuser Leibgefühlsstörungen an einen depressiven Hintergrund denken lassen. Vielfach läßt sich das Beschwerdeangebot des Depressiven unter dem Aspekt einer Symptomatik des Verlusts schlechthin verstehen, des Verlusts von Genuß- und Leistungsfähigkeit und Kontaktvermögen, von Entschlossenheit und Selbstwert.

Das Spektrum depressiver Manifestationen geht jedoch viel weiter, und die Konstellation psychischer und somatischer Symptome gestaltet sich oft genug so, daß die richtige Diagnose erst nach einem längeren Irrweg gestellt wird. So häufig Depressionen aller möglicher Formen und Ursachen sind, so unzureichend werden sie diagnostiziert und behandelt.

Ganz besondere diagnostische Schwierigkeiten bereiten die Formen, bei denen sich die vegetative und körperliche Symptomatik verselbständigt und die charakteristischen psychopathologischen Erscheinungen in den Hintergrund treten. Patienten mit *larvierten oder maskierten Depressionen*, die Übergänge zu psychosomatischen Funktionsstörungen zeigen, werden oft Opfer überflüssiger körpermedizinischer diagnostischer und therapeutischer Maßnahmen und einer aus der Ratlosigkeit der Therapeuten geborenen Polypragmasie.

Der erste Schritt zur Überwindung des Problems, das die Depressionsdiagnose bietet, besteht darin, daß man häufiger an die Möglichkeit des Vorliegens einer Depression denkt und sich deren Vielgestaltigkeit vergegenwärtigt. Ganz wesentliche Dimensionen depressiven Gestörtseins werden nach einem Vorschlag von KIELHOLZ mit einem Satz von zehn Fragen geprüft, die – nicht unbedingt in dieser Form, aber mit dem entsprechenden Inhalt – in jedem diagnostischen Erstgespräch mit einem Patienten, bei dem eine depressive Erkrankung vermutet wird, gestellt werden sollten:

1. Können Sie sich noch freuen?
2. Fällt es Ihnen schwer, Entscheidungen zu treffen?
3. Haben Sie noch Interesse an etwas?
4. Neigen Sie in letzter Zeit vermehrt zum Grübeln?
5. Plagt Sie das Gefühl, ihr Leben sei sinnlos geworden?
6. Fühlen Sie sich müde, schwunglos?
7. Haben Sie Schlafstörungen?
8. Spüren Sie irgendwelche Schmerzen, einen Druck auf der Brust?
9. Haben Sie wenig Appetit, haben Sie an Gewicht verloren?
10. Haben Sie Schwierigkeiten in sexueller Hinsicht?

Die in der letzten Zeit von der klinischen Psychologie entwickelten *Fragebögen und Skalen* (Fremdbeurteilungsskalen, Selbstbeurteilungsskalen, Befindlichkeitsskalen, Persönlichkeitsfragebögen) mögen im schwierigen Einzelfall diagnostische Entscheidungshilfen liefern, sie können auch für wissenschaftliche Verlaufsbeobachtungen nützlich sein. Für den praktischen Alltag dürfte das einfühlsam und aus der Kenntnis der Varianten depressiver Abwandlung heraus geführte diagnostische Gespräch dem Arzt zumindest ein gleiches Maß an Information bringen.

Häufigkeit depressiver Erkrankungen

Die statistischen und epidemiologischen Daten zur Verbreitung und Häufigkeit depressiver Erkrankungen streuen in einem weiten Bereich, je nach der Erhebungsmethode und der Definition von Depression, die zugrunde gelegt wird. Je nachdem, ob man nur langdauernde psychotische Depressionen erfaßt oder auch intermittierende Verstimmungen leichterer Art, sollen zwischen 3 und 44% der Bevölkerung depressive Krankheitszeichen aufweisen. Die Midtown-Manhattan-Studie erhob Depressivität als Symptom in 23,6%. WHO-Untersuchungen Anfang der 70er Jahre ergaben eine *Prävalenzrate* von 3–4%, was – bezogen auf die Weltbevölkerung – bedeutet, daß 120 bis 160 Millionen Menschen an behandlungsbedürftigen depressiven Störungen leiden. Es bestehen gute Gründe anzunehmen, daß diese Prävalenzrate im Steigen begriffen ist.

Das Lebenszeitrisiko, d.h. die Chance, mindestens einmal im Laufe des Lebens an einer behandlungsbedürftigen depressiven Störung zu erkranken, liegt bei 10% (Männer 5–9%, Frauen 8–18%), für den engeren Kreis der psychotischen Depressionen bei 1%. Der Gipfel der Auftretenswahrscheinlichkeit liegt zwischen dem 40. und 59. Lebensjahr. 43% dieser depressiven Patienten werden durch den Allgemeinarzt, 46% durch den Psychiater und nur 11% in psychiatrischen Kliniken behandelt, was die Bedeutung des Versorgungsproblems Depression für die nichtpsychiatrische Praxis erkennen läßt.

Für diese Bedeutung spricht auch die in den letzten Jahrzehnten wahrnehmbare Zunahme depressiver Syndrome, die mit aller Wahrscheinlichkeit – Vergleichsuntersuchungen stehen nicht zur Verfügung – zu Lasten der psychogenen und somatogenen Formen geht, während man wohl annehmen darf, daß sich der Anteil psychotischer Depressionen über die Zeit nur wenig veränderte. Gewisse Auslöser und Belastungsfaktoren, die für das Entstehen der Krankheit Bedeutung haben, dürften zugenommen haben. Durch den Anstieg der Lebenserwartung wächst eine Bevölkerungsgruppe, die in erhöhtem Maß zu depressiven Erkrankungen neigt. Wandlungen der psychosozialen Struktur in Industriegesellschaften lassen sich gleichfalls als depressionsauslösend oder depressionsfördernd in Anspruch nehmen (psychosozialer Streß, soziale Isolierung, Vereinsamung, Entwurzelung, familiäre Desintegration). Der Mißbrauch von Genußgiften und Drogen, vor allem aber auch von Medikamenten, spielt für die Verursachung eines erheblichen Anteils eine Rolle. Andererseits ist davon auszugehen, daß sich süchtige Fehlhaltungen als ungeeigneter Selbstbehandlungsversuch bei primär bestehenden depressiven Störungen entwickeln.

Neben den Gründen für eine reale Zunahme gibt es solche, die dazu führen, daß Depressionen heute häufiger erkannt und behandelt werden als früher. Hierzu gehört ein verbesserter Informations- und Wissensstand hinsichtlich psychischer Beeinträchtigungen, ein höherer „Gesundheitsanspruch" des einzelnen, der ihn vermehrt Therapiemöglichkeiten nutzen läßt. Die Depression gilt – im Gegensatz zu anderen psychischen Erkrankungen – als ein durchaus „gesellschaftsfähiges" Leiden. Hemmnisse und Barrieren, psychiatrische Beratung und Therapie in Anspruch zu nehmen, verringern sich in einer Zeit, die durch deutlich bessere psychiatrische Versorgungsbedingungen in den meisten Ländern gekennzeichnet ist.

Entstehung von Depressionen

Die traditionelle Klassifizierung der Depressionen als psychogen, somatogen und endogen spiegelt das derzeitige Wissen über die vielfältigen Bedingungsmechanismen und Entstehungsweisen von Depressionen nur unzulänglich wider. Ein umfassendes Modell, welches das Zustandekommen aller Formen befriedigend erklärt, existiert nicht. Die Depressionsforschung hat jedoch eine große Zahl von Hypothesen, Theorien und Befunden geliefert, die zum Verständnis von Ursachen und Entstehungsbedingungen und darüber hinaus auch zu einer kausalen Therapie beizutragen vermögen.

Biologisch-psychiatrische Erklärungsansätze

Genetische Untersuchungen lassen erkennen, daß Erbfaktoren für Häufigkeit und Art einzelner depressiver Syndrome von Relevanz sind und daß sich auf dieser Basis Untergruppen der Depression voneinander abgrenzen lassen. Dies betrifft insbesondere die phasisch und zyklisch verlaufenden uni- und bipolaren Depressionen. Bei Patienten mit unipolaren, mehr noch bei denen mit bipolaren affektiven Psychosen läßt sich ein erhöhtes Morbiditätsrisiko bei Eltern und Geschwistern erkennen. Bei Angehörigen Kranker mit unipolarer Depression finden sich fast ausschließlich unipolar-depressive Erkrankungen, bei bipolar Erkrankten treten in der Familie sowohl bipolare als auch häufiger unipolare Erkrankungen auf. Zwillingsuntersuchungen zeigen deutlich nosologische Unterschiede zwischen dem Kreis der bi- und der unipolaren depressiven Verläufe. Bei allen depressiven Erkrankungen muß man von einem Zusammenspiel von genetischen, also in der Anlage fundierten, und Umweltfaktoren ausgehen. Nicht geklärt ist die Frage, was letztendlich genetisch transmittiert wird und wie Umweltfaktoren mit der so vorgegebenen Disposition in eine die Krankheit hervorbringende Beziehung treten.

Die biologische Psychiatrie hat eine Reihe von Hypothesen entwickelt, denen zufolge Depressionen durch den Mangel an oder ein pathologisch verändertes Gleichgewicht von Neurotransmittern verursacht werden. Als bedeutsam werden die Katecholamine wie Noradrenalin und Dopamin sowie das Serotonin angesehen, Substanzen, die für die Erregungsübertragung im synaptischen Spalt von Bedeutung sind.

Auch die *Neuroendokrinologie* hat von den ins Auge springenden Zusammenhängen zwischen psychischen Symptomen bei den Depressionen und den vegetativen Funktionsstörungen, die auf hypothalamische und limbische

Steuerungen verweisen, depressionsbegleitende Veränderungen neuroendokriner Regelkreise aufzeigen können, bei denen freilich fraglich bleiben muß, inwieweit diese Veränderungen Ursache oder Folge des Krankheitsgeschehens sind. Ähnliches gilt für neuro- und psychophysiologische, also etwa elektroenzephalographische Untersuchungen. Die Tatsache, daß depressive Symptome vielfach Rhythmen und Phasen folgen, hat *chronobiologische* Untersuchungen angestoßen; dabei wurden bei einer Gruppe depressiver Erkrankungen Desynchronisationsphänomene verschiedener biologischer Rhythmen gefunden, die mit einer anlagebedingten Insuffizienz der Synchronisationsmechanismen begründet werden. Es wird angenommen, daß derartige Rhythmusstörungen – unabhängig von ihrer Entstehungsursache – zur Unterhaltung des pathologischen Geschehens beitragen. Hierin begründet sich beispielsweise die Therapie des Schlafentzuges bei psychotischen Depressionen.

Die Ergebnisse der biologischen Psychiatrie sind nützlich für die Abgrenzung einzelner depressiver Subtypen und können so durchaus therapeutische Bedeutung gewinnen. Da bislang nicht ausgemacht werden konnte, inwieweit sie Ursache oder Folge des Geschehens sind, bleibt die Möglichkeit, von ihnen aus Natur und Zustandekommen depressiver Erkrankungen zu erklären, begrenzt.

Psychologische und soziologische Erklärungsansätze

Den biologisch-psychiatrischen Hypothesen über die Entstehung von Depressionen steht eine Reihe von *psychologischen, tiefenpsychologischen* und *soziologischen Erklärungsansätzen gegenüber. Die Persönlichkeitspsychologie* hat sich mit der Beschreibung der Persönlichkeitstypen befaßt, die zur Entwicklung von Depressionen, insbesondere von depressiven Psychosen, tendieren. Aus diesem Bereich ist das Konzept der zyklothymen Persönlichkeit von KRETSCHMER zu erwähnen. TELLENBACH gelangte zu einer umfassenden Beschreibung der prämorbiden Struktur Depressiver, die er durch eine Reihe charakteristischer Persönlichkeitszüge ausgezeichnet sieht. Der Typus melancholicus ist gekennzeichnet durch Ordentlichkeit, Zwanghaftigkeit, Genauigkeit und im Sozialen durch die Tendenz, dichte symbiotische zwischenmenschliche Beziehungen zu fordern, die im wesentlichen über die wechselseitige Leistung gelingen. Es fällt diesen Menschen schwer, etwas anzunehmen und sich schenken zu lassen, ohne in das Gefühl des Schuldens und Verschuldens zu geraten. Im bürgerlichen Leben zeichnen sie sich aus als gewissenhafte, penible, sozial unauffällige Mitmenschen. Faktorenanalytische Untersuchungen haben dieses Konzept weitgehend bestätigen können und zugleich die Nähe dieser Struktur zum depressiven Charakter i. S. der psychoanalytischen Persönlichkeitstheorie aufgewiesen. Die Psychoanalyse stellt *psychodynamische* Konzepte zum Zustandekommen depressiver Abwandlungen zur Verfügung, die sowohl für das Verständnis psychotischer wie auch neurotischer Depressionen hilfreich sind. In der Psychologie spielen *kognitions- und lerntheoretische* Modelle in der Depressionsforschung eine zunehmende Rolle, die spezifischen Formen der Selbst- und Weltwahrnehmung des Depressiven, die diese Konzeptionen aufzeigen konnten, bieten die Basis für verhaltenstherapeutische Behandlungsansätze. Depression wird hier als erlerntes, in der zwischenmenschlichen Komunikation immer wieder bestätigtes Verhaltensmuster begriffen. Überhaupt zeigen die neueren interpretativen Ansätze eine zunehmende Tendenz, depressives Verhalten von Lebensereignissen und Vorfeld des Erkrankten zu begreifen und dementsprechend therapeutisch anzugehen. Angesichts der Fülle der z. T. recht heterogenen Einzelergebnisse ist es wichtig, im Auge zu behalten, daß immer nur Teilaspekte des Krankheitskomplexes Depression in den Blick und einer Erklärung nähergebracht werden, daß jedoch eine umfassende psychologische Theorie des Depressivwerdens ebensowenig wie eine integrative biologische Konzeption gefunden werden konnte. Auch an Bemühungen, die so unterschiedlichen Einflußfaktoren in eine umfassende Hypothese zu ordnen, hat es nicht gefehlt. Große Beachtung findet immer noch das 1975 von AKISKAL und MCKINNEY vorgestellte Modell, welches versucht, neben psychischen und biologischen auch aktuelle und dispositionelle Faktoren in Beziehung zueinander zu setzen. Unter den biologischen Faktoren finden hier die genetische Prädisposition und die physiologischen Stressoren, unter den psychologischen Einflußgrößen die psychosozialen Streßerlebnisse und die entwicklungsbedingten Einflüsse Beachtung; diese Faktoren führen in ihrer Summierung zu einer Funktionsänderung der biogenen Amine und zu Störungen im Haushalt der Neurotransmitter, welche wiederum, im einzelnen noch ungeklärte Funktionsstörungen des Dienzephalons bedingen, als deren Ausdruck die manifeste Depression aufgefaßt werden kann.

Literatur

Helmchen, H., M. Linden: Depressive Erkrankungen. In H. E. Bock, W. Gerok, F. Hartmann. Klinik der Gegenwart, Bd. 11. Urban & Schwarzenberg, München 1980

Haase, H. J.: Depressive Verstimmungen. Schattauer, Stuttgart 1980

Akiskal, H. S., W. T. McKinney: Overview of recent research in depression. Arch. Gen. Psychiat. 32 (1975) 285–305

47   Depressive Reaktionen und Persönlichkeiten

Lernziele:
Kenntnis der differentialdiagnostischen Abgrenzung der verschiedenen Formen psychogener Depressionen von endogenen und somatogenen, der Struktur und Symptomatik depressiver Reaktionen, Charakteropathien und Neurosen und den Grundlinien therapeutischer Begleitung psychogendepressiver Patienten.

Klassifikation:

ICD-9: 301.1 zyklothyme Persönlichkeiten
       300.4 depressive Neurose
       307   vorübergehende, kurzfristige Auffälligkeiten, die mit situativen Belastungen im Zusammenhang stehen
DSM III: 309.00 Anpassungsstörung mit depressiver Stimmung

Begriffsbestimmung und Klassifikation

Die Gruppe psychogener Depressionszustände, d. h. jener Depressionen, die auf eine psychische Disposition und auf seelische Anlässe und Auslöser zurückgeführt werden können und dementsprechend einem psychologischen und tiefenpsychologischen Verständnis zugänglich sind, umfaßt die *reaktive* (erlebnisreaktive, psychoreaktive) *Depression*, die *einfache depressive Entwicklung* (Erschöpfungsdepression), die *depressive Persönlichkeit* und die *neurotische Depression*. Nimmt man die Häufigkeit von Klagen über Verstimmung, Antriebsstörungen und depressive Leitsymptome zum Kriterium, so spielen diese nichtpsychotischen depressiven Zustände in der ärztlichen Praxis die größte Rolle.

Wie bei der Erörterung der Klassifikationsmodelle depressiver Zustände bereits erwähnt, ist die Zuordnung eines konkreten Krankheitsbildes – sieht man einmal von den in ihrer Verursachung eindeutigen somatogenen und von den durch Verlaufscharakteristik und Symptomatik eindeutig als psychotisch zu diagnostizierenden Depressionen ab – zu solchen diagnostischen Gruppen, die als unterscheidbare Prägnanztypen angesehen werden müssen, oft schwierig. Die in der neueren Depressionsforschung vollzogene Relativierung der Dichotomie „endogen" – „psychogen" und die vielfach vertretene Auffassung, daß im wesentlichen quantitative Unterschiede zwischen den verschiedenen Depressionsformen als Glieder einer Ergänzungsreihe bestehen, drückt dies aus.

Die ICD führt daher beispielsweise die oben erwähnten Begriffe „reaktive Depression", „depressive Reaktion" und „nicht näher bezeichnete Depression" nur „sehr widerstrebend" unter den zur depressiven Neurose zugehörigen Begriffen auf. Wegen der Zuordnungsschwierigkeiten und der nicht immer leichten Objektivierbarkeit der für die neurotische Depression zu fordernden Störung der Erlebnisverarbeitung in der Kindheit, verzichtet das DSM III auf die Diagnose „neurotische Depression" überhaupt.

Für die Praxis ist es jedoch erforderlich, die nichtpsychotisch und nichtsomatisch verursachten depressiven Syndrome voneinander abzugrenzen.

Depressive Reaktionen

Die *depressiven Reaktionen* werden als seelische Antwort auf traumatische äußere Ereignisse, welche eine psychische Belastung bedeuten, oder als

Reaktion auf innere Veränderungen verstanden. Sie zeigen keine schwerwiegenden neurotischen Verarbeitungsmechanismen, stellen sich zeitlich und inhaltlich auf die auslösenden Ereignisse bezogen dar, die Symptomatik ist in erster Linie durch die Erkrankungssituation, zu der sie in zeitlichem und nachvollziehbarem Zusammenhang steht, und nicht so sehr durch die Gegebenheiten der Persönlichkeit bestimmt. Auslösend sind Verlusterlebnisse, wie Todesfälle, Trennungen, Veränderungen der Lebenssituation – Umstände also, wie sie auch im Vorfeld psychotisch-depressiver Phasen eine mitbestimmende Rolle spielen können.

Als häufige und ausdrucksvolle Form ist die *abnorme Trauerreaktion* anzusehen. Hier bleibt nach dem Verlustereignis, dem Tod einer Bezugsperson, die zu erwartende Gefühlsreaktion aus. Statt affektiver Äußerungen zeigen die Betroffenen ein starres versteinertes Verhalten und sind im Ausdruck gehemmt; es entwickeln sich Somatisierungen und hypochondrische Klagen. Man sieht oft eine nach außen auf tatsächliche oder vermeintliche Verursacher des Unglücks gerichtete aggressive Vorwurfshaltung, die begleitet ist von einer vielfältigen körperlichen und vegetativen Symptomatik von mehr oder weniger ausgeprägtem Krankheitswert: Kopfschmerzen, Atembeklemmungen, Herz- und Kreislauffunktionsstörungen, gastrointestinale Beschwerden und anderes mehr. Über psychosomatische Verursachungsmechanismen können sich Organerkrankungen entwickeln. Die abnorme Trauerreaktion kann zu schweren Beeinträchtigungen der Leistungsfähigkeit und der sozialen Kommunikation führen.

Für das Zustandekommen des Syndroms wird eine konflikthafte Beziehung des Trauernden zum Verstorbenen verantwortlich gemacht. Die abnorme Reaktion und die aus ihr erwachsene Symptomatik treten an die Stelle der normalen Trauerarbeit, die mit entsprechendem affektiven Ausdrucksverhalten, einem zeitweiligen Rückzug aus sozialen Bindungen und mit dem rückerinnernden Durchleben der mit dem Verlorenen gemeinsam verbrachten Lebensstrecke geleistet wird. Auch diese normale Trauerarbeit kann durchaus über eine zeitlich begrenzte Phase mit körperlichen Erscheinungen wie Gewichtsabnahme, Inappetenz, Schlaflosigkeit etc. einhergehen. Gründe für das Unvermögen zu solcher Trauerarbeit erkennt man in einer ambivalenten Beziehung und den daraus resultierenden Gefühlskonflikten und Schuldgefühlen gegenüber dem Verstorbenen. Weiter können reale Selbstvorwürfe (Schuld oder Mitschuld am Tod) oder eine idealisierende übermäßige Bindung an den Verstorbenen, der auf eine infantile Weise verherrlicht wird, die Dynamik bestimmen. Die Gefahr einer abnormen Trauerreaktion ist größer, wenn das Abschiednehmen als Teil der Trauerarbeit dadurch unmöglich wird, daß der Tote als reales Gegenüber nicht faßbar ist. Es bestehen sicher fließende Übergänge von solchen abnormen depressiven Reaktionen zur neurotischen Depression, doch werden bei den Patienten mit den hier beschriebenen Reaktionen neurotische Persönlichkeitsstrukturen, deren Genese weit in die früheren Reifungs- und Entwicklungsphasen zurückzuverfolgen ist, sehr selten gesehen.

Die **Therapie** besteht in einer auf den Konflikt bezogenen Psychotherapie, in der insbesondere die oft nicht wahrgenommenen Schuldgefühle und der Ambivalenzkonflikt mit dem Ziel, die innere Ablösung vom verlorengegangenen Objekt zu fördern, bearbeitet werden. Unterstützend kommt eine zeitlich begrenzte Tranquilizermedikation in Frage.

Erschöpfungsdepression

Unter dem Begriff *Erschöpfungsdepression* werden seelische Fehlentwicklungen von den neurotischen Depressionen einerseits und den Reaktionen andererseits abgetrennt, die sich als traurig-ängstliche oder apathische Verstimmungen mit längerem Verlauf darstellen. Hierher gehören die Entlastungsdepression, die Entwurzelungsdepression, die endoreaktive Dysthymie, die existentielle Depression, die vegetative Depression und vegetativ-dystone Depression. Es handelt sich um Syndrome mit den psychischen, vegetativen, körperlichen und sozialen Zeichen der Depression, die – anders als die einfachen Reaktionen – durch länger einwirkende psychische Belastungen, langdauernden quälenden Affektdruck, schwere wiederholte Psychotraumen oder immer wiederkehrende affektive Verletzungen verursacht werden und zu Erschöpfung und Dekompensation des sympathischen Nervensystems führen. Erschöpfung meint hier nicht so sehr Folge körperlicher Überforderung, sondern vielmehr „Erschöpfung der emotionellen Lebenskraft" bzw. des affektiven Potentials der Persönlichkeit.

Neurotische Symptome im engeren Sinne fehlen meist, im Vordergrund stehen die vegetativen Symptome. Der Verlauf läßt sich nach der Entwicklung dieser Symptomatik gliedern: neurasthenische Prodromalphase, psychosomatische Phase und eigentliche Erschöpfungsdepression (KIELHOLZ). Betroffen sind sensitiv-asthenische Persönlichkeiten von oft intellektuell differenzierter Struktur mit der Neigung, sich aus besonderer Gewissenhaftigkeit zu überfordern und in ein Leistungsdefizit zu bringen.

Depressive Persönlichkeiten

Als *depressive Persönlichkeiten* werden Menschen mit einer Temperamentsabnormität gekennzeichnet, die zu durchgehendem Pessimismus und einem Lebens- und Weltgefühl, das von Angst und Resignation bestimmt ist, neigen und dementsprechend eine gequälte Stimmung zeigen. Sie sind leicht zu entmutigen, trauen sich nichts zu, wirken weich und nicht durchsetzungsfähig, tendieren zu bedrücktem Rückzug und zur „Selbstzerpflückung", zu skrupulöser Selbstunterschätzung und Selbstüberforderung, sind schwerblütig und häufig aggressionsgehemmt. Aber auch nörgelnd-gereizte, mißtrauisch-paranoide Charaktervarianten, verdrossen, mißmutig und ohne Anlaß verstimmt, werden beschrieben. Das Verhalten ist oft bis in die Jugend hinein zurückzuverfolgen. Hinter einer Maske der Ausgeglichenheit, der sozialen Anpassung, vollzieht sich ein stilles Leiden. Oft zeichnet diese

Menschen eine zwanghaft rigide Ordnungsliebe, rastlose Tätigkeit und eine Bereitschaft zur äußersten Pflichterfüllung aus. Die Struktur wird geprägt durch eine einschüchternd-familiäre Erziehung, durch einen ausgeprägten Über-Ich-Druck und durch eine selbstquälerische Verinnerlichung aggressiver Regungen, durch ähnliche Bedingungen, wie sie auch bei depressiv-neurotisch Erkrankten erkannt werden.

Diese Charaktervariante, die die frühere Psychiatrie zusammen mit den hyperthymen und stimmungslabilen Persönlichkeiten als thymopathisch bezeichnete, wird heute nur noch selten diagnostiziert, weil sich die Meinung durchgesetzt hat, daß es sich hier um eine depressive Charakterneurose handelt, deren Entwicklung neurosenpsychologischen Gesetzen folgt. Andere Untersuchungen sprechen dafür, daß bei einem Teil der depressiven Persönlichkeiten blande Formen einer zyklothymen Erkrankung vorliegen. Dafür spricht auch, daß Vitalsymptome (Durchschlafstörungen, Tagesschwankungen) auftreten, und daß bei längerer Überforderung sich typisch melancholische Phasen entwickeln können.

Neurotische Depression

Bei der *neurotischen Depression* ist die depressive Verstimmung Ausdruck einer durch ganz oder teilweise verdrängte Konflikte hervorgerufenen und unterhaltenden Fehlverarbeitung seelischer Erlebnisse. Es handelt sich hier also nicht um die Reaktion auf ein aktuelles Ereignis und auch nicht um den Ausdruck einer bewußten Konfliktsituation. Maßgebend, wie bei Neurosen überhaupt, sind bis in die frühen Entwicklungsphasen zurückzuverfolgende Fehlverarbeitungs- und Verdrängungsmechanismen. Bei der depressiven Neurose werden Störungen im Verhältnis zu frühen Bezugspersonen, insbesondere zur Mutter während der oralen Phase, verantwortlich gemacht, welche die Disposition für die später auftretende Neurose schaffen.

Man findet ein durch Hemmung und Niedergedrücktheit aller seelischen Funktionen und vegetative Störungen gekennzeichnetes *Symptombild*, das von den in der Jugend geprägten Persönlichkeitsstrukturen und der auslösenden Umweltsituation her verstanden werden muß, welches sich zeitweilig oder dauernd manifestiert und sein Profil im Laufe der Entwicklung ändern kann.

Die **Symptomatik** besteht ähnlich wie bei Depressionen anderer Ursache auch, in trauriger Verstimmung, Niedergeschlagenheit, Hemmung aller zentrifugaler-psychischer und motorischer Funktionen. Der Antrieb ist vermindert, die Denkabläufe sind zäh, verlangsamt, phantasielos und an Vorstellungen arm, Konzentrationsstörungen und Vergeßlichkeit werden geklagt. Wollen und Entschlußfähigkeit sind beeinträchtigt, die Triebbedürfnisse reduziert. Die Traurigkeit reicht von ängstlich-trüber Stimmung bis zu schwerer depressiver Agitiertheit mit Lebensüberdruß und Selbstmordimpulsen. Die Suizidgefährdung ist hier ebenso hoch zu veranschlagen wie bei der psychotischen Depression. Der Hemmung im Handeln und Verhalten liegen Antriebsschwäche, Passivität, Selbstwertzweifel und Minderwertigkeitsgefühle zugrunde. Häufiger als bei endogenen Depressiven wird die betonte Verzichtbereitschaft mit süchtigem Fehlverhalten überkompensiert.

Es besteht in der Regel ein buntes *Bild vegetativer Symptome und funktioneller Organstörungen*, auch der bei der endogenen Depression beschriebenen Vitalstörungen, wenngleich diese, wie auch die psychomotorische Gehemmtheit, in der Regel hier weniger ausgeprägt sind als bei der depressiven Psychose. Beschwerden sind häufig, die auf das Überwiegen des sympathisch-adrenergen Tonus weisen, als vegetative Entsprechung der mit dem Krankheitsbild meist einhergehenden Angst. Schlaf, Allgemeinbefinden, Appetit, Menses sind oft gestört, funktionelle Beschwerden, die auf verschiedene Organsysteme verweisen (Gastrointestinaltrakt, Atmung, Herz-Kreislauf-System) können so im Vordergrund stehen, daß die psychopathologische Symptomatik zunächst nicht wahrgenommen und lange verkannt wird. Patienten mit einer solchen larvierten Depression werden dann oft Opfer vielfältiger somatomedizinischer Maßnahmen. Erwähnt werden muß auch, daß enge Beziehungen zwischen der der neurotischen Depression zugrundeliegenden Struktur und einer Reihe definierter psychosomatischer Erkrankungen bestehen.

Auch bei diesen depressiven Syndromen lassen sich, je nach vorherrschender Leitsymptomatik, erscheinungsbildlich Typen voneinander abgrenzen: der agitiert-ängstliche, der gehemmt-ängstliche, der gehemmt-apathische und der neurasthenische Typ.

Menschen mit einer depressiven Persönlichkeitsstruktur sind in ihren *Objektbeziehungen* gekennzeichnet durch die ständige Suche nach einer Bezugsperson, die eine Mutterrepräsentanz einnimmt. An diese klammern sie sich passiv abhängig an, symbiotische Nähe suchend. Angst vor dem Alleinsein, vor der Isolierung, vor dem Verlust und der Trennung bestimmen das Denken und Handeln. Die übermäßigen Geborgenheitswünsche, die Angst, verlassen zu werden, rufen ein übergefügiges, aufopferndes und bis zur Selbstaufgabe abhängiges Verhaltensmuster auf den Plan. Die übertriebene Anhänglichkeit und Überangepaßtheit kann dem Mitmenschen das Leben schwer machen. Das Verhalten ist ausgesprochen entwicklungsfeindlich, es fehlt die Fähigkeit im eigenen Interesse zuzugreifen, zu fordern, zu fragen (oral-kaptative Gehemmtheit), außerdem sind diese Depressiven unfähig nein zu sagen, etwas zu verweigern, was sie leicht zum Opfer von Ausbeutung werden läßt (retentive Gehemmtheit).

Gestörte Verhaltensweisen: Mehr oder weniger regelmäßig zeigen depressive Neurotiker zumeist auch schon vor der klinischen Manifestation der Krankheit in der prämorbiden Persönlichkeitsstruktur begründete Verhaltensauffälligkeiten, die Ausdruck gestörten Selbstwertgefühls, Unsicherheit, Hilflosigkeit und der Bereitschaft, sich in Abhängigkeit zu begeben und zu halten, sind. Durch Symbiose und Anklammerungswünsche ist die Entwicklung gehemmt. Die aus Schwäche geborene Betonung altruistischer Tugenden (Aufopferung, Bescheidenheit, Selbstlosigkeit und Friedfertigkeit) gehen mit einer Hemmung im Zugreifen, Fordern und in der Aggressivität überhaupt einher. Die eigenen, fordernden und verschlingenden Phantasien werden nicht zugelassen und auf die Umwelt projiziert, die dann als bedrohlich erscheint. Im Sozialverhalten zeigen sich Menschen mit einer depressiven Charakterstruktur fügsam, angepaßt und konfliktmeidend – Einstellungen, die sie als die Voraussetzung dafür ansehen, geliebt und angenommen zu werden und geborgen zu sein. Alles, was an Impulsen die symbiotische Harmonie zu stören geeignet ist, wird verdrängt und fällt der Selbstbestrafung anheim. Die in der depressiven Bescheidenheit hintergründig lebende und auch wahrnehmbare Anspruchshaltung, die oft Riesenerwartungen beinhaltet, wird von den Mitmenschen, auf die sie sich richtet, nach längerer oder kürzerer Zeit als oral-verschlingend erlebt, sie induziert eine aggressive Abwehrhaltung, die im „armen", hilflosen, wohlangepaßten Depressiven nicht den rechten Adressaten finden kann. Das Resultat ist, daß die anderen sich „entnervt" und stillschweigend zurückziehen, so daß genau jenes eintritt, was der Depressive in seinen Phantasien vorwegnehmend befürchtet, die Bestätigung seiner Enttäuschungsangst, auf die er wegen seiner Selbstwertstörung schon programmiert ist. Der Therapeut erlebt in seiner eigenen Gereiztheit und Ungeduld, die sich gegenüber solchen Patienten entwickeln kann, die Gegenübertragung auf die im depressiven Verhalten verklausulierte Aggressivität.

Die *Neurosenstruktur* ist das Ergebnis früherer dynamischer Auseinandersetzungen von Triebimpulsen und Umwelteinflüssen und ihrer weiteren Verarbeitung im Laufe des Lebens. Sie bildet ein Mittel zur Anpassung an eine in der Kindheit vorgegebene Welt, die u. U. so pathogen war, daß sie zur Entwicklung von Reaktions- und Handlungsmustern führte, die der Bewältigung späterer Lebenssituationen im Wege stehen. Sie bildet also einen der Lebenssituation des Erwachsenen nicht entsprechenden Anachronismus.

Die Situation des depressiven Neurotikers ist geprägt durch einen Ambivalenzkonflikt zu einer nahen Bezugsperson, der Mutter, ihr gegenüber bestehen einerseits ein starkes Anlehnungsbedürfnis, andererseits aggressive Impulse. Dieser Konflikt löst regelmäßig Angst- und Schuldgefühle aus. Kennzeichnend ist eine überfürsorgliche, das Selbständigwerden des Kindes verhindernde Haltung der Mutter, in deren Zuwendung zugleich nicht eingestandene Aggressivität dem Kind gegenüber erkennbar wird. Anklammerungsbereitschaft des Kindes und Inanspruchnahme durch die Mutter lassen die im Persönlichkeitsreifungsprozeß notwendigen Eigenständigkeitswünsche und aggressiven Auseinandersetzungen schuld- und angstbesetzt werden, so daß sie unterbleiben.

Auslöser: Die hier als Struktur beschriebene Reaktionsbereitschaft kann über weite Strecken des Lebens bestehen, ohne daß klinisch-manifeste Symptome auftreten. Erst unter bestimmten Belastungen, die in einer inneren dynamischen Beziehung zur Struktur stehen und insofern spezifisch sind, kommt es zur Entwicklung depressiver Symptome. Es handelt sich einmal um reale oder phantasierte Objektverluste und Trennungserlebnisse, Situationen, in denen eine schützende Beziehung oder eine Geborgenheit vermittelnde äußere Struktur verlorengeht. Hierzu gehören auch scheinbar positive Ereignisse, wie Beförderung, Urlaub, Umzug, Geburt eines Kindes, Geschenkfeste u. a. m. Weiter spielt die Überwältigung, etwa durch Schmerz oder durch die Aggressivität eines anderen, eine auslösende Rolle. Auch selbst auferlegte oder von außen kommende Gebote und Einschränkungen (Veränderungen von Lebensgewohnheiten nach Krankheiten etc.) werden wie andere angstauslösende Bedrohungen im Vorfeld depressiver Manifestation beobachtet.

Die hier nur knapp dargestellte tiefenpsychologisch-psychoanalytische Erklärung der depressiven Neurosenstruktur, die selbst im Laufe der Entwicklung unterschiedliche Differenzierungen entwickelt hat (wie den der Objektbeziehung, den triebpsychologischen, ich-psychologischen und selbstpsychologischen Aspekt), ist nicht der einzige psychologische Interpretationsansatz. Daneben haben kognitive und lerntheoretische Modelle, wie etwa das Modell der gelernten Hilflosigkeit, das Selbstkontrollmodell und das Interaktionsmodell, die unter Verzicht auf triebdynamische und tiefenpsychologische Grundannahmen stärker die gestörten und fehlerhaften Erkenntnis-, Bildungs- und Lernprozesse in den Blick nehmen, zum Verständnis der depressiven Neurosen entscheidend beigetragen.

Häufigkeit der neurotischen Depression: Sichere Angaben sind wegen der Schwierigkeit der Abgrenzung von anderen Depressionsformen nicht möglich. Frühe epidemiologische Untersuchungen ergaben stets einen größeren Anteil neurotischer als endogen Depressiver. Die Midtown-Manhattan-Studie ordnete ca. ein Viertel der Untersuchten der Gruppe Depression zu. Die größte Zahl scheint sich in unteren sozialen Schichten zu finden (Frustrationsdepression). Der Anteil neurotisch Depressiver und der klinisch behandelten Depressionen wird mit 16–18% eingeschätzt. Die Kranken machen 3% unter den Aufnahmen einer psychiatrischen Klinik aus, in nervenärztlichen Praxen stellen sie etwa 11%. Frauen überwiegen mindestens in der Relation zwei zu eins.

Differentialdiagnose: Entscheidend ist der positive Nachweis neurotischer Persönlichkeitsstrukturen durch die Erhebung einer biographischen Anamnese; eine auf dem psychopathologischen Querschnitt, dem gegenwärtigen Symptombild, gründende Diagnose ist ungenügend. Die Entwicklung der Verhaltensstörungen und ihre biographischen Entstehungsbedingungen sowie ihre Geschichte sind nachzuweisen. Gegenüber endogenen Depressionen lassen sich neurotische durch das Fehlen der psychotischen Symptome, der Tagesperiodik, der Phasizität etc., abgrenzen, gegenüber reaktiven Depressionen durch das Fehlen der auslösenden traumatischen Situationen. Die Verstimmung der neurotischen Depression weicht weniger qualitativ als quantitativ von normalen Verstimmungen ab, die Verläufe zeigen stärkere Wechsel, größere Umweltabhängigkeit und Veränderlichkeit. Sehr häufig sieht man ein Alternieren zwischen körperlichen und seelischen Beschwerden, oft auch eine Kombination mit anderen eindeutig neurotischen Symptomen (konversionsneurotischen, angstneurotischen etc.) Der Selbstwertverlust scheint selten so total zu sein wie in der tiefen Melancholie. Hemmung und Unfähigkeit sind mehr auf die jeweilige Lebenssituation bezogen, oft werden bei der neurotischen Depression die Umwelt und die anderen für das eigene Leiden verantwortlich gemacht.

Depressive Syndrome, wie sie *im Verlauf der Schizophrenie* auftreten, lassen sich durch die Anamnese und durch die noch bestehenden schizophrenen Symptome abgrenzen. Die Differentialdiagnose gegenüber den somatogenen und symptomatischen Depressionen erfolgt in erster Linie durch den Ausschluß körperlich begründender Faktoren. Da jedoch bei fast jeder körperlich begründbaren Depression auch neurotische Mechanismen nachgewiesen werden können, ist die Differentialdiagnose oft schwierig.

Therapie: Im Rahmen einer allgemeinärztlichen Psychotherapie kann nur die Bearbeitung der auslösenden Konfliktkonstellation angezielt werden. Die Beratung lokalisiert sich auf das die Depression in Gang bringende Geschehen und verzichtet auf die Erörterung der Lebensgeschichte. Ziel muß sein, dem Patienten ein Verständnis für seine problematische Verhaltensbereitschaften zu vermitteln und ihn zugleich gefährliche, weil depressionsauslösende Lebenssituationen erkennen zu lassen. Hier spielt die Thematisierung der symbiotischen Bedürfnisse und der nicht zugelassenen Selbständigkeitsstrebungen eine Rolle. Unter der Therapie können die Verstimmungen zunehmen, auch die Suizidalität.

Oft ist eine medikamentöse Therapie zur Unterstützung der psychotherapeutischen Maßnahmen erforderlich. Thymoleptika stören die Psychotherapie nicht, man darf von ihnen jedoch nicht den gleichen Effekt wie bei der endogenen Depression erwarten. Der Einsatz einer im allgemeinen mäßig dosierten thymoleptischen Medikation richtet sich nach den Zielsymptomen, d. h. bei ängstlich gespannten Patienten ein Medikament vom Amitryptilin-Typ, bei antriebslosen eines vom Imipramin-Typ. Auch der zeitlich begrenzte Ansatz von Ataraktika kann geboten sein, muß jedoch der hier bestehenden Gefahr süchtiger Abhängigkeit Rechnung tragen.

Die Beseitigung der den depressiven Manifestationen zugrundeliegende Störung ist psychotherapeutischen Verfahren vorbehalten, die in diesem Rahmen nicht zu erörtern sind: den psychoanalytischen, tiefenpsychologisch fundierten, gesprächstherapeutischen, kognitiven und verhaltenstherapeutischen. Die Prüfung, ob ein neurotisch Depressiver für eine solche Behandlung in Frage kommt, liegt beim Facharzt bzw. Psychotherapeuten.

Literatur

Bräutigam, W.: Reaktionen, Neurosen, abnorme Persönlichkeiten, 5. Aufl. Thieme, Stuttgart 1985
Hoffmann, S. O.: Psychoneurosen und Charakterneurosen. In Kisker, K. P., H. Lauter,

J.-E. Meyer, C. Müller, E. Strömgren: Psychiatrie der Gegenwart, Bd. I: Neurosen, Psychosomatische Erkrankungen, Psychotherapie, 3. Aufl. Springer, Berlin 1986

48 Endogene Depressionen

Lernziele:
Fähigkeit zur Diagnostik endogen depressiver Syndrome durch Erkennung der Krankheitszeichen auf den unterschiedlichen Symptomebenen und zur Einschätzung suizidaler Gefährdung; Kenntnis von Verlaufsmustern, Ursachen und Auslösern. Differentialdiagnostik depressiver Krankheitsformen.

Klassifikation:

ICD-9:	296.2	Depression im Rahmen einer manisch-depressiven Psychose oder periodischen Depression
	296.3	zirkuläre Verlaufsform manisch-depressiver Psychosen
	296.8	andere affektive Psychosen
	298.0	reaktiv-depressive Psychosen
DSM III:	296.2x	typische (major) Depression, einzelner Episoden
	296.3x	typische (major) Depression, rezidivierend
	296.6x	typische affektive Störung, bipolar gemischt
	296.5x	typische affektive Störung, bipolar depressiv

Begriffsbestimmung

Depressive und manische Psychosen werden zusammen mit den schizophrenen Erkrankungen zur Gruppe der *endogenen Psychosen* zusammengefaßt.

Der in der heutigen Psychiatrie nicht unumstrittene Begriff „endogen" kann angesichts des lückenhaften Wissens um die Natur dieser Erkrankungen lediglich besagen, daß weder psychische noch körperliche Ursachen zweifelsfrei nachgewiesen werden können. Insofern unterscheidet „endogen" die sogenannten Psychosen von psychoreaktiv und neurotisch verursachten Störungen einerseits und solchen, denen ein pathologisches somatisches Substrat zugeordnet werden kann.

Zum Begriff der endogenen Psychose gehört, daß ihre Diagnose allein aufgrund der psychopathologischen Erscheinungen, in denen sie sich ausdrückt, gestellt wird, daß in der von vielen Faktoren bestimmten Genese erbliche Momente eine Rolle spielen und daß schließlich diese Psychosen Verlaufsgesetzlichkeiten folgen, die von inneren (autonomen) und äußeren Einflüssen bestimmt werden.

Unter den endogenen Psychosen stehen Depressionen und Manien als *affektive Psychosen* den Schizophrenien gegenüber. Affektive Psychosen heißen sie, weil sie sich in erster Linie in Veränderungen des Affekts, des Gefühls, des Willens und des Antriebs manifestieren. Sie treten *phasisch* auf, d. h. zeitlich abgrenzbar vom Normalzustand. In der Regel ist die Krankheitsphase von der völligen oder doch zumindest weitgehenden Wiederherstellung seelischer Gesundheit gefolgt. Treten bei einer affektiven Psychose manische und depressive Phasen mehr oder weniger regelmäßig abwechselnd auf, so spricht man von einer *bipolaren Psychose*. Erkrankungen mit nur manischen oder nur depressiven Phasen werden als *monopolar* bezeichnet bzw. bei Auftreten nur einer Phase als unipolar. Am häufigsten sind *monopolar-depressive* Zyklothymien (etwa zwei Drittel der affektiven Psychosen), gefolgt von *bipolaren* (knapp 30%) und den recht seltenen *monopolar-manischen* (ca. 5%).

Die *endogene Depression (Melancholie)* ist ein psychotisches Syndrom, das sich von anderen depressiven Verstimmungszuständen nicht nur nosologisch und ätiologisch, sondern auch – zumindest in den typischen Formen – nach der Symptomatik unterscheiden läßt.

Zu erwähnen ist, daß das hier erörterte Krankheitsbild eine Reihe von *Synonyma* trägt, was häufig zur Begriffsverwirrung Anlaß gibt: phasische D., primäre D., psychotische D., periodische D., endomorphe D., zirkuläre D., zyklothyme D., vitale D. In der Nomenklatur des DSM III entspricht das Syndrom der Major depression.

Erscheinungsbild und Symptome

Kein Symptom ist obligat. Jede der bei Depressionen auf den unterschiedlichen psychischen Ebenen möglichen Störung kann fehlen. Die Ausgestaltung des Krankheitsbildes variiert stark.

Oft sieht man dem Kranken sein Leiden an, ohne daß er sich äußert. Die *Körperhaltung* ist schlaff, die *Mimik* erstarrt, die *Gestik* gebunden, die *Sprache* monoton, hinter der Versteinerung spürt man Angst und Unruhe. Das *Erleben* des Depressiven ist von Traurigkeit, Hoffnungslosigkeit und dem Gefühl der Wertlosigkeit erfüllt. *Leitsymptom* ist die tiefe Niedergeschlagenheit und Bedrücktheit, die mit der Traurigkeit des Gesunden wenig gemein hat. Depression ist nicht gleichzusetzen mit übergroßer Traurigkeit, vielmehr bedeutet sie häufig die *Blockierung jeden Gefühls*, der Freude wie der Trauer, und die Unfähigkeit zu jeder emotionalen Resonanz. Man spricht vom „*Gefühl der Gefühllosigkeit*". Der Kranke empfindet sich in seinen affektiven Regungen wie abgestorben. Daß er Gleichgültigkeit gegenüber seiner Umwelt erlebt, verarbeitet er schuldhaft. Die depressive Verstimmung wird auch *vital* genannt, sie geht mit einer Beeinträchtigung der *vitalen Gefühle* einher, wird besonders leibnah empfunden, indem sich das Erleben des eigenen Körpers verändert.

Charakteristisch ist die *Denkhemmung*, eine formale Störung des Denkens, bei der die assoziativen Abläufe – wie alle psychischen Prozesse überhaupt – zäh, verlangsamt und blockiert sind. Das Denken „tritt auf der Stelle", beschäftigt sich mit immer gleichen sorgenvollen Inhalten, der Kranke grübelt über Bedrohungen seiner Gesundheit, seiner materiellen Sicherheit, seines Seelenheils. Frühere Verfehlungen und die eigene Wertlosigkeit werden für das augenblickliche Geschick verantwortlich gemacht. Die Denkstörung schränkt die Konzentrations- und Aufnahmefähigkeit sowie das Vermögen, sich der Umwelt zuzuwenden, und die intellektuellen Reaktionen ein, u. U. bis zu einem Grade, der den Depressiven dement erscheinen läßt *(depressive Pseudodemenz)*.

Neben der Denkhemmung steht die *psychomotorische Hemmung*. Sie äußert sich in einer sichtbaren Verlangsamung aller Bewegungsabläufe, in der Zähflüssigkeit mentaler Vorgänge, der Blockade der zentrifugalen Funktionen. Tatendrang, Entschluß, Wille, Handlungsvermögen sind gelähmt. Der Kranke kann sich nicht aufraffen, hat keine Initiative, ist teilnahmslos und reglos, alltägliche Entscheidungen und Verrichtungen gelingen nicht mehr. Die Gehemmtheit kann das Bild des *depressiven Stupors*, d. h. der völligen

Reglosigkeit, annehmen. Mit ihr ist oft eine innere Getriebenheit und eine ziellose Rastlosigkeit verbunden. Diese *Agitiertheit* bildet eigentlich nicht den Gegensatz zur *Gehemmtheit*, beide Störungen bestehen zusammen. Bei der agitierten Depression wird die Unruhe wahrnehmbar: Der Depressive läuft herum, er klagt, verhält sich oft appellativ (Jammerdepression). Bei der endogenen Depression folgen Gehemmtheit und Traurigkeit oft einem Tagesrhythmus. Die *Tagesschwankungen* mit dem morgendlichen Antriebstief und der relativen Besserung am Abend gelten als differentialdiagnostisches Merkmal gegenüber anderen Depressionsformen.

Das Vollbild der Depression wird weiter ausgestaltet durch die *Vitalstörungen*. Alle Lebenskräfte liegen darnieder, was sich in körperhaft empfundenen Schwere- und Unlustempfindungen ausdrückt. Die leiblichen Mißempfindungen zeigen sich in Schwere, Druck, Spannungs- und Beklemmungsgefühlen, im Kopf, in der Brust, im Bauch, in den Extremitäten. Nicht nur Müdigkeit und Schwere, auch *fremdartige Sensationen*, Wahrnehmungen nach der Art von Sensibilitätsstörungen, ein Gefühl des Fremdwerdens des gesamten Körpers (*Entfremdungsdepression*, in der Phänomene der Depersonalisation und Derealisation auftreten können) stellen sich ein. Zum Teil entsprechen diesen depressiven Vitalsymptomen pathophysiologisch nachweisbare vegetative Regulationsstörungen.

Bei der *larvierten* oder *maskierten endogenen Depression* verselbständigen sich diese körperbezogenen Erscheinungen bei gleichzeitigem Zurücktreten der psychopathologischen Symptome. Der Kranke scheint nur körperlich gestört, nicht depressiv. Solche Bilder können die verschiedenartigsten somatischen Erkrankungen imitieren, Diagnostik und Therapie geht in die Irre und die Kranken werden oft Opfer ärztlicher Polypragmasie.

Zu den *vegetativen Symptomen* zählen Schlafstörungen, insbesondere Durchschlafstörungen, mit „zerhacktem" Schlaf in der zweiten Nachthälfte und Früherwachen. Da sie im allgemeinen das zuerst einsetzende und das zuletzt verschwindende Symptom einer depressiven Phase darstellen, gelten sie als empfindlicher Indikator für die Dauer der Krankheit. Dazu treten Inappetenz, Verdauungsstörungen, Obstipation, Gewichtsabnahme, Libido- und Potenzverlust, Amenorrhö; Speichel- und Schweißsekretion nehmen ab, es tritt Haarausfall ein, die Temperaturregulation ist gestört, Hauttemperaturabsenkungen an den Akren sind nachgewiesen. Auch die erwähnten Tagesschwankungen und schließlich der phasenhafte Verlauf der Krankheit mit einem bevorzugten Auftreten der Phasen im Frühjahr und im Herbst weisen auf regulative Regulationsstörungen hin.

Treten im Rahmen einer Depression *Wahninhalte* auf, so sprechen sie für den endogenen Charakter. Die Themen des Wahns zentrieren sich auf die „Urängste des Menschen": Versündigung und Schuld, Verarmung, Krankheit und Versagen. Im Wahn wird das Leiden nicht als Schicksal oder Zugefügtes, sondern als Konsequenz für eigenes Versagen erlebt. Insofern ist der depressiv Erkrankte krankheitsuneinsichtig und dementsprechend ärztlich schwer zu führen. Selbst bei wiederholten Phasen fördert die Erinnerung an das frühere Durchlaufen der Störung die Einsicht wenig. Der primäre Schuld- oder Versündigungswahn knüpft an weit zurückliegenden Verfehlungen an, denen er grotesk-übertreibend riesiges Gewicht gibt; Onanieskrupel können hier ebenso eine Rolle spielen wie früher begangene Unkorrektheiten und Verfehlungen. Aus kleinem Versagen wird große moralische Schuld – sowohl Tat- wie Unterlassungsschuld – gefolgert. Die im Wahn erinnerten Ereignisse scheinen die Schuldgefühle zu motivieren. Eher ist es jedoch so, daß sich ein frei flottierendes Schuldgefühl einen Ansatzpunkt sucht. Der sekundäre *Versündigungswahn* knüpft an Erlebnisse und Empfindungen an, die durch die Depression selbst bedingt sind. Energielosigkeit, Gleichgültigkeit, Apathie und vermeintliches Pflichtversagen wirft sich der Kranke vor. Im *nihilistischen Wahn* verdichten sich die Gefühllosigkeit, das Erleben der „aufgehobenen Existenz" und die Depersonalisation. Der *hypochondrische Wahn* kreist um die vitalen und vegetativen Störungen und um körperliche Beschwerden. Häufig gestaltet er die Jammerdepression aus. In der *primären Hypochondrie* ist der Depressive unerschütterlich überzeugt von der drohenden Zerstörung seines Lebens durch unheilbare Krankheiten. Oft werden solche Patienten als lästige Hysteriker verkannt. Im *depressiven Verarmungswahn* schließlich sieht sich der Kranke seiner Habe und der materiellen Existenzbasis beraubt und sich und seine Familie der Verelendung entgegengehend. Oft knüpft sich dieser Wahn an die Besorgnis, die durch die Krankheit entstehenden Kosten nicht bezahlen zu können.

Die *Wahneinfälle* zählen zu den inhaltlichen Denkstörungen, zu denen man auch die bei der Depression gelegentlich zu findenden *Zwangsgedanken* rechnen muß. Insbesondere *Fremdschädigungsängste*, d.h. zwanghafte Befürchtungen, durch Tun oder Unterlassen den nächsten Angehörigen Schaden zuzufügen, und Kontrollzwänge weisen auf einen endogen-depressiven Zusammenhang. Hier lassen sich unter psychodynamischem Aspekt Abwehrmechanismen erkennen.

Das Spektrum der Symptome einer endogenen Depression wäre schließlich nicht vollständig, würde man nicht auch die Beeinträchtigungen berücksichtigen, die der Kranke durch sein Verhalten und die *sozialen Reaktionen seiner Umwelt* erfährt.

Morbidität, Verlauf, Prognose

Die **Häufigkeit des Auftretens** psychotischer Depressionen entspricht etwa der schizophrener Psychosen, sie liegt bei 0,8 bis 1%. Die Geschlechtsrelation ist charakteristisch: Frauen erkranken häufiger als Männer (Verhältnis 7:3). Drei Viertel aller Ersterkrankungen treten zwischen dem 20. und 50. Lebensjahr auf, lediglich ein Achtel vor, ein weiteres Achtel nach dieser Zeitspanne. Die vor dem 20. Lebensjahr einsetzenden Depressionen sind häufiger erste Anzeichen einer schizophrenen Erkrankung. Patienten mit bipolaren Störungen haben im Durchschnitt ein früheres Ersterkrankungsalter (im Mittel 35 Jahre) als monopolare (im Mittel 45 Jahre). Erste manische Phasen zeigen sich meist früher als melancholische.

Der **Verlauf** ist phasisch. Es besteht eine Bindung an den Jahresrhythmus, im Herbst und im Frühjahr treten Phasen gehäuft auf. Der weit überwiegende Teil Depressiver (ca. 85%) muß mit mehreren Phasen im Laufe des Lebens rechnen, etwa 20% mit mehr als acht Phasen. Die *Phasendauer* variiert außerordentlich, für das Gros der Patienten gelten Durchschnittswerte von 8–12 Monaten, im Laufe des Lebens nimmt die Phasendauer zu. Auch die Dauer der symptomfreien Intervalle variiert stark und schwankt zwischen Tagen und Jahrzehnten. Der Verlauf wird durch die psychopharmakologische Therapie modifiziert; z. T. werden die Phasen abgekürzt, z. T. zeigt sich die Symptomatik lediglich abgemildert, d. h., unter der durch Medikamente erreichten Symptommilderung läuft die Phase weiter, was beim Absetzversuch deutlich wird.

Prognose. Auch nach mehreren Krankheitsphasen kann im allgemeinen – anders als bei der schizophrenen Psychose – mit einer weitgehenden Restitution gerechnet werden. Erst die neuere Forschung hat ihr Augenmerk auf nachhaltige Veränderungen nach durchgemachten Erkrankungsphasen gerichtet und mit dem Bild des *phasenüberdauernden Persönlichkeitswandels* Strukturen des Potentialverlusts, der Nivellierung und Abflachung psychischer Funktionen beschrieben. Es ist fraglich, ob es sich hier um unmittelbare Folgen und Residuen der Krankheit handelt oder ob solche Wandlungen nicht vielmehr mittelbare Auswirkungen der Krankheit auf das Erleben, das Selbstverständnis und die Reaktionen des Betroffenen sind. Nicht nur sehr differenzierte und introspektionsfähige Kranke wissen von der „Hölle der Depression", durch die sie gegangen sind, zu berichten und von den persönlichkeitsprägenden Erlebnissen, die die Depression vermittelte.

Die *Prognose* quoad vitam wird durch die mit jedem depressiven Leiden einhergehende Suizidalität beeinträchtigt. 7 bis 10% der endogen Depressiven suizidieren sich im Laufe einer Phase, monopolare Erkrankungen beinhalten das höchste Risiko. Die Strecke des Hineingeratens in die Erkrankung und die der Auflösung der Symptome sind die mit der größten Suizidgefahr. Die moderne Therapie schafft hier zusätzliche Risiken, indem sie zu einer dissoziierten, d. h. zeitlich verzögerten Veränderung von Stimmung und Antrieb führt. Der antriebsmäßig schwerst gehemmte Kranke wird trotz aller autodestruktiven Impulse zur Durchführung suizidaler Handlungen nicht in der Lage sein – erst wenn der Antrieb wiederkehrt, besteht die Gefahr, daß er den Entschluß in die Tat umsetzt.

Die **Abschätzung des Suizidrisikos** gehört zweifellos zu den schwierigsten Aufgaben in der Depressionstherapie. Sichere Indikatoren gibt es nicht, Tabellen und Ratingscales haben einen fragwürdigen Wert. Wichtig für den Arzt ist, daß er beim Umgang mit dem Depressiven prinzipiell von einer suizidalen Bereitschaft ausgeht und dies auch im Gespräch mit dem Patienten und den Angehörigen anspricht.

Fragen, die wichtige Informationen zur *Abschätzung des Suizidrisikos* vermitteln können, sind etwa die folgenden:

1. Haben Sie in letzter Zeit daran denken müssen, sich das Leben zu nehmen?
2. Haben sich Selbstmordgedanken aufgedrängt?
3. Beschäftigen Sie konkrete Ideen hinsichtlich der Durchführung, haben Sie Vorbereitungen getroffen?
4. Haben Sie schon einmal einen Selbstmordversuch unternommen?
5. Hat sich in Ihrer Familie oder in Ihrem Freundes- und Bekanntenkreis jemand das Leben genommen?
6. Halten Sie Ihre Situation für aussichts- und hoffnungslos?
7. Haben Sie das Gefühl, man braucht Sie?
8. Fällt es Ihnen schwer, an etwas anderes als Ihre Probleme zu denken?
9. Haben Sie in der letzten Zeit weniger Kontakte zu Ihren Verwandten, Bekannten und Freunden?
10. Wohnen Sie zusammen mit Familienmitgliedern oder Bekannten, denen Sie sich anvertrauen können?

Wenn auch drängende suizidale Impulse Indikation zur stationären Behandlung geben sollten, so ist doch auch unter engster therapeutischer Betreuung eine Sicherheit nicht gewährleistet. Die nicht so seltenen raptusartigen Durchbrüche der Autodestruktivität können alle Sicherungsmaßnahmen unterlaufen.

Disposition, Ursachen, Auslöser

Die endogene Depression gilt als ein durch viele Faktoren verursachtes psychisches Leiden. Das Gewicht der einzelnen Einflußgrößen ist nicht sicher bestimmbar: genetisch bedingte hereditäre Disposition, Konstitution, Schichtzugehörigkeit, Persönlichkeitsstruktur und auslösende psychische und somatische Momente spielen im Einzelfall in einer schwer zu bestimmenden Weise zusammen.

Heredität

Endogene Depressionen gelten als *erblich bedingte*, biologisch entscheidend mitdeterminierte Erkrankungen. *Genetische Faktoren* haben sicher eine Bedeutung für die Häufigkeit und Art zumindest einiger Untergruppen depressiver Erkrankungen. Daneben spielen *Umweltfaktoren* eine Rolle. Das *Erkrankungsrisiko* bei Angehörigen ersten Grades liegt immer deutlich über dem der Normalpopulation. Entstammt man einer Familie mit manisch-depressiven Erkrankungen, so ist das Risiko, selbst zu erkranken, etwa zwanzigmal höher als im Durchschnitt. Auch das Risiko für andere psychische Erkrankungen ist höher. *Zwillingsforschungen* sprechen für genetische Einflüsse. Die Kongruenzrate bei monozygoten Zwillingen einerseits und dizygoten Zwillingen, Geschwistern, Kindern, Eltern andererseits ist deutlich. Die Morbiditätsraten entfernter Verwandter liegen über dem allgemeinen Erkrankungsrisiko. Allerdings variieren die statistischen Angaben über einen weiten Bereich, was möglicherweise mit unterschiedlichen Untersuchungsmethoden zusammenhängt. Auch die Befunde zu differentiellen Erkrankungsrisiken der Angehörigen von Depressiven entsprechen Erwartungen aus genetischen Modellvorstellungen. Die *erbbiologischen Ergebnisse* legen nahe, die monopolaren Depressionen von den bipolaren zu unterscheiden. Bei Verwandten monopolar Erkrankter ist das Risiko, an einer bipolaren Psyhose zu erkranken, kaum höher als bei der Allgemeinbevölkerung. Verwandte bipolar Depressiver haben ein höheres Erkrankungsrisiko für unipolare Erkrankungen. Die inzwischen sehr differenzierten genetischen Forschungsergebnisse lassen freilich zwei entscheidende Fragen bislang unbeantwortet, nämlich was genetisch transmittiert wird und in welcher Weise Umweltfaktoren neben der genetischen Disposition die Manifestation der Erkrankung bestimmen.

Epidemiologische Untersuchungen brachten die Vermutung auf, daß die endogene Depression in gehobenen und mittleren Sozialschichten häufiger auftritt. Diese Befunde blieben jedoch nicht unbestritten.

Auch die Beziehung zwischen der *pyknischen Körperkonstitution und der Depression*, wie sie KRETSCHMER nach seinen Untersuchungen annahm, wurde relativiert. Die Meinung, Pykniker tendierten eher zu Depressionen, rührt möglicherweise daher, daß die Krankheit in einem Alter auftritt, in dem die meisten Menschen fülligere Körperformen bekommen.

Es bestehen nicht nur Zusammenhänge zwischen genetisch bestimmtem körperlichem Habitus und depressivem Erkrankungsrisiko. Auch der Frage nach einer zu Depressionen *disponierenden psychischen Konstitution* ist nachgegangen worden. Eine *prämorbide Persönlichkeit* des endogen Depressiven läßt sich charakterisieren. Solche persönlichkeitspsychologischen Befunde wurden weiterentwickelt zu Modellen, welche Theorien über Verursachung und Entstehung von Depressionen beinhalten. Dies bedeutet freilich, daß ein Akzent gesetzt wird auf die im Laufe des Lebens erworbenen Voraussetzungen und auf depressionsfördernde biographische Konstellationen, womit eine Relativierung des Begriffsinhalts „endogen" zwangsläufig verbunden ist.

Die frühe Psychoanalyse (ABRAHAM) beschrieb die Persönlichkcit des Depressiven als zwanghaft-analen Charakter, auch seine orale Abhängigkeit wurde betont. Ein sehr entwickeltes persönlichkeitspsychologisches Modell, das sich inhaltlich mit den frühen analytischen Annahmen deckt und inzwischen durch faktorenanalytische Studien verifiziert wurde, ist der *Typus melancholicus* (Tellenbach). Danach zeichnen sich potentiell Depressive durch Ordentlichkeit, übersteigerte Korrektheit und Genauigkeit, durch *„pathologische Normalität"* aus. Sie sind leistungsorientiert und aufopferungsbereit. Störungen der Ordnung, in der sie leben, ein Zurückbleiben hinter den selbst gesetzten Anforderungen, die Bedrohung ihrer symbiotischen Anklammerungswünsche traumatisiert sie in spezifischer Weise und läßt sie depressiv reagieren. Eine Reihe typischer Auslöser für depressive Phasen kann von der Basis dieses Modells besser verstanden werden.

Zu den persönlichkeitspsychologischen und psychoanalytischen Modellvorstellungen von der Struktur des Depressiven und den ihn besonders betreffenden Traumatisierungen haben sich inzwischen weitere psychologische Modelle gesellt, die geeignet sind, die Manifestation der Erkrankung in einzelnen Fällen vom Hintergrund der Person, ihrer lebensgeschichtlichen Vorerfahrung und ihrer habitualisierten Erkenntnismuster verständlich zu machen. Zu nennen sind die *kognitions*-und *lerntheoretischen Modelle*, das *Streßmodell* und die Ergebnisse der *Life-event-Forschung*. Zum Teil vermitteln diese Theorien tragfähige Ansätze für erweiterte psychotherapeutische Methoden. Allerdings bestehen Widersprüche und Unvereinbarkeiten zwischen den Modellen und den auf ihrer Basis gewonnenen empirischen Erkenntnissen, was möglicherweise damit zusammenhängt, daß unzulänglich zwischen den verschiedenen Untergruppen der Depression unterschieden wurde.

Auslösende Ereignisse

Die ältere Psychiatrie war davon ausgegangen, daß endogen-depressive Phasen in der Regel „ohne Grund" auftreten, Umweltfaktoren wurde bestenfalls ein prägender Einfluß auf die Ausgestaltung des Krankheitsbildes zugestanden. Es kann heute kaum ein Zweifel bestehen, daß einem wesentlichen Anteil depressiver Erkrankungen im Vorfeld definierbare belastende Ereignisse zeitlich zuzuordnen sind und daß es schwerfällt, keinen pathogenetischen Zusammenhang anzunehmen. *Umweltfaktoren* spielen sicher in der multifaktoriellen Genese eine wichtige Rolle. In erster Linie dürften sie den Zeitpunkt des Auftretens einer Phase mitbestimmen. Bereitschaft, auslösende Strukturen für die Depression anzuerkennen, hängt zweifellos von der Genauigkeit des Hinschauens auf Person und Situation des Erkrankten ab. *Das Zusammenwirken der Entstehungsbedingungen* auf der genetischen, konstitutionellen, somatischen, psychischen und sozialen Ebene ist bislang unklar. Jedenfalls sind als *mögliche Auslöser* Verlusterlebnisse, konflikthaftspannungsreiche zwischenmenschliche Beziehungen, berufliche Veränderungen (Pensionierung, sozialer Rollenwechsel, Entwurzelung, Umzug), aber auch *somatisch-biologische Bedingungen* wie Streß, Krankheit, biologische Krisenzeiten (Pubertät, Menstruation, Gravidität, Geburt und Wochenbett, Klimakterium) zu diskutieren.

Wesentliches zum biologischen Verständnis der Depression, ihrer somatischen Erscheinungen und für die Therapie hat die *biochemische Forschung* beigetragen. Am Zustandekommen der Melancholie wirken zentrale vegetative Regulationsstörungen und Veränderungen im Metabolismus der zerebralen Neurotransmitter entscheidend mit. Wenn auch die einschlägigen Befunde noch kein einheitliches und umfassendes Bild vermitteln, so weist doch die Beeinflußbarkeit depressiver Symptome durch Pharmakotherapie auf biologische Korrelate.

Am Anfang dieser Forschung stand die Beobachtung, daß Reserpin, das zur Behandlung schizophrener Psychosen verwendet wurde, häufig Depressionen verursacht. Da es u. a. die zentralen Serotoninspeicher entleert, entstand die Hypothese, daß die Depression mit einem Mangel an körpereigenen Monoaminen, nämlich den Katecholaminen Noradrenalin und Dopamin und dem Indolamin Serotonin einhergeht. Diese Transmitterstoffe werden von der präsynaptischen Nervenendigung freigesetzt und sorgen im synaptischen Spalt für die Erregungsübertragung. Ihr Mangel kann die bei der Depression beobachteten neurophysiologischen Prozesse bedingen. Ihre Konzentration ist in den der Symptomatik zugeordneten Hirnarealen, wie Stammhirn und limbisches System, besonders hoch, in Hirnregionen also, die für die Steuerung jener autonomen Funktionen verantwortlich sind, die sich bei der Depression gestört zeigen (Schlaf, Kreislauf, Extrapyramidalmotorik, affektiv-emotionelles Verhalten). Die Wirkung von Antidepressiva gründet sich darauf, daß sie die Wiederaufnahme (reuptake) aus dem Spalt hemmen und so zu einer Anreicherung führen. Die gleichfalls als Therapeutika eingesetzten Monoaminooxydasehemmer wirken über eine Verzögerung des Abbaus der bei der Erregung in den Spalt freigesetzten Neurotransmitter. Die biochemische Forschung hat inzwischen eine ganze Reihe von biologischen Mechanismen, die an der Depression beteiligt sind, darstellen können und Hypothesen entwickelt. Ob das primäre Defizit der Substanzen, ihre ungleichgewichtige Verteilung oder eine veränderte Ansprechbarkeit der Rezeptoren letztlich bestimmend ist, darüber ist das letzte Wort ebensowenig gesprochen wie darüber, ob die Stoffwechselstörung allein genetisch bestimmt oder auch von peristatischen Faktoren (Streßtheorien) verursacht wird.

Daß auch in anderen biologisch-psychiatrischen Forschungsansätzen die endogene Depression und ihre Verursachung wichtiges Thema ist, muß erwähnt werden, neurophysiologische, neuropsychologische, neuroendokrinologische und chronobiologische Konzepte sind zu nennen.

Diagnose und Differentialdiagnose

Die *Erkennung* der psychotischen Depression stützt sich in erster Linie auf den Nachweis der oben aufgeführten Symptome. Die *Differentialdiagnose* zur Abgrenzung von depressiven Verstimmungen im Verlaufe schizophrener Psychosen, insbesondere nach längerer neuroleptischer Therapie, und von Depressionen, verursacht durch eine organische Hirnerkrankung oder als Begleiterscheinung einer schweren körperlichen Erkrankung, berücksichtigt die Anamnese und die Symptome der Grunderkrankung. Das heißt aber auch, daß bei jeder Depression neben der psychiatrischen eine *umfassende internistisch-neurologische Untersuchung* erforderlich ist. Der Standard umfaßt hier Blutdruck, EKG, BSG, Blutbild, Leber- und Nierenwerte, Blutzucker, Kalium und Kalzium im Serum, Lues-Reaktionen, Schilddrüsenparameter, Serumeisenspiegel, Vitamin-B_{12}-Spiegel.

Schwieriger ist oft die *Abgrenzung endogener von reaktiven und neurotischen Depressionen*. Nicht immer zeigt die endogene Form das volle Spektrum typischer Symptome auf den beschriebenen Ebenen. Auch die Verlaufskriterien (Erst- oder Wiedererkrankung, auslösende Ereignisse, Dauer der Erkrankung, phasischer Verlauf, manische Phasen, genetische Belastung) geben oft ebensowenig Klarheit wie die Fragen nach den somatischen Symptomen (Vitalstörung, Schlafstörung, Appetitstörung, vegetative Symptome, funktionelle Störungen). Auch psychogene depressive Verläufe können eine *„Vitalisierung"* annehmen und dann sehr stark somatisch ausgestaltet sein. Die Tab. 3 stellt die wichtigsten Differentialkriterien einander gegenüber.

Weitere Formen psychotischer Depression

Neben den bislang besprochenen endogen-depressiven Syndromen rechnet man eine Reihe anderer depressiver Krankheitsbilder zu den depressiven Psychosen. Dazu gehören die *somatogenen* depressiven Psychosen. Diese umfassen die symptomatischen Depressionen *(exogene)*, die als Begleitsyndrom extrazerebraler Erkrankungen auftreten oder durch Noxen, die die Gehirnfunktion sekundär schädigen, verursacht werden. Ursachen sind Infektionen, Operationen, Intoxikationen, endokrine und hämodynamische Veränderungen sowie medikamentöse Störungen. Als *organische Depressionen* bezeichnet man die auf strukturellen Veränderungen des Gehirns beruhenden Zustände, die durch senile zerebrale Veränderungen, Arteriosklerose, bei Hirntumoren, progressiver Paralyse und nach Traumen auftreten. Die früher übliche Abtrennung einer Involutionsdepression scheint nicht sinnvoll; eine eigene Ätiopathogenese kann nicht nachgewiesen werden, es handelt sich in der Regel um spät manifestierende endogen-depressive Psychosen.

Tabelle **3**   Differentialdiagnose der Depression

Endogene Depression	Psychogene Depression
Durchschlafstörungen	Einschlafstörungen
Früherwachen	–
Morgentief	Abendtief
„Gefühl der Gefühllosigkeit"	Stimmungswechsel
Selbstanklage	Tendenz, andere zu beschuldigen
„Typus melancholicus"	neurotische Symptome (Angst, Ich-Schwäche)
oft grundloses Auftreten	Konfliktfelder
phasischer Verlauf	früher Beginn, jahrelanger Verlauf
umweltstabil	Ablenkbarkeit
genetische Belastung	biographische Auffälligkeiten
Gewichtsverlust	–
Wahn	–

Zu nennen sind weiter *Sonderformen* depressiver Erkrankungen, die – zumeist aus historischen Gründen – eigens klassifiziert werden, nach heutiger Auffassung jedoch endogen-depressive Erkrankungen sind und bei denen ein bestimmtes ursächliches oder phänomenologisches Moment besonders einprägsam wird. Hierzu zählen die Entlastungsdepressionen, die existentielle Depression, die vegetative Depression, die Umzugsdepression, die klimakterische Depression, die Wochenbettdepression. Die Bezeichnung larvierte Depression sollte man den Syndromen vorbehalten, die bei klar endogen-depressiver Grundstruktur die somatischen und vegetativen Krankheitszeichen in den Vordergrund treten lassen.

Literatur

Freedman, A. M., H. I. Kaplan,, B. J. Sadock, U. H. Peters: Psychiatrie in Praxis und Klinik, Bd. I: Schizophrenie, affektive Erkrankungen, Verlust und Trauer. Thieme. Stuttgart 1984

49 Therapie depressiver Erkrankungen

Lernziele:
Kenntnis der Elemente und Ordnung eines Gesamtbehandlungsplanes bei depressiven Syndromen, des Umgangs mit Antidepressiva, ihrer Indikationswirkungen und Nebenwirkungsprofile, der medikamentösen Depressionsprophylaxe und der Besonderheiten der psychotherapeutischen Basishaltung gegenüber Kranken mit unterschiedlichen Depressionsformen.

Integrativer Therapieplan

Voraussetzung für die Therapie depressiver Syndrome ist ein *integrativer Therapieplan*, in dem somato-psycho- und soziotherapeutische Maßnahmen – je nach Verursachung und Art der Depression – unterschiedlichen Stellenwert haben. Die multifaktorielle Bedingtheit depressiver Syndrome fordert notwendigerweise eine Behandlung auf mehreren Ebenen. Jeder einseitige Therapieansatz kann der Krankheit und ihren Folgen nicht gerecht werden (Abb. 5).

Die Wahl der in Frage kommenden Behandlungsformen setzt nicht nur eine klare Diagnosestellung voraus, sondern auch eine eingehende körperliche Untersuchung, eine genaue Erhebung des psychopathologischen Status, eine Vergegenwärtigung der Krankengeschichte, der psychosozialen Situation des Kranken, seiner sozialen Integration, der Tragfähigkeit zwischenmenschlicher Beziehungen. Insbesondere ist die Gefährdung des Patienten

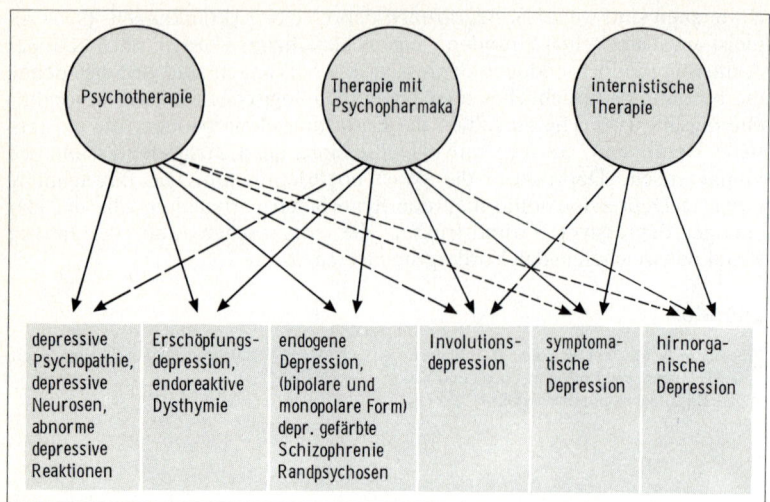

Abb. **5** Schematische Darstellung der multifaktoriellen Depressionstherapie (aus *Kranz, H.:* Depressionen. Ein Leitfaden für die Praxis. Banaschewski, München-Gräfelfing 1970)

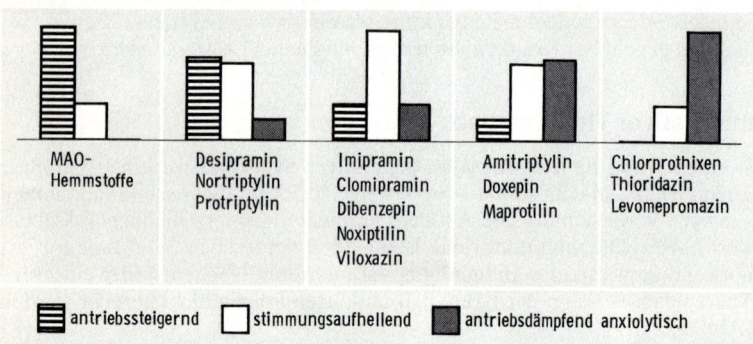

Abb. **6** Wirkungsspektren antidepressiv wirksamer Substanzen. Im oberen Teil der Abbildung sind die einzelnen Substanzen entsprechend ihrem Wirkungsspektrum auf Antrieb und Stimmung angeordnet. Die Säulen zeigen das relative Verteilungsmuster hinsichtlich Antriebssteigerung, Stimmungsaufhellung und Antriebshemmung an. In dem unteren Teil der Abbildung sind die Substanzen entsprechend der Leitsymptomatik der Depression geordnet und *Dosierungsrichtlinien angegeben*

durch suizidale Impulse und auch die Belastbarkeit des Umfeldes in Rechnung zu stellen.

Somatische und Pharmakotherapie

Es bedarf kaum der Erwähnung, daß die körperlich verursachten Depressionen und die, welche Körperkrankheiten begleiten (symptomatische Depressionen), in erster Linie die Behandlung des Grundleidens erfordern. Andere spezifisch auf das depressive Syndrom zielende Maßnahmen sind in aller Regel erforderlich.

Psychopharmaka

Die bei Depressionen eingesetzten *Psychopharmaka* (Antidepressiva, Thymoleptika) zeigen kein einheitliches Wirkungsprofil, sie sind auch nicht in allen ihren Wirkweisen von den Neuroleptika scharf zu trennen. Ihre volle Wirkung entfalten sie bei den psychotischen Depressionen, aber auch ihr symptombezogener Einsatz bei Depressionen anderer Ursache ist gerechtfertigt. Die in der Klinik gebräuchlichen Substanzen unterscheiden sich hinsichtlich ihrer antriebssteigernden, hemmungslösenden, stimmungsaufhellenden und angstlösenden Wirkung. Der Einsatz richtet sich dementsprechend nach den das Krankheitsbild bestimmenden Zielsymptomen wie Agitiertheit, depressive Gehemmtheit oder Angst (Abb. 6).

Vital gehemmte Depressionen erfordern eine Therapie mit antriebssteigernden, psychomotorisch aktivierenden Substanzen vom „Imipramin-Typ" wie Imipramin (Tofranil 50–150 mg/die), Desimipramin (Pertofran), Nortriptylen (Nortrilen), Clomipramin (Anafranil).

Bei der Behandlung der **Melancholie mit Tagesperiodik**, vitaler Hemmung und leichter motorischer Unruhe kommen Imipramin (Tofranil 50–150 mg/die), Dibenzepin (Noveril 120–360 mg/die) und Viloxazin (Vivalan 75–150 mg/die) in Frage.

Bei **ängstlich agitierten depressiven Patienten** setzt man Substanzen vom „Amitriptylin-Typ" ein, wie Saroten (50–150 mg/die), Doxepin (Aponal 50–150 mg/die), Maprotilin (Ludiomil 50–150 mg/die). Bei starker ängstlicher Unruhe und Agitiertheit ist das den Neuroleptika nahe stehende Thioridazin (Melleril 50–300 mg/die) oder ein Neuroleptikum wie Chlorprothixen (Truxal 30–300 mg/die) oder Levomepromazin (Neurocil 75–300 mg/die) indiziert. Letztere können u. U. auch mit einem Thymoleptikum kombiniert werden.

Therapie- und Dosierungsrichtlinien. Generell gilt vor allem für die ambulante Praxis, daß *einschleichend* dosiert wird, vor allem wegen der auch anfangs oft starken unerwünschten Wirkungen. Die Behandlung soll ausschleichend beendet werden. Die Dauer der medikamentösen Therapie soll die des unbehandelten Phasenverlaufs nicht unterschreiten, da die Thymoleptika den Ablauf der Phasen nicht verkürzen, sondern lediglich die Symptome beseitigen, so daß es bei zu kurzer Therapie zu – dann oft therapieresistenten – Rückfällen kommen kann.

In der ersten Therapiephase kann eine zusätzliche Gabe von Tranquilizern vom Benzodiazepin-Typ (Diazepam = Valium) bzw. Oxazepam (Adumbran u. ä.) sinnvoll sein, um Unruhe und die nicht so selten vor der Stimmungsaufhellung eintretende Antriebssteigerung zu dämpfen. Da nach Einsetzen der thymoleptischen Wirkung die Antriebssteigerung der Stimmungsaufhellung vorausläuft, ist diese Phase wegen der erhöhten Suizidgefahr (der zuvor melancholisch gehemmte Patient kann nach Wiederkehren des Antriebs seine aus dem Darniederlegen der Stimmung entspringenden autodestruktiven Impulse in die Tat umsetzen) therapeutisch besonders dicht zu begleiten.

Die Chance, daß ein depressives Syndrom auf die thymoleptische Therapie anspricht, liegt bei 60–70%. Nach konsequenter, ausreichend dosierter Medikation über etwa drei Wochen kann man entscheiden, ob eine Therapie versagt hat. Man wechselt dann auf eine andere Substanz über, versagt auch diese, kommt eine Infusionsbehandlung in Frage, bleibt die Remission auch dann aus, wird man eine Heilkrampfbehandlung erwägen.

Hinsichtlich der *Dosis* lassen sich feste Regeln schwer geben, da die wirksame Dosis von individuellen Faktoren abhängt und über eine große interindividuelle Variation streut. Auch die Wirkung der zum Teil gleichfalls psychotropen Metaboliten und die unterschiedlichen Halbwertszeiten spielen eine Rolle. Zwischen der Serumkonzentration und dem klinischen Erfolg besteht eine direkte Beziehung. Überdosierungen können aus Gründen der Mechanismen im synaptischen Spalt ebenso unwirksam bleiben wie Unterdosierungen (*„therapeutisches Fenster"*). Wichtig ist, daß man bei *älteren Patienten* mit Störungen der zerebralen Durchblutung oder hirnorganischen Vorschädigungen zurückhaltend dosiert.

Nebenwirkungen. Die nicht seltenen unerwünschten Begleitwirkungen der Antidepressiva sind größtenteils auf ihre anticholinerge, teils aber auch auf ihre katecholaminerge Wirkung zurückzuführen. Sie sind bei den trizyklischen Antidepressiva ausgeprägter als bei den nichttrizyklischen.

Am häufigsten wird über initial vegetative Nebenwirkungen geklagt wie Mundtrockenheit, Akkommodationsstörungen, Obstipation, Miktionsstörungen, Schwindel, Tachykardie und Kollapsneigung. Hier handelt es sich überwiegend um den Ausdruck der atropinartigen Wirkung.

Schwererwiegende Nebenwirkungen wie Glaukom, paralytischer Ileus, ventrikuläre Arrhythmien des Herzens, Delirien und epileptische Anfälle können auftreten, sind jedoch bei nicht entsprechend vorgeschädigten Patienten selten. Die Häufigkeit der unerwünschten Nebenwirkungen läßt sich durch einschleichende Dosierung sowie durch eine sparsame Dosis, insbesondere bei älteren Patienten, verringern.

Im einzelnen ist auf Funktionsänderungen folgender Systeme bzw. Organe zu achten.

1. Herz-Kreislaufsystem: Häufig ist die Pulsbeschleunigung von Belang. Daneben finden sich EKG-Veränderungen als Ausdruck von Überleitungs- und Erregungs-rückbildungsstörungen, Veränderungen des Herzrhythmus, weiter eine Verminde-rung der myokardialen Kontraktilität (negative Inotropie) und Blutdruckdysregula-tionen. Das vorgeschädigte Myokard kann mit einer Insuffizienz reagieren. Bei Überdosis oder Vorschädigung können Sinustachykardie, AV-Block und Verbreite-rung des QRS-Komplexes ernste Komplikationen darstellen. Plötzliche Todesfälle sind beschrieben. Regelmäßige, zu Beginn der Therapie dichte EKG-Kontrollen sind geboten.

2. Wirkung auf exokrine und endokrine Drüsen: Sekretionsminderung der Speichel-drüse mit Mundtrockenheit, Hypersekretion der Schweißdrüsen. Die Schilddrüsen-funktion kann in Richtung auf eine hypothyreotische Stoffwechsellage verschoben werden. Relativ häufig sind Reduktion von Libido und Potenz sowie Amenorrhö.

3. Wirkung auf den Verdauungstrakt: Obstipation bis zur gelegentlichen Entwicklung eines paralytischen Ileus, Verminderung der Magensaftsekretion mit Übelkeit und Erbrechen, selten intrahepatischer cholestatischer Ikterus.

4. Wirkungen auf die Haut: allergische Reaktionen, Photodermatosen sowie Ödeme.

5. Wirkungen auf das Blutbild: Eosinophilie, Leukopenie, fragliche Thrombosennei-gung. Die nicht seltenen Reaktionen des Blutbildes erfordern regelmäßige Kontrol-len, anfänglich in Abständen von 8–14 Tagen, bei Langzeitbehandlungen in etwa 4wöchigen Abständen.

6. Neurologische und zentralnervöse Begleitwirkungen: dyskinetische Sprachstörung, Parkinsonoid, Tonusverlust, myoklonische Symptome.
   Zentralnervös: Benommenheit, Müdigkeit, Schwindel, psychovegetatives Irrita-tionssyndrom, Delir und Verwirrtheitszustände, bei entsprechend disponierten Patienten auch epileptische Anfälle, was zur EEG-Überwachung Anlaß geben muß.

Eine genaue Aufklärung des Kranken über die möglicherweise zu erwarten-den unerwünschten Wirkungen ist geboten, zumal eine Reihe dieser Sympto-me den primären depressiven Symptomen entspricht, so daß der Kranke unter der Therapie eine Verstärkung vorbestehender Beschwerden erlebt, was einen ungünstigen Einfluß auf seine Compliance hat.

Bei der Depressionsbehandlung muß auf *Arzneimittelinteraktionen* geachtet werden, u.a. auf die Verstärkung der sedativen Wirkung von Alkohol und Hypnotika sowie die Wirkung von zentralen Stimulantien.

Die früher in der Depressionsbehandlung eingesetzten *Monoaminooxydase-hemmer* (MAOH) kommen heute in der ambulanten Praxis zu Recht kaum noch zum Einsatz, weil sie gefährliche Begleitwirkungen entfalten können und weil sie therapeutisch gegenüber den genannten Antidepressiva keine Vorteile bringen. Neben den erwähnten Nebenwirkungen können sie zu Leberschädigungen, Darm-, Blasen- und Sexualstörungen führen. Auch die Erregung von Unruhe bis hin zur Erzeugung von paranoid-halluzinatori-schen Syndromen bildet eine Gefahr. Es bestehen Unverträglichkeiten zwi-schen MAOH und Thymoleptika sowie einer Reihe von Nahrungsmitteln. Ob die zur Zeit betriebene Weiterentwicklung neuer Monoaminooxydase-hemmer das Therapierepertoire sinnvoll erweitert, bleibt abzuwarten.

Kombinationspräparate. Wenn auch gelegentlich neben Thymoleptika Benzodiazepine oder Neuroleptika eingesetzt werden müssen, so ist doch vom Gebrauch vorgefertigter Kombinationspräparate abzuraten. Während der Thymoleptikabehandlung haben andere Medikamente immer nur für kurze Zeiträume Bedeutung, eine differenzierte, dem Verlauf und der Symptomatik gerecht werdende Medikation ist mit Kombinationspräparaten nicht möglich. Die Meinung, man könne depressive Verstimmungszustände mit Ataraktika (wie Valium, Adumbran, Librium, Tavor) nachhaltig beeinflussen, ist falsch und hat schon zur Chronifizierung mancher Erkrankung beigetragen.

Nicht selten wird man wegen der jede Depression begleitenden *Schlafstörung* auf Hypnotika zurückgreifen müssen. Heute dürften vorwiegend Benzodiazepine gebraucht werden, aber auch Chloraldurat und Paraldehyd. Bei der Verordnung muß man sich jedoch immer im klaren sein, daß die Schlafstörung ein depressives Symptom ist und deshalb in erster Linie im Rahmen einer antidepressiven Behandlung angegangen werden muß, d. h., daß an erster Stelle der therapeutischen Überlegung zu stehen hat, ob am Abend eine ausreichende Dosis eines dämpfenden Antidepressivums gegeben werden soll.

Die antidepressive Medikation muß lange genug verordnet werden, d. h., man muß auch bei deutlich gebessertem Zustand zunächst die Dosis beibehalten, um ein Rezidiv zu vermeiden. Besserungskriterien sind die Milderung der Schlafstörung auch nach vorsichtiger Reduktion der Abenddosis, der Anstieg der Gewichtskurve, weiter der Fortfall der Tagesschwankungen und der vitalen und somatischen Symptome und schließlich die Veränderung von Mimik, Gestik, Beweglichkeit und die Beseitigung von Vitalstörungen.

Zusammenfassend einige Regeln für den Umgang mit Antidepressiva:
– Beschränkung auf eine kleine Anzahl von Präparaten, deren Wirkung und Nebenwirkung man genau kennt;
– ausreichend hohe Dosierung und ausreichend lange Medikation, Einschleichen und Ausschleichen;
– regelmäßige Kontrolle somatischer Parameter;
– grundsätzlich Therapie mit einem Medikament, Kombinationen nur in Ausnahmefällen;
– sorgfältigste Aufklärung des Patienten und der Angehörigen über Wirkungen und Nebenwirkungen sowie den Verlauf der Behandlung, Hinweise auf Wechselwirkungen mit Alkohol und anderen Medikamenten (für die Phase der Therapieeinleitung sollte wegen der initialen Sedation ein Verbot, Auto zu fahren, ausgesprochen werden);
– sorgfältigste Beobachtung der Wandlung der suizidalen Gefährdung unter der Therapie. Mit jedem Kontakt beim Ausstellen eines neuen Rezeptes muß eine Prüfung der Suizidalität erfolgen.

Prophylaxe depressiver Phasen

Bei bipolaren, aber auch bei monopolaren depressiven Psychosen bewirkt vorbeugende Verordnung von *Lithiumsalzen* in ca. 60–80% der Fälle eine Verhütung weiterer depressiver oder manischer Krankheitsphasen. Die Indikationsstellung zum Einsatz der Lithiumsalze wie auch die initiale Einstellung liegt in der Regel in den Händen des Facharztes. Man macht dann von der Methode Gebrauch, wenn mit erkennbarer Regelmäßigkeit in dichter Folge Phasen eintreten und wenn Kontraindikationen, wie Herz- und Nierenleiden, Hypothyreose, Myokardinfarkt, Krankheiten, die eine kochsalzarme Diät erfordern, sowie eine Gravidität ausgeschlossen sind. Die symptommildernde und phasenverhütende Wirkung zeigt sich oft erst nach 1–1 1/2 Jahren. Begonnen werden kann die Lithiummedikation während einer manischen Phase, da Lithiumsalze sedative Eigenschaften haben, oder nach Ablauf einer depressiven Phase. Eine Kombination mit Thymoleptika und Neuroleptika in niedriger Dosierung ist möglich. Dosis: Eine Gabe von 30–40 mval Lithium täglich erzielt in der Regel einen Blutspiegel von 0,8–1,0 mval/l. Die individuelle Dosis ist zu ermitteln, zu Anfang der Behandlung sind häufige Kontrollen erforderlich. Werte über 1,2 mval/l sollten wegen der Gefahr einer Intoxikation vermieden werden. Bei sorgfältiger Dosierung werden Lithiumsalze gut vertragen. Folgende dosisabhängige Nebenwirkungen können auftreten: Schwindel, Übelkeit, Erbrechen, Polyurie, Muskelschwäche, Müdigkeit, Diarrhö, Durst, Tremor. Im späteren Verlauf einer Lithiumtherapie können Gewichtszunahme, Libido- und Potenzverlust, Hautveränderungen und Tremor auftreten. Nicht selten sieht man unter einer Lithiumtherapie die Entwicklung einer enthyreoten Struma, die mit L-Thyroxin zu behandeln ist. *Vergiftungszeichen*, die eine Klinikeinweisung erfordern, sind Somnolenz oder Koma, Krampfanfälle, Streckkrämpfe. Als Antidot gilt Kochsalz.

Die Lithiumbehandlung setzt eine äußerst strenge Indikationsstellung sowie eine sorgfältige Führung des Patienten voraus.

Zur Anwendung kommen Lithiumazetat (Quilonum), Lithiumkarbonat (Hypnorex und Quilonum retard), Lithiumsulfat (Lithium-Duriles) und Lithiumaspartat.

Außer dem dargestellten Einsatz von Lithiumsalzen zur Phasenprophylaxe wird neuerdings auch die therapeutische Verwendung der Präparate stärker in den Vordergrund gestellt. Zum einen wird bei der Behandlung akuter Manien die hochdosierte Gabe von Lithium (im Rahmen der oben angegebenen Grenzwerte) zusammen mit der üblichen neuroleptisch sedierten Therapie empfohlen. Diese Kombination scheint durchaus geeignet, manische Erregtheitszustände schneller therapeutisch in den Griff zu bekommen. Zum anderen gehen Empfehlungen dahin, bei sonst therapiefraktären chronifizierenden depressiven Verläufen Lithiumsalze im unteren bis mittleren Dosisbereich mit der thymoleptischen Medikation zu kombinieren. Ein Versuch in dieser Richtung empfiehlt sich besonders bei den in der zweiten Lebenshälfte und im Alter protrahiert verlaufenden Depressionen, wenn der körperliche Zustand des Kranken die Gabe von Lithium erlaubt.

Als Alternative für eine medikamentöse Phasenprophylaxe mit Lithium kommt neuerdings auch eine Behandlung mit Carbamazepin (Tegretal, Timonil) in Frage. Diese Behandlung – unter der Voraussetzung der Einstellung auf ausreichende Blutspiegel – empfiehlt sich besonders in Fällen, in denen die Dauermedikation mit Lithium wegen der Intensität unerwünschter Begleiterscheinungen oder körpermedizinischer Kontraindikationen nicht möglich ist.

Ob sich auch Thymoleptika zur Dauertherapie und Rezidivprophylaxe eignen, wird z. Zt. noch unterschiedlich beurteilt. Keinesfalls sollten bei depressiven Patienten Neuroleptika über längere Zeit oder gar Depotneuroleptika gegeben werden, da diese depressionsfördernd wirken. Zu den somatischen Behandlungen der Depression zählen noch der Schlafentzug und die Heilkrampftherapie.

Schlafentzug, Heilkrampfbehandlung

Schlafentzug. Ausgehend von der Annahme, daß der Melancholie eine Störung des 24-Stunden-Rhythmus zugrunde liegt, und von der Zufallsbeobachtung, daß sich der Zustand Depressiver nach einer durchwachten Nacht besserte, hat man versucht, depressive Symptome durch Schlafentzug zu kupieren. Beim totalen Schlafentzug wird der Patient eine oder mehrere Nächte nacheinander wach gehalten, beim partiellen Schlafentzug beginnt die Schlafdeprivation erst in der zweiten Nachthälfte etwa gegen 1.30 Uhr. Die nicht selten deutlichen Besserungen halten meist nur kurze Zeit an, sie schaffen aber u. U. eine günstigere Ausgangsbasis für die weitere medikamentöse Therapie. Wiederholungen der Schlafentzugsbehandlung und Kombination mit Neuroleptika sind möglich, die Wirkung der Methode scheint auf den Kreis der endogenen Depression beschränkt.

Am effektivsten wirkt der selektive Schlafentzug, hier werden die Schlafstadien des Patienten elektroenzephalographisch und okulographisch kontrolliert, der Patient wird geweckt, sobald REM-Phasen auftreten. Wegen des großen apparativen und personellen Aufwandes kommt diese Therapie für die Praxis kaum in Frage.

Therapieresistente depressive Phasen und Melancholien mit unmittelbarer vitaler Gefährdung, die anders nicht zu beherrschen sind, bilden nach wie vor ein Anwendungsgebiet für die **Heilkrampfbehandlung**. Diese ist bei sorgfältiger Indikationsstellung und unter den Bedingungen der heute geübten Technik (Narkose und Muskelrelaxation) als komplikationslose und weitgehend nebenwirkungsfreie Therapie anzusehen.

Chronische und therapieresistente Depressionen

Die Erfolgsrate thymoleptischer Behandlungen liegt bei etwa 70%. Nicht adäquat behandelten Depressionen droht ein hohes Chronifizierungsrisiko, chronifizierte Verläufe mit jahrelangem Fortbestehen der Symptomatik oder schneller Phasenfolge ohne zwischenzeitliche volle Restitution stellen zunehmend ein therapeutisches Problem dar. In dieser Hinsicht unterscheiden sich die überwiegend endomorphen Syndrome von den reaktiven und neurotischen nicht.

„Relative" bzw. „absolute" Therapieresistenz werden von einzelnen Autoren unterschiedlich definiert, brauchbar scheint eine Bestimmung, die vom Nichtansprechen auf 2 ausreichend hoch dosiert und lange angewandte Antidepressiva und einer Krankheitsdauer von mehr als 6 Monaten ausgeht.

Für die Behandlung solcher Zustände werden eine Reihe von Maßnahmen und Kombinationen empfohlen, die in der Regel dem Facharzt oder der Klinik vorbehalten bleiben: Kombination von Antidepressiva mit Schlafentzug, von Antidepressiva mit anderen symptombezogenen Arzneitherapeutika und Neuroleptika, MAO-Hemmer, Betablocker usw. oder auch mit Lithium oder Schilddrüsenhormonen sowie schließlich Elektrokrampftherapie.

Jeder Fall einer therapieresistenten Depression muß zu wiederholter genauester Suche nach depressiogenen Noxen und Einflüssen Anlaß geben, z. B. pharmakogene oder somatogene Ursachen, mangelnde Compliance, Arzneimittelwechselwirkung und Stoffwechselvarianten sowie psychologische und Persönlichkeitsfaktoren.

Indikation zur stationären Behandlung

Die Entscheidung darüber, ob ein depressiver Patient ambulant behandelt werden kann oder in die Klinik einzuweisen ist, hängt von einer Reihe von Faktoren ab. Einmal spielen die Schwere und die Dauer des Krankheitsbildes eine Rolle. Die breiten Möglichkeiten intensiver medikamentöser Therapie lassen sich nur in der Klinik ausschöpfen. Verläufe, die eine Therapieresistenz zeigen, wird man klinischer Behandlung zuführen. Ein Entscheidungsmoment ist der Grad der suizidalen Gefährdung, die im offenen Gespräch mit dem Patienten immer wieder abgeklärt werden muß. Hier spielt auch die Dichte und Tragfähigkeit sozialer und familiärer Beziehungen eine Rolle. Nicht nur die Schwere des Krankheitsbildes, sondern auch die Belastung und Überforderung der Angehörigen durch das depressive Verhalten können eine stationäre Therapie notwendig werden lassen. Man sollte aber immer bedenken, daß gerade für den auf überschaubare Lebensstrukturen angewiesenen Melancholiker der Milieuwechsel auch eine Belastung bedeutet. Bei den in der Willensbildung und Entscheidungsfähigkeit schwer gehemmten Kranken wird man oft für den Patienten zu entscheiden haben. Auch dann, wenn aus psychotherapeutischen Rücksichten eine nachhaltige Regression und Entpflichtung wünschenswert sind, kommt ein stationärer Aufenthalt in Frage. Zu berücksichtigen ist auch, daß das klinische Setting mit den medizinischen Maßnahmen (z. B. parenterale Infusionstherapie) insofern eine Entlastung für Patienten und Angehörige bedeuten kann, als hierdurch der Krankheitscharakter der Störung unterstrichen wird. Bei der Entscheidung, ob ambulant oder stationär behandelt wird, sollten schließlich auch Bereitschaft und Fähigkeit des Arztes berücksichtigt werden, das Maß basaler Psychotherapie zu leisten, welches für jede Depressionsbehandlung erforderlich ist.

Psychotherapeutischer Umgang mit depressiv Kranken

Mit der Entscheidung, einen depressiv Erkrankten zu behandeln, muß neben der über das somatotherapeutische Vorgehen auch die über Art und Umfang psycho- und soziotherapeutischer Maßnahmen getroffen werden. Jeder Depressive – welcher nosologischen Kategorie seine Erkrankung auch zuzuordnen sei – fordert solche Behandlungsmaßnahmen. Auch die melancholischen Psychosen sind in Auslösung, Verlauf und Prognose keineswegs unabhängig von Umwelteinflüssen, unter medikamentöser Behandlung entwickeln sie oft wichtige Ansatzpunkte für Psychotherapie.

Zu unterscheiden ist zwischen den im engeren Sinne methodisch definierten Psychotherapieformen (tiefenpsychologisch begründete, psychoanalytische, gesprächstherapeutische, verhaltenstherapeutische und kognitive) und dem Repertoire basaler psychotherapeutischer Verhaltens- und Umgangsweisen, über die jeder Arzt verfügen sollte. Die erstgenannten Methoden sind hier nicht Thema, da ihre Anwendung besondere Schulung voraussetzt. Es geht hier um das der Situation des depressiv Erkrankten angemessene *psychotherapeutische Basisverhalten* des Arztes.

Psychotherapeutisches Basisverhalten

Erste Aufgabe ist es, in einer angstfreien Atmosphäre, in der sich der Patient geborgen und verstanden erlebt, eine Beziehung herzustellen, die der Neigung des Depressiven entgegenwirkt, sich aus der Realität und der zwischenmenschlichen Kommunikation herauszunehmen. Wärme, Empathie und Echtheit sind auf der Seite des Therapeuten wesentliche Voraussetzung. Sie verhindern, daß der Therapeut leichtfertig glaubt, die innere Verfassung des Kranken nachvollziehen zu können, die Fremdartigkeit des depressiven Zustandes und die Grenzen zum gesunden seelischen Erleben überspielt und so letztlich die Situation des Kranken – wenigstens in dessen Erleben – bagatellisiert. Ausdruck solcher Geringschätzung des Andersseins in der Depression sind gutgemeinte – oder aber eben auch ungeduldig distanzierende – Ermahnungen, sich zusammenzunehmen, den Kopf hochzuhalten: Ermunterungen, die die Eingebundenheit des Depressiven in das Erleben der Wertlosigkeit und der Unfähigkeit verkennen. Solche Verhaltensweisen, Versuche, Klagen auszureden oder über Beschwerden rational-argumentativ zu diskutieren, sind eher geeignet, den Depressiven in seine schuldhaft erlebte Vereinzelung zurückzustoßen und Selbstentwertung und Schuldüberflutung zu verstärken. Verhält sich der Therapeut so, daß die vorbestehende Meinung des Depressiven, er sei gar nicht therapiebedürftig oder behandlungswürdig, sondern vielmehr schlecht, böse und verworfen, Verstärkung erfährt, so trägt er zur Verzweiflung des Kranken und oft genug zum Anwachsen der Suizidalität bei.

Der Umgang mit diesen Kranken erfordert in erster Linie Zeit und Geduld: Zeit für das therapieorientierte Gespräch, in dem die Natur der Erkrankung, ihre möglichen Ursachen und Auslöser, die zu ergreifenden Maßnahmen, ihre zu erwartenden Wirkungen und Begleitwirkungen Thema sind – Geduld, weil die Anforderungen, die der Depressive an die Frustrationstoleranz des Therapeuten stellt, erheblich sind. Jeder Zuspruch scheint vorbeizugehen, monotone Klagen werden wiederholt, die Hoffnungslosigkeit scheint unauflösbar. In der depressiven Klagsamkeit wird die Aggressivität, die der Depressive gegen sich richtet, spürbar, die durchaus geeignet ist, ungeduldige Gegenaggressionen hervorzurufen. Für den Patienten ist es förderlich, diese in Klagsamkeit verhüllte Aggression in der therapeutischen Begegnung auszutragen. Deshalb ist es wichtig, immer wieder geduldig auf die gleichen Befürchtungen, Selbstbezichtigungen und Äußerungen von Sorge geduldig einzugehen und dem Kranken zu vermitteln, daß der Therapeut bereit ist, unter allen Umständen und unbeschadet des Verhaltens des Patienten seine Rolle als Begleiter durchzuhalten. Die Verfügbarkeit des Arztes als die eines „guten Objekts" ist Voraussetzung für die Therapie. Aus der stabilen Objektbeziehung heraus kann der Therapeut mit seiner Autorität zum Träger einer sichernden Ordnung, die der Kranke selbst nicht herstellen kann, werden. Das heißt, daß der Therapeut sich der Mühe unterziehen muß, sehr genau mit dem Patienten die Abläufe alltäglichen Lebens zu erörtern, ihn zu ermutigen, wo noch reale Möglichkeiten des Kranken erkannt werden, ihn zu entpflichten, wo Überforderung droht. In der Anfangsphase werden Entlastung und Entpflichtungen im Vordergrund stehen, um zu vermeiden, daß Situationen auftreten, die dadurch kränken, daß der Depressive Frustration, Enttäuschung und Selbstwertminderung erfährt. Man muß dem Kranken erlauben, depressiv, klein und hilflos zu sein. Erst mit zunehmender Stabilisierung wird man, an die verfügbaren Möglichkeiten anknüpfend, behutsam den Aktionsradius erweitern. Dabei soll der Kranke unter therapeutischer Führung dann auch lernen, die im auslösenden Vorfeld der Depression liegenden Lebens- und Umweltschwierigkeiten zu erkennen, um mit ihnen besser umzugehen. Hierbei sollte allerdings nicht aufdeckend oder konfrontativ die in die Depression hineinführende Psychodynamik bearbeitet werden.

In den letzten Jahren haben kognitive Therapieansätze in der Diskussionsbehandlung zunehmend Gewicht bekommen, d.h. solche Ansätze, die geeignet sind, die spezifischen Denk- und Wahrnehmungsverzerrungen des Depressiven hinsichtlich seiner eigenen Person, seiner Umwelt und seiner Zukunft aktiv und direkt zu korrigieren. Hierzu gehört, im Gespräch Bewältigungsstrategien erkennbar werden zu lassen, die dem Kranken zu eigen sind, an deren Wirkung er in der Depression jedoch nicht mehr glaubt. In diesem Zusammenhang ist immer wieder eine genaue Aufklärung des Patienten darüber von Wichtigkeit, daß er mit seinem Schicksal kein Einzelfall ist, daß die Genese der Erkrankung bekannt ist, daß die Erkrankung zwar unangenehm, aber nicht gefährlich ist, daß sich der Prozeß der Besserung in Etappen gestaltet und daß stufenweise erreichbare Therapieziele angestrebt werden.

Führung suizidal Depressiver

Vor besondere Aufgaben wird man bei der *Führung suizidal Depressiver* gestellt. Das Ausmaß der suizidalen Gefährdung ist oft schwer zu erkennen, meist sind entsprechende Impulse und Phantasien schuldbesetzt und von Scham begleitet, so daß der Kranke nicht über sie spricht oder sie auf Befragen verschweigt. Hier ist es wichtig, daß der Therapeut die suizidale Gefährdung immer wieder von sich aus anspricht und gleichsam selbstverständlich von autodestruktiven Tendenzen ausgeht. Die Erfahrung lehrt, daß es eine Reihe von Indikatoren für das Ausmaß der suizidalen Gefährdung gibt, man kann sie in den Selbstmord hinweisen, im Krankheitsgepräge, in den Umweltbeziehungen und in der Arzt-Patient-Beziehung suchen (vgl. Tab. 4).

Das Gespräch mit den suizidalen Patienten soll, wie gesagt, die Suizidgedanken und -absichten offen und unbefangen ansprechen, wobei auch Details hinsichtlich Art und Intensität der Suizidimpulse nicht vermieden werden dürfen. Der Depressive muß spüren, daß er auch in seiner Suizidalität vorbehaltlos akzeptiert ist. Der Therapeut muß erkennen lassen, daß er an seine Fähigkeit, den Kranken durch diese Krise zu führen, glaubt. Dies setzt voraus, daß er selbst Zugang zu seinen eigenen depressiven und suizidalen Anteilen gefunden hat. Pragmatische Hilfen, Zeitplanungen unter Einbeziehung der Angehörigen, Absprachen, die die Alltagsabläufe betreffen, gehören neben der antidepressiven Therapie ebenso zu den Methoden, mit denen man eine suizidale Krise bewältigt wie der zeitweilige Einsatz dämpfender (neuroleptischer oder ataraktischer) Medikamente.

Soziotherapie und Maßnahmen zur therapeutischen Milieugestaltung

Soweit verfügbar, sollten soziotherapeutische Behandlungsangebote im Gesamtbehandlungsplan der Depression ihren festen Platz haben, in der Regel dürfte sich diese Forderung nur während der stationären Behandlung realisieren lassen. Beschäftigungs- und Arbeitstherapie, Physiotherapie, Musiktherapie sind wichtige ergänzende Maßnahmen. Übenden Verfahren und autogenem Training, aber auch der Verhaltenstherapie kommt eine Bedeutung in der Remissionsphase und gegebenenfalls im Intervall zu. Immer sollte sich der Therapeut auch ein Bild von der gesamten psychosozialen Situation des Patienten machen und darauf hinwirken, traumatische Bedingungen zu verändern. Hierher gehört auch der Einbezug der Angehörigen in das Beratungsangebot.

Tabelle **4** Kriterien für Suizidgefahr (aus *M. G. Wolfersdorf*, G. Witznick: Therapie mit Antidepressiva. Fischer, Stuttgart 1985)

I. *Selbstmordhinweise*
1. Direkte oder indirekte Suizidankündigungen
2. Äußerungen konkreter Vorstellungen über Art, Vorbereitung und Durchführung des Suizids
3. „Unheimliche Ruhe"
4. Frühere Suizidversuche
5. Vorkommen eines Suizids in der näheren Umgebung innerhalb der letzten Zeit
6. Selbstvernichtungs- und Katastrophenträume
7. Verlust jeglicher Zukunftsplanung
8. Familienanamnese

II. *Krankheitsgepräge*
1. Endogene Depression, besonders
   a) Beginn und Abklingen depressiver Phasen
   b) Vorbehandlung mit stark antriebssteigernden Thymoleptika
   c) Schuld- und Verarmungsgedanken, hypochondrische Befürchtungen
   d) Langdauernde Schlafstörungen
2. Schwere und unheilbare körperliche Krankheiten
3. Alkoholismus

III. *Umweltbeziehungen*
1. Verlust oder primäres Fehlen mitmenschlicher Kontakte
2. Gefühl der Vereinsamung
3. Mitmenschliche Konflikte
4. Verlust der Arbeit, Fehlen eines Aufgabenkreises, finanzielle Sorgen

IV. *Arzt-Patienten-Beziehung*
1. Keine tragfähige, kontinuierliche Beziehung zum behandelnden Arzt
2. Keine völlige Offenheit beim Gespräch zwischen Notdienstarzt und Patient
3. Keine Möglichkeit eines kurzfristigen „Vertrags"

Behandlung einzelner Depressionsformen

Depressive Reaktionen. Stadien der akuten „Trauerarbeit" bedürfen intensiver Beratung oder unterstützender Therapie, besonders bei Alleinstehenden oder bei Menschen, die im Konflikt mit ihrer Umwelt leben. Aktivierende, kontaktstiftende und supportive Maßnahmen sind nützlich, Formen der Gruppentherapie bieten sich an, Tranquilizer können zur Milderung vegetativer Symptome, zur Förderung des meist gestörten Schlafes und auch zur Erleichterung des Prozesses der inneren Auseinandersetzung nützlich sein.

Neurotische Depressionen. Die Diagnose setzt die Erhellung der Konfliktdynamik voraus. Sind die Voraussetzungen für eine Psychotherapie gegeben, so sollte man den Kranken dazu motivieren. Symptomwechsel und schnell eintretende Besserungen nach wenigen Beratungsgesprächen sind zumeist nur Übertragungseffekte. Sie sind zwar wertvoll, weil sie zeigen, daß

die Verfassung des Kranken durch die therapeutische Kommunikation form-
bar ist, sie dürfen jedoch keine Heilung vortäuschen und von nachhaltigen
Maßnahmen Abstand nehmen lassen. Nur wenn eine individuelle oder
Gruppentherapie nicht möglich ist, muß man sich auf supportive Begleitung
in Krisen und auf symptomatische psychopharmakologische Hilfen beschränken. Vorübergehende Behandlung in psychotherapeutisch orientierten klinischen Einrichtungen kan entlastend wirken. Bei der Indikationsstellung hierzu denken wir nicht nur an den Patienten, sondern auch an seine
Angehörigen, die durch das Miterleben insbesondere langfristig neurotisch
depressiver Entwicklungen stark belastet werden. Bei depressiv strukturierten Persönlichkeiten (depressive Charakteropathie) und entsprechenden
Fehlentwicklungen wird man eher zudeckend vorgehen und reationalisieren-
de Bewältigungsversuche von Konflikten begünstigen.

Altersdepressionen, die in der beginnenden Involution oder im Senium
häufig auftreten, zeigen eine beachtliche Tendenz zur Chronifizierung und
werden meist durch altersneurotische Konflikte, insbesondere durch Krisen
beim Übergang in neue altersspezifische Rollen, sowie durch die im Alter
häufigen Verlustsituationen provoziert. Die Patienten brauchen eine kontinuierliche stützende Beratung. Wichtiger als die Therapie mit Psychopharmaka ist eine sorgfältige internistische Behandlung. Thymoleptika wird man
ebenso wie Neuroleptika nur bei strenger Indikationsstellung und in redu-
zierten Dosierungen einsetzen. Auch hirngeschädigte, wesensgeänderte an-
fallskranke Patienten und solche nach operativen Eingriffen im zentralen
Nervensystem bedürfen in den recht häufigen depressiven Krisen, in die sie
wegen ihrer mangelnden Belastbarkeit leicht hineingeraten, einer stützenden begleitenden Psychotherapie. Auch hier wird bei der medikamentösen
Behandlung wegen der verringerten Verträglichkeit besondere Vorsicht verlangt. Wichtig sind in allen diesen Fällen soziotherapeutische Bemühungen,
die darauf abzielen, dem Patienten neue Aufgaben zu schaffen und Einglie-
derungs- und Kommunikationsprozesse zu begleiten.

Literatur

Arieti, S., J. Bemporad: Depression. Klett-
Cotta, Stuttgart 1983

Schmauss, M., I. Meller: Die „therapieresistente" Depression – Ursachen und Behandlungsmöglichkeiten. Psychiat. Prax. 16
(1989) 101–108

Wolfersdorf, M. G., G. Witznick: Therapie mit
Antidepressiva. Fischer, Stuttgart 1985

50 Manische Syndrome

Lernziele:
Erkennen und nosologische Einordnung manischer Syndrome. Kenntnis der medikamentösen Therapie und Prophylaxe und der Grundregeln therapeutischen Umgangs mit manisch Kranken.

Klassifikation:
ICD-9: 296.1 Manie im Rahmen einer manisch-depressiven Psychose oder periodische Manie
296.3 zirkuläre Verlaufsform manisch-depressiver Psychosen
296.8 andere affektive Psychosen
DSM III: 296.6x bipolare Störung, gemischt
296.4x bipolare Störung, manisch

Begriffsbestimmung

Der Begriff Manie bezeichnet ein Syndrom von Störungen des Affekts, der Stimmung und des Antriebs, das im Zusammenhang bipolarer manisch-depressiver Psychosen auftritt.

Die manisch-depressive Krankheit (MDK) oder Zyklothymie ist, anders als KRAEPELIN sie klassifizierte, von der monopolaren, phasisch verlaufenden endogenen Depression sowohl ätiologisch wie nosologisch zu trennen (ANGST). Unter den affektiven Psychosen sind die mehrphasischen monopolaren Melancholien am häufigsten. Verglichen damit kommen bipolare Verläufe etwa halb so häufig vor, monopolar-manische Verlaufsformen bilden ca. 5–10% aller affektiven Psychosen. Das *Ersterkrankungsalter* liegt im dritten bis vierten Lebensjahrzehnt, die *Dauer der Phasen* variiert von Tagen bis Jahren, *Prognosen* hinsichtlich der Phasendauer sind nicht zu stellen. Entsprechend unterschiedlich sind die symptomfreien Phasenintervalle. Seltene Fälle nehmen einen chronischen therapieresistenten Ausgang.

Für die *Ätiologie* und *Pathogenese* gilt das bei der Erörterung der bipolar-depressiven Erkrankung Gesagte.

Symptomatik

Als klassische *Symptomtrias* werden Beschäftigungsdrang, Ideenflucht und gehobene Stimmung beschrieben. Wie bei der Melancholie ist kein Symptom spezifisch. Das manische Syndrom ist – was Stimmung, psychomotorisches Verhalten, Denkvollzüge und Vitalsymptome anlangt – das Gegenstück zur melancholischen Phase. Es ist gekennzeichnet durch unbegründet heiter gehobene Stimmungslage bzw. – möglicherweise ebenso häufig – durch eine zornige, streitsüchtig-gereizte Verstimmung. Die wahrnehmbare Heiterkeit ist Ausdruck von Optimismus, Selbstüberschätzung und Gehobenheit aller Lebensgefühle sowie Angstfreiheit; das Gefühlsverhalten wirkt oberflächlich, es besteht eine Unfähigkeit zu tieferen Gefühlen.

Psychomotorisch äußert sich die Krankheit in Antriebsüberschuß, gesteigertem Aktivitäts-, Beschäftigungs- und Bewegungsdrang, meist ohne nachhaltige Zielbindung – „geschäftiges Nichtstun" –, in Enthemmung, die sich in Distanzlosigkeit und Zudringlichkeit, oft auch Schamlosigkeit zeigt. Der andere als Handlungspartner wird in diesem Verhalten ignoriert und ausgeschaltet.

Tritt das *Denken* beim Melancholiker gleichsam auf der Stelle, so ist die charakteristische Denkstörung des Manikers die *Ideenflucht*, bei der die Gedanken sich zu jagen scheinen, von gelockerten assoziativen Bindungen geführt und nie zum Ende gelangend. Ständiger Themenwechsel, Verbindung von Wesentlichem mit Unwesentlichem, Aufgreifen von Nebensächlichem durch Wort- und Klangassoziationen bestimmen den pausenlosen, keinen Dialog aufkommenlassenden Redefluß *(Logorrhö)*. Das Denken ist extrem ablenkbar, die Aufmerksamkeit wird schnell von unwichtigen äußeren Reizen angezogen. Inhaltlich ist es bestimmt von Größenideen und maßloser Überschätzung der eigenen Bedeutung, Intelligenz, Kraft der finanziellen Möglichkeiten oder der sexuellen Potenz. Da der Kranke zu keinerlei Selbstkritik fähig und ohne Krankheitseinsicht ist, zögert er nicht, seine hochfliegenden Pläne zu realisieren: Er geht Verpflichtungen ein, kauft, arrangiert, managt, gründet Unternehmungen, geht in seiner triebhaft sexuellen Enthemmtheit Beziehungen ein, nimmt Kontakte auf zu den Großen der Wirtschaft und Politik, zeigt Verschwendungssucht und Spendierfreudigkeit. Bei alledem ist das Bewußtsein klar und das Gedächtnis erhalten.

Wenn *Wahnphänomene* bestehen, so entsprechen sie der Hochgestimmtheit und Selbstüberschätzung i. S. der Megalomanie. Konsistente Wahnbildungen scheinen jedoch bei der Manie eher selten zu sein, weil bei dem schnellen Wechsel der Denkinhalte, der Lockerung der Assoziationsfolge und der Ablenkbarkeit die für die Wahnbildung erforderliche Kontinuität des Erlebens fehlt. Reaktionen auf Kränkungen, die angesichts des überzogenen Anspruchs und der Forderungen an die Umwelt nicht ausbleiben können, erinnern nur oberflächlich an Strukturen des Beeinträchtigungs- und Verfolgungswahnes. Den Gegenpol zur depressiven Schuld- und Versündigungsthematik bildet das Bewußtsein grenzenloser moralischer Freiheit, die zugleich die Freiheit des anderen mißachtet und sich zum Moralapostel gegenüber den Mitmenschen aufschwingt. Die Lösung aus konventionellen und kulturellen Einengungen und die völlig veränderte Normenorientierung sind psychoanalytisch als „geglückte" Auflehnung des Ichs gegen das Über-Ich interpretiert worden.

Es liegt nahe, daß das krankheitsbestimmte Verhalten schwere *Konflikte mit der Umwelt* induziert, z. B. im Eingehen nicht einlösbarer Verpflichtungen und der Vernachlässigung von Pflichten, in der Verausgabung von Mitteln, in sexuellen Fehlhandlungen. Dies, wie beleidigendes und anstandsverletzendes Verhalten, kann Anlaß zu *zivil- und strafrechtlichen Fragen* geben.

Die gesicherte Diagnose vorausgesetzt, wird man in der Manie sowohl von der Aufhebung der Geschäftsfähigkeit wie auch der strafrechtlichen Verantwortlichkeit auszugehen haben.

Aus der Gruppe der manischen Syndrome werden nach vorherrschender Symptomatik *Unterformen* ausgegliedert. Die *gedankenarme Manie* verläuft bei manischer Gestimmtheit ohne Ideenflucht, sie zeigt ein langsames, einfallsloses Denken, die Wiederholung gleicher Redewendungen, so daß der Kranke wie schwachsinnig erscheint. Die *gehemmte Manie* ist ein manisch-depressiver Mischzustand mit Ideenflucht und heiterer Stimmung bei psychomotorischer Hemmung. Das äußere Verhalten ist meist ruhig, Erregungszustände können auftreten, in der Unterhaltung zeigen sich diese Patienten ideenflüchtig, schwatzend. Diese beiden Formen werden als *manisch-depressive Mischzustände* bezeichnet, weil sie Elemente aus beiden Syndromen verbinden. (Diese Mischzustände sind nicht zu verwechseln mit den Mischpsychosen, welche zyklothyme und schizophrene Symptome beinhalten.) Bei der *gereizten Manie* prägen die zornige Stimmung, ein überaktives Streiten und Querulieren das Bild. Die Patienten sind für ihre Umgebung schwer erträglich. In der *expansiven Manie* stehen euphorische Betriebsamkeit, enthemmte Hektik, megalomanes Pläneschmieden und Urteilsstörungen im Vordergrund. Die *verworrene Manie* zeigt einen stark beschleunigten Gedankengang, einen hohen Grad an Ideenflucht, inkohärentes sprachliches Ausdrucksverhalten. Hier scheinen in der Aussage die Zwischenglieder zu fehlen, die zwar möglicherweise noch gedacht, wegen des Denktempos jedoch nicht mehr ausgesprochen werden können. Von *hypomanischen Zuständen* spricht man, wenn die manischen Symptome in leichterer Ausprägung vorhanden sind.

Diagnose und Differentialdiagnose

Das Vollbild eines manischen Zustandes ist schwerlich zu verkennen. Differentialdiagnostische Überlegungen richten sich auf die Abgrenzung von *hyperthymen Charakteropathien* sowie von manischen Bildern, wie sie außerhalb des Kreises der affektiven Psychosen bei verschiedenen psychischen Erkrankungen, bei Schizophrenien, bei schizoaffektiven Psychosen, symptomatisch (Hirntumoren, progressive Paralyse) oder exogen verursacht, auftreten können. Insbesondere bei Amphetaminsucht und akuten Drogenintoxikationen treten manische Syndrome toxischer Ursache auf. Bei Beginn der Schizophrenie und in schizophrenen Verläufen sieht man gelegentlich manische Perioden, umgekehrt können in manischen Phasen nicht selten an eine Schizophrenie gemahnende paranoide, halluzinatorische und katatone Symptome auftreten.

Therapie

In der Regel ist zum Schutze des Patienten wie auch seiner Umwelt die stationäre Behandlung auf einer geschlossenen Abteilung erforderlich. Psychopharmakologisch sind Neuroleptika, und zwar sowohl hochpotente Phenothiazine wie auch Butyrophenone, angezeigt. Die Therapie entspricht hier der der akuten schizophrenen Psychose. Relativ hohe Dosierungen und eine längere Behandlungsdauer sind erforderlich. Im akuten Zustand läßt sich durch parenterale Gabe von Neuroleptika oft schnell eine Dämpfung des Rededrangs, der Umtriebigkeit und der Aggressivität erreichen, Antriebsüberschuß und gehobene Stimmung bestehen fort. Auch die Behandlung mit Lithiumsalzen ist wegen der sedativen Wirkung zu empfehlen, hinsichtlich der Lithiumprophylaxe bei bipolaren Psychosen gilt das bei der Depressionsbehandlung Ausgeführte. Für den Umgang mit den Kranken ist wichtig, daß man ihn von Außenreizen weitgehend abschirmt und in einem entsprechenden Stationsklima führt. Geboten ist ein distanziert-bestimmtes Verhalten, das nicht in den Sog der manchmal ansteckenden Heiterkeit und Umtriebigkeit gerät, und eine Einstellung, die, großzügig und mit affektfreiem Verständnis ohne Gegenaggressionen, bewirkt, daß man sich durch Beleidigungen und Taktlosigkeiten nicht aus der Ruhe bringen läßt. Psychotherapeutische Bemühungen in der Phase dürften in der Regel an der fehlenden Krankheitseinsicht und der Selbstüberschätzung des Manikers scheitern.

Literatur

Kraus, A.: Psychopathologie und Klinik der manisch depressiven Psychose. In U. H. Peters: Die Psychologie des 20. Jahrhunderts, Bd. X. Kindler, Zürich 1980

XIII. Schizophrenien

51 Symptomatik und Verlauf schizophrener Erkrankungen

Lernziele:
Erkennen von schizophrenen Patienten an ihrer psychopathologischen Symptomatik; Fähigkeit zur Abgrenzung von Untergruppen schizophrener Störungen und zur Unterscheidung sogenannter produktiver von sogenannten nicht produktiven Psychosen; Kenntnis des Verlaufs schizophrener Erkrankungen.

Klassifikation:
ICD-9: 295
DSM III: 295

Symptomatologie schizophrener Erkrankungen

Der Begriff „Schizophrenie" wurde 1908 durch den Schweizer Psychiater E. BLEULER eingeführt. Er erweiterte damit die von KRAEPELIN 1896 erstmals vorgenommene Zusammenfassung einer Reihe von Psychosen zu der „Krankheitseinheit" Dementia praecox um jene Krankheitsbilder, die nicht zur Verblödung führen und nicht „frühzeitig" beginnen, wie es das Kraepelinsche Konzept nahelegte, in dem der „progrediente Verlauf" der Erkrankung als das entscheidende Merkmal galt.

Mit dieser Ausweitung des Schizophreniebegriffs durch E. BLEULER auch auf die „gutartig" verlaufenden Fälle wurde eine wissenschaftliche Diskussion in Gang gesetzt, die bis heute noch nicht zum Abschluß gekommen ist. Manche Autoren schlossen bestimmte neurotische und depressive Zustandsbilder in ihr „Schizophreniekonzept" mit ein. Selbstverständlich fehlte es auch nicht an Versuchen, den Schizophreniebegriff wieder einzuengen. So trennte man „schizophrenieforme" oder „Randpsychosen" von den „eigentlichen" oder „echten" Schizophrenien, den „Prozeßpsychosen", ab. Diese wären dann im wesentlichen wieder diejenigen gewesen, die KRAEPELIN als Dementia praecox gekennzeichnet hatte.

Wie unterschiedlich die Auffassungen über die Abgrenzung schizophrener Psychosen gegenüber psychischen Störungen anderer Art noch immer sind, vermochte eine englische Arbeitsgruppe um J. E. COOPER empirisch zu zeigen, die die diagnostischen Gewohnheiten amerikanischer und englischer Psychiater miteinander verglich. Dabei zeigte sich, daß in den Vereinigten Staaten ein ausgesprochen weiter Schizophreniebegriff verwendet wird (s. Abb. 7), während umgekehrt in England die Diagnose „affektive Psychose" häufiger gestellt wird.

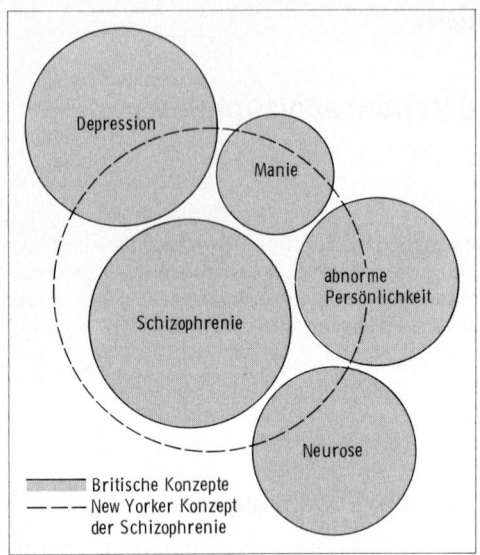

Britische Konzepte
— — — New Yorker Konzept
der Schizophrenie

Abb. **7**   Der Unterschied
zwischen Konzepten der
Schizophrenie in New York
und Großbritannien (nach
Cooper u. Mitarb. 1972)

Dies mag zum Teil erklären, daß die meist mit angelsächsisch-soziologischen Argumenten (s. z. B. Labeling-Theorie) vorgebrachte Kritik am Schizophreniebegriff gerade jene Patientengruppen im Auge hat, die bei einer eher engen Begriffsbestimmung ohnehin nicht hinzugerechnet werden.

Aus dem Dilemma der *diagnostischen Unschärfe* versuchte im deutschen Sprachraum erstmals K. Schneider einen Ausweg, indem er bestimmte abnorme Erlebnisweisen sowie bestimmte abnorme Ausdruckssymptome bei Patienten in einer Symptomliste zusammenfaßte, wobei den einzelnen Symptomen eine unterschiedliche Wertigkeit im diagnostischen Prozeß zukam (s. Tab. 5). Schneider unterschied dabei unter den abnormen Erlebnisweisen Symptome 1. und 2. Ranges, wobei er vorschlug, dann die Diagnose einer Schizophrenie als gesichert anzusehen, wenn die genannten Symptome 1. Ranges zweifelsfrei faßbar sind und eine körperliche Grundkrankheit – wie z. B. Hirntumor, Epilepsie, Enzephalitis, Intoxikation, Drogenabhängigkeit oder andere zerebrale Störungen – nicht nachweisbar ist. Dies deswegen, weil alle Symptome 1. Ranges auch im Rahmen körperlich begründbarer Psychosen auftreten können.

Andererseits sind Symptome 1. Ranges nicht obligat für die Diagnose einer Schizophrenie, vor allem sind sie nicht in jedem Stadium der Erkrankung vorhanden. Krankhafte Störungen können vorübergehend in den Hintergrund treten oder sogar auf Dauer verschwinden, ohne daß deshalb die Diagnose Schizophrenie in einem früheren Zeitpunkt zu Unrecht gestellt worden wäre.

Tabelle **5**   Symptome 1. und 2. Ranges bei Schizophrenie

Abnorme Erlebnisweisen	Symptome 1. Ranges	Symptome 2. Ranges
Akustische Halluzinationen	dialogische Stimmen Kommentierende und imperative Stimmen Gedankenlautwerden	sonstige akustische Halluzinationen
Leibhalluzinationen	leibliche Beeinflussungserlebnisse	
Halluzinationen auf anderen Sinnesgebieten		optische Halluzinationen olfaktorische Halluzinationen gustatorische Halluzinationen
Schizophrene Ich-Störungen	Gedankeneingebung Gedankenentzug Gedankenausbreitung Willensbeeinflussung	
Wahn	Wahnwahrnehmung	einfache Eigenbeziehung Wahneinfall

In diesen Fällen erlaubt der Nachweis sogenannter Symptome 2. Ranges in Verbindung mit dem Verlauf der Erkrankung und mit bestimmten Ausdruckssymptomen i. w. S., zu denen die formalen Denkstörungen, katatone Symptome sowie Affekt- und Kontaktstörungen zählen, schließlich doch noch die „richtige" diagnostische Zuordnung, wenn wir uns jetzt auch in jener Zone diagnostischer Unschärfe bewegen, die oben angesprochen wurde.

Es kann jedoch nicht nachdrücklich genug betont werden, daß die in Tabelle 5 synoptisch aufgelisteten Symptome 1. und 2. Ranges lediglich eine Konvention darstellen, in welcher Weise schizophrene Störungen von anderen psychischen Auffälligkeiten, vor allem von solchen manisch-depressiver Natur, abgegrenzt werden können. Auch besagen diese Symptome nichts über die Bedeutung dieser Phänomene für das „Wesen" der Schizophrenie bzw. deren Ätiologie. Zudem sollten sie nicht verwechselt werden mit den sogenannten Grund- bzw. akzessorischen Symptomen im Bleulerschen Sinne noch mit den vom gleichen Autor geprägten Begriffen „primäre und sekundäre Symptome der Schizophrenie". Diese Begrifflichkeit resultiert aus einer etwas anderen theoretischen Modellvorstellung über die den schizophrenen Störungen zugrundeliegenden psychischen Mechanismen, auf die hier aus didaktischen Gründen nicht näher eingegangen werden soll.

Der in diesem Zusammenhang gelegentlich aufgestellten Behauptung, die Auflistung bestimmter Symptome und die in der psychiatrischen Untersuchung notwendige Prüfung, ob sie bei dem betreffenden Kranken vorhanden sind oder nicht, versperre den Zugang zu dem Patienten und diene nicht dem einfühlsamen Verständnis der Krankheit, vermögen wir uns nicht anzuschließen. Ganz im Gegenteil scheint uns eine möglichst klare Begriffsbestimmung notwendig, damit die heute für schizophrene Patienten zur Verfügung stehenden therapeutischen und rehabilitativen Möglichkeiten ausgeschöpft, Patienten mit anderen Krankheitsbildern aber nicht unnötigerweise diesen Prozeduren unterworfen werden.

In einer Reihe internationaler Studien hat sich gezeigt, daß etwa 2/3 aller von Psychiatern als schizophren diagnostizierten Patienten selbst Erlebnisstörungen beschrieben, die den Schneiderschen Symptomen 1. Ranges entsprachen. Wenn Störungen 2. Ranges und Ausdrucksstörungen, wie Antriebsverminderung, Denkzerfahrenheit, sozialer Rückzug, als diagnostische Kriterien mit herangezogen wurden, lag die Wahrscheinlichkeit einer Schizophreniediagnose bei weit über 90%. Gestützt auf diese Erfahrungen ist es in den letzten Jahren gelungen, standardisierte Interviewtechniken und -leitfäden zu entwickeln, mit deren Hilfe es möglich ist, relativ zuverlässig und unabhängig von Ort, Zeit und dem jeweiligen Untersucher zu übereinstimmenden diagnostischen Zuordnungen zu kommen. Das bekannteste derartige Untersuchungsinstrument ist das Present State Examination (PSE), das auf einer detaillierten Beschreibung unterschiedlicher Symptome beruht und inzwischen auch in deutscher Sprache vorliegt.

Ergebnis all dieser diagnostisch-klassifikatorischen Bemühungen war die in der Tradition von KRAEPELIN und K. SCHNEIDER stehende Abgrenzung *zweier Typen* schizophrenen Gestörtseins, die sich vor allem im klinischen Alltag unter den Gesichtspunkten therapeutisch-rehabilitativer Bemühungen bewährt haben. Die erste Gruppe von Patienten leidet an einem Syndrom, wie es vor allem in akuten Stadien schizophrener Erkrankungen vorkommt. Man nennt diese damit einhergehenden Symptome produktiv oder florid und bezeichnet sie gelegentlich auch als *Plus-Symptomatik*.

Damit sind Phänomene gemeint wie
– Gedankenlautwerden (ich kann meine eigenen Gedanken hören),
– dialogische Stimmen (Stimmen hören in Form von Rede und Gegenrede),
– kommentierende Stimmen (Stimmen, die das eigene Handeln des Patienten kommentieren),
– imperative Stimmen (Stimmen mit Aufforderungscharakter),
– Gedankeneingebung (fremde Gedanken werden eingegeben),
– Gedankenentzug (andere Menschen ziehen die Gedanken ab),
– Gedankenausbreitung (andere Menschen können die Gedanken des Patienten lesen),
– Willensbeeinflussung (eigene Strebungen und Handlungen werden von anderen gemacht),
– leibliche Beeinflussungserlebnisse (Patienten erleben sich bestrahlt, was schmerzhaft ist),
– sowie Wahnwahrnehmungen (Patienten beziehen alltägliche Wahrnehmungen auf sich und sind darin nicht korrigierbar).

Besonders die schizophrenen Ich-Störungen, die Wahnwahrnehmungen sowie die akustischen Halluzinationen sind selbst für den erfahrenen Untersucher immer aufs neue beeindruckende Erlebnisweisen schizophrener Menschen.

Bei der zweiten Patientengruppe steht die sogenannte *Minus-Symptomatik* im Vordergrund. Hierunter versteht man vor allem die Antriebslosigkeit, den affektiven und sozialen Rückzug der Patienten, die Sprachverarmung sowie in gewisser Hinsicht das auch als „negativ" imponierende Symptom der schizophrenen Denkstörung. Auch eine Einbuße an Spannkraft und Energie und die daraus resultierende leichtere körperliche und seelische Erschöpfbarkeit mag man hinzuzählen. Die zuletzt genannte (Minus-)Symptomatik kommt vor allem bei chronischen schizophrenen Störungen vor, wobei freilich zu beachten ist, daß beide Zustände ineinander übergehen können, und zwar nicht nur in dem Sinne, daß sich nach Abklingen der akuten Symptomatik ein chronischer, durch eine Minus-Symptomatik gekennzeichneter Zustand einstellt, sondern auch dergestalt, daß eine vermeintlich chronisch gewordene Symptomatik erneut zu einer akuten schizophrenen Episode wird. Derartige fluktuierende Veränderungen im Krankheitsbild sind recht häufig.

Differentialdiagnostische Überlegungen

Die psychiatrische Diagnostik stützt sich noch immer primär auf die Beschreibung klinischer Syndrome. Im großen und ganzen folgen die differentialdiagnostischen Überlegungen dabei einem *hierarchischen Schema*. In erster Linie ist eine Abgrenzung gegen körperlich begründbare Psychosen vorzunehmen. Dementive Prozesse, Korsakow-Syndrome, Intoxikationen, akute und subakute delirante Zustände nach Alkohol- oder Medikamentenabusus, zerebrale Durchblutungsstörungen, Enzephalitiden, Raumforderungen, progressive Paralyse und psychotische Episoden im Rahmen von Epilepsien sind dabei die wichtigsten Erkrankungen, die definitiv ausgeschlossen werden müssen.

Wenn keine körperlich begründbare Erkrankung dieser Art vorliegt, gleichwohl bei einem bewußtseinsklaren Patienten die Symptome 1. Ranges zu verzeichnen sind, darf die Diagnose Schizophrenie gestellt werden.

Liegen Symptome 1. Ranges nicht vor, ist die nächste Frage, ob eine wahnhafte Beeinträchtigung anderer Art zu verzeichnen ist. Ist dies der Fall und können eine manisch-depressive Erkrankung (s. S. 332 ff) sowie eventuell wirksam gewordene subkulturell-ethnische Faktoren ausgeschlossen werden, bleibt schließlich eine Gruppe von paranoiden Psychosen übrig, die am besten als paranoide Syndrome (ICD-9: 297) klassifiziert werden sollten. Vielfach werden solche Syndrome jedoch der „Gruppe der Schizophrenien" zugeschlagen.

Sofern weder wahnhafte noch halluzinatorische Symptome bei der Untersuchung faßbar geworden sind, ist es mehr als zweifelhaft, ob die Diagnose Schizophrenie überhaupt gestellt werden kann, auch wenn andere psychotische Phänomene wie formale Denkstörungen oder katatone Symptome gefunden wurden. Erst im Zusammenhang mit einer anamnestisch eindeutigen schizophrenen Episode gewinnen die letztgenannten Störungen eine entsprechende diagnostische Bedeutung. Die weiter oben beschriebene klinische „Minus-Symptomatik" sollte – sofern zuvor keine typisch schizophrene Episode bestanden hat – unter die *Persönlichkeitsstörungen* (ICD-9: 301) subsumiert werden.

Neurotische Symptome kommen bei allen Formen schizophrener Störungen vor und sind insbesondere zu Beginn der Erkrankung häufig. Vielfach wird hierfür dann der Begriff „pseudoneurotische Schizophrenie" verwandt. Beim Fehlen von Symptomen 1. Ranges oder anderer paranoider Syndrome sollte freilich weder eine „pseudoneurotische" noch eine „latente" noch eine sonstige schizophrene Störung diagnostiziert werden. Besser ist es dagegen, den klinisch aufgekommenen Verdacht gesondert zu beschreiben, statt ihn zum Bestandteil der aktuellen Diagnose zu machen.

Unterformen der Schizophrenien (klinische Typen)

Mit der diagnostischen Klassifikation einer psychischen Störung als schizophren ist der diagnostische Prozeß noch nicht beendet. Allerdings geht es von jetzt an in erster Linie darum, den einzelnen Kranken, seine Lebensgeschichte und seine Lebensumstände möglichst gut kennenzulernen, seine Gefühle und Ängste zu verstehen und sich auf sein Denken einzulassen. Hierfür ist die bisherige psychiatrische Konvention, der Diagnose Schizophrenie noch eine zweite symptomatologisch orientierte folgen zu lassen, wenig hilfreich. Im übrigen hat sich inzwischen gezeigt, daß die Typologisierung in *katatone Schizophrenie, paranoide Schizophrenie, hebephrene Schizophrenie* und *Schizophrenia simplex* nur in den seltensten Fällen nützlich ist. Zwar gibt es Schizophrenien, die sich relativ eindeutig diesen Gruppen zuordnen lassen, viel häufiger ist dies jedoch nicht der Fall. Im übrigen ist es fast die Regel, daß ein und derselbe Kranke nacheinander oder auch von verschiedenen Ärzten zum gleichen Zeitpunkt als paranoid, hebephren oder kataton eingestuft wird. Dies hängt aber auch damit zusammen, daß das Befinden der Patienten rasch wechseln und ein katatoner Zustand sehr bald von einem paranoiden abgelöst werden kann.

Trotz der hier geäußerten Einschränkungen und Bedenken bezüglich der Brauchbarkeit der Subklassifikationen sollen abschließend die einzelnen Formen kurz charakterisiert werden.

Hebephrene Form. Sie ist gekennzeichnet durch den *relativ frühen Beginn* in der ausgehenden Pubertät sowie durch Affekt-, Aktivitäts- und Denkstörungen. Dabei imponiert eine heiter-läppische Gestimmtheit sowie gelegentlich Ausdrucksstörungen und eine Tendenz zu einzelgängerischem Verhalten.

Paranoid-halluzinatorische Form. Im Vordergrund stehen *wahnhafte und halluzinatorische Erlebnisweisen*. Der Erkrankungsbeginn liegt in der Regel später als bei der Hebephrenie, oft zwischen dem 30. und 40. Lebensjahr. Die Persönlichkeit des Kranken bleibt deswegen oft verhältnismäßig gut erhalten. Allerdings erweisen sich die paranoid-halluzinatorischen Erlebnisse auch therapeutischen Einwirkungen gegenüber oft resistent.

Katatone Form. Diese Art der schizophrenen Störung geht mit *akuter Erregung oder einem Stupor* einher. Sehr oft bestehen neben katatonen Symptomen aber auch Wahn und Halluzinationen, diese Phänomene halten sich aber im Hintergrund. Prognostisch ist die Katatonie eher günstig, außer bei ganz jugendlichen Patienten.

Die *perniziöse Katatonie* kommt heutzutage kaum noch vor. Zu den katatonen Symptomen treten hohes Fieber, Kreislaufstörungen, Exsikkose und eventuell Hämorrhagien. Die Kranken sind entweder stuporös mit deutlich erhöhtem Muskeltonus und sichtlich affektiv gespannt oder aber hochgradig erregt. Die Abgrenzung gegenüber exogen psychotischen Zuständen ist nicht einfach, der Zustand selbst oft lebensbedrohlich. Eine intensivmedizinische Behandlung sowie hohe Gaben von hochpotenten Neuroleptika sind angebracht.

Schizophrenia simplex. Die Krankheit *setzt fast unmerklich ein*, auch der Verlauf ist wenig dramatisch. Paranoid-halluzinatorische oder katatone Symptome fehlen. Die Kranken büßen allmählich ihre Vitalität und psychische Dynamik ein und verhalten sich zunehmend autistisch.

Die Frage wurde oben schon gestellt, ob diese Verhaltenseigentümlichkeiten diagnostisch nicht besser den Persönlichkeitsstörungen zugeordnet werden sollten.

Verlauf schizophrener Erkrankungen

Bis in die 30er Jahre unseres Jahrhunderts war es ein nur selten bestrittenes psychiatrisches Dogma, daß die Schizophrenie als „endogene" Psychose einen „natürlichen" Verlauf nehme. Damit meinte man, daß die Erkrankung, war sie erst einmal aufgetreten, im Sinne eines organisch verstandenen Prozesses „schubweise" fortschreite und naturnotwendigerweise zu einer mehr oder weniger ausgeprägten, immer aber feststellbaren Persönlichkeitsveränderung bei den Betroffenen führe. Äußeren Einflüssen maß man keine besondere, bestenfalls eine vorübergehende Bedeutung bei. Zum „Kern" der Erkrankung selbst vermochten sie nicht vorzudringen, der biologische Ort des Geschehens blieb davon unberührt.

Wissenschaftliches Interesse am Verlauf schizophrener Psychosen konnte sich aber auch deswegen nicht entwickeln, weil gerade der Verlauf selbst zum Kriterium der Diagnose gemacht wurde. Wird Unheilbarkeit aber zum entscheidenden Merkmal einer Schizophrenie, hört jede Frage nach den Heilungsbedingungen auf.

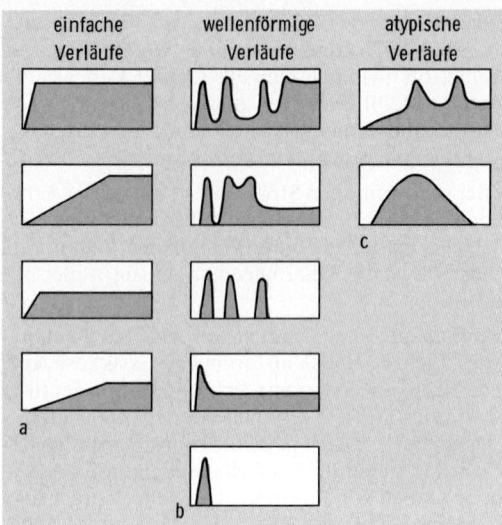

einfache   wellenförmige   atypische
Verläufe   Verläufe   Verläufe

Abb. **8** Schematische Darstellung der verschiedenen Verlaufstypen (nach *M. Bleuler*)

Diese Auffassung ließ sich nach Einführung der „großen" somatischen Therapieverfahren in ihrer ganzen Strenge nicht mehr aufrecht erhalten. Die Erfolge der Insulinkuren, Elektro- und Kardiazolkrampftherapien auf der einen, auch psychoanalytischer Verfahren auf der anderen Seite, brachten die Diskussion über die Wandelbarkeit schizophrener Verläufe in Gang, die bis heute noch nicht zum Abschluß gekommen ist. Erst in allerjüngster Zeit jedoch sind eine Reihe katamnestische Untersuchungen veröffentlicht worden, die unsere Kenntnisse und Vorstellungen zum Langzeitverlauf schizophrener Störungen präzisierten. In einigen zentralen Punkten stimmen sie alle überein:

1. Es gibt nicht einen Verlauf, sondern im Gegenteil eine große Vielfalt von Verlaufsmöglichkeiten bei schizophren Erkrankten (Abb. 8).
2. Nur in etwa 1/3 der Fälle kommt es zu einem ungünstigen Ausgang, 20% aller Schizophrenen werden geheilt. Bei fast der Hälfte aller Kranken ist nach Jahren eine erhebliche Verbesserung zu konstatieren.
3. Die zu Beginn der Erkrankung oft sehr vielgestaltige produktive Symptomatik ändert sich beim Weiterbestehenbleiben der Krankheit zu mehr negativen, unproduktiven Erlebnis- und Verhaltensweisen der Patienten.
4. Weder die familiäre Belastung noch das Geschlecht oder die Konstitution, auch nicht das Erkrankungsalter, sind die für den Verlauf ausschlaggebenden (biologischen) Faktoren. Als wichtig erwiesen sich vielmehr die Ausgangspersönlichkeit, die initiale Symptomatik sowie der Verlaufsty-

pus: je ausgeglichener die prämorbide Persönlichkeitsstruktur, je akuter und produktiver der Beginn und je phasenhafter der Verlaufstyp, desto besser die Krankheitsprognose.

Da die Prognose schizophren erkrankter Patienten jedoch nicht zuletzt von den angewandten Behandlungsverfahren abhängt, bedeutet dies nichts anderes, als daß genauere Angaben über den wahrscheinlichen Verlauf einer schizophrenen Psychose beim derzeitigen Kenntnisstand nicht gemacht werden können. Die Ergebnisse der drei im Literaturverzeichnis aufgeführten Langzeitstudien aus dem deutschen Sprachraum belegen jedoch eindeutig, daß kein Anlaß zu pessimistischem Nihilismus besteht, wenn es darum geht, einen schizophren erkrankten Menschen mit Geduld – und oft über sehr lange Zeitstrecken – therapeutisch zu begleiten.

Literatur

Bleuler, M.: Die schizophrenen Geistesstörungen im Lichte langjähriger Kranken- und Familiengeschichten. Thieme, Stuttgart 1972
Ciompi, L., C. Müller: Lebensweg und Alter der Schizophrenen. Eine katamnestische Langzeitstudie bis ins Senium. Springer, Berlin 1976

Huber, G., G. Groß, G. Schüttler: Schizophrenie – eine verlaufs- und sozialpsychiatrische Studie. Springer, Berlin 1979
Schneider, K.: Klinische Psychopathologie, 13. Aufl. Thieme, Stuttgart 1987

52 Ätiologie und Pathogenese schizophrener Erkrankungen

Lernziele:
Wissen um die genetischen und psychosozialen Einflüsse, die für das Ingangkommen und den Verlauf schizophrener Psychosen bedeutsam sind.

Nach nahezu 100jährigen Bemühungen, der oder den Ursachen der Schizophrenie auf die Spur zu kommen, ist man sich heutzutage nur über eines einig: Der gegenwärtige Wissensstand erlaubt es nicht, eine einheitliche, in sich widerspruchsfreie Theorie zur Entstehung schizophrener Störungen zu formulieren. Dies heißt nicht, daß wir nicht genauer als noch vor einigen Jahrzehnten eine Vielzahl von Teilfaktoren zu benennen vermöchten, die in einem vermutlich ursächlichen Zusammenhang mit dieser Erkrankung gesehen werden müssen.

Was hingegen fehlt, ist ein Konzept, das die disparat gewonnenen epidemiologischen, sozialen, genetischen, biochemischen, psychophysiologischen, psychopathologischen, psychodynamischen, familiendynamischen, testpsychologischen und therapeutischen Befunde zu einem überzeugenden Ganzen zusammenfaßt.

Wir müssen uns deshalb vorderhand damit begnügen festzustellen, daß es sich bei der Schizophrenie um eine ausgesprochen multikausal bedingte Störung des psychischen Gleichgewichts des Menschen handelt. Immerhin ist damit sowohl das klassische Konzept der „Endogenität" der Schizophrenie als auch jeder andere monokausale Erklärungsansatz überholt und nur noch unter historischen Gesichtspunkten von Bedeutung. Im übrigen ist mehr als zweifelhaft, ob eines Tages irgendeine Theorie alle jene Störungen zu erklären vermag, die heute zu den schizophrenen gezählt werden.

Im folgenden sollen die wichtigsten biologischen und psychosozialen Einzelerkenntnisse mitgeteilt werden, die einem zeitgemäßen Krankheitskonzept zugrunde liegen.

Somatische Faktoren

Schizophrene Patienten sind in aller Regel körperlich gesund. Auch eine genauere körperliche Untersuchung unter Hinzuziehung aller heutzutage bestimmbaren labormäßigen und röntgenologischen Parameter ergeben keine eindeutigen oder gar spezifischen Befunde. Dies gilt auch für alle pathologischen, neurophysiologischen und biochemischen Untersuchungsverfahren, die bei schizophrenen Patienten durchgeführt wurden. Gleichwohl sind alle derartigen Untersuchungsansätze nützlich, auch wenn sie bisher keine verwertbaren Ergebnisse gezeitigt haben.

Andererseits muß die Frage erlaubt sein, was an Verständnis gewonnen wäre, wenn eine bestimmte metabolische Störung bei Schizophrenen eines Tages gefunden würde. Zweifellos wüßten wir dann mehr über Fehlsteuerungen im Gehirn. Wüßten wir aber auch, wie es dazu kommt? Warum z. B. erkranken eineiige Zwillinge nicht zu 100% konkordant? Insofern wäre es sicherlich naiv anzunehmen, ein biochemischer Defekt sei „die Ursache" der Schizophrenie. Gefragt ist vielmehr, in welcher Weise Umweltfaktoren und eine genetische Prädisposition zusammen wirken, damit bei einem ganz bestimmten Menschen eine ganz bestimmte Art von Störung entsteht, die wir konventionellerweise Schizophrenie nennen.

Erbfaktoren

Es kann heutzutage kein vernünftiger Zweifel daran bestehen, daß Erbfaktoren bei der Entstehung der Schizophrenie eine gewichtige Rolle spielen. Zu dieser Annahme berechtigen die Ergebnisse der großen Zwillings- und Adoptivkinderstudien der letzten 15 Jahre.

Es darf aber auch als erwiesen gelten, daß die genetischen Einflüsse so entscheidend nicht sind, wie dies in älteren, durch methodische Fehler stark verzerrten Untersuchungen noch angenommen wurde. Eineiige Zwillinge z. B. erkranken nur in etwa der Hälfte der Fälle konkordant, ein erheblicher Anteil erbgleicher Zwillinge erkrankt also nicht.

Die Konkordanzzahlen der Untersuchungen über dizygote Zwillinge bewegen sich dagegen zwischen 5 und 20% und liegen damit etwas höher als die bei altersunterschiedlichen Kindern schizophrener Eltern. In der Gesamtbevölkerung liegt die Wahrscheinlichkeit, an einer Schizophrenie zu erkranken, demgegenüber bei nur 1%.

Die Ergebnisse der Adoptivstudien bestätigen im großen und ganzen die Befunde der Zwillingsforschung. Bald nach der Geburt von gesunden Familien adoptierte Kinder schizophrener Eltern werden im Erwachsenenalter häufiger schizophren als adoptierte Kinder nichtschizophrener Eltern. Die Adoptivmethode versucht also „kranke Gene" von „krankem Milieu" zu trennen. Andererseits ist seit längerem bekannt, daß die Erkrankung in etwa 20% der Fälle erstmals in Familien auftritt, die nachweisbar keinerlei genetische Belastungen aufweisen. Im übrigen weisen alle Befunde darauf hin, daß nicht die Erkrankung selbst vererbt wird, sondern in erster Linie eine besondere *Vulnerabilität,* die erst unter zusätzlichen ungünstigen Bedingungen die Psychose zum Ausbruch kommen läßt.

Familiendynamische Aspekte

Die These, daß Eltern durch die Art ihres Umganges miteinander und mit ihren Kindern diese „verrückt", also schizophren machen können ist in den 60er und Anfang der 70er Jahre heftig diskutiert worden. Seitdem ist es um diese Auffassung merklich stiller geworden, so daß es heute nur noch wenige Schizophrenieforscher geben dürfte, die z. B. die sogenannte *Double-bind-Hypothese* für ätiologisch bedeutsam halten. Wenn im Rahmen eines Lehrbuchs gleichwohl einige Anmerkungen hierzu gemacht werden sollen, dann deshalb, weil entsprechende Annahmen über die Entstehung schizophrener Störungen noch immer weit verbreitet sind und nicht selten in vielfach unguter Weise in den therapeutischen Alltag hineinwirken.

Ein Kommunikationsstil nach dem Double-bind-Muster meint, daß eine Person, z. B. ein Kind, emotional intensive Beziehungen zu seiner Mutter hat, die ihrerseits diesem häufiger zwei Botschaften vermittelt, die widersprüchlich und miteinander unvereinbar sind. Dadurch entsteht für das Kind ein unerträglicher und unlösbarer Konflikt, wenn es der „Beziehungsfalle" nicht entfliehen kann.

Beispiel: Eine Mutter begrüßt im Beisein einiger anderer Verwandter ihren hinzukommenden Sohn, indem sie ihm die Arme entgegenstreckt und ihn so auffordert, die Mutter zu umarmen. Als er dieser gestischen Aufforderung nachkommen will, bekommt sie einen abweisenden Gesichtsausdruck, während die Arme weiterhin zur Umarmung einladen. Bevor das Kind zu dieser Widersprüchlichkeit etwas sagen kann, fragt sie abschätzig: „Du liebst wohl deine Mutter nicht, oder?"

Einige Forschergruppen stellten die Behauptung auf, daß ein derartiger Kommunikations- und Verhaltensstil in Familien mit schizophrenen Kindern gehäuft auftrete. Kontrollierte Nachuntersuchungen haben diese Annahme nicht bestätigen können.

Ähnliches gilt für andere familiendynamische Ansätze zur Erklärung schizophrener Störungen, in denen eine „überprotektive" Mutter, eine „schizophrenogene" Mutter, eine „Spaltung" oder auch eine „Strukturverschiebung" in die Ehe als ätiologisch bedeutsam angesehen wurde. Alle diese an einer kleinen Fallzahl und eher intuitiv als methodisch sauber entwickelten Hypothesen haben einer späteren empirischen Überprüfung nicht standgehalten.

So bleibt vorerst nur festzustellen, daß die oft sehr einfühlsam und gut beobachteten familiären Interaktionen von den Untersuchern sicher nicht aus der Luft gegriffen wurden, daß sie jedoch keineswegs ausschließlich oder auch nur überwiegend in Familien mit schizophrenen Kindern vorkommen, sondern im Gegenteil recht weit verbreitet sind. Im übrigen lassen sie sich zum Teil auch erklären als Reaktion der Familie auf die aus anderen Gründen aufgetretene Erkrankung.

Schizophrenie als Störung der Informationsverarbeitung

Mit der unter klinischen Gesichtspunkten fast immer zu findenden *besonderen Verletzlichkeit* schizophren Erkrankter, die in der Mehrzahl der Fälle auch außerhalb der akuten Phasen vorhanden ist, korrespondiert nach den Ergebnissen der experimentellen Psychoseforschung eine Störung der Informationsverarbeitung. Neben der Informationsaufnahme ist davon gleichermaßen auch die Reaktionsauswahl betroffen. Man nimmt an, daß ankommende Signale bei schizophrenen Patienten in einen im Vergleich zum Gesunden eher ungesteuerten Kontakt mit dem Langzeitspeicher kommen, so daß ständig irrelevantes Material mobilisiert wird. Klinisch resultiert hieraus bei den Kranken eine ständige konzentrative Anspannung auch bei einfachsten Verrichtungen, die sonst weitgehend automatisiert ablaufen. Auch kommt es zu „subjektiven Absencen", in denen die Patienten nicht mehr wissen, was sie gerade eben getan oder gesagt haben. Schließlich können die eigenen Bewegungen verändert wahrgenommen werden. In akuten Phasen kann es – z. B. durch subjektiv ausgeprägt erlebte Belastungen – zu einer Destabilisierung und schließlich zum Zusammenbruch des ganzen psychophysischen Funktionssystems kommen, das aus seinem vorherigen Gleichgewichtszustand „verrückt" wird. Solche Prozesse können, wie Wirkungen von Halluzinogenen, sensorischer Deprivation oder anderen emotionalen Dauerbelastungen bei Gesunden zeigen, grundsätzlich sowohl von der biologischen wie von der psychosozialen Seite angestoßen werden.

Wenn man nun annimmt, daß vor allem das *Ausmaß* der psychophysiologischen Entregelung darüber entscheidet, ob es zum Auftreten psychotischer Symptome kommt oder nicht, läßt sich unter ätiopathogenetischen Aspekten sehr wohl ein intensiver, nicht mehr aber ein qualitativer Unterschied zwischen gesunden Bewältigungsmechanismen und psychotischen Zusammenbrüchen feststellen.

Schizophrenieauslösende Faktoren

In den zurückliegenden 20 Jahren haben wir zwar relativ wenig Neues über die „Ursache" schizophrener Störungen erfahren, jedoch einiges über diejenigen Faktoren gelernt, die das *Auftreten und den Verlauf der Erkrankung* bestimmen. Unter dem Gesichtspunkt, daß es zum Auftreten der Krankheit ohne die betreffenden Umweltfaktoren gar nicht gekommen wäre, lassen sich diese durchaus als eine notwendige Teil*ursache* für die Manifestation des Leidens begreifen. Konsequent hat daher die neuere Life-event-Forschung die Bedeutung von Lebensereignissen für die Entstehung psychischer Störungen herausgearbeitet. So gesehen stellt dieser Forschungsansatz das logische Gegenstück zur genetischen Forschungsrichtung dar, so daß zu hoffen ist, daß es eines Tages gelingen wird, die heute noch weitgehend unverbunden nebeneinander stehenden konstitutionellen und Umweltfaktoren in einem gemeinsamen ätiologischen Modell zu vereinen.

Unter klinischen Gesichtspunkten sind drei Arten von Auslösefaktoren von Bedeutung.

Die erste Gruppe umfaßt Ereignisse, die geeignet sind, den Patienten durcheinander zu bringen. Dabei handelt es sich keineswegs ausschließlich um unangenehme Dinge, die etwas mit Verlust, Krankheit, schwierigen Entscheidungen oder ähnlichem zu tun haben, sondern auch um so positive wie eine berufliche Beförderung, ja sogar einen Lottogewinn. Da also alle möglichen Ereignisse als Ursache in Frage kommen können, gibt es praktisch kaum Möglichkeiten, vorbeugend etwas dagegen zu tun. Das Leben selbst würde dadurch allzusehr beschnitten. Praktisch wichtig jedoch ist, daß Menschen, die schon einmal eine psychotische Episode durchgemacht haben, eine *deutlich niedrigere Streßtoleranz* haben als der Durchschnitt und daß alle belastenden Ereignisse geeignet sind, einen erneuten Rückfall zu provozieren.

Bei der **zweiten Gruppe** handelt es sich um Faktoren, die etwas mit engen persönlichen Beziehungen der Patienten zu tun haben, vor allem solchen, die nicht ohne Zwiespalt oder sogar eindeutig negativ sind. In einer Reihe von Untersuchungen konnte gezeigt werden, daß die Anzahl kritischer Äußerungen, die eine wichtige Bezugsperson über einen Patienten macht, in einem direkten Zusammenhang mit dem Risiko steht, einen Rückfall zu erleiden. Gleiches gilt für die Dauer des direkten Kontaktes zwischen Patienten und naher Bezugsperson, z. B. zwischen Sohn und Mutter, vor allem in solchen Familien, die durch starke emotionale Beziehungen der einzelnen Mitglieder untereinander charakterisiert sind. Und es gilt vor allem dann, wenn der Patient *keine neuroleptische Medikation* nimmt. Die Zusammenhänge zwischen der häuslichen emotionalen Atmosphäre (engl.: expressed emotion,

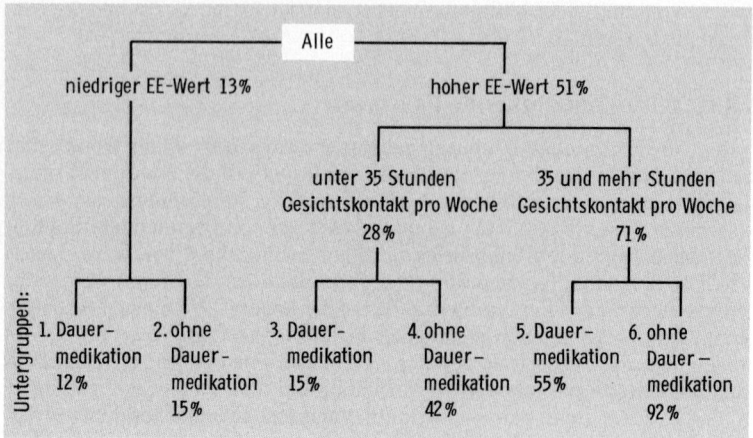

Abb. **9**   Rückfallsrate (%) einer Gruppe von 125 schizophrenen Patienten innerhalb von 9 Monaten nach der Entlassung (niedriger EE-Wert: n = 69, hoher EE-Wert: n = 56) (nach *Leff*)

EE) und der rückfallprophylaktischen Wirkung von Neuroleptika sind in den letzten Jahren intensiv erforscht worden. Dabei zeigte sich, daß Krankheitsrückfälle bei zu Hause lebenden schizophrenen Patienten dann eher zu erwarten sind, wenn die familiäre Interaktion durch einen hohen EE-Wert gekennzeichnet ist. Sowohl eine neuroleptische Dauermedikation als auch eine Reduzierung des direkten Kontaktes zwischen Patient und nahem Familienangehörigen, am besten aber die Kombination beider Faktoren, ist geeignet, Krankheitsrückfälle zu verhindern. Abb. 9 verdeutlicht diesen Sachverhalt.

Die **dritte Gruppe** Rückfall provozierende Faktoren sind *iatrogen*. Nicht selten geschieht es z. B., daß Patienten durch *überfordernde Rehabilitationsprogramme* oder eine allzu frühzeitige Entlassung aus stationärer Behandlung erneut psychotisch dekompensieren. Deshalb ist es so wichtig, therapeutische Institutionen dieser Art richtig zu planen und die einzelnen Arbeitsplätze auf das jeweilige Leistungsvermögen des Patienten abzustimmen.

Der **gemeinsame Nenner** aller drei Gruppen von Ereignissen besteht offensichtlich in einer Art von *unspezifischem Streß*, auf den individuell sehr unterschiedliche Antworten möglich sind. Die allermeisten Menschen bewältigen derartige Situationen ohne größere Schwierigkeiten. Schizophrene Patienten dagegen besitzen offensichtlich eine *besondere Vulnerabilität* für diese Belastungen, vor allem wenn diese mit Wechsel und Neuanpassung verbunden sind, und reagieren darauf unter Umständen mit psychotischen

Symptomen. Das Wesen dieser Verletzlichkeit ist noch weitgehend unbekannt.

CIOMPI (1984) hat versucht, den gegenwärtigen Stand des Wissens über die Ätiologie der Schizophrenie in einem *3-Phasen-Modell* zusammenzufassen, und daran auch therapeutische Überlegungen geknüpft. Danach leiden Schizophrene an einer teilweise angeborenen und teilweise erworbenen Vulnerabilität, die durch hinzutretende belastende Umweltkonstellationen zu manifest psychotischen Entgleisungen führt.

Schematisch ist dies in Abb. 10 dargestellt.

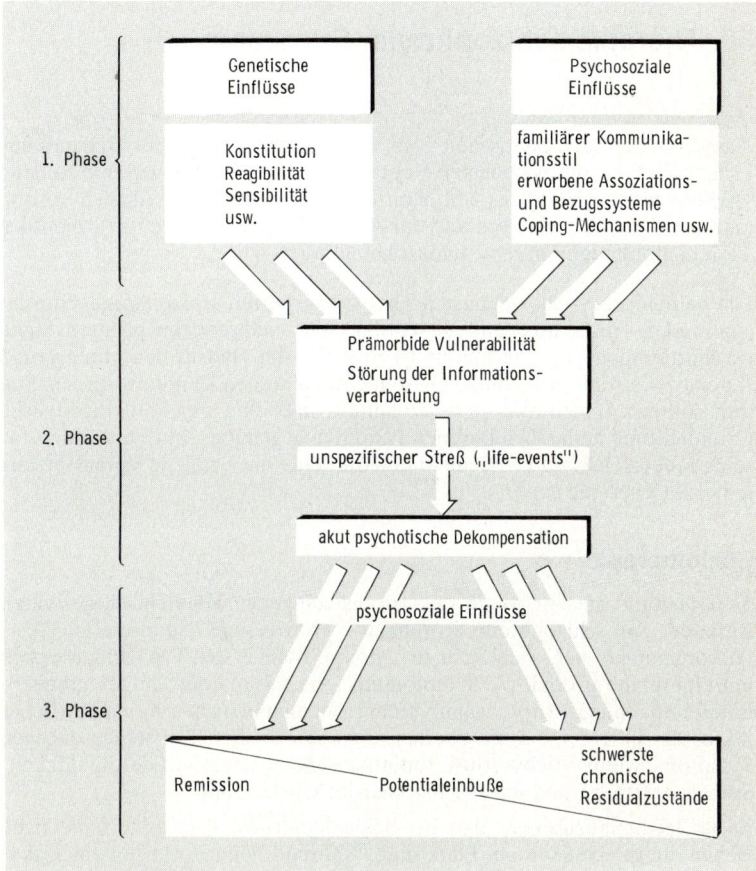

Abb. **10**   3-Phasen-Modell der Schizophrenie (nach *Ciompi*)

Literatur

Ciompi, L.: Modellvorstellungen zum Zusammenwirken biologischer und psychosozialer Faktoren in der Schizophrenie. Fortschr. Neurol. Psychiat. 52 (1984) 200–206

Hirsch, S. R.: Eltern als Verursacher der Schizophrenie. Der wissenschaftliche Stand einer Theorie. Nervenarzt 50 (1979) 337–345

Katschnig, H.: Die andere Seite der Schizophrenie – Patienten zu Hause, 3. Aufl. Beltz, Weinheim 1989

Kringlen, E.: Zum heutigen Stand der Schizophrenieforschung. Nervenarzt 52 (1981) 68–73

Leff, J.: Die Angehörigen und die Verhütung des Rückfalls. In Katschnig, H.: Die andere Seite der Schizophrenie, 3. Aufl. Beltz, Weinheim 1989

53 Therapie schizophrener Erkrankungen

Lernziele:
Kenntnis der therapeutischen Rahmenbedingungen bei der Behandlung Schizophrener, der wichtigsten Neuroleptika, ihre Wirkungen und Nebenwirkungen, des Einsatzes von Neuroleptika bei unterschiedlichen schizophrenen Krankheitsbildern und der Anwendung der Langzeitneuroleptika in der ambulanten Therapie und Rehabilitation.

Die beiden praktisch wichtigsten Therapieverfahren schizophrener Störungen sind Soziotherapie und Somatotherapie, während im engeren Sinne psychotherapeutische Verfahren spezifischer Art eher in den Hintergrund treten bzw. in diesen Techniken besonders erfahrenen Klinikern vorbehalten sein sollten. Gleichwohl ist festzuhalten, daß eine psychotherapeutische Grundhaltung dem schizophrenen Patienten gegenüber, ein Verständnis für seine innerseelischen Probleme und Nöte, eine unerläßliche Voraussetzung jedweder Therapie ist.

Soziotherapie

Soziotherapie hat auf die in den vorangegangenen Kapiteln dargestellten Befunde, daß schizophrene Störungen – grob gesagt – in zweierlei Weise vorkommen können, Rücksicht zu nehmen. Beim ersten Typ handelt es sich um eine akute produktive Symptomatik, die mit allerlei Aufgeregtheiten, innerer Spannung, Angst, wahnhaftem Erleben und nicht selten motorischer Aktivität einhergeht. Beim zweiten, dem chronischen Typ stehen dagegen Symptome wie Antriebsverlust, Initiativlosigkeit, affektive Gleichgültigkeit, Sprachverarmung und sozialer Rückzug im Vordergrund.

Es ist leicht einzusehen, daß für beide Syndrome ganz unterschiedliche Behandlungstechniken am Platz sind. Während beim Vorliegen einer akut produktiven Symptomatik eine Reduktion psychosozialer Reize in einem möglichst klaren, eindeutigen und überschaubaren therapeutischen Milieu vonnöten ist, muß umgekehrt bei einem chronisch apathischen, antriebslahmen und zu sozialem Rückzug neigenden schizophrenen Menschen alles versucht werden, ihn aus seiner Lethargie herauszuholen, ohne ihn damit aber zu überfordern, da sonst die Gefahr des Rückfalls in eine wieder akutere Symptomatik besteht und unter Umständen auch das Suizidrisiko steigt. Hier für jeden einzelnen Patienten das richtige Maß zu finden, Über- sowie Unterstimulationen zu vermeiden und gleichzeitig mit dem Kranken gemeinsam eine realistische Lebensperspektive zu entwickeln, die seine Behinderung mit einbezieht und die die Ansprüche an den Möglichkeiten orientiert, ist eine schwierige Aufgabe.

Somatische Therapieverfahren – Pharmakotherapie mit Neuroleptika

Unter historischen Gesichtspunkten lassen sich zwei Abschnitte der somatischen Therapie bei schizophrenen Patienten unterscheiden:
1. die sogenannten Schockverfahren, d. h. im wesentlichen Insulinschock- und Elektrokrampfbehandlung, die beide in den 30er Jahren in die Psychiatrie Eingang fanden;
2. die Pharmakotherapie, die Anfang der 50er Jahre eingeführt wurde und zu einer entscheidenden Verbesserung der Behandlungssituation führte.

Im folgenden werden lediglich einige Prinzipien der Pharmakotherapie Schizophrener besprochen, da die Insulinbehandlung inzwischen vollständig und die Elektrokrampftherapie bei Schizophrenen in der Bundesrepublik nahezu aufgegeben wurde.

Die medikamentöse Behandlung schizophrener Patienten mit *Neuroleptika* gehört heute zu den therapeutischen Standardverfahren. Die Medikamente sind in der Lage, bestimmte psychotische Symptome zu unterdrücken, und erreichen dies im wesentlichen durch eine *Dämpfung der Psychomotorik*, durch den bei einzelnen Substanzen unterschiedlich stark ausgeprägten *sedierenden Effekt*, im allgemeinen auch durch eine *Senkung des Antriebsniveaus* und eine *Abdämpfung der Emotionalität* sowie eine damit einhergehende *Anxiolyse*. Zu einer wesentlichen Beeinträchtigung des Bewußtseins kommt es dabei nicht.

Es ist klar, daß sich solcherart charakterisierte Substanzen vor allem zur wünschenswerten Beeinflussung produktiver Symptome eignen, während durch Minus-Zustände gekennzeichnete Psychosen weniger gut darauf ansprechen, nicht selten sogar die bei ihnen vorhandene Symptomatik noch verstärkt wird. Insofern ist die akute paranoid-halluzinatorische Schizophrenie *die* Zielgruppe für eine Behandlung mit Neuroleptika.

Einteilung der Neuroleptika

Für den praktischen Umgang mit Neuroleptika haben sich *zwei Einteilungsprinzipien* bewährt. Nach der *chemischen Struktur* und nach der sogenannten *neuroleptischen Potenz.* Unter letzterer versteht man die antipsychotische Wirkungsintensität eines Neuroleptikums, die man sich früher gekoppelt dachte an die durch die Substanz hervorgerufenen extrapyramidal-motorischen Effekte. Dabei wurde per Definition dem Chlorpromazin die neuroleptische Potenz 1 zugewiesen. Obwohl durch die Entwicklung neuerer „antipsychotisch" wirksamer Substanzgruppen ohne extrapyramidal-motorische Symptome die theoretischen Vorstellungen über die Wirkmechanismen der Neuroleptika stark verändert werden mußten, vermittelt die Kenntnis der neuroleptischen Potenz Anhaltspunkte, welche Wirkungen und Nebenwirkungen durch die Gabe eines bestimmten Medikaments am ehesten zu erwarten sind. Als Faustregel kann dabei gelten, daß bei niederpotenten Neuroleptika die Stärke der anticholinergenen Wirkung mit der neuroleptisch sedierenden parallel geht und daß umgekehrt die *„hochpotenten" Neuroleptika* eher extrapyramidal-motorische Nebenwirkungen und weniger vegetative Störungen hervorrufen.

Strukturchemisch lassen sich die Neuroleptika in vier Hauptgruppen unterteilen:
– trizyklische Neuroleptika (im wesentlichen Phenothiazine und Thioxanthene),
– Butyrophenon-Derivate,
– Rauwolfia-Alkaloide,
– übrige Neuroleptika.
In der klinischen Praxis spielen vor allem die Phenothiazine und die Butyrophenon-Derivate eine Rolle, während Rauwolfia-Alkaloide kaum noch Verwendung finden. Bei den nicht klassifizierten Neuroleptika sei vor allem auf das Sulpirid (Dogmatil) sowie auf das Clozapin (Leponex) hingewiesen, das jedoch wegen seiner toxischen Nebenwirkung (Agranulozytosen) nur noch nach sehr strenger Einzelindikation gegeben werden darf.

Die Anzahl der auf dem Markt befindlichen Neuroleptika ist groß und selbst für den Fachmann kaum mehr zu übersehen. Deshalb empfiehlt es sich, für die persönliche Handhabung, vor allem aber auch in den einzelnen Kliniken eine übersichtliche und allen Zwecken genügende Auswahl zu treffen. Ein derartiges Vorgehen rechtfertigt sich auch deswegen, weil sich die neuroleptischen Wirkungen innerhalb der beiden Stoffklassen nicht qualitativ, sondern eher quantitativ voneinander unterscheiden, die Nebenwirkungen jedoch erheblich differenzieren können. Gerade die Nebenwirkungen aber entscheiden letztlich darüber, ob ein Patient das ihm verordnete Medikament auch nach seiner Entlassung aus der Klinik noch einnimmt. Tabelle 6 gibt einen Überblick über die gebräuchlichsten Neuroleptika, geordnet nach der **neuroleptischen Potenz**.

Zielsyndrome einer Neuroleptikatherapie

Es sind in den zurückliegenden Jahren viele Anstrengungen unternommen worden, das richtige Medikament für den richtigen Patienten zu finden.

Tabelle **6**   Überblick über die gebräuchlichsten Neuroleptika, geordnet nach neuroleptischer Potenz sowie mittlerer Tagesdosierung

Neuroleptische Potenz	Generic name	Handelsname	Mittlere Tagesdosierung
Sehr stark	Trifluperidol	Triperidol	1– 3 mg
	Benperidol	Glianimon	2– 6 mg
	Fluphenazin	Lyogen, Dapotum	2– 15 mg
	Haloperidol	Haldol	3– 15 mg
Stark	Flupentixol	Fluanxol	3– 6 mg
	Pimozid	Orap	3– 8 mg
	Trifluoperazin	Jatroneural	10– 20 mg
	Perphenazin	Decentan	24– 48 mg
	Periciazin	Aolept	30– 50 mg
	Thiothixen	Orbinamon	20– 80 mg
Mittelstark	Triflupromazin	Psyquil	75–200 mg
	Clopenthixol	Ciatyl	75–200 mg
	Chlorpromazin	Megaphen	150–400 mg
	Levomepromazin	Neurocil	200–400 mg
	Perazin	Taxilan	200–500 mg
Schwach	Thioridazin	Melleril	200–400 mg
	Chlorprothixen	Truxal	200–400 mg
	Prothipendyl	Dominal	200–400 mg
	Pipamperon	Dipiperon	200–420 mg
	Promethazin	Atosil	150–400 mg

Leider ist man dabei noch immer nicht über die Methode von Versuch und Irrtum hinausgekommen. In erster Annäherung kann man sich gleichwohl an den im Vordergrund des psychotischen Erlebens und Verhaltens eines Kranken stehenden „Zielsymptomen" orientieren. Beruhigung und Dämpfung erreicht man am ehesten mit niederpotenten Neuroleptika, akute produktiv-halluzinatorische Syndrome mit Denkstörungen behandelt man besser mit hochpotenten. Das nachstehende Schema (Tab. 7) verdeutlicht dies.

Bei dem mit Angst und Wahnsymptomen einhergehenden Erregungszustand hat sich bei körperlich gesunden Erwachsenen die Gabe von 10 mg Haldol i. v. (= 2 Amp. à 1 ml) bewährt. Reicht dies nicht aus, kann man zusätzlich 5–10 mg Valium (= 1–2 Amp.) gegeben werden. Auf diese Weise wird fast immer Entspannung und innere Beruhigung erreicht. Nicht selten schlafen die Patienten dann für eine Weile (Kreislaufüberwachung zwingend erforderlich!).

Nebenwirkungen der Neuroleptika

Wegen der großen praktischen Bedeutung der Neuroleptikanebenwirkungen bei der Behandlung schizophrener Patienten sollen diese im folgenden systematisch dargestellt werden. Sie lassen sich unterteilen in:

Tabelle **7**   Zielsyndrome einer differentiellen Therapie mit Neuroleptika

Schizophrene Zielsyndrome	Als erste Wahl empfohlene Neuroleptika-Typen[1)			
	I	II	III ·	IV
– akute produktiv-paranoid-halluzinatorische Syndrome mit ausgeprägten Denkstörungen	X			
– paranoid-schizophrene Syndrome mit vorwiegend psychomotorischer Erregung und starker Anspannung, Unruhe, evtl. Angst und/oder Aggressivität		X		
– akute schizophren-psychotische Bilder mit vorwiegend maniformem Affekt und assoziativer Lockerung, Umtriebigkeit	X	X		
– schizophrene Rückzugssyndrome mit Apathie, Antriebsverlust, Hemmung ohne starke produktive Symptome			X	
– subakute bzw. subchronische schizophrene Syndrome mit stark depressiver Komponente				X

[1)] Wirkungsprofile:

Typ I: stark antipsychotisch wirksames („hochpotentes") Neuroleptikum der Butyrophenongruppe (z. B. Haloperidol) oder hochpotentes Neuroleptikum aus der Piperazinyl-Phenothiazin-Gruppe (z. B. Fluphenazin).

Typ II: mittelgradig bis stark antipsychotisches, aber auch sedierendes Medikament, etwa aus der Phenothiazingruppe das Piperazinylderivat Perphenazin oder Levomepromazin.

Typ III: mittelgradig antipsychotisch wirksame Substanzen mit etwas antriebssteigerndem Effekt, wie etwa Pimozide aus der Butyrophenongruppe oder Thiothixen aus der Thioxanthengruppe

Typ IV: eher gering antipsychotisch wirksame Substanz mit – zumindest nicht depressiogener – evtl. antidepressiver und evtl. antriebssteigernder Komponente, z. B. bei den Phenothiazinen aus der Piperidylgruppe Thioridazin, aus der Piperazinylgruppe Perazin, aus der Thioxanthengruppe Chlorprothixen.

– extrapyramidal-motorische Nebenwirkungen,
– vegetative Nebenwirkungen,
– körperliche Nebenwirkungen,
– psychische Nebenwirkungen.

Extrapyramidal-motorische Nebenwirkungen. An erster Stelle steht das neuroleptisch bedingte *Parkinsonoid*, ein medikamentös induzierter Zustand, der dem Parkinson-Syndrom ähnelt. Er ist vor allem durch Bewegungsarmut (Akinese), kleinschrittigen Gang und eingeschränkte Mitbewegung der Arme beim Gehen charakterisiert. Meist tritt das Syndrom erst nach Ablauf von ein oder auch mehreren Behandlungswochen auf. Es bildet sich nach Absetzen der Neuroleptika wieder zurück, Dauerschäden entstehen nicht. Die Disposition des Kranken und sein Alter spielen eine Rolle.

In den ersten Tagen der Behandlung, vor allem bei der Gabe von hochpotenten Neuroleptika, ist gelegentlich mit *Frühdyskinesien* zu rechnen. Dabei handelt es sich um Zungen-, Schlund- und Blickkrämpfe, Verkrampfungen in der Kiefermuskulatur und torsionsdystone Phänomene im Schulter- und Nackenbereich sowie Störungen der Atemmuskulatur. Die Patienten erleben dies verständlicherweise mit großer Angst. – Durch eine Ampulle Akineton i. v. läßt sich dieser Zustand gut durchbrechen. Auf die prophylaktische Gabe von Antiparkinsonmitteln ist jedoch wegen deren eigenen Nebenwirkungen (euphorisierend; suchtfördernd) sowie dem mit ihrer Gabe verbundenen höheren Risiko zu Spätdyskinesien zu verzichten.

Oft erst nach einigen Behandlungswochen tritt bei manchen Patienten eine Bewegungsunruhe *(Akathisie)* auf. Die Patienten können nicht mehr still sitzen, trippeln dauernd umher und klagen über starke innere Unruhezustände. Durch Antiparkinsonmittel ist die Akathisie kaum zu beeinflussen. Gelegentlich hilft ein Wechsel der Medikation auf ein weniger potentes Neuroleptikum, z. B. Thioridazin oder auch die Zugabe von Promethazin.

Leider kommt es durch die Gabe von Neuroleptika auch zu Dauerschäden in Form von *Spätdyskinesien* (= tardive Dyskinesie). Sie zeigen sich in willentlich nicht kontrollierbaren Bewegungen der Mund- und Gesichtsmuskulatur, hinzutreten können choreatiforme Bewegungsstörungen der Extremitäten, rhythmische Bewegungen des Rumpfes u. a. Erstaunlich, aber nicht uncharakteristisch ist, daß die Patienten selbst diese Störungen bagatellisieren bzw. sie zum Teil gar nicht wahrzunehmen scheinen.

Meist ist eine mehrjährige Behandlung mit Neuroleptika vorangegangen, bevor die Störungen auftreten. Es sind jedoch Fälle beschrieben, bei denen sich schon als Folge einer 3- bis 6monatigen Behandlung tardive Dyskinesien entwickelten. Oft bemerkt man Spätdyskinesien erst anläßlich einer Dosisreduzierung, d. h., sie waren bis dahin maskiert.

Die gleichzeitige Gabe von Anticholinergika (z. B. Akineton) erhöht wahrscheinlich das Risiko für das Auftreten von Spätdyskinesien. Vor allem deshalb sollten Anticholinergika nur bei klarer Indikation während einer neuroleptischen Therapie gegeben werden. Da die Dyskinesien vor allem bei Beginn ihres Auftretens noch reversibel sein können, ist auf Frühsymptome zu achten und ggf. die Notwendigkeit der Fortsetzung einer neuroleptischen Behandlung nachhaltig zu prüfen.

Eine sicher erfolgversprechende Behandlung der tardiven Dyskinesien ist nicht bekannt.

Vegetative Nebenwirkungen. Vor allem bei der Gabe von niederpotenten Neuroleptika kommt es oft zu vegetativen Nebenwirkungen. Die häufigsten sind Hypotonie und orthostatische Dysregulation, Mundtrockenheit, Obsti-

pation, Miktionsstörungen, Schwindel, Kopfschmerzen, Akkommodationsstörungen, Tachykardien und Arrhythmien.

„Organische" Nebenwirkungen. Unter neuroleptischer Therapie kann es
weiterhin zu einer Reihe von Störungen an einzelnen Organen bzw. Organ-
systemen kommen. Die wichtigsten sind: Störungen der Leberfunktion (En-
zymerhöhung); Störungen der Leukopoese (Leukozytopenie/Agranulozyto-
se); endokrine Störungen durch Anstieg des Prolaktins (Gynäkomastie,
Galaktorrhö); Störungen des Sexualverhaltens (Libidoverlust; Aspermie);
Störung des Glukosestoffwechsels (verminderte Glukosetoleranz); Störungen der Thermoregulation (gefährliche Temperaturerhöhungen im Rahmen
eines sogenannten malignen neuroleptischen Syndroms); dermatologische
Störungen (allergische Reaktionen, Photosensibilisierung); ophthalmologi-
sche Störungen (Pigmenteinlagerungen in der Retina; Hornhaut- und Lin-
sentrübungen); pharmakogenes Delir (besonders bei niederpotenten Neuroleptika mit stärkerer anticholinerger Wirkung bzw. Kombination mit Anticholinergika).

Alles in allem läßt sich festellen, daß Neuroleptika in der Tat keine harmlo-
sen Medikamente sind, wenn auch glücklicherweise die erwähnten Nebenwirkungen ausgesprochen selten auftreten.

Pharmakogene Depression. Eine häufig verkannte, gerade deswegen aber
hervorzuhebende Nebenwirkung ist die neuroleptikainduzierte Depression.
Auf ihr Auftreten ist bei jeder neuroleptischen Therapie zu achten. Sie ist
ihrerseits behandlungsbedürftig, entweder durch Reduktion der Dosis,
Übergang auf ein anderes Medikament oder aber durch eine vorsichtige
Gabe von Antidepressiva.

Langzeitmedikation bei schizophrenen Kranken

Die im Vergleich zum Gesunden *geringere Streßtoleranz* schizophrener Patienten ist schon dargestellt worden. Diese bedingt ein *hohes Rückfallrisiko*
bei allfälligen Belastungen. Etwa dreiviertel aller ersterkrankten Schizophrenen erleiden Rückfälle. Gleichwohl ist das Rückfallrisiko im Einzelfall
oft nur schwer einzuschätzen. Deswegen ist es notwendig, alle verfügbaren
anamnestischen, psychosozialen und klinisch-psychopathologischen Informationen zusammenzutragen, um eine möglichst fundierte und rationale
Entscheidung hinsichtlich der Frage einer Langzeittherapie treffen zu können. Denn das Risiko des Auftritts unerwünschter Nebenwirkungen, insbesondere der gefürchteten Spätdyskinesien, steigt mit der Behandlungsdauer.
Andererseits haben eine Vielzahl von Studien gezeigt, daß eine konsequente
und über einen langen Zeitraum hin durchgeführte neuroleptische Behandlung das Rückfallrisiko entscheidend senkt. So bleiben mit einem neuroleptischen Schutz dreimal so viele Patienten rückfallfrei wie ohne medikamentöse
Unterstützung.

Trotz dieser günstigen Ergebnisse läßt sich daraus nicht ableiten, daß jeder ersterkrankte schizophrene Patient auf Dauer neuroleptisch behandelt werden sollte. Zum einen kommt es nämlich auch unter einer entsprechenden Medikation zu Rückfällen, zum anderen bleiben nicht wenige Patienten ohne Rezidiv, obwohl sie keine Neuroleptika einnehmen.

Da es keine zuverlässigen Prognosekriterien gibt, ist es schwer, feste Regeln für eine neuroleptische Langzeittherapie aufzustellen. Noch relativ eindeutig ist die Situation bei einem Patienten, der mehrere Rezidive erlitten hat, die sich auf Gabe von Neuroleptika zurückbildeten, und der nach Absetzen der Medikamente erneut psychotisch wurde. Sehr viel schwieriger dagegen ist es, eine Entscheidung zu treffen bei einem Patienten, der erstmals erkrankte. Hier empfiehlt es sich, die neuroleptische Medikation lediglich für einige Monate nach der Klinikentlassung fortzuführen, um dem Patienten hinsichtlich der unvermeidbar auf ihn zukommenden Belastungen einen gewissen Schutz zu geben. Kommt es in der Folge zu einem oder mehreren Rezidiven, ist eine etwa dreijährige Langzeittherapie sicherlich angebracht. Zuverlässige Kriterien zur Bestimmung der Dauer einer Langzeitmedikation sind allerdings nicht bekannt. Es muß daher im Einzelfall anhand des bisherigen Verlaufs und unter Berücksichtigung anderer mehr situativer Faktoren eine Entscheidung getroffen werden.

Wahl des Neuroleptikums. Für die Langzeittherapie haben sich die Depotneuroleptika weitgehend durchgesetzt. Sie garantieren, daß der Patient die verordnete Medikation auch tatsächlich nimmt. Ein weiterer Vorteil besteht darin, daß die notwendige neuroleptische Gesamtdosis niedrig gehalten werden kann, da der „First-pass-Effekt", das heißt die Metabolisierung bereits in Darm und Leber, und die damit verbundene Senkung des wirksamen Plasmaspiegels umgangen wird.

Große Wirkungsunterschiede zwischen den einzelnen Depotneuroleptika bestehen nicht. Sie unterscheiden sich aber, wie bereits dargestellt, hinsichtlich der Nebenwirkungen. Hier ist insbesondere der sedative Effekt zu nennen, der bei einer Langzeittherapie in der Regel unerwünscht ist. Allerdings gibt es zum Teil erhebliche individuelle Unterschiede des Ansprechens auf ein bestimmtes Neuroleptikum, so daß es gelegentlich angezeigt ist, das Präparat zu wechseln.

Es empfiehlt sich bei den Depotneuroleptika aus den schon dargelegten Gründen ganz besonders, mit einigen wenigen Präparaten eigene Erfahrungen zu machen.

Die Injektionsintervalle der einzelnen Medikamente sind verschieden und reichen von ein bis vier Wochen. Die verbreitetsten Präparate mit ihren durchschnittlichen Dosierungen sowie den empfohlenen Injektionsintervallen sind Tabelle 8 zu entnehmen.

Im übrigen sollte bei der Wahl des Präparates dasjenige bevorzugt werden, auf das der Patient in der akuten Psychose besonders gut angesprochen hat,

Tabelle 8 Parenterale Depotneuroleptika mit durchschnittlichem Injektionsintervall sowie durchschnittlicher Dosierung

Chemische Kurz-bezeichnung	Handelsname	durchschnittliche Dosis in mg	zeitliches Inter-vall	Substanzcharakteristik
Flupentixol	Fluanxol-Depot	20(–60)	2–3 Wochen	stark antipsychotisch, Antriebs-defizite nicht verstärkend
Haloperidol	Haldol-Decanoat	50 – (100)	4 Wochen	stark antipsychotisch
Fluphenazin-Decanoat	Lyogen-Depot Dapotum-D	25(–75)	3 Wochen	stark antipsychotisch cave: pharmakogene Depression
Fluspirilen	Imap	1 –3(–6)	1 – 2 Wochen	antipsychotisch; depressiogen
Perphenazin	Decentan-Depot	100	2–4 Wochen	stark antipsychotisch; leicht beruhigend
Clopenthixol	Ciatyl Depot	100(–400)	2–3 Wochen	antipsychotisch, beruhigend

zumindest aber eines aus derselben Substanzgruppe. Auch sollte die zuerst gewählte Dosis immer wieder überprüft werden, da im Laufe der Zeit oftmals geringere Dosen ausreichend sind.

Einige der Depotpräparate liegen auch in oral applizierbarer Form vor. Dies hat im Prinzip den Vorteil, daß das Medikament individuell besser steuerbar ist und der Patient selbst für die Einnahme verantwortlich ist. Leider zeigt die Erfahrung, daß es bei vielen Patienten letztlich doch zu einer unregelmäßigen Medikamenteneinnahme kommt, weswegen zu dieser Applikationsform nur dann geraten werden kann, wenn Sicherheit über die zuverlässige und dauerhafte Kooperationsbereitschaft des betreffenden Patienten besteht.

Literatur

Ciompi, L.: Wie können wir die Schizophrenen besser behandeln? – Eine Synthese neuer Krankheits- und Therapiekonzepte. Nervenarzt 52 (1981) 506–515

Meyer, J.E.: Die Therapie der Schizophrenie in Klinik und Praxis. Nervenarzt 55 (1984) 221–229

Pietzcker, A.: Langzeitmedikation bei schizophrenen Kranken. Nervenarzt 49 (1978) 518–533

XIV. Versorgung und Behandlung von psychisch Kranken

54 Versorgungsstrategien für psychisch Kranke

Lernziele:
Fähigkeit, die Probleme einer bedarfsgerechten und umfassenden Versorgung für psychisch Kranke zu erkennen und zu bewerten; Wissen um die Versorgungslage in der BRD und ihre schwerwiegendsten Mängel; Kenntnisse der Grundsätze einer Neuordnung der psychiatrisch-psychotherapeutischen Versorgung.

Begriffsbestimmung und Zielvorstellungen

Unter dem Begriff *Versorgungsstrategie* sollen der organisatorische Rahmen ebenso wie inhaltlich strukturelle Elemente beschrieben werden, die das psychiatrische, sozial- und gesundheitspolitische Bemühen um Vorbeugung, Behandlung und Rehabilitation psychisch kranker und behinderter Menschen kennzeichnen.

Als Ziele psychiatrisch-psychotherapeutischer Versorgung wurden im „Bericht der Sachverständigenkommission über die Lage der Psychiatrie in der BRD", der dem Bundestag 1975 vorgelegt wurde, formuliert:

„... durch Vorbeugung und Heilung oder Linderung von Krankheiten und Behinderungen dem Bürger zu ermöglichen, sein Leben unter möglichst geringer Beeinträchtigung seiner psychischen Gesundheit nach seinen eigenen Entscheidungen und im Hinblick auf die Bedürfnisse der anderen zu gestalten."

Die gesundheitspolitische Brisanz dieser Zielvorstellungen einer bedarfsgerechten und umfassenden Versorgung zeigt die Stellungnahme der Bundesregierung zu diesem Bericht vom Februar 1979:

„... die Definition dessen, was als bedarfsgerecht anzusehen ist, (muß sich) an einem Krankheitsbegriff orientieren, der inhaltlich demjenigen entspricht, der für somatische Kranke zur Anwendung kommt. Dabei sind nicht letztlich die subjektiven Befindlichkeitsstörungen bestimmend, sondern die vom Arzt objektivierten Befunde, die insbesondere wegen ihrer Auswirkung auf das *Leistungsvermögen* des einzelnen eine Heilbehandlung erfordern."

Die Betonung des Leistungsvermögens gegenüber dem subjektiven Leiden des Betroffenen rückt die Bedeutung seiner Arbeitskraft in den Vordergrund und offenbart das sozioökonomische Eingebundensein von psychiatrischen Handlungsempfehlungen in die politische Realität. Die damit zutage tretenden Zwänge unserer Gesellschaftsordnung werden deutlicher als in manch anderem medizinischen Fachgebiet und machen skeptisch gegenüber der

Bereitschaft zu ökonomischen Opfern, um das Schicksal derer zu lindern, die als psychisch Kranke längerfristig den Idealen einer leistungsbezogenen Gesellschaft nicht entsprechen.

Bedürfnis – Behandlungsbedürftigkeit – Bedarf

Versorgungsstrategien für psychisch Kranke müssen sich an den Bedürfnissen psychisch Kranker orientieren. Diese ebenso naheliegende wie triviale Forderung bereitet psychiatrischen Experten Schwierigkeiten angesichts zahlreicher Probleme, die Art, die Anzahl und die Verteilung der „tatsächlichen" Bedürfnisse nach sachverständiger Hilfe in der Bevölkerung zu erkennen und daraus eine Behandlungsbedürftigkeit abzuleiten.

Verantwortungsbereich des Psychiaters. Zuerst stellt sich die Frage, wessen Bedürfnisse nach Hilfe in den Verantwortungsbereich des psychiatrisch-psychotherapeutischen Experten gehören. Will man nicht jede menschliche Krisensituation mit vorübergehender Unlust, Unzufriedenheit, Trauer, Befürchtungen oder Ängsten zu einem behandlungsbedürftigen Problem – und damit über 80% der Bevölkerung zu Patienten – machen, so ist eine Klärung erforderlich, wer als psychisch krank oder zumindest in vergleichbarer Form als leidend und *behandlungsbedürftig* gelten soll. Bekanntlich führt dieses Problem in Grenzbereiche des definitorisch Lösbaren. Die Zuverlässigkeit psychiatrischer Diagnosen ist zwar größer, als manche Zweifler behaupten, aber dies gilt in erster Linie für die schweren psychischen Erkrankungen, die geistigen Behinderungen, den hirnorganischen Abbau sowie die organischen und funktionellen Psychosen. Wesentlich divergierender sind die Meinungen bei der Beurteilung der *Behandlungsbedürftigkeit* sogenannter Persönlichkeitsstörungen, der Psychosomatosen, der Neurosen und insbesondere bei der Beurteilung der Folgen psychischer Belastungen und Konflikte.

Je weiter hier die Grenze zu den „Gesunden" hin gezogen wird, desto wirksamer dürften psychiatrisch-psychotherapeutische Dienste zur *Prophylaxe* schwerer psychischer Störungen werden können. Die grenzenlose Einbeziehung aller Lebensprobleme in die Zuständigkeit der Experten würde andererseits aus den Mitteln der Sozialleistungsträger nicht mehr finanzierbar sein und insbesondere zur Zerstörung der *Selbsthilfepotentiale* der Betroffenen und ihrer Umgebung führen.

Welche **Art von Bedürfnissen** des Betroffenen selbst oder seiner Angehörigen, Nachbarn und Arbeitskollegen soll ein umfassendes Versorgungssystem abdecken? Stand bis vor einigen Jahren der Versuch einer individuumzentrierten Symptombeseitigung im Vordergrund, so wird heute zunehmend die Notwendigkeit deutlich, die *sozialen Bezüge*, die Familie, die Wohn- und Arbeitssituation, in das therapeutische Vorgehen einzubeziehen. Neben einer inhaltlichen Neuorientierung bedeutet dies eine Schwerpunktverlagerung des therapeutischen Bemühens von der stationären Versorgung hin zu einem verstärkten Ausbau teilstationärer, komplementärer und ambulanter Einrichtungen.

Die **Erfassung der Behandlungsbedürftigkeit** erfordert kritische Sensibilität in mindestens zwei Richtungen: Einerseits müssen der Betroffene und seine Umgebung in der Lage sein (oder in die Lage versetzt werden), psychische Störungen von Krankheitswert als behandlungsbedürftig anzusehen. Eine ganze Reihe behandlungsbedürftiger psychischer Erkrankungen verläuft ohne subjektives Leiden und Krankheitseinsicht. Gerade bei den Angehörigen unterer sozialer Schichten und Randgruppen tauchen durch besondere Toleranz oder Gleichgültigkeit gegenüber abweichendem Verhalten besondere Schwierigkeiten auf. Sie werden noch dadurch vergrößert, daß für diese Gruppen der Zugang zu therapeutischen Angeboten besonders beschwerlich ist. Um in diesem Bereich Bedürfnisse wahrzunehmen, ist folglich eine aktiv aufsuchende Hilfe besonders an sozialen Brennpunkten erforderlich.

Auf der anderen Seite ist es wichtig, den expertendefinierten Bedarf nicht mit dem aufgrund professioneller Interessen gewünschten und unter den besonderen institutionellen Bedingungen machbaren zu verwechseln. Versorgungssysteme sollten nicht zum Selbstzweck werden.

Die **Ermittlung des Bedarfs** für psychiatrisch-psychotherapeutische Leistung richtet sich in erster Linie nach den expertendefinierten Notwendigkeiten. Dazu dienen Untersuchungen über die *Inanspruchnahme* vorhandener Einrichtungen:

– Erhebungen am Klientel von Arzt- und Facharztpraxen sowie sonstigen psychosozialen Einrichtungen (z. B. Kindergärten, Sonderschulen usw.);
– *Fallregister* (z. B. Mannheim, Camberwell/London), die zur Erfassung sämtlicher Kontakte mit Versorgungseinrichtungen in einer definierten Region dienen. Sie ermöglichen sowohl quantitative wie qualitative Beschreibungen von Angeboten und Nachfrage an Stichtagen, wie die Verlaufsdarstellung der Inanspruchnahme über größere Zeiträume unter Einschluß von Veränderungen, zum Beispiel durch die Schaffung zusätzlicher Dienste (WING 1973).

Als die genaueste und umfassendste (aber auch aufwendigste) Form der Ermittlung psychisch kranker und behandlungsbedürftiger Menschen gelten
– *Feldstudien*, in denen größere Populationen oder große repräsentative Stichproben auf das Vorkommen von Art und Anzahl psychischer Erkrankungen hin untersucht werden. Auf Schwierigkeiten stößt eine einheitliche und verbindliche Definition der „Fälle" und der Behandlungsbedürftigkeit, die nationale und internationale Vergleiche ermöglicht (DILLING u. Mitarb. 1984, s. S. 15).

Soziale und kulturelle Einflüsse. Die Bedürfnisse nach sachverständiger Hilfe unterliegen ebenso wie deren Einschätzung durch die Experten vielfältigen *sozialen und kulturellen Einflüssen*, so daß der *Bedarf* nach therapeutischen Einrichtungen und Leistungen nicht als etwas Statisches angesehen werden darf. Die Festlegung von Bedarfszahlen (z. B. psychiatrische Krankenhausbetten pro Einwohnerzahl) sollte daher immer mit Einschränkungen erfolgen. So hat zum Beispiel in den letzten Jahren der relative Anstieg des Anteils alter Menschen an der Bevölkerung, verbunden mit der Desintegration ihrer sozialen Bezüge, zu einem drastischen Anstieg psychiatrischer Behandlungsbedürftigkeit in dieser Altersgruppe geführt. Die Folge war eine erhebliche Zunahme des Bedarfs an geeigneten Einrichtungen. Ähnliches gilt zum Beispiel für die in den letzten Jahren ständig wachsende Zahl Alkohol- und Medikamentenabhängiger.

Bestandsaufnahme

20 Jahre später als in vergleichbaren Kulturstaaten hat auch Anfang der 70er Jahre in der Bundesrepublik Deutschland eine Selbstbesinnung und Bestandsaufnahme zur Situation der psychiatrisch-psychotherapeutischen Versorgung der Bevölkerung eingesetzt. Seit 1975 liegt ein 1400 Seiten starker Bericht der von der Bundesregierung berufenen Sachverständigenkommission vor. In diesem Bericht wurden schwerwiegende Mängel bis hin zu einer zum Teil menschenunwürdigen Unterbringung psychisch Kranker in psychiatrischen Anstalten aufgezeigt. Die Kritik zentrierte sich auf die' beiden maßgebenden Versorgungsbereiche:

1. Die psychiatrischen Anstalten (beschönigend: Fachkrankenhäuser), in denen 80% der **stationär** aufgenommenen psychisch Kranken versorgt wurden, waren (1973):

- *zu groß*, 68% der Betten standen in Einrichtungen mit mehr als 1000 Betten;

- *zu alt*, 2/3 der Betten befanden sich in Häusern, die vor 1925 errichtet wurden;

- *zu weit entfernt* von den Ballungsräumen. Die Einzugsgebiete der Fachkrankenhäuser mit festgelegtem Aufnahmebezirk waren mit einer durchschnittlichen Einwohnerzahl von knapp 1 Million zu groß, die durchschnittliche Entfernung zwischen Krankenhaus und Peripherie des Einzugsgebietes betrug fast 90 km.

- *Die Verweildauer war zu lang.* Am Stichtag lebten fast 2/3 der Patienten (also knapp 60000 Menschen) länger als 2 Jahre und knapp 1/3 sogar länger als 10 Jahre im psychiatrischen Krankenhaus.

- *Ein Teil der Patienten war fehlplaziert.* Knapp 20% der Patienten waren am Stichtag geistig Behinderte, die in den psychiatrischen Krankenhäusern nicht die erforderliche Heil- und sozialpädagogische Behandlung erhalten konnten.

- *Die personelle und therapeutische Situation war besorgniserregend:* Ein Arzt war je nach Größe des Fachkrankenhauses im Durchschnitt für ca. 60, in Einrichtungen mit über 1000 Betten sogar für bis zu 200 Patienten zuständig. Ein Psychologe sollte 506, ein Sozialarbeiter im Durchschnitt sogar 540 Kranke betreuen. Von den Beschäftigungs- bzw. Arbeitstherapeuten hatten nur 26% eine abgeschlossene Ausbildung. Von ihnen kam einer auf ca. 180 Patienten. Am Stichtag wurde ein Schlüssel von 4,3 Betten pro Pflegeperson ermittelt. Von den Krankenpflegekräften hatten nur 42% eine staatliche Anerkennung.

2. Die **ambulante** psychiatrische Versorgung wurde in der Bundesrepublik Deutschland fast ausschließlich von den niedergelassenen Nervenärzten und Psychotherapeuten bestritten.

Die Anzahl der an der kassenärztlichen Versorgung im Dezember 1974 teilnehmenden niedergelassenen Nervenärzte lag unter der im internationalen Vergleich allgemein angenommenen Minimalzahl von einem Nervenarzt für 50000 Einwohner.

Es wurde eine regionale Unausgewogenheit in der Verteilung der Praxen dargestellt, von der besonders ländliche Gebiete betroffen waren, so gab es 140 Kreise und kreisfreie Städte ohne einen niedergelassenen Nervenarzt. Ähnliches galt für die knapp 1300 Fachpsychotherapeuten für Erwachsene (davon etwa die Hälfte mit Institutsweiterbildung) und die lediglich 286 Psychagogen (Kinder- und Jugendlichen-Psychotherapeuten), deren Praxen sich fast ausschließlich in Großstädten befanden.

Die Kommission kritisierte darüber hinaus die **unzureichende Verknüpfung von ambulantem und stationärem Bereich**:

– Die Situation konnte in etwa so gekennzeichnet werden, daß beide Bereiche zwei unterschiedliche Patientenkollektive behandelten, die sich nur partiell überlappten. Dies ging zum Beispiel daraus hervor, daß von allen Patienten eines Untersuchungsgebietes in einem Jahr nur 4% sowohl ambulant als auch stationär behandelt wurden.

– Bis zu 85% der Entlassenen kamen nach ihrer Entlassung nicht mehr zum Nervenarzt, so daß eine kontinuierliche Weiterbetreuung nur bei einem geringen Teil der Patienten erfolgte.

– Der Übergang von häufig mehrmonatiger und nicht selten mehrjähriger stationärer in ambulante Behandlung wurde durch das völlig unzureichende Angebot von *teilstationären* (Tageskliniken) und *komplementären Einrichtungen* (Übergangswohnheime, Wohnheime, Wohngruppen, Werkstätten) behindert.

Die letzten **15 Jahre, seit der Vorlage des Berichts der Sachverständigenkommission**, standen unter dem Zeichen einer inhaltlichen und organisatorischen Reform der psychiatrischen Versorgung auf dem Boden der Empfehlungen des Kommissionsberichts. Das öffentliche Bewußtsein scheint für offenkundige Mißstände aufmerksamer und alternativen Behandlungskonzepten gegenüber aufgeschlossener geworden zu sein. Die Sofortprogramme einzelner Bundesländer und das „Modellprogramm Psychiatrie" der Bundesregierung mit einem Finanzvolumen von mehr als 200 Mill. DM, haben durch aufwendige bauliche Maßnahmen nicht nur die katastrophalen und inhumanen Zustände in diesen Bereichen weitgehend beseitigt, sondern zahlreichen Initiativen bei der Enthospitalisierung chronisch Kranker und beim Ausbau komplementärer und ambulanter Einrichtungen vorangeholfen. Die Bettenzahlen in den psychiatrischen Großkrankenhäusern sind je nach Bundesland um 20–30% zurückgegangen. Gleichzeitig hat die Zahl der Plätze in Wohn- und Übergangsheimen zugenommen. In zahlreichen Städten sind psychiatrische Abteilungen in Allgemeinkrankenhäusern geschaffen worden (mittlerweile mehr als 100), die durch die Übernahme von Pflichtversorgungsbezirken die Einzugsbereiche der Großkrankenhäuser verkleinert und einer Dezentralisierung der stationären psychiatrischen Versorgung den Weg geöffnet haben.

Immer noch stehen **2/3 aller Betten in psychiatrischen Einrichtungen mit mehr als 500 Betten**, und fast alle psychiatrischen Großkrankenhäuser haben noch Einzugsbereiche von mehr als 500 000 Einwohnern. Zu viele chronisch psychisch Kranke sind immer noch Langzeitpatienten psychiatrischer Krankenhäuser. Selbst in den psychiatrischen Kliniken des Landschaftsverbandes Rheinland waren 1987 35% aller Patienten länger als 2 Jahre und 10% sogar länger als 20 Jahre hospitalisiert.

Die personelle Situation der psychiatrischen Krankenhäuser hat sich deutlich verbessert. Planstellen im Bereich von Ärzten, Psychologen und Sozialarbeitern können selbst in abgelegenen Einrichtungen weitgehend besetzt werden. Psychologen- und Sozialarbeiterstellen konnten durchschnittlich um 100%, die Stellen für Arbeits- und Beschäftigungstherapeuten um rund 50% vermehrt werden. Trotz einer relativen Vermehrung des Krankenpflegepersonals um ca. 15% hat sich die Gesamtsituation in diesem Bereich nicht entsprechend verbessert. Wachsende Aufgaben und steigende Arbeitsintensität haben ebensowenig wie der Rückgang der wöchentlichen Arbeitszeit von 48 Std. 1950 auf 38,5 Std. 1990 in einer angemessenen Verbesserung des Stellenplanes bisher ihren Niederschlag gefunden. In einigen Regionen ist dadurch auch in der Psychiatrie durchaus von einem „Pflegenotstand" auszugehen.

Im ambulanten Bereich ist die Zahl der niedergelassenen Nervenärzte vom Beginn der 70er Jahre bis heute ganz erheblich angestiegen. Rund 2400 Ärzte führen entsprechende Gebietsbezeichnungen. Darüber hinaus sind knapp 500 psychotherapeutisch tätige Ärzte ohne Gebietsbezeichnung niedergelassen. Nach wie vor kumuliert die Niederlassung in Großstädten.

Durch die 1976 erfolgte Novellierung der Reichsversicherungsordnung (RVO) ist es den psychiatrischen Krankenhäusern möglich geworden, eigene ambulante Dienste einzurichten (Institutsambulanzen). Von dieser Möglichkeit ist jedoch nur in einzelnen Bundesländern (Nordrhein-Westfalen) in größerem Umfang Gebrauch gemacht worden. Auch die Einrichtung sozialpsychiatrischer Dienste an Gesundheitsämtern oder in freier Trägerschaft ist nur langsam vorangekommen. Zwar haben einige Bundesländer, darunter Niedersachsen, Gesetze erlassen, die den Aufbau sozialpsychiatrischer Dienste in den Gemeinden vorsehen. Die Verwirklichung stößt jedoch auf erhebliche finanzielle und gesundheitspolitische Schwierigkeiten.

Konnte man 1975 psychiatrische Tageskliniken in der Bundesrepublik noch an einer Hand abzählen, so gibt es heute mehr als 100 solcher Einrichtungen, meist in Verbindung mit psychiatrischen Kliniken. Ihr Anteil an der stationären Versorgung liegt jedoch immer noch unter 5%.

Neuordnung

1988 hat die Expertenkommission der Bundesregierung ihre „Empfehlungen zur Reform der Versorgung im psychiatrischen und psychotherapeutisch/ psychosomatischen Bereich" vorgelegt. Aufbauend auf dem Sachverständigenbericht von 1975 hat sie im Blick auf die Reformentwicklung im vergangenen Jahrzehnt sowie die Ergebnisse des „Modellprogramms Psychiatrie" organisatorische und inhaltliche Leitlinien zur Gewährleistung einer angemessenen und bedarfsgerechten psychiatrischen Versorgung der Bevölkerung fortgeschrieben. Besondere Beachtung hat die Kommission der Situation der chronisch psychisch Kranken gewidmet und die Notwendigkeit hervorgehoben, die Verantwortung für ihre psychisch Kranken wieder mehr den Kommunen zuzuordnen.

Leitlinien für die Fortschreibung einer organisatorischen und inhaltlichen Neuordnung lassen sich wie folgt zusammenfassen:

Prävention

Den Entstehungsbedingungen psychischer Erkrankungen und den Umständen, die zu ihrer Chronifizierung führen, muß besonders in den Bereichen des Wohnens, der Erziehung und der Arbeit nachgegangen werden. Die Ergebnisse sollten intensiver als bisher den Betroffenen und den politisch Verantwortlichen, z. B. bei der baulichen Neugestaltung unserer Städte oder der Strukturierung von Arbeitsabläufen, vermittelt werden. Dem psychiatrisch-psychotherapeutischen Handeln sollten die Erkenntnisse fortschreitend zugrunde gelegt werden.

Aufklärung

Ohne eine fundierte Aufklärung der Bevölkerung ist die Ausgliederung psychisch Kranker und Behinderter nicht aufzuhalten. Eine Intensivierung der Öffentlichkeitsarbeit ist erforderlich. Dabei ist der besondere Einfluß der Einstellung der professionell mit psychisch Kranken konfrontierten Berufsgruppen, der Ärzte, der Psychologen usw., auf die Vorurteile in der Bevölkerung bedeutsam.

Selbsthilfe

Als einer der wichtigsten Grundsätze einer Neuordnung kann die Leitlinie „Selbsthilfe vor Fremdhilfe" gelten. Die meisten psychosozialen Probleme im Vorfeld von psychischem Kranksein, in lebensgeschichtlichen Krisen, z. B. beim Tod naher Angehöriger, oder in Beziehungskonflikten, werden durch das Selbsthilfepotential des Betroffenen bzw. das seines psychosozialen Umfeldes bewältigt. Dies ist unabdingbar, wollte man nicht den überwiegenden Teil der Bevölkerung von professioneller Hilfe abhängig machen.

Das verwahrende, „be"-handelnde, auf das psychiatrische Großkrankenhaus gestützte Versorgungssystem wird jedoch die Initiative des einzelnen und seiner Angehörigen eher unterdrücken als fördern. Der Patient wird durch die Abgeschlossenheit und räumliche Entfernung der Einrichtung von seinen sozialen Bezügen abgeschnitten, passiviert und verunselbständigt. Bei seiner unvorbereiteten Rückkehr in die Gemeinde steht er vor unüberbrückbaren Schwierigkeiten, da ihm das an Fremdhilfe orientierte System meist nichts als einen Kurzkontakt bei dem niedergelassenen Nervenarzt oder die Wiederaufnahme ins Krankenhaus anbieten kann. Ein präventiv ausgerichtetes psychotherapeutisches Versorgungssystem muß dagegen versuchen, bereits im Vorfeld der psychischen Erkrankungen, besonders aber während eines stationären Aufenthaltes, das Selbsthilfepotential nicht zu verschütten, sondern (z. B. durch die besondere Gestaltung des therapeutischen Settings einer Station im Sinne einer therapeutischen Gemeinschaft – s. S. 426 ff) Initiative und Selbsthilfe zu mobilisieren und zu unterstützen. Der Versuch, von der Fremd- zu mehr Selbsthilfe zu gelangen, gilt ebenso für die Gestaltung von komplementären, teilstationären und ambulanten Einrichtungen.

Gemeindenähe / Erreichbarkeit

Psychiatrisch-psychotherapeutische Dienstleistungen müssen, wie die Kommission etwas grob formulierte, „erreichbar" sein. Sind psychische Störungen durch Selbsthilfe nicht mehr kompensierbar, so sollte therapeutische Hilfe jederzeit in erreichbarer Nähe verfügbar sein. Eine mehrstündige Anreise ist, ebenso wie wochen- oder gar monatelange Wartezeiten auf eine diagnostische oder therapeutische Leistung, für viele Patienten völlig unzumutbar. Je kränker oder/und sozial benachteiligter der Betroffene ist, um so schwieriger wird es für ihn, die ohnehin hohe Schwelle zu therapeutischen Einrichtungen zu überschreiten. Dies verdeutlicht, daß ein umfassendes Versorgungssystem mobil sein muß, d. h. dazu bereit und in der Lage, auf den psychisch Kranken oder Gefährdeten zuzugehen, ein aktiv aufsuchendes Angebot zu machen.

Chancengleichheit

Gerade die soziale Unterschicht und die Randgruppen der Bevölkerung weisen eine unübersehbare und statistisch abgesicherte Häufung psychischer Erkrankungen auf. Der Versuch, Chancengleichheit im Rahmen einer Versorgung zu gewährleisten, heißt auch, psychiatrisch-psychotherapeutische Angebote nicht nur für ein ausgewähltes Mittelschichtklientel, sondern für alle Bevölkerungsgruppen bereitzustellen.

Chancengleichheit bedeutet weiter die Gleichstellung von körperlich und seelisch Kranken. Nachdem sich die psychiatrische Versorgung nicht nur in einem räumlichen Abstand vom allgemeinmedizinischen System entwickelt hat, kommt es heute darauf an, die Psychiatrie wieder in die allgemeinmedizinische Versorgung zu integrieren. Dies bedeutet auch die ökonomische Gleichstellung psychiatrischer Krankenhäuser und Abteilungen mit denen anderer medizinischer Disziplinen, wie sie durch das 1972 verabschiedete Krankenhausfinanzierungsgesetz grundsätzlich gewährleistet ist. Problematisch bleibt jedoch die Differenzierung in Behandlungs- und Pflegefälle mit unterschiedlichen Pflegesätzen. Immerhin ist bei 25−70% der Patienten der Fachkrankenhäuser der Sozialhilfeträger auch Kostenträger!

Koordination

Die präventiven und therapeutischen Kapazitäten einer psychiatrisch-psychotherapeutischen Versorgung sind grundsätzlich begrenzt. Um Reibungsverluste durch nicht voneinander abgegrenzte Arbeitsfelder und Doppelbehandlungen einerseits, sowie Lücken in therapeutischen Angeboten andererseits zu vermeiden, ist eine Koordination der Tätigkeit unumgänglich. Die hierzu vorgesehenen „psychosozialen Arbeitsgemeinschaften" haben sich in einigen Städten bewährt (z. B. Gießen, Hannover). Nicht zu übersehen ist, daß diesen Gremien nur eine beratende Funktion zukommt und ihr Einfluß, abhängig von dem Gewicht der an ihr teilnehmenden Personen, auf administrative Entscheidungen in vielen Fällen gering blieb.

Kontinuität

Die Behandlung psychisch Kranker sollte unter Bereitstellung eines differenzierten und abgestuften therapeutischen Angebots erfolgen können. Dies gilt um so mehr, wenn es darum geht, den langfristig Veränderten als Sonderling oder Störenden in seinem Lebensbereich zu belassen, ohne seine Verelendung oder die unerträgliche Zuspitzung seiner sozialen Situation heraufzubeschwören. Die Inanspruchnahme einer therapeutischen „Kette" soll eine den Problemen des Betroffenen individuell gerechtwerdende Betreuung gewährleisten mit dem Prinzip, nur so viel an professionellen Hilfen und Institutionalisierung anzubieten, wie unumgänglich notwendig ist. Das heißt:

- Ambulante Betreuung ist einer stationären Behandlung vorzuziehen,
- komplementäre (Übergangswohnheime, Wohnheime, Werkstätten usw.) sowie teilstationäre Einrichtungen (Tageskliniken) in der Region müssen auch vor vollstationären Angeboten in Anspruch genommen werden können.

Therapeutische „Ketten" in der beschriebenen Form sind gerade für den psychotischen Menschen nur dann wirksam, wenn das Prinzip der Therapeutenkontinuität verwirklicht werden kann. In unterschiedlichen Stadien von Therapie und Rehabilitation sollte der Betroffene vom selben Therapeuten oder zumindest von einer eng zusammenarbeitenden, ihm vertrauten Therapeutengruppe begleitet werden können.

Konsequenzen: der gemeindepsychiatrische Verbund

Die bisher dargestellten Leitlinien einer Neuordnung der psychiatrischen Versorgung lassen sich nur durch die regionale und kommunale Verankerung der Versorgungsangebote gewährleisten, die dadurch sowohl für den Hilfsbedürftigen und seine Angehörigen, aber auch für die therapeutisch Tätigen überschaubar und transparent bleiben. Ein therapeutisches Angebot, das den Hilfsbedürftigen nicht bereits „ausgemeinden" muß, um ihm Hilfe anbieten zu können, muß am Ort des Geschehens im engeren Lebensbereich angesiedelt werden. Dies bedeutet auch insofern eine grundsätzliche Neuorientierung, als bisher – historisch gewachsen – die Gemeinden in der Regel die Verantwortung für die Versorgung und insbesondere für die Verwahrung ihrer psychisch Kranken und Behinderten auf Landesebene an den überörtlichen Träger der Sozialhilfe (Landschaftsverband, Landeswohlfahrtsverband u. a.) delegiert haben, ähnlich wie die Sorge um den Straßenbau und die Denkmalspflege. Den Gemeinden sollte zumindest ein Teil der Verantwortung für ihre psychisch Kranken und Behinderten zurückgegeben werden. Dabei sollten jedoch die regional zweifellos unterschiedlichen Bedürfnisse der Gemeinden berücksichtigt und an ihnen entlangtastend flexibel geeignete Angebote entwickelt werden. *Gemeindepsychiatrie* soll hier im Gegensatz zu dem früher von der Sachverständigenkommission verwandten Begriff der „gemeindenahen" Psychiatrie noch deutlicher signalisieren, daß es nicht nur darum geht, psychiatrische Versorgungsangebote in der Nähe der Gemeinde anzusiedeln, sondern darum, sie in die Gemeinde zu integrieren.

Schematisierend wurde von der Expertenkommission die Einrichtung eines gemeindepsychiatrischen Verbundes für Regionen mit maximal 250000 Einwohnern vorgeschlagen. Innerhalb dieser Regionen soll ein differenziertes therapeutisches Angebot mit ambulanten, teilstationären, komplementären und stationären Einrichtungen unter Berücksichtigung der aufgezählten Grundsätze in der Lage sein, alle psychiatrischen Bedürfnisse dieser Region zu erfüllen (s. Tab. 9). Die praktische Erfahrung zeigt, daß zum Beispiel die Verfügbarkeit psychiatrischer Abteilungen an Allgemeinkrankenhäusern genausowenig wie die Existenz psychiatrischer Universitätskliniken die überregionale Ausgrenzung besonders störender oder therapeutisch nicht erfolgversprechend behandelbarer Menschen verhindert. Es hat sich damit die Notwendigkeit der Zuweisung einer **Versorgungsverpflichtung** für bestimmte ambulante Dienste und stationäre Einrichtungen erwiesen mit der Verpflichtung zur Übernahme der **therapeutischen Verantwortung** für alle Bewohner einer definierten Region.

Das hier, in groben Strichen gezeichnete, gemeindepsychiatrische Versorgungskonzept muß in der Praxis vor Schematisierung und Bürokratisierung bewahrt werden. Auch die Empfehlungen der Expertenkommission kranken an Problemen der Finanzierbarkeit und der fraglichen Durchsetzbarkeit gesetzgeberischer Konsequenzen. Die Eigendynamik der großen Verwaltungsapparate (z. B. der überörtlichen Sozialhilfeträger) ist wenig Aufmerksamkeit geschenkt worden. Trotz dieser Einwände ist mit dem engagierten Eintreten für eine grundlegende Neuorientierung ein Fundament verankert worden, ohne das eine entscheidende Verbesserung der psychiatrischen Versorgung kaum denkbar ist. Was sich auf diesem Fundament in der Zukunft, insbesondere bei der inhaltlichen Gestaltung der Arbeit, entwickeln wird, ist von der Phantasie und von dem Ideenreichtum der Beteiligten ebenso abhängig wie von den sozioökonomischen und gesundheitspolitischen Entwicklungen. Eine wesentliche Verbesserung wird sich besonders

Tabelle **9** Angebote in einem Standardversorgungsgebiet (aus: Bericht der Sachverständigenkommission, Deutscher Bundestag, Drucksache 7/4200, 1975)

Das Vorfeld psychiatrischer und psychotherapeutisch-psychosomatischer sowie rehabilitativer Dienste

allgemeine professionelle und nicht-professionelle Beratung in den Bereichen: Erziehung, Seelsorge, Rechtspflege, Gesundheitsämter, Arbeitsverwaltung und Sozialversicherung, Sozialarbeit

Beratungsstellen: praktische Ärzte und Ärzte für Allgemeinmedizin

psychosoziale Kontaktstellen: Fachärzte anderer Disziplinen

Ambulante Dienste

niedergelassene Nervenärzte — niedergelassene Psychagogen (Kinder- und Jugendlichen-psychotherapeuten)

niedergelassene ärztliche und nichtärztliche Fachpsychotherapeuten — psychosoziale Versorgungseinrichtungen (in unterversorgten Gebieten)

Beratungsstellen für Kinder, Jugendliche und Eltern

ambulante Dienste an Krankenhauseinrichtungen	*halbstationäre Dienste*	*stationäre Dienste*	*komplementäre Dienste*	*spezielle rehabilitative Dienste*	*Dienste für Behinderte*
ambulante Dienste an psychiatrischen Behandlungszentren	Tageskliniken und Nachtkliniken	psychiatrische Abteilungen an Allgemeinkrankenhäusern	Übergangsheime	Werkstätten für Behinderte	Einrichtung zur Früherkennung, Frühdiagnose und Frühbehandlung
psychotherapeutisch-psychosomatische Polikliniken	Tageskliniken und Nachtkliniken für besondere Patientengruppen	psychotherapeutisch-psychosomatische Abteilungen an psychiatrischen Krankenhäusern und Allgemeinkrankenhäusern	Wohnheime und Wohnheime für besondere Patientengruppen	beschützende Arbeitsplätze	Sonderkindergärten
Fachambulanzen		gerontopsychiatrische Abteilung	beschützende Wohngruppen und Wohnungen		Sonderschulen
		Assessment-Unit für psychisch kranke alte Menschen	Familienpflege		Sonderklassen
			Tagesstätten		Wohnangebote
			Patientenclubs		Bildungs-, Freizeit- und Erholungsstätten
			Einrichtungen für Schwerst- und Mehrfachbehinderte		

Koordination

psychosozialer Ausschuß
Kooperation der Träger
psychosoziale Arbeitsgemeinschaft

Planung

dann ergeben, wenn es wirksamer als bisher gelingt, Interessen der Betroffenen und ihrer Angehörigen zu vertreten. Erste Schritte hierzu wurden durch den Zusammenschluß von Hilfsvereinen und Angehörigengruppen im „Dachverband psychosozialer Hilfsvereinigungen", Thomas-Mann-Str. 94 a, 5300 Bonn 1, getan.

Literatur

Bericht über die Lage der Psychiatrie in der BRD – Zur psychiatrischen und psychotherapeutisch/psychosomatischen Versorgung der Bevölkerung. Deutscher Bundestag, Drucksache 7/4200 (1975)

Dilling, H., S. Weyerer, R. Castell: Psychische Erkrankungen in der Bevölkerung. Enke, Stuttgart 1984

Empfehlungen der Expertenkommission der Bundesregierung zur Reform der Versorgung im psychiatrischen und psychotherapeutischen/psychosomatischen Bereich. BMJFFG, Bonn 1988

Haselbeck, H.: Gemeindepsychiatrie. In H. Krüger: Die Schizophrenien. Enke, Stuttgart 1981

Haselbeck, H., W. Machleidt, H. Stoffels, D. Trostdorf: Psychiatrie in Hannover. Strukturwandel und therapeutische Praxis in einem gemeindenahen Versorgungssystem. Enke, Stuttgart 1987

Mechanic, D.: Psychiatrische Versorgung und Sozialpolitik. Urban & Schwarzenberg, München 1975

Stellungnahme der Bundesregierung zum Bericht der Sachverständigenkommission über die Psychiatrie. Deutscher Bundestag, Drucksache 8/2565, 1979 (S. 11 und 68)

Wing, J. K.: Psychiatrische Fallregister. Nervenarzt 44 (1973) 576–580

55 Psychiatrische Dienste und Einrichtungen

Lernziele:
Fähigkeit zur allgemeinen Einschätzung der Versorgungsaufnahmen und des gesundheitspolitischen Hintergrundes psychiatrischer Dienste und Einrichtungen; Kenntnis der Aufgaben, Ziele und Strukturen ambulanter, komplementärer teilstationärer und stationärer Dienste und Einrichtungen und des sinnvollen Zusammenwirkens dieser Einrichtungen.

Vorbemerkung

Der Ort psychiatrischen Handelns (oder Nichthandelns) wird bestimmt durch die herrschenden Vorstellungen von psychischen Erkrankungen und der Bedeutung, die eine Gesellschaft ihrem Bedürfnis nach Sicherheit und Ordnung beimißt. Der Umgang einer Gesellschaft mit ihren psychisch kranken Mitgliedern läßt sich vereinfachend immer wieder auf zwei Tendenzen reduzieren:
– der Tendenz, störende, gefährliche, hilflose oder belastende Mitglieder aus der Gemeinschaft auszusondern, und

– der Tendenz einzelner oder ganzer Gruppen in der Gesellschaft, Toleranz zu üben, Kranke mit all ihren Merkwürdigkeiten und Besonderheiten zu akzeptieren, ihnen zu helfen, die Ausgliederung aufzuheben oder zu mildern.

Die Geschichte der Psychiatrie und ihrer Institutionen ist geprägt von den Auswirkungen der wechselnden Gewichtung dieser beiden Tendenzen. Dabei ist das letzte Jahrhundert deutscher Psychiatrie überschattet von dem 1865 in Dresden veröffentlichten Beschluß der „Sektion Psychiatrie der Versammlung deutscher Naturforscher und Ärzte", „. . . wie bisher darauf hinzuwirken, daß neu zu bauende Irrenanstalten außerhalb der Städte angelegt werden". Mit dieser Entscheidung war W. GRIESINGER den führenden Anstaltsdirektoren seiner Zeit unterlegen bei dem Bemühen um eine dezentrale psychiatrische Versorgung mit der Schaffung von Ambulanzen und „Stadtasylen" (psychiatrische Abteilungen an Allgemeinkrankenhäusern in den größeren Städten). Im sozialgeschichtlichen Kontext zeigt sich, daß diese Entwicklung nicht als Ausdruck von Zufällen oder Eigengesetzlichkeiten zu sehen ist, sondern daß die der gescheiterten bürgerlichen Revolution von 1848 folgende Erstarkung des monarchistischen Staates und die Wiederaufrichtung autoritärer Strukturen sich unmittelbar auf das psychiatrische Versorgungswesen niederschlug. Betrachtet man die Anstalten in jener Zeit, so wirkten sie nicht selten als Karikaturen der gesamtgesellschaftlichen Situation, quasi als feudalistischer Staat im Staate.

Die Berücksichtigung dieses sozialgeschichtlichen Kontextes macht verständlich, warum es in der Bundesrepublik Deutschland so lange gedauert hat, bis es gelungen ist, ein Fundament für eine Erneuerung der psychiatrischen Versorgung vorzubereiten und zu verankern, galt es doch, eine über ein Jahrhundert ausgebaute, auf die Anstalten zentrierte Verwahrung psychisch Kranker und eine verkrustete Leitungs- und Verwaltungsbürokratie in Frage zu stellen.

Kompliziert wurde (und wird) die kontinuierliche Betreuung psychisch Kranker durch einen strukturellen Mangel unseres Gesundheitssystems – *die strikte Trennung zwischen ambulanter und stationärer Therapie* durch die Monopolstellung niedergelassener Ärzte bei der ambulanten Behandlung. Erst in engem Zusammenhang mit dem „Bericht der Sachverständigenkommission zur Lage der Psychiatrie" ist eine Novellierung der Reichsversicherungsordnung (RVO) gelungen, die es psychiatrischen Krankenhäusern erlaubt, eigene ambulante Dienste einzurichten. Bisher ist von diesen Möglichkeiten von den Krankenhausträgern erst in beschränktem Umfang Gebrauch gemacht worden, offenbar in der Sorge um eine angemessene Deckung der Kosten, die durch solche „Institutsambulanzen" entstehen und die nur mit Mühe durch die anhand der ärztlichen Gebührenordnung mit den Krankenkassen abzurechnenden Einnahmen zu decken sind. Einige Bundesländer, darunter Niedersachsen, haben im Rahmen ihrer Gesetze zum Schutze und zur Hilfe für psychisch Kranke den Aufbau sozialpsychiatrischer Dienste an den Gesundheitsämtern vorgesehen. Auch der Ausbau solcher Dienste kommt nur schleppend voran, da für eine ausreichende Finanzierung nicht in genügendem Umfang Sorge getragen wurde. Für viele geht die durch den Bericht der Sachverständigenkommission angestoßene Entwicklung zu schleppend voran. Zu viele bürokratische Hindernisse sind nicht oder noch nicht zu überwinden. Punktuell lassen sich auch gegenläufige Tendenzen erkennen. Trotzdem sollte nicht übersehen werden, daß die BRD im letzten Jahrzehnt den Anschluß an den psychiatrischen Versorgungsstand vergleichbarer Kulturstaaten gefunden hat. Es ist eine Veränderung der psychiatrischen Versorgungsstruktur in Gang gekommen, an der es sich lohnt, weiterzuarbeiten.

Im folgenden sollen die wichtigsten Dienste und Einrichtungen, auf die sich die psychiatrische Versorgung derzeit stützt, skizziert werden:

Ambulante Dienste

Ärzte für Allgemeinmedizin (praktische Ärzte)

Sie stellen zweifellos den Grundpfeiler einer in die Gemeinde integrierten psychiatrisch-psychotherapeutischen Versorgung dar, nicht selten ohne es zu wissen. Ihr Vorteil – zumindest als Hausarzt klassischer Prägung – liegt in der nicht selten langjährigen Vertrautheit mit den Familien und der sozialen Situation ihrer Patienten, die es ihnen ermöglicht, psychische Störungen – auch im sozialen Beziehungsgefüge – zu erkennen, wenn erforderlich angemessen (d. h. nicht nur psychopharmakologisch) zu behandeln und in schwierigen Situationen für eine rechtzeitige Vermittlung von sozialen und/oder psychiatrisch/psychotherapeutischen Hilfen zu sorgen. Die dazu heute zunehmend bereits im Studium vermittelte Kompetenz kann durch die Teilnahme an den auf die Bedürfnisse praktischer Ärzte zugeschnittenen Weiterbildungsveranstaltungen (z. B. Lindauer Psychotherapie-Wochen) oder die Teilnahme an regionalen „Balint-Gruppen" erweitert werden.

Eine in diesem Sinne zeitlich und qualitativ angemessene Betreuung psychisch Kranker wurde zumindest in der Vergangenheit nicht nur durch die unzureichende Vermittlung psychologisch-soziologischen Wissens während der ärztlichen Ausbildung behindert, sondern besonders durch die Struktur der ärztlichen Abrechnung mit den Krankenkassen erschwert.

Die in Relation zu den einseitig überbewerteten technisch-apparativen Leistungen völlig unangemessen oder gar nicht honorierten psychotherapeutischen Leistungen haben zu einer gerade für psychisch Kranke äußerst ungünstigen Verschiebung des ärztlichen Leistungsspektrums geführt. Will man hier dem beträchtlichen Anteil psychisch Kranker oder zusätzlich zu somatischen Erkrankungen auch psychisch gestörten Menschen – ihr Anteil wird heute auf durchschnittlich 20 bis 30% in der ärztlichen allgemeinen Praxis geschätzt – nur annähernd gerecht werden, sind hier Änderungen dringend geboten.

Niedergelassene Nervenärzte und Psychotherapeuten

Nach dem 1. Weltkrieg begannen sich in Deutschland erstmals Nervenärzte in freier Praxis niederzulassen. Sie taten dies – wie die meisten Fachärzte anderer Disziplinen auch – meist in den größeren Städten, nur selten auf dem flachen Land. Daran hat sich bis heute nichts geändert. Von den derzeit etwa 2400 niedergelassenen Nervenärzten praktizieren ca. 60% in Städten mit über 100000 Einwohnern. In den Städten finden sich die Praxen meist im Zentrum oder in gutbürgerlichen Wohngebieten, höchst selten in Arbeitervierteln. Nach wie vor können zahlreiche dünn besiedelte Landkreise, meist wenn sie von größeren Städten weit entfernt sind, ebenso wie verschiedene kreisfreie Städte als „nervenarztfreie Zonen" gelten. – Von den insgesamt ca. 200 Kinder- und Jugendpsychiatern sind lediglich ca. 40 in freier Praxis tätig.

Die niedergelassenen Nervenärzte leisten den ganz überwiegenden Teil der ambulanten Behandlungen psychisch Kranker. Häufig scheinen sie sich zu wenig Zeit für den einzelnen Patienten nehmen zu können. Dank der modernen Behandlungsmöglichkeiten mit Psychopharmaka kann heute auch ein Großteil der Psychosekranken vom Nervenarzt ambulant betreut werden. Bestimmte Patientengruppen – oft gerade die am schwersten gestörten – werden von ihnen dagegen nachweislich kaum oder gar nicht erreicht. Hierbei handelt es sich insbesondere um Patienten mit chronifizierten psychotischen Erkrankungen, die sich nicht für krank oder behandlungsbedürftig halten und daher ebenso wie solche Patienten aus unteren Sozialschichten den Nervenarzt von sich aus nicht aufsuchen. Gleiches gilt für viele alkohol- und medikamentenabhängige, hirnorganisch und psychogeriatrisch erkrankte Menschen.

Der typische Nervenarzt – der in der Regel zu etwa 40% neurologische Patienten zu betreuen hat – ist besonders in zwei Bereichen überfordert (so daß hier zusätzliche mobile und multiprofessionelle Dienste erforderlich sind):
– Die derzeitigen Abrechnungsmodalitäten nach der ärztlichen Gebührenordnung erlauben dem niedergelassenen Nervenarzt kaum eine nachgehende und aufsuchende Fürsorge (Hausbesuche) sowie die zeitaufwendige Einbeziehung von Familienangehörigen, Nachbarn und Arbeitskollegen in den therapeutischen Prozeß.
– Auf die gleichen Probleme stößt die Einleitung und Durchführung rehabilitativer Maßnahmen.

Der quantitative Beitrag, den niedergelassene Psychotherapeuten/Psychoanalytiker zur psychiatrischen Versorgung leisten, ist nicht sehr hoch, weil die entsprechenden Therapien sehr zeitaufwendig sind und von daher nur einer kleinen Gruppe von – meist neurotisch gestörten – Patienten zugute kommen.

Nichtsdestoweniger haben psychoanalytische und insbesondere ich-psychologische Erkenntnisse das allgemein psychiatrische Handeln wesentlich beeinflußt, die psychotherapeutischen Möglichkeiten erweitert und bei der Institutionsberatung geholfen, das therapeutische Milieu förderlicher zu gestalten.

Institutionsgebundene ambulante psychiatrische Dienste

Bereits um die Jahrhundertwende kam es als Ausdruck eines wachsenden sozialen Bewußtseins und der Überfüllung der Anstalten sowie der gewaltigen durch sie entstehenden Kosten zum Ausbau der sogenannten „offenen Irrenfürsorge". Sie entstand einmal als Außenfürsorge in enger Zusammenarbeit mit der Anstalt (Erlanger Modell) und in verschiedenen Großstädten vom kommunalen Gesundheitsamt aus (Gelsenkirchener Modell). In der Zeit der Weimarer Republik kam es zu einer gewaltigen Ausweitung der „offenen Fürsorge", die mit der Machtergreifung der Nationalsozialisten ins Stocken geriet, da zahlreiche in diesen Diensten beschäftigte jüdische und sozialistische Ärzte ihre Tätigkeit einstellen mußten. Die mit diesem ambulanten Versorgungssystem zwangsläufig verbundene soziale Kontrolle erfuhr in der Zeit der nationalsozialistischen Herrschaft einen gegen ihre ursprünglichen Intentionen gerichteten breiten Mißbrauch (Wegbereitung von Zwangssterilisierung und Euthanasie). Die organisatorische Einengung der Dienste durch die Nationalsozialisten führte zur fast vollständigen Aufgabe therapeutischer Angebote und beschränkte die Tätigkeit faktisch auf Maßnahmen zur Gefahrenabwendung und Sicherung der öffentlichen Ordnung. Damit war es zu einer Diskreditierung ambulanter psychiatrischer Dienste ebenso wie des gesamten öffentlichen Gesundheitswesens gekommen, die bis heute nachwirkt.

Erst seit der Veröffentlichung des Berichtes zur Lage der Psychiatrie in der BRD ist es zu einem Ausbau institutionsgebundener ambulanter Dienste in größerem Umfang gekommen. Dabei gibt es erneut zwei verschiedene Formen:

Sozialpsychiatrischer Dienst. In einigen größeren Städten (z.B. Frankfurt, Berlin, Hannover, Bremen) gibt es bereits seit längerem funktionierende Sozialpsychiatrische Dienste (SPD), die meist den Gesundheitsämtern angegliedert sind. Seltener befinden sie sich auch in freigemeinnütziger Trägerschaft (z.B. München). Ein flächendeckender Ausbau solcher Dienste ist in den letzten Jahren erst in einigen Bundesländern (Nordrhein-Westfalen, Niedersachsen) vorangetrieben worden. Sie sind in der Regel besetzt mit einem Arzt für Psychiatrie, ein bis zwei Sozialarbeitern, einer Krankenpflegekraft, einer Sekretärin sowie evtl. einem Psychologen. Folgende Aufgaben sollten von diesen Diensten übernommen werden:
– Nachbetreuung solcher krankenhausentlassener Patienten, die von konventionellen ärztlichen und nervenärztlichen Behandlungsangeboten so-

wie sonstigen psychosozialen Diensten nicht oder nicht ausreichend er- reicht werden;
– Vorbeugung, insbesondere Intervention in Krisensituationen, und Be- handlung leichterer Störungen im sozialen Kontext, die einen hohen zeitli- chen und multiprofessionellen Aufwand erfordern, besonders mit dem Ziel, eine stationäre Aufnahme zu verhindern;
– Einweisung stationär bzw. teilstationär behandlungsbedürftiger Patienten in die zuständige Einrichtung unter Einschluß der Anwendung von Zwangsmaßnahmen nach den jeweiligen Unterbringungsgesetzen der Bundesländer, jedoch mit dem Ziel, solche zu vermeiden;
– Vermittlung von Rehabilitationsleistungen und sozialen Hilfen;
– Kooperation mit und Beratung von anderen psychosozialen Einrichtun- gen, den niedergelassenen Ärzten, insbesondere Nervenärzten der Re- gion.

Durch die Ausweitung der ursprünglich auf rein hoheitliche Funktionen beschränkten Tätigkeit der an den Gesundheitsämtern angesiedelten sozial- psychiatrischen Dienste und die zumindest in einigen Städten geschaffene Möglichkeit, über Ermächtigungsverträge zwischen dem Leiter der Dienste und der Kassenärztlichen Vereinigung auch ein Behandlungsrecht auszu- üben (wodurch auch eine teilweise Deckung der Kosten der Dienste aus den Mitteln der Krankenkassen möglich wird), läßt sich eine bedeutende quali- tative Verbesserung gerade für die besonders schwer gestörten Patienten einer Region erreichen.

Institutsambulanz. Aufgrund des in der Reichsversicherungsordnung (RVO) festgelegten sogenannten Sicherstellungsauftrages wird die ambulan- te medizinische Versorgung in der Bundesrepublik durch die Kassenärztliche Vereinigung gewährleistet. Dies hat zu einer Monopolstellung der niederge- lassenen Ärzte geführt, von der in der Vergangenheit lediglich die Universi- täts-Polikliniken insofern ausgenommen waren, als ihnen eine ambulante Tätigkeit, soweit es für Forschung und Lehre notwendig ist, zugebilligt wurde. Erst durch die 1976 vom Bundestag verabschiedete Änderung der RVO (§ 386 n) konnten die an vielen psychiatrischen Krankenhäusern beste- henden „grauen" Ambulanzen (Außenfürsorge) legalisiert werden. Von dieser Möglichkeit, die für psychiatrische Krankenhäuser und seit 1986 auch für psychiatrische Abteilungen an Allgemeinkrankenhäusern gilt, ist bisher nur in einzelnen Bundesländern (Nordrhein-Westfalen) in größerem Um- fang Gebrauch gemacht worden da Regelungen für eine angemessene Finan- zierung fehlen (s. S. 461 ff). Der Aufgabenschwerpunkt dieser an den psych- iatrischen Krankenhäusern angesiedelten Institutsambulanzen liegt entspre- chend dem klassischen Konzept der Außenfürsorge in der Nachbetreuung der aus stationärer Behandlung entlassenen Patienten. Abhängig von der personellen Besetzung und der Lokalisation der Ambulanz kommen jedoch durchaus auch die anderen Aufgaben, wie sie bei den sozialpsychiatrischen Diensten aufgezählt wurden, in Betracht.

Komplementäre Dienste

Betreute Wohnformen und geschützte Arbeitsplätze für chronisch psychisch kranke oder psychisch behinderte Menschen sind seit dem 2. Änderungsgesetz zum Bundessozialhilfegesetz von 1969 und nach Erscheinen des Berichts über die Lage der Psychiatrie in der BRD 1975 konsequenter diskutiert und realisiert worden. Von der Sachverständigenkommission wurde diesem Bereich besondere Priorität eingeräumt, und zumindest einige Bundesländer haben in den letzten 10 Jahren in diesem Bereich in erheblichem Umfang Plätze geschaffen. Diese Entwicklung ist jedoch noch keineswegs abgeschlossen.

Ziel der Bemühungen im komplementären Bereich ist die Überbrückung der tiefen Kluft zwischen häufig mehrjähriger stationärer Behandlung und ambulanten Behandlungsangeboten. Es hat sich gezeigt, daß viele psychisch kranke Menschen nach einem längeren Krankenhausaufenthalt nicht ohne ein beträchtliches Wiedererkrankungsrisiko zu einer eigenständigen Lebensbewältigung in der Lage sind, ganz zu schweigen von den Möglichkeiten, beruflich wieder Fuß zu fassen. Es ist daher notwendig, zwischen beiden Bereichen ein Trainingsfeld anzusiedeln, das unter enger therapeutischer Begleitung stufenweise die Entwicklung größtmöglicher Selbständigkeit im täglichen Leben erlaubt, um den Behinderten langfristig wieder in die Lage zu versetzen, allein, in kleinen Gruppen oder in der Familie zu leben. Die Eingliederung in Arbeit und Beruf gilt weithin als Basis für die gesellschaftliche Eingliederung (s. S. 421). Die Erfahrungen der letzten Jahre haben jedoch gezeigt, daß dies zunehmend seltener auf dem sogenannten allgemeinen Arbeitsmarkt gelingt. Hier ist die Bereitstellung auch anderer geeigneter und differenzierter Arbeitsmöglichkeiten unbedingt geboten.

Diese Ziele lassen sich nur innerhalb *geeigneter Organisationsformen* verwirklichen und längerfristig aufrechterhalten. Anzustreben ist die überschaubare Größe solcher Einrichtungen, die ein vertrautes Milieu ermöglicht sowie Kleingruppenarbeit und Gemeinschaftsaktivitäten fördert unter Gewährleistung der Privatsphäre des einzelnen und seiner Rückzugsmöglichkeiten. Wohn- und Arbeitsangebote müssen die Lebensrealität des behinderten Menschen widerspiegeln, und es liegt in der Logik komplementärer Einrichtungen, daß sie nur in räumlicher Trennung von psychiatrischen Kliniken zu betreiben sind.

Psychiatrische Übergangs- und Wohnheime

Das *Übergangswohnheim* soll seelisch behinderte Menschen aufnehmen, die meist nach einer vorangehenden psychiatrischen stationären Behandlung zu ihrer psychischen Stabilisierung, Verselbständigung und Aktivierung eines kurzen bis mittelfristigen Rehabilitationsangebotes (in der Regel bis zu 4 Jahren) bedürfen, um dann möglichst weitgehend und dauerhaft außerhalb psychiatrischer Einrichtungen leben zu können.

Das *Wohnheim* soll zur Begleitung solcher Behinderter dienen, die voraussichtlich noch längerfristiger nicht eigenständig wohnen oder in der Familie ausreichend versorgt werden können, die aber die im Wohnheim angebotenen soziotherapeutischen Hilfen nutzen, um vorhandene Freiräume selbständig zu bewältigen, und bei denen zumindest längerfristig eine Chance gesehen wird, auch wieder außerhalb einer Einrichtung, zum Beispiel in einer Wohngruppe eigenständig zu leben.

Zu den hier anzubietenden therapeutischen Leistungen gehören insbesondere:

- Hilfen zur Wiedergewinnung einer selbständigen Lebensweise (z. B. selbst für die Sauberkeit der Wäsche und für die eigene Ernährung sorgen können);
- im Bedarfsfall Koordinierung der wirtschaftlichen und finanziellen Belange (z. B. Regulierung der Schulden);
- Förderung der Kontaktfähigkeit auch außerhalb der Einrichtung;
- Hilfen bei einer individuellen Bedürfnissen gerecht werdenden Tages- und Freizeitgestaltung.

Eine vollwertige Eingliederung in das „normale Leben" ist nicht ohne Hilfen bei der Verminderung von Ausbildungs- und Berufsdefiziten sowie geeigneten Arbeitstrainingsmaßnahmen denkbar. Hier ist einerseits eine enge Zusammenarbeit mit entsprechenden Institutionen, zum Beispiel im örtlichen Arbeitsamt, und andererseits der enge Verbund der Einrichtungen mit einem Arbeitstrainingsbereich notwendig.

Finanzierung: Obwohl die beschriebenen Leistungen durchaus auch unter dem Begriff medizinische Rehabilitation (s. S. 402 ff) eingeordnet werden könnten, ist es bisher noch nicht umfassend gelungen, die Krankenkassen und die Rentenversicherungsträger zu einer Übernahme der Rehabilitationsmaßnahmen zu bewegen. Bisher werden die entstehenden Kosten, soweit bei den Betroffenen eine Behinderung im Sinne von § 39 BSHG festzustellen ist, im Rahmen der Eingliederungshilfe nach § 40 BSHG vom überörtlichen Träger der Sozialhilfe übernommen. Dies bedeutet allerdings, daß der Rehabilitant zum Sozialhilfeempfänger wird und für den Fall, daß sein Vermögen mehr als 4000 DM beträgt oder er eine höhere Rente erhält, zu den entstehenden Kosten herangezogen wird. Diese nicht sonderlich rehabilitationsförderliche Situation bedarf der Abänderung.

Psychiatrische Pflegeheime

Diese Einrichtungen dienen der Betreuung und Pflege von Menschen mit ausgeprägten psychischen Behinderungen oder Mehrfachbehinderungen vorwiegend im mittleren Alter. Zu den Aufgaben zählt, dem Pflegebedürftigen seine Situation zu erleichtern und seine Beschwernisse durch aktivierende Pflege erträglich zu machen. Sie soll gewährleisten, daß der behinderte Mensch nicht an den Grundanforderungen des täglichen Lebens scheitert. Im Unterschied zu den vorgenannten Einrichtungen ist hier ein höheres Maß an therapeutischer Zuwendung, Versorgung und auch Kontrolle notwendig.

Finanzierung: Auch hier kommen nur der Einsatz von Eigenmitteln oder von Leistungen nach dem Bundessozialhilfegesetz in Betracht.

Wohngemeinschaften und einzelbetreutes Wohnen

Es handelt sich um ambulant betreute Wohnformen für Menschen, die nicht oder nicht mehr der stationären Betreuung im psychiatrischen Krankenhaus oder in einem Übergangswohn- oder Pflegeheim bedürfen. Sie sollen denjenigen dienen, die anderweitig so weit behandelt oder gefördert worden sind, daß sie nun bei ambulanter psychiatrischer Betreuung und gelegentlichen therapeutischen und pädagogischen Hilfen ihren Lebensbereich in Wohngruppe oder Wohngemeinschaft weitgehend selbständig gestalten und ein „normales" Alltagsleben führen können.

Die kontinuierliche Finanzierung von Wohngemeinschaften oder einzelbetreutem Wohnen ist nach dem BSHG eine Kann-Leistung des Sozialhilfeträgers. Auf breiterer Basis haben sich zu einer Kostenübernahme nur einzelne Bundesländer (z. B. Berlin und Bremen) bereitgefunden.

Gegenüber Wohngemeinschaften ist in den letzten Jahren kritisch eingewandt worden, daß ihnen allzu optimistisch Selbstheilungskräfte zugeschrieben würden, die durch praktische Erfahrungen nicht bestätigt werden. Es zeigt sich, daß schwerer psychisch Behinderte es eher vorziehen, allein oder höchstens zu zweit oder zu dritt eine Wohnung zu suchen. Hier hat sich das sog. „betreute Wohnen" als hilfreich erwiesen, in dem therapeutische Mitarbeiter orientiert an den individuellen Notwendigkeiten Unterstützung und therapeutische Begleitung anbieten. In einzelnen Regionen, wie in Bremen, werden bereits auf diese Weise mehr als 100 chronisch psychisch Behinderte von eigens dafür geschaffenen Diensten betreut, während in anderen Regionen die Betreuung von Einzelwohnungen noch von der psychiatrischen Klinik, vom Wohnheim oder vom sozialpsychiatrischen Dienst aus erfolgt.

Berufsbildungs- und Berufsförderungswerke

Erstere dienen der Erstausbildung Behinderter, letztere der Umschulung erwachsener Behinderter unabhängig von der Behinderungsart. Die wenigsten dieser Einrichtungen sind bereit und in der Lage, psychisch Behinderte aufzunehmen. Aufgrund der langen Wartezeiten und der fehlenden Einbindung in regionale Vor- und Nachbereitung der Rehabilitationsmaßnahmen führen die aufwendigen Bemühungen nur selten zum gewünschten Erfolg.

Finanzierung: Arbeitsverwaltung.

Berufliche Trainingszentren

Sie sind in der Bundesrepublik bisher nur ganz vereinzelt vorhanden (z. B. Wiesloch, Saarbrücken). Die Einrichtungen werden nach dem Arbeitsförderungsgesetz finanziert und setzen daher eine längere Berufstätigkeit oder abgeschlossene Ausbildung voraus. In der Kürze der voll zur Verfügung stehenden Zeit – ein bis maximal 1 1/2 Jahre – muß sehr intensive Arbeit geleistet werden, die bereits eine beträchtliche Belastbarkeit des Rehabilitanten voraussetzt. Als besondere Schwierigkeit erweist sich, daß auch eine erfolgreich abgeschlossene Rehabilitationsmaßnahme keinerlei Gewähr für einen Dauerarbeitsplatz bietet.

Werkstätten für Behinderte (WfB)

Die seit langem für Körper- und geistig Behinderte bestehenden Einrichtungen haben sich erst im letzten Jahrzehnt zunehmend auch für psychisch Behinderte geöffnet. Die von der Bundesregierung vorgegebene Konzeption „alle Behinderte unter ein Dach" hat sich an vielen Orten und gerade unter Berücksichtigung der Situation psychisch Behinderter nicht bewährt. Die in vielen größeren Städten entstandenen neuen Behindertenghettos mit 500 und mehr Arbeitsplätzen werden gerade von psychisch Behinderten gemieden und wegen ihrer ungerechten Entlohnung kritisiert. Am ehesten scheinen sich kleinere dezentrale und überschaubare Werkstätten eventuell in organisatorischem Verbund mit einer anderen Werkstätte (um als anerkannte Werkstätte mit mindestens 120 Plätzen finanzielle Vergünstigungen zu erhalten) für das berufliche Training und die längerfristige Beschäftigung psychisch Behinderter anzubieten. Die anerkannte Werkstätte muß über Eingangs- und Trainingsbereich sowie über eine Produktionsstufe verfügen. Die Kosten für die ersten beiden Bereiche trägt die Arbeitsverwaltung bzw. die Rentenversicherung, im Produktionsbereich werden die Kosten vom überörtlichen Sozialhilfeträger übernommen. Nur in wenigen Werkstätten ließ sich eine angemessene und leistungsbezogene Entlohnung verwirklichen. Dies ist um so belastender, als in der jetzigen konjunkturellen Situation für viele Behinderte die Werkstatt zu einem Dauerarbeitsplatz geworden ist.

Beschützte Arbeitsplätze

Eine WfB sollte über beschützte Arbeitsplätze in den umliegenden Betrieben der freien Wirtschaft oder des Öffentlichen Dienstes verfügen. Von dieser Möglichkeit des Trainings an einem regulären Arbeitsplatz wird zugunsten der verschiedenen ausgesonderten Arbeitsbereiche zu wenig Gebrauch gemacht. Dies sollte auch von den Gewerkschaften – der Solidargemeinschaft der Arbeitnehmer und auch der behinderten Arbeitnehmer – intensiver unterstützt werden.

Selbsthilfefirmen

Viele Behinderte ziehen es vor, nicht Sozialhilfeempfänger zu bleiben, sondern von jeglicher Mildtätigkeit und Fürsorgeabhängigkeit frei zu sein. Gemeinsam mit engagierten Therapeuten haben sich hier in den letzten Jahren kleine Gruppen getroffen und Firmen zum Beispiel als GmbH gegründet in der Vorstellung, auf die üblichen Gewinne einer solchen Firma zu verzichten und diese den nicht so gut funktionierenden und nicht so leistungsstarken psychisch behinderten Arbeitskollegen zugute kommen zu lassen. Solche Firmen könnten durch die Schaffung von vollwertigen Dauerarbeitsplätzen eine wichtige Ergänzung zur WfB darstellen. Es zeigt sich jedoch, daß bei zunehmender Arbeitslosigkeit und immer härteren Bedingungen auf dem Arbeitsmarkt solche Firmen nur dann eine Chance haben, wenn sie Subventionen erhalten, z. B. aus Mitteln der Ausgleichsabgabe nach dem Schwerbehindertengesetz, die von Arbeitgebern entrichtet werden muß, die weniger als 6% ihrer Arbeitsplätze für Schwerbehinderte zur Verfügung stellen und die sich dann mit einem bestimmten Betrag pro nicht eingestelltem Schwerbehinderten freikaufen können.

Teilstationäre Einrichtungen

Sie haben die Aufgabe, den stationären Behandlungsbereich zu entlasten, ihn überflüssig zu machen und eine Brücke zwischen ambulantem und stationärem Behandlungsbereich zu schlagen. Die früher noch erwähnte *Nachtklinik*, in der die Patienten die Nacht verbrachten, während sie tagsüber einer beruflichen Tätigkeit nachgingen, ist überflüssig geworden. Einzelne Kliniken gewähren ihren Patienten vorübergehend „Nachtklinikstatus", sonst sind die hier vorgesehenen Aufgaben vom Übergangswohnheim übernommen worden.

Die **Tagesklinik** hingegen hat an Bedeutung gewonnen. Die ersten Tageskliniken wurden in der Sowjetunion kurz nach der Oktoberrevolution gegründet. Besondere Bedeutung haben sie jedoch in den anglo-amerikanischen Ländern, insbesondere in Großbritannien erhalten. Die erste psychiatrische Tagesklinik in der BRD wurde erst 1960 gegründet.

Tagesklinik heißt, wie der Name sagt, daß die Patienten sich dort nur tagsüber aufhalten, während sie den Abend, die Nacht und die Wochenenden in ihrem vertrauten sozialen Umfeld verbringen. Die Größe variiert zwischen 15 und 30 Plätzen. Es lassen sich 2 Modelle differenzieren, die jedoch häufig in einer Tagesklinik vereint sind:

– Die Vorschalt- oder Kriseninterventionstagesklinik zur Verhinderung einer stationären Aufnahme für alle Krisen und Erkrankungen einschließlich Psychosen, wenn die ambulanten Behandlungsmöglichkeiten nicht mehr ausreichen. Der tagesklinische Aufenthalt ermöglicht die Aufrechterhaltung der sozialen Beziehungen. Die Aufenthaltsdauer wird meist zu Beginn der Behandlung begrenzt (4 bis 8 Wochen).
– Die Nachsorge- oder Rehabilitationstagesklinik. Sie dient der Verkürzung des stationären Aufenthaltes, der schrittweisen Entwöhnung des Patienten vom fürsorglichen, ihn 24 Stunden begleitenden therapeutischen Umfeld mit der stufenweisen Verstärkung der sozialen Verpflichtungen besonders für chronisch psychisch Kranke.

Daneben haben sich auch mehr diagnosebezogene Spezialisierungen von Tageskliniken ergeben. So wurden mit Erfolg spezielle Tageskliniken für abhängige, für psychogeriatrische und für neurotisch-psychosomatisch erkrankte Patienten geschaffen.

Die therapeutischen Strategien entsprechen sich weitgehend. Es gilt, ein den üblichen Lebensformen verwandtes Milieu zu schaffen, in dem das Programm durchaus alltäglichen Lebenssituationen entsprechen soll. In diesem Milieu sollen sich die typischen Konflikte und Probleme des Patienten abbilden, um sichtbar und in der Gruppe oder Einzelgesprächen diskussionsfähig zu werden. Dazu gehören gruppentherapeutische Angebote sowie Beschäftigungs- und Arbeitstherapie sowie freizeitpädagogische Angebote. Vor dem Wochenende wird üblicherweise Rückschau auf die vergangenen Tage gehalten und das Feierabend- und Wochenendprogramm des einzelnen diskutiert. Die Atmosphäre muß das vertrauensvolle Sichöffnen und das Ausprobieren neuer Handlungsweisen fördern.

Stationäre Einrichtungen

An letzter Stelle der Behandlungskette, dann, wenn alle anderen hier beschriebenen Betreuungs- und Behandlungsmöglichkeiten nicht ausreichen, steht das Bett im psychiatrischen Krankenhaus oder in der psychiatrischen Abteilung am Allgemeinkrankenhaus. In der BRD gibt es insgesamt 130 psychiatrische Krankenhäuser, davon 74 in öffentlicher, 36 in gemeinnütziger und 20 in privater Trägerschaft. Hinzu kommen ca. 100 psychiatrische bzw. neuropsychiatrische Abteilungen an allgemeinen Krankenhäusern sowie 23 an Universitätskliniken. Die Gesamtbettenzahl hat sich in den letzten 10 Jahren um etwa 20000 auf ca. 90000 vermindert, wobei knapp 90% der Betten auf psychiatrische Krankenhäuser, 5% auf psychiatrische Abteilungen und nur 3% auf die Universitätskliniken entfallen. Gut drei Viertel der psychiatrischen Krankenhausbetten stehen noch immer in Einrichtungen mit mehr als 500, 50% der Betten in Einrichtungen mit mehr als 1000 Betten. Jährlich werden etwa 220000 Menschen in psychiatrischen Institutionen aufgenommen und fast ebenso viele wieder entlassen. Allen psychiatrischen Krankenhäusern in öffentlicher Trägerschaft und einem Teil der psychiatrischen Kliniken und psychiatrischen Abteilungen an Allgemeinkrankenhäusern ist ein geographisch definierter Aufnahmebereich zugeordnet, für dessen Bewohner eine stationäre Versorgungsverpflichtung besteht. Das gesamte Bundesgebiet ist demzufolge lückenlos von derartigen Aufnahmebezirken überzogen.

Die therapeutische und humanitäre Situation in den psychiatrischen Krankenhäusern der BRD ist nach wie vor sehr unterschiedlich. Immer noch gibt es, besonders in den Langzeitbereichen, Räume mit mehr als 10 Betten, ohne Nachttische und unmittelbar zugängliche Schränke zur Aufbewahrung des persönlichen Besitzes, mit unzureichenden sanitären Einrichtungen und geschlossene Abteilungen, deren Fenster vergittert sind und die nach Geschlechtern streng getrennt geführt werden. In den letzten 10 Jahren sind solche menschenunwürdigen Bedingungen jedoch selten geworden.

Die Reorganisation der psychiatrischen Versorgung krankt daran, daß sie zu sehr vom psychiatrischen Krankenhausbett her vollzogen wurde. Der Aufbau teilstationärer komplementärer und ambulanter Dienste vollzieht sich auch bei der Schaffung neuer dezentraler psychiatrischer Abteilungen überwiegend zentrifugal von der stationären Einrichtung her. Dadurch gelingt es immer noch viel zu leicht, in die Klinik hineinzukommen, während die

Wiedereingliederung des einmal Ausgemeindeten einen erheblich höheren personellen und organisatorischen Aufwand erfordert. *Es ist also an der Zeit, das psychiatrische Versorgungssystem auf die Füße zu stellen, das heißt, es von der Basis der ambulanten Versorgungssituation her an den Bedürfnissen der Betroffenen orientiert zu organisieren.*

Als Beispiel für ein relativ weit ausgebautes und umfassendes psychiatrisches Versorgungssystem wird die Organisationsstruktur der Dienste und Einrichtungen im Bereich des Versorgungssektors der Psychiatrischen Klinik der Medizinischen Hochschule Hannover in der Abb. 11 wiedergegeben.

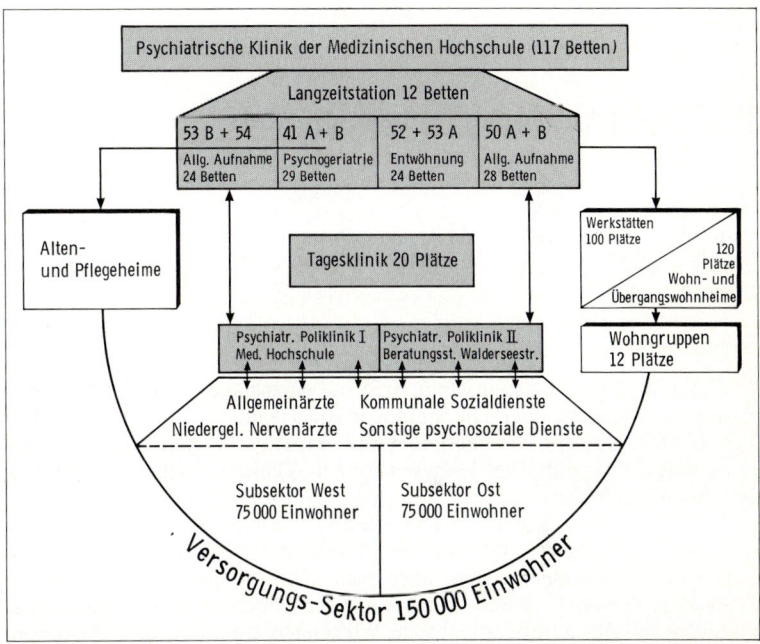

Abb. **11** Struktur der psychiatrischen Versorgung im Sektor der Medizinischen Hochschule Hannover

Literatur

Bauer, M., M. Rave-Schwank: Psychiatrische Abteilungen an Allgemeinkrankenhäusern. Aktion Psychisch Kranke, Bd. 10. Rheinland-Verlag, Bonn 1985

Bericht über die Lage der Psychiatrie in der BRD – Zur psychiatrischen und psychotherapeutisch/psychosomatischen Versorgung der Bevölkerung. Deutscher Bundestag, Drucksache 7/4200 (1975)

Haselbeck, H.: Ambulante Dienste als Alternative zum Psychiatrischen Krankenhaus. Enke, Stuttgart 1987

Prognos AG: Modell-Programm Psychiatrie – Finanzierung von Einrichtungen und Diensten. Horst Poller, Stuttgart 1984

Reimer, F., D. Lorenzen: Verzeichnis von Behandlungseinrichtungen für psychisch Kranke – BRD und Berlin (West). Enke, Stuttgart 1979

Tageskliniken, Berichte – Konzepte – Perspektiven. Sozialpsychiatrische Informationen 14, Heft 1 (1984)

56 Therapeutische Gemeinschaften

Lernziele:
Einsicht in die Indikation, die Organisation und die Widerstände, welche bei der Einführung therapeutischer Gemeinschaften zu berücksichtigen sind.

Allgemeines

Die therapeutische Gemeinschaft ist keine eigenständige Behandlungsmethode; sie versucht aber ein therapeutisches Klima zu schaffen, in dem verschiedene soziopsycho- und somatotherapeutische Behandlungsmethoden erfolgreicher zum Zuge kommen können. Therapeutische Gemeinschaft beruht auf der Einsicht,

– daß nicht nur Ärzte, sondern auch alle anderen in der Psychiatrie Tätigen – Krankenschwestern und -pfleger, Sozialarbeiter, Beschäftigungstherapeuten, Krankengymnasten, aber auch Sekretärinnen und das gesamte sonstige Personal – durch ihre Art mit den Patienten umzugehen, therapeutische oder antitherapeutische Wirkungen entfalten; dies gilt besonders dort, wo die psychiatrischen Institutionen die Grenze des Lebensraumes der Patienten abstecken,

– daß auch die Patienten selber therapeutische oder antitherapeutische Wirkungen aufeinander ausüben,

– daß auch von den institutionellen und juristischen Rahmenbedingungen, in denen die Patienten leben (Art der Räumlichkeit, geschlechtergetrennte oder gemischte Stationen, Verfügungsgewalt über Türschlüssel, Transparenzgrad der ärztlichen und juristischen Entscheidungen, Spielraum der Eigenverantwortlichkeit etc.) solche therapeutischen oder antitherapeutischen Effekte bewirkt werden.

Werden diese therapeutischen bzw. antitherapeutischen Faktoren nicht bedacht, so können sie nicht nur den therapeutischen Prozeß behindern, sondern darüber hinaus die Patienten zusätzlich schädigen (sogenannte „Anstaltsartefakte"). Dabei kann es sich um die unmittelbaren Einwirkungen des schädigenden Milieus handeln (soziale Isolierung, s. S. 25), fehlender Intimraum, Entzug der Rechte und Verantwortlichkeit), aber auch um eine Verstärkung der pathologischen Kommunikationsformen in der Familie oder in der Arbeitswelt, die zu den Krankheitssymptomen des Patienten beigetragen haben.

Aus psychoanalytischer Sicht haben alle institutionsbezogenen Verhaltensweisen bzw. Beziehungsformen wie Schreiben und Verwahren von Krankengeschichten, Tragen von Arztkitteln, Anredeform usw. eine symbolische Bedeutung für die an ihnen Beteiligten – Patienten und Therapeuten –, eine Bedeutung, die es zu entschlüsseln gilt, um sie therapeutisch bearbeiten zu können.

Ziele

In den therapeutischen Gemeinschaften
- sollen unnötige Beschränkungen der Rechte und der Freiheiten der Patienten abgebaut werden,
- sollen nötige Beschränkungen für den Patienten durchsichtig und wenn möglich auch einsichtig gemacht werden,
- soll ein ungehinderter Informationsfluß zwischen Ärzten, nichtärztlichen Mitarbeitern und Patienten bestehen,
- sollen nicht nur Ärzte, sondern auch nichtärztliche Mitarbeiter und Patienten am therapeutischen Prozeß beteiligt sein und in diesem auch Verantwortung übernehmen,
- soll das therapeutische Team in seinen Kommunikationsformen ein Identifikationsvorbild für die Patienten abgeben können,
- sollen die institutionellen Rahmenbedingungen für die Patienten ein Stück Realität repräsentieren, mit dem die Kranken mit Hilfe des therapeutischen Teams umzugehen lernen.

Organisationsformen

Eine therapeutische Gemeinschaft muß ein Mindestmaß institutioneller Stabilität und Organisation mit genügend Freiraum für spontane Handlungsmöglichkeiten verbinden. Nötig dabei sind:
1. Eine überschaubare Größe: 20 Patienten stellen eine ideale, 50 Patienten eine manchmal gerade noch vertretbare Größe einer therapeutischen Gemeinschaft dar.
2. Ein Mindestmaß an Stabilität des therapeutischen Teams. Allzu häufiger Wechsel von Ärzten und nichtärztlichen Mitarbeitern erschwert die Arbeit oder macht sie sogar unmöglich.
3. Keine allzu kurzen durchschnittlichen Aufenthalte der Patienten auf der Station. Bei durchschnittlichen Aufenthaltsdauern von 10 bis 20 Tagen läßt sich therapeutische Gemeinschaft kaum praktizieren.

4. Institutionalisierte Gelegenheiten zum Informationsaustausch, zu gemeinsamer Beratung und Entscheidungsfindung sowie zur Bearbeitung von Problemen (Teamgespräche, Stationsversammlungen).
5. Ein ausreichend weit gefächertes Angebot an therapeutischen Veranstaltungen für alle betreuten Patientengruppen (Gruppengespräche, Rollenspiel, nonverbale Therapiegruppen wie Bewegungstherapie, Gestaltungstherapie, rehabilitative Leistungsgruppen), aber auch genügend Einzelgespräche mit den Patienten.
6. Feste Bezugstherapeuten für jeden einzelnen Patienten.
7. Möglichkeiten zu unkonventionellem therapeutischem Einsatz, wie z. B. Außenaktivitäten – auch abends –, Einbeziehung von Familienangehörigen in die Gespräche usw.
8. Genügend Freiraum für patienteninitiierte Aktivitäten.
9. Anzuraten ist auch eine Teamsupervision durch einen auch tiefenpsychologisch vorgebildeten Außenstehenden.

Umstritten sind hingegen Auswahl der Patienten nach besonderen Eignungskriterien, Trennung der Patienten nach Diagnosen, Altersgruppen oder Bildungsniveau.

Indikationen

In nahezu allen stationären psychiatrischen Einrichtungen, wo die Patienten durchschnittlich sechs Wochen und länger bleiben, lassen sich therapeutische Gemeinschaften entwickeln. Ausgenommen sind Stationen, wo nur oder vorwiegend oligophrene, senildemente oder akut-exogen psychotische Patienten – z. B. Alkoholdelirien – behandelt werden. Außerhalb der zuletzt genannten Patientengruppen stellen therapeutische Gemeinschaften die effektivsten Rahmenbedingungen für die stationäre Behandlung von psychisch Kranken dar.

Durchführbarkeit

Die Entwicklung von therapeutischen Gemeinschaften muß von den Mitarbeitern einer Station initiiert und getragen werden. Durch Anordnung von oben lassen sich therapeutische Gemeinschaften nicht entwickeln. Ihr dauerhafter Bestand wird allerdings zumindest eine wohlwollende Neutralität der Klinik- und Krankenhausleistung voraussetzen. Die Befürworter der therapeutischen Gemeinschaft müssen also ein Stück institutioneller Macht in der Hand haben, damit die Reform nicht von oben gestoppt werden kann (s. BASAGLIA 1972). Zudem darf der Therapeuten-Patienten-Schlüssel (Zahl der Therapeuten im Verhältnis zur Zahl der Patienten) nicht zu ungünstig liegen. Bei einem Arzt auf 150 Patienten und einem Pfleger pro Schicht läßt sich eine therapeutische Gemeinschaft kaum praktizieren.

Widerstände

Widerstände sind von nahezu allen Beteiligten, einschließlich der Initiatoren der therapeutischen Gemeinschaften selbst zu erwarten:

1. Die therapeutische Gemeinschaft führt zu einer zeitweiligen Unsicherheit in den beruflichen Rollen (Nichtärzte übernehmen therapeutische Funktionen, oft werden „weiße Kittel", „Häubchen" und andere Berufsinsignien abgelegt) und der Abgrenzung der Verantwortlichkeit (z. B. abwechselnde Verantwortlichkeit der Schwestern als Stationsschwester, der Ärzte als Stationsarzt usw.). Selbst bei ausdrücklichem Einverständnis aller Mitarbeiter mit solchen Veränderungen können unbewußt Widerstände dagegen weiterbestehen.

2. Die therapeutische Gemeinschaft hat eine Vermehrung der Aufgaben und dadurch zunächst ein zusätzliches Maß an Arbeit zur Folge, vor allem für das Krankenpflegepersonal (Schwestern und Pfleger), aber oft auch für Beschäftigungstherapeuten, Bewegungstherapeuten, Sozialarbeiter usw., die zu ihren traditionellen Aufgaben auch noch im engeren Sinne therapeutische Funktionen übernehmen und an vielen Besprechungen teilnehmen müssen etc. Wird hier keine abgesicherte Überstundenregelung getroffen oder aber die Schaffung zusätzlicher Planstellen erreicht, so kommt das Personal in die schwierige Lage, sich zwischen den eigenen Interessen und Bedürfnissen und denjenigen der Patienten entscheiden zu müssen. Wenn man patientengerecht arbeiten will, so geht dies dann auf Kosten des eigenen Privatlebens, was auf die Dauer Unzufriedenheit schafft; wenn man sich auf seine tariflichen Rechte beruft und sein Privatleben verteidigt, so geht dies auf Kosten der Patienten, was bei sensiblen Mitarbeitern Schuldgefühle verursacht. Diese Zwangslage weckt oft Widerstände gegen mit vermehrter Arbeitsbelastung einhergehende Reformen.

3. Die Entwicklung einer therapeutischen Gemeinschaft auf einer Station ruft oft Neid bei den Patienten und Ärger beim Personal anderer Stationen hervor. Das Personal dort kommt angesichts der Forderungen der Patienten in einen Legitimationsdruck, dem es durch Rechtfertigung der eigenen traditionellen Arbeitsweise und Verteufelung der institutionellen Reformen zu entsprechen sucht. Dabei können auch – eingestandene oder uneingestandene – materielle Interessen, besonders der Ärzte (z. B. Verwendung eines wesentlichen Teils der Arbeitszeit für Gutachterpraxis), verstärkend mitspielen.

4. Widerstände können auch bei der Verwaltungsbürokratie entstehen, die bei freieren Betreuungsformen der Kranken vermehrte Haftpflichtbelastungen (z. B. bei Selbstmorden) und vermehrte Sachkosten befürchtet und nun plötzlich auf der Einhaltung bisher unbeachteter, vergessener, aber bisher noch nicht offiziell außer Kraft gesetzter Verwaltungsvorschriften besteht.

Gefahren

Bei der Entwicklung einer therapeutischen Gemeinschaft können die folgenden typischen Gefahren auftreten:

1. Es kommt zu einer vollständigen Diffusion der bisherigen Berufsrollen

ohne Ausarbeitung eines neuen therapeutischen Rollenspektrums bzw. zur Aufgabe der therapeutischen Distanz und Identifizierung mit Chaotisierungsbedürfnissen vieler Kranker (diese Gefahr ist besonders groß bei der Arbeit mit Rauschmittelabhängigen).

2. Es tritt eine zu schnelle und zu schematische Entwicklung der therapeutischen Gemeinschaft in Richtung auf Geschlechtermischung, Abbau der Stationshierarchie, System der offenen Tür usw. ein, bevor die neuen Informationsmöglichkeiten genutzt werden können und die neuen Beziehungen der Patienten untereinander und zu dem Team ihre stützende Wirkung entfalten. Hier kann es zu Selbstmordversuchen, auch zu unkontrollierten aggressiven Handlungen kommen.

3. Die Teammitglieder werden in die Bearbeitung ihrer eigenen persönlichen Probleme und der emotionalen Probleme mit den Patienten bei weitgehender Ausblendung der Ansprüche der Realität und Verzicht auf realitätsorientierte rehabilitatorische Bemühungen verstrickt. Patienten verlieren bei solch einem Klima zwar oft ihre Symptome, sind aber außerhalb eines solchen Inseldaseins nicht mehr lebensfähig.

4. Es kommt zu einer Bürokratisierung der neugeschaffenen Einrichtung (Teambesprechungen, Stationsversammlungen) und zum Versuch der Problemlösungen lediglich durch administrative Veränderungen bei gleichzeitiger Ausblendung aller emotionaler Probleme und Konflikte der Teammitglieder.

5. Die Konflikte mit den übrigen Stationen des Hauses und der Klinikleitung werden unterschätzt, was dann häufig zur Entwicklung eines kollektiven Feindbildes und zum Aufbrechen nicht mehr zu bewältigender Konflikte sowie schließlich zur Ausgrenzung der Initiatoren der therapeutischen Gemeinschaft aus der Institution führt, wobei häufig paranoide Kampfpositionen gegen alle ohne jede eigene Machtbasis bezogen werden (Typ des „Sozialistischen Patientenkollektivs" Heidelberg).

6. Die Patienten werden unbewußt selektiert, um das Gelingen des Experimentes zu garantieren und/oder eine größere Arbeitszufriedenheit des Teams zu erreichen. Es werden vorwiegend junge, aktive, verbal geschickte und introspektionsfähige Patienten – jugendliche Neurotiker, Schizophrene, Borderlines, Rauschmittelabhängige – aufgenommen, die den genannten Kriterien gemäß zumeist aus der gebildeten Ober- und Mittelschicht entstammen. Die anderen Patienten werden auf andere Stationen oder aber in ein anderes Krankenhaus abgeschoben (Entwicklung einer Elitepsychiatrie). Die einzig wirksame Möglichkeit, solch einer Entwicklung zu begegnen, ist die Verpflichtung für alle psychiatrischen Institutionen einschließlich der Universitätskliniken, sich in die regionale Krankenversorgung einbeziehen zu lassen und einen Versorgungssektor mit allen aus diesem kommenden Patienten ambulant und stationär betreuen zu müssen.

Literatur

Basaglia, F.: Die negierte Institution. Suhrkamp, Frankfurt 1972

Gentis, R., D. Sabourin, F. Tosquelles, u. a.:
Psychotherapie institutionelle. In: Recher-
ches, Numero special Mai 1970, Paris

Jones, M.: The Therapeutic Community.
Basic Book, New York 1955

Krüger, H.: Therapeutische Strategien in der
Sozialpsychiatrie. Sozialpsych. Informat. 6
(1971) 48–77

Krüger, H.: Therapeutische Gemeinschaft. In
K. P. Kisker, J. E. Meyer, M. Müller,
E. Strömgren: Psychiatrie der Gegenwart,
2. Aufl., Bd. III. Springer, Berlin 1975
(S. 711–736)

Wulff, E.: Über den Aufbau einer therapeutischen Gemeinschaft. In E. Wulff: Psychiatrie u. Klassengesellschaft. Athenäum,
Frankfurt 1972 (S. 214–237)

57 Rehabilitation und Soziotherapie

Lernziele:
Kenntnis der psychosozialen Ziele und Methoden rehabilitativer und sozio-
therapeutischer Arbeit mit psychisch Behinderten und der dazugehörenden
Begriffe.

Begriffsbestimmung und Klassifikation

Unter dem Begriff **Rehabilitation** (historisch: Wiedereinsetzung in den alten
Stand, auch Wiederherstellung der Ehre) werden im allgemeinen alle Bemühungen zusammengefaßt, die dem Ausgleich einer Behinderung und der
(Wieder-)Eingliederung des Behinderten in die Gesellschaft dienen, aus der
er infolge seiner Behinderung ausgegliedert wurde. Unter **psychischer Behinderung** verstehen wir längerfristig oder dauernd bestehende Folgezustände

– von psychischen Erkrankungen (Psychosen, Neurosen, Persönlichkeitsstörungen, Suchterkrankungen) und
– von psychischen Störungen bei hirnorganischen und/oder sonstigen körperlichen Erkrankungen.

Bei diesen Folgezuständen der meist chronisch verlaufenden Erkrankungen
lassen sich nach WING (1970) drei Behinderungselemente unterscheiden:

– *prämorbide Behinderungen*, die aus Faktoren bestehen, die schon vor dem
  Ausbruch der Krankheit vorhanden waren (z. B. Folgen mangelhafter
  Schul- oder Berufsbildung, ungünstige Persönlichkeitsstrukturen u. ä.);
– *primäre Behinderungen*, die unmittelbar mit der Erkrankung zusammenhängen, wie zum Beispiel bei der Schizophrenie Störungen des Realitäts-
  bezuges, des Denkens oder der Kommunikation;
– *sekundäre Behinderungen*, die auf zusätzliche ungünstige Umweltfaktoren
  zurückzuführen sind, also z. B. den langjährigen Aufenthalt in einer An-

stalt, deren isolierendes und entmündigendes Milieu regressive Tendenzen (Passivität, Rückzugsverhalten, affektive Verflachung) fördert.

Psychische Behinderung läßt sich demnach als eine durch innere (prämorbide und krankheitsbedingte) sowie durch äußere, soziale Faktoren verursachte Einschränkung der Aufnahme und Aufrechterhaltung spezifischer sozialer Funktionen (oder Rollen) umschreiben, wie sie von den Angehörigen und
der Gemeinschaft erwartet werden.

Die Unterscheidung zwischen körperlichen und psychischen Behinderungen
ermöglicht ein besseres Verständnis von Bedeutung und Konsequenzen
psychischer Behinderungen und zeigt die Notwendigkeit differenzierter Re-
habilitationsstrategien:

– Körperbehinderungen schränken die Fähigkeit ein, Aufgaben in der physischen Umwelt zu bewältigen. Seelische Behinderungen schränken die
Fähigkeit ein, die von der sozialen Umwelt geforderten Rollen auszufül-
len, und sind stärker als körperliche Behinderungen in Entstehung, Verlauf und Ausprägung abhängig vom Zusammenwirken innerer (persönlicher und krankheitsbedingter) und äußerer sozialer Bedingungen.

– Körperliche Behinderungen lassen sich relativ leicht objektivieren und
meist exakt messen. Seelische Behinderungen sind sehr schwer genau zu
beschreiben und zu quantifizieren.

– Körperliche Behinderungen lassen sich in der Regel kontinuierlich, aufbauend auf dem jeweils bereits Erreichten, mildern oder aufheben. Verlauf und Ergebnis sind ziemlich genau einschätzbar und vorhersagbar.
Bedingt durch den episodischen Verlauf psychischer Erkrankungen können Art und Schwere der Behinderungen nur schwer vorhersehbaren
Schwankungen unterliegen.

– Seelische Behinderungen sind im Gegensatz zu den meisten körperlichen
von der Umwelt nicht klar zu erkennen. Sie werden damit schwerer
akzeptiert. Das Potential an spontaner Hilfe ist stärker eingeschränkt. Die
Betroffenen sind dadurch ständig von Isolation bedroht. Die Fähigkeit,
die eigene Hilfsbedürftigkeit zu erkennen und vorhandene Hilfsmöglich-
keit zu nutzen, ist bei seelischen Behinderten im Gegensatz zu körperlichen begrenzt.

Ziel der Rehabilitation

Ziel der Rehabilitation ist es, unter Berücksichtigung der individuellen und
sozialen Gegebenheiten ein möglichst hohes Maß an *Autonomie* für den
psychisch Behinderten zu gewährleisten, verbunden mit einer möglichst
„normalen" und eigenständigen Lebensweise, integriert in Gesellschaft oder
gemeinschaftliche Lebensformen. Die Bereitstellung von Rehabilitationsleistungen kann nicht abhängig gemacht werden von der Aussicht auf eine
vollständige soziale Eingliederung. Es kommt vielmehr darauf an, unter den
jeweiligen individuellen und sozialen Bedingungen das Bestmögliche zu
erreichen.

In der derzeitigen konjunkturellen Situation der BRD mit mehr als 2 Millionen Arbeitslosen wird sich bei realistischer Einschätzung das Ziel einer vollständigen beruflichen Integration nur noch ganz vereinzelt erreichen lassen. Rehabilitation wird dadurch nicht überflüssig, sondern sie muß sich einerseits mehr um das Training sonstiger sozialer Fähigkeiten im Bereich von Wohnen, Tages- und Freizeitgestaltung bemühen und andererseits die Erweiterung und Differenzierung des Angebots besonderer und schützender Arbeitsbereiche anstreben.

Wie wird rehabilitiert?

Rehabilitation läßt sich nicht an bestimmten Methoden festmachen, sondern erfordert ein integratives Konzept verschiedenster Ansätze und Methoden. Bereits eine eindeutige Trennung von Therapie und Rehabilitation ist kaum möglich. So kann zum Beispiel die Aufnahme eines Patienten in eine Tagesklinik eine im weitesten Sinne rehabilitative Maßnahme sein, durch die den Einschränkungen, die mit einer vollstationären Behandlung verbunden waren, einschließlich möglicher sekundärer Behinderungen, wie zum Beispiel vermehrte Passivität und Interesselosigkeit, vorgebeugt wird.

Aufgrund sozialleistungsrechtlicher Notwendigkeiten – Klärung des Kostenträgers – ist es immer noch üblich, die verfügbaren Rehabilitationsangebote leistungsbezogen zu differenzieren:
- **Medizinische Rehabilitation** umfaßt alle funktionsfördernden, insbesondere ärztlich-therapeutischen Maßnahmen, die im Sinne einer „Kompensation" bestehende oder bedrohende Funktionseinbußen ausgleichen sollen. Sie konzentriert sich auf den teilstationären, stationären und ambulanten Bereich. Angewandt werden können verschiedene Behandlungsverfahren: Soziotherapie, verschiedene psychotherapeutische Methoden wie zum Beispiel Verhaltenstherapie, psychopharmakologische Behandlung usw. (Kostenträger: Krankenkasse und Rentenversicherung).
- **Berufliche Rehabilitation** dient der (Wieder-)Herstellung der Berufsfähigkeit, wobei entsprechende Leistungsübungen (z.B. Arbeitstherapie) durch soziale Maßnahmen ergänzt werden. Ziel ist nicht nur der Behinderte selbst, sondern auch die Einflußnahme auf seine Umgebung, zum Beispiel durch Arbeitsplatzvermittlung, Beratung von Ausbildern und Arbeitgebern usw. (Kostenträger: Arbeitsverwaltung, evtl. Rentenversicherung).
- **Soziale Rehabilitation** zielt auf die (Wieder-)Eingliederung in außerklinische Sozialbezüge durch Förderung sozialer Kommunikation, Befähigung zu selbständiger Lebensführung und selbständigem Wohnen sowie zu einer angemessenen Tages- und Freizeitgestaltung (Kostenträger: Sozialhilfeträger im Rahmen der Eingliederungshilfe nach BSHG).

Die Unterteilung der Rehabilitationsmaßnahmen nach Kostenträgern hat sich nicht als sehr nützlich erwiesen, da es in der Praxis zu vielfältigen Überschneidungen kommt, die eine starre Abgrenzung unmöglich machen.

Rehabilitationsmaßnahmen sollen zwar abgestuft angeboten werden (stationäre Behandlung, klinische Arbeitstherapie; Übergangswohnheim, Werkstätte für Behinderte), aber die dargestellten Angebote müssen auch integriert verfügbar sein.

Die Rehabilitation psychisch Behinderter benötigt eine Strategie der kleinen Schritte, um dem Behinderten zu einem stufenweise Wiedergewinn größtmöglicher Autonomie in den verschiedenen Lebensbereichen zu verhelfen. Dazu dient ebenso die schrittweise Übergabe von Aufgaben und Verantwortung in einem Einrichtungsbereich wie das differenzierte und auf die Fähigkeiten des Betroffenen abgestimmte Angebot von unterschiedlichen Einrichtungen, die auf verschiedenen Achsen eine stufenweise (Wieder-)Herstellung von Selbständigkeit und Eigenverantwortung erlauben (auf der Achse „Wohnen": Langzeitstation, Reha-Station, Übergangswohnheim, beschützte Wohngruppe, eigene Wohnung; auf der Achse „Arbeit": klinische Arbeitstherapie, Werkstätte für Behinderte, beschützter Arbeitsplatz, Arbeit auf dem allgemeinen Arbeitsmarkt). Die Glieder einer Versorgungskette sind aber nicht zwangsläufig schrittweise zu durchlaufen, sondern können auch übersprungen werden. *Die Rehabilitationskette* soll nicht fesseln, sondern Halt und Schutz bieten. Die Verfügbarkeit gestufter Rehabilitationsangebote soll eine Kontinuität der Maßnahmen ermöglichen und in ihren Angeboten und Anforderungen für alle Beteiligten möglichst eindeutig und transparent sein. Bei den Rehabilitationsbemühungen, insbesondere um chronisch schizophrene Menschen, müssen Rückstufungen und Wiederholungen von bereits bewältigten Rehabilitationsstufen möglich sein, ohne den Rehabilitanten aus dem Versorgungssystem auszugliedern *(repetitive Rehabilitation)*. Voraussagen über den individuellen Erfolg oder Mißerfolg von Rehabilitationsmaßnahmen sind in der Psychiatrie aufgrund äußerst unterschiedlicher Verläufe, deren Bedingungen uns nur im Ansatz zugänglich sind, nur mit erheblichen Einschränkungen möglich. Daher sollte die Rehabilitation psychisch Behinderter ohne unangemessenen Zeitdruck erfolgen und in Kauf genommen werden, daß sie in Einzelfällen viele Jahre in Anspruch nehmen kann.

Im vergangenen Jahrzehnt ist dem Einfluß des Verhaltens der *Angehörigen* auf das Ergebnis der Rehabilitation besondere Aufmerksamkeit geschenkt worden. Dabei hat sich gezeigt, daß typische Familiensituationen, die durch Uneindeutigkeit, besonders kritische Haltung und emotionales Überengagement (expressed emotions) der Angehörigen gekennzeichnet sind, die Anzahl von Rückfällen erheblich vermehrt wird. Es ergibt sich daraus gerade für den Rehabilitationsbereich die Forderung nach intensiver Einbeziehung der Angehörigen in Form von Familiengesprächen und/oder Angehörigengruppen.

Soziotherapie

Die Spannweite der Verwendung des gerade im Rehabilitationsbereich immer wieder auftauchenden Begriffs Soziotherapie ist beträchtlich. Soziotherapie wird als Synonym für psychiatrische Sozialarbeit benutzt (PETERS, Wörterbuch der Psychiatrie), als Kern der Arbeitstherapie unter Einschluß der sozial stimulierenden Gestaltung des Krankenhausmilieus verstanden oder wegen des Präfix „sozio" als zu modisch oder ideologisch kontaminiert ganz gemieden.

Soziotherapie soll hier verstanden werden als das Bemühen um die Beeinflussung der psychischen Krankheit und Behinderung durch situative Faktoren, die zusammengefaßt das soziale Gefüge der Umwelt bestimmen. Das betrifft vor allem das Gemeinschaftsleben in einer natürlichen oder künstlichen Gruppe mit ihren dynamischen Auswirkungen, die Arbeit des Individuums, die Stimulierung der Persönlichkeit durch Erschließung neuer Interessen und Tätigkeiten und die Gestaltung der Freizeit.

Soziotherapie soll der Vorbereitung des Kranken oder Behinderten auf die Gesellschaft dienen durch die partielle Vorwegnahme des „normalen" gesellschaftlichen Beziehungs- und Bedingungsgefüges im Rahmen therapeutischer Strukturen. Bei der praktischen Umsetzung dieser Überlegungen spielen vor allem die Milieugestaltung und die soziotherapeutische Gruppenarbeit eine besondere Rolle.

Milieugestaltung

Sozialwissenschaftliche Studien, die insbesondere mit dem Namen E. GOFFMAN (Asylums) verbunden sind, konnten zeigen, daß „totale Institutionen" wie zum Beispiel Gefängnisse oder psychiatrische Anstalten
- typische Merkmale: besondere Größe, Abgeschlossenheit nach außen, hierarchische Rollendifferenzierung, strikte Trennung von Insassen und Wärtern/Therapeuten, Geschlechtertrennung und Erwartung zur Verinnerlichung der von oben vorgegebenen Normen
- zu typischen Persönlichkeitsveränderungen, wie Unselbständigkeit, Passivität, affektive Verflachung und Infantilisierung des Verhaltens der Insassen führen können.

Insbesondere für chronisch schizophrene Patienten konnten in Großbritannien WING und BROWN (1970) im einzelnen belegen, wie bei längerfristiger Unterbringung unter kustodialer Isolierung in einem reizarmen Milieu Gleichgültigkeit, Apathie, affektiver Rückzug, Plan- und Hoffnungslosigkeit, Manierismen und Stereotypien auftraten, Symptome, die bis dahin überwiegend als Ausdruck der schizophrenen Erkrankung betrachtet wurden. Die nachweisbar nachteiligen Folgen ungünstiger Milieufaktoren – heute als Institutionalismus oder Hospitalismus bezeichnet – bildeten einen entscheidenden Anstoß, durch die Veränderung des Milieus nicht nur diesen Artefakten vorzubeugen, sondern ein therapeutisch wirksames Klima zu schaffen. Dazu ist die Möglichkeit zu einer vertrauensvollen Begegnung von Therapeuten und Patienten sowie der Patienten untereinander notwendig, damit sich Verhaltensstörungen und Beziehungsprobleme im therapeutischen Raum abbilden und durch das therapeutisch begleitete (Wieder-)Erleben Veränderungen und Korrekturen ermöglichen.

Die Öffnung und wohnliche Gestaltung der Stationen, ihre gemischtgeschlechtliche Belegung, freie Kommunikation der Patienten untereinander und mit der Öffentlichkeit stellen Grundelemente dar, die durch lebensnahe Gestaltung des Tagesablaufs und den Bedürfnissen und Fähigkeiten des Patienten entsprechende Aktivitätsangebote im Wechsel mit Freizeit und Muße zu ergänzen sind. Hier ist Phantasie und Ideenreichtum aller Mitarbeiter, besonders im Krankenpflegebereich, gefragt, damit ein vielfältiges, an der Leitlinie so „normal wie möglich" orientiertes Programm entwickelt wird. Dabei sollte man nicht der Versuchung erliegen, jedwede Befriedigung von eigenen oder Patientenbedürfnissen als Therapie auszugeben. Bei der Gestaltung des Milieus sollte die Suggestion einer unrealistischen Wunschwelt vermieden werden. Vom Industriearbeiter sollte weder erwartet werden, daß er sich den vollmundigen Diskurs der Lesegruppe zu eigen macht, noch daß er bescheidene Demokratisierungsversuche im Klinikalltag unmittelbar auf seine Arbeitssituation überträgt. Es sind die Möglichkeiten des Betroffenen auszutesten, die Ansprüche der Gesellschaft zu bewältigen, eigene Interessen durchzusetzen und eigene Schutzbedürftigkeit wahrzunehmen und richtig einzusetzen.

Gruppenarbeit

Die Gruppe gilt als das ideale Medium, die durch ein förderliches Milieu vorbereitete Begegnung und ihre Störung aufzunehmen, zu diskutieren und Veränderungen zu erproben. Typisch soziotherapeutische Gruppenarbeit umfaßt unterschiedliche Gruppentypen, von der Patientenvollversammlung über die Stationsrunde bis hin zu themenzentrierten oder arbeitsbezogenen Gesprächsgruppen. Es ist üblich, sie von verschiedenen, insbesondere analytisch orientierten Gruppentherapien abzugrenzen, da sie sich in der Regel nicht unbewußten Übertragungs- und Widerstandsphänomenen und Triebkonflikten widmet, sondern sich bewußt realitätsbezogen auf das Handeln der Beteiligten im Hier und Jetzt unter aktiver Einbeziehung und Mitwirkung des Therapeuten konzentriert. Etwas theoretisch wird gegenübergestellt, daß „psychotherapeutische Methoden die Reifungsprozesse auf dem Boden intrapsychischer Konfliktbewältigung ermöglichen, während soziotherapeutische Verfahren Prozesse *sozialen Lernens* und Trainings- und Übungsvorgänge zur Wiederherstellung der sozialen Identität darstellen" (VELTIN 1981). Diese strenge Abgrenzung läßt sich in der Praxis, abhängig von der Erfahrung des Therapeuten, meist auflockern, da die moderne Ich-Psychologie von analytischer Seite wichtige Hinweise zum besseren Verständnis psychotisch erkrankter Menschen geliefert hat und bei diesen Störungen zu Modifikationen des therapeutischen Handelns rät, die durchaus soziotherapeutischen Strategien ähneln. Dazu gehört die Forderung nach einer behutsamen, aber authentischen Kommunikation ebenso wie nach Eindeutigkeit, Klarheit und Gelassenheit im gesamten therapeutischen Handeln. Besondere Aufmerksamkeit bei der Gestaltung therapeutischer Beziehungen verdient die Berücksichtigung einer angemessenen Balance von „Nähe und Distanz" in räumlicher und emotionaler Hinsicht. Die nicht selten sehnsüchtig herbeigewünschte Nähe kann für den schizophrenen Menschen, wird sie allzu forsch und unbedacht hergestellt, eine extreme Ängstigung darstellen und die Zunahme psychotischer Symptomatik hervorrufen, während eine zu große Distanz die Neigung zu affektivem Rückzug und Isolation verstärken wird.

Die Arbeitsgruppe um WING (1970) in Großbritannien hat sich intensiv mit dem Konzept der *optimalen Stimulierung* des chronisch Kranken und Behinderten beschäftigt. Dabei wurden nicht nur die nachteiligen Auswirkungen des reizarmen Milieus aufgezeigt, sondern darauf hingewiesen, daß chronisch Kranke ebenso rasch auf sie überfordernde Aktivierung und Verschärfung emotionaler Spannungen, zum Beispiel in der Gruppensituation, mit einer Zunahme der Krankheitssymptome reagieren können.

Soziotherapeutische Bemühungen erfordern einen schwierigen Balanceakt zwischen der Überflutung mit Anregungen und Aktivitätserwartungen, die zu einer Überforderung der Selbsthilfekräfte führen mit der Gefahr einer Verschlimmerung der Erkrankung, und der unterfordernden überfürsorglichen Betreuung und Versorgung, die eine zunehmende Inaktivierung, emotionale Verarmung und Infantilisierung des Verhaltens des Kranken oder Behinderten heraufbeschwört.

Literatur

Ciompi, L.: Affektlogik. Klett-Cotta, Stuttgart 1982

Kabanov, M. M., K. Weise: Klinische und soziale Aspekte der Rehabilitation psychisch Kranker. Thieme, Leipzig 1981

Kayser, H., H. Krüger, K. Damaschke u. Mitarb.: Gruppenarbeit in der Psychiatrie, 2. Aufl. Thieme, Stuttgart 1981

Veltin, A.: Soziotherapie. In H. Krüger: Die Schizophrenien. Enke, Stuttgart 1981

Wing, J. K., G. W. Brown: Institutionalism and Schizophrenia. University Press, Cambridge 1970

58 Psychiatrische Berufsbilder und Weiterbildung in der Psychiatrie

Lernziele:
Einblick in die besonderen Berufsrollen und psychologisch-medizinischen Dienstleitungen des psychiatrisch engagierten Allgemeinpraktikers, des niedergelassenen Psychiaters, des niedergelassenen Psychotherapeuten, des Krankenhauspsychiaters, des Kinder- und Jugendpsychiaters sowie des Psychiaters im öffentlichen Gesundheitsdienst und in der Verwaltung; Rahmenkenntnisse über die Weiterbildung in der Psychiatrie und psychotherapeutische Spezialausbildungen.

Der therapeutische Standard psychiatrischer Einrichtungen und Dienste hängt in erster Linie von der Anzahl und der Qualifikation der in ihnen Tätigen ab. Erfreulicherweise ist in den letzten Jahren das Interesse an psychiatrisch-psychotherapeutischer Arbeit in allen dafür in Frage kommenden Berufsgruppen gestiegen, obwohl die in der Psychiatrie Tätigen oft noch den gleichen Vorbehalten begegnen, denen auch ihre Patienten ausgesetzt sind. Gerade weil aber in der Psychiatrie – vielleicht eher und unabweisbarer als in anderen medizinischen Berufen – die Möglichkeit besteht, nicht nur etwas über Krankheitsbilder zu erfahren, sondern über Menschen und deren Schicksale, hat diese Tätigkeit ihren Reiz. Bleibt es doch nicht aus, daß auch die eigene Biographie Gegenstand der Selbstwahrnehmung wird und der Antwort auf die Frage nicht ausgewichen werden kann, warum gerade man selbst Vorliebe für einen im weitesten Sinne psychosozialen Beruf entwickelt hat. Nicht nur für Psychotherapeuten und Psychoanalytiker – zu deren Ausbildungsinhalt die sog. Lehranalyse zählt – ist dieses Stück Selbsterkenntnis für die berufliche Praxis und einen reflektierten Umgang mit psychisch Kranken unverzichtbar.

Ärztlich-psychiatrische Tätigkeitsbereiche

Psychiatrie in der Allgemeinpraxis

Eine Reihe von Untersuchungen der letzten Jahre hat zeigen können, daß etwa 20–30% der Bevölkerung während eines Jahres den praktischen Arzt wegen irgendeiner psychischen Störung aufsuchte. Da Kranke mit seelischen Störungen Ärzte wesentlich häufiger konsultieren als die Gesamtheit aller übrigen Patienten, nehmen diese einen überproportional großen Teil der ärztlichen Arbeitszeit in Anspruch. Gleichzeitig haben diese Untersuchungen aber auch zeigen können, daß viele Patienten mit psychiatrischen Problemen in der Allgemeinpraxis nicht erkannt bzw. unzureichend behandelt werden.

Hieraus die Folgerung zu ziehen, der praktische Arzt solle die Behandlung derartiger Patienten seinen fachkompetenteren Kollegen überlassen, ginge sicherlich an der Realität unseres Gesundheitswesens vorbei. Eher schon ist daraus die Forderung nach einer verbesserten Aus- und Weiterbildung in psychosozialer Medizin abzuleiten.

Hat der Hausarzt sich aber eine gewisse Kompetenz in psychologischer Gesprächsführung und Beratung erworben und weiß er um die Wirkungen und Nebenwirkungen psychopharmakologisch wirksamer Medikamente, sollte er nicht zögern, die Behandlung psychiatrischer Patienten selbständig und eigenverantwortlich zu übernehmen. Denn noch immer kennt er meist den familiären und situativen Hintergrund des Betreffenden besser als der fachpsychiatrische Kollege in der nächsten Kreisstadt ihn kennen kann. In jedem Fall sollte er in der Lage sein, die psychiatrisch Gestörten unter seinen Patienten zu *erkennen* und in schwierig gelagerten Fällen die *Vermittlung* medizinischer und sozialer Hilfen, die er selbst nicht zu leisten vermag, aktiv in die Wege zu leiten.

Hierzu gehört nicht nur die Kenntnis der umliegenden psychiatrischen Spezialeinrichtungen (niedergelassene Psychiater und Psychotherapeuten, Gesundheitsamt, evtl. psychiatrische Universitätspoliklinik, Landeskrankenhaus, psychiatrische Abteilung am Allgemeinkrankenhaus), sondern auch das Wissen um die möglichen sozialen Hilfen, die jeweiligen institutionellen Zugangswege (Bezirksfürsorgerin, Sozialamt, Jugendamt, Arbeitsamt, Eheberatungsstellen, sozialpsychiatrische Dienste am Gesundheitsamt, Betriebssozialarbeiter etc. [s. S. 447]). Für interessierte Allgemeinpraktiker kann jedoch auch eine Zusammenarbeit mit psychiatrischen Spezialeinrichtungen – insbesondere solchen für psychisch veränderte Alterskranke (z.B. als ärztlicher Berater einer psychogeriatrischen Tagesstätte, eines Altersheims etc.) – durchaus befriedigend sein. Darüber hinaus bieten sich dem Allgemeinpraktiker auch bei der langfristigen Nachsorge remittierter und stabilisierter Psychotiker lohnende Aufgaben, vor allem in Gebieten, in denen kein niedergelassener Psychiater praktiziert. Voraussetzung ist allerdings eine gewisse Erfahrung in psychiatrischer Diagnostik, in Indikation, Dosierung und Nebenwirkungen von Psychopharmaka sowie einige Kenntnisse in psychiatrischer Notfalltherapie und bei der Unterbringung psychisch Kranker. Wünschenswert ist zweifellos eine Kompetenz in „kleiner Gesprächspsychotherapie" (Sprechstundenpsychotherapie nach Balint), wie man sie in den auf die Bedürfnisse praktischer Ärzte zugeschnittenen Weiterbildungsveranstaltungen erwerben kann (z.B. Lindauer Psychotherapiewochen; Lübecker Psychotherapiewochen).

Niedergelassene Psychiater

Es gibt heute 2 Weiterbildungsgänge, deren Abschluß eine Niederlassung ermöglicht:

1. **Arzt für Neurologie und Psychiatrie** (Nervenarzt). Weiterbildungszeit: 5 Jahre. Abzuleisten sind mindestens 2 Jahre Neurologie, davon 1 1/2 Jahre im Stationsdienst; mindestens 2 Jahre Psychiatrie, davon 1 1/2 Jahre im Stationsdienst. Angerechnet werden können bis zu einem Jahr entweder in Innerer Medizin, Kinder- und Jugendpsychiatrie, Neurochirurgie, Neuropathologie, Neurophysiologie oder Psychotherapie.

2. **Arzt für Psychiatrie** (Psychiater). Weiterbildungszeit: 4 Jahre, davon 1 Jahr Neurologie im Stationsdienst (Akutkrankenhaus), 3 Jahre Psychiatrie, davon 2 Jahre Stationsdienst. Angerechnet werden können auf die Weiterbildung in Psychiatrie bis zu einem Jahr Weiterbildung entweder in Psychotherapie oder Kinder- und Jugendpsychiatrie oder 6 Monate Neuropathologie oder Neurophysiologie.

Wenigstens 6 Monate der psychiatrischen Weiterbildung sind an einem psychiatrischen Landeskrankenhaus oder einer vergleichbaren Einrichtung zu leisten.

Vor der Niederlassung mit Kassenzulassung muß ein mindestens 6monatiges Praktikum in einer Kassenarztpraxis nachgewiesen werden.

Die Zusammensetzung der Klientel des traditionellen „Nervenarztes" (Typ 1) erfordert Kenntnisse und Erfahrungen sowohl in Psychiatrie, Psychotherapie und Psychosomatik als auch in Neurologie. Beträgt doch der Anteil rein neurologischer Patienten im Durchschnitt aller Praxen etwa 40%, wobei

Tabelle **10**   Prozentuale Verteilung einzelner Krankheitsformen bei Aufnahmen in psychiatrischen Krankenhäusern und Behandlungsfälle in nervenärztlichen Praxen (aus: Bericht über die Lage der Psychiatrie in der Bundesrepublik Deutschland. – Zur psychiatrischen und psychotherapeutisch/psychosomatischen Versorgung der Bevölkerung. Deutscher Bundestag, 7. Wahlperiode, Drucksache 7/4200, 1975)

Diagnosen	Hamburg		Baden-Württemberg		Oberbayern	
	Krankenhaus	Praxis	Krankenhaus	Praxis	Krankenhaus	Praxis
gerontopsychiatrische Erkrankungen	17,2	1,1	20,5	1,3	10,9	4,4
andere organische psychiatrische Erkrankungen	11,1	3,6	7,0	7,6	6,1	5,1
Schizophrenie	18,7	9,1	26,0	10,4	29,7	7,7
affektive und andere Psychosen	18,2	40,4	9,5	28,0	17,8	23,6
Neurosen, abnorme Reaktionen	8,1	32,0	9,5	40,8	9,8	45,2
Persönlichkeitsstörungen	5,1	8,2	3,0	6,9	3,5	5,7
Alkoholkranke und Süchtige	19,7	4,4	21,0	2,6	19,2	2,9
Oligophrenie	1,5	1,2	3,5	2,4	1,9	4,4
andere, oben nicht klassifizierbare	0,5	–	–	–	1,1	1,1

die persönliche Interessenrichtung des einzelnen Arztes den Ausschlag dafür gibt, ob es sich um eine mehr neurologische, um eine mehr psychiatrische oder aber um eine „gemischte" Praxis handelt. Die in den Kliniken inzwischen fast überall vollzogene Trennung von Psychiatrie und Neurologie hat mittlerweile auch Auswirkungen auf die Praxisstruktur niedergelassener Nervenärzte. So lassen sich zunehmend „reine" Psychiater (Typ 2) nieder, die meist psychotherapeutische/gruppentherapeutische Zusatzqualifiaktion erworben und sich gelegentlich auch mit psychotherapeutisch vorgebildeten Psychologen oder aber mit Sozialarbeitern und psychiatrischen Krankenschwestern assoziiert haben. Sie ziehen damit die Konsequenz aus der inzwischen bekannten Tatsache, daß herkömmlich strukturierte Nervenarztpraxen zwar ein hinlänglich gutes Angebot für die Gruppe der an sog. „kleinen" psychiatrischen Störungen (neurotische, psychosomatische, psychovegetative, milde psychotische, depressive) leidenden Patienten hergeben, schwerer gestörte Schizophrene, psychisch Alterskranke und chronisch Süchtige aber nicht erreichen. Hierzu bedarf es ergänzender ambulanter Dienste, die entweder als (mobile) sozialpsychiatrische Dienste von Gesundheitsämtern oder Krankenhäusern oder aber von niedergelassenen Psychiatern mit entsprechender Praxisstruktur übernommen werden müssen. Ist die zuletzt genannte Gruppe von Patienten doch gerade diejenige, die häufig und wiederholt einer stationären Behandlung und einer gesicherten Betreuung nach ihrer Entlassung bedarf. Tabelle 10 soll dies verdeutlichen.

Niedergelassene Psychotherapeuten/Psychoanalytiker

Nach bestandenem medizinischem Staatsexamen sowie mehrjähriger klinischer Weiterbildung besteht die Möglichkeit, sich zum Psychotherapeuten/ Psychoanalytiker zu qualifizieren. Die dazu notwendigen Weiterbildungsgänge werden von den Landesärztekammern vorgegeben. Es sind zur Zeit zwei Bereiche und Zusatzbezeichnungen vorgesehen:

1. **„Psychotherapie"**. 2 1/2 Jahre Weiterbildung, davon 1 1/2 Jahre klinische Tätigkeit in der Psychotherapie und/oder somatischen Medizin und 1 Jahr klinische Tätigkeit in der Psychiatrie bei einem mindestens zur 2jährigen Weiterbildung in der Psychiatrie ermächtigten Arzt. Auf die Weiterbildung in der Psychiatrie kann ein halbes Jahr Weiterbildung in Kinder- und Jugendpsychiatrie oder Psychotherapie angerechnet werden. Erfolgt die Weiterbildung in der Psychotherapie oder psychosomatischen Medizin berufsbegleitend, so beträgt die Weiterbildungszeit hierfür 3 Jahre.

2. **„Psychoanalyse"**. 3 1/2 Jahre Weiterbildung, davon 2 1/2 Jahre klinische Tätigkeit in tiefenpsychologisch fundierter und analytischer Psychotherapie und 1 Jahr klinische Tätigkeit in der Psychiatrie bei einem mindestens zur 2jährigen Weiterbildung in der Psychiatrie ermächtigten Arzt. Erfolgt die Weiterbildung berufsbegleitend, so beträgt die Weiterbildungszeit hierfür 5 Jahre.

Während der Erwerb der Zusatzbezeichnung „Psychotherapie", der zur liquidationsfähigen Ausübung psychotherapeutischer Verfahren berechtigt, nicht eine Weiterbildung an einem der ärztlichen psychoanalytischen Institute in der Bundesrepublik erfordert, wird die Weiterbildung zum Psychoanalytiker (auch für Psychologen und seltener für Sozialwissenschaftler und Theologen möglich) ausschließlich an diesen Instituten vermittelt.

Informationen:
– Geschäftsstelle der Deutschen Gesellschaft für Psychotherapie und Tiefenpsychologie (DGPT), Johannisbollwerk 20, 2000 Hamburg 11,
– Geschäftsstelle der Deutschen psychoanalytischen Vereinigung (DPV), Sülzaer Str. 3, 1000 Berlin 33.

Derzeit gibt es ca. 1000 Ärzte und Psychologen als Institutsweiterbildung sowie ebenso viele Ärzte, die die Zusatzbezeichnung „Psychotherapie" erworben haben. Etwa 70 % aller „Fachpsychotherapeuten" sind gleichzeitig Ärzte für Psychiatrie (und Neurologie).

Aufgrund der teilweise sehr zeitaufwendigen tiefenpsychologisch fundierten und analytischen Psychotherapieverfahren kommen insgesamt nur sehr wenige Patienten in den Genuß dieser Behandlung (ca. 40000 pro Jahr). Zur Abrechnung tiefenpsychologisch fundierter oder psychoanalytischer Psychotherapie mit den Krankenkassen bedarf es eines formalisierten Antragsverfahrens. In Frage kommen vor allem Kranke mit psychoreaktiven seelischen Störungen, Neurosen und vegetativ funktionellen Störungen mit gesicherter psychischer Ätiologie, die einzeln oder in Gruppen behandelt werden.

Eine zunehmende Anzahl jüngerer Psychiater entschließt sich heutzutage, gleichzeitig eine psychotherapeutische Kompetenz zu erwerben und somit die unsinnige institutionelle Trennung von Psychiatrie und Psychotherapie in der eigenen Person und der beruflichen Praxis aufzuheben.

Krankenhauspsychiater

Die Arbeit in psychiatrischen Krankenhäusern ist in den letzten Jahren attraktiver geworden, vor allem dort, wo engagierte jüngere Psychiater die Leitung dieser Häuser übernommen haben und sich, damit einhergehend, auch die Arbeitsbedingungen des übrigen therapeutischen Personals verbesserten. Offene Stationen, die Umwandlung ganzer Abteilungen nach den Leitlinien von Sozio- und Milieutherapie, die Schaffung teilstationärer und komplementärer Dienste sowie die inzwischen gesetzlich möglich gewordene legale Entfaltung von ambulanten Aktivitäten hat dazu geführt, daß eine mancherorts dramatische Verkleinerung der großen Anstalten stattgefunden hat. Zur personellen Besserstellung der Kliniken hat nicht nur ein vergrößerter Stellenplan beigetragen, sondern auch die Tatsache, daß jeder Arzt, der die psychiatrische Facharztqualifikation erwerben will, eine mindestens 6monatige Landeskrankenhauszeit nachweisen muß.

Die hier genannten Veränderungen gelten heute für die meisten, auch größeren, psychiatrischen Krankenhäuser. Dabei gilt immer noch die Faustregel: Je größer das Krankenhaus, desto ungünstiger die Versorgungslage, beispielsweise ablesbar an der Anzahl der pro Arzt zu betreuenden Patienten.

Von den insgesamt ca. 3000 Ärzten, die in stationären psychiatrischen Einrichtungen tätig sind, arbeiten ca. 2000 in den großen Kliniken. Zweifellos stehen die Landeskrankenhausärzte an der „psychiatrischen Front" und verfügen über die breitesten Erfahrungen in der „großen Psychiatrie". Im Umgang mit akut und chronisch Kranken, mit Süchtigen und Oligophrenen, mit geriatrischen und forensischen Patienten vollbringen sie einen entsagungsvollen und therapeutisch entscheidenden Dienst.

In den im Zunehmen begriffenen *psychiatrischen Abteilungen an Allgemeinkrankenhäusern* und den wenigen städtischen Nervenkliniken in der BRD (s. S. 424) begegnet der Psychiater vorwiegend der Notfall- und Durchgangspsychiatrie. Diese „patientennah" liegenden Einrichtungen könnten in Zukunft *gemeindepsychiatrische Zentren* werden und Arbeitsbedingungen bieten, die voll befriedigen. Solange die Standesorganisationen, wie in der BRD, diesen Abteilungen poliklinische Dienste meist versagen, läßt sich ein solches Konzept gemeindenaher Psychiatrie oft nur im halblegalen Raum verwirklichen. Hieraus folgen Nachteile für die Patientenversorgung, für die Ausbildung von Psychiatern und für das psychiatrisch tätige nichtärztliche Personal. Insbesondere die Psychotikernachsorge fordert intensive psychotherapeutische, gruppentherapeutische und sozialtherapeutische Aktivitäten; diese sind vorzugsweise im poliklinischen Team zu leisten und zu lernen.

Psychiater im öffentlichen Gesundheitsdienst

Die Aufgaben des Gesundheitsamtes sind derart umfangreich, daß nur großzügig ausgelegte Stellenpläne den Ämtern die Erfüllung ihrer sämtlichen Obliegenheiten ermöglichen würden. Gerade daran fehlt es jedoch weitgehend. Im Bereich der Psychiatrie müssen u. a. geleistet werden:

psychohygienische Beratung, Rehabilitationsberatung, psychiatrische Familienarbeit, Beratung des schulpsychologischen Dienstes und der offenen Einrichtungen für geistig Behinderte, Einweisung in geschlossene Einrichtungen, Begutachtungen jeder Art, Beurteilung der Dienstunfähigkeit, Früherfassung und Prävention geistig-seelischer Störungen, Einrichtung von Pflegschaften, Beratung des Stadtplanungsamtes, Fachaufsicht über die Heilberufe etc.

Nicht selten müssen alle diese Aufgaben in einer Großstadt von einem einzigen Psychiater übernommen werden. Nur etwa 10% aller ca. 3000 an Gesundheitsämtern tätigen Ärzte verfügen über fundierte psychiatrische Erfahrungen und üben ihre – meist beratende – Tätigkeit im Rahmen spezieller psychiatrischer Abteilungen am Gesundheitsamt aus. An zunehmend mehr Orten in der BRD (z. B. Berlin, Hannover) gibt es allerdings an das Gesundheitsamt angegliederte sozialpsychiatrische Dienste bzw. Beratungsstellen, deren Mitarbeiter (Ärzte, Sozialarbeiter, Krankenschwestern, Laien) versuchen, gerade jenen Kranken aktiv Hilfe anzubieten, die von sich aus die überwiegend passiv zur Verfügung gestellten Dienstleistungen niedergelassener Nervenärzte aus krankheitsbedingten Gründen nicht wahrzunehmen vermögen. Alkoholkranke, psychogeriatrische Patienten, chronische Psychotiker sind hier besonders zu nennen.

Kinder- und Jugendpsychiater

Weiterbildungsweg: Die ärztliche Standesorganisation sieht für diese Weiterbildung folgenden Weg vor:

Weiterbildungszeit 4 Jahre, davon 1 Jahr Kinderheilkunde oder Psychiatrie. 3 Jahre Kinder- und Jugendpsychiatrie, davon mindestens 2 Jahre im Stationsdienst. Das letzte Jahr der Weiterbildung soll in der Kinder- und Jugendpsychiatrie abgeleistet werden.

Nach Schätzungen der Psychiatrie-Enquète-Kommission ist eine befriedigende Versorgung psychiatrisch gestörter Kinder und Jugendlicher erst dann gewährleistet, wenn mindestens 1700 Fachärzte für Kinder- und Jugendpsychiatrie zur Verfügung stehen. Seit Einführung dieser Facharztbezeichnung (1969) wurden jedoch bislang ca. 200 derartige Anerkennungen ausgesprochen. Wegen der geringen Anzahl von Weiterbildungsstätten zum Arzt für Kinder- und Jugendpsychiatrie ist nicht abzusehen, wann eine genügende Anzahl von Ärzten vorhanden sein wird.

Das Aufgabengebiet umfaßt neben aktiver Psychotherapie und Milieutherapie neurotischer und verhaltensgestörter Jugendlicher vielfältige Formen der Familien-, Ehe- und Erziehungsberatung, Institutionsberatung (z.B. Lebenshilfeeinrichtungen, Einrichtungen der öffentlichen Erziehung), forensische Beurteilungen und Begutachtungen usw. Der Kinder- und Jugendpsychiater nimmt damit zugleich präventive Aufgaben hinsichtlich psychischer Störungen im Erwachsenenalter wahr. Eine starke psychotherapeutische Neigung, Qualifikation sowie Erfahrungen in der Kinderheilkunde (1 Jahr) sind Voraussetzungen dieses neuen ärztlichen Berufsbildes.

Psychiater im Dienst der Kranken- und Rentenversicherung, der Sozialhilfeträger und der Arbeitsverwaltung

Als Vertrauensarzt, Gutachter und Mitarbeiter bei der administrativen Verwirklichung stets komplizierter werdender Versicherungs- und Sozialgesetze ist der hauptamtlich tätige Psychiater unentbehrlich geworden. Zumal durch die Beurteilung des Krankheitswertes, der Prognose und Rehabilitationschancen chronifizierender neurotischer, psychosomatischer und psychotischer Behinderungen kann er die breite Durchsetzung der Rehabilitation auf diesem Gebiet fördern. Zunehmend wird erkannt, daß den administrativ tätigen Psychiatern eine private Nebentätigkeit nicht nur persönliche Befriedigung, sondern auch fachliche Fortbildung und Elastizität einbringt.

Psychiater im gesundheitspolitischen Dienst

Das Bundesgesundheitsministerium folgert aus der Realität von 6−8 Millionen Bürgern, welche vorübergehend oder länger psychiatrischer Hilfe bedürfen (darunter allein etwa 600 000 Schizophrene), bislang noch nicht die Einrichtung eines personell zureichend ausgestatteten Referats. Verantwortlich für die Versorgung psychisch Kranker und Behinderter sind die Länder (Innen- sowie Sozialministerien, Landesverbände, Landeswohlfahrtsverbände, Regierungspräsidenten usw.). In manchen ihrer Gesundheitsreferate arbeitet ein überarbeiteter Psychiater, übt „Fachaufsicht" über staatliche Krankenhäuser, nachgeordnete Behörden, kontrolliert die Ausbildung der Mediziner und medizinischen Hilfsberufe, gelangt nicht dazu, zeitgemäße Gesetze für psychisch Kranke zu entwerfen und durchzusetzen, berät die politischen Bewilligungsgremien und gerät gegenüber überzähligen Verwaltungsjuristen leicht ins Hintertreffen. – Eine notwendige Aufgabe für wendige, politisch engagierte und unbeugsame Psychiater.

Psychiater als Gutachter im Strafrecht, Zivilrecht, Sozialrecht, Versorgungs-, Entschädigungs-, Versicherungsrecht usw.

Laufende forensisch-psychiatrische Aufgaben werden in einigen Bundesländern von psychiatrischen „Gerichtsärzten" wahrgenommen. Versorgungs- und Entschädigungsbehörden sowie Versicherungsunternehmen haben oft eigene psychiatrische Dienste. Neben einer soliden fachlichen Ausbildung wird für diese Tätigkeit eine Neigung zur Vermittlung psychiatrischen und juristischen Denkens vorausgesetzt.

Psychiater im Maßregelvollzug

Psychisch Kranke und Abhängige, die rechtswidrige Taten im Zustand der Schuldunfähigkeit oder der verminderten Schuldfähigkeit begangen haben, können in einem psychiatrischen Krankenhaus bzw. einer Entziehungsanstalt untergebracht werden (§§ 63, 64 StGB). Diese Maßregeln der „Besserung und Sicherung" von schuldunfähigen bzw. erheblich in ihrer Schuldfähigkeit geminderten Tätern bezwecken die Gefahrenabwehr, die Vorbeugung gegenüber künftigen Straftaten. Sie können auch als ergänzende Maßnahme herangezogen werden, wenn eine schuldangemessene Strafe der Gefährlichkeit eines Täters nicht ausreichend zu begegnen vermag. Mit dem 2. Strafrechtsreformgesetz (1975) hat der Gesetzgeber der Besserung Vorrang vor der Sicherung gegeben. Bloße Verwahrung ist nur dann noch zulässig, wenn eine Besserung unmöglich erscheint. Der mit dem Strafvollzug angestrebten Resozialisierung entsprechend soll im Vordergrund des Maßregelvollzugs die Heilung und Besserung des gestörten Täters stehen. Maßgebend für die Anordnung dieser Maßregeln ist die Prognose der zukünftigen Gefährlichkeit und die Beurteilung der Behandlungsaussichten.

Die freiheitsentziehenden Maßregeln zur „Besserung und Sicherung" stehen in einem schlechten Ruf, da sie Eingriffe ermöglichen, die schwerer belasten und deshalb auch gefürchteter sind als selbst lange Freiheitsstrafen. Dies hängt einerseits damit zusammen, daß eine zeitliche Begrenzung der Maßregeln, abhängig von einer meist unklaren Prognose, selten möglich ist und sich andererseits Straf- und Maßregelvollzug in der Praxis kaum voneinander unterscheiden. Die Vollstreckung der Maßregeln mit dem Ziel einer Besserung durch Behandlung hat faktisch oft Strafcharakter, weil die für sie zur Verfügung stehenden Einrichtungen nach personeller und sachlicher Kapazität ihren Auftrag kaum erfüllen können. Hinzu kommt, daß die Vollzugsmodalitäten in den letzten Jahren erst in einigen Bundesländern gesetzlich geregelt wurden.

Der Maßregelvollzug nimmt heute in der psychiatrischen Gesamtversorgung die absolute Schlußlichtposition ein. Von der Expertenkommission ist 1988 ein „besorgniserregender Nachholbedarf" in diesem Bereich festgestellt worden. Seit Anfang der 80er Jahre sind jedoch auch in diesem Bereich an verschiedenen Orten Reformansätze feststellbar. Trotz schwerer organisatorischer und personeller Probleme läßt sich ein neues Selbstverständnis und Engagement bei dieser äußerst schwierigen Arbeit erkennen.

Psychiater in Hochschulen und Forschungsinstituten

In den 23 psychiatrischen Universitätskliniken in der BRD mit ihren insgesamt 3500 Betten arbeiten rund 700 Ärzte.

Für die 130 Fachkrankenhäuser für Psychiatrie und Psychiatrie/Neurologie stehen nur rund 2200 Ärzte bei einer Gesamtbettenkapazität von ca. 90 000 zur Verfügung. Fast 1/3 aller klinisch tätigen Psychiater arbeiten also an Universitäten. Die herausgehobene Situation der Universitätskliniken wird hier besonders sichtbar. Im Gegensatz zu vielen anderen Einrichtungen können Assistenzärzte in der Regel hier nur bis zu ihrer Facharztqualifikation tätig sein. Dies unterstreicht den Ausbildungscharakter dieser Institutionen.

In Zukunft wird eine wachsende Zahl von Psychiatern für Aufgaben der Ausbildung und Forschung gebraucht. Da bei vorübergehender Tätigkeit als Dozent oder Forscher die Aussichten auf einen Übergang in leitende Arztpositionen geringer als in anderen medizinischen Disziplinen sind, ist die Errichtung befriedigender Dauerstellungen für Lehre und Forschung hier besonders dringlich. Psychiatrische Forschung und Ausbildung sind weniger mittel- als personalintensiv. Brennpunkte der psychiatrischen Forschung auf internationalem Niveau sind heute Epidemiologie, Psychophysiologie, biologische Psychiatrie sowie Untersuchungen über die Wirksamkeit psychotherapeutischer Methoden und psychiatrischer Dienste.

Nichtärztliche Tätigkeitsbereiche in der Psychiatrie

Krankenschwestern und Krankenpfleger

Sie haben seit über 150 Jahren bei der Betreuung psychiatrischer Patienten ihren angestammten Platz. Ebenso wie die Rolle des Psychiaters in den letzten Jahrzehnten Wandlungen unterworfen war, läßt sich dies auch für das Pflegepersonal aufweisen. Das zunehmende Wissen um die Rolle sozialer und biographischer Faktoren für das Entstehen und den Verlauf seelischer Erkrankungen sowie Fortschritte in der medikamentösen Therapie führten tendenziell zur Aufgabe bewahrender und sozial isolierender Behandlungsmethoden zugunsten eines aktiv rehabilitationsbezogenen Ansatzes. Nicht die Sorge um Ruhe, Ordnung und Sauberkeit auf der Station bestimmen mehr den Tagesablauf einer Krankenschwester (eines Krankenpflegers), sondern das Bemühen um die Herstellung eines Stationsklimas, in dem spezifische Techniken und Qualifikationen anderer, spezialisierter Teammitglieder erst zur Entfaltung kommen können. Ob sich ein psychiatrischer Patient im Krankenhaus auch wohl fühlen kann, hängt ganz direkt davon ab, ob er ein Milieu vorfindet, das ihn Vertrauen fassen läßt zu den Menschen,

denen er hier begegnet. Ganz entscheidend wird dieses Milieu vom Pflegepersonal geprägt, einer Berufsgruppe, die, im Gegensatz zu den oft wechselnden Ärzten auf einer Station, als einzige auch die Kontinuität eines
Arbeitsstils zu tradieren vermag, oft genug auch Anfängern in der Psychiatrie die praktische Anleitung gibt, die ihnen im kopflastigen Studium nicht
vermittelt wurde.

Um den großen Bedarf an soziotherapeutisch- und kommunikativ-kompe-
tenten Mitarbeitern zu befriedigen, wurden an zahlreichen Einrichtungen
Weiterbildungsstätten zur Fachschwester bzw. zum Fachpfleger für Psychiatrie geschaffen. Diese „sozialpsychiatrische Zusatzausbildung" steht meist
auch anderen Berufsgruppen, zum Beispiel Sozialarbeitern, Bewegungs-
und Beschäftigungstherapeuten, offen.

Informationen: Dr. P. Bastiaan, Leiter der Sozialpsychiatrischen Zusatzausbildung an
der Medizinischen Hochschule, Konstanty-Gutschow-Str. 8, 3000 Hannover 61.

Sozialarbeiter

In der Psychiatrie können sie auf eine sehr viel weniger lange Tradition
zurückblicken als Krankenschwestern und -pfleger. Die zunehmende Einbeziehung psychosozialer und rehabilitativer Aspekte in die psychiatrische
Praxis macht ihre Mitarbeit in einem psychiatrischen Team indessen zur
unverzichtbaren Notwendigkeit. Sie sind nicht nur die Experten für die
optimale Anwendung und praktische Umsetzung der zunehmend komplizierter werdenden Sozialgesetzgebung (s. S. 459), sie sind es auch, die Selbst-
hilfeaspekte bei der Behandlung psychisch Kranker am legitimsten zu vertreten vermögen. Wenn sie sich darüber hinaus in ihrer Ausbildung noch
Kenntnisse mit Gruppen von Menschen erwerben, ohne darüber handfeste
Alltagsaufgaben mit einzelnen Klienten zu vernachlässigen, vermögen Sozialarbeiter einen ausgesprochen produktiven und anregenden Beitrag zu
lebendiger Teamarbeit zu leisten. Insgesamt arbeiten noch immer viel zu
wenige Sozialarbeiter (ca. 600) in psychiatrischen Einrichtungen

Arbeits- und Beschäftigungstherapeuten

Das Berufsfeld der Beschäftigungstherapeuten wurde aus England übernommen und erst nach dem 2. Weltkrieg bei uns eingeführt. Die ursprüngliche Berufsausrichtung war stark von der Orthopädie geprägt. In der Zwi-
schenzeit gibt es zahlreiche Weiterbildungsstätten (ca. 30), die im Rahmen
der 3jährigen Ausbildung auch psychiatriebezogene Lehrziele gleichwertig
anbieten.

Arbeit und kreative Beschäftigung sind ein wesentlicher Bestandteil der
Selbstverwirklichung eines jeden Menschen. Dadurch kommt gerade dem
Arbeits- und Beschäftigungstherapeuten als Repräsentanten des äußeren
Realitätsprinzips im Behandlungsplan eines psychisch erkrankten Menschen
eine entscheidende Stellung zu. Liegt der Akzent der Beschäftigungsthera-
pie mehr auf kreativen Techniken, so sollen hierdurch die verschütteten oder

brach liegenden Fähigkeiten mobilisiert, affektive Resonanz geweckt und Motivationen zu selbständigem und selbstbewußtem Handeln gefördert werden. Hierzu gehört auch die an den Bedürfnissen der Betroffenen entlangtastende Unterstützung bei sinnvoller Freizeitgestaltung.

Insgesamt arbeiten derzeit ca. 1400 Arbeits- und Beschäftigungstherapeuten in der Psychiatrie, wobei zunehmend mehr über eine abgeschlossene Ausbildung verfügen.

Bewegungstherapeuten

Eine in der Psychiatrie oft vernachlässigte Mitarbeitergruppe ist die der Bewegungstherapeuten und der Krankengymnastinnen. Gerade bei jenen Patienten, die in der Beziehung zu und dem Umgang mit ihrem eigenen Körper gestört sind und die zum Beispiel durch eine neuroleptische Medikation in ihrer motorischen Beweglichkeit und der Harmonie der Bewegungsabläufe empfindlich beeinträchtigt sind, stellen bewegungstherapeutische Angebote, sei es einzeln oder in Gruppen, eine nicht zu unterschätzende Hilfe dar. Die Integration eines solchen Behandlungsangebotes sollte heute zu jeder teilstationären oder stationären Behandlung gehören.

Psychologen

Die spezifischen Beiträge der Psychologen, die in der psychiatrischen Klinik arbeiten, sind Psychodiagnostik, methodisch-statistische Beratung, Weitervermittlung wichtiger psychologischer Grundlagen in der Mitarbeiterfortbildung und in zunehmendem Maß spezielle psychotherapeutische Methoden, insbesondere die Verhaltenstherapie.

Diagnostische Angebote scheinen insgesamt weniger gefragt zu sein. Dabei geht die Entwicklung von einer eher statisch-psychometrischen Diagnostik hin zu einer dynamisch-verhaltensanalytisch orientierten, die unmittelbar Eingang in therapeutischen Bemühungen finden kann.

Durch fundierte methodisch-statistische Kenntnisse haben sich Psychologen bei der Planung, Durchführung und Auswertung von wissenschaftlichen Untersuchungen im Bereich der Psychiatrie, insbesondere bei therapiebegleitender Forschung und Effektivitätskontrolle, einen kaum zu ersetzenden Platz im wissenschaftlichen Team erworben.

Klinische Psychologen haben heute in der Regel eine psychotherapeutische Ausbildung in Verhaltenstherapie, Gesprächstherapie, Gestalttherapie oder Psychoanalyse absolviert. Die am häufigsten gewählte Therapieform – die Verhaltenstherapie – kommt dem Bedürfnis nach wissenschaftlicher Überprüfbarkeit und Kontrolle therapeutischer Tätigkeit entgegen. Methodenunabhängig ist der therapeutisch versierte Psychologe ein gesuchtes Mitglied im therapeutischen Team. An vielen Kliniken haben entsprechend qualifizierte Psychologen Stationsleiterfunktionen übernommen, zum Beispiel im Rehabilitations- und Langzeitbereich oder bei der längerfristigen Entwöhnungsbehandlung Alkohol- und Medikamentenabhängiger.

Literatur

Kisker, K. P.: Eine Prognose psychiatrischer Therapeutik. Nervenarzt 43 (1973) 184–194

Maßregelvollzug – Forensik. Sozialpsychiat. Inform. 19, Heft 4 (1989)

Mombour, W.: Psychiatrische Aus- und Weiterbildung. Monographien aus dem Gesamtgebiet der Psychiatrie, Bd. 34. Springer, Berlin 1983

Rohde-Dachser, Chr.: Ärztliche Psychotherapie-Weiterbildung in der psychiatrischen Klinik. Psychiatrische Praxis 6 (1979) 183–194

Sozialpsychiatrische Zusatzausbildung. Sozialpsychiatrische Informationen 13 Heft 2 (1983)

XV. Psychiatrie und Recht

59 Psychiatrische Begutachtung im Straf- und „Unterbringungs"recht

Lernziele:
Kenntnis der Aufgaben des ärztlichen Sachverständigen vor dem Gericht bei einfachen psychiatrischen Fragestellungen; Fähigkeit, einen psychisch Kranken in eine geschlossene psychiatrische Einrichtung unter Beachtung der landeseigenen Gesetze für psychisch Kranke einzuweisen.

Begutachtung und Aufgabe des ärztlichen Sachverständigen

Jede Begutachtung setzt eine intensive psychiatrische Erhebung voraus. Diese soll enthalten: persönliche und soziale Anamnese, psychopathologischer Befund, ggf. klinisch-psychologische Untersuchung und psychodynamische Erarbeitung forensisch bedeutsamer Motivzusammenhänge, eine körperliche, insbesondere neurologische Untersuchung (ggf. neurologische Spezialdiagnostik), Informationen durch Drittpersonen, ein genaues Studium der Akten.

Die Sprache, in welcher dem Gericht die Diagnose, die Problematik der begutachteten Persönlichkeit und die forensische bzw. sozialmedizinische Beurteilung dargelegt wird, soll so verständlich sein, daß sie von nicht psychiatrisch geschulten Juristen und Laienrichtern bzw. Behördensachbearbeitern verstanden wird.

Der Sachverständige gibt dem Gericht eine ärztliche Beurteilung; er ersetzt es nicht, nimmt ihm keine Entscheidung ab; er ist weder Ermittlungsgehilfe des Staatsanwalts noch Parteigänger des Angeschuldigten oder Hilfsanwalt eines Rechtsanwalts.

In der Regel sollte der Arzt nur für Gerichte, Staatsanwaltschaften oder Behörden als Gutachter tätig sein; nur wenn in Rechtsverfahren bedeutsame psychiatrische Sachverhalte eingebracht werden müssen oder vernachlässigt zu werden drohen, wird er als Privatgutachter auftreten. Ist dabei der Auftraggeber einer der streitenden Parteien, droht er aus der Sicht des Gerichtes leicht in die Zone der Befangenheit zu geraten.

Als Gutachter wird der Arzt peinlicher als in jeder anderen Rolle affektive Neutralität einhalten. Er wird sich strikt an empirische Sachzusammenhänge halten und sich nicht in Bereiche normativen juristischen Denkens hineinfordern lassen. Dem Begutachteten wird zu Beginn der Untersuchung zweckmäßigerweise eröffnet, daß der Gutachter dem Gericht gegenüber keine Geheimhaltung übt. Bei allen Untersuchungen ist vom Begutachteten Mitarbeit nur innerhalb der Grenzen seiner Interessenwahrung zu erwarten (schriftliche Erklärung des Einverständnisses mit allen Eingriffen).

Aggravation (verstärkte Darstellung gegebener Symptome), *Simulation* (Darstellung nicht gegebener Symptome) und *Dissimulation* (Leugnung gegebener Symptome) verkünsteln hier häufiger, als dies in der Arzt-Patient-Beziehung der Fall ist, die Beziehung zwischen Sachverständigen und Probanden. Auf der anderen Seite kann bisweilen nur der psychopathologisch geschulte Sachverständige dem Gericht die motivdynamischen Zusammenhänge des rechtsbedeutsamen Verhaltens des Begutachteten zureichend erläutern.

Gutachten werden in der Regel schriftlich vorbereitet. Wenn vom Gericht in der Hauptverhandlung die mündliche Darlegung erwartet wird, hat diese die Ergebnisse der Verhandlung mit einzubeziehen. Der mündliche Vortrag geschehe systematisch, aber frei; der Gutachter halte sich offen für die Möglichkeit, ein vorher abgegebenes schriftliches Gutachten zu revidieren, wenn ihm dies durch neue Erfahrungen mit dem Begutachteten während der Verhandlung nahegelegt wird.

Wo immer möglich, wird ambulant begutachtet. Eine *Einweisung* in eine geschlossene Einrichtung bis zu 6 Wochen zur Vorbereitung eines Gutachtens kann nach § 81 StPO erzwungen werden.

Schuldunfähigkeit und verminderte Schuldfähigkeit

Strafrechtliche Verantwortlichkeit: Die Schuldfähigkeit eines erwachsenen Täters kann aufgehoben bzw. erheblich vermindert sein, wenn zur Tatzeit eine der Voraussetzungen der §§ 20/21 StGB vorlag.

§ 20: Schuldunfähigkeit wegen seelischer Störungen

„Ohne Schuld handelt, wer bei Begehung der Tat wegen einer krankhaften seelischen Störung, wegen einer tiefgreifenden Bewußtseinsstörung oder wegen Schwachsinns oder einer schweren anderen seelischen Abartigkeit unfähig ist, das Unrecht der Tat einzusehen oder nach dieser Einsicht zu handeln."

Die Schuldfähigkeit ist in der Regel auszuschließen, wenn zur Tatzeit eine akute Psychose bzw. ein ausgeprägter psychotischer oder psychoorganischer Persönlichkeitswandel („krankhafte seelische Störung"), ein einschneidender emotionell bedingter Ausnahmezustand („tiefgreifende Bewußtseinsstörung"), eine erhebliche geistige Behinderung („Schwachsinn") oder eine massive (neurotisch oder wie auch immer bedingte) Persönlichkeitsstörung („schwere andere seelische Abartigkeit") gegeben waren und wenn zugleich belegt werden kann, daß diese Zustände die Fähigkeit zur Einsicht in rechtsgemäßes Verhalten und zu einer entsprechenden Steuerung des Verhaltens aufhoben.

§ 21: erheblich verminderte Schuldfähigkeit

Ist die Fähigkeit des Täters, das Unrecht der Tat einzusehen und nach dieser Einsicht zu handeln, aus einem der in § 20 bezeichneten Gründe bei Begehen der Tat *erheblich vermindert*, so kann die Strafe nach § 49 Abs. 1 gemildert werden.

Die Minderung der Schuldfähigkeit ist bei mäßigem Ausprägungsgrad der genannten psychiatrischen Zustände gegeben; in Einzelfällen bei solchen neurotischen Verfassungen, in welchen sich die Motivdynamik der Tat zwingend aus einer „krankheitswertigen", die psychologischen Verhaltensgrade der Person elementar einschränkenden erlebnisreaktiven Fehlentwicklung oder der erheblichen abweichenden Verarbeitung einer aktuellen Konfliktlage ergibt.

Vielfach, wie auch hier, wird die These verfochten, daß ärztliche und juristische Beurteilungen grundsätzlich voneinander getrennt werden können. Viele forensische Psychiater haben sich aber auch gegen diese These gewandt. Der Gutachter könne sich nicht auf ein „biologisches Stockwerk" oder auf körperlich faßbare oder postulierte Störungen beschränken. Eine Beschränkung auf das rein Tatsächliche hat oft weitreichende rechtliche Konsequenzen, etwa den Ausschluß der Exkulpation bei vielen psychischen Störungen.

Aufgabe des psychiatrischen Gutachters bei der Feststellung der Schuldfähigkeit

Der psychiatrische Gutachter hat zunächst den psychischen Zustand, die Persönlichkeitsstruktur und Dynamik des Täters zu erfassen. Um ihm das für die Schuldfeststellung erforderliche vergleichende Urteil zu ermöglichen, hat der Sachverständige dem Richter weiterhin den Grad der Abweichung des Täters vom durchschnittlich Normalen darzulegen, gestützt auf seine Erfahrung im Umgang mit psychisch Kranken. Der Erheblichkeitsgrad der pathologischen Abweichung, die Intensität, ist hier das entscheidende Kriterium für die sog. psychologischen Merkmale der §§ 20 und 21. Wie intensiv die psychische Störung sein muß, um die Schuldfähigkeit auszuschließen, ist die schwierige, in letzter Linie vom Richter zu entscheidende Frage.

Das Schuldstrafrecht setzt die Annahme voraus, daß ein Täter die Möglichkeit zur Entscheidung hatte. Der psychologische oder psychiatrische Sachverständige kann hierfür keinen Beweis antreten. In seinen Post-hoc-Analysen kann er vielmehr nur aufweisen, wie eine Persönlichkeit in eine bestimmte Determinationsstruktur eingespannt war und wie aus der Summation von Erfahrungen und Erlebnissen eine bestimmte Handlungsbereitschaft resultierte. Nie kann er die Frage beantworten: „Hätte der Täter auch anders handeln können?" Diese Frage ist metapsychiatrisch.

Schränkt eine psychiatrische Störung die strafrechtliche Verantwortlichkeit eines Täters ein, so wird das Gericht den Sachverständigen häufig fragen, ob und welche „Maßregeln der Besserung und Sicherung" (§ 61 ff.) angezeigt sind. Liegt bei einem Exkulpierten Behandlungsbedürftigkeit und die Gefahr erneuter rechtswidriger Taten infolge seines Zustandes vor, so kann (nach § 63) die „Unterbringung in einer psychiatrischen Krankenanstalt" angeordnet werden. Er kann indessen (nach § 63 Abs. 2) auch in eine „sozialtherapeutische Anstalt" eingewiesen werden, wenn nämlich (gemäß § 65, Abs. 3) „nach dem Zustand des Täters die besonderen therapeutischen Mittel und sozialen Hilfen dieser Anstalt zu einer Resozialisierung besser geeignet sind als die Behandlung in einer psychiatrischen Krankenanstalt". Bei Alkohol- oder Rauschmittelabhängigen wird (nach § 64) die „Unterbringung in einer Entziehungsanstalt" vollzogen, welche wegen einer auf diesen Hang zurückgehenden Straftat verurteilt bzw. nur deshalb nicht verurteilt worden sind, weil ihre Schuldunfähigkeit erwiesen ist. Voraussetzung ist jedoch die Gefahr erheblicher rechtswidriger analoger Taten und die Erfolgsaussicht der Entziehungskur. Nach Beendigung oder Aussetzung dieser Maßregeln tritt eine mehrjährige „Führungsaufsicht" ein, d. h. sozialpräventive Nachsorge durch Bewährungshelfer, welche ihrerseits häufig der psychiatrischen Beratung ihrer Arbeit bedürfen.

Die Feststellung von *Haft- bzw. Verhandlungsunfähigkeit* setzt stark ausgeprägte psychische Störungen (Psychosen oder psychoseanaloge Zustände) voraus.

Das neue Gesetz zur Reform des Strafrechts zielt unter Festhalten am Schuldprinzip auf die Resozialisierung Straffälliger, wo immer sich Ansätze dafür bieten. Die Verwirklichung dieser gesetzgeberischen Initiative hängt weitgehend von der Entwicklung wirksamer kriminalpräventiver Dienste und Einrichtungen ab. Einige wenige „sozialtherapeutische Anstalten", die in der Bundesrepublik während des letzten Jahrzehnts eröffnet worden sind, kranken vor sich hin, da die justizeigentümlichen „Vollzugs"-Vorschriften therapeutische Ansätze vereiteln.

Jugendgerichtsgesetz

Auf dem Gebiet des Jugendgerichtsgesetzes (JGG) hat der Sachverständige entwicklungspsychiatrische Feststellungen zu machen. Beim nicht straffähigen Kind kann das Gericht keine Strafen anordnen, wohl aber Maßnahmen (Erziehungshilfe, Schutzaufsicht, Fürsorgeerziehung). Auch beim Jugendlichen wird nach vollendetem 14. Lebensjahr die strafrechtliche Verantwortlichkeit nicht ohne weiteres vorausgesetzt: Es muß jeweils geprüft werden, ob die Voraussetzungen des § 3 JGG vorliegen.

§ 3 JGG: Verantwortlichkeit

„Ein Jugendlicher ist strafrechtlich verantwortlich, wenn er zur Zeit der Tat nach seiner sittlichen und geistigen Entwicklung reif genug ist, das Unrecht der Tat einzusehen und nach dieser Einsicht zu handeln. Zur Erziehung eines

Jugendlichen, der mangels Reife strafrechtlich nicht verantwortlich ist, kann der Richter dieselben Maßnahmen anordnen wie der Vormundschaftsrichter."

Einige praktikable Reifekriterien:

Biologische Kriterien:
- Liegt eine Konstitutionsanomalie vor?
- Liegt eine Hirnschädigung vor?
- Ist die körperliche Entwicklung altersentsprechend?
- Liegt eine körperlich dysharmonische, asynchrone Entwicklung vor?
- Besteht eine endokrine Störung?
- Liegt ein Schwachsinn oder eine andere geistige Störung vor, die im Rahmen des StGB gewertet werden müßte?

Soziologisch-psychologische Kriterien:
- In welchem Milieu wuchs der Jugendliche auf, und in welchem Milieu lebt er jetzt?
- Ist die geistig-seelische Entwicklung altersgemäß?
- Entspricht die geistig-seelische Reife der körperlichen Entwicklung?
- Was besagt das Delikt für die geistig-seelische Reife? Was bedeuten zeitliche und personelle Umstände des Delikts für die geistig-seelische Reife?
- Welche Bedeutung hat die Pubertät für die Tat?
- Liegt eine Neigung zu neurotischer Erlebnisverarbeitung vor?
- Durch welche Maßnahmen ist der Jugendliche wahrscheinlich am besten günstig zu beeinflussen?
- Welche Folgen hätte es, wenn die Strafreife verneint würde?

Dagegen ist der Mensch ab vollendetem 18. Lebensjahr strafrechtlich verantwortlich. Allerdings können Heranwachsende, d. h. noch nicht 21jährige Täter, je nach der Reife ihrer Persönlichkeitsentwicklung und je nach der Art ihrer Straftat entweder als Jugendliche oder als Erwachsene bestraft werden. Nach § 105 JGG wird ein Heranwachsender nach den Vorschriften des Jugendstrafrechtes behandelt, wenn die Gesamtwürdigung der Persönlichkeit des Täters unter zusätzlicher Berücksichtigung der Umweltbedingungen ergibt, daß er zur Zeit der Tat nach seiner sittlichen und geistigen Entwicklung noch einem Jugendlichen gleichstand oder es sich nach der Art, den Umständen oder Beweggründen der Tat um eine Jugendverfehlung handelt.

Die Beurteilung erfordert hier ein besonders enges Zusammengehen kinder- und jugendpsychiatrischer, kriminalpsychologischer sowie heilpädagogischer und sozialfürsorgerischer Erfahrung. Die Charakterisierung einer Tat als „Jugendverfehlung" und die gebotene Analyse der Sozialsituation („Umweltbedingungen") verlangen vom Gutachter entwicklungspsychopathologisches und sozialmedizinisches Wissen.

Einweisung eines psychisch Kranken in eine geschlossene psychiatrische Einrichtung

Sie wird durch Ländergesetze geregelt. Diese halten sich im Rahmen des Art. 104 des Grundgesetzes: „Über die Zulässigkeit und Fortdauer einer Freiheitsentziehung hat allein der Richter zu entscheiden. Die Gerichtsentscheidung muß spätestens an dem auf die Unterbringung folgenden Tag geschehen." Bei der Einweisung in ein psychiatrisches Krankenhaus stützt sich der Richter in der Regel auf das Gutachten eines psychiatrisch erfahrenen Arztes.

Einweisung und Unterbringung wurden während der jüngst vergangenen Jahre in den meisten Bundesländern durch neue Gesetze geregelt, welche Gesichtspunkten sozialpsychiatrischer Hilfe größeren Raum geben. Diese Legislativen ließen allerdings vielfach offen, wer die in ihnen geforderten sozialpsychiatrischen Dienste trägt und bezahlt. Je niedriger die Quote an Zwangseinweisungen, um so besser ist der psychiatrische Versorgungsstandard eines Gebietes.

Der Arzt soll in Einweisungssituationen kritisch entscheiden, schnell handeln und darum wissen, daß er sich dabei stets zwischen einer möglichen Anklage wegen „Freiheitsberaubung" und einer ebenso möglichen wegen „unterlassener Hilfeleistung" bewegt.

Literatur

Lauter, H., H. L. Schreiber: Rechtsprobleme in der Psychiatrie. Rheinland-Verlag, Köln 1978

Remschmidt, H., M. H. Schmidt: Kinder- und Jugendpsychiatrie in Klinik und Praxis, Bd. I−III. Thieme, Stuttgart 1985 u. 1988

Venzlaff, U.: Aktuelle Probleme der forensischen Psychiatrie. In K.P. Kisker, J.E. Meyer, M. Müller, E. Strömgren: Psychiatrie der Gegenwart, 2. Aufl. Springer, Berlin 1975

60 Psychiatrische Begutachtung im Zivilrecht, Versicherungs- und Schadensersatzrecht

Lernziele:
Überblick über die rechtlichen Konsequenzen ärztlicher Zeugnisse, die zur Geschäftsfähigkeit, Mündigkeit, Prozeß- und Verhandlungsfähigkeit, Testierfähigkeit, Ehefähigkeit von Patienten, Angehörigen, Behörden oder Gerichten vom behandelnden Arzt erwartet werden; Fähigkeit zur Einschätzung psychologisch-medizinischer Behinderungen in versicherungsrechtlicher und sozialrechtlicher Hinsicht und zur Darlegung in Befundberichten an Versicherungs- und Sozialhilfeträger.

Zivilrecht

Man muß sich klarmachen, daß die im Zivilkodex umrissenen Rechte und Rollen wechselseitige Zuweisungen und Garantien darstellen, welche sich die Bürger innerhalb eines allgemeinen Gesellschaftsvertrages geben. Solche Rollenzuweisungen, vor allem aber die hier diskutierten Rolleneinschränkungen, werden stark mitbestimmt durch das jeweilige Kulturmuster, durch den sozialen Wandel, auch durch Ausgrenzungsvorgänge gegenüber Minderheiten mit einem als unerwünscht angesehenen abweichenden Verhalten (s. S. 77 ff).

§ 104 BGB: Geschäftsunfähigkeit

Geschäftsunfähig ist,
- wer nicht das 7. Lebensjahr vollendet hat;
- wer sich in einem die freie Willensbestimmung ausschließenden Zustande krankhafter Störung der Geistestätigkeit befindet, sofern nicht der Zustand seiner Natur nach ein vorübergehender ist;
- wer wegen Geisteskrankheit entmündigt ist.

§ 6 BGB: Entmündigung

Entmündigt werden kann,
- wer infolge von Geisteskrankheit oder Geistesschwäche seine Angelegenheiten nicht zu besorgen vermag;
- wer durch Verschwendung sich oder seine Familie der Gefahr des Notstandes aussetzt;
- wer infolge von Trunksucht oder Rauschgiftsucht seine Angelegenheiten nicht zu besorgen vermag oder sich oder seine Familie der Gefahr des Notstandes aussetzt oder die Sicherheit anderer gefährdet.

Die Entmündigung ist wieder aufzuheben, wenn der Grund der Entmündigung wegfällt.

Antragsteller sind Angehörige oder Staatsanwaltschaften. *„Geisteskrankheit"* meint hier keine psychiatrische Diagnose, sondern einen Grad der psychischen Behinderung (also etwa einen schweren Schwachsinnszustand), während *„Geistesschwäche"* eine Behinderung leichteren Grades trifft (etwa einen milden psychotischen Dauerzustand).

Der Gutachter empfehle *Entmündigung mit äußerster Zurückhaltung* und nur dann, wenn dem Patienten eine mit weniger eingreifenden rechtlichen Mitteln (Vermögenspflegschaft) nicht abzuwendende sozioökonomische Schädigung droht. Wer wegen „Geisteskrankheit" entmündigt wurde, ist bürgerlich-rechtlich einem Kind vor Vollendung seines 7. Lebensjahres gleichgestellt. *Die Entmündigung wird untilgbar in das Strafregister eingetragen.*

Es ist rechtlich wie auch medizinisch unglücklich, Entmündigung oder Pflegschaft zur Voraussetzung der Aufnahme eines gerichtlich Eingewiesenen in ein psychiatrisches Krankenhaus zu machen. Dies ist leider heute noch recht oft Praxis rückständiger psychiatrischer Einrichtungen und Gesundheitsämter. *Entmündigung und Pflegschaft sind stark sozial bestimmt*: Dasselbe psychiatrische Zustandsbild kann beim Begüterten mit unübersichtlichen „Angelegenheiten" Entmündigung nahelegen, während es beim Patienten mit übersichtlichem Besitzstand (insbesondere auch klarer Erbfolge) dazu noch keinen Anlaß geben mag.

§ 1800 BGB: Unterbringung durch den Vormund oder Pfleger

Eine Unterbringung des Mündels, die mit Freiheitsentzug verbunden ist, ist nur mit Genehmigung des Vormundschaftsgerichts zulässig; das Vormundschaftsgericht soll den Mündel vor der Entscheidung hören. Ohne die Genehmigung ist die Unterbringung nur zulässig, wenn mit dem Aufschub Gefahr verbunden ist; die Genehmigung ist unverzüglich nachzuholen. Das Gericht hat die Genehmigung zurückzunehmen, wenn das Wohl des Mündels die Unterbringung nicht mehr erfordert.

§ 1910 BGB: Pflegschaft

Abs. 2: Vermag ein Volljähriger, der nicht unter Vormundschaft steht, infolge geistiger oder körperlicher Gebrechen einzelne seiner Angelegenheiten oder einen bestimmten Kreis seiner Angelegenheiten, insbesondere seine Vermögensangelegenheiten, nicht zu besorgen, so kann er für diese Angelegenheit einen Pfleger erhalten.

Abs. 3: Die Pflegschaft darf nur mit Einwilligung des Gebrechlichen angeordnet werden, es sei denn, daß eine Verständigung mit ihm nicht möglich ist (im Sinne des § 104 BGB).

Ist die Verständigung mit einem Patienten möglich, bei welchem eine Pflegschaft eingerichtet wurde, so kann dieser jederzeit die Aufhebung der Pflegschaft oder die Einsetzung eines neuen Pflegers beantragen. Sinnvolle und häufige Indikationen der Pflegschaft sind *Vermögens- und Aufenthaltsregelung*. Pflegschaft bzw. Entmündigung zur Durchführung einer erzwungenen Therapie wird erforderlich, wenn ein psychiatrisch hospitalisierter Patient keine Einwilligung zu bestimmten Behandlungsmaßnahmen gibt, sofern diese nicht aus einer lebensbedrohlichen vitalen Indikation angewandt werden müssen. Der eingesetzte Pfleger kann nicht allein den *Aufenthalt* des Pfleglings in einem psychiatrischen Krankenhaus bestimmen. Hierzu bedarf es einer besonderen Anordnung des Vormundschaftsgerichtes (s. § 1800).

Entwurf eines künftigen Betreuungsgesetzes (BtG)

Das bislang geltende und schon seit langem reformbedürftige Vormundschafts- und Pflegschaftsrecht soll künftig abgelöst werden durch ein Betreuungsrecht. Der Entwurf eines solchen Betreuungsgesetzes beinhaltet im wesentlichen folgendes:

1. Die Entmündigung wird abgeschafft.
2. Vormundschaft und Pflegschaft über Volljährige wird durch ein neues Rechtsinstitut der „Betreuung" ersetzt.
3. Die Bestellung eines Betreuers schränkt die Teilnahme eines Betreuten am Rechtsverkehr nicht automatisch ein. Wo dies im Einzelfall dennoch erforderlich ist, kann das Gericht einen „Einwilligungsvorbehalt" anordnen.
4. An die Stelle bisher anonymer Verwaltung von „Fällen" soll eine persönliche Betreuung treten.
5. Der Betreuer soll Wünschen des Betreuten grundsätzlich entsprechen.
6. Die Personensorge wird durch Regelungen über Heilbehandlung, Unterbringung und unterbringungsähnliche Maßnahmen und Wohnungsauflösung gestärkt.
7. Zwangssterilisation und Sterilisation Minderjähriger werden verboten. Im übrigen wird die Einwilligung des Betreuers in die Sterilisation eines einwilligungsunfähigen Volljährigen nur in ganz seltenen Ausnahmefällen zur Anwendung schwerster Notlagen zugelassen.
8. Die Bestellung des Betreuers setzt die persönliche Anhörung des Betroffenen und eine genaue Sachaufklärung voraus.
9. Über Betreuungsbestellungen muß mindestens nach 5 Jahren neu entschieden werden.
10. In den Verfahren, die die Betreuung betreffen, ist der Betroffene ohne Rücksicht auf seine Geschäftsfähigkeit verfahrensfähig.
11. Soweit es erforderlich ist, wird dem Betroffenen zur Unterstützung ein Verfahrenspfleger zur Seite gestellt.
12. Über zivilrechtliche und öffentlichrechtliche Unterbringungen wird in einem bundeseinheitlichen Verfahren entschieden.
13. Von Gerichtskosten und Auslagen werden die Betroffenen weitgehend entlastet.
14. Für die Übernahme der Betreuung werden Anreize geschaffen, insbesondere durch Verbesserungen im Bereich von Anwendungsersatz und Vergütung.
15. Die gegenwärtigen Vormundschaften und Pflegschaften werden kraft Gesetzes in Betreuungen umgewandelt.

Testierfähigkeit

Ein Testament kann *nicht* errichten,
– wer entmündigt ist (§ 6 BGB, S. 456);
– wer zur Zeit der Abfassung des Testaments geschäftsunfähig ist (§ 104 BGB);
– wer wegen krankhafter Störung der Geistestätigkeit, wegen Geistesschwäche oder wegen Bewußtseinsstörung (etwa wegen Alkoholrausches) nicht in der Lage ist, die Bedeutung einer von ihm abgegebenen Willenserklärung einzusehen und nach dieser Einsicht zu handeln.

Begutachtungen der Testierfähigkeit sind schwierig, wenn das Testament nach dem Tode des Erblassers angefochten wird und die Beurteilung auf die Beobachtungen des Notars oder von Zeugen zu gründen ist.

Sozialrecht

Institutionen, welche Entscheidungen in Versicherungs-, Entschädigungs- und Versorgungsansprüchen machen (Versorgungsämter, gesetzliche und private Versicherungsträger, Sozialämter, Entschädigungsämter, Sozialgerichte, Entschädigungsgerichte u. a.), stützen sich bei psychologisch-medizinischen und sozialmedizinischen Problemlagen häufig auf psychiatrische Gutachten. Fragen nach dem *Kausalzusammenhang* schädigender Ereignisse mit psycho-(patho)logischen Gesundheitsschäden, nach der *Leistungsminderung* im Erwerbsleben durch psychische Behinderung und nach *Rehabilitationschancen* bei psychischen Störungen stehen dabei im Mittelpunkt. Strenger noch als in anderen Begutachtungsgebieten wird hier vom Sachverständigen ein individualisierendes Vorgehen, ein differenzierendes Einsetzen des klinischen und sozialpsychiatrischen Wissensstandes, Kritik gegenüber schablonisierten „Lehrmeinungen" und ein subtiles Eingehen auf die oft sehr komplizierten Fragestellungen der beauftragenden Institution gefordert.

Typische Gutachteraufgaben

Erwerbsunfähigkeit im arbeits- und versicherungsrechtlichen Sinne ist gegeben, wenn der Patient infolge Krankheiten oder anderer Gebrechen oder Schwäche seiner körperlichen oder geistigen Kräfte auf nicht mehr absehbare Zeit (etwa 2 Jahre) eine Erwerbstätigkeit in gewisser Regelmäßigkeit, d. h. zumindest 3–4 Stunden täglich, nicht zu verrichten vermag oder nicht mehr als nur geringfügige Einkünfte durch Erwerbstätigkeit erzielen kann (§ 1247 RVO bzw. 24 AVG).

Berufsunfähigkeit kann durch „Krankheit" sowie andere Gebrechen und Schwäche der geistigen und körperlichen Kräfte bedingt werden, wenn die Leistungsfähigkeit auf weniger als die Hälfte derjenigen eines körperlich und geistig gesunden Versicherten mit ähnlicher Ausbildung und gleichwertigen Kenntnissen und Fähigkeiten herabgesunken ist (§ 1246 RVO bzw. 23 AVG).

Empfiehlt der Gutachter Berentung, so sollte er sich klar machen, daß Erwerbsunfähigkeit und Berufsunfähigkeit Behinderungen auf *Zeit* sein können und daß die Träger der öffentlich-rechtlichen Versicherungen und der Sozialhilfe die Finanzierung eines großen Fächers von Maßnahmen vorsehen, welche der Rehabilitation, d. h. der Wiederherstellung der Erwerbsfähigkeit und der gesellschaftlich-sozialen Wiedereingliederung, dienen: Heilverfahren, Berufsförderung, Umschulung, Rehabilitation, wettbewerbsgeschützte Einrichtungen usw.

Entschädigungsrecht

Spezielle Bedeutung für die Entfaltung des Schadensersatzrechts erlangte das *Bundesentschädigungsgesetz* (BEG), das der Wiedergutmachung nationalsozialistischen Unrechts dient. Unter den psychiatrischen Schäden nach Konzentrationslagerhaft, Ghettoaufenthalten, gedehnten Versteck- und Illegalitätsbelastungen sowie anderen Terrorisierungen ragen chronifizierte Persönlichkeitswandlungen depressiven und angstneurotischen Gepräges besonders hervor (s. S. 26). Die Herausarbeitung und Anerkennung dauerhafter psychoreaktiver Störungen als „adäquate" Verarbeitungen eines extremen psychophysischen Stresses, der so als „wesentliche Mitursache" ernst genommen wird, hat auf die allgemeine Beurteilung von Neurosen im Versicherungsrecht zurückgewirkt und insbesondere die traditionelle Auffassung von der tendenziösen Motivdynamik der Neurosen und von der grenzenlosen Belastbarkeit der seelischen Organisation des Menschen eingeschränkt.

Literatur

v. Baeyer, W.: Neurose, Psychotherapie und Gesetzgebung. In: Handbuch der Psychotherapie, Bd. I. Urban & Schwarzenberg, München 1959

Kobus, W.: Psychisch Behinderte. Sozialrecht. In Blohmke, M. u. a.: Handbuch der Sozialmedizin, Bd. III. Enke, Stuttgart 1976

61 Soziale Hilfen für psychisch Kranke

Lernziele:
Kenntnis wichtiger Bestimmungen der Reichsversicherungsordnung (RVO), des Bundessozialhilfegesetzes (BSHG) und des Arbeitsförderungsgesetzes (AFG), die bei der therapeutisch-rehabilitativen Arbeit mit seelisch Behinderten von Bedeutung sind.

Seit dem zweiten Weltkrieg ist die Einstellung der Gesellschaft ihren psychisch Kranken gegenüber einem langsamen, aber steten Wandel unterworfen. Vereinfachend läßt sich sagen, daß das Konzept der Ausgrenzung psychisch Kranker in Sondereinrichtungen und ihre karitativ-kurative Bevormundung zunehmend abgelöst wurde von dem Bemühen, psychiatrische Patienten in normale soziale Bezüge zu reintegrieren, insbesondere auch ihre berufliche Wiedereingliederung zu fördern. Diese veränderte Einstellung psychisch Kranken gegenüber wurde zweifellos begünstigt durch eine Reihe von therapeutischen Fortschritten der letzten 20 Jahre, wobei verbesserte psychopharmakologische Behandlungsmöglichkeiten eine wichtige Rolle spielten.

Ebenso wichtig, im Einzelfall oft noch entscheidender als eine umsichtig geplante und durchgeführte medizinische Therapie, ist es jedoch, psychisch Kranken jene Hilfsquellen zu erschließen, die die Gesellschaft als ein System sozialer Sicherungen bereithält, um ihren benachteiligten und schwachen Mitgliedern ein Leben zu ermöglichen, das die im Artikel 1 des Grundgesetzes versprochene „Würde des Menschen" garantiert. An diesem Anspruch müssen sich daher auch jene gesetzlichen Bestimmungen messen lassen, die psychisch Kranken dabei helfen sollen, nach Maßgabe ihrer Fähigkeiten und Bedürfnisse „am Leben der Gemeinschaft" teilzunehmen.

System sozialer Sicherung in der BRD

Das derzeitige System sozialer Sicherung in der BRD besteht im wesentlichen aus drei Teilen:
1. *Versicherung* = Krankenversicherung, Rentenversicherung, Arbeitslosenversicherung, gesetzliche Unfallversicherung;
2. *Versorgung* = Versorgungsrecht nach dem Bundesversorgungsgesetz (BVG; besonders Kriegsopferversorgung);
3. *Sozialhilfe* = Bundessozialhilfegesetz (BSHG).

Dieses „gegliederte System" wird von zwei wesentlichen Prinzipien beherrscht:
– Das *Kausalitätsprinzip* fragt nach der Ursache eines eingetretenen Risikofalles und ist maßgebend für die Zuständigkeit eines Leistungsträgers.
– Das *Finalitätsprinzip* bewirkt die Auslösung sozialstaatlicher Leistungen, *weil* ein Risikofall eingetreten ist, und gewährt allen, unabhängig von der Ursache, gleiche Leistungen. Prototypisch ist hier das

Bundessozialhilfegesetz (BSHG, 1962; 1983)

Es ist – neben der Krankenversicherung – das für die praktische psychiatrische Arbeit nach wie vor wichtigste Gesetz. Seit seinem Inkrafttreten im Jahre 1962 hat es eine Reihe von Veränderungen erfahren, die insbesondere auch seelisch Kranken zugute kamen. Dabei stehen Leistungen nach dem BSHG all denjenigen Personen zu, die sich in den Grenzen der BRD aufhalten und ihre Existenz aus eigenen Mitteln nicht zu sichern vermögen. Insofern kommt es nicht darauf an, *wie* diese Notlage entstanden ist.

Gleichwohl ist das BSHG dem Gedanken der Selbsthilfe verpflichtet, d. h., die Unterstützung soll in dem Maße und so lange gewährt werden, bis der Betreffende (wieder) in der Lage ist, unabhängig von der Hilfe zu leben. Wichtig ist, daß die Sozialhilfeleistungen individualisiert, d. h. auf die konkrete und persönliche Notlage eines Menschen abgestimmt sind (dies unterscheidet das BSHG von den beiden anderen Säulen unseres „sozialen Netzes"), und daß die Sozialhilfe subsidiär eintritt, d. h. nur dann, wenn Ansprüche gegen andere Leistungsträger nicht gegeben sind und die eigene Kraft oder Leistungen unterhaltspflichtiger Dritter (Eltern, Kinder, Ehepartner) nicht ausreichen (Grundsatz des sogenannten Nachranges). Von besonderer Bedeutung ist weiterhin, daß Sozialhilfe schon vorbeugend zu gewähren ist, und zwar immer dann, wenn dadurch eine Notlage ganz oder teilweise abgewendet werden kann. Nachgehend kann Sozialhilfe gewährt werden, um die Wirksamkeit der zuvor gegebenen Hilfen zu sichern. Sozialhilfe wird auch ohne förmlichen Antrag gewährt, d. h., ein telefonischer Anruf beim örtlichen Sozialamt genügt im Prinzip, die Leistungen in Gang zu setzen.

Bei der Sozialhilfe unterscheidet man zwei Hilfearten:
- *Hilfe zum Lebensunterhalt*: Ihr Zweck ist die Sicherung von Wohnung, Ernährung und sonstigen Bedürfnissen (= Existenzminimum);
- *Hilfe in besonderen Lebenslagen*: Sie hat den Zweck, spezielle Notlagen und Schwierigkeiten zu beheben oder zu mildern.

Das Sozialhilferecht kennt überörtliche und örtliche Träger der Sozialhilfe. Erstere heißen je nach Bundesland Landschafts- oder Landeswohlfahrtsverbände, letztere sind die Kreise und kreisfreien Städte. Ihre Zuständigkeit richtet sich nach den §§ 99, 100 BSHG. Vereinfacht gesagt bedeutet dies, daß der überörtliche Sozialhilfeträger für alle stationären oder teilstationären Einrichtungen (Heime, psychiatrische Krankenhäuser, Werkstätten usw.) zuständig ist, der örtliche Sozialhilfeträger für alle anderen Hilfen.

Eine für seelisch Behinderte besonders wichtige Form der Unterstützung ist die im § 39 BSHG geregelte *Eingliederungshilfe*. Aufgabe und Ziel der Eingliederungshilfe ist, „eine drohende Behinderung zu verhüten oder eine vorhandene Behinderung oder deren Folgen zu beseitigen oder zu mildern und den Behinderten in die Gemeinschaft einzugliedern. Hierzu gehört vor allem, dem Behinderten die Teilnahme am Leben in der Gemeinschaft zu ermöglichen oder zu erleichtern, ihm die Ausübung eines angemessenen Berufes oder einer sonstigen angemessenen Tätigkeit zu ermöglichen oder ihn soweit wie möglich unabhängig von Pflege zu machen" (§ 39 Abs. 3 BSHG).

Auf der Grundlage dieser Bestimmung werden im Rahmen der Sozialhilfe alle wesentlichen außerklinischen Hilfsangebote für psychisch Kranke finanziert. Neben den Übergangs- und Wohnheimen und Werkstätten für Behinderte bekommen ambulante Betreuungsformen im Wohnbereich und in Tagesstätten eine zunehmende Bedeutung. Betreute Wohngemeinschaften werden fachlich inzwischen weitgehendst als Standard psychosozialer Versorgung angesehen. Die Finanzierung erfolgt fast ausschließlich (in Berlin beteiligen sich die Krankenkassen) auf der Grundlage des BSHG § 39, wobei die einzelnen Bundesländer bislang noch recht unterschiedliche Regelungen getroffen haben. In Hessen ist beispielsweise (und beispielhaft) auch die Betreuung allein lebender Personen in den entsprechenden Richtlinien mit enthalten.

Ebenso wie im BSHG eine individuelle Subsidiarität gegeben ist, besteht eine institutionelle Subsidiarität nach § 10. Neben der im § 10 BSHG vorgesehenen Pflicht zur Zusammenarbeit mit den Trägern der freien Wohlfahrtspflege besteht auch der Grundsatz, daß der Träger der Sozialhilfe von eigenen Maßnahmen absehen soll, wenn ein *freier Träger* die Hilfe erbringt (§§ 93–95 BSHG). Dies ist deswegen wichtig, weil hiernach jeder von uns die Möglichkeit hat, einen Trägerverein zu gründen und mit diesem z. b. ein Wohnheim, Wohngemeinschaften, eine Werkstatt oder auch eine Tagesklinik oder Tagesstätte zu betreiben. Voraussetzung ist lediglich ein nachgewiesener Bedarf in der betreffenden Region, ein Nachweis, den zu erbringen in aller Regel nicht schwerfällt. Die Finanzierung erfolgt dann über sogenannte kostendeckende Pflegesätze, so daß der „Verein" über keinerlei Grundvermögen verfügen muß.

Für die Gewährung ambulanter Hilfen sind grundsätzlich die örtlichen Sozialhilfeträger zuständig. Im psychiatrischen Bereich ist dies wichtig, z. B. bei der Betreibung eines Patientenclubs, bei Freizeitaktivitäten, aber auch bei der zuwenig genutzten Hilfe zur Pflege in der Wohnung, womit die alte Familienpflege eines psychisch Kranken wieder aufleben könnte. Sie sind darüber hinaus als Ansprechstelle für die Bedürftigen vor Ort von entscheidener Bedeutung, weil hier der Bedarf an Hilfen festgestellt werden muß, Anträge – gleich welcher Art und in welcher Form – zumindest weiterbearbeitet werden müssen. Auch Vorleistungen, für die später (z. B. nach Rechtsklärung) andere Kostenträger aufzukommen haben, müssen nötigenfalls vom örtlichen Sozialamt erbracht werden.

Der Gesetzgeber unternimmt es seit einigen Jahren, das weit zersplitterte Sozialhilferecht in einem Sozialgesetzbuch (SGB) zusammenzufassen. Die ersten Bände sind inzwischen erschienen. Das Vorhaben des Sozialgesetzbuches beschränkt sich im wesentlichen auf die systematische Zusammenfassung des geltenden Rechts. Bis dieses Ziel erreicht ist, müssen wir uns damit abfinden, diejenigen gesetzlichen Vorschriften, die bei der Behandlung psychisch Kranker wichtig geworden sind, aus dem Zusammenhang der einzelnen Sozialgesetze herauszulösen, gesondert zu betrachten und auf ihre Umsetzbarkeit in die psychiatrische Praxis hin zu prüfen.

Mit dem Gesetz zur Strukturreform im Gesundheitswesen (s. dort) wurde die seit 100 Jahren geltende Reichsversicherungsordnung durch das 5. Buch des Sozialgesetzbuches (SGB V) abgelöst.

Weitere Gesetze

Neben dem BSHG sind folgende Gesetze bei der Behandlung und Rehabilitation psychisch Kranker von besonderer Wichtigkeit:
– Schwerbehindertengesetz (1974; 1979),
– Rehabilitationsangleichungsgesetz (= Harmonisierungsgesetz, 1974),
– Arbeitsförderungsgesetz (AFG 1969; 1981),
– Gesetz über die Sozialversicherung für Behinderte (1975),
– Gesetz zur Strukturreform im Gesundheitswesen (SGB V, 1988).

Schwerbehindertengesetz (SchwBG, 1974; 1986)

Für Schwerbehinderte gibt es eine Reihe von Vergünstigungen, die bis in das Steuerrecht hineinreichen. Das Schwerbehindertengesetz greift in alle Bereiche der Rehabilitation dann ein, wenn die Behinderung des Betroffenen ein gewisses Ausmaß erreicht. Auf die Ursache der Behinderung kommt es dabei nicht an. Nach § 1 dieses Gesetzes ist daher jeder, also auch der ausländische Arbeitnehmer, geschützt, wenn seine Erwerbsfähigkeit nicht nur vorübergehend um mindestens 50% (gegebenenfalls 30%) gemindert ist. Die Minderung der Erwerbsfähigkeit muß nach § 3 SchwBG vom Versorgungsamt festgelegt werden, eine für psychisch Kranke nicht unproblematische Regelung.

Obwohl das Gesetz für alle Betriebe – auch die öffentliche Verwaltung – mit mehr als 16 Arbeitsplätzen die Verpflichtung beinhaltet, wenigstens 6% der Arbeitsplätze Schwerbehinderten zur Verfügung zu stellen, ist diese Personengruppe nach wie vor das bevorzugte Opfer der konjunkturellen und strukturellen Arbeitslosigkeit. Daran konnte auch die Tatsache, daß Schwerbehinderte einen besonderen Kündigungsschutz genießen (nur mit Zustimmung der Hauptfürsorgestelle, des überörtlichen Trägers der Kriegsopferversorgung) wenig ändern. Unglücklich ist auch, daß der Behinderte im Falle der Kündigung unter Umständen zwei Prozesse führen muß. Gegen die Kündigung muß er vor dem Arbeitsgericht, gegen die Zustimmung der Hauptfürsorgestelle muß er vor dem Verwaltungsgericht klagen. Sollte es zu einem Streit über die Schwerbehinderteneigenschaft selbst kommen, ist für den Klagefall gar das Sozialgericht zuständig.

Betriebe, die aufgrund des Gesetzes verpflichtet sind, Schwerbehinderte zu beschäftigen, können sich von dieser Verpflichtung dadurch „freikaufen", daß sie eine sogenannte Ausgleichsabgabe entrichten. Diese Abgabe (150 DM/Platz/Monat) ist zweckgebunden, d. h. für Arbeits- und Berufsförderung von Behinderten – z. B. für die Errichtung von Werkstätten für Behinderte – zu verwenden. Ist eine Werkstatt für Behinderte von der Bundesanstalt für Arbeit im Einvernehmen mit dem überörtlichen Sozialhilfeträger „anerkannt", so bedeutet dies für auftraggebende Firmen, daß sie für dorthin vergebene Arbeiten insofern Vergünstigungen erhalten, als 30% des Rechnungsbetrages auf die jeweils zu zahlende Ausgleichsabgabe angerechnet werden kann.

Das SchwBG ist im Jahre 1986 novelliert worden. Dadurch hat die Hauptfürsorgestelle flexiblere Instrumente in die Hand bekommen, Schwerbehinderte gezielter zu fördern als bisher, z. B. dadurch, daß anteilige Lohnkosten für sie übernommen werden können, oder aber auch durch die institutionelle Unterstützung von sogenannten Selbsthilfefirmen. Im § 31 des SchwBG sind die Aufgaben der Hauptfürsorgestelle beschrieben. Von besonderer Bedeutung für seelisch Behinderte ist der mit der Novellierung neu aufgenommene Satz: „Die begleitende Hilfe im Arbeits- und Berufsleben umfaßt auch die nach den Umständen des Einzelfalles notwendige psychosoziale Betreuung

Schwerbehinderter; die Hauptfürsorgestelle kann bei der Durchführung dieser Aufgabe psychosoziale Dienste freier gemeinnütziger Einrichtungen und Organisationen beteiligen." Nähere Ausführungen dazu und zu anderen praktischen Hilfen finden sich in der 1988 neugefaßten Ausgleichsabgabenverordnung.

Rehabilitationsangleichungsgesetz (= Harmonisierungsgesetz, 1974)

Das gegliederte System des Sozialrechts und die damit verbundene Zuordnung der Rehabilitationsbestimmungen zu den einzelnen Leistungsträgern machte im Laufe der Zeit dieses „System" unübersichtlich und nur noch für den Spezialisten durchschaubar. Das im Jahre 1974 erlassene Rehabilitationsangleichungsgesetz hat hier einen grundlegenden Wandel gebracht.

Jetzt gilt, daß die einzelnen Versicherungsträger wechselseitig füreinander eintreten müssen, d. h., der betroffene Behinderte kann Leistungen bei einem der in Frage kommenden Versicherungsträger geltend machen, auch wenn sich später dessen „Nichtzuständigkeit" herausstellen sollte. Zeitliche Verzögerungen bei der Einleitung notwendiger Maßnahmen sollen hierdurch vermieden werden.

Im selben Gesetz ist auch festgelegt, daß die bis dahin nicht zuständigen Träger der Krankenversicherung (Krankenkassen) Rehabilitationsmaßnahmen finanzieren müssen. Zum erstenmal in der Geschichte der deutschen Sozialgesetzgebung ist es somit gelungen, den Begriff „Krankheit" als Voraussetzung für die Leistungsgewährung durch die Krankenkassen um den Begriff der „Behinderung" zu erweitern. Krankenkassen sind dadurch potentiell zu „Zentren sozialer Hilfen" geworden – diese Chance wird von ihnen aber aus finanziellen Gründen praktisch nicht genutzt. In jedem Fall hat aber die Rehabilitation des Behinderten Vorrang vor seiner Berentung.

Die Eingliederungshilfe für Behinderte nach dem BSHG steht noch außerhalb des Rehabilitationsangleichungsgesetzes, und es sind bisher auch keine ernsthaften Tendenzen zu erkennen, sie mit einzubeziehen. Immerhin bleiben somit über die Hälfte aller Behinderten, vor allem diejenige Gruppe, die aufgrund der Schwere ihrer Behinderung einer versicherungspflichtigen Tätigkeit nie hat nachgehen können, ausgeschlossen.

Gesetz über die Sozialversicherung für Behinderte (SVGB, 1975)

Der versicherte Personenkreis der sozialen Krankenversicherung besteht aus den versicherungspflichtigen Personen, denjenigen, die sich freiwillig versichern, und denjenigen, die sich freiwillig weiterversichern können. Versicherungspflichtig sind also in erster Linie alle Arbeiter sowie Angestellte bis zu einer gewissen Jahresverdienstgrenze. 1975 neu eingeführt wurde die Versicherungspflicht für Behinderte, die in anerkannten Werkstätten beschäftigt werden, sowie für diejenigen, die in Anstalten, Heimen oder gleichartigen

Einrichtungen tätig sind. Letztere gelten allerdings nur dann als beschäftigt, wenn sie in gewisser Regelmäßigkeit eine Leistung erbringen, die 1/5 der Leistung eines Vollerwerbsfähigen in gleichartiger Beschäftigung entspricht. Ungeschützt durch dieses Gesetz bleiben weiterhin die Behinderten, die aufgrund der Schwere ihres Leidens das geforderte „Leistungsfünftel" nicht erbringen können, sowie all diejenigen, die aufgrund fehlender Plätze in Werkstätten für Behinderte keine Gelegenheit haben, ihr Leistungsvermögen auf dem gesonderten Arbeitsmarkt für Werkstätten unter Beweis zu stellen.

Arbeitsförderungsgesetz (AFG, 1969; 1981; 1988 im Zusammenhang mit dem Gesundheitsreformgesetz, GRG)

Das 1969 in Kraft getretene und 1979 novellierte AFG bestimmt in § 2 Abs. 4, daß geeignete Maßnahmen zu ergreifen sind, damit „die berufliche Eingliederung körperlich, geistig oder seelisch Behinderter gefördert wird". Die Aufnahme der seelisch Behinderten in das AFG ist neu und unterscheidet dieses Gesetz – ähnlich wie das BSHG – von seinen Vorläufern. Gefördert werden kann individuell und institutionell.

Im Rahmen der *institutionellen Förderung* werden in erster Linie Zuschüsse gewährt zur Errichtung von Berufsbildungswerken, in denen jugendliche Behinderte ihre Erstausbildung erhalten, zur Errichtung von Berufsförderungswerken, in denen erwachsene Behinderte umgeschult werden, und schließlich zur Errichtung von Werkstätten für Behinderte, in denen Behinderte beschäftigt werden, die auf dem allgemeinen Arbeitsmarkt nicht vermittelbar sind. Die institutionelle Förderung ist eine Ermessensleistung und abhängig von der jeweiligen Haushaltslage.

Eine institutionelle Förderung kann z. B. darin bestehen, daß die Bundesanstalt für Arbeit (BA) die Einrichtung sogenannter beschützender Werkstätten teilfinanziert. Allerdings handelt es sich hierbei um eine „Kann"-Bestimmung ohne Rechtsanspruch. Zuwendungen können zudem „nur im Rahmen der verfügbaren Haushaltsmittel bewilligt werden".

Eine individuelle Förderung kann – in Abgrenzung zu § 39 BSHG – nur dann erfolgen, wenn eine berufliche Eingliederung zu erwarten ist. Hierzu zählt auch eine Tätigkeit in einer Werkstatt für Behinderte, wenn begründet vermutet werden kann, daß der Behinderte dort ein Einkommen erzielt, das nicht unter dem Regelsatz eines Haushaltsvorstandes nach § 22 BSHG liegt. Diese Bestimmung schließt einen sehr großen Teil seelisch Behinderter von einer individuellen Förderung nach dem AFG aus, ganz abgesehen davon, daß beschützende Werkstätten für seelisch Behinderte noch immer nicht flächendeckend vorhanden sind.

Möglich nach dem AFG ist es auch, an Arbeitgeber von Behinderten für eine begrenzte Zeit (1/2 Jahr) sogenannte Einarbeitungszuschüsse zu zahlen. Die ursprüngliche Absicht war, Betrieben einen Anreiz zur probeweisen Einstellung von Behinderten zu geben und mögliche finanzielle Verluste durch vorzeitigen Ausfall niedrig zu halten. Bei der gegenwärtigen Arbeitsmarktlage hat diese Regelung jedoch praktisch keine Bedeutung mehr.

In der 1975 erlassenen „Anordnung über die Arbeits- und Berufsförderung Behinderter (A-Reha)" finden sich alle Einzelheiten für die berufliche Rehabilitation, die für die Entscheidung im konkreten Fall wichtig sind.

Insgesamt ist im Bereich des AFG und der Arbeitsverwaltung weiterhin wenig Entwicklung zu bedarfsgerechten Unterstützungen und Angeboten für psychisch Kranke und Behinderte zu sehen. Die nach wie vor favorisierten zentralen Berufsbildungs- und Berufsförderungswerke (BBW und BFW) widersprechen den Erfordernissen der Gemeindepsychiatrie und stehen psychisch Kranken zumeist ohnehin nicht offen, vor Ort scheitert die berufliche Rehabilitation in der Regel spätestens beim Übergang auf den freien Arbeitsmarkt. In der Praxis wird daher oft auf die Werkstatt für Behinderte zurückgegriffen. Dies führt zu Fehlbelegungen und eröffnet wenig realistische Chancen auf eine tatsächliche (Wieder-)Eingliederung in das Arbeits- und Berufsleben.

Gesetz zur Strukturreform im Gesundheitswesen (SGB V, 1988)

Mit der Verabschiedung des lang beratenen „Gesundheitsreformgesetzes" haben sich die Hoffnungen auf eine Verbesserung der Rechtsstellung und der Hilfsmöglichkeiten für psychisch Kranke nicht bestätigt. Im Gegenteil bewirken der generelle Ausschluß psychosozialer Leistungen und die zeitliche Begrenzung verschiedener Maßnahmen, daß die wenigen Ansatzpunkte für tatsächliche Verbesserungen (etwa bei der medizinischen Rehabilitation, der ambulanten Arbeitstherapie, der häuslichen Krankenpflege) psychisch Kranke von vornherein ausschließen. Im Hinblick auf die z. T. beträchtlichen Fortschritte in der psychosozialen Versorgung insgesamt (die freilich zum großen Teil nach wie vor zu Lasten der Sozialhilfe geht) wird damit die geforderte Gleichstellung psychisch Kranker im Bereich der gesetzlichen Krankenversicherung nicht nur nicht erreicht, sondern ihre Benachteiligung gegenüber den somatisch Kranken eher noch verschärft.

Beratungspflichten der Leistungsträger

Die einzelnen Leistungsträger sind zur *Auskunft* und der darüber noch hinausgehenden, auf die persönliche Situation des Ratsuchenden bezogenen *Beratung* gesetzlich verpflichtet. Gleichwohl ist wegen der Vielzahl der Vorschriften dieses Problem weder für den Leistungsträger noch für den Behinderten einfach zu lösen. Die Träger befinden sich besonders in Zeiten des knappen Geldes in der zwiespältigen Situation, durch eine gute Beratung Leistungsansprüche und -anträge auszulösen, die sie dann selbst bezahlen müssen. Viele Behinderte wiederum sind aus Unkenntnis oder anderen

Gründen nicht in der Lage, die richtigen Fragen zu stellen. Die beratenden Träger sind jedoch nicht verpflichtet, von sich aus die Zusammenhänge eines Problems umfassend auszuleuchten, Betroffene andererseits haben kein Recht auf schriftliche Bestätigung des Beratungsinhalts. Aus diesen Gründen werden nicht selten die im Gesetz begründeten Rechtsansprüche stark eingeschränkt oder ihre Durchsetzung wird so kompliziert, daß sich Betroffene nicht mehr zurecht finden. Seit 1981 eröffnet deshalb das *Beratungshilfegesetz* sozial schwachen Mitbürgern die Möglichkeit der (kostenfreien) Beratung durch einen Anwalt in folgenden Rechtsgebieten: Sozialhilfe- und sonstiges Verwaltungsrecht, Zivilrecht, Verfassungs-, Straf- und Ordnungswidrigkeitenrecht. Anlaufstellen sind die Rechtspfleger beim Amtsgericht, die bei vorliegender Bedürftigkeit einen Berechtigungsschein für eine Anwaltsberatung ausstellen müssen. Auch die (kostenfreie) unmittelbare Inanspruchnahme eines Rechtsanwaltes eigener Wahl ist möglich. Beides wird in der Praxis, nicht zuletzt aus Unkenntnis und Scham, kaum genutzt. Nähere Auskünfte hierzu erteilt die Bundesarbeitsgemeinschaft „Hilfe für Behinderte e. V.", Kirchfeldstr. 149, 4000 Düsseldorf 1.

Zusammenfassend kann man feststellen, daß in den vergangenen zwei Jahrzehnten eine rechtliche Verbesserung für psychisch Kranke erreicht werden konnte. Noch immer sind sie jedoch körperlich kranken Patienten nicht gleichgestellt, was nicht zuletzt darin seinen Ausdruck findet, daß eine psychiatrische Klinik bis heute keineswegs selbstverständlicher Bestandteil eines Allgemeinkrankenhauses ist, wie dies zu wünschen wäre. Die Psychiatrieform ist insofern noch lange nicht an ihrem Ende angelangt.

Literatur

Bock, Th., H. Weigand: Handwerksbuch Psychiatrie. Psychiatrie Verlag 1990

Mrozynski, P.: Rehabilitationsrecht. Beck, München 1979

Schellhorn, W., H. Jirasek, P. Seipp: BSHG. Kommentar zum Bundessozialhilfegesetz, 11. Aufl. Luchterhand, Neuwied 1984

Thust, W.: Die Rechte behinderter Menschen und ihrer Angehörigen. Schriftenreihe der Bundesarbeitsgemeinschaft Hilfe für Behinderte, Bd. 103, Düsseldorf 1986

Anhang

Fragen und Antworten zur Lernkontrolle

1, 2

1. *Was ist Behandlungsinzidenz?*

Die Zahl der ärztlich behandelten Neuerkrankungen in einer Zeiteinheit innerhalb einer definierten Bevölkerung

2. *Was ist wahre Prävalenz?*

Die Zahl der tatsächlich Kranken zu einem bestimmten Zeitpunkt innerhalb einer definierten Bevölkerung, unabhängig davon, ob die Kranken behandelt oder ob sie überhaupt erkannt worden sind

3. *Wie bestimmt man die wahre Prävalenz?*

Durch Untersuchung repräsentativer Stichproben einer Bevölkerung oder ganzer Bevölkerungsgruppen

4. *Zählen Sie drei wichtige epidemiologische Eigenarten psychischer Krankheiten auf!*

1. Sie werden von Betroffenen und Angehörigen oft verschwiegen.
2. Ihre Abgrenzung gegenüber nichtkrankhaften Leidenszuständen und Normalabweichungen ist fließend.
3. Die Trennschärfe der Symptome bezüglich der Diagnose ist zumeist geringer als in der Körpermedizin.

5. *Sind statistisch signifikante Häufigkeitsunterschiede von Schizophrenien in verschiedenen Wohngebieten ein sicherer Hinweis darauf, daß ungünstige Wohnverhältnisse Krankheitsursachen sind?*

Nein. Einer solchen „Streß"-Hypothese stehen die „Drift"-Hypothese (sozial abgestiegene Kranke sammeln sich in Slums) und die „Non-Starter"-Hypothese (Schizophrene sind krankheitshalber zu sozialem Aufstieg unfähig) gegenüber.

3

6. *Worauf können sich soziale Bedingungen auswirken?*

1. Auf die Krankheitsentstehung
2. Auf die Krankheitsauslösung

7. *Nennen Sie mindestens drei soziale Zusammenhänge, die für psychisch Kranke von Bedeutung sein können!*

1. Familie
2. Beruf
3. Wohnort, Nachbarschaft
(4.) Sozialschicht
(5.) Subkultur

8. *Welche 2 Hauptfaktoren von sozialen Belastungen lassen sich unterscheiden?*

1. Unspezifische Belastungen wie Streß, bei denen vor allem die Intensität der Belastung von Bedeutung ist
2. Spezifische Belastungen: zwischen *bestimmten* sozialen Umständen und bestimmten Krankheitserscheinungen und -verläufen, bei denen es mehr auf die Art und Qualität der Belastung ankommt

9. *In welchen Sozialschichten finden sich besonders häufig Somatisierungen psychischer Probleme?*

In den unteren Sozialschichten

10. *Nennen Sie ein Beispiel für die kulturelle Einbettung von psychiatrischen Krankheitssymptomen?*

1. Versündigungswahn in christlich-jüdischen Kulturen
2. Wahnsystematisierung in entwickelten Industriegesellschaften und bei gebildeten Oberschichten auch in der 3. Welt

4

11. *Zu welchen psychopathologischen Erscheinungen führen Extrembelastungen?*

Zu überdauernden psychovegetativen Befindensstörungen,
zu Einschränkungen der mitmenschlichen Vertrauensfähigkeit,
der Selbstsicherheit und der Stimmungsstabilität

12. *Welcher Techniken bedient sich die indoktrinative „Gehirnwäsche"?*

Konfrontation mit realen oder imaginären Angst-Reizen,
erzwungene soziale Isolierung,
Gruppenbeichte,
Schlafentzug

5

13. *Nennen Sie Unterschiede zwischen einer psychiatrischen Exploration und einem psychiatrischen Interview.*

Unter Exploration versteht man die gezielte Befragung eines Patienten zur Gewinnung eines psychopathologischen Befundes. Hierbei liegt die Aktivität der Gesprächsführung eindeutig auf seiten des Arztes. Das psychiatrische Interview hat einen eher offenen, weniger strukturierten Charakter und ist immer dann angebracht, wenn es darum geht, eine Indikation zu einer psychotherapeutischen Behandlung zu stellen. Der Untersucher läßt sich mehr von den spontanen Einfällen des Patienten leiten.

14. *Geben Sie die wichtigsten Dimensionen eines psychopathologischen Befundes an.*

Bewußtsein, Orientierung, Gedächtnis, Intelligenz, Auffassung, Kontaktverhalten, Psychomotorik, Gefühlslage, aktuelle Konfliktlage, spezielle psychiatrische Symptome

15. *Warum ist eine genaue körperliche Untersuchung unerläßlicher Bestandteil jeder psychiatrischen Beurteilung?*

Weil gleichzeitig, aber unabhängig von der psychischen Störung auch eine körperliche Krankheit bestehen kann; weil immer auch eine körperliche Verursachung einer psychischen Störung möglich ist und nicht übersehen werden darf.

16. *Kann eine psychiatrische Diagnose aufgrund eines einzelnen Symptoms gestellt werden?*

Nein. Psychopathologische Einzelsymptome sind immer mehrdeutig. Entscheidend ist das psychopathologische Gesamtbild des Patienten.

17. *Was versteht man unter dem „triadischen Klassifikationssystem" in der Psychiatrie?*

Die ICD unterscheidet 3 große psychiatrische Krankheitsgruppen: Psychosen, Neurosen/Persönlichkeitsstörungen und Oligophrenie. Diese Einteilung geht letztlich auf den Psychiater KRAEPLIN zurück.

6

18. *Was versteht man entwick-lungsbiologisch und -psycho-logisch unter Epigenese?*

Eine Entwicklung von Stadien ge-ringerer Differenzierung (mit großer prospektiver Potenz) über Integra-tionsniveaus zunehmender Komple-xität und Übergangskrisen zur End-gestalt mit maximaler Differenzie-rung von Strukturen, Funktionen und Eigenschaften (mit großer pro-spektiver Bedeutung)

19. *Durch welche biologischen Grundtatsachen wird die menschliche Entwicklung auf der psychologischen Ebene wesentlich bestimmt?*

Durch die lange Abhängigkeit des Säuglings von der versorgenden Be-ziehungsperson (wegen der senso-motorischen Unreife des Neugebo-renen), durch die vergleichsweise lange Entwicklung bis zur Ge-schlechtsreife und bis zum Abschluß des Längenwachstums und durch die dauerhafte Persistenz „unreifer" Merkmale

20. *Zu welchem Sozialverhalten ist ein normal entwickelter 3 Monate alter Säugling in der Lage?*

Lächeln bei frontaler Zuwendung ei-nes Gesichts

21. *Durch welches Verhalten si-gnalisiert der Säugling, daß er zwischen vertrauten und frem-den Personen unterscheiden kann?*

Durch die „Acht-Monats-Angst" als Krise der ersten Subphase der Lö-sung und Individuation

22. *Welche psychosomatischen und Verhaltensstörungen kön-nen im ersten Lebensjahr un-ter dem Einfluß von konstitu-tionellen Faktoren und einer gestörten Mutter-Kind-Bezie-hung auftreten?*

Nahrungsverweigerung, Erbrechen (Pylorusstenose), 3-Monats-Kolik, Säuglingsekzem (ab 4. Monat) und Schaukelbewegungen (im 2. Le-benshalbjahr)

23. *Welche phasenspezifischen Eigentümlichkeiten setzen mit der Reinlichkeitserziehung (ab 18. Monat) ein?*

Anale Retentivität, Kotspiele, Trot-zen, starke Ambivalenz als Aus-druck der beginnenden analen Pha-se, eingeleitet durch das Neinsagen und die „Wiederannäherungskrise" (ab 15. Monat)

24. *Nennen Sie typische Morbidi-*
     tätsrisiken der Pubertät

Psychogene Eßstörungen (Anorexia
nervosa, psychogene Fettsucht, Bulimie), (krankheitswertige) Deper-
sonalisations- und Entfremdungserlebnisse, schizophrene Psychosen,
dissoziale Verhaltensstörungen und
Pubertätskrisen

7

25. *Zu welchen psychopathologi-*
     schen Zustandsbildern kommt
     es bei partiellem oder völligem
     Entzug emotionaler Zuwen-
     dung in frühester Kindheit?
     Beschreiben Sie diese Zustän-
     de.

Anaklitische Depression bei Säug-
lingen, separationsbedingte Verstimmungen und Ängste bei Klein-
kindern; kindlicher Hospitalismus
nach 5 Monaten und nach völligem
Entzug emotionaler Zuwendung
(Einzelheiten)

26. *In welchem Umfang kommt*
     Einnässen bei Kindern der
     verschiedenen Altersstufen
     vor?

Mit 3 Jahren 40 %, mit 5 Jahren
15 %, mit 8 Jahren 8 %, mit 15 Jahren 2 %, mit 18 Jahren 1 %

27. *Sind autoerotische Aktivitäten*
     pathologisch?

Nein

28. *Nehmen autoerotische Aktivi-*
     täten bei Entzug der emotiona-
     len Zuwendung zu oder ab?

Zunächst Zunahme, mit der Dauer
der emotionalen Deprivation deutliche Abnahme

29. *Für welche Störung sind mul-*
     tiple Ticks in Kombination mit
     Koprolalie und/oder Echola-
     lie/Echopraxie pathognomo-
     nisch?

Syndrom von Gilles de la Tourette

8

30. *Woran erkennen Sie ein auti-*
     stisches Syndrom im Kindesal-
     ter?

Ausbleiben sozialer Kontaktfähigkeit; Störung der Sprachentwicklung; Blockierung der Ich-Bildung;
Einengung der Interessen auf unbe-
lebte Gegenstände; Veränderungsangst; Pronominalumkehr

31. *Werden die autistischen Syndrome nosologisch und/oder klassifikatorisch zu den frühkindlichen Schizophrenien gerechnet?*

Nosologisch wird ein Zusammenhang heute überwiegend verneint, klassifikatorisch sollten sie getrennt werden.

32. *Welche autistischen Syndrome werden typologisch unterschieden?*

Frühinfantiler Autismus (KANNER) und Asperger-Syndrom

33. *Ab welchem Alter können bei kindlichen Psychosen Wahn und Halluzinationen erwartet werden?*

Ab 6.–8. Lebensjahr

34. *Weshalb sind die seltenen depressiven Verhaltensstörungen des Kindesalters schwer zu diagnostizieren?*

Wegen der entwicklungsbedingten Unvollständigkeit der Symptomatik und der Überlagerung durch andersartige psychische Auffälligkeiten und Verhaltensstörungen

9

35. *Nennen Sie Beispiele für akute und chronisch organische Psychosyndrome bei Kindern.*

Akute: Fieberdelirien bei Allgemeinerkrankungen, infolge von Enzephalitiden und Schädel-Hirn-Traumen; chronische: Persönlichkeitsänderungen nach entzündlichen oder traumatischen Hirnschädigungen

36. *Wodurch ist das hyperkinetische Syndrom charakterisiert? Welche differentialdiagnostischen Überlegungen müssen angestellt werden?*

Teilleistungsschwächen, Unreifezeichen, Aufmerksamkeitsdefizit, Überaktivität; Differentialdiagnose: frühkindliche Hirnfunktionsstörung

37. *Welche therapeutischen Möglichkeiten gibt es für das hirngeschädigte Kind?*

Zuallererst Beratung und Behandlung der Eltern, dann des Kindes; je nach Störung spezifische Übungsbehandlung, Heilpädagogik, Musik-Mal-Spiel-Therapie, Psychotherapie, medikamentöse Therapie

10

38. *Um welche Problembereiche sind die Pubertäts- und Adoleszentenkrisen zentriert?*

Integration der genitalen Sexualität (Sexualkrisen), der Selbstfindung (Identitätskrisen) und der Loslösung aus den kindlichen Autoritätsbindungen (Autoritätskrisen)

39. *Zu welchen typischen Reaktionen oder seelischen Verarbeitungen kann es bei übermäßig verlegenen, selbstunsicheren und/oder in ihrem Selbstgefühl leicht kränkbaren Jugendlichen kommen?*

Zu sensitiven Verarbeitungen und Errötungsängsten (Erythrophobie), manchmal zum sensitiven Beziehungswahn

40. *In welcher Altersgruppe der Kindheit, Pubertät und Adoleszenz kommen die meisten gelungenen Suizide und Suizidversuche vor?*

Zwischen 15–19 Jahren

41. *Durch welches Erleben sind Depersonalisations- und Entfremdungserlebnisse in der Jugend gekennzeichnet?*

Verändertes Ich-Bewußtsein, Fremdheitsgefühle, „Gefühl der Gefühllosigkeit", zuweilen Veränderungen in der Wahrnehmung der Außenwelt und Déjà-vu- und Jamais-vu-Erlebnisse

11

42. *Was versteht man unter Dissozialität, was unter Verwahrlosung Jugendlicher?*

Von Dissozialität spricht man, wenn häufige Verstöße gegen mehrheitlich für richtig gehaltene Gesetze oder vorherrschende Moralvorstellungen erfolgen. Das Motiv des Betreffenden ist dabei gleichgültig. Verwahrlosung hingegen liegt vor, wenn ein dauerhaftes sozialwidriges Handeln aus einer gestörten Persönlichkeitsstruktur eines Menschen resultiert.

43. *Welche 3 Verwahrlosungssyndrome lassen sich voneinander unterscheiden?*

Instabilitätssyndrom; Assozialitätssyndrom; Kriminalitätssyndrom. Nur die beiden letztgenannten sind „sozial gefährlich".

44. *Wodurch kann es zum Auftreten dieser Syndrome kommen?*	Mangelhafte bzw. fehlerhafte Erziehung; neurotische Entwicklung; zerebrale Erkrankungen und geistige Behinderung; „konstitutionelle" Schwäche. Entscheidend sind nicht zuletzt aber die „gesellschaftlichen Rahmenbedingungen".
45. *Welche therapeutischen Möglichkeiten gibt es zur Beeinflussung von Dissozialität und Verwahrlosung bei Jugendlichen?*	Die Bekämpfung hat sich an den Entstehungsbedingungen zu orientieren. Ein individualtherapeutischer Ansatz greift deshalb zu kurz. Trotzdem ist in vielen Fällen eine heilpädagogische oder psychotherapeutische Behandlung angezeigt. Dabei haben sich „offene", ambulante Maßnahmen besser bewährt als eine hospitalisierende Unterbringung.

12

46. *Welche zentralen Aufgaben werden im sogenannten Dreiinstanzenmodell der Psychoanalyse (Ich, Es und Über-Ich) dem Ich zugeschrieben?*	Das Ich gilt als das „Anpassungsorgan" des Menschen. Es vermittelt zwischen den widersprüchlichen Forderungen von Es, Über-Ich und Realität. Im Gegensatz zum Es orientiert es sich dabei nicht am Lust-, sondern am Realitätsprinzip. Sein oberstes Ziel ist die Selbsterhaltung. Diesem dienen auch die einzelnen Ich-Funktionen, z. B. Wahrnehmung, Gedächtnis, Reizschutz, Realitätsprüfung, Impulssteuerung und Abwehr.
47. *Was versteht man unter „psychosozialer Abwehr"?*	Bei der psychosozialen Abwehr wird der innerpsychische Konflikt zwischen zwei gegensätzlichen Triebimpulsen bzw. zwischen Impuls und Abwehr in das soziale Umfeld verlegt und eine zwischenmenschliche Konstellation geschaffen, in der der innerpsychische Konflikt nunmehr mit einem anderen, meist einer wichtigen Beziehungsperson, ausgetragen werden kann.

48. *Unterscheiden Sie „primären Krankheitsgewinn" und „sekundären Krankheitsgewinn" bei neurotischen Erkrankungen!*

Der „primäre Krankheitsgewinn" liegt in der Angstminderung und partiellen Triebbefriedigung, die jedes neurotische Symptom definitionsgemäß mit sich bringt. Der „sekundäre Krankheitsgewinn" besteht demgegenüber vor allem in den sozialen Gratifikationen, mit denen die Umwelt auf das Symptom reagiert. Der primäre Krankheitsgewinn hängt eng mit der Entstehung des Symptoms zusammen, der sekundäre Krankheitsgewinn eng mit seiner Aufrechterhaltung.

49. *Wie unterscheidet sich eine typische Neurose von akuten Belastungsreaktionen bzw. Anpassungsstörungen?*

Von einer *typischen Neurose* sollte man nur sprechen, wenn ein sinnvoller psychodynamischer Zusammenhang zwischen Symptom, auslösender Konfliktsituation und in der frühen Kindheit erworbener Disposition hergestellt werden kann, wobei sich im neurotischen Symptom ein neues, relativ stabiles Gleichgewicht zwischen Impuls und Abwehr herstellt. *Akute Belastungsreaktionen* sind demgegenüber rasch vorübergehende Störungen jeder Schwere und Art, die als (von jedermann nachvollziehbare) Antwort auf außerordentliche körperliche oder psychische Belastungen aufzufassen sind und üblicherweise innerhalb von Stunden oder Tagen abklingen. *Anpassungsstörungen* stehen in der Regel in enger zeitlicher und inhaltlicher Beziehung zu Belastungen wie Trauer oder Trennungserlebnissen. Im Gegensatz zur Neurose können sie jedoch ohne eine vorbestehende psychische Störung auftreten und dauern gewöhnlich nicht länger als einige Monate.

13

50. *Nennen Sie die gebräuchlich-sten Neurosediagnosen in der Terminologie des ICD-9!*

Die gebräuchlichsten Neurosediagnosen sind: Angstneurose, Phobie, Zwangsneurose, hysterische Neurose (Konversionstyp und dissoziativer Typ), neurotische Depression, Depersonalisationssyndrom und Hypochondrie.

51. *Wann spricht man von einem Konversionssymptom?*

Konversionssymptome werden der hysterischen Neurose zugeordnet. Es geht dabei immer um den Verlust oder die Veränderung einer Körperfunktion ohne nachweisbare organische Störung. Konversionssymptome imponieren häufig durch einen starken Ausdrucksgehalt, der einem außenstehenden Beobachter ihre latente Bedeutung kaum verhüllt erschließt. Nicht selten koppeln sie sich darüber hinaus mit einem größeren sekundären Krankheitsgewinn. Zu den klassischen Konversionssymptomen gehören: Schwierigkeiten beim Schlucken, Verlust der Stimme, verschwommenes Sehen, Blindheit, Beschwerden beim Gehen, Lähmungen der Extremitäten, Ohnmachts- und sog. Krampfanfälle bei jederzeit unauffälligem neurologischen Untersuchungsbefund.

52. *Wie funktioniert der Abwehrvorgang bei den phobischen Störungen?*

Der grundlegende Abwehrvorgang bei der Phobie funktioniert so, daß die Furcht vor einem bedrohlichen *inneren* Stimulus auf eine *äußere*, nämlich die phobische Situation verschoben wird, die dann gemieden werden kann. Die erfolgreiche Vermeidung bewirkt eine Angstminderung, deren wiederholte Erfahrung zur Stabilisierung der Vermeidungsreaktion nach lerntheoretischen Prinzipien führt.

53. *Welche Konflikte verbergen sich regelhaft hinter einer „neurotischen Depression"?*

In der neurotischen Depression geht es regelmäßig um Aggressions- und/ oder Selbstwertkonflikte. Im einen Fall wendet der Kranke die Aggression, die eigentlich einem geliebten, aber verlorenen Objekt gilt, gegen sich selbst. Im anderen Fall ist die Depression Indiz für eine narzißtische Dekompensation (Kränkung, Versagung vor den eigenen Idealansprüchen).

14

54. *Unterscheiden Sie Symptomneurose und Charakterneurose!*

Die Charakterneurose unterscheidet sich von den durch einzelne, eher ausgestanzte Symptome definierten Symptomneurosen durch die Verzweigtheit und die charakterliche Verankerung der Symptomatik. Die Fehlanpassungen in der Charakterneurose sind habituell und weitgehend ich-synton.

55. *Nennen Sie einige der gebräuchlichsten Diagnosen im Bereich der Persönlichkeitsstörungen!*

Häufig gebrauchte Persönlichkeitsdiagnosen sind die „paranoide Persönlichkeit", die „schizoide Persönlichkeit", die „zwanghafte Persönlichkeit", die „hysterische Persönlichkeit" und die „antisoziale bzw. dissoziale Persönlichkeit". In jüngster Zeit eingebürgert, jedoch oft unscharf definiert sind auch die „narzißtische Persönlichkeit" und die „Borderline-Persönlichkeit". Da es sich in allen Fällen um Krankheitsdiagnosen handelt, spricht man anstelle von „Persönlichkeit" besser von „Persönlichkeitsstörungen".

56. *Welches sind die Hauptmerkmale der hysterischen Persönlichkeitsstörung?*

Hauptcharakterzüge der hysterischen Persönlichkeitsstörung sind vordergründige Unechtheit und Theatralik (unbewußtes Rollenspiel), oberflächliche, labile Affektivität, Expressivität, überschießende Gefühlsreaktionen; Suggestibilität und Neigung zur Selbstdramatisierung. Typisch sind ferner ein impressionistischer Denkstil, starkes Geltungsstreben und manipulative Hilflosigkeit oder auch zwanghaftes Konkurrieren in zwischenmenschlichen Beziehungen.

57. *Beschreiben Sie das Beziehungsverhalten von paranoiden und schizoiden Persönlichkeiten!*

Bei paranoiden und schizoiden Persönlichkeiten ist das Beziehungsverhalten durch Mißtrauen, Distanziertheit, mangelnde Gefühlswärme und soziale Zurückgezogenheit in charakteristischer Weise beeinträchtigt.

15

58. *Definieren Sie den Begriff „Psychosomatik".*

Psychosomatik umfaßt jene psychologisch-medizinischen Faktoren, welche die Zustände von körperlicher Gesundheit und Krankheit mitbegründen.

59. *Nennen Sie die bei psychosomatischen Patienten nachweisbaren vier pathopsychologischen Prozesse.*

Prägenitale Reifungsstörung, Pseudounabhängigkeit und manifeste Abhängigkeit, Gefühlsrestriktion sowie eingeschränkte Introspektion und Selbstreflexion

60. *Welches ist die biologische Variable bei psychosomatischen Störungen?*

Die genotypisch-somatische Präformierung, z. B. ablesbar an der Hypersekretion des Magensaftes

16

61. *Worin liegen die Unterschiede der Psychotherapie bei Colitisulcerosa- und Crohn-Patienten?*

Kolitispatienten sind unverhältnismäßig besser motiviert als Crohn-Patienten, so daß der psychotherapeutische Umgang mit letzteren viel schwieriger ist.

62. *Welches sind die psychotherapeutischen Schritte bei Anorexia-nervosa-Patienten?*

Zunächst Sondenernährung mit nachfolgender Anzeige entweder zur stationären Psychotherapie oder ambulanten psychoanalytischen Gruppentherapie oder individuellen Psychoanalyse oder zur Verhaltenstherapie; ggf. auch Familientherapie

63. *Was verstehen Sie unter dem Zustandsbild „Bulimia nervosa"?*

Suchtähnlich imponierende, anfallsartig auftretende gesteigerte Eßbedürfnisse mit vermehrter Kalorienzufuhr, jedoch anschließend Erbrechen, so daß – im Gegensatz zu Adipösen und Anorexia-nervosa-Patienten – das Gewicht konstant bleibt; ausgeprägter Leidensdruck mit resultierender Psychotherapie-Motivation (positiver als bei Adipösen und Anorexia-nervosa-Patienten).

64. *Was wissen Sie zur Psychotherapie bei essentieller Hypertonie?*

Meist ist herabgesetztes Konfliktbewußtsein des Patienten zu beobachten, deshalb ist weniger aufdeckende Psychotherapie angezeigt, sondern vielmehr eine Kombination von psychologischer Führung im Verbund mit Verhaltenstherapie zusammen mit antihypertensiver Medikation bei sorgfältiger Kontrolle der eigenen Gegenübertragung.

17

65. *Nennen Sie die wichtigsten prognostischen Kriterien, die bei jeder Psychotherapieindikation eine Rolle spielen!*

Die Prognose einer Psychotherapie wird entscheidend beeinflußt von der Motivation des Patienten, dem Grad seiner Einsicht in die Psychogenese seiner Erkrankung, seinem Leidensdruck, dem Ausmaß des sekundären Krankheitsgewinns, der psychischen und sozialen Flexibilität des Patienten, seiner Angst- und Depressionstoleranz, seiner emotionalen Schwingungsfähigkeit, seiner Regressionsneigung, vor allem aber seiner Fähigkeit, eine tragfähige zwischenmenschliche Beziehung herzustellen und aufrechtzuerhalten.

66. *Welches sind prognostisch ausgesprochen ungünstige Voraussetzungen für eine Psychotherapie?*

Chronifizierung, eine über die Pubertät hinaus persistierende Prämordialsymptomatik, habituelles Ausweichverhalten z. b. in Sucht, Dissozialität und Somatisierung; ein hoher sekundärer Krankheitsgewinn, symptomstabilisierende psychosoziale Arrangements, Neigung zu masochistischem Triumph und ausgeprägt passive Fehlerwartungen an die Therapie

67. *Unterscheiden Sie einige der derzeit gebräuchlichsten Psychotherapieverfahren im Hinblick auf ihre vorrangige Zielsetzung!*

Es gibt auf Einsicht zielende Verfahren (z. B. Psychoanalyse), auf Katharsis und emotionale Neuerfahrung zielende Verfahren (z. B. Psychodrama, Bioenergetik und Gestalttherapie) und auf Verhaltensänderung zielende, übende Verfahren (vor allem Verhaltenstherapie). Außerdem kann man aufdeckende und stützende, mehr zudeckende Verfahren unterscheiden.

68. *Nennen Sie Kontraindikationen für aufdeckende und gleichzeitig regressionsfördernde Psychotherapieverfahren.*

Aufdeckende, regressionsfördernde, wenig strukturierte, im weitesten Sinne „labilisierende" Psychotherapieverfahren sind kontraindiziert bei psychotischen und psychosegefährdeten Patienten, ebenso bei Patienten, die unter den genannten Bedingungen in eine maligne, nicht mehr steuerbare Regression hineinzugleiten drohen.

18

69. *Welches sind die wichtigsten psychoanalytischen bzw. aus der Psychoanalyse abgeleiteten Psychotherapieverfahren?*

Das psychoanalytische Standardverfahren, das psychoanalytische Erstinterview, die tiefenpsychologisch fundierte Psychotherapie (z. B. Fokaltherapie und dynamische Psychotherapie) und die verschiedenen Formen psychoanalytischer Gruppentherapie

70. *Welches sind die Essentials der psychoanalytischen Methode?*

Zu den Essentials der psychoanalytischen Methode gehört die Analyse von Übertragung und Gegenübertragung in der therapeutischen Beziehung, die Deutung von Übertragung und Widerstand und die Durcharbeitung der auf diese Weise gewonnenen Einsichten mit dem Ziel einer nachhaltigen Einstellungs- und Verhaltensänderung in den neurotischen Persönlichkeitsbereichen des Patienten

71. *Wodurch unterscheiden sich die modifizierten psychoanalytischen Therapieverfahren von der „klassischen" Psychoanalyse?*

Die Unterscheidung liegt im Setting, in der Methode und in der Zielsetzung. Tiefenpsychologisch fundierte Psychotherapie ist charakterisiert durch Sitzen des Patienten, niedrige Frequenz, zeitliche Limitierung, von vornherein beschränkte Zielsetzung (Symptombeseitigung anstelle von Strukturänderung), Konzentration auf einen umschriebenen, relativ bewußtseinsnahen Konflikt, keine zu tiefe, im Setting nicht auffangbare Regression.

72. *Nennen Sie Indikationen und Kontraindikationen für psychoanalytisch orientierte Gruppenpsychotherapie.*

Indikation und Kontraindikation ergeben sich vor allem aus der Tatsache des Mehrpersonen-Settings. Gruppen-Setting schützt vor zu starker Abhängigkeit von einem einzigen Therapeuten, bietet Feld für soziales Experimentieren, multiple zwischenmenschliche Neuerfahrungen. Das Setting ist aber auch weniger schützend als die Einzeltherapie, fordert vom Patienten stärkere Belastbarkeit, größere Kränkungstoleranz und ein gewisses Maß an sozialem Know-how und Durchsetzungsvermögen.

19–21

73. *Welcher Faktor ist für den Erfolg einer Psychotherapie – unabhängig von Therapieform – besonders wichtig?*

Beziehung Therapeut – Patient

74. *Nach welchem Mechanismus werden (a) vegetative Angst-Reaktionen gelernt und (b) mit welchen Methoden können sie therapiert werden?*

(a) bedingter Reflex, (b) systematische Desensibilisierung

75. *Was ist Biofeedback?*

Beeinflussung vegetativer Reaktionen nach dem Modell des operanten Konditionierens

76. *Bei welchen psychischen Störungen ist Verhaltenstherapie besonders angezeigt?*

Phobien, Süchte, umschriebene funktionelle Störungen

77. *Warum ist in den meisten Therapieformen die Aktualisierung der (neurotischen) Gefühle so wichtig?*

Weil das gefühlhafte Neu- oder Umlernen nur in der Gegenwart vollzogen werden kann.

78. *Was ist der gemeinsame Bezug von Übertragung (Psychoanalyse) und gestalttherapeutischem innerem Rollenspiel?*

Aktualisierung alter Gefühlsmuster

79. *Welches ist ein erster wichtiger Schritt zur Aufhebung einer (Gefühls-)Blockierung?*

Die Wahrnehmung der Blockierung.

22, 23

80. *Anhand welcher Stichworte läßt sich die Psychodynamik der sekundärpsychischen Veränderung umschreiben?*

„Objektverlust", „narzißtische Kränkung", „medizinisch orientierte Selbstbeschäftigung", „Gefühlsrestriktion", „Aggressionsabwehr", „infantile Regression", „Verleugnungsarbeit"

81. *Wie läßt sich der Dialysestreß inhaltlich beschreiben?*

„Abhängigkeit vom Therapieprogramm", „Ungewißheit hinsichtlich der Lebenserwartung", „Einschränkung der Umweltaktivitäten"

82. *Welche psychotherapeuti-*
    schen Schritte sind bei schwer-
    kranken Patienten angezeigt?

Anregung des Patienten zum Sprechen über medizinisch orientierte
Selbstbeschäftigungen, strikte Beachtung und gezielte Ansprache von
frustrations-aggressiven Strebungen
beim Patienten, bei diesem Eruierung aktueller oder chronifizierter
Konflikte

24–27

83. *Wie sind Erregung und Orgas-*
    mus genitalphysiologisch cha-
    rakterisiert?

Erregung: Gefäßerweiterung (Erektion, Lubrikation);
Orgasmus: glattmuskuläre Kontraktionen (Emission) und gestreiftmus-
kuläre rhythmische Kontraktionen

84. *Welche sexuellen Probleme*
    können beim Älterwerden auf-
    treten?

Verlangsamung sexueller Reaktionen, Erektionsstörungen / Lubrika-
tionsmangel, verminderte Appetenz, Zuspitzung von Beziehungs-
problemen

85. *Nennen Sie Beispiele für spe-*
    zifische somatische Beein-
    trächtigungen der Erektions-
    fähigkeit!

Nebenwirkungen vieler Pharmaka;
Schäden der Arterien, Venen, vege-
tativen Nerven des Penis sowie des
Schwellkörpers

86. *Welches sind frühe Grunder-*
    lebnisse mit Bedeutung für die
    Sexualität?

Vertrauen können, vertrauenswürdig sein, Nähe und Trennung ertragen können, Selbstbehauptung, befriedigt sein können

87. *Nennen Sie typische sexuelle*
    Funktionsstörungen beim
    Mann und bei der Frau!

Mann: Erektionsstörungen, vorzeitige Ejakulation, Appetenz-
probleme, koitale Ejakulationshemmung
Frau: fehlendes sexuelles Interesse
und Verlangen (Appetenz-
hemmung), Erregungsstö-
rungen, Orgasmushemmung,
Dyspareunie, Vaginismus,
sexuelle Aversion und Vermeidung

88. *Unter welchen Bedingungen*
    ist eine sexuelle Paarbezie-

Sexuelle Aktivität auf Koitus beschränkt, den die Frau nicht genie-

hung interaktionell zu Störungen disponiert?

ßen kann; Diskrepanz des Häufigkeitswunsches; Neigung des Mannes zu vorzeitiger Ejakulation und mangelnde Erregbarkeit der Frau; Potenzprobleme des Mannes und fordernde Haltung der Frau

89. *Wann ist eine Erektionsstörung, die im Partnerbezug auftritt, wahrscheinlich rein psychisch bedingt?*

Wenn bei eher jüngeren Männern die Erektionsfähigkeit nachts/morgens, masturbatorisch, im nichtkoitalen Kontakt und/oder bei anderen Partnern vorhanden und Sexualangst erkennbar ist.

90. *Was ist Voraussetzung, was sind Inhalte und Aufgaben der Sexualberatung?*

Frei über Sexualität sprechen zu können; Bestätigung des Patienten/Paares, gezielter Ausgleich von Informations- und Lerndefiziten, Korrektur von sexuellen Mythen, Selbstverstärkungsmechanismen für Patient/Paar erkennbar und bearbeitbar zu machen, Anregungen zur Verbesserung der Sexualität.

91. *Welches ist das Prinzip der Psychosexualtherapie?*

Kombination von verhaltenstherapeutischen mit tiefenpsychologischen Ansätzen und von Sexualübungen mit psychotherapeutischen Sitzungen

92. *Welches sind die spezifischen, mehr oberflächlichen (therapeutisch zuerst zu bearbeitenden) Ursachen der sexuellen Funktionsstörungen?*

Appetenzhemmung: Abschalten durch Unterdrückung; vorzeitige Ejakulation: perzeptive Abwehr; Orgasmushemmung: Konzentration auf die Erregung zur Angstabwehr; Vaginismus: konditionierter Spasmus der Vaginalmuskulatur; Erregungsstörungen: unterschiedlich, oft Angsteinbrüche.

93. *Welches sind häufige tiefer (intrapsychisch oder in der Paarbeziehung) liegende Ursachen sexueller Funktionsstörungen?*

Intrapsychisch: Trieb-, Beziehungs-, Gewissens-, Geschlechtsidentitäts-Ängste;
Paarbeziehung: Delegation, Arrangement, Wendung gegen den Partner, Ambivalenz-Management

94. *Nennen Sie die wichtigsten Sexualdelikte!*

Vergewaltigung und sexuelle Nötigung; Sexualdelikte an Kindern, darunter Inzest und Pädophilie; Exhibitionismus; Voyeurismus

95. *Nennen Sie psychodynamische Merkmale der Perversion!*

Abwehrmechanismus der Sexualisierung; kompensatorisch-reparative Funktion in Hinsicht auf Störungen der männlichen Identität, Aggressionsproblematik, narzißtische Störungen, Beziehungsproblematik

96. *Nennen Sie Merkmale der sog. Transsexualität und verwandte Verfassungen bei Männern, aus denen sich der transsexuelle Wunsch entwickeln kann!*

Konflikthafte Geschlechtsidentität; Aversion/Neid in bezug auf die eigenen/anderen Geschlechtsteile; Versuch, die Rolle des anderen Geschlechts zu leben bei Unfähigkeit zur Geschlechtsrollenidentifizierung entsprechend dem biologischen Geschlecht; Transvestismus und effeminierte Homosexualität.

28–31

97. *Nennen Sie notendige Kriterien für die Diagnose Substanzabhängigkeit!*

Toleranzentwicklung, erfolglose Regulationsversuche, Auftreten von Intoxikations- oder Entzugssymptomen, Interesseneinschränkung, Inkaufnahme negativer Folgen. Mindestens drei Symptome und Dauer: 1 Monat oder ständig wiederkehrend

98. *Wie wird das Ausmaß der Abhängigkeit gekennzeichnet?*

Durch den Schweregrad (leicht, mittel, schwer) je nach Anzahl der Symptome und Beeinträchtigungen und nach deren (Nicht-)Vorhandensein in den letzten 6 Monaten (partiell oder voll remittiert)

99. *Erklären Sie, was Sie unter dem Begriff „Abhängigkeitspotential" verstehen, und nennen Sie einige psychotrope Medikamente mit und ohne Abhängigkeitspotential!*

Abhängigkeitspotential bezeichnet die Eigenschaft psychotroper Substanzen, Abhängigkeit herbeiführen zu können. Zur Abhängigkeit kommt es durch körperliche Kompensationsmechanismen gegenüber der zentralnervösen Wirkung der Substanz, die zu Toleranz und bei Absetzen oft zu Entzug(serscheinungen) führen. Medikamente mit

Abhängigkeitspotential: Barbiturate, Hypnotika, Opiate, Tranquillantien, Amphetamine. Medikamente ohne bekanntes Abhängigkeitspotential: Neuroleptika und Thymoleptika

100. *Welche krankheitstypischen Verhaltensweisen sind bei Abhängigen sehr häufig zu beobachten?*

Beschönigungen, geringe Einsicht und aggressives Leugnen der Problematik, auch bei „handfesten" Beweisen, erschweren Früherkennung und Behandlung

101. *Bei welchen Substanzgruppen müssen Sie im Rahmen eines Entzugssyndroms mit epileptischen Krampfanfällen rechnen?*

Bei Abhängigkeit von Alkohol und Sedativa, Hypnotika und Anxiolytika

102. *Welche Symptome erwarten Sie bei einem Delirium tremens?*

Schwitzen, Zittern, Puls- und Blutdruckerhöhung, Desorientiertheit, psychomotorische Unruhe, optische oder akustische Halluzinationen, Suggestibilität

103. *Welche Maßnahmen sind bei einem Alkoholdelir, welche bei einem Opiatentzug zu ergreifen?*

Beim *Alkoholdelir* ist sofortige stationäre Einweisung unumgänglich; die Behandlung erfolgt mit kreuztoleranten Substanzen, abhängig von der Schwere des klinischen Befundes. Der *Opiatentzug* stellt ebenfalls eine Indikation zur stationären Einweisung dar; hierbei ist jedoch die Gabe psychotroper Substanzen kontraindiziert, bei schweren Entzugssyndromen kommt Clonidin als Mittel der Wahl in Frage.

104. *Läßt sich im klinischen Bild ein Barbituratentzug von einem Alkoholentzug unterscheiden?*

Nein. Sämtliche Symptome (Schwitzen, Zittern, Puls- und Blutdruckerhöhung, Desorientiertheit, Suggestibilität, optische und akustische Halluzinationen, generalisierter Krampfanfall) können sowohl bei Alkohol- als auch bei Barbituratentzug auftreten. Deshalb wird die Abhängigkeit von diesen beiden Substanzen als Abhängigkeit vom Alkohol-Barbiturat-Typ bezeichnet.

105. *Was verstehen Sie unter Rebound?*

Beim Absetzen niedrig dosierter, längerfristig applizierter Benzodiazepine tritt ein Rebound-Phänomen auf, das durch Unruhe, ängstliche Getriebenheit und Schlafstörungen charakterisiert ist.

106. *Welches Problem wirft die Behandlung mit Clomethiazol (Distraneurin) auf?*

Diese Substanz hat eine Abhängigkeitspotenz. Atem- und kreislaufdepressive Nebenwirkungen sind zu beachten, Pneumoniegefährdung durch erhöhte Feuchtigkeit der Lunge.

107. *Wie charakterisieren Sie einen Patienten mit chronischem Mißbrauch von Schnüffelstoffen?*

Es handelt sich dabei um jugendliche Patienten mit Persönlichkeitsveränderungen, halluzinatorischer Symptomatik und dementiellen Zeichen.

108. *Wie behandeln Sie einen Patienten mit einem Opiatentzug?*

1. Herstellung von Drogenfreiheit (einschließlich „Filzen")
2. Talk down, d. h. Herstellen einer adäquaten Nähe zu dem Patienten
3. Verweigern psychotroper Substanzen; nur in schweren Fällen Gabe von Clonidin

109. *Gehören Desorientiertheit und Suggestibilität zum Opiatentzug?*

Nein. Sofern im Rahmen eines Opiatentzugs solche Symptome auftreten, sind sie meist Ausdruck einer zugrundeliegenden polyvalenten Abhängigkeit.

32

110. *Welches sind die wichtigsten Schritte bei der therapeutischen Begleitung Suizidaler?*

Verläßliche Beziehung knüpfen; Suizidalität und Krisenumfang ausloten; vom Anlaß zur Grundproblematik vordringen; aufbauende Interventionen zur Stabilisierung; ggf. weiterführende Psychotherapie einzeln, in Gruppe oder Familie

111. *Welche Bedeutung hat Suizidalität?*

Hilferuf und Alarmsignal von Menschen, die in einen ausweglosen psychischen Konflikt geraten sind; hauptsächlich Liebes- und Berufskonflikte sowie Einsamkeit.

112. *Welche Menschen sind beson-*
ders suizidgefährdet?

Unter psychisch Kranken: endogen Depressive, Schizophrene, neurotisch Depressive, Suchtkranke; Menschen in Entwicklungskrisen, in sozialer Isolation und nach Entwurzelung

113. *Wie kann Suizidprophylaxe*
sinnvoll betrieben werden?

Allgemeine Aufklärung über Suizidalität in den Medien und Abbau der Diskriminierung von Suizidanten; Früherkennung suizidgefährdeter Menschen; Prävention durch Kontaktstellen, Beratungsstellen und „Telefonseelsorge".

33

114. *Worin besteht das Aufgaben-*
feld des Konsultation-Liaison-
Psychiaters?

Therapeutische Kernaufgaben sind die psychologischen Begleitphänomene organischer Krankheiten, die psychosomatischen Erkrankungen im engeren Sinne und die Begleitung chronisch Kranker und Sterbender.

115. *Welches sind die wichtigsten*
Phasen des Konsultationspro-
zesses?

Konsilanforderung mit Patientendaten und Fragestellung auf Konsilschein; Gespräch mit dem Stationsarzt, Pflegepersonal und Information über die organmedizinischen Sachverhalte; Patienteninterview, Entwurf einer Therapiestrategie; Information von Patienten und Behandlern, Nachprüfen des Therapieerfolges

116. *Inwiefern ist die psychische*
Verfassung des Patienten vor
der Operation ausschlagge-
bend für den postoperativen
Verlauf?

Allgemein gilt: Je besser die Operationsmotivation des Patienten ist und je weniger Ängste er hat, um so niedriger ist die postoperative Komplikationsrate.

117. *Wodurch lassen sich falsche*
Operationsindikationen am
ehesten erkennen und vermei-
den?

Überprüfung der Indikationsstellung unter Mitwirkung des Liaison-Psychiaters, z. B. bei Unterleibsbeschwerden bei Frauen und dem die Operation fordernden polychirurgischen Patienten.

118. *Welches sind die Charakteristika der emotionellen Dynamik bei Sterbenden?*

Der Todessehnsucht folgt die Angst vor der Trennung, der Kampf um bevorstehende Verluste, die Trauer um die Verluste und die Akzeptanz und Gewißheit des bevorstehenden Todes.

34

119. *In welchen Notfallsituationen ist Krisenpsychotherapie sinnvoll, und wie ist dabei im einzelnen vorzugehen?*

Bei allen psychischen Krisen, die mit akuter Angst, Aggression, Depression oder Suizidalität einhergehen; Herstellen vertrauensvoller Kommunikation; Klärung der Krisensituation und deren Bedeutung; unbewußte Motive offenlegen; positive Bewältigungskapazitäten ansprechen; Familie und Umgebung einbeziehen; Therapiespiel definieren; Krise durcharbeiten; Begrenzung der Sitzungszahl auf vier durchschnittlich.

120. *Therapie bei Alkohol-, Medikamenten- und Drogenentzugssyndromen?*

„Talk down"; Distraneurin- bzw. Haldolmedikation

121. *Welche Möglichkeiten medikamentöser Erstversorgung gibt es bei akuten psychiatrischen Erregungszuständen?*

Faustregel: bei unklarer Ursache Haldol wegen geringster Komplikationsgefahr; Klinikeinweisung; bei schizophrenen, katatonen und manischen Zuständen hochdosiert Haldol in Kombination mit Neurocil; bei organischen Psychosen, insbesondere bei alten Menschen, vorsichtig dosiert Haldol oder Distraneurin; bei agitierten depressiven Psychosen Saroten

122. *Nach welchen Prinzipien lassen sich Neuroleptika einteilen?*

Nach der chemischen Struktur und nach der neuroleptischen Potenz. Chemisch handelt es sich dabei im wesentlichen um Phenothiazin- und Butyrophenon-Derivate. Nach klinischen Wirkungen und Nebenwirkungen unterscheidet man hochpotente von niederpotenten Neurolep-

tika. Die niederpotenten Neuroleptika sind stärker sedierend.

123. *Welche allgemeinen psychi-*
schen Wirkungen besitzen
Neuroleptika?

Sie senken die psychische Grund-
spannung, dämpfen den Antrieb;
durch die emotionale Entspannung
kommt es zu einer Entaktualisierung
psychotischer Erlebnisse.

124. *Welche Nebenwirkungen be-*
sitzen Neuroleptika?

Die wichtigsten sind extrapyramida-
le, vegetative, körperliche und psychische Nebenwirkungen. Bei den
extrapyramidalmotorischen Nebenwirkungen kann man Frühdyskinesien von Spätdyskinesien unterscheiden.

125. *Kommt es bei der Anwendung*
der Neuroleptika auch zu
Dauerschäden?

Ja. Gefürchtet sind die sog. Spätdyskinesien. Sie zeigen sich in willentlich nicht kontrollierbaren Bewegungen der Mund- und Gesichtsmuskulatur, choreatiformen Bewegungsstörungen der Extremitäten
und des Rumpfes. Eine sicher wirkende Therapie ist nicht bekannt.

126. *Welche Medikamente benutzt*
man für die Langzeitbehand-
lung schizophrener Patienten?

Im Prinzip sind dafür alle Neuroleptika geeignet. Bewährt haben sich
jedoch die Depotneuroleptika, die
im Abstand von 1–4 Wochen i. m.
injiziert werden können.

35, 36

127. *Ab welchem Intelligenzquo-*
tienten kann von geistiger Be-
hinderung gesprochen wer-
den?

Unter 70

128. *Worauf schließen Sie in ätiolo-*
gischer Hinsicht bei einer
schweren Schwachsinnsform,
IQ < 50?

Auf eine hirnorganische Schädigung

129. *Welche Ursachen schweren*
Schwachsinns kennen Sie?

Erworbene Schädigung elterlicher
Keimzellen; Inkompatibilität elterlicher Rh-Faktoren; pränatale Infektionen; Geburtsverletzungen; Hirn-
und Schädelmißbildungen

130. *Wie verteilen sich schwere und leichte Schwachsinnsformen über die Sozialschichten?*

Schwerer Schwachsinn gleichmäßig in allen Schichten; leichter Schwachsinn gehäuft in Unterschicht

131. *Mit welchen Diensten nehmen Sie Verbindung auf, wenn es um die Beschulung Schwachsinniger geht?*

Schulpsychologischer Dienst; „Lebenshilfe"

132. *Welche Probe zur Früherkennung der Phenylketonurie ist in der Praxis durchführbar?*

Nachweise von Phenylbrenztraubensäure im Urin

133. *Wie hoch schätzen Sie den Anteil von Kindern mit Mongolismus unter Neugeborenen?*

Ungefähr 1 : 600

134. *Wie gehen Sie in der Beratung der Eltern vor, wenn ein Schwachsinnszustand erkannt worden ist?*

Frühe Information der Eltern; diese zur Annahme des Kindes bewegen; später für Entlastung der Eltern und gesunder Geschwister sorgen, indem das schwachsinnige Kind heilpädagogisch geeigneten geschlossenen oder ambulanten Einrichtungen zugeführt wird.

37

135. *Was ist das Achsensyndrom eines akuten psychoorganischen Syndroms?*

Bewußtseinstrübung; Wachheitsstörung; Desorientiertheit; Merkfähigkeitsstörung

136. *Wodurch kennzeichnet sich ein chronisches psychoorganisches Syndrom?*

Persönlichkeitsabbau; Intelligenzabbau (Demenz)

137. *Kennzeichnen Sie das Verhalten eines Stirnhirn-Kranken.*

Euphorische Enthemmtheit; Einbuße an Takt; Distanzverlust; Entwurfsblockierung; ethische Depravierung

38

138. *Wodurch unterscheidet sich die psychopathologische Symptomatik einer Contusio ce-*

Durch längerdauernde Bewußtlosigkeit; ausgedehnte, wenig rückbildungsfä-

rebri von derjenigen einer Commotio cerebri?

hige retrograde Amnesie; Durchgangssyndrome; neurologische Fokalsymptome

139. *Bis wann kann nach festgestellter progressiver Paralyse mit Heilung ohne wesentlichen Defekt nach Penizillinbehandlung gerechnet werden?*

Nach 3 Monaten

39

140. *Was ist unter einem „Durchgangssyndrom" zu verstehen?*

Ein episodisch nach oder während akuter Hirnschädigung einsetzendes organisches Psychosyndrom akuten Gepräges, gelegentlich mit psychotischer Ausarbeitung, welches auch in der Rekonvaleszenz, d. h. im Aufwachen aus Bewußtlosigkeit oder schwer bewußtseinsgetrübten Verfassungen, wieder auftreten kann.

141. *Welche psychologischen Vorgänge liegen postoperativen oder unter Intensivpflege eintretenden Panikzuständen zugrunde?*

Reale Todesangst; Furcht vor Überwältigung; Körper-Ich-Verluste; Kränkung narzißtischer Grundbedürfnisse

40

142. *Welche Persönlichkeitszüge disponieren Frauen zu Wochenbettpsychosen?*

Infantilität; schizoide Züge; Gehemmtheit

143. *Welche Typen von Psychosen können perinatal auftreten?*

Akute organische Psychosen (Eklampsie, Puerperalinfektionen); psychotische Depressionen; Schizophrenien

144. *Welche emotionellen Einstellungen der Wöchnerin spielen in die Auslösung und den Verlauf der Wochenbettkrisen hinein?*

Bewußte oder unbewußte Ablehnung des Kindes; eheliche Partnerkonflikte

41

145. *Welche epilepsiegebundenen psychischen Störungen können bei Epilepsiekranken auftreten?*

Verstimmungen, suchtartige Anfallsselbstauslösung, iktale und postiktale Psychosen, schizophrenieähnliche Psychosen, epileptische Demenz

146. *Wodurch ist die Persönlichkeit und Psychodynamik Epilepsiekranker charakterisiert?*

Durch Fehlverarbeitung aggressiver Impulse vor dem Hintergrund einer Störung der Persönlichkeitsentwicklung (Ich-Entwicklung)

147. *Welche therapeutischen Möglichkeiten gibt es für Epilepsiekranke mit psychischen Störungen?*

Je nach Erscheinungsbild der psychischen Störung kann indiziert sein tiefenpsychologische Einzeltherapie, Familien- oder Gruppentherapie, Teilnahme an Selbsthilfegruppen, gestufte Sozialtherapie, Psychopharmakotherapie.

42

148. *Was beinhaltet die Defizittheorie des Alterns, welches sind ihre Auswirkungen?*

Das Defizitmodell versteht Altern als Prozeß des Verlustes und des Abbaues emotionaler und intellektueller Fähigkeiten und der Einschränkung sozialer Kompetenz. Es führt zu einem negativen Altersstereotyp, welches wiederum eine Vernachlässigung diagnostischer und therapeutischer Möglichkeiten bei Alterskrankheiten bedingt und das Bild vom alten Menschen als einem überflüssigen lästigen Mitglied der Gesellschaft vermittelt.

149. *Was ist das Aufgabengebiet der Gerontopsychologie und welche Auswirkungen haben ihre Erkenntnisse für die Wertung des negativen Altersstereotyps?*

Die Gerontopsychologie untersucht den Prozeß des Alterns hinsichtlich der im Alter auftretenden Verhaltens- und Erlebensänderungen, der Wandlungen in Wahrnehmung, Denk- und Gedächtnisleistung. Sie lehrt eine differenzierende Sicht abnehmender Fähigkeiten, aber auch entwicklungsfähiger Möglichkeiten und lenkt den Blick auf positive Verhaltensweisen, die alten Menschen ermöglichen, spezifische Rollen und Funktionen wahrzunehmen. Ihre Ergebnisse sind geeignet, das Negativbild vom alten Menschen zu korrigieren und Ansätze für Therapie und Rehabilitation Alterskranker aufzuzeigen.

150. *Skizzieren Sie einige altersspezifische pathogene Konflikte.*

Verlusterlebnisse; Einschränkung der beruflichen und sozialen Verwirklichung; Erleben der Veränderung körperlichen Wohlbefindens; Konfrontation mit der Endlichkeit der eigenen Existenz mit dem Tod

43

151. *Beschreiben Sie die Symptomatik organisch bedingter Alterspsychosen!*

Persönlichkeitsabbau, chronisches anamnestisches Syndrom (mit Merkstörung, Desorientiertheit, u. U. Konfabulationen), Intelligenzabbau (Demenz) als Ausdruck einer Hirnleistungsschwäche

152. *Nennen Sie Prägnanztypen hirnorganischer Abbauzustände im Alter.*

Vorzeitige pseudoneurasthenische Versagenszustände, organisch geprägte abnorme Charakterentwicklungen, senile Demenz vom Alzheimer-Typ, Multiinfarktdemenz

153. *Zeigen Sie Unterschiede im klinischen Bild von Multiinfarktdemenz und seniler Demenz vom Alzheimer-Typ auf.*

Die senile Demenz ist durch allmählichen Beginn, gleichmäßiges Fortschreiten, kontinuierlichen Persönlichkeitsabbau, seltenere Klagen über körperliche Störungen, langes Ausbleiben neurologischer Ausfälle und im Computertomogramm häufiger durch Erweiterung der Liquorräume gekennzeichnet. Die Multiinfarktdemenz beginnt plötzlich, verläuft sprunghaft, wechselhaft, die Persönlichkeit ist länger erhalten. Depressivität und Affektlabilität finden sich oft, außerdem in der Vorge-

schichte häufig Hypertonus und
Symptome einer Arteriosklerose.
Neurologische Ausfälle treten vielfach auf. Im Computertomogramm
sieht man Infarkte.

154. *Nennen Sie Ursachen von Ver-*   Körperliche Erkrankungen, psychi-
wirrtheit im Alter.   sche Traumen, abrupte Milieuveränderungen, Streßsituationen, Sin-
neseinschränkungen

44

155. *Welche Umstände haben im*   Soziale Faktoren (Isolierung, Sta-
Alter Einfluß auf die Entste-   tuseinbuße, Rollenverlust); psycho-
hung psychischer Störungen?   traumatische Faktoren (Desintegration der Bedürfnisse, Kränkungen,
Einschränkung der Möglichkeit zur
Entwicklung befriedigender Objektbeziehungen, in der Primärpersönlichkeit liegende Dispositionen, körperliche Erkrankungen und Veränderungen)

156. *Beschreiben Sie die Sympto-*   Wahnhaftes Erleben körperlicher
matik und Verursachung des   und sozialer Beeinträchtigung durch
Kontaktmangelparanoids.   Personen der Wohnumgebung und
des allerengsten Lebensfeldes (Un-
geziefergase, Gifte, hypnotische
Manipulationen, Strahlen, häufige
auf die Sexualsphäre bezogene
Wahninhalte, feindseliger Rückzug
und aggressive Aktionen gegen die
vermeintlichen Schädiger). Verursacht wird das Syndrom durch die
soziale Isolierung und Kontaktab-
brüche.

157. *Welches sind die Besonderhei-*   Im Vordergrund stehen Verlust- und
ten depressiver Syndrome bei   Beeinträchtigungserlebnisse, vielge-
alten Menschen?   staltige Klagen über körperliche Störungen, leibhypochondrische Be-
fürchtungen, oft finden sich hysterische Ausgestaltungen.

45

158. *Was ist bei der Verordnung von Psychopharmaka bei alten Menschen zu beachten?*

Die Dosis ist mit der Hälfte des beim Erwachsenen üblichen anzusetzen. Alle pharmakaspezifischen Nebenwirkungen treten häufiger auf. Arzneiwechselwirkungen sind die Regel, es besteht eine veränderte Gewebeempfindlichkeit, außerdem ist die Compliance verringert.

159. *Welches sind die Gefahren des Einsatzes von Neuroleptika und Tranquilizern bei Alterskranken?*

Die extrapyramidal-motorischen Begleiterscheinungen treten in einem früheren Behandlungsstadium und bei geringerer Dosis von Neuroleptika auf. Tranquilizer bedingen durch ihren hypotonisierenden Effekt Kreislaufstörungen und einen Versorgungsmangel des Gehirns, durch die Dämpfung und Muskelrelaxation bedingte Stand- und Gangunsicherheit bringt die Gefahr von Stürzen.

160. *Bezeichnen Sie vorrangige Ziele der Psychotherapie beim alten Menschen.*

Stützung (supportive Therapie); Ermöglichung einer kränkungsfreien Auseinandersetzung mit altersbedingten Defiziten; Verarbeitung der Einsamkeitssituation; Herstellung von tragfähigen zwischenmenschlichen Beziehungen

161. *An welche institutionellen sozialen Hilfen ist in der gerontopsychiatrischen Therapie zu denken?*

Einbezug der Familie in die Behandlung; Ausschöpfung extramuraler Versorgungsmöglichkeiten (Essen auf Rädern, Sozialstationen u. a. m.); tagesklinische Behandlung; Tagesstätten; ambulante Gruppen; sozialarbeiterische Betreuung bei der Bewältigung von Wohn- und Versorgungsproblemen

46

162. *Auf welchen terminologischen Ebenen spricht man von Depression?*

Auf der symptomatologischen, der syndromatologischen und der nosologischen Ebene

163. *Geben Sie eine grobe Klassifikation depressiver Syndrome.*

In erscheinungsbildlicher Hinsicht gehemmt-apathische, agitiert-ängstliche, gehemmt-ängstliche und larvierte Depressionen; in nosologischer Hinsicht somatogene, endogen-psychotische und psychogene Depressionen

164. *Beschreiben Sie Entstehungsbedingungen und Ursachen depressiver Störungen.*

Genetische Faktoren; somatische Ursachen; psychosoziale Konstellationen (Verlust, Kränkung, Überforderung, Entlastung)

47

165. *Nennen Sie Formen psychogener depressiver Zustände.*

Reaktive (erlebnisreaktive, psychoreaktive) Depressionen; depressive Entwicklungen (Erschöpfungsdepression); depressive Persönlichkeiten und neurotische Depressionen

166. *Zeigen Sie Persönlichkeitsstrukturen depressiv-neurotischer Art auf.*

Durchgehender Pessimismus, Lebens- und Weltgefühl, das von Angst und Resignation bestimmt ist, nicht durchsetzungsfähiges und selbstüberforderndes Verhalten Unfähigkeit zu fordern und sich aggressiv zu verhalten; Schwierigkeiten ‚nein‘ zu sagen; Konfliktvermeidungsverhalten.

167. *Welche Kriterien kennen Sie zur Unterscheidung von neurotischer und endogener Depression?*

Für die endogene Depression sprechen phasischer Verlauf, Tagesschwankungen, Vitalsymptome und spezifische prämorbide Persönlichkeitsstruktur. Die Diagnose einer neurotischen Depression setzt den Nachweis entsprechender Konfliktstrukturen voraus.

48

168. *Mit welchen psychischen Störungen geht eine endogene Depression einher?*

Affektive Störungen (Traurigkeit, Hoffnungslosigkeit, Gefühlsblockade); Denkhemmung; psychomotorische Gehemmtheit oder Agitiertheit; Vitalstörungen

169. *Welche Wahninhalte treten bei Melancholie auf?*	Schuldwahn, Versündigungswahn, Verarmungswahn, nihilistischer Wahn, hypochondrischer Wahn
170. *Welche Störungen kennzeichnen eine larvierte Depression?*	Zurücktreten der psychischen (affektiven) Störungen; vielfältige, auf unterschiedliche Organsysteme bezogene körperliche Symptome, wie Kopfschmerzen, Engegefühl im Hals, Atembeengung, kardiale Mißempfindungen, gastrointestinale Störungen
171. *Wie läßt sich das Suizidrisiko Depressiver einschätzen?*	Selbstmordgedanken und -impulse und Vorbereitungen in der Vorgeschichte; Eingeengtheit des Denkens, Gefühl der Wertlosigkeit, Einschätzung der eigenen Situation als aussichtslos; Beziehungsverluste, Katastrophenträume

49

172. *Welche Aspekte hat ein Behandlungsplan bei depressiv Erkrankten zu berücksichtigen?*	Somatotherapeutische, psychotherapeutische und soziotherapeutische Maßnahmen, je nach Verursachung des depressiven Syndroms und nach Schwergewicht der Symptome
173. *Schildern Sie Grundregeln des Einsatzes von Psychopharmaka bei Depressionen.*	Gehemmte Depressionen verlangen Antidepressiva vom Imipramin-Typ (antriebssteigernd, psychomotorisch aktivierend), ängstlich agitierte Depressionen Substanzen vom Amitryptilin-Typ (dämpfend, entspannend, entängstigend), bei hochgradig unruhigen und geängsteten Patienten ist eine zeitweilige Kombination von Antidepressiva mit Neuroleptika oder Ataraktika angebracht. Einschleichend und ausreichend hoch dosieren, Aufklärung über zu erwartende Nebenwirkungen.
174. *Wann bedarf ein depressiver Mensch klinisch-stationärer Behandlung?*	Nichtansprechen auf Antidepressiva; ausgeprägte Suizidalität; mangelhafte Tragfähigkeit sozialer Beziehungen; Notwendigkeit der Entlastung der Angehörigen

50

175. *Beschreiben Sie Symptome des manischen Syndroms.*

Beschäftigungsdrang, Überaktivität, gesteigertes psychomotorisches Verhalten, Ideenflucht, gehobene Stimmung

176. *Bei welchen Krankheitsbildern sieht man manische Syndrome?*

Bei bipolaren affektiven Psychosen; bei monopolaren periodischen Manien im Rahmen von Schizophrenien und schizoaffektiven Psychosen; bei organischen Hirnerkrankungen (Hirntumor, progressive Paralyse); nach Drogenintoxikationen

177. *Wie gestaltet sich die medikamentöse Therapie und Prophylaxe der manischen Erkrankung?*

Behandlung mit hochpotenten Neuroleptika (Haldol), ggf. zusätzlich sedierende niederpotente Neuroleptika; Akuttherapie und Prophylaxe mit Lithiumsalzen

51

178. *Was wissen Sie über die Handhabung des Schizophreniebegriffs?*

Der Begriff Schizophrenie wurde 1908 von E. Bleuler erstmals eingeführt. Er löste damit den zuvor (1896) von Kraepelin benutzten Begriff Dementia praecox ab. Bleuler erweiterte damit den Schizophreniebegriff und dehnte ihn auch auf jene Fälle aus, die nicht „frühzeitig" beginnen und nicht zur „Verblödung" führen.

179. *Nach K. Schneider kann man eine Schizophrenie dann diagnostizieren, wenn Symptome 1. Ranges vorliegen und eine körperliche Grundkrankheit nicht besteht. Nennen Sie einige Symptome 1. Ranges.*

Dialogische und kommentierende Stimmen, Gedankeneingebung, Gedankenentzug, Willensbeeinflussung, Wahnwahrnehmung

180. *Welche zwei Typen schizophrenen Gestörtseins kann man im Klinikalltag grob voneinander unterscheiden?*

Akute und chronische Formen der Schizophrenie. Die akuten Formen gehen mit einer „Plus"-, die chronischen mit einer sog. Minussymptomatik einher.

181. *Was versteht man unter einer Minussymptomatik?*

Antriebslosigkeit; affektiver und sozialer Rückzug; Sprachverarmung; in gewisser Hinsicht auch die schizophrene Denkstörung

182. *Was wissen Sie über den Verlauf schizophrener Störungen?*

Es gibt eine große Vielfalt in den Verläufen. Nur in etwa 1/3 der Fälle ist der Ausgang ungünstig. Etwa 20 % aller Schizophrenen werden geheilt. Bei fast der Hälfte kommt es, oft noch nach Jahren, zu einer Besserung.

52

183. *Was wissen Sie über Ätiologie und Pathogenese schizophrener Erkrankungen?*

Die Schizophrenie ist eine multikausal bedingte Störung, an deren Zustandekommen sowohl Anlage als auch Umweltfaktoren eine entscheidende Rolle spielen.

184. *Zu welchen Aussagen gelangen Zwillings- und Adoptivkinderstudien im Hinblick auf die Bedeutung erbgenetischer Faktoren bei der Entstehung der Schizophrenie?*

Die Ergebnisse belegen, daß Erbfaktoren eine wichtige Rolle spielen. Andererseits erkranken „nur" etwa 50 % der monozygoten Zwillinge konkordant. Dies spricht für einen bedeutsamen Anteil von Umweltfaktoren bei der Entstehung schizophrener Störungen.

185. *Was versteht man unter der „Vulnerabilitätshypothese"?*

Schizophrene Menschen sind in einer besonderen Art verletzlich, d. h., sie besitzen eine deutlich geringere Streßtoleranz als der Durchschnitt der Bevölkerung. Hierauf ist bei der Behandlung Rücksicht zu nehmen.

186. *Nennen Sie einige „auslösende Faktoren", die beim Auftreten einer Schizophrenie von Bedeutung sind.*

Wegen der Vulnerabilität schizophrener Patienten kommen praktisch alle bedeutsamen Lebensereignisse dafür in Frage, sowohl belastende wie Krankheit und Verlust einer nahestehenden Person, aber auch eigentlich erfreuliche wie Beförderung oder eine Liebesbeziehung. Auch das Absetzen einer neuroleptischen Medikation oder ein

den Patienten überforderndes Reha-
bilitationsprogramm sind geeignet,
eine schizophrene Psychose zu „re-
aktivieren".

53

187. *Was sind die für die Behand-
lungspraxis wichtigsten Therapieverfahren bei schizophrenen Patienten?*

Soziotherapie und Somatotherapie.
Erstere kommt hauptsächlich bei
eher chronischen Patienten zur Anwendung, körperbezogene Verfahren sind in den akuten Phasen schizophrener Störungen wirksamer als
bei chronischen Verläufen.

54−58

188. *Hat die therapeutische Gemeinschaft eine eigenständige
Behandlungsmethode?*

Nein. Sie versucht ein therapeutisches Klima zu schaffen, in welchem
verschiedene sozio-, psycho- und somatische Therapien erfolgreicher
angewendet werden können.

189. *Wo können therapeutische
Gemeinschaften eingerichtet
werden?*

In allen stationären psychiatrischen
Einrichtungen mit durchschnittlicher Aufenthaltsdauer von mindestens 2 Monaten und einer relativen
Konstanz des therapeutischen
Teams. Ausgenommen sind Spezialeinrichtungen für oligophrene, senildemente und akut-exogen-psychoti-
sche Patienten.

190. *Auf welchen Grundsätzen beruht eine therapeutische Gemeinschaft?*

Sie setzt anstelle rigider autoritärer
Anordnungsstrukturen eine offen
diskutierte Fach-Autorität und die
Beteiligung aller therapeutischen
Mitarbeiter und aller Patienten an
der Verantwortung für das Zusam-
menleben und die Therapie.

191. *Welche Gefahren können bei
der Entwicklung einer therapeutischen Gemeinschaft entstehen?*

1. Diffusion der Berufsrollen und
   Aufgabe der therapeutischen Distanz zum Patienten
2. Verstrickung der Teammitglieder und Patienten in der Bearbei-

tung eigener affektiver Probleme
bei Ausblendung der Realität
3. Bürokratisierung der neugeschaffenen Einrichtungen
(Teambesprechungen, Stations-
veranstaltungen, therapeutischen Gruppen) bei Verlust aller
therapeutischen Inhalte
4. Unterschätzung der Machtkon-
flikte mit Vorgesetzten und Behörden und Versteifung dieser
Gegensätze in unproduktive
Kampfhaltungen
5. Mangelnde Berücksichtigung der
persönlichen Interessen der
Teammitglieder. Forderung nach
Arbeitszeitüberschreitung ohne
Entlohnung, affektive Überforderung etc.

192. *Welche Möglichkeiten zur Ermittlung des Bedarfs psych-
iatrisch-psychotherapeuti-
scher Leistungen kennen Sie?*

Erhebung am Klientel von Arzt- und
Facharztpraxen; am Klientel von
psychiatrischen Krankenhäusern
und sonstigen sozialen Einrichtungen; Statistiken von Versorgungs-
sektoren mit Fallregistern und Feldstudien

193. *Welchen Nachteil hat die unzureichende Verknüpfung von
ambulanter und stationärer
Versorgung?*

Sie kann dazu führen, daß beide Bereiche unterschiedliche Patientenkollektive behandeln, die sich nur
partiell überlappen. Ein hoher Anteil der aus stationärer Behandlung
Entlassenen geht nicht von sich aus
in die Betreuung des niedergelassenen Arztes.

194. *Welche Nachteile hat die Tatsache, daß psychiatrische
Krankenhäuser oft mehr als
500 Betten haben?*

Die sogenannten Einzugsgebiete
sind zu groß, die Entfernungen zwischen Wohnort des Patienten und
seiner Angehörigen und der Einrichtung sind häufig zu weit. Die Nachbetreuung im Rahmen von komplementären und ambulanten Einrichtungen wird durch die schlechten
Kooperationsmöglichkeiten erschwert.

195. *Nennen Sie einige Grundsätze für die Neuordnung der psychiatrisch-psychotherapeutischen Versorgung in der Bundesrepublik!*

Prävention; Aufklärung der Bevölkerung; Selbsthilfe geht vor Fremdhilfe; Erreichbarkeit psychiatrisch-psychotherapeutischer Dienste als Basis einer chancengleichen Versorgung; Gewährleistung einer Koordination des therapeutischen Potentials; Kontinuität im Sinne einer „therapeutischen Kette"; rechtliche Gleichstellung psychisch Kranker mit körperlich Kranken.

196. *Welche Bedeutung hat die sogenannte „Versorgungsverpflichtung" für psychiatrische Einrichtungen?*

Nur die Verpflichtung zur Übernahme der therapeutischen Verantwortung für alle Bewohner einer definierten Region verhindert die Ausgrenzung und Verschiebung besonders störender, schwieriger oder therapeutisch nicht erfolgversprechend behandelbarer Patienten.

197. *Welche institutionsgebundenen ambulanten psychiatrischen Dienste gibt es, und welche Aufgaben haben sie?*

Krankenhausambulanzen („Außenfürsorge") und sozialpsychiatrische Dienste (meist an kommunalen Gesundheitsämtern); Aufgaben: Nachbetreuung krankenhausentlassener Patienten, die von konventionellen Behandlungsangeboten nicht erreicht werden; Vorbeugung, insbesondere Intervention in Krisensituationen, um stationäre Aufnahmen zu vermeiden; wenn nötig, Einweisung in teilstationäre bzw. stationäre Behandlung; wenn nötig, Durchführung hoheitlicher Aufgaben (z. B. Mitwirkung bei den Unterbringungsmaßnahmen in geschlossene psychiatrische Einrichtungen); Vermittlung sozialer und beruflicher Rehabilitationsangebote; Kooperation mit und Beratung von anderen psychosozialen Einrichtungen.

198. *Welche nichtärztlichen Tätigkeitsbereiche in der Psychiatrie kennen Sie?*

Krankenschwestern und Krankenpfleger (mit sozialpsychiatrischer Zusatzausbildung), Sozialarbeiter, Arbeits- und Beschäftigungs-

therapeuten, Bewegungstherapeuten, Psychologen

199. *Wie unterscheiden sich kör-*
perliche von psychischen Be-
hinderungen?

Körperbehinderungen beschränken
die Bewältigung physischer Aufgaben, psychische Behinderungen
schränken die Ausfüllung sozialer
Rollen ein und sind in Entstehung
und Verlauf besonders abhängig von
sozialen Bedingungen.
Psychische Behinderungen lassen im
Gegensatz zu körperlichen keine
kontinuierliche, auf das jeweilig Erreichte aufbauende Milderung erwarten, sondern unterliegen, abhängig vom Verlauf der Erkrankung,
mehr oder weniger ausgeprägten
Schwankungen.
Psychische Behinderungen sind, anders als körperliche, nicht klar von
der Umwelt erkennbar, werden dadurch schwerer akzeptiert und mobilisieren weniger spontane Hilfen.

200. *Was wird unter einer stufen-*
weisen Rehabilitation verstan-
den?

Ein psychisch Behinderter sollte stufenweise zunehmenden Leistungsanforderungen ausgesetzt werden,
um, unmittelbar orientiert an den erreichten Fertigkeiten, optimal gefördert werden zu können. Dabei sollte
auf verschiedenen Ebenen (z. B.
Wohnen, Arbeiten, Freizeitgestaltung) eine schrittweise Erweiterung
der Autonomie möglich sein (z. B.
Klinik, Übergangswohnheim,
Wohngruppe, Ambulanz), ohne
durch eine abrupte Überforderung
eine Wiedererkrankung heraufzubeschwören.

201. *Was wird unter Hospitalismus*
bzw. Institutionalismus ver-
standen?

Dazu gehören typische Persönlichkeitsveränderungen wie Unselbständigkeit, Passivität, affektive Verflachung und Infantilisierung des Verhaltens, wie sie bei Insassen „totaler
Institutionen" beschrieben wurden.
Typische Merkmale solcher Institu-

tionen: besondere Größe, Abgeschlossenheit nach außen, hierarchische Rollendifferenzierung, strikte Trennung von Insassen und Wärtern/Therapeuten und Erwartung zur Verinnerlichung von oben gegebener Normen.

59

202. *Welche psychiatrischen Zustände erfüllen, wenn sie zur Tatzeit vorlagen, die Voraussetzungen des § 20 StGB?*

Akute Psychosen: tiefgreifender schizophrener oder psychoorganischer Persönlichkeitswandel; ausgeprägte Oligophrenie; schwere psychoreaktive Bewußtseinsveränderungen; tiefgreifende neurotische Entwicklungen, wenn die Tat zu ihnen in zwingendem Motivzusammenhang steht

203. *Von welchem Lebensalter an ist eine strafrechtliche Verantwortlichkeit gegeben?*

Ab 14. Lebensjahr

204. *Welche Formalitäten sind zu erfüllen, wenn Sie bei akuter Gefährdung des Patienten und der öffentlichen Sicherheit eine Einweisung in ein psychiatrisches Krankenhaus vornehmen?*

Notwendigkeit attestieren, Krankenhaus verständigen, damit der aufnehmende Kollege ebenfalls die Notwendigkeit attestiert und seinerseits alsbald Ordnungsamt und Gericht verständigt.

60

205. *Warum empfiehlt man den Angehörigen psychiatrischer Patienten die Beantragung einer Entmündigung nur mit Zurückhaltung?*

Weil sich mit juristisch weniger eingreifenden Mitteln (Errichtung einer Behandlungs- oder Vermögenspflegschaft) zumeist ein ausreichender Schutz der Angelegenheiten des Patienten erreichen läßt und Entmündigung ins Strafregister untilgbar eingetragen wird.

206. *Kann ein Vormund sein Mündel nach eigenem Gutdünken oder Belieben in die geschlossene Station eines psychiatrischen Krankenhauses einweisen?*

Nein. Eine Unterbringung, die mit Freiheitsentziehung verbunden ist, ist nur mit Genehmigung des Vormundschaftsgerichts zulässig.

207. *Wann darf eine Pflegschaft gegen die Einwilligung des Gebrechlichen angeordnet werden?*

Wenn eine Verständigung mit ihm im Sinne des § 104 BGB nicht möglich ist, d. h., wenn Geschäftsunfähigkeit attestiert werden kann

61

208. *Nennen Sie die drei Säulen „unseres Systems" der sozialen Sicherung!*

Die drei Säulen sind 1. Versicherung, 2. Versorgung, 3. Sozialhilfe. Die Versicherungen werden im wesentlichen durch Beitragszahlungen der einzelnen Versicherten finanziert, die Säulen „Versorgung" und „Sozialhilfe" durch das allgemeine Steueraufkommen.

209. *Von welchen zwei Prinzipien wird dieses „gegliederte System" beherrscht?*

Das *Kausalitätsprinzip* fragt nach der Ursache eines eingetretenen Risikofalls und ist maßgebend für die Zuständigkeit eines Leistungsträgers. Das *Finalitätsprinzip* führt zum Einsatz sozial-staatlicher Leistungen, *weil* ein Risikofall eingetreten ist, und gewährt allen Betroffenen unabhängig von der Ursache gleiche Leistungen.

210. *Was meint man, wenn man sagt, die Sozialhilfe sei „subsidiär"?*

Subsidiär bedeutet, daß Sozialhilfe nachrangig ist, d. h., nur dann ein Anspruch darauf besteht, wenn Ansprüche gegen andere Leistungsträger nicht gegeben sind und auch unterhaltspflichtige Dritte nicht herangezogen werden können.

211. *Sind psychisch Kranke körperlich Kranken rechtlich gleichgestellt?*

Nein, leider noch nicht. Dies läßt sich zum Beispiel daran sehen, daß die Kosten für eine psychotherapeutische Behandlung erst beantragt und von den Kostenträgern bewilligt werden müssen, bevor die Behandlung beginnen kann. Bei somatischen Therapieverfahren gibt es dies nicht. Auf der Trägerebene zeigt sich die Ungleichbehandlung daran, daß psychiatrische Abteilungen an vielen Allgemeinkrankenhäusern noch immer fehlen.

Das Gesundheitsreformgesetz (GRG) hat die geforderte Gleichstellung psychisch Kranker im Bereich der gesetzlichen Krankenversicherung nicht nur nicht erreicht, sondern ihre Benachteiligung gegenüber dem somatisch Kranken eher noch verschärft.

Sachverzeichnis